汽车先进技术译丛　汽车创新与开发系列

实用可靠性工程

［英］帕特里克 D. T. 奥康纳 （Patrick D. T. O'Connor）
［美］安德烈·克莱纳 （Andre Kleyner）　　　著

金春华　蓝晓理　译

机 械 工 业 出 版 社

本书符合美国质量协会（ASQ）认证可靠性工程师课程的要求，包括可靠性工程简介，可靠性中的数学，寿命数据分析和概率绘图，蒙特卡洛仿真，载荷-强度干涉，可靠性预测与建模，可靠性设计，机械零件和系统的可靠性，电子系统的可靠性，软件可靠性，试验设计和方差分析，可靠性试验，可靠性数据分析，可靠性演示与增长，制造过程中的可靠性，可维护性、维护和可用性，可靠性管理等方面的内容，确保了与所有质量保证和可靠性课程的持续相关性。

本书适合大专院校学生和从事可靠性工程产品及系统的设计、开发、制造和维护等的专业人士阅读使用。

北京市版权局著作权合同登记　图字：01-2014-3373号。

图书在版编目（CIP）数据

实用可靠性工程/（英）帕特里克 D. T. 奥康纳，（美）安德烈·克莱纳著；金春华，蓝晓理译 . —北京：机械工业出版社，2020.9（2023.1 重印）

（汽车先进技术译丛. 汽车创新与开发系列）

书名原文：Practical Reliability Engineering

ISBN 978-7-111-66448-2

Ⅰ. ①实… Ⅱ. ①帕… ②安… ③金… ④蓝… Ⅲ. ①汽车工程 – 可靠性 Ⅳ. ①U461

中国版本图书馆 CIP 数据核字（2020）第 165818 号

机械工业出版社（北京市百万庄大街22号　邮政编码100037）

策划编辑：孙　鹏　责任编辑：孙　鹏　赵　帅

责任校对：王明欣　封面设计：鞠　杨

责任印制：郜　敏

北京盛通商印快线网络科技有限公司印刷

2023 年 1 月第 1 版第 2 次印刷

169mm×239mm · 31 印张 · 2 插页 · 604 千字

标准书号：ISBN 978-7-111-66448-2

定价：199.00 元

电话服务　　　　　　　　　网络服务

客服电话：010-88361066　机 工 官 网：www.cmpbook.com

　　　　　010-88379833　机 工 官 博：weibo.com/cmp1952

　　　　　010-68326294　金 书 网：www.golden-book.com

封底无防伪标均为盗版　机工教育服务网：www.cmpedu.com

第 1 版前言

本书为学生和从业的工程师及管理人员介绍可靠性工程和管理。本书的重点在于实际应用，因此书中描述的数学概念限制在求解书中涵盖的问题所必需的那些内容。本书侧重于介绍解决问题的实用方法，如概率曲线绘制方法和计算机软件等。本书也引用了更深入的参考文献，供在数学和统计学方面进一步阅读。参考文献中列出的参考资料仅限于和对应章节内容直接相关的资料，并强调实际应用。本书使用了大量表格和曲线来对分析方法进行补充说明，同时还包括了大量实例。

本书对美国和英国等国家的可靠性工程和管理标准及规范进行了介绍和点评。这在实际工作中是很重要的，因为当前的很多工程开发工作都是受这些文件制约的。本书对当前的工程、商业和立法等方面的进展，如微电子、基于软件的系统、消费者利益和产品责任等的影响也做了一定程度的介绍。

本书还包括了美国质量控制协会（American Society for Quality Control）和英国质量保证协会（Institute of Quality Assurance）在可靠性工程方面的考试大纲的要求，所以它也适用于作为资格认证的培训课程。因为本书侧重于工程和管理的实际方法，全面覆盖了各种标准和规范，又因为其总体编排，本书同样适合工业界和政府机构参考使用。

Patrick D. T. O'Connor

1981 年

第 2 版前言

自本书第 1 版于 1981 年出版以来，我收到了很多有益的评论。这些评论总体而言绝大多数是称赞性的，但也有提出批评的，尽管书名为"实用可靠性工程"，但是本书在某些方面还不够实用。我也在工作中意识到了这点，特别是在可靠性问题中使用数学建模和统计时。因此，第 2 版所做的改动，主要是增加了关于可靠性管理和工程实践方面的内容。

我增加了可靠性预计、演示和测量等章节，重点解释固有的并且是无处不在的不确定性问题，以帮助读者对本身就包含不确定性的工程产品的属性进行量化和预测。我相信，当可靠性工程师努力摆脱"数字游戏"的束缚时，就为各种实用的工程和管理方法扫清了障碍，而这些方法正是生产当今市场上所需的高度可靠的产品的唯一途径。我没有将量化可靠性方法删掉，因为我相信，将它们和常识相结合并理解它们的固有局限，可以帮助我们解决可靠性问题并设计和制造更好的产品。

我新增加了 3 章内容，这些内容都是与应用相关的。

本书第 1 版介绍了如何分析试验数据，但没有介绍如何进行试验。因此，我编写了一章关于可靠性试验的内容，包括环境和应力试验及可靠性和其他开发试验的结合。感谢 Wayne Tustin 就此提出的建议及他在这方面提供的帮助。

制造质量显然是实现高可靠性的基础。这一点在本书第 1 版中就已经指出，但没有展开介绍。我增加了一章关于质量保证（QA）的内容，该章还包括可靠性和质量保证工作协同管理的新内容。

维护也会影响可靠性，因此新增加了一章关于维护和维护性的内容，重点强调它们是如何影响可靠性的，可靠性又是如何影响维护计划的，以及这两者是如何影响可用性的。

我还新增加了有关可修复系统的可靠性分析这一重要的内容。美国海军研究实验室的 Harry Ascher 指出，有关可靠性的文献，包括本书的第 1 版，几乎全部忽略了这方面的内容。这导致了混淆和分析错误。有多少可靠性工程师和教师懂得除了特殊的、现实中不会出现的情况以外，对可修复系统可靠性数据使用 Weibull（威布尔）分析具有误导性？感谢 Harry Ascher，现在我已了解这一点，并已在新版中试图解释这一点。

我还对本书的其他部分进行了更新，特别是在电子和软件可靠性部分。

本书第 1 版的第 3 次印刷进行了很多勘误，本版中做了更多的勘误。

　　我非常感谢曾指出错误并帮我改正错误的人。在位于帕洛阿图的惠普公司工作的 Paul Baird 尤其慷慨。英国宇航公司的同事，特别是 Brian Collett、Norman Harris、Chris Gilders 和 Gene Morgan，以及其他许多人，也给予了帮助、忠告和鼓励。

　　最后，我要感谢我的夫人 Ina，感谢她的耐心、支持和打字工作。

Patrick D. T. O'Connor

1985 年

第 3 版前言

新的工业革命主要是由几乎所有工业部门的产品质量和生产力的不断提高所推动的。所有成功的关键都在于影响质量和可靠性的各个过程的全面协同，包括产品规范、设计、试验、生产和支持等阶段。其他重要的方面还包括理解并控制可能影响产品性能、成本和可靠性的诸多方面的变异。随着它们日益成为现代企业赖以生存的必备工具，W. E. Deming（戴明）和 G. Taguchi（田口）等著名的工程师也越来越为人熟知。

本书第 2 版已经着重介绍过上述内容，但现在要做更多的介绍。我强调了利用统计试验预防问题而不仅是解决问题，而且这个问题目前是从设计和开发的角度来叙述的。我在生产质量保证一章中添加了过程改进方法及更多有关过程控制技术的内容。这些章节和有关管理的章节都进行了扩充，强调了工程工作的整合，以便能够尽量识别、消除和减少变异及其影响。本次修订后，本书介绍了 Taguchi 和 Shainin 的重要工作。Chris Gray 在叙述 Taguchi 方法的过程中，给了我很多有价值的帮助。

我更新了几章内容，特别是关于电子系统可靠性的内容，还新增了一章以介绍机械部件和系统的可靠性。感谢 Dennis Carter 教授在我编写该章时提出的建议。

我借此机会重新编排了本书的结构，以便更好地反映工程开发的主要顺序，同时强调协同、迭代的重要性。

我再次得到了很多曾对本书先前版本进行善意评论的人们的帮助，而我也尽量考虑了他们提出的建议。还要特别感谢 Norman Harris，是他使工程和统计学真正结合在了一起，并帮助我表述了他的见解。

最后，我对我的夫人和孩子们表现出的耐心和支持表示衷心的感谢。在家中写作离不开他们深切的爱和宽容。

Patrick D. T. O'Connor

1990 年

第 3 版修订版前言

许多人建议，如果本书包含练习题，将会对学生和教师具有更大的价值。因此，David Newton 和 Richard Bromley 与我合作，给本书的每章都配了适当的练习题。

这些练习题基本覆盖了英国质量保证协会（IQA）和美国质量控制协会（ASQC）举办的可靠性考试中的所有命题类型。ASQC 考试题为多项选择类型，不是本书中采用的格式，但这对准备 ASQC 考试同样具有价值。

教师可与位于 Chichester 的 John Wiley & Sons 出版公司联系，免费获得一本题解。

感谢 David Newton 和 Richard Bromley 在完成本修订版时所给予的热情支持。

Patrick D. T. O'Connor

1995 年

第 4 版前言

距离上次对本书做出重大修订和更新至今已有十余年。在这期间，工程技术和可靠性方法方面都有了很大的发展。在本版更新中，我力图包括所有现今影响可靠性工程和管理的重要变化。为了保持本书的风格，我仍强调了那些具有实用意义的内容。

主要改动和添加的内容有：

——更新并更详细地介绍了工程产品是如何失效的（第 1 章、第 8 章和第 9 章）。

——更详细地介绍了工程变异的本质（第 2 章）。

——介绍了 Petri 网和 M(t) 方法（第 6 章和第 12 章）。

——更为详细地介绍了关于工程系统中软件的内容，并更新了关于设计、分析和试验方法的内容（第 10 章）。

——扩展了开发和制造过程中加速试验方法（第 11 章和第 13 章）。

——更新并扩展了电子设备试验方法和验收抽样（第 13 章）。

——更为详细地介绍了管理的各个方面，包括标准、"六西格玛"和供应商管理（第 15 章）。

——更新了参考标准，更新并增加了参考文献。

经出版方许可，本书采用了我编写的《试验工程》一书中的一些新内容。

问题和答案手册（可单独从出版商处获取）也进行了增补，以便覆盖新的材料。

本书的网站也已经建立，网址为 www.pat-oconnor.co.uk/practicalreliability.htm。该网站包括与可靠性工程有关的服务和软件的供应商名录。

我对 S. K. Yang 教授在 Petri 网方面给予的热心协助、Gregg Hobbs 博士在 HALT/HASS 试验方面给予的教导和帮助、Jörgen Möltoft 在 M(t) 方法上给予的帮助及 Jim McLinn 在加速试验和数据分析方面提供的内容、习题和解答深表谢意，还要感谢所有提出建议和指出错误的人士。最后要再次感谢我的夫人 Ina。

Patrick D. T. O'Connor

2001 年

第 5 版前言

本书第 4 版出版至今又过去了整整十年。在这十年中，可靠性方法又有了长足的发展，主要是因为设计分析软件和可靠性数据分析软件的使用。当然，工程技术本身的发展对可靠性也有促进作用。互联网也为信息和工具的获得增加了一个渠道。

为了包含上述新内容，Andre Kleyner 与我合作编写了新的一版。本书大部分新内容出自 Andre，他提供了许多例题中软件计算出的结果，补充或更新了文字和图形方法。他还更新了一些技术方面的内容，并增加了数据分析等章节。

本书的主要变化如下：

——统计方法的软件实现，包括概率绘图和常见软件的深入应用，如微软的 Excel。

——增加蒙特卡洛仿真方法及其应用的内容。

——对可靠性预测方法进行了更详细的介绍。

——更深入地介绍了加速试验数据分析。

——保修数据分析。

——增加了一章内容，全面介绍了可靠性演示方法。

——使用本书的教师可以在 www. wiley. com/go/oconnor_reliability5 上获取答案。

——更新了参考文献，包括发表的论文和内部链接。

——对原来主要由 David Newton 和 Richard Bromley 编写的习题部分进行了修订和扩充。

本书每章后面习题的答案和教师使用的课件可以在 www. wiley. com/go/oconnor_reliability5 上下载。

我们希望新版能够一如既往地为工程师、管理人员、教师和学生提供有价值的参考。

Patrick D. T. O'Connor

2011 年

致　谢

　　我们对从本书第 1 版开始就提供宝贵帮助和建议的人深表谢意。他们的无私帮助仍然在为本书增色。其中 Ralph Evans 博士、Kenneth Blemel 及 Norman Harris 提供了见解和帮助。Dennis Carter 教授是本书第 5 章载荷－强度理论的提出者。Bev Littlewood 教授在第 10 章的软件可靠性模型方面提供了帮助。

　　我还要向对本版做出贡献和帮助审阅初稿的人表示感谢，他们是 Pantelis Vassiliou、Peter Sandborn、Mike Silverman、Vasiliy Krivtsov、Vitali Volovoi、Yizhak Bot、Michael Varnau、Steve McMullen、Andy Foote、Fred Schenkelberg、David Dylis、Craig Hillman、Cheryl Tulkoff、Walt Tomczykowski、Eric Juliot、Joe Boyle 及 Marina Shapiro。

Patrick D. T. O'Connor

pat@ pat－oconnor. co. uk

Andre Kleyner

info@ andre－kleyner. com

2011 年

目　录

第 1 版前言
第 2 版前言
第 3 版前言
第 3 版修订版前言
第 4 版前言
第 5 版前言
致谢

第 1 章　可靠性工程简介 ………… 1

1.1　什么是可靠性工程 ………… 1
1.2　为什么要讲授可靠性工程 ……… 2
1.3　为什么产品会失效 ………… 4
1.4　可靠性中的概率 ………… 7
1.5　可修复和不可修复产品 ………… 8
1.6　不可修复产品的失效模式 ………… 9
1.7　可修复产品的失效模式 ………… 10
1.8　可靠性工程的发展 ………… 10
1.9　课程、会议和文献 ………… 12
1.10　可靠性工作的机构 ………… 13
1.11　作为效能参数的可靠性 ………… 13
1.12　可靠性工作的各项活动 ………… 14
1.13　可靠性经济效益和管理 ………… 15
习题 ………… 19
参考文献 ………… 20
期刊文献 ………… 20

第 2 章　可靠性中的数学 ………… 21

2.1　引言 ………… 21
2.2　变异 ………… 21
2.3　概率的概念 ………… 23
2.4　概率的定律 ………… 25
2.5　连续变量 ………… 29
　2.5.1　集中趋势的度量 ………… 31

2.5.2　分布的散度 ………… 31
2.5.3　累积分布函数 ………… 32
2.5.4　可靠性函数和风险函数 ……… 32
2.5.5　使用 Microsoft Excel 函数计算
　　　可靠性 ………… 33
2.6　连续分布的函数 ………… 33
　2.6.1　正态（高斯）分布 ………… 33
　2.6.2　对数正态分布 ………… 35
　2.6.3　指数分布 ………… 35
　2.6.4　伽马分布 ………… 36
　2.6.5　χ^2 分布 ………… 37
　2.6.6　威布尔分布 ………… 37
　2.6.7　极值分布 ………… 38
2.7　连续统计分布的总结 ………… 40
2.8　工程中的变异 ………… 43
　2.8.1　变异服从正态分布吗 ……… 43
　2.8.2　影响与原因 ………… 46
　2.8.3　尾部 ………… 47
2.9　小结 ………… 47
2.10　离散变量 ………… 48
　2.10.1　二项分布 ………… 48
　2.10.2　泊松分布 ………… 49
2.11　统计置信度 ………… 51
2.12　统计假设检验 ………… 53

2.12.1 均值差异的检验
（z检验）………… 53

2.12.2 在二项试验中应用
z检验 …………… 55

2.12.3 显著性的χ^2检验 … 56

2.12.4 方差间差异的检验，
方差比检验（F检验）… 56

2.13 非参数推断方法 ……… 57

2.14 拟合优度 ……………… 59

2.14.1 χ^2拟合优度检验 … 59

2.14.2 柯尔莫哥洛夫–
斯米尔诺夫检验 … 60

2.15 事件序列（点过程） …… 61

2.15.1 趋势分析（时间
序列分析）……… 62

2.15.2 叠加过程 ………… 64

2.16 统计计算机软件 ……… 64

2.17 实践总结 ……………… 65

习题 ……………………… 66

参考文献 ………………… 69

入门性资料 ……………… 69

更深入的读物 …………… 69

第3章 寿命数据分析和概率绘图 … 70

3.1 引言 ……………………… 70

3.1.1 一般的寿命数据分析和
概率绘图 ………… 70

3.1.2 统计数据分析方法 … 70

3.2 寿命数据的分类 ………… 73

3.2.1 完整数据 ………… 73

3.2.2 删失数据 ………… 73

3.2.3 右删失（中止）…… 74

3.2.4 区间删失 ………… 74

3.2.5 左删失 …………… 74

3.3 数据的秩 ………………… 75

3.3.1 秩的概念 ………… 75

3.3.2 平均秩 …………… 76

3.3.3 中位秩 …………… 76

3.3.4 中位秩的累积二项法 … 76

3.3.5 中位秩的代数近似 … 77

3.3.6 对删失数据求秩 …… 77

3.4 威布尔分布 ……………… 78

3.4.1 双参数威布尔分布 … 78

3.4.2 威布尔参数估计和
概率绘图 ………… 78

3.4.3 三参数威布尔分布 … 82

3.4.4 β参数与失效率和
浴盆曲线的关系 … 84

3.4.5 B_X寿命 ………… 85

3.5 用软件进行数据分析和
概率绘图 ………………… 85

3.5.1 X轴秩回归 …… 85

3.5.2 最大似然法 ……… 87

3.5.3 选用秩回归法和最大
似然法的建议 …… 88

3.6 寿命数据分析的置信界限 …… 89

3.6.1 威布尔数据的置信区间 … 90

3.6.2 单个参数的界限 …… 91

3.6.3 计算置信界限的
其他方法 ………… 94

3.7 选择最佳分布并评估结果 … 95

3.7.1 分布拟合的优度 …… 96

3.7.2 混合分布 ………… 97

3.7.3 在工程中求出最优
分布的方法 ……… 99

3.8 小结 …………………… 102

习题 ……………………… 103

参考文献 ………………… 107

第4章 蒙特卡洛仿真 ……… 108

4.1 引言 …………………… 108

4.2 蒙特卡洛仿真的基础 …… 108

4.3 其他统计分布 …………… 109

4.3.1 均匀分布 ………… 109

4.3.2 三角形分布 ……… 109

4.4 对统计分布进行采样 …… 110

4.4.1 用Excel生成随机变量 … 110

4.4.2 仿真运行次数和结果的
准确度 …………… 111

4.5 进行蒙特卡洛仿真的
基本步骤 ………… 112

4.6　蒙特卡洛方法总结 ············ 117

习题 ····························· 117

参考文献 ························· 118

第5章　载荷－强度干涉 ······ 119

5.1　引言 ······················· 119

5.2　载荷与强度的分布 ·········· 119

5.3　载荷－强度干涉分析 ········ 122

　　5.3.1　正态分布的强度与载荷 ··· 122

　　5.3.2　载荷与强度服从其他

　　　　　分布的情况 ·········· 123

5.4　安全裕度与载荷粗糙度对可靠性的

　　　影响（施加多个载荷） ····· 123

5.5　一些实际因素的考量 ········ 130

习题 ····························· 131

参考文献 ························· 132

第6章　可靠性预测与建模 ······· 133

6.1　引言 ······················· 133

6.2　可靠性预测的基本限制 ······ 134

6.3　根据标准进行可靠性预测 ···· 135

　　6.3.1　MIL－HDBK－217 ···· 136

　　6.3.2　Telcordia SR－332

　　　　　（原 Bellcore） ········ 137

　　6.3.3　IEC 62380

　　　　　（原 RDF 2000） ······· 138

　　6.3.4　NSWC－06/LE10 ····· 138

　　6.3.5　PRISM 和 217Plus ···· 138

　　6.3.6　中国 299B

　　　　　（GJB/Z 299B） ······· 139

　　6.3.7　其他标准 ············· 139

　　6.3.8　IEEE 1413 标准 ······· 140

　　6.3.9　可靠性预测的

　　　　　软件工具 ·········· 140

6.4　可靠性预测的其他方法 ······ 141

　　6.4.1　基于返修的方法 ······· 141

　　6.4.2　现场数据和可靠性预测

　　　　　标准结合 ·········· 141

　　6.4.3　失效物理 ············· 141

　　6.4.4　可靠性预测的

　　　　　"自顶向下法" ······· 142

6.5　实际因素的考量 ·········· 142

6.6　系统可靠性模型 ·········· 143

　　6.6.1　基本的串联可靠性模型 ··· 143

　　6.6.2　工作冗余 ············· 144

　　6.6.3　表决系统冗余 ········· 145

　　6.6.4　备用冗余 ············· 145

　　6.6.5　进一步的冗余分析 ····· 146

6.7　可修复系统的可用性 ······ 146

6.8　模块化设计 ·············· 150

6.9　框图分析 ················ 151

　　6.9.1　割集与合集 ··········· 152

　　6.9.2　共模失效 ············· 153

　　6.9.3　启动事件 ············· 154

　　6.9.4　实践方面的问题 ······· 154

6.10　故障树分析（FTA） ······· 155

6.11　状态空间分析

　　　（马尔可夫分析） ········ 158

　　6.11.1　复杂系统 ············ 160

　　6.11.2　连续马尔可夫过程 ····· 162

　　6.11.3　马尔可夫分析的局限、

　　　　　　优点和应用 ······· 162

6.12　Petri 网 ················· 163

　　6.12.1　故障树和 Petri 网

　　　　　　之间的转换 ······· 164

　　6.12.2　最小割集法 ·········· 165

　　6.12.3　标志转换 ············ 165

6.13　可靠性分配 ·············· 167

6.14　小结 ··················· 167

习题 ····························· 168

参考文献 ························· 173

第7章　可靠性设计 ············ 175

7.1　引言 ······················· 175

7.2　可靠性设计过程 ············ 176

7.3　识别 ······················· 177

　　7.3.1　对标 ················· 178

　　7.3.2　环境 ················· 178

　　7.3.3　环境分布 ············· 178

　　7.3.4　质量功能展开（QFD） ······ 179

　　7.3.5　项目风险分析 ········· 181

7.4 设计 ·········· 181
7.4.1 计算机辅助工程（CAE）··· 182
7.4.2 失效模式、影响与危害性分析（FMECA）·········· 182
7.4.3 FMECA 的步骤 ·········· 183
7.4.4 FMECA 的应用 ·········· 185
7.4.5 FMECA 软件工具 ·········· 186
7.4.6 用 FMECA 进行可靠性预测 ··· 187
7.4.7 载荷 - 强度分析 ·········· 187
7.4.8 危害与可操作性分析（HAZOPS）·········· 188
7.4.9 零部件、材料和过程（PMP）的评估 ·········· 189
7.4.10 非材料失效模式 ·········· 189
7.4.11 关键项目清单 ·········· 190
7.4.12 载荷防护 ·········· 190
7.4.13 针对强度降低的防护 ··· 191
7.4.14 设计评估的管理 ·········· 191
7.4.15 基于失效模式的设计评估（DRBFM）·········· 193
7.4.16 人因可靠性 ·········· 193
7.5 分析 ·········· 194
7.6 验证 ·········· 195
7.6.1 退化分析 ·········· 195
7.6.2 配置控制 ·········· 195
7.7 确认 ·········· 195
7.8 控制 ·········· 196
7.8.1 工艺设计分析 ·········· 196
7.8.2 变异 ·········· 196
7.8.3 工艺 FMECA ·········· 198
7.8.4 Poka Yoke 防错 ·········· 198
7.8.5 测试性分析 ·········· 198
7.8.6 试验输出分析 ·········· 198
7.8.7 维修性分析 ·········· 198
7.9 评估一个组织的 DfR 能力 199
7.10 总结 ·········· 199
习题 ·········· 200
参考文献 ·········· 201

第8章 机械零件和系统的可靠性·········· 202
8.1 引言 ·········· 202

8.2 机械应力、强度和断裂 ·········· 202
8.3 疲劳 ·········· 205
8.3.1 抗疲劳设计 ·········· 210
8.3.2 易疲劳零件的维护 ·········· 211
8.4 蠕变 ·········· 211
8.5 磨损 ·········· 211
8.5.1 磨损的机理 ·········· 211
8.5.2 减小磨损的方法 ·········· 212
8.5.3 受到磨损的系统的维护 ·········· 212
8.6 腐蚀 ·········· 213
8.7 振动和冲击 ·········· 214
8.8 温度影响 ·········· 215
8.9 材料 ·········· 217
8.9.1 金属合金 ·········· 217
8.9.2 塑料、橡胶 ·········· 217
8.9.3 陶瓷 ·········· 217
8.9.4 复合材料、黏合剂 ·········· 217
8.10 零件 ·········· 218
8.11 制造工艺 ·········· 218
8.11.1 紧固件 ·········· 218
8.11.2 黏合剂 ·········· 219
8.11.3 熔焊和钎焊 ·········· 219
8.11.4 密封件 ·········· 219
习题 ·········· 220
参考文献 ·········· 221

第9章 电子系统的可靠性·········· 222
9.1 引言 ·········· 222
9.2 电子元器件的可靠性 ·········· 223
9.3 元器件类型和失效机理 ·········· 227
9.3.1 集成电路（IC）·········· 227
9.3.2 其他电子元器件 ·········· 236
9.3.3 钎焊 ·········· 239
9.4 元器件失效模式总结 ·········· 241
9.5 电路和系统方面的影响 ·········· 242
9.5.1 失真和抖动 ·········· 242
9.5.2 定时 ·········· 242
9.5.3 电磁干扰和兼容 ·········· 243
9.5.4 间歇失效 ·········· 243
9.5.5 其他失效原因 ·········· 244

9.6　电子系统设计中的可靠性 …… 244
　9.6.1　简介 ……………… 244
　9.6.2　瞬变电压防护 ……… 245
　9.6.3　热设计 …………… 246
　9.6.4　应力降额 ………… 247
　9.6.5　零件升额 ………… 249
　9.6.6　电磁干扰和电磁兼容
　　　　（EMI/EMC）……… 250
　9.6.7　冗余 ……………… 251
　9.6.8　设计简化 ………… 251
　9.6.9　潜在电路分析 …… 251
9.7　参数变异和公差 ………… 253
　9.7.1　简介 ……………… 253
　9.7.2　公差设计 ………… 254
　9.7.3　分析方法 ………… 255
9.8　面向生产、测试和维护的设计 … 257
习题 …………………………… 258
参考文献 ……………………… 259

第10章　软件可靠性 …………… 261
10.1　引言 …………………… 261
10.2　工程系统中的软件 …… 263
10.3　软件错误 ……………… 264
　10.3.1　规范错误 ……… 264
　10.3.2　软件系统设计 … 265
　10.3.3　软件代码生成 … 266
10.4　预防错误 ……………… 266
10.5　软件结构与模块化 …… 267
　10.5.1　结构 …………… 267
　10.5.2　模块化 ………… 267
　10.5.3　结构化和模块化程序设计
　　　　　的要求 ………… 268
　10.5.4　软件重用 ……… 268
10.6　编程风格 ……………… 268
10.7　容错 …………………… 269
10.8　冗余/分集 …………… 269
10.9　编程语言 ……………… 270
10.10　数据可靠性 ………… 271
10.11　软件检查 …………… 272
　10.11.1　FMECA ……… 272

10.11.2　软件潜在分析 ……… 272
10.12　软件测试 …………… 273
10.13　错误报告 …………… 276
10.14　软件可靠性预测和度量 … 277
　10.14.1　简介 ………… 277
　10.14.2　泊松模型（时间
　　　　　　相关）……… 277
　10.14.3　Musa 模型 …… 278
　10.14.4　Jelinski - Moranda 和 Schick -
　　　　　　Wolverton 模型 279
　10.14.5　Littlewood 模型 279
　10.14.6　点过程分析 … 280
10.15　硬件/软件接口 …… 280
10.16　小结 ………………… 281
习题 …………………………… 283
参考文献 ……………………… 283

第11章　试验设计和方差分析 …… 284
11.1　引言 …………………… 284
11.2　统计试验设计和方差分析 284
　11.2.1　单变量分析 …… 285
　11.2.2　多变量分析
　　　　　（析因试验）… 287
　11.2.3　非正态分布的变量 291
　11.2.4　二级析因试验 … 291
　11.2.5　部分析因试验 … 293
11.3　数据随机化 …………… 296
11.4　对结果的工程解释 …… 297
11.5　Taguchi（田口）方法 … 297
11.6　小结 …………………… 301
习题 …………………………… 302
参考文献 ……………………… 305

第12章　可靠性试验 …………… 306
12.1　引言 …………………… 306
12.2　可靠性试验的计划 …… 307
　12.2.1　使用设计分析数据 … 307
　12.2.2　考虑变异性 …… 308
　12.2.3　耐久性 ………… 308
12.3　试验环境 ……………… 309
　12.3.1　振动试验 ……… 311

12.3.2 温度试验 ·············· 312

12.3.3 电磁兼容性（EMC）
试验 ················· 312

12.3.4 其他环境试验 ········· 313

12.3.5 用户模拟试验 ········· 313

12.4 可靠性和耐久性
试验：加速试验 ·········· 313

12.4.1 试验开发 ············· 313

12.4.2 加速试验 ············· 318

12.4.3 高加速寿命试验
（HALT） ·········· 319

12.4.4 加速试验的试验方法 ······ 321

12.4.5 高加速寿命试验（HALT）
和生产试验 ········· 321

12.4.6 试验设计（DOE）还是高加
速寿命试验（HALT）？ ··· 322

12.5 试验规划 ··············· 322

12.6 失效报告、分析和纠正措施系统
（FRACAS） ··········· 323

12.6.1 失效报告 ············· 323

12.6.2 纠正措施的有效性 ········ 324

习题 ······················· 325

参考文献 ··················· 326

第13章 可靠性数据分析 ········ 327

13.1 引言 ··················· 327

13.2 Pareto 分析 ············· 327

13.3 加速试验数据的分析 ········· 328

13.4 加速因子 ··············· 329

13.5 加速模型 ··············· 330

13.5.1 温度和湿度加速模型 ······ 330

13.5.2 电压与电流加速模型 ······ 333

13.5.3 振动加速模型 ········· 333

13.6 试验与实际工况的对应 ········· 335

13.7 加速试验数据的统计分析 ········ 336

13.8 可修复系统的可靠性分析 ······· 338

13.8.1 可修复系统的失效率 ······ 338

13.8.2 多插座系统 ············ 340

13.9 累积和（CUSUM）图表 ······ 344

13.10 数据外推分析及比例
风险模型 ··········· 346

13.11 现场数据与保修数据
分析 ·············· 348

13.11.1 对现场和保修数据的
考虑 ············· 348

13.11.2 保修数据格式 ········· 348

13.11.3 保修数据分析 ········· 350

习题 ······················· 351

参考文献 ··················· 355

第14章 可靠性演示与增长 ······ 357

14.1 引言 ··················· 357

14.2 可靠性指标 ··············· 357

14.3 通过性试验（test to
success） ············· 358

14.3.1 二项分布法 ············ 358

14.3.2 通过性试验中出现失效 ····· 359

14.4 破坏性试验 ··············· 359

14.5 寿命试验的延长 ············· 360

14.5.1 参数化二项法 ········· 360

14.5.2 参数化二项模型的
局限性 ············ 361

14.6 连续试验 ··············· 361

14.7 退化分析 ··············· 362

14.8 使用贝叶斯统计法合并
试验结果 ·············· 363

14.9 非参数方法 ··············· 365

14.10 可靠性演示软件 ··········· 365

14.11 可靠性验证的一些
实际因素 ··········· 366

14.12 可修复系统的标准方法 ······· 367

14.12.1 概率比序贯试验（PRST）
（美国 MIL – HDBK –
781） ············· 367

14.12.2 试验计划 ············ 368

14.12.3 概率比序贯试验的
统计基础 ··········· 368

14.12.4 作业特性曲线和期望试验
时间曲线 ·············· 370
14.12.5 试验标准的选择 ······· 370
14.12.6 试验样机数量 ········· 371
14.12.7 老炼试验 ··········· 371
14.12.8 概率比序贯试验
（PRST）的实际问题 ··· 371
14.12.9 一次性产品的可靠性
演示 ··············· 372
14.13 可靠性增长监测 ··········· 373
14.13.1 杜安（Duane）法 ···· 373
14.13.2 $M(t)$ 法 ············· 378
14.13.3 用失效数据分析计算可靠
性增长 ············· 380
14.14 促进可靠性增长 ··········· 381
14.14.1 试验、分析与纠正 ····· 382
14.14.2 可靠性增长曲线 ······· 382
习题 ························· 383
参考文献 ····················· 385

第15章　制造过程中的可靠性 ······ 386
15.1 引言 ···················· 386
15.2 对生产中变异的控制 ········· 386
15.2.1 过程能力 ··········· 387
15.2.2 过程控制图 ········· 388
15.3 对人因变异的控制 ·········· 390
15.3.1 检验 ·············· 390
15.3.2 操作员控制 ········· 391
15.4 验收抽样 ················ 391
15.4.1 属性抽样 ·········· 391
15.4.2 变量抽样 ·········· 394
15.4.3 对抽样的一般评论 ····· 394
15.5 工艺改进 ················ 396
15.5.1 简单图表 ·········· 396
15.5.2 控制图 ············ 397
15.5.3 多元变量图 ········· 397
15.5.4 统计方法 ·········· 398
15.5.5 "零缺陷" ········· 399

15.5.6 质量小组 ··········· 399
15.6 电子产品的质量控制 ········· 400
15.6.1 测试方法 ··········· 400
15.6.2 连接的可靠性 ········ 402
15.7 应力筛选 ················ 403
15.8 生产失效报告、分析和纠正
措施系统（FRACAS）····· 405
15.9 小结 ··················· 406
习题 ························· 407
参考文献 ····················· 408

第16章　可维护性、维护和
可用性 ················· 409
16.1 引言 ···················· 409
16.2 可用性的度量 ············· 410
16.2.1 固有可用性 ········· 410
16.2.2 可达可用性 ········· 410
16.2.3 运行可用性 ········· 411
16.3 维修时间分布 ············· 411
16.4 预防性维护策略 ··········· 412
16.5 维护计划中的
FMECA 和 FTA ········· 415
16.6 维护时间表 ·············· 416
16.7 相关的技术问题 ··········· 416
16.7.1 机械方面 ··········· 416
16.7.2 电子和电气方面 ······ 416
16.7.3 "未发现故障" ······· 416
16.7.4 软件 ·············· 417
16.7.5 机内测试（BIT）······ 417
16.8 校准 ··················· 418
16.9 可维护性的预计 ··········· 418
16.10 可维护性的演示 ·········· 419
16.11 面向可维护性的设计 ······· 419
16.12 综合后勤保障 ············ 419
习题 ························· 420
参考文献 ····················· 421

第17章　可靠性管理 ············· 422
17.1 企业的可靠性方针 ········· 422

17.2　可靠性综合计划 ················ 422

17.3　可靠性与成本 ················· 425

　　17.3.1　可靠性的成本 ·········· 425

　　17.3.2　不可靠的成本 ·········· 427

17.4　安全性和产品责任 ··········· 429

17.5　可靠性、质量和安全性标准······ 429

　　17.5.1　ISO/IEC 60300（可
　　　　　信性）················· 430

　　17.5.2　ISO 9000（质量体系）······ 430

　　17.5.3　IEC 61508（与安全性相关
　　　　　的电气/电子/可编程电子
　　　　　系统的功能安全）········ 431

17.6　规定可靠性要求 ············· 432

　　17.6.1　失效定义 ············· 433

　　17.6.2　环境规范 ············· 433

　　17.6.3　说明可靠性需求 ········ 434

17.7　可靠性达标合同 ············· 434

　　17.7.1　可靠性改进保证 ········ 435

　　17.7.2　全面服务合同 ········· 435

17.8　管理下级供应商 ············· 436

17.9　可靠性手册 ················· 437

17.10　项目可靠性计划 ············ 437

17.11　利用外部服务机构 ·········· 438

17.12　用户的可靠性管理 ·········· 439

17.13　可靠性工作人员的选拔和
　　　培训 ···················· 441

17.14　可靠性的组织 ·············· 442

　　17.14.1　基于质量保证的
　　　　　组织结构 ············· 443

　　17.14.2　基于工程的组织
　　　　　结构 ················· 443

　　17.14.3　组织类型的对比 ········ 443

17.15　组织的可靠性能力和
　　　成熟度 ·················· 444

17.15.1　可靠性能力 ············· 445

17.15.2　可靠性成熟度 ··········· 445

17.16　管理生产质量 ·············· 446

　　17.16.1　建立生产质量标准 ··· 447

　　17.16.2　监测生产的质量工作
　　　　　成效和成本 ··········· 447

　　17.16.3　质量保证培训 ········ 447

　　17.16.4　专业设施和服务 ······ 447

　　17.16.5　质量审核 ··········· 448

17.17　质量管理方法 ·············· 448

　　17.17.1　质量体系 ··········· 448

　　17.17.2　"六西格玛" ·········· 449

　　17.17.3　质量小组 ··········· 449

　　17.17.4　质量奖 ············· 449

　　17.17.5　全面质量管理 ········ 449

17.18　选择方法：战略层面和
　　　战术层面 ················ 450

17.19　小结 ···················· 451

习题 ·························· 452

参考文献 ······················ 453

附录 ························· 454

附录1　标准累积正态分布函数 ····· 454

附录2　$\chi^2(\alpha, \nu)$ 分布值 ··········· 455

附录3　柯尔莫哥洛夫 - 斯米尔
　　　诺夫表 ·················· 458

附录4　秩表（5%，95%） ······· 459

附录5　失效报告、分析和纠正措施
　　　系统（FRACAS）分析 ····· 469

附录6　可靠性、可维护性（及安全
　　　性）计划示例 ·············· 471

附录7　矩阵代数复习 ·············· 476

第1章 可靠性工程简介

1.1 什么是可靠性工程

毫无疑问，工程产品应该是可靠的。一般消费者都感受到电视机和汽车的可靠性不够高。而航空公司、军队和公用事业等机构都意识到了不可靠带来的成本。制造商经常要为保修期内的产品失效付出巨大的代价。当试图对可靠性值进行量化，或试图把可靠性的水平对应到财务上的亏损或收益时，就开始出现争论和误解了。

最简单的、单纯面向生产者的观点或检验员对质量的看法是，根据某个规范或一组特性参数去检查一个产品，而一经通过，便可以交付给用户。用户接收该产品的同时也接受这样一个事实，即该产品在以后某个时间可能会失效。简单的方法通常是采用保质期，或者用户可得到某些法律上的保护，从而能够在规定的或适当的时间内对发生的失效提出索赔。但这种办法不能衡量质量在一段时间内的变化，特别是保质期以外的时间。即便是在保质期内，如果产品失效一次、两次或多次，只要制造商每次按承诺对产品进行修复，用户通常也无理由采取进一步的行动。如果产品经常失效，制造商则要承担高额的保修费用，同时还会给用户带来诸多不便。超出保质期后，受到损失的只是用户。无论怎样，制造商都会蒙受信誉损失，还可能影响未来的业务。

因此，我们需要一个基于时间的质量概念。检验员的概念和时间无关。产品或是通过规定的测试，或是不通过。而可靠性则通常涉及时域内的失效。这对传统的质量控制和可靠性工程进行了区分。

我们很难精确地预报失效是否发生以及发生的时间。因此，可靠性是工程中不确定性的一个方面。某个产品能否在某个时间段工作是一个可以用概率回答的问题。这就引出了常用的工程可靠性定义：产品在指定时间内、指定条件下完成所要求的功能而不失效的概率。

可靠性也可表示为一段时间内的失效次数。

耐久性是可靠性特定的一个方面，表示的是产品经受与时间（或行驶距离、作业循环等）相关的作用过程，如疲劳、磨损、腐蚀、电气参数变化等的影响的能力。耐久性通常表示为磨损失效发生前的最短时间。对可修复系统来说，它经常用来表示产品在维修之后的工作能力。

按其优先顺序，可靠性工程的目的为：

1）应用工程知识和专业技术来防止或减少失效的发生。

2）确认并纠正出现失效的原因，无论预防这些失效需要多少工作量。

3）如果失效的原因没有得到纠正，则找出处理已经发生的失效的方法。

4）应用各种方法估计新设计可能具有的可靠性，并分析可靠性数据。

这里强调优先顺序的原因是要以最低的成本生产出可靠的产品，这是迄今为止最有效的工作方式。

因此，所需的主要技能是了解并预见导致失效的可能原因的能力，以及如何预防失效发生的知识。还需要具有可用于分析各种设计和数据的方法和知识。这些技能莫过于良好的工程知识和经验，所以从广义上讲，可靠性工程首要的仍然是在设计、开发、制造和服务过程中进行良好的工程实践。

可以利用数学和统计方法对可靠性进行量化（预计、度量）并分析可靠性数据。在第 2 章中将讲解这些基本的方法，为后续一些应用方法提供了入门知识。但是，由于有很大的不确定性，这些方法实际上很少能达到工程师们处理多数其他问题时所习惯的那种精确度和确定性。在实践中，不确定性经常达到几个数量级，所以数学和统计方法在可靠性工程中的作用是有限的，而理解这种不确定性非常重要，这样才能尽量减少不当的分析和产生误导性结果。在适当的场合下，数学和统计方法是非常有价值的，但实际的工程方法在确定问题的原因和解决办法的过程中必须处于优先的地位。遗憾的是，并不是所有的可靠性培训、文献和实践都反映了这一点。

但是，比所有这些方面都更加重要的是可靠性工作的管理。既然可靠性（通常还有安全性）是现代工程产品的一个十分关键的指标，而且因为失效主要是由所涉及的人员（设计工程师、测试工程师、制造商、供应商、维护人员、用户）造成的，因此只有通过包括培训、团队合作、纪律和采用最适当的方法等全方位的努力才能最大限度地提高可靠性。可靠性工程"专家"无法做到这一点。他们可以提供支持、培训和工具，但只有经理人能够组织、激励、领导和提供相应资源。可靠性工程归根结底是对工程的有效管理。

1.2 为什么要讲授可靠性工程

传统上，工程教育讲授的是制造出来的产品是如何工作的。而产品失效的方式、失效的影响⊖，以及影响失效可能性的设计、制造、维护和使用等方面通常

⊖ 机械工程课程中通常包含基本的失效过程，如断裂力学、磨损和腐蚀。

是不讲授的，主要是因为在考虑产品可能失效的方式之前先要理解这个产品是如何工作的。对很多产品来说，接近失效状态的趋势与熵类似。工程师的任务是把产品设计和维护好，以便推迟失效状态的出现。在这些任务中，工程师面临着工程材料、工艺和应用方面的工程变异性所固有的问题。工程教育从根本上说是确定性的，而对变异性通常不会十分关注。然而变异性和偶然性在大多数产品的可靠性中起着决定性作用。质量、尺寸、摩擦系数、强度和应力等基本参数从不是绝对的，由于加工工艺和材料的变化、人的因素及应用等，这些参数实际上会发生变化。有些参数还随时间而变化。因此，理解偶然性及变异的原因和影响是生产可靠产品和解决不可靠性问题所必需的。

　　然而，将统计知识应用到工程问题也存在一些实际问题。以往的工程师在处理这些问题时可能会避免使用统计方法，而且有关可靠性工程和数学方面的教科书一般都侧重于理论方面，而没有对实际应用提供指导。理论基础必须可靠才能有用，对保险精算师、市场调研员或农业试验员有用的统计方法对工程师来说不一定有用。这并不是因为理论是错误的，而是因为工程师通常要面对更多的不确定性，这主要是由生产和使用过程中的人为因素造成的。

　　某些高度可靠的产品是依靠丰富的经验和对高质量的追求而设计和制造出来的。工程师并没有将可靠性工程看成是一个需要专家考虑的领域，而这样的一本书几乎不会教给他们在创造可靠的产品过程中没有实践的东西。因此工程师和管理者可能对专门的可靠性科学持怀疑态度。但这些传统方法现在也遇到了压力和挑战。竞争、进度和最后期限的压力，故障的代价，新材料的快速发展，方法和复杂系统，降低产品费用及安全方面的考虑等的压力，无不在增加产品开发的风险。图 1-1 所示为导致风险的各种问题。可靠性工程就是为了控制这些风险而发展起来的。

图 1-1　已知的风险

后面的各章将介绍可靠性工程方法如何在设计、开发、生产、维护中控制风险水平。这些方法的使用程度必须由每个项目和每个设计领域来决定。它们不能取代常规的良好实践，如承受周期性载荷的零部件的安全设计，或电子元器件的使用准则等，而是应该作为良好实践的补充。但有时常规的准则和法则在新的风险出现时不充分或者不适用。有时，当我们以为能够根据现有的知识可靠地进行推断时，便无意中承担了风险。设计和管理人员常常过于乐观，或不愿意面对那些他们尚不熟悉的风险。

正是由于这些原因，理解可靠性工程的原理和方法是现代工程的一个必不可少的组成部分。

1.3 为什么产品会失效

产品可能会失效的原因有很多。在实际工作中，了解失效的潜在原因是防止失效的根本所在。预知所有的原因是不切实际的，因此必须考虑到所涉及的不确定性。可靠性工程的工作就是在设计、开发、制造和服务的过程中，注重所有预料到的和可能预料不到的失效原因，以确保失效得到预防或使发生失效的概率最小。

发生失效的主要原因有：

1）设计本身可能存在不足。它可能是设计强度太低、消耗功率太多、在不恰当的概率上发生共振等。可能的原因有很多，而每个设计问题都代表差错、遗漏和疏忽的可能性。设计越复杂，或需要解决的问题越困难，出差错的可能性就越大。

2）产品可能处于某种过应力状态。如果施加的应力超过了强度就会产生失效。如果所施加的电应力（电压、电流）超过其承受能力，电子元器件就会失效；如果所施加的压应力超过了强度极限，机械支柱将会弯曲。这类过应力的失效确实会发生，但并不常见，因为设计人员给出了安全裕度。电子元器件规定了最大额定使用条件，电路设计人员要注意在使用过程中不会超过这些额定值。在大多数情况下，他们会尽量地确保在使用过程中最恶劣的应力处在额定应力值以下，这称为"降额"。机械设计人员也是同样的：他们了解所用材料的特性（如抗拉强度），而且他们将确保零部件强度和承受的最大应力之间有足够的裕度。然而，要对每一种可能施加的应力都提供保护也许是不可能的。

3）变异也可能导致失效。在上述情况中，强度和载荷值是固定的且已知的。如果这个已知的强度总是超过已知的载荷，如图1-2所示，那么就不会发生失效。但多数情况下，二者都有某种程度的不确定性。任何零部件的总体的实际强度值都是不同的：有些可能相对较强，另一些则相对较弱，但大多数会接近平均强度水平。同样，所施加的载荷也是可变的。图1-3所示为这种情况。前面提到，只要施加的载荷不超过强度，失效就不会发生。但是，如果载荷和强度分布之间有重叠，同时一个较大的载荷施加到强度较小的物件上时，分布就会出现重叠或干涉（图1-4），这时就会出现失效。我们将在第5章更详细地讲解载荷和强度干涉。

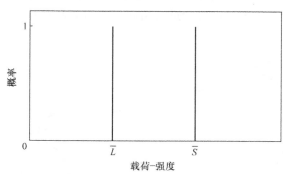

图 1-2　载荷 – 强度—离散值

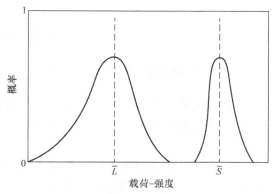

图 1-3　载荷 – 强度—分布值

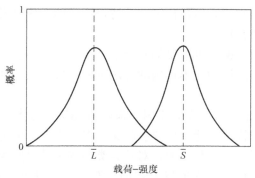

图 1-4　载荷 – 强度—发生了干涉的分布值

4）磨损可能导致失效。我们将用这一术语来概括所有使一个起初足够强的零件随着时间的推移逐渐弱化的机理或过程。此类过程的常见例子有材料疲劳，接触面在移动过程中的磨损、腐蚀、绝缘老化，以及灯泡和日光灯管的耗损机理。图1-5说明了这种情况。开始时强度足以承担所施加的载荷，但随着时间的推移强度不断减弱。所有情况下平均值都是下降的，并且强度的分布都变得更宽。这就是很难对此类零件的寿命进行精确预测的主要原因。

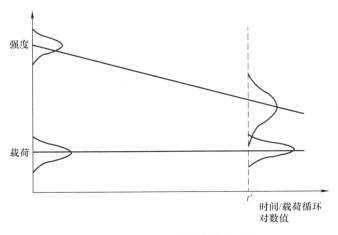

图 1-5　随时间变化的载荷和强度

5）可能由其他随时间变化的机理导致失效。这类机理有电池的电量降低、涡轮盘或细焊缝同时承受高温和拉应力引起的蠕变，以及电子元器件参数值的漂移等。

6）潜在现象导致的失效。潜在现象是指虽然系统的每个部分都工作正常，但该系统仍无法正常工作的情况。例如，某个电子系统的设计可能在某些条件下就会发生工作不正常的情况。阿波罗宇宙飞船乘员舱中的致命火灾就是这样造成的：电路的设计使得机组人员执行了一个特定顺序的操作时发生电气短路。软件设计中也可能出现潜在现象。

7）错误能导致失效，如错误的规格、设计或软件代码，错误的装配或测试，不充分、不适当的维护或不正确的使用都能导致失效。这些情况导致了实际发生的大多数失效。

8）还有很多其他可能的失效原因。齿轮可能噪声过大、油封可能渗漏、显示屏可能闪烁、操作说明可能错误或有歧义、电子系统可能遭受电磁干扰等。

失效有很多不同的原因和影响，对什么类型的事件可归类为失效也会有不同的理解。在挑战者号那次不幸的发射之前，航天飞机助推火箭上的 O 形密封环并未被归类为失效。我们也知道，无论从原则上讲还是从实践方面讲，所有的失效都是可以预防的。

1.4　可靠性中的概率

可靠性概念包含了概率，这就意味着任何量化必然涉及统计方法的使用。除可靠性是完美的（该产品永远不会失效）或可靠性为零（该产品永远不能工作）这样的特殊情况外，对可靠性相关的统计学理解是取得进步的必要基础。在工作中我们尽量达到 100% 的可靠性，但我们根据经验可知这并不总是能实现的。所以可靠性统计通常与很高（或很低：失效确实发生了的概率为 1 - 可靠度）的概率值相关。量化此类数字会带来更高的不确定性，因为相应地我们需要更多的信息。其他不确定性因素还来自于制作和使用产品的人，以及产品通常可能处在各种不同的环境工作。

工程师开始讨论失效时还会引入更多的不确定性，这些经常带有主观的性质。如果某一次失效是由一个不会再次出现的错误所引起的，那么应该计入吗？如果设计上已经采取措施来降低某类失效的风险，那么如何量化我们对这个工程师能否取得成功的信任程度呢？被测试的机器是否在机器总体中具有代表性？

可靠性还有其他量化的方法。我们用给定时间内失效的平均数（失效率）来表示可靠性，或对已经修复又重新使用的产品用平均故障间隔时间（MTBF），或对不可修复产品用平均失效前时间（MTTF），或在使用期间发生失效的产品占总体的比例来表示。

在可靠性中应用统计学分析不像在民意测验或对人的智商或身高等进行统计那样直观。这里主要的关注点在大部分人群或样本的表现上，差异不大且数据充足。在可靠性方面，我们关注的是分布的极尾部状态和难以同时得到的载荷和强度，这种情形下经常很难对变异性进行量化，同时数据成本很高。

将统计学理论应用于可靠性工程时会出现更多问题，这是因为变异经常是时间或者和时间相关的因素的函数，如作业循环、昼夜或季节循环、维修周期等。与大多数知识领域不同，工程主要关注的是希望向更好的方向改变，虽然实际并不总能如愿以偿。因此，如果不考虑设计更改、维修人员培训，甚至那些无法预见的生产和服务问题等非统计因素，就不能用任何以往的可靠性数据对未来的状况进行可信的预测。进行可靠性工作的统计工作人员需要了解这些现实情况。

第 2 章介绍可靠性工程的统计学基础，但必须始终牢记质量和可靠性数据包含了很多不能精确量化的不确定性和变异性的因素。同样重要的是要理解失效及其原因绝不总是十分明确和清晰的，它们经常需要进一步解释和讨论。它们的重要性（成本、安全性、其他影响）也不同。因此，必须谨慎，不应用传统科学和确定性的思维来解释失效。例如，单纯看某个产品的失效次数几乎没有价值或者说明什么问题。它不能告诉我们原因和结果，所以也不能帮助改善状况。这和对一些物理量如质量或功耗进行清楚和完整的描述完全不同。然而，必须获得数据来支持决策，所以数学是不可缺少的。重点是，可靠性工程师或管理人员不像保险精算师那样只是数据的被动观察者。可靠性的统计推断不能保证结果，这些结果还受质量和可靠性工程师以及管理人员的实际行为的影响。

1.5 可修复和不可修复产品

在预计和测量可靠性时，很重要的一点是区别可修复产品和不可修复产品。

对灯泡、晶体管、火箭发动机或无人驾驶宇宙飞船等这样不可修复的产品来说，可靠性是在这些产品的预计寿命期内的生存概率，或者是在其寿命期内一段时间内的生存概率，其间失效只会发生一次。在该产品的寿命期内，第一次也是唯一一次失效的瞬时概率称为风险率。还可以使用其他寿命值来表示可靠性特征，如平均寿命或平均失效前时间（MTTF），或一定百分比（如10%）的产品发生失效的预计寿命（百分比寿命）等。注意，不可修复产品可以是单个产品（灯泡、晶体管、紧固件）或由很多零件组成的系统（宇宙飞船、微处理器）。

对失效后再修复的产品来说，可靠性是在关注的时间内不发生失效的概率，其间可能发生不止一次失效。它也可以用失效发生率（ROCOF）来表示，或者有时称为失效率（通常用 λ 表示）。然而，失效率这个词有更广泛的含义，经常同时用在可修复和不可修复系统上表示单位时间内的失效数量，也用在总体内的单个样本上表示一段时间内发生的失效数量，有时还作为风险率的平均值使用，或者用于简便地衡量风险率。

可修复系统的可靠性还可用平均故障间隔时间（MTBF）来表示，但只能用在失效率是常数的情况下。人们经常假设失效按照恒定的概率发生，此时失效率 $\lambda = (\mathrm{MTBF})^{-1}$。然而这只是一个特例，它的价值在于经常符合实情并且便于理解。

我们同时关心可修复产品的可用性，因为修理是耗时的。可用度由失效发生率（失效率）和维修时间决定。维修可以是修复性的（即修理）或预防性的（为了减小失效的可能性，如润滑）。所以需要理解可靠性和维修之间的关系，以及可靠性和维护性二者是如何影响可用性的。

有时，一个产品既可被认为是可修复的，也可被认为是不可修复的。例如，一枚导弹在仓库中存储并进行定期测试时，它是一个可修复系统，但是当它被发射以后，即变成不可修复系统。这类系统的可靠性分析必须区分考虑这些状态。可修复性也可由其他因素决定。例如，将电视机的一块电路板作为可修复产品或不可修复产品来处理，要取决于修理成本。发动机或车辆只在一定年限范围内被视为是可修复的。

可修复系统的可靠性数据分析在第 13 章中介绍，可用性和维护性则在第 16 章介绍。

1.6　不可修复产品的失效模式

失效随时间变化的模式基本上有三种：风险率下降、上升或恒定。通过分析风险率随时间的变化可以了解有关失效原因及该产品可靠性方面的很多情况。

有些产品随着使用时间的延长而变得更不容易失效，表现为它们的风险率在下降。这在电子设备和元器件中是常见的。电子元器件的"老炼"就是利用风险率逐渐降低这个规律来提高可靠性的极好例子。元器件在发货之前，需要在诱发失效的应力条件下运行一段时间。由于不合格的元器件失效而被剔除，风险率得以下降，而剩余的元器件总体上就更加可靠了。

当载荷超过设计强度这种情况按照恒定的概率发生时，就表现出了恒定的风险率。例如，由于偶然或瞬时出现的电路过载引起的过应力失效，或维修引起的机械设备失效，都是典型的以一个通常的恒定概率随机发生的。

磨损的失效模式表现为风险率逐渐上升。例如，由循环加载引起的强度下降而导致的材料疲劳这种失效模式不会在某个时间限值内出现，而是在这个限值之后发生的概率才开始上升。

组合的效果产生了所谓的"浴盆"曲线（图 1-6），该曲线表示了开始时逐渐降低的风险率或称早期失效阶段、中间的有用寿命阶段和最后的磨损阶段。如果用死亡类比不可修复系统的失效，该浴盆曲线模型与精算统计模型是类似的。

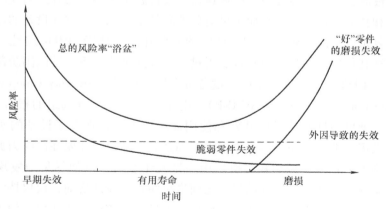

图 1-6　"浴盆"曲线

1.7 可修复产品的失效模式

可修复产品的失效率（或 ROCOF）也是随时间而变化的，而从这些变化的趋势中可得到重要的推断。

就像不可修复产品的恒定风险率情况一样，可修复产品的恒定失效率（constant failure rate，CFR）也是由外部引入的失效的表现。对一个经常进行维修的复杂系统，通常失效率也是恒定的，因为在这种系统中，不同的零件随时间变化呈现不同的失效规律，而且自修理或更换后的各零部件的使用时间不同。当通过不断维修使可靠性得到改善时，可修复系统呈现出失效率下降（decreasing failure rate，DFR）的现象，因为相对较早失效的有缺陷的零部件被好的零部件所取代。为了达到这个目的，对电子系统和零部件都会采用"老炼"试验。

当零部件的磨损失效模式开始占多数时，可修复系统的失效率就会增加。

可修复系统的失效随时间变化的模式也可用浴盆曲线（图 1-6）来表示，但不同的是，但失效发生率（ROCOF）而不是瞬时故障率是随时间变化的。

失效数据的统计分析在第 2 章和第 3 章中介绍。

1.8 可靠性工程的发展

可靠性工程作为一个单独的学科在 20 世纪 50 年代起源于美国。军事电子系统的日趋复杂化导致了失效率攀升、可用性大幅度下降而成本增加。固态电子技术具有长远的发展前景，但反过来微型化将相应导致复杂性的提高，抵消了所预期的可靠性改善。电子器件技术的快速发展使得新军事系统的开发商使用大量新型元器件和新的制造工艺，从而不可避免地降低了可靠性。这些设备的用户也会发现新型复杂设备的故障诊断和维修中的问题在严重地影响着可用性，而且备件、培训和其他后勤保障的成本也变得过高。在这个背景下，美国国防部和电子工业部门在 1952 年联合成立了电子设备可靠性咨询组（Advisory Group on Reliability of Electronic Equipment，AGREE）。电子设备可靠性咨询组的报告总结称，要摆脱由于低可靠性所造成的开发和使用成本的上升，在电子设备的研制周期内，必须规定各部门协同工作。该报告特别强调了新设备需要在高应力循环的环境（包括高温、低温、振动和切换）中测试几千小时，以便尽早地发现设计中的主要薄弱环节，从而可在开始投产之前进行纠正。在此之前，仅仅持续数十小时的环境试验已被认为足以证明一个设计的合理性。该报告还建议，使用正式的可靠性演示验证在一定的统计置信度下超过规定的 MTBF 应该作为采购部门进行设备验收的条件。该报告的大部分内容是不同水平的统计置信度和环境条件下的详细试验计划。

电子设备可靠性咨询组的报告被国防部采纳，于是电子设备可靠性咨询组试验很快变成了标准的程序。那些在必需的环境试验设备方面进行了高成本投资的公司很快发现其可以达到比传统方法高得多的可靠性水平。显然，设计工程师，尤其是工作在先进技术前沿的工程师，如果没有能暴露薄弱环节的试验规范，就无法制造出可靠性高的设备。复杂系统和其中使用的元件包括了很多相互影响的变量需要设计人员正确处理，而且即使是最细致的设计评审和规范也不能提供足够的保证。因此有必要通过使产品失效，然后消除导致失效的薄弱环节。美国国防部重新发布了电子设备可靠性咨询组关于进行试验的报告，将其作为美国军用标准（MIL – STD）781，即"可靠性鉴定和生产核准试验"。

与此同时，以集成微电子电路为先导的电子器件技术革命仍在继续。安装在设备上元器件的质量越来越得到重视。引入使元器件经受更高的温度、电气和其他应力的筛选技术，取代传统的抽样方法。由于单个印制电路板上元器件总数的增多，抽样方法不足以预防缺陷。这些技术在军用标准中被正式确定下来，覆盖了所有电子元器件。按这些标准生产的元器件称为"高可靠性"元器件。基于美国军用标准，国际电工委员会（IEC）制定了电子元器件规范和试验体系，在英国和欧洲大陆以及全世界推广。

然而，电子元器件行业质量标准的提高使商用零部件的可靠性也大大提高。因此，20 世纪 80 年代，美国军方开始从军用级别的电子元器件转向商用件（commercial off the shelf, COTS）来降低成本，这种做法已经扩展到其他领域。

美国的工程可靠性发展得很快，而且 AGREE 和可靠性工作的各种概念被美国国家航空航天局（NASA）以及很多其他高技术设备的主要供应商和采购方所采纳。1965 年，美国国防部发布了 MIL – STD – 785，即系统和设备的可靠性大纲。此文件强制要求把可靠性工作与传统的工程设计、开发和生产活动集成起来，因为当时已经认识到这种协同的工作是确保在开发周期的最初也是成本最低的阶段发现并消除潜在的可靠性问题的唯一途径。很多对高可靠性进行成本 – 效益分析的文献都表明，在早期开发和生产试验过程中所付出的工作量和耗费的资源，加上 MIL – STD – 781 要求的可靠性水平的验证，会导致使用成本的降低，降低的成本超过可靠性工作所付出的成本。这时也引入了生命周期成本（LCC）或全寿命成本的概念。

英国于 1981 年发布了防务标准 00 – 40：可靠性和可维护性管理（The Management of Reliability and Maintainability）。英国标准协会发布了 BS 5760，即系统、设备和零部件的可靠性指南（Guide on Reliability of Systems, Equipments and

Components）。20 世纪 90 年代，欧洲可靠性/可信性⊖系列标准开始编写，并逐渐合并到国际标准化组织（ISO）。例如，ISO/IEC 60 300 介绍了可信性管理系统的概念和原理。它描述了为实现可信性目标而进行的计划、资源分配、控制、调整的通用过程。现在，有很多 ISO 标准在试验、验证、可靠性分析及产品开发的其他方面提供指导。

从 20 世纪 80 年代初开始，日本工业和民用新产品的可靠性突然超过了西方竞争对手。汽车、电子元器件和系统及机床等产品的可靠性远远超过了先前的水平。同时，这些产品价格低廉，而且经常被称有优异的特点和性能。这个"日本质量革命"是被请到日本的美国教师们所授课程推动的。其中著名的两位教师是 J. R. 朱兰和 W. 爱德华·戴明，他们讲授了"全面质量管理"（TQM）和持续改进的原理。日本的先驱者们，特别是 K. Ishikawa（石川馨）也做出了贡献。美国作者彼得·德鲁克（Peter Drucker）在关于管理的教学中强调，在被赋予了知识和授权去识别及落实改进，而不是被期望按照"老板"所强制的方法去做时，人们的工作最富有成效。

正如德鲁克所预言的那样，这些理念导致了生产力和质量的大幅度提高，因此也增强了对市场的渗透。许多遵循了这条广为传播的道路的西方公司也取得了很大的发展。当前，在采购和生产国际化的趋势下，这个理念得到了普遍应用。

以往西方国家所采用的方法主要是基于设计分析和可靠性验证试验的正规程序，而日本则注重生产质量。如今多数如军事、电信、交通、能源与传输等系统的客户主要依靠合同的激励，如保修和维修服务，而不是依靠标准来要求可靠性工作具体应该如何开展。

可靠性思想发展的另一个方面是统计方法的应用，主要用于分析失效数据和预测系统的可靠性及安全性方面。因为可靠性可用概率表示，并且还要受到变异的影响，所以原则上讲这些方法是适用的。它们构成了有关这一领域的大多数教学和文献的基础。然而，工程中的变异通常具有不确定性，以至于精密的数学和量化方法也可能是不适当的和有误导作用的。这方面的内容将在后面各章中讨论。

1.9　课程、会议和文献

可靠性工程和管理已经进入很多高校、学院、技术学校的课程中，也在短期培训课程中讲授。

⊖　这里，可信性定义为可靠性、可维护性、可用性和安全性的总和。

在美国，自 20 世纪 60 年代开始一直定期地举办一些有关可靠性工程和管理的综合性及专业性议题会议，欧洲和世界其他地方也从 20 世纪 70 年代起开始举办这样的会议。最有名的是由美国各大工程协会和院所合办的美国可靠性和维护性研讨会（Reliability and Maintainability Symposium，RAMS）。会议每年一次，而且其论文集包含了大量有用的信息并经常被引用。欧洲安全与可靠性会议（The European Safety and Reliability Conference，ESREL）也是每年举办一次并出版会议论文集，会议举办地点在其他各国。

同时，有关可靠性的期刊也出现了，一些被列入到了本章后面的参考文献中。已经出版了一些关于可靠性工程和管理的书籍，其中一些被列入了其他各章后面的参考文献中。

许多可靠性文献趋向于侧重这个领域内的数学与分析方面，其结果是可靠性工程常被设计工程师和其他人视为相当深奥的学科。这是其不足之处，因为这造成了交流障碍。将可靠性工作整合到整个管理和工程过程中是十分重要的。这些方面将在后面各章中论述。

1.10　可靠性工作的机构

为了制定可靠性工程的政策和方法并进行研究和培训，一些组织机构应运而生。这些机构当中需要提到的是美国质量协会（American Society for Quality，ASQ）。这是一个十分国际化的组织，在全球几乎所有国家都有会员。ASQ 内部也有很多机构，包括可靠性分部，它主要进行可靠性方面的培训、教育、联络和推广最佳实践。

1.11　作为效能参数的可靠性

随着很多现代系统成本和复杂程度的提高，需要将可靠性视为一个需要明确并且作为工作目标的效能参数。例如，当需要使用一个雷达站、一个加工厂或一架班机时其必须是可用的，而其不可用的代价会很高，在计划外时尤其如此。对武器来说，如果防空导弹在其整个作战过程中无法 100% 发挥正常功能，战斗规划人员必须考虑适当地多部署一些导弹才能达到需要的防御水平。阿波罗项目的第二级火箭由 6 台火箭发动机来提供动力，其中任何 5 台都能提供足够的推力，而额外的一台则专门为应对某台发动机可能失效。实际上没有发生任何失效，而每次发射都使用了一个"不必要"的发动机。这些做法同样适用于不太复杂的系统，如自动售货机和复印机，即使失效的代价以绝对数值来讲要低得多。

作为一个效能参数，可靠性可与其他参数进行"权衡"。可靠性通常影响可用度，而从这个意义上讲，其也和维护性相关。可靠性和维护性可用下面这个公式与可用度关联起来：

$$可用度 = \frac{MTBF}{MTBF + MTTR}$$

式中，MTTR 为平均修复时间。

这是一个最简单的稳态状况。显然，要提高可用度，或是提高平均故障间隔时间，或是缩短平均修复时间。例如，自动的机内测试设备可以大幅度降低电子设备的诊断时间，代价是整机可靠性略有下降，且单机成本有所提高。很多其他参数诸如质量、冗余、材料成本、零部件和加工成本或性能下降等，都可在进行权衡时考虑进去。

为了权衡可靠性，面对各种关系进行判断时的最大困难是，尽管可以比较精确地估算机内测试设备的成本和质量的增加、材料和元器件的成本或可测量的性能参数的价值等因素，但是它们对可靠性的影响一般来讲无法精确地预测，而且可靠性的测量只能在所获得的数据量提供的统计界限内做出。所以权衡后的选择在很大程度上要根据类似项目的经验，并且要认识到会存在大的误差范围。

1.12　可靠性工作的各项活动

那么，管理者和工程师应该如何做才能提高可靠性呢？已经提到过的一个明显的活动是质量保证（Quality Assurance，QA），即用来确保所交付的产品与设计相符的一系列工作。对很多产品而言，质量保证足以确保高可靠性，而且也不能期望一家批量生产简单压铸件的公司聘请专门的可靠性人员。这样的公司设计比较简单且经过了充分的验证，产品的使用环境也很清楚，偶尔发生的失效也不会造成很大的财务上或运营上的损失。质量保证方法加上工艺水平对于简单的或已知风险很低的产品就足够了。安全裕度可以设计得很大，这样风险就很低，就像在大多数结构工程中那样。在很多类型的产品的开发和制造过程中没有专门的可靠性工作，这也是合情合理的。但是，质量保证原则是任何包含可靠性工作的必要组成部分。

当失效的风险或成本较高时，正规的可靠性工作计划则是必需的。我们已经看到了可靠性工程因为军事设备不可靠带来的高成本而发展起来，后来又看到可靠性工程如何在民用领域发展起来。失效的风险通常随一个系统中零部件的数目成比例地增加，所以，对于任何复杂程度能导致显著风险的产品而言，可靠性工作都是必需的。

有效的可靠性计划要建立在有责任和权力的人的能力的基础上。可以称这些人为可靠性经理。其职责必须和明确的目标相关，这个目标可以是最高保修费用，也可以是有待验证的 MTBF，或不发生失效的要求。有了目标和职权，面对各种不确定性的可靠性经理如何着手完成其工作呢？此问题将在后续各章中详细回答，这里只做简要介绍。

可靠性计划要从项目的最早阶段，即概念阶段就开始。因为将对可靠性带来重大影响的根本性决策就是在此时做出的。这些都是涉及规格（性能、复杂程度、成本、工艺性等）、开发时间、用于评价和试验的资源、人力资源以及其他因素中的风险的决策。

研制周期越短，这一点就越重要，尤其是当没有机会进行迭代时。此阶段要做的事情是权衡结果的评估和可靠性目标的制定。在这里，可靠性工程师要有能力协助在各方的得失之中达成协议，包括在设计、生产、营销、财务、售后以及客户代表之间所进行的协商。

当开发项目从最初的分析推进到详细设计阶段时，零件的选择、材料与工艺、应力控制、公差等方面就需要有正式文件规范，从而对可靠性风险进行控制。这个阶段的目的是确保采用了最佳实践经验、发现并纠正偏差同时发现不确定之处并准备后续处理。当项目继续进行到样件生产和试验阶段时，需要计划和执行试验来暴露设计弱点并针对已明确的需求进行验证，并对试验和数据进行收集、分析并采取措施。在生产期间，质量保证工作确保经过验证的设计得以投产，并可能采用进一步的试验来消除弱项并维持信心。数据采集、分析和采取解决措施的这个过程贯穿于生产甚至使用阶段。所以，在产品的整个寿命周期内始终要对可靠性进行评估，首先根据以往的经验进行初步预计，以判定其可行性并确立目标，然后随着详细设计的进行对预计结果进行细化，接着在试验、生产和使用阶段记录表现的数据。随后此性能数据生成反馈以制定整改措施，并为未来的产品提供数据和指导。

在美国军用标准 MIL – STD – 785、英国防务标准 00 – 40 和英国标准 5760（见参考文献）等文件中，都描述了可靠性工作计划的组成要素。有关的各方面工作将在后续各章中详细论述。

1.13　可靠性经济效益和管理

显然，上文所述可靠性的各项活动可能是成本很高的。图 1-7 所示为常见的在可靠性（以及生产质量）方面开展工作的成本 – 收益关系图。图中总成本曲线呈 U 形，在可靠性水平低于 100% 的某个位置达到最低点。从总成本的角度讲，这一点即最佳可靠性水平。

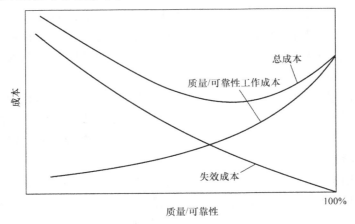

图1-7　可靠性和寿命周期成本（传统观点）

W. 爱德华·戴明在讲授生产质量时提出了一个不同的模型（戴明，1986），如图1-8所示。他指出，因为失效的存在，质量不尽完美，而所有失效都有背后的原因，我们不应该预设某一个质量水平是"最佳的"，而应该问"在每一种情况下，预防或者纠正这些原因的成本和不采取任何措施付出的成本相比哪个更高？"在这样分析了每项潜在或者实际的原因之后，通常的结果是纠正原因比不采取任何措施成本更低。因此总成本随着质量提高而持续降低。这个简单的事实是日本质量革命的主要决定因素，并构成了改善 kaizen（持续改进）的哲学基础。100%的质量很难实现，但是实际达到的水平超过了大多数西方竞争对手，而且生产成本也降低了。

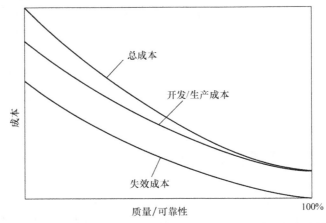

图1-8　可靠性/质量和寿命周期成本（基于戴明的质量－成本模型）

同样的原理也适用于可靠性：所有为了查找并消除潜在失效原因以改进可靠性的努力都会在整个寿命周期内节约成本，从长远看会增加利润。换言之，有效的可靠性计划实际上是一种投资，通常在一段时间后都会有很高的回报。但很难将可靠性工作如额外的设计分析或者试验的成效量化成一定的可靠性水平。这些工作产生的成本（包括对项目成本造成的影响）容易算出，但成效是一段时间以后才出现的且经常不容易确定。然而，要使复杂的产品达到接近 100% 的可靠性通常不现实。最近在可靠性成本方面的研究（Kleyner，2010）表明在实际工作中总成本曲线向右偏斜，因为成本上升而可靠性改进的收益逐渐降低，如图 1-9 所示。现代的产品开发中，紧迫的时间、有限的预算都在约束着工作量。另一方面，市场上的压力要求产品有接近完美的可靠性。关于可靠性成本的内容见第 14 章和第 17 章。

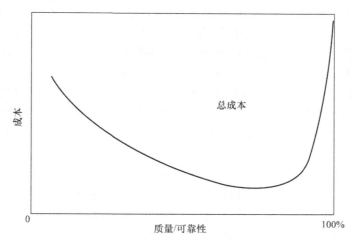

图 1-9 可靠性与寿命周期成本（实际中）

需要注意的是，虽然在生产中达到 100% 的质量或者在服务中达到 100% 的可靠性在实际中极为少见，尤其是对产量巨大的产品而言更是这样，但是这仍然应该作为所有产品开发或者生产的最终目标。

要获得可靠的设计和产品，需要密切协调的方法，包括设计、试验、生产，也包括可靠性工作的各项活动。这种综合的工程对项目经理和团队成员的判断能力与工程知识提出了很高的要求。作为团队的成员，可靠性专家必须起到他们应起的作用。

从预防失效的角度来看，有三类产品：

1) 本质上可靠的零部件，即在其强度和可能导致失效的应力之间具有很大的裕度，而且在其实际寿命期内不易损耗的零部件。此类产品包括几乎所有的电子元器件（如果正确使用）、几乎所有的机械非运动件及所有正确的软件。

2）本质上不可靠的零部件，即那些设计裕度小或易受损的零部件、工作条件恶劣的零部件，如灯泡、涡轮叶片，与其他零部件有接触的运动的零部件，如齿轮、轴承和动力传送带等。

3）系统，即包括很多零部件和接口的系统，如汽车、洗碗机、飞机等。所以有很多发生失效的机会，特别是在有接口的地方（如电过载保护不够、弱点处于振动节点、电磁干扰、含有错误的软件等）。

设计工程师的任务是确保所有零部件得到正确使用、确保充分的裕度（特别是关系强度和应力的可能的极限值，通常为变量）、确保在预计寿命期内能防止出现磨损失效模式（通过安全寿命设计、维护等方法）及确保系统接口不会导致失效（由于交互作用、公差错配等）。因为在任何一个现代工程产品上实现全部上述要求，对最优秀的团队也是具有挑战性的，所以在初始设计时将难免有些方面无法达到"本质上的可靠"的程度。因此，必须将设计进行分析和试验，不仅要表明其可行，还要找到可能导致失效的特征。当发现这些失效时，必须重新设计并再次试验，直到认为最终的设计满足要求为止。

然后就要进行生产。原则上讲，每个产品都应该是同样正确地制造出来的。当然，这是无法实现的，因为所有制造过程都具有内在可变性，无论由人或机器执行。制造工程师的任务是了解并控制变化，并进行检验和测试以识别出不合格产品。

对很多产品而言，操作和维护的质量也会影响可靠性。

关于失效，在上述简短的讨论中，可归纳出如下几点：

1）失效主要是由人引起的（设计工程师、供应商、装配工、用户、维护人员），因此可靠性的成就主要是通过管理工作，确保使用合适的人、技能、团队和其他资源以预防产生失效。

2）单纯依靠可靠性（和质量）专家无法有效地预防失效。可靠性和质量必定是所有参与者有效地进行团队协作的结果。

3）预防失效的程度没有绝对的极限。我们总可以通过设计和制造使可靠性不断提高。

戴明从制造质量的角度说明了不存在一个继续提高质量会导致成本更高的点。当然，当考虑产品整个寿命周期时，这是更加正确的事实。因此，通过良好的设计、充分的分析以及有效的开发试验来确保设计在本质上是可靠的，都可以比改进生产质量产生更高的回报。"kaizen"（持续改进）原则用在前期工程时会更为有效。

所以，使产品可靠主要是一项管理方面的任务。关于可靠性工作管理和成本的指导将在第17章中论述。

习　题

1. 定义（a）失效率和（b）风险率。说明它们在零部件和可修复系统的可靠性中如何使用。讨论"浴盆曲线"在两种情况下的合理性。

2. （a）解释由应力（或者载荷）和强度分布相互作用引发的零部件失效的原理。解释这个原理和零件危害函数的关系。

（b）讨论用"浴盆曲线"描述不可修复零件失效特性时的有效性。

3. 为工程开发工作的可靠性团队的主要目标是什么？说明该团队应该具备的重要技能和经验。

4. 简要列出工程产品失效的最普遍的基本原因。

5. 有时有人称，如果要将质量和可靠性提高到以往达到的水平之上，由于所采取的措施会带来成本，因此可能是不经济的。给出反驳此说法的论据。以你自己的经验举例说明。

6. 解释可修复产品和不可修复产品的区别。这种区别对可靠性有什么影响？从你日常生活中的产品中举出可修复产品和不可修复产品的例子。

7. 解释可靠性和耐久性的区别，以及如何在产品开发项目中指定它们。

8. （a）列举出可靠性差在经济上的潜在影响，并指出哪些成本可以直接量化，而哪些成本难以量化。说明如何才能降低这些成本，并讨论可靠性最高（接近零失效）能达到什么程度。

（b）要实现很高的可靠性，可能受到的限制因素是什么？

9. 分析了以往开发项目的成本数据并进行回归分析之后，产品开发和制造的成本（CDM）的近似公式为 CDM = 80 万美元 + 383 万美元 × R^2（R 是产品在实际工作中的可靠性，应该大于90%）。失效成本（CF）近似估算为 \$40000 外加每次失效的 \$150。预计失效的总数为 $n \times (1 - R)$，其中 n 是产量总数。现在预计产量是 50000 台，计算最优的可靠性目标，以及整个项目的成本。

10. 选一件日常的产品（咖啡机、割草机、自行车、移动电话、CD 播放器、计算机、冰箱、微波炉、炉灶等）。

（a）讨论产品可能失效的途径。应该如何预防这些失效？

（b）根据图 1-3 和图 1-4，此产品内载荷强度的关系如何？你认为此产品的载荷和强度是随时间变化的吗？

参 考 文 献

British Standard, BS 4778 (1991) *Glossary of Terms Used in Quality Assurance* (including reliability and maintainability). British Standards Institution, London.

British Standard, BS 5760 (1996) *Reliability of Systems, Equipments and Components*. British Standards Institution, London.

Deming, W. (1986) *Out of the Crisis*, MIT University Press (originally published under the title *Quality, Productivity and Competitive Position*).

Drucker, P. (1995) *The Practice of Management*. Heinemann.

Kleyner, A. (2010) *Determining Optimal Reliability Targets*, Lambert Academic Publishing.

Misra, K. (ed.) (2008) *The Handbook of Performability Engineering*, Springer-Verlag, London.

UK Defence Standard 00–40. *The Management of Reliability and Maintainability*. HMSO.

US MIL-STD-721. *Definitions of Effectiveness Terms for Reliability, Maintainability, Human Factors and Safety*. National Technical Information Service, Springfield, Virginia.

US MIL-STD-785. *Reliability Programs for Systems and Equipment*. National Technical Information Service, Springfield, Virginia (suspended in 1976).

期 刊 文 献

International Journal of Performability Engineering. Available at: http://www.ijpe-online.com/

Microelectronics Reliability, Elsevier (published monthly).

Proceedings of the US Reliability and Maintainability Symposium (RAMS). American Society for Quality and IEEE (published annually).

Quality and Reliability Engineering International, Wiley (published quarterly).

Reliability Engineering and Systems Safety, Elsevier (published monthly).

Transactions on Reliability, Institute of Electrical and Electronics Engineers (IEEE) (published quarterly).

第 2 章　可靠性中的数学

2.1　引言

对可靠性进行量化的方法是概率学和统计学。在可靠性工作中我们处理的是不确定性问题。例如，有数据显示某类电源以恒定速率平均每 10^7 h 发生一次失效。如果生产 1000 件这样的产品，并运行 100h，我们仍然不能断言到那时是否会有电源出现失效。但我们可以用失效的概率说明。还可以进一步说，在给定的统计置信度内，出现失效的概率介于某个更高和某个更低的两个数值之间。如果对这类设备的样本进行检验，即可获得被称为"统计"的数据。

可靠性统计学可以大致地分为离散函数、连续函数和点过程。例如，挑选开关时，开关只会有工作和不工作两种状态，或者一个耐压容器可有通过或通不过测试两种情况——这些情况都用离散函数来表示。在可靠性工程中，我们经常要处理的是二状态离散系统，因为设备或是处于工作状态，或是处于失效状态。连续函数则描述的是由一个连续变量（如时间或行驶距离等）控制的状态。前面提到的电子设备会具有这类的可靠性函数。离散函数与连续函数的差异在于如何去处理问题，而不一定取决于相应的物理本质和机理。例如，一个耐压容器是否能通过测试都可能是使用年限的函数，因此其可靠性可被看成是一个连续函数。当在连续时间内发生不止一次失效时，可将点过程统计用于可修复系统问题的处理。方法的选择将取决于问题的性质及可获得数据的类型。

2.2　变异

可靠性受到变异的影响，如电阻阻抗、材料特性或零部件尺寸等参数值。变异是所有生产过程中固有的，设计工程师必须理解这一特性并明白所指的零件和工艺中变异的程度。他们必须知道如何测量和控制这种变异，从而尽可能减小变异对性能和可靠性的影响。

变异还存在于所设计的产品所必须承受的环境条件中。温度、机械应力、振动谱以及其他许多变异的因素都必须加以考虑。

统计方法为分析、认识和控制变异提供了手段。这些方法可以帮助我们构思设计和制定工艺，使之在预计的有效生命周期内、预定的环境中是可靠的。

当然，没有必要用统计方法去分析每一个工程问题，因为很多问题单纯是确定性的，或利用已往的经验或查阅信息可以容易地解决，如从数据手册、技术规范、设计指南及像欧姆定律那样的已知物理关系中获得。但是，在很多情况下，适当地运用统计技术对优化各种设计和工艺以解决质量和可靠性问题是非常有效的。

重要提示

虽然统计方法在可靠性工程应用方面的作用很大，而且非常经济有效，但在运用此方法时必须认识到工程中的变异在很多重要方面不同于大多数自然过程中的变异，或重复性工程过程（如重复性的数控加工或扩散过程）中的变异。此类过程通常为

——变异的性质（均值、扩散程度等）不随时间变化。

——以特定的方式分布，可用一个数学函数，即正态分布（将在本章后续部分论述）来表达。

实际上，这些条件往往不适用于实际情况，例如：

——零部件供应商可能在工艺中做了一个小的改动，而对可靠性方面有很大的影响（可能更好，也可能更坏）。这个改动可能是有意的或无意的，可能是已知的或未知的。所以，仅仅用统计的方法根据过去的数据预测未来的可靠性是可能造成误导的。

——零部件可能是根据尺寸或其他测量参数的准则选择的。这并不符合大多数统计方法所基于的正态分布假定。这对评估结果可能会有影响。

——某个过程或参数可能随时间连续地或周期性地变化，故在某一时刻得出的统计数据与其他时间的数据可能并不相关。

——某些变异在本质上往往是确定性的，如弹簧的变形是力的函数，对这种情况运用统计方法不一定适合。

——工程中的变异可能会无法用数学方法处理。例如，节温器失效会导致某个过程以不同于以往测量的方式变化，或者操作人员及测试人员也有可能出现失误。

——变异可能是不连续的。例如，电平这样的参数可能在一个范围内变化，也可能变为零。

以上几点着重强调了工程中的变异很大程度上是由人所引起的这一事实，如由设计、制造、操作及维护的人员造成。人的行为和表现不像植物对肥料的反

应、天气变化对海洋温度的反应那样服从于数学分析和预测。因此，必须一直要把人的因素考虑进去，采用统计分析的同时要对激励、培训、管理及其他许多能影响可靠性的各因素的影响做适当的考虑。

最后，最重要的是要牢记，在任何采用统计方法处理科学和工程问题的过程中，所有的因果关系最终都能通过科学理论、工程设计、过程或人的行为等进行解释。统计方法虽然能帮助我们理解、控制一些工程中的情况，但统计方法本身并不能提供对问题的解释，我们始终必须去寻求了解变异的原因，因为只有理解了变异的原因，才能真正地进行控制。请阅读扉页的引文，并仔细思考。

2.3　概率的概念

任何事件都有发生的概率，范围在 0～1 内。概率为 0 意味着该事件不会发生，概率为 1 表明该事件会发生。掷硬币时正面朝上的概率为 0.5（均匀），掷骰子得到 6 个数字中任何一个的概率为 1/6。这样的事件称为独立事件，也就是说硬币和骰子在逻辑上没有记忆，以往投掷的结果不会影响下一次出现的结果的概率。没有什么"机关"可绕开关于这些状态的统计。在轮盘赌中，有人等待出现一排黑牌之后再押注在红牌上，看起来能起作用，这是因为用这种方法获胜的人才会这样说，而那些输了的人则不会这样说。

对于硬币、骰子、轮盘等，我们可以由这些系统本身的特性预计出现某种结果的概率。硬币有两个面，骰子有六个面，轮盘的红黑色数目相等。假定硬币、骰子和轮盘都是均匀的，则其结果也是无偏的，即这些结果出现的可能性都是相等的，换言之，它们发生的概率是随机的。

在很多情况下，如从某生产批次中抽取产品样本，其概率只能根据以往的经验统计来确定。

我们可以通过两种方式来定义概率：

1）如果一个事件能以 N 个可能性相等的方式发生，并且如果具有 A 属性的事件可以这 N 个可能性中的 n 个方式发生，则 A 发生的概率为

$$P(A) = \frac{n}{N}$$

2）在一个试验中，如果具有属性 A 的事件在 N 次试验中出现 n 次，那么，随着 N 的增大，事件 A 发生的概率接近 n/N，即

$$P(A) = \lim_{n \to \infty} \left(\frac{n}{N} \right)$$

第一个定义涵盖了前面讲到的情况，即像掷骰子那样的同等可能的独立事件。第二个定义涵盖了质量控制和可靠性的典型情况。如果测试了 100 件产品，

发现 30 件是有缺陷的，就会感觉有理由说下一次测试中发现次品的概率为 0.30 或 30%。

但是，在做出这种评价时必须谨慎。在下一次测试中发现次品的概率为 0.30 可以视为是对结果的一种置信程度，而这种程度要受到样本大小的限制。这就引出了第三个也是主观的概率定义。如果我们测试了 100 件产品，某一批的 10 件产品中有 7 件次品，而在采取改进措施后，可能出现这样问题产品的批次就更少，这样就可以为下一件产品是次品的概率估计一个较低的值。在质量控制和可靠性工作中，这种主观性的方法是很有效的，而且常常是必要的。尽管理解概率方面的定律很重要，但通常还会有许多可能因素影响所制造产品的特性，因此必须始终注意不能局限于通过统计推导得出的数据。当我们根据样本数据推断时，必须确保样本能够代表新的样本或者全部的总体。

如果该总体中所有的产品被抽样的机会是均等的，那么一个样本就能代表总体。能够在抽样时满足这个条件就可以。当然，在实际工作中这并非总是可行的。如在可靠性工作中，常常需要根据从原型样件获取的统计数据对尚未生产出来的产品做出评价。

根据样本代表性不足的程度，要对评价做出调整。当然，主观性的评价常常会引起争论，因此可能需要进行额外的试验以获取更多的数据来支持评价。如果做了更多的试验，则需要有一种解释新数据与先前数据之间的相关性的方法，我们将在后面对此进行论述。

基于样本统计做出评价时，可以根据样本的大小以一定的统计置信度做出。如果我们在工艺改进后对 10 件产品进行测试，并发现只有 1 件次品，就可能倾向于称该工艺已经得到改善，因为次品率从 30% 下降到了 10%。但是，由于现在的样本很小，评价时不能像用 100 件样本进行测试那样得到很高的统计置信度。事实上，产品是次品的实际概率可能仍为 30%，也就是说该总体中可能仍含有 30% 的次品。

图 2-1 所示为前 100 次测试可能出现的情况。黑色方块代表次品，这一批次的 100 件中有 30 件次品。如果是随机分布的，抽样 10 件时就有可能抽出少于（或多于）3 件次品。实际上，样本量越小，样本与样本间的变异就越大，对总体平均值的估计的置信度也会相应地更低。统计置信度的推导将在本章后续部分进行论述。

图 2-1 含有次品（黑方块）的采样

2.4　概率的定律

为了利用可靠性工程中使用的统计方法，有必要理解概率的基本符号和规则。它们有：

1）事件 A 发生的概率表示为 $P(A)$，其他事件类推。

2）A 和 B 都发生的联合概率表示为 $P(AB)$。

3）A 或者 B 发生的概率表示为 $P(A+B)$。

4）在 B 已经发生的条件下，得到结果 A 的条件概率表示为 $P(A|B)$。

5）补概率，即 A 不发生的概率为 $P(\overline{A}) = 1 - P(A)$。

6）当（且仅当）事件 A 和 B 为统计独立事件时，有

$$P(A|B) = P(A|\overline{B}) = P(A)$$

和

$$P(B|A) = P(B|\overline{A}) = P(B) \tag{2-1}$$

即 $P(A)$ 与 B 是否发生无关，反之亦然。

7）两个统计上相互独立的事件 A 与 B 都发生的联合概率是各自发生概率的乘积：

$$P(AB) = P(A)P(B) \tag{2-2}$$

这也称为乘积法则或串行法则。它可以扩展为涵盖任意数量的独立事件。例如，掷骰子时，投三次获得任一给定数字序列的概率都是

$$\frac{1}{6} \times \frac{1}{6} \times \frac{1}{6} = \frac{1}{216}$$

8）如果事件 A 与事件 B 是相关的，那么有

$$P(AB) = P(A)P(B|A) = P(B)P(A|B) \tag{2-3}$$

即 A 发生的概率乘以在 A 已经发生的条件下 B 发生的概率，反之亦然。

如果 $P(A) \neq 0$，则式（2-3）可重写为

$$P(B|A) = \frac{P(AB)}{P(A)} \tag{2-4}$$

9）A 或 B 两个事件中的任意一个发生的概率为

$$P(A+B) = P(A) + P(B) - P(AB) \tag{2-5}$$

10）如果 A 与 B 在统计上是相互独立的，则 A 或 B 发生的概率为

$$P(A+B) = P(A) + P(B) - P(A)P(B) \tag{2-6}$$

式（2-6）的推导可以通过图 2-2 所示的系统进行。在该图中，要么是 A 或者 B 其中之一工作，要么是 A 和 B 同时工作才能使整个系统工作。如果我们将系统成功的概率表示为 P_s，则失效的概率为 $P_f = 1 - P_s$。这个系统的失效概率为

A 和 B 失效的联合概率，即

$$P_f = [1 - P(A)][1 - P(B)]$$
$$= 1 - P(A) - P(B) + P(A)P(B)$$
$$P_s = 1 - P_f = P(A + B) = P(A) + P(B) - P(A)P(B)$$

11）如果事件 A 和 B 是互斥的，即 A 和 B 不能同时发生，则有

$$P(AB) = 0$$

和

$$P(A + B) = P(A) + P(B) \qquad (2\text{-}7)$$

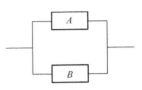

图 2-2 双冗余系统

12）如果用一系列互斥的事件 B_i 的联合概率表示事件 A 的概率，则有

$$P(A) = \sum_i P(AB_i) = \sum_i P(A \mid B_i)P(B_i) \qquad (2\text{-}8)$$

13）重新整理式（2-3）

$$P(AB) = P(A)P(B \mid A) = P(B)P(A \mid B)$$

可得

$$P(A \mid B) = \frac{P(A)P(B \mid A)}{P(B)} \qquad (2\text{-}9)$$

这是贝叶斯定理的简单形式，更为普遍的表达式为

$$P(A \mid B) = \frac{P(A)P(B \mid A)}{\sum_i P(B \mid E_i)P(E_i)} \qquad (2\text{-}10)$$

其中，E_i 为第 i 个事件。

例 2-1

一枚导弹的可靠性是 0.85。如果两枚导弹同时发射，那么至少命中目标一次的概率是多少？（假设导弹的命中率是统计独立的）

令第一枚导弹命中为事件 A，第二枚导弹命中为事件 B。则有

$$P(A) = P(B) = 0.85$$
$$P(\overline{A}) = P(\overline{B}) = 0.15$$

有四种可能的相互独立的结果：AB、$A\overline{B}$、$\overline{A}B$、$\overline{A}\,\overline{B}$。由式（2-2）可得两枚导弹都未命中的概率为

$$P(\overline{A})P(\overline{B}) = P(\overline{A}\,\overline{B})$$
$$= 0.15^2 = 0.0225$$

故至少命中一次的概率为

$$P_s = 1 - 0.0225 = 0.9775$$

利用式（2-6）也可以得到同样的结果：

$$P(A + B) = P(A) + P(B) - P(A)P(B)$$
$$= 0.85 + 0.85 - 0.85^2 = 0.9775$$

获得这一结果的另一种方法是采用序列树形图，如下所示：

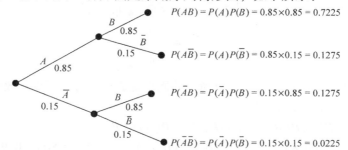

然后，将导致至少命中一次的每个路径的乘积相加就能得到命中的概率。我们可以这样做是因为由每一路径决定的各事件是相互独立的。

$$P(AB) + P(A\overline{B}) + P(\overline{A}B) = 0.9775$$

注意，所有概率的和为1。

例2-2

在例2-1中导弹的各次命中并不是统计独立的，而是相关的。如果第一枚导弹失效，第二枚导弹也失效的概率为0.2。另一方面，如果第一枚导弹命中，第二枚导弹命中的概率不变，仍为0.85，那么至少有一枚命中的概率是多少？

$$P(A) = 0.85$$
$$P(B|A) = 0.85$$
$$P(\overline{B}|A) = 0.15$$
$$P(\overline{B}|\overline{A}) = 0.20$$
$$P(B|\overline{A}) = 0.80$$

至少一枚命中的概率为

$$P(AB) + P(A\overline{B}) + P(\overline{B}A)$$

由于A、B和$A\overline{B}$是统计独立的，所以有

$$P(AB) = P(A)P(B)$$
$$= 0.85 \times 0.85 = 0.7225$$

和

$$P(A\overline{B}) = P(A)P(\overline{B})$$
$$= 0.85 \times 0.15 = 0.1275$$

由于$\overline{A}$和B是相关的，由式（2-3）可得

$$P(\overline{A}B) = P(\overline{A})P(B|\overline{A})$$
$$= 0.15 \times 0.80 = 0.12$$

这些概率之和为0.97。

采用序列树形图也可以得到这一结果。

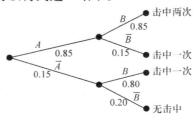

如在例2-1中一样，至少一枚命中的概率是通过将每个至少一枚命中的路径的乘积相加计算出来的，即

$$P(A)P(B) + P(A)P(\overline{B}) + P(\overline{A})P(B \mid \overline{A})$$
$$= (0.85 \times 0.85) + (0.85 \times 0.15) + (0.15 \times 0.80) = 0.97$$

例2-3

在如图所示的电路中，任何一个开关闭合的概率是0.8，且所有的事件都是统计独立的。（a）一个回路存在的概率为多大？（b）在回路存在的前提下，开关a和b都是闭合的概率为多大？令开关a、b、c和d闭合的事件为A、B、C和D。令X表示整个回路存在的事件。

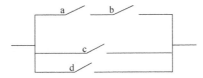

（a）$X = AB + (C + D)$
$$P(X) = P(AB) + P(C+D) - P(AB)P(C+D)$$
$$P(AB) = P(A)P(B)$$
$$= 0.8 \times 0.8 = 0.64$$
$$P(C+D) = P(C) + P(D) - P(C)P(D)$$
$$= 0.8 + 0.8 - 0.64 = 0.96$$

因而
$$P(X) = 0.64 + 0.96 - (0.96 \times 0.64) = 0.9856$$

（b）由式（2-4）可得
$$P(AB|X) = \frac{P(ABX)}{P(X)}$$

A和B联合给出X，所以由式（2-8）可得
$$P(ABX) = P(AB)$$

所以
$$P(AB|X) = \frac{P(AB)}{P(X)} = \frac{P(A)P(B)}{P(X)} = \frac{0.8 \times 0.8}{0.9856} = 0.6494$$

例 2-4

测试设备能够正确地将一个故障件判定为次品的概率为 98%，而将一件好的产品误判为次品的概率为 4%。如果在一批测试过的产品中实际上有 3% 为次品，则当一件产品被判定为次品，而它确实是次品的概率是多大？

令 D 表示一件产品是次品的事件，令 C 表示该产品被判定为次品的事件。则有

$$P(D) = 0.03$$
$$P(C|D) = 0.98$$
$$P(C|\overline{D}) = 0.04$$

我们需要确定 $P(D|C)$。由式(2-10)可得

$$P(D|C) = \frac{P(D)P(C|D)}{P(C|D)P(D) + P(C|\overline{D})P(\overline{D})}$$

$$= \frac{0.03 \times 0.98}{0.98 \times 0.03 + 0.04 \times 0.97} = 0.43$$

这表明了测试设备既要有高的判定良好产品的概率，又要有高的判定次品的概率的重要性。

更多利用贝叶斯统计方法分析可靠性的实际例子可以在 Martz 和 Waller （1982）或者 Kleyner 等 （1997）的文献中看到。

2.5 连续变量

工程应用中的参数变异（加工尺寸、材料强度、晶体管增益、电阻值、温度等）通常是用两种方式描述的。第一种也是最简单的一种是陈述最大值和最小值或公差。这种方法不能提供有关数值实际分布的特性或形状信息。但是，在很多实际情况中，已经足够使设计易于制造并且可靠。

第二种方式是利用测量获得的数据来描述变异的特性。在本节中，我们将论述在工程中用于描述并控制变量的统计方法。

如果我们把围绕平均值波动的测量值（如加工件的直径或晶体管的增益）绘成直方图，我们可以得到一个图 2-3a 所示的图形。

在这个例子中，被测量产品有 30 个，测量值出现的频数如图 2-3a 所示。测量值的范围是 2~9，其中大多数产品的测量值在 5~7 之间。从同一总体中抽取另外 30 个随机样本通常会生成一个不同的直方图，但总的形状可能很相似，如图 2-3b 所示。如果我们把许多此类样本的数据绘制到同一个直方图中展示，但这里是把测量值按区间 0.5 划分的，就得到了图 2-3c。注意这里使用的单位是

频数的百分比。由于从更大的样本中获取了更多的信息，我们现在有了更好的数值分布图。如果测量的数量很大，并进一步缩短测量区间，直方图就会趋于一条曲线，它描述的就是总体的概率密度函数（pdf），或简称为数值的分布。图2-4所示为普通的单峰概率分布，这里 $f(x)$ 为与变量 x 相关联的事件发生的概率密度。与分布峰值处对应的 x 值称为众数。在可靠性工作中，既会遇到单峰分布，也会遇到多峰分布。但本书只涉及单峰分布的统计。因为多峰分布通常是由各个单峰分布的组合作用产生的。

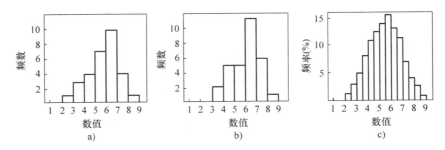

图2-3　a）一个随机样本的频率直方图，b）取自同一总体的另一个随机样本的频率
直方图，c）以0.5测量区间显示出的多个样本数据

曲线下面的面积等于单位1，因为它所表示的是 x 所有可能取值的总的概率，而我们已经定义必然事件的概率为1。因此

$$\int_{-\infty}^{\infty} f(x)\,\mathrm{d}x = 1 \qquad\qquad (2\text{-}11)$$

某个数值落在任意两个数值 x_1 和 x_2 之间的概率为这一区间所界定的面积，即

$$P(x_1 < x < x_2) = \int_{x_1}^{x_2} f(x)\,\mathrm{d}x \qquad\qquad (2\text{-}12)$$

要描述一个概率密度函数，通常要考虑四个方面：

1）集中趋势（central tendency）：概率分布在这个位置的附近。

2）散度（spread）：表示相对于集中趋势的变异程度。

3）偏度（skewness）：表示相对于集中趋势的不对称性。对称的分布的特征是偏度为零。正偏度的分布在右边的尾部较长（图2-5），而负偏度的分布恰好相反。

4）峰度（kurtosis）：表示概率密度函数的"高耸"程度。通常峰度表示分布相对于正态分布的陡峭程度或者平缓程度。正峰度表示相对陡峭的分布，负峰度表示相对平缓的分布。

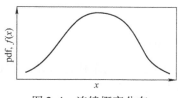

图 2-4 连续概率分布

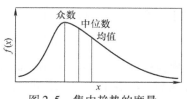

图 2-5 集中趋势的度量

2.5.1 集中趋势的度量

对包含 n 个产品的样本,其样本均值可表示为 $\bar{x}$:

$$\bar{x} = \sum_{i=1}^{n} \frac{x_i}{n} \tag{2-13}$$

可以用样本均值来估计总体均值,而总体均值是指所有可能结果的平均数。对连续分布而言,该均值可通过将这一概念延伸到包含 $-\infty$ 到 $+\infty$ 的范围而得出。

某个分布的均值通常以 μ 来表示。均值也称为位置参数、平均数值或统计期望值 $E(x)$。

$$\mu = \int_{-\infty}^{\infty} xf(x)\,\mathrm{d}x \tag{2-14}$$

这相当于概率密度函数的重心。根据样本数据对总体均值的估计用 $\hat{\mu}$ 来表示。

集中趋势的其他指标有中位数,它是分布的中点,即各有一半的测量值落在该点的两侧;另外还有众数,它是分布尖峰处的数值。对一个向右偏斜的分布,均值、中位数和众数的关系如图 2-5 所示。对于对称分布,三个值是相同的;而对于向左偏斜的分布,三个值的排列次序恰好相反。

2.5.2 分布的散度

散度又称离差,是指构成分布的数值变异的程度,它用方差表示。当样本大小为 n 时,方差 $\mathrm{Var}(x)$ 或 $E(x - \bar{x})^2$ 为

$$\mathrm{Var}(x) = E(x - \bar{x})^2 = \frac{\sum_{i=1}^{n} (x_i - \bar{x})^2}{n} \tag{2-15}$$

在用样本方差来估计总体方差时,以 $(n-1)$ 代替式 (2-15) 中的分母 n,因为这样能得到更好的估计值。由一个样本得出的总体方差估计值以 $\hat{\sigma}^2$ 表示:

$$\hat{\sigma}^2 = \sum_{i=1}^{n} \frac{(x - \bar{x})^2}{n - 1} \tag{2-16}$$

对有限总体 N 来说,总体方差 σ^2 由下式给出:

$$\sigma^2 = \frac{\sum_{i=1}^{N} (x_i - \mu)^2}{N} \tag{2-17}$$

对于一个连续分布，

$$\sigma^2 = \int_{-\infty}^{\infty} (x - \mu)^2 f(x) \, \mathrm{d}x \tag{2-18}$$

σ 称为标准差（standard deviation，SD），在实践中常用来代替方差。它也称为尺度参数。σ^2 是相对于均值的二阶矩，类似于回转半径。

均值的三阶矩和四阶矩对应的是上文提到的偏度和峰度。因为本书不使用这些参数，读者可参考更高层次的统计学教程来进行推导（如 Hines 和 Montgomery 的著作，1990）。

2.5.3 累积分布函数

累积分布函数（cdf）$F(x)$ 给出了某测量值在 $-\infty$ 和 x 之间的概率：

$$F(x) = \int_{-\infty}^{x} f(x) \, \mathrm{d}x \tag{2-19}$$

图 2-6 所示为一条典型的累积分布函数曲线。当 $x \to \infty$ 时，$F(x) \to 1$。

2.5.4 可靠性函数和风险函数

在可靠性工程中，我们关心某产品在一定的间隔（如时间、周期、距离等）内能够工作的概率，即在区间 0 到 x 内没有失效的概率。这就是可靠性，它由可靠性函数 $R(x)$ 给出。按照这个定义可得

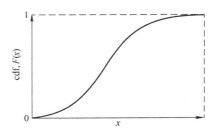

图 2-6 典型的累积分布函数（cdf）

$$R(x) = 1 - F(x) = \int_{x}^{\infty} f(x) \, \mathrm{d}x = 1 - \int_{-\infty}^{N} f(x) \, \mathrm{d}x \tag{2-20}$$

风险函数或风险率 $h(x)$ 是指在区间 x 到 $(x + \mathrm{d}x)$ 内失效的条件概率，假设在 x 之前没有失效：

$$h(x) = \frac{f(x)}{R(x)} = \frac{f(x)}{1 - F(x)} \tag{2-21}$$

累积风险函数 $H(x)$ 由下式给出

$$H(x) = \int_{-\infty}^{x} h(x) \, \mathrm{d}x = \int_{-\infty}^{x} \frac{f(x)}{1 - F(x)} \mathrm{d}x \tag{2-22}$$

图 2-7 所示为失效概率密度函数（pdf）、可靠性函数 $R(t)$ 和失效函数 $F(t)$ 之间的关系。在任何一个时间点 t 左边的曲线下面的面积表示的是总体中失效的比例 $F(t)$，而右边部分的面积是未失效的比例 $R(t)$。

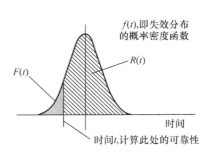

图 2-7 概率密度函数（pdf）以及在可靠性中的应用

应注意，在实际工程应用中我们通常不会遇到测量值在 0 以下的情况，因此定积分的下限最小为 0。

2.5.5　使用 Microsoft Excel 函数计算可靠性

在过去的几十年里，Microsoft Excel 电子表格软件在工程和工程以外的工作中成为广泛使用的工具，它包含了统计计算功能。本书将介绍如何用 Excel 函数进行统计分析，包括可靠性计算。Excel 既可以应用于离散的分布，也可以应用于连续的分布。

2.6　连续分布的函数

2.6.1　正态（高斯）分布

迄今为止应用最广泛的变异"模型"是正态（又称高斯）分布。正态数据分布存在于很多自然现象中，如人类的身高、气象规律等。但是在工程应用中这个模型也有局限性（见 2.8.1 节中的说明）。

正态概率密度函数为

$$f(x) = \frac{1}{\sigma(2\pi)^{1/2}} \exp\left[-\frac{1}{2}\left(\frac{x-\mu}{\sigma}\right)^2\right] \tag{2-23}$$

式中，μ 为位置参数，等于均值，因为概率密度函数是对称的，众数和中位数与均值是相等的；σ 为尺度参数，等于标准差（SD）。

符合正态分布的总体对称地分布在均值两侧（即偏度为零），如图 2-8 所示。因为正态分布的尾部是对称的，所以对某个散度值，左右两侧的尾部也有相等的数值。

对于正态分布的变量，约总体的 68% 位于 ±1 个标准差之间，约 95% 位于 ±2 个标准差之间，而约 99.7% 位于 ±3 个标准差之间。

正态分布具有广泛适用性的一个重要原因是，当将一些随机变量叠加起来时，无论这些变量本身如何分布，最终的和的分布会趋近于正态分布，这称为中心极限定理。这表明在许多场合使用正态分布是合理的，特别是在质量控制方面。正态分布是对大多数质量控制和某些可靠性观测值的合理的拟合，如机械加工件的尺寸和磨损失效件的寿命。附录 1 给出了标准正态分布的密度函数 $\Phi(z)$，即 $\mu = 0$、$\sigma = 1$。z 表示离均值的标准差 SD 的个数。任何正态分布都可以通过计算标准化的正态变量 z：

$$z = \frac{x-\mu}{\sigma}$$

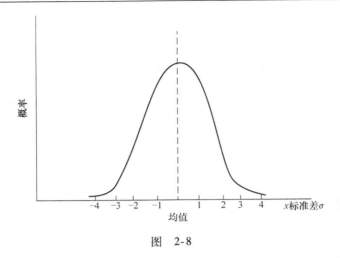

图 2-8

然后查到相应的数值 $\Phi(z)$。

在 Excel 中，参数为 μ、σ 的正态分布的概率密度函数可以用函数 $f(x) = $ NORMDIST$(x, \mu, \sigma, \text{FALSE})$ 求出，可靠性可以用函数 $R(x) = 1 - \text{NORMDIST}(x, \mu, \sigma, \text{TRUE})$ 求出。标准正态分布的 cdf 可以用 $\Phi(z) = \text{NORMSDIST}(z)$ 求出。

例 2-5

白炽灯的寿命符合正态分布，均值为 1200h，标准差为 200h。一盏灯 (a) 至少 800h 寿命的概率是多大？(b) 至少持续 1600h 寿命的概率是多大？

(a) $z = (x - \mu)/\sigma$ 即 x 离开 μ 的距离，用标准差的数目来表示。则有

$$z = \frac{800 - 1200}{200} = -2\text{SD}$$

附录 1 表明，一个值不超过 2 个标准差的概率为 0.977。图 2-9a 以概率密度的图形表述了这种情况（阴影部分的面积）。

(b) 一盏灯的寿命超过 1600h 的概率可类似地得出：

$$z = \frac{1600 - 1200}{200} = 2\text{SD}$$

这代表概率密度函数曲线下超出 +2 个标准差的面积（图 2-9a）。或在 cdf（累积分布函数）曲线图中，$1 - (+2$ 个标准差左侧的曲线下的面积），如图 2-9b 所示。因此寿命超过 1600h 的概率为 $1 - 0.977 = 0.023$。

这些结果可以使用 Excel 求出：

(a) 的求解：$R(800\text{h}) = 1 - \text{NORMDIST}(800, 1200, 200, \text{TRUE}) = 0.9772$

(b) 的求解：$R(1600\text{h}) = 1 - \text{NORMDIST}(1600, 1200, 200, \text{TRUE}) = 0.0228$

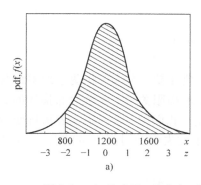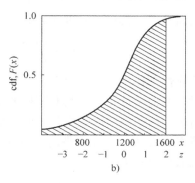

图 2-9　a) $f(x)$ 的 pdf 分布，b) $F(x)$ 的 cdf 分布（例 2-5）

2.6.2　对数正态分布

对数正态分布以正态分布为基础。如果随机变量的对数值符合正态分布，这个随机变量的分布就称为对数正态分布。对数正态分布比正态分布更灵活，因为它的形状可以在一定范围内变化，因此可更好地拟合可靠性数据，如具有耗损特性的可靠性数据。而且，它也没有正态分布在 0 到 $-\infty$ 取值的这个缺点。对数正态分布还可以用于使用数据如车辆每年的行驶里程、开关的切换次数、系统的维修时间等。对数正态分布的概率密度函数为

$$f(x) = \begin{cases} \dfrac{1}{\sigma x(2\pi)^{1/2}}\exp\left[-\dfrac{1}{2}\left(\dfrac{\ln x - \mu}{\sigma}\right)^2\right] & (x \geqslant 0) \\ 0 & (x < 0) \end{cases} \tag{2-24}$$

前面已经提到，它是以 $\ln x$ 为变量的正态分布。对数正态分布的均值和标准差为

$$均值 = \exp\left(\mu + \frac{\sigma^2}{2}\right)$$

$$标准差 = \left[\exp(2\mu + 2\sigma^2) - \exp(2\mu + \sigma^2)\right]^{1/2}$$

式中，μ 和 σ 分别为对数数据的均值和标准差。

当 $\mu \gg \sigma$ 时，对数正态分布近似于正态分布。对数正态分布和正态分布描述了风险率从 $x = 0$ 上升到最大值然后下降的变化。

对参数为 μ、σ 的符合对数正态分布的系统，其概率密度函数和可靠性也可以用 Excel 函数计算。

例如：$R(x) = 1 - \mathrm{LOGNORMDIST}(x, \mu, \sigma)$。

2.6.3　指数分布

指数分布描述的是风险率为常数的情况。泊松过程（见 2.10.2 节）产生的

是恒定的风险率。其概率密度函数为

$$f(x) = \begin{cases} a\exp(-ax) & (x \geqslant 0) \\ 0 & (x < 0) \end{cases} \tag{2-25}$$

在可靠性工作中，指数分布是一种非常重要的分布，因为它对寿命统计与正态分布对非寿命统计一样，具有同样的中心极限关系。指数分布描述的是风险率恒定的情况。由于风险率经常随时间变化，我们用 t 而不用 x 表示自变量。恒定瞬时故障率用 λ 表示。那么平均寿命或平均失效前时间（MTTF）为 $1/\lambda$。则概率密度函数可以写为

$$f(t) = \lambda\exp(-\lambda t) \tag{2-26}$$

在时间 t 前不发生失效的概率可以通过对式（2-26）从 0 到 t 进行积分，并从 1 中减去该积分值求出：

$$R(t) = 1 - \int_0^t f(t)\,\mathrm{d}t = \exp(-\lambda t) \tag{2-27}$$

指数分布的 Excel 函数是：概率密度函数 pdf 为 $f(t) = $ EXPONDIST$(t, \lambda,$ FALSE)；可靠性函数为 $R(t) = 1 - $EXPONDIST$(t, \lambda, $TRUE)。

$R(t)$ 为可靠性函数（或称生存概率）。例如，对于一个平均失效前时间为 500h 的产品而言，在前 24h 内的可靠性为

$$R(24) = \exp\left(\frac{-24}{500}\right) = 0.953$$

或

$$= 1 - \text{EXPONDIST}(24, 1/500, \text{TRUE})$$

对已修复的产品而言，λ 称为失效率，而 $1/\lambda$ 称为平均故障间隔时间（MTBF）（也用 θ 表示）。注意，根据式（2-27），到 $t = $ MTBF 时，已经有 63.2% 的产品失效。

2.6.4 伽马分布

从统计学上讲，伽马分布用来描述 n 个指数分布的随机变量的和。伽马分布比较灵活，对一些寿命分布能很好地拟合。在可靠性中，它可以描述可能存在部分失效的情况，即当一定数量的部分失效事件必须先发生才能导致产品失效的情况，或是描述当失效前时间呈指数分布时，到第 a 次失效发生前的时间。其概率密度函数为

$$f(x) = \begin{cases} \dfrac{\lambda}{\Gamma(a)}(\lambda x)^{a-1}\exp(-\lambda x) & (x \geqslant 0) \\ 0 & (x < 0) \end{cases}$$

$$\mu = \frac{a}{\lambda}$$

$$\sigma = \frac{a^{1/2}}{\lambda} \tag{2-28}$$

式中，λ 为失效率（完全失效）；a 为每个完全失效对应的部分失效数量，或使失效发生的事件的数量；$\Gamma(a)$ 为伽马函数：

$$\Gamma(a) = \int_0^{\infty} x^{a-1} \exp(-x) \mathrm{d}x \tag{2-29}$$

当 $(a-1)$ 为正整数时，$\Gamma(a) = (a-1)!$，这是部分失效状态的情况。指数分布是伽马分布的特例，当 $a=1$ 时为

$$f(x) = \lambda \exp(-\lambda x)$$

伽马分布也可以用于描述瞬时故障率的递增和递减的情况。当 $a<1$ 时，$h(x)$ 递减；反之当 $a>1$ 时，$h(x)$ 递增。

2.6.5　χ^2 分布

χ^2 分布是当 $\lambda=1/2$ 和 $\nu=a/2$ 时伽马分布的一个特例，其中 ν 称为自由度数，因此它必须是一个正整数。由于失效的次数或失效事件数总是正整数，所以 χ^2 分布可用于可靠性状态的计算。χ^2 分布实际上是一个分布系列，其形状从指数分布到正态分布。每一种分布都是由自由度来区别的。

在统计学理论中，χ^2 分布十分重要，因为它是 n 个独立的正态变量的平方和的分布。这使得它可以用于统计检验、拟合优度检验和置信度评估。后面的章节中将论述这些方法。一定自由度范围内的 χ^2 分布累积分布函数的表格见附录 2。Excel 中对应附录 2 的函数是 $= \mathrm{CHIINV}(\alpha, \nu)$，其中 α 是风险因子。

2.6.6　威布尔分布

在可靠性工程中，威布尔分布可以说是用途最广的统计分布。通过调整分布参数可使其拟合许多寿命分布，因此在可靠性工程中有特殊的优势。当 Walloddi·威布尔于 1951 年在美国提交其著名的论文时，最初得到的反馈是负面的，其中不乏怀疑甚至反对的声音。然而，美国空军认识到威布尔研究的价值，并支持其研究直到 1975 年。

威布尔分布的概率密度函数为（相对于时间 t）

$$f(t) = \begin{cases} \dfrac{\beta}{\eta^{\beta}} t^{\beta-1} \exp\left[-\left(\dfrac{t}{\eta}\right)^{\beta}\right] & (t \geqslant 0) \\ 0 & (t < 0) \end{cases} \tag{2-30}$$

对应的可靠性函数为

$$R(t) = \exp\left[-\left(\frac{t}{\eta}\right)^{\beta}\right] \tag{2-31}$$

风险率为

$$\frac{\beta}{\eta^{\beta}}t^{\beta-1}$$

均值，即 MTTF 为

$$\mu = \eta \Gamma\left(\frac{1}{\beta} + 1\right)$$

标准差为

$$\sigma = \eta \sqrt{\Gamma\left(\frac{2}{\beta} + 1\right) - \Gamma\left(\frac{1}{\beta} + 1\right)^2}$$

式中，β 为形状参数；η 为尺度参数或称特征寿命——表示总体已有 63.2% 失效时的寿命［将式（2-31）中的 t 换成 η］。

当 $\beta = 1$ 时，得到指数可靠性函数（恒定风险率），式中，η＝平均寿命（$1/\lambda$）。

当 $\beta < 1$ 时，得到递减风险率可靠性函数。

当 $\beta > 1$ 时，得到递增风险率可靠性函数。

例如，当 $\beta = 3.5$ 时，分布近似于正态分布。因而，威布尔分布可以用来为产品的各种寿命分布建立模型。概率密度函数的 Excel 函数为 $f(t) =$ WEIBULL $(t, \beta, \eta, \text{FALSE})$，可靠性函数为 $R(t) = 1 -$ WEIBULL $(t, \beta, \eta, \text{TRUE})$。

到目前为止，我们已经讨论了双参数的威布尔分布。但是，如果失效不在 $t = 0$ 时发生，而是在一个有限的时间 γ 之后发生，则威布尔可靠性函数的形式为

$$R(t) = \exp\left[-\left(\frac{(t - \gamma)}{\eta}\right)^{\beta}\right] \tag{2-32}$$

即三参数分布，γ 称为无失效时间、位置参数或最小寿命。第 3 章将更详细地介绍威布尔分布。

2.6.7 极值分布

在可靠性工作中，我们常常关注的并不是描述总体的分布，而只是那些可以导致失效的极值。例如，对半导体器件压焊的机械特性而言，如果在正常的工作条件下，良好的压焊不会断裂或过热。但是，电气负载过高或连接强度过低时就可能导致失效。换言之，我们所关注的是负载与强度分布的尾部所对应的情况。然而，并不能因为测量值呈现正态分布等，就假定这种分布也适合作为极值的数学模型。而且，很难对这些极值进行测量。极值统计能够近似地描述这种情况。

极值分布是通过分析一组同样大小的样本中的极大值或者极小值得出的。例如，表 2-1 中的从同一总体中随机抽取的样本数据，可利用全部数据绘制曲线，称为 $f(x)$，如图 2-10 所示。但是，如果分别绘出每个样本中的极小值和极大值，

表 2-1 从同一总体中随机抽取的样本数据

样本	数据							
1	30	31	41	<u>29</u>	39	36	38	30
2	31	34	<u>23</u>	27	29	32	35	35
3	<u>26</u>	33	35	32	34	29	30	34
4	27	33	30	31	31	36	28	40
5	<u>18</u>	39	25	32	31	34	27	37
6	<u>22</u>	36	42	27	33	27	31	31
7	39	35	32	39	32	<u>27</u>	28	32
8	33	34	32	30	34	35	33	<u>28</u>
9	32	32	37	25	33	35	35	<u>19</u>
10	28	32	36	37	<u>17</u>	31	42	32
11	26	<u>22</u>	32	23	33	36	36	31
12	36	31	45	24	30	27	24	27

它们就变为图中 $g_L(x)$ 和 $g_H(x)$ 曲线。$g_L(x)$ 是极小值的分布，$g_H(x)$ 是极大值的分布。对于很多分布来说，极值分布属于以下三种类型中的一种：

Ⅰ型——也称极值或耿贝尔分布。

Ⅱ型——也称对数极值分布。

Ⅲ型——用于最低极值，这是威布尔分布。

2.6.7.1 Ⅰ型极值

极大值和极小值的 Ⅰ 型极值分布是指数型分布的左、右两端尾部的极限模型，指数型分布是指累积概率以等于或快于指数分布趋近于1的任何分布，包括大多数可靠性分布，如正态分布、对数正态和指数分布等。

最大值和最小值的概率密度函数分别为

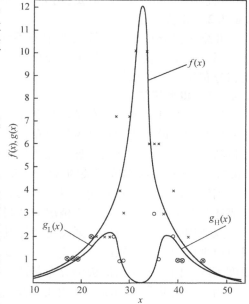

图 2-10 极值分布

$$f(x) = \frac{1}{\sigma}\exp\left\{-\frac{1}{\sigma}(x-\mu) - \exp\left[-\frac{1}{\sigma}(x-\mu)\right]\right\} \qquad (2-33)$$

$$f(x) = \frac{1}{\sigma}\exp\left\{\frac{1}{\sigma}(x-\mu) - \exp\left[\frac{1}{\sigma}(x-\mu)\right]\right\} \qquad (2-34)$$

采取变换：

$$y = \frac{x-\mu}{\sigma}$$

代入式（2-33）和式（2-34），就可以得到以变量 y 表示的累积分布函数。最大值为

$$F(y) = \int_{-\infty}^{y} \exp\{-[x + \exp(-x)]\}dx = \exp[-\exp(-y)] \qquad (2\text{-}35)$$

最小值为

$$F(y) = 1 - \exp[-\exp(y)] \qquad (2\text{-}36)$$

最大值的分布向右偏,而最小值的分布向左偏,最大值的风险函数随 x 的增大而趋近于 1,而最小值的则呈指数上升。

最大值

$$\mu_{ev_{max}} = \mu + 0.577\sigma$$

最小值

$$\mu_{ev_{min}} = \mu - 0.577\sigma$$

在这两种情况中,均值 μ_{ev} 均为 1.283σ。

2.6.7.2 Ⅱ型极值

Ⅱ型极值分布在可靠性工作中并不起重要作用。如果变量的对数是极值分布,那么该变量就符合Ⅱ型极值分布。因此它与Ⅰ型极值分布的关系类似于对数正态分布与正态分布的关系。

2.6.7.3 Ⅲ型极值

最小值的Ⅲ型极值分布是左侧有界分布的左侧尾部的极限模型。事实上,威布尔分布就是最小值的Ⅲ型极值分布,尽管它最初是凭经验得到的,但其用于描述材料强度分布已经被极值理论证明是正确的。

2.6.7.4 与载荷和强度有关的极值分布

当施加的载荷分布右侧无界,即没有极限值时,最大值的Ⅰ型极值分布经常是描述与载荷相关的事件发生情况的适当数学模型。

众所周知,工程材料的强度可能比其理论值低,这主要是由于存在能导致加载时出现应力集中的缺陷。事实上,强度是受缺陷影响的,缺陷将造成强度的大幅度下降,因此最小值的极值分布是适合描述强度的数学模型。

由于只有非常小的缺陷才能在检查或过程控制的监测中遗漏,所以,许多种产品的强度,即失效前时间,可被视为程度有限的缺陷,这证明了Ⅲ型(威布尔)模型的合理性。另一方面,Ⅰ型模型更适合表示以下两类产品:一是大规模生产但不是全部检验的产品;二是可能含有较严重的缺陷但未被检测出来的产品,如一根长导线,其强度是长度的函数。

对一个由许多串联零部件组成的系统,系统瞬时故障率从 $t = 0$(即有界)开始递减,则Ⅲ型(威布尔)分布是适合推算系统失效前时间的数学模型。

2.7 连续统计分布的总结

图 2-11 所示为上述连续分布的汇总。

分布的类型	参数	概率密度函数 $f(t)$	可靠性函数 $R(t)=1-F(t)$	危险函数 瞬时失效率 $h(t)=\dfrac{f(t)}{R(t)}$
正态分布	均值 μ 标准差 σ	$f(t)=\dfrac{1}{\sigma(2\pi)^{1/2}}\exp\left[-\dfrac{(t-\mu)^2}{2\sigma^2}\right]$	$R(t)=\displaystyle\int_t^\infty f(t)\,\mathrm{d}t$	$h(t)=\dfrac{f(t)}{R(t)}$（一般表达）
对数正态分布	均值 μ 标准差 σ	$f(t)=\dfrac{1}{\sigma t(2\pi)^{1/2}}\exp\left[-\dfrac{(\ln t-\mu)^2}{2\sigma^2}\right]$	$R(t)=\displaystyle\int_t^\infty f(t)\,\mathrm{d}t$	$h(t)=\dfrac{f(t)}{R(t)}$（一般表达）
指数分布	失效率 λ MTBF(=SD)θ $\theta=\lambda^{-1}$	$f(t)=\lambda\exp(-\lambda t)$	$R(t)=\exp(-\lambda t)$	$h(t)=\lambda=\theta^{-1}$

图 2-11 常见的失效分布、可靠性和失效率的函数形状（自变量为 t）

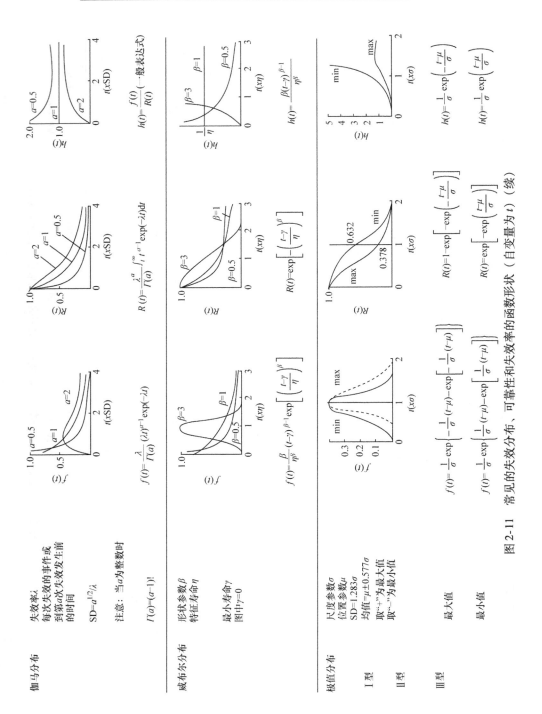

图 2-11 常见的失效分布、可靠性和失效率的函数形状（自变量为 t）（续）

2.8　工程中的变异

所有实际的工程设计都必须考虑参数、环境和加工过程中固有变异的影响。变异及其影响可归纳为以下三类：

1）确定性或因果性的，是指参数和其影响之间的关系已知，所以可以用理论或经验公式来计算的情况。如可用欧姆定律计算电阻变化对分压器性能的影响。这里不需要统计方法，将预计的变动范围代入公式就可以计算出变异的影响。

2）功能性的，它包括诸如操作程序的变动、人为错误、校准误差等影响的关系。这里没有理论公式，原则上这些关系是可以考虑到的，但实际上经常被忽略，而且这种因果关系并不总是易于发现或量化。

3）随机性的，是各种过程和使用条件的固有变异性的影响。它们可以被认为是除所有确定性的和功能性的原因外其他无法解释的变异。例如，一个数控机械加工过程依然会生产出尺寸有变异的零件；电源由于受到干扰会产生随机的电压起伏。值得注意的是，随机变异是有原因的。但是，要预测该原因是如何出现及何时出现，却不总是可能的或者可行的。上述统计模型可被用于描述随机变异，限定条件将在后面讨论。

变异也可以是渐变的，如由于磨损、材料疲劳、润滑油特性变化或电气参数漂移等引起的变异。

2.8.1　变异服从正态分布吗

中心极限定理和正态分布的易用性是这个函数成为讲解几乎所有连续变量的统计基础的原因。许多场合中的普遍做法是，假设被分析的变异符合正态分布，然后再确定能最好地拟合该数据的正态分布的均值和标准差。

然而，在此必须强调用正态分布描述所有过程的变异这一假定的重要局限。正态分布概率密度函数的值在 $-\infty$ 到 $+\infty$ 之间。当然，一个机械加工零件的尺寸不可能在这个范围内变化，机器不能将材料添加到零件上，所以原材料的尺寸（当然会不同，但差别不太大）就有一个上限。机械加工过程中（采用量具或实际使用的其他限位方式）也将确立一个下限。所以，机械加工尺寸的变异实际上更像图 2-12 所示的情况。只有中间部分近似于正态分布，而这个分布是已经截断的。实际上，所有变量，无论是自然发生的，还是由人为过程所引发的，都会以某种方式被截断。所以正态分布虽然在数学上易用，但当用于做出远远超出实际测量范围（如遇到一位身高为 1m 的成人的概率）的推断时，会起误导作用。

其他一些工程上的变异可能不符合正态分布，包括：

1）可能有其他的选择过程。例如，当生产诸如电阻器、微处理器等电子元件时，在生产过程结束时都要经过测试，然后根据测量值分别进行保存。通常，额定阻值的误差在±2%范围内的电阻器归类为精密电阻器，按精密电阻器贴上标签，封存并出售。那些误差超过此限度但不超过±10%的归类为非精密电阻器，将以较低的价格出售。误差超出±10%的电阻器将予以报废。因为那些误差为±10%出售的电阻器不包括误差为±2%的电阻器，所以数值的分布如图2-13所示。类似地，以同一工艺过程生产的所有微处理器按运行速度被分类出售，其运行速度取决于它们在测试中能正确运行的最高速度。最高运行速度不同是由在制造每个芯片、每个晶片上数以百万计的晶体管、电容器及它们之间的连接中固有的变异造成的。所用技术给设计和加工过程设定了上限，而选择准则则确立了下限。当然，这个过程也可能生产出一定比例的不满足其他要求的产品，或者根本就不能工作的产品。

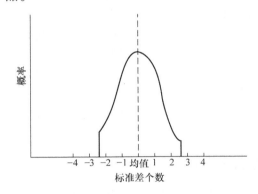

图 2-12　截断的正态分布

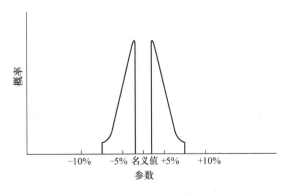

图 2-13　选择后的结果

2）变异可能是非对称的，或者说是偏斜的，如图 2-14 所示。对数正态分布和威布尔分布可用于为非对称变异建立模型。但是应注意，这些数学模型仍然只是真实变异的近似，而且越接近分布的尾部，不确定性和错误的范围就越大。

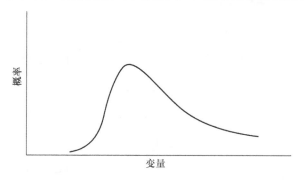

图 2-14　偏斜的分布

3）变异还可能是多峰的（图 2-15），和正态函数、对数正态函数及威布尔函数为代表的单峰函数不同。例如，一个过程可能集中于一个数值，然后由于调整而移动了这个名义值。在制造出的零件总体中，这可能导致总体变异具有两个峰值，或者说一个双峰分布。零件可能在典型的工况下要经历在一定范围内变化的应力循环，而在某些条件下还要承受进一步的应力，如共振、雷击等。

在很大程度上，工程参数的变异是人为造成的。如测量、校准、接收/拒收准则、过程控制等因素，都受到人的能力、判断力和差错的影响。人们的行为不属于正态分布。

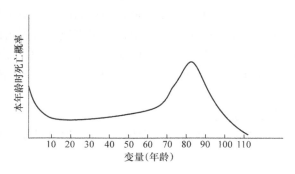

图 2-15　双峰分布

沃尔特·休哈特在 1931 年第一次解释了制造过程中变异的本质。图 2-16 所示为四种不同类型的变异，然而，它们都具有相同的均值和标准差。这清楚地表明，如果假定制造中的任何变异都服从正态分布，则基于该假设所做的关于总体的评价，是多么具有误导性。

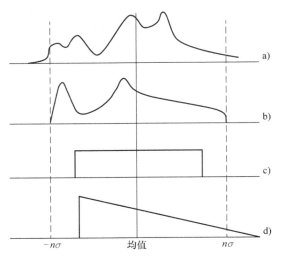

图 2-16　具有相同均值和标准差的四种分布

2.8.2　影响与原因

在工程（和许多其他应用领域）中，与关注特性和参数相比，我们实际上更关注变异的影响。例如，如果一个过程的输出如图 2-16c 所示那样变化，"±σ"界线表示允许的公差，那么 100% 位于公差范围内。但是，如果该过程表现为图 2-16a、d 所示的情况，那么有一部分就处在公差之外（图 2-16d 所示的情况下只有高端部分处在公差外）。变异还可以产生其他的影响，轴的直径过小就可能导致油的损耗较高或疲劳寿命缩短，在过高的温度下工作可能会导致电子电路停止工作。在一批生产的微处理器中，如果高速处理器占的比例大，那么利润就会更高。因此，必须首先确认变异的影响（它们往往十分明显），并确定是否能降低这些影响及能降低到什么程度。这不仅仅是一个"减小标准差"的问题。

可以两种方式降低变异的影响：

1）通过测定或"试配"（截除原始变异）、提供温度补偿装置等方法，对变异进行补偿。

2）减小变异。

无论采用哪种方式，我们都必须理解引起变异的原因。休哈特将制造过程引起的变异分为原因是"可认定的"和"不可认定的"两种（它们也称为"特殊原因"和"常规原因"）。原因可认定的变异是指能方便地识别出原因并减小的变异：确定性的和功能性的变异都属于这一类。原因不可认定的变异是指除所有原因可认定的变异外其他的变异。处于这一状态的过程是"受控"的，并将具有最小的、随机的变异。应注意，这些是实用角度的准则，并无严格的数学依据。休哈特围绕这一想法提出了统计过程控制（SPC）方法，强调了使用数据和图表的方法来识别和缩小可认定变异，并保持过程受到控制。有关统计过程控制方法的详细描述见第 13 章。

2.8.3　尾部

人寿保险公司的精算师、服装制造商和纯科学家等对均值和标准差（大量数据的特性）感兴趣。因为在很多情况下，大多数样本数据都能代表这种特性，他们可以对这些总体参数做出可信的评价。但是，越是试图将这种评价延伸至数据尾部，这种评价就越不可信，超出数据范围做出的评价更是如此。在工程中，我们通常更关注变异在极值处的特性，而不是均值附近的特性。我们关注高应力、高低温、低速处理器、薄弱的元器件等。换言之，分布的尾部才是我们所关注的。通常仅有小样本以供测量或测试。因此，试图使用常规的数理统计方法来理解变异在极值处的性质、原因和影响会产生误导。然而，可以用本章前面提到的极值方法来分析这些情况。

2.9　小结

上述都是工程中关注的问题，它们超出了通常讲授和使用的基础统计理论的范围。后来的教师们，特别是戴明（见第 1 章）和田口玄一（见第 11 章）论证了减少变异会如何降低成本并提高生产力，强调了管理的影响，从而对这个概念进行了拓展。

尽管所有这些理由都说明，将常规的统计方法用于描述和处理工程中的变异会造成误导，但常规的统计方法仍被广泛地讲授和使用，而且它们的局限性几乎没有被考虑进去。例如：

1）大部分有关统计过程控制的教科书和教学都强调将正态分布作为制作图表和决策的基础。它们强调数学的方面，如生产出的零件处于任意规定的 2σ 或 3σ 界限外的概率等，很少注意到上文讨论的实际方面。

2）处于恶劣应力条件下的机械零件（如飞机和土木工程结构件）的典型设计规范都要求在最大预计应力和较低的预计强度的一个 σ 值之间必须有一个安全系数（如2）。这种方法十分随意而且过分简化了上文提到的强度和载荷变异的实际情况。例如，为什么选择 3σ？如果零件的强度确实服从正态分布，那么约 0.1% 的零件的强度要低于 3σ 值以下。如果制造并使用了很少的零件，那么一个零件失效的概率会很低。但是，如果大量制造并使用了这种零件，那么这个大的总体当中零件发生失效的概率就会相应地增加。如果这类零件很关键，如飞机发动机的悬挂螺栓，那么这个失效概率可能已经高到无法容忍的程度。当然，经常还有一些其他必须考虑的因素，如质量、成本及失效所导致的结果。用于家用机器设计的准则与用于民用飞机的准则相比可能不那么保守。

3）追求高质量的"六西格玛"方法基于这样的理念：如果任何过程都能控制到只有在对应分布的 6σ 之内才能接受，那么失效将低于百万分之 3.4。上面已经提到，这个精确的量化是基于对分布函数过于随意和通常不现实的假设上的。（六西格玛方法还包含其他特点，如使用各种统计方法和其他方法识别和减少各种变异及专家的培训和调度等，这将在第 17 章中论述）。

2.10 离散变量

2.10.1 二项分布

二项分布描述的是只有两种结果的情况，如通过或不通过，而且所有试验的概率相同（给出这种结果的试验称为伯努利试验）。因此，它在质量保证和可靠性工作中显然是非常有用的。二项分布的概率函数为

$$f(x) = \frac{n!}{x!(n-x)!}p^x q^{(n-x)}$$

$$\frac{n!}{x!(n-x)!} \text{ 也可写为} \binom{n}{x} \tag{2-37}$$

这是当选择一个好产品的概率为 p，而选择一个坏产品的概率为 q 时，在 n 个样品中获取 x 个好产品和 $(n-x)$ 个坏产品的概率。二项分布的均值由下式 [由式（2-13）推导出] 给出：

$$\mu = np \tag{2-38}$$

而标准差 [由式（2-17）推导出] 为

$$\sigma = (npq)^{1/2} \tag{2-39}$$

二项分布只能在 x 为整数的点上取值。二项分布的累积分布函数（即在 n 次试验中获得 r 次或更少次数成功的概率）可以由下面的等式给出：

$$F(r) = \sum_{x=0}^{r} \binom{n}{x}p^x q^{(n-x)} \tag{2-40}$$

在 Excel 中二项分布的函数为 pdf$f(x) = \text{BINOMDIST}(x, n, p, \text{FALSE})$，而累积分布函数为 $F(r) = \text{BINOMDIST}(r, n, p, \text{TRUE})$。

例 2-6

在质量控制验收抽样中经常要用到累积二项分布。例如，如果一个生产线的验收准则是在 20 个样本中，次品不能超过 4 个，那么，如果生产过程产生了 10% 的次品，我们便可以求出一批产品被验收的概率。

由式（2-40）可得

$$F(4) = \sum_{x=0}^{4} \binom{20}{x} 0.1^x 0.9^{(20-x)}$$

$$= 0.957$$

使用 Excel 求出 $F(4) = \text{BINOMDIST}(4, 20, 0.1, \text{TRUE}) = 0.9568$。

例 2-7

一架飞机的起落架有 4 个轮胎。经验表明平均每 1200 次着陆中就有 1 次轮胎爆裂发生。假定轮胎爆裂相互独立地发生，并假定只要轮胎爆裂不超过 2 个飞机就可安全着陆，则飞机不安全着陆的概率为多大？

如果 n 表示轮胎的数量，p 表示轮胎爆裂的概率，则

$$n = 4$$

$$p = \frac{1}{1200} = 0.00083$$

$$q = (1 - p) = 0.99917$$

安全着陆的概率就是轮胎爆裂不超过 2 个的概率，则

$$F(2) = \binom{4}{2}(0.00083)^2(0.99917)^2 + \binom{4}{1}(0.00083)^1(0.99917)^3 +$$

$$\binom{4}{0}(0.00083)^0(0.99917)^4$$

$$= 0.0000041597 + 0.0033250069 + 0.996670831$$

$$= 0.9999999977$$

再次使用 Excel 函数得出 $F(2) = \text{BINOMDIST}(2, 4, 0.00083, \text{TRUE}) = 0.999999997714$

因此一次不安全着陆的概率为：$1 - 0.9999999977 = 2.3 \times 10^{-9}$。

2.10.2　泊松分布

如果事件服从泊松分布，那么就会以一个恒定的概率发生，且两个结果中只有一个是可数的，如在一个给定时间内发生失效的次数，或一段导线中的缺陷数。泊松分布的概率函数为

$$f(x) = \frac{\mu^x}{x!}\exp(-\mu) \quad (x = 0,1,2,\cdots) \tag{2-41}$$

式中，μ 为平均发生率。

泊松分布的 Excel 函数有：概率密度函数 $f(x) =$ POISSON（x，MEAN，FALSE），累积分布函数 = POISSON（x，MEAN，TRUE）。这里，MEAN = $\mu \times$ 时间、长度等。

例如，如果我们想了解某系统在 1000h 的工作时间内不出现超过 3 次失效的概率，已知平均失效率为 1000h1 次（$\mu = 1/1000$，$x = 3$），我们可以求出 MEAN $= \mu \times 1000 = 1.0$。

因此 $P(X \leqslant 3) =$ POISSON$(3,1,\text{TRUE}) = 0.981$。

泊松分布也可以看成是二项分布的一个扩展，其中 n 被认为是无限的或非常大。因此当 p 或 q 较小而 n 较大时，泊松分布就很接近二项分布。这对缺陷比例较低（即 $p < 0.1$）的抽检工作是有帮助的。

泊松分布的近似表达式为

$$f(x) = \frac{(np)^x}{x!}\exp(-np)$$

$$[\mu = np; \sigma = (np)^{1/2} = \mu^{1/2}] \tag{2-42}$$

这种近似使我们可以在适当时使用泊松表来简化计算。但是随着 Excel 和各种统计软件的出现，这种方法的使用越来越少。

还应注意的是，如果失效时间服从指数分布（见本章前面介绍的指数分布），x 的概率服从泊松分布。例如，如果 MTBF 为 100h，那么在 1000h 内出现 15 次失效以上的概率可以这样推导：

$$预计失效次数 = \frac{1000}{100} = 10$$

出现 15 次失效以内的概率可以用 Excel 中的公式计算：POISSON（15，10，TRUE）= 0.9513。因此，15 次失效以上的概率为 $1 - 0.9513 = 0.0487$。

例 2-8

如果一个产品的失效概率为 0.001，在有 2000 件产品的总体中发生 3 次失效的概率为多大？

二项式解为

$$\binom{2000}{3}0.999^{1997}0.001^3 = 0.1805$$

或者使用 Excel：BINOMDIST（3，2000，0.001，FALSE）= 0.18053。

另外，可以使用泊松近似法。泊松近似法计算如下：

$$\mu = np$$
$$= 2000 \times 0.001 = 2$$
$$P(x = 3) = \frac{2^3}{3!}\exp(-2) = 0.1804$$

因为正态分布表示的是二项分布和泊松分布的极限情况，它可以用来进行合理的近似计算。如当 $0.1 < p < 0.9$ 且 n 很大时，有

$$\mu = np$$
$$\sigma = (npq)^{1/2}$$

例 2-9

如果 $n = 100$、$p = 0.14$，失效不超过 20 次的概率为多大？

使用二项分布

$$P_{20} = 0.9640$$

使用正态近似

$$\mu = np = 14$$
$$\sigma = (npq)^{1/2} = 3.470$$
$$z = \frac{20 - 14}{3.47} = 1.73$$

参考附录 1，$P_{20} = 0.9582$，或者用 Excel：$P_{20} = \text{NORMSDIST}(1.73) = 0.95818$。

当 $p \to 0.5$ 时，近似程度更好，从而可在 n 值较小时使用该近似。通常，如果 $p = 0.4$，$n = 50$ 也可以使用近似。

2.11　统计置信度

本章的前面提到了统计置信度的问题。统计置信度是指试验重复进行多次，置信区间内包含真值的次数的确切比例。置信区间是指介于统计置信上限和下限间的区间。统计置信区间用来根据样本的数据对总体进行评价。显然，样本越大，对总体参数的估计越接近真值。为了说明这一点，我们假想一个例子：从一个大的总体中抽出 10 个样本进行试验，结果 1 个失效、9 个正常。在这种情况下，我们可以得到非参数的结果可靠性为 90%。如果我们试验 100 个样品并有 10 个失效，同样可以得到 90% 的可靠性，然而因为样本数量多，这时我们的信心比第一种情况大得多。

不能混淆统计置信度与工程置信度。统计置信度不考虑工程知识或过程变异可能使样本数据缺乏代表性。所得出的统计置信度值必须在工程知识的基础上来

分析，后者可能会提高或降低工程置信度。

连续变量的置信极限

如果总体值 x 服从正态分布，则从它当中抽出的样本的均值 $\bar{x}$ 也是具有方差 σ^2/n（SD $=\sigma/n^{1/2}$）的正态分布。样本均值的标准差也被称为估计量的标准误差，用 S_x 表示。

如果 x 不服从正态分布，只要 n 值较大（>30），$\bar{x}$ 将趋向于正态分布。如果 x 的分布并不是过度偏斜的（而且是单峰的），则当 n 值小到 6 或 7 时，将 $\bar{x}$ 近似视为服从正态分布也是可以接受的。

这些结果都是由前面提到的定理导出的，见 2.6.1 节。它们在基于样本数据导出总体参数的置信极限方面具有重要价值。在可靠性工作中，通常不需要获取准确的置信极限，因此上述的近似法已满足要求。

例 2-10

100 个数值的样本，其均值为 27.56，标准差为 1.1。导出其获得总体均值的 95% 的置信极限（假设样本均值服从正态分布）。

在这种情况下，样本均值的标准差或估计量的标准误差为

$$\frac{\sigma}{n^{1/2}} = \frac{1.1}{(100)^{1/2}} = 0.11$$

可在正态累积分布函数表（见附录 1）中查到 95% 的单边置信极限。表中最接近的 z 值为 1.65。

另外我们也可以用 Excel 的工具 NORMSDIST(z)$=0.95$（图 2-17）算出 z 值为 1.65。

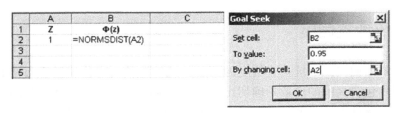

图 2-17　使用 Excel 的 Goal Seek 查找 95% 置信区间对应的 z 值

因此，约 ±1.65 个标准差包含在 95% 的单边置信极限内。因为正态分布是对称的，90% 的双边置信区间将排除两个极限处的 5% 的数值。

在例 2-10 中，1.65 个标准差为 0.18。所以总体均值的 95% 置信极限为 27.56 ± 0.18，而 90% 统计置信区间为（$27.56 - 0.18$）~（$27.56 + 0.18$）。

作为统计置信度计算的参考，假设一个图 2-18 所示的正态分布：

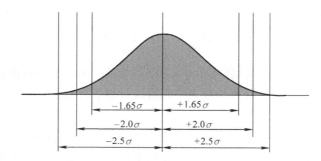

±1.65 个标准差(曲线下的面积)：$C \approx 90\%$
±2.0 个标准差(曲线下的面积)：$C \approx 95\%$
±2.5 个标准差(曲线下的面积)：$C \approx 99\%$

图 2-18　正态分布的置信水平

±1.65 个标准差约包含 90% 置信极限（即每边尾部的 5%）。

±2.0 个标准差约包含 95% 置信极限（即每边尾部的 2.5%）。

±2.5 个标准差约包含 99% 置信极限（即每边尾部的 0.5%）。

2.12　统计假设检验

通常需要确定样本统计值与之前已知的总体之间，或者两组样本统计之间的观察差异是具有统计意义的，还是仅仅是偶然造成的。抽样中固有的变异使这种差异本身受偶然因素的影响。所以需要有进行此类检验的方法。统计假设检验与统计置信度估计相似，但探讨的不是"总体参数值处在给定范围内的置信度如何？"（假设样本和总体服从同一分布）这样的问题，而是探讨"样本偏差的显著性如何？"这样的问题。

在统计假设检验中，我们先做一个零假设，即两组信息均服从同一个分布，然后在这个基础上推导出统计显著性。与置信度估计相同，能够推出的显著性取决于样本的大小。目前已经开发出了很多显著性检验技术，以应对可能遇到的各种情况。

本节将介绍在可靠性工作中常用的一些较简单的方法；但是，应注意这里所描述的方法及一些更先进的技术已经可以通过计算机实现。参考文献中所列的书籍可用于针对特殊情况查找适当的检验方法和表格。

2.12.1　均值差异的检验（z 检验）

一种常见的显著性检验是针对一组数据的均值等于某个已知 μ 和 σ 的正态

总体的均值的假设，即 z 检验。z 值由下式给出：

$$z = \frac{|\mu - \bar{x}|}{S_{\bar{x}}} = \frac{|\mu - \bar{x}|}{\sigma n^{-1/2}} \qquad (2\text{-}43)$$

式中，n 为样本大小；μ 为总体均值；$\bar{x}$ 为样本均值；σ 为总体标准差。

我们可以从正态累积分布函数表中查得统计显著性水平。

例 2-11

一种滚动轴承的失效前时间服从正态分布，均值为 6000h，标准差为 450h。更换润滑剂后抽取 9 件样品得到了 6400h 的平均寿命。新型润滑剂是否导致了平均寿命的统计显著变化？

$$z = \frac{|6000 - 6400|}{450 \times 9^{-1/2}} = 2.67$$

由附录 1 查出，$z = 2.67$ 表明累积概率为 0.996。这表明，这一变化纯属偶然概率只有 0.004，即该变化在 0.4% 的水平上是统计显著的。因此，我们拒绝了样本数据来自与总体服从相同正态分布的零假设，并推断新型润滑剂确实延长了寿命。

统计显著性用 α 表示。在工程中，显著性水平小于 5% 通常足以作为拒绝零假设的充分证据。显著性水平大于 10% 通常不能作为充分的证据，这时可能或拒绝零假设，或进一步进行试验以获得更多的数据。显著性水平是否足够取决于据此做出的判定的重要性。与对待置信度相同，显著性也要依据工程知识进行判断。

除了检验样本来分析总体外，可能更需要判定两个样本的均值之间是否存在统计显著的差异。各样本均值之间差异分布的标准差为

$$S_{(\bar{x}_1 - \bar{x}_2)} = \frac{\sigma_1}{n_1^{1/2}} + \frac{\sigma_2}{n_2^{1/2}} \qquad (2\text{-}44)$$

抽样均值差异分布的标准差被称为差异的标准误差。该检验假设标准差为总体标准差。则有

$$z = \frac{\text{样本均值的差异}}{\text{差异的标准差}}$$

例 2-12

在例 2-11 中，如果均值为 6000h、标准差为 450h 是从 60 件样品中获得的，那么均值为 6400h、标准差为 380h 的 9 件样品是否能表明存在显著的差异？

均值的差异为

$$6400 - 6000 = 400$$

差异的标准差为

$$S_d = \frac{\sigma_1}{n_1^{1/2}} + \frac{\sigma_2}{n_2^{1/2}}$$

$$= \frac{450}{60^{1/2}} + \frac{380}{9^{1/2}} = 185$$

$$z = \frac{400}{185} = 2.16$$

$$\alpha = 1 - \Phi(z) = 0.015 \ (1.5\%)$$

所以可以说，此差异是高度显著的，与例 2-11 中得出的结果相似。

2.12.2　在二项试验中应用 z 检验

还可以用 z 检验来检验二项数据的显著性。因为在这种情况下我们关注分布的两个极端，故使用双边检验，即以 2α 代替 α。

例 2-13

表 2-2 给出了两组试验结果。我们要了解试验结果的差异是否是统计显著的。

零假设是各试验之间没有差异。可以结合试验结果来检查：

$$P = \frac{总失效数}{试件总数} = \frac{30}{527} = 0.057$$

按比例，差异的标准差为

$$S_d = \left[pq \left(\frac{1}{n_1} + \frac{1}{n_2} \right) \right]^{1/2}$$

$$= \left[0.057 \times 0.943 \left(\frac{1}{217} + \frac{1}{310} \right) \right]^{1/2}$$

$$= 0.020$$

表 2-2　例 2-13 的试验结果

试验	试验数目 n	失效数目
1	217	16
2	310	14

试验 1 中失效的比例为 $16/217 = 0.074$，试验 2 中失效的比例为 $14/310 = 0.045$。两比例的差值为 $0.074 - 0.045 = 0.029$。所以，$z = 0.029/0.020 = 1.45$，因此得到

$$\alpha = 1 - \Phi(z) = 7.35\%$$

$$2\alpha = 14.7\%$$

以这样的结果，不能拒绝零假设，因而可以推断各个试验间的差异不是非常

显著。

2.12.3 显著性的 χ^2 检验

当我们无法就分布类型进行假设时，可采用 χ^2 检验来检验差异的显著性。χ^2 统计值是通过对各项求和计算出来的：

$$\frac{(x_i - E_i)^2}{E_i}$$

式中，x_i 和 E_i 分别为第 i 次的观察值和期望值。该值将用于与显著性所需水平的 χ^2 值相比较。

例 2-14

利用例 2-13 中的数据，将 χ^2 检验设置如下：

试验	失败		成功		总计
1	16	12. 35	201	204. 65	217
2	14	17. 65	296	292. 35	310
总计	30		497		527

每一行中的第一个数是实际观测值，第二个数是基于总观测值的期望值（例如，试验 1 中期望失败数 $=30/527 \times 217 = 12.35$）。

$$\chi^2 = \frac{(16 - 12.35)^2}{12.35} + \frac{(201 - 204.65)^2}{204.65} + \frac{(14 - 17.65)^2}{17.65} + \frac{(296 - 292.35)^2}{292.35} = 1.94$$

自由度的数目是指存在的不同可能性的数目减 1。在这里，因为只有两种可能性，即成功和失败，所以只有 1 个自由度。对 1 自由度，χ^2 的值为 1.94（由附录 2 查到），在 0.1~0.2 之间［还可以用 Excel 函数：CHIDIST（1.94，1）＝0.1636］。累积概率在 80%~90% 之间［1 - CHIDIST（1.94，1）＝0.8363］。所以，各观测数据集之间的差异并不是显著的。此推断与例 2-13 中得到的推断相同。

2.12.4 方差间差异的检验，方差比检验（F 检验）

上文中各均值差异的显著性检验是以各样品服从同一正态分布的这个零假设为基础的，所以应该具有同样的均值。我们还可以对方差的差异进行显著性检验。方差比 F 定义为

$$F = \frac{总体方差的较大估计值}{总体方差的较小估计值}$$

用于根据两个方差的估计值和自由度数（对于容量为 n 的样本，自由度 $DF = n - 1$）查找 F 值的表格可以很容易地在互联网上找到（如 NIST，2011）。

用于查找 F 分布的 Excel 函数为 FINV（P，DF1，DF2）。其中 P 是一个概率（显著性水平），DF1 是第一个总体的自由度数（分子），DF2 是第二个总体的自由度数（分母）。已知 F 分布的值和自由度后，可以用另一个 Excel 函数 FDIST（F，DF1，DF2）计算概率。例 2-15 介绍了如何使用 F 检验。

例 2-15

两个产品的寿命试验数据见表 2-3。

表 2-3　两个产品寿命试验数据

	样本容量 n	样本标准差 σ	样本方差 σ^2
产品 1	20	37	1369
产品 2	10	31	961

$$F = \frac{1369}{961} = 1.42$$

较大的方差对应的自由度为 19，较小的方差对应的自由度为 9，可知在 5% 的水平下 F 值小于表 2-3 中的值。故可以说在 5% 的水平下，两个方差之间的差异不是显著的。Excel 函数中包括的目标查找（Goal Seek）功能（类似于图 2-17 所示的例子）可求解 P，FINF（P，19，9）= 1.42，求出 $P = 0.3$，远高于 5% 的风险水平得多。

2.13　非参数推断方法

当没有对统计变量的分布做出任何假设时，仍有方法对数据进行分析和比较。这些方法称为非参数（或无分布）统计方法。就推断的准确性而言，它们比按照假定正态分布导出参数的方法效力稍差。但是，在非正态分布的情况下，它们可能更加有效，同时使用简便。所以，只要所分析的数据是独立同分布的（independently and identically distributed，IID），它们在可靠性工作中是很有用的。非独立同分布数据的性质在 2.15 节及下一章论述。

中位数数值的比较

1. 符号检验

如果一个零假设认为两个样本的中位数相同，则每个样本约有一半的值应处于中位数的任意一侧。所以，约一半的 $(x_i - \bar{x})$ 值为正，而另一半为负。如果零假设成立，而且把差值中同一正负号出现的次数记为 r，则 r 服从参数为 n 和 $p = 1/2$ 的二项分布。所以，可以用二项分布确定 r 的临界值，以检验各个中位数之间是否存在显著差异。表 2-4 给出了用于符号检验的 r 的临界值，其中 r 为出现较少的符号的数目。如果 r 值等于或小于表中所列的值，零假设就会被拒绝。

表2-4　符号检验的 r 的临界值 McGraw – Hill 公司授权使用

n	显著性水平百分数		
	10	5	1
8	1	0	0
10	1	1	0
12	2	2	1
14	3	2	1
16	4	3	2
18	5	4	3
20	5	5	3
25	7	7	5
30	10	9	7
35	12	11	9
40	14	13	11
45	16	15	13
50	18	17	15
55	20	19	17
60	23	21	19
75	29	28	25
100	41	39	36

例2-16

将 10 个产品试验到失效，寿命值分别为

98、125、141、72、119、88、64、187、92、114

与以往试验的中位数寿命 125 相比，这些结果表现出了显著的变化吗？

符号检验结果为

$$-0 + - - - - + - -$$

即 $r = 2$，$n = 9$（因为一个差为 0，舍去这一项）。

表2-4 表明在 10% 水平上，$n = 9$ 时 r 大于临界值，因此中位数的差异在这一水平上不显著。

2. 加权符号检验

当中位数差异显著时，可以利用符号检验来确定样本间差异的可能程度。将认定的各样本间的差异量加到其中一个样本的数值上（或从该值减去），然后按

上面所述执行符号检验。该检验可通过加权来显示两个样本是否是显著不同的。

3. 用于方差的检验

用非参数检验进行方差分析在第 11 章中介绍。

4. 可靠性估计

用非参数方法估计可靠性在第 13 章中介绍。

2.14　拟合优度

在分析统计数据时，我们要确定数据与某假设分布拟合的程度。拟合优度可通过统计方法进行检验，以制定出一个拒绝零假设（即数据确实与假设分布相拟合）的显著性水平。拟合优度检验是显著性检验的扩展，在检验过程中，样本的累积分布函数与假设真值的累积分布函数相比较。

有多种方法可用来检验一组数据与假设分布拟合的程度。在显著性检验方面，这些检验拒绝不正确假设的效力随着可用数据的数量和类型，以及不同的假设而不同。

2.14.1　χ^2 拟合优度检验

常用且用途广泛的检验是 χ^2 拟合优度检验，因为只要有比较多的数据点，它就适用于任何假设的分布。为保证准确度，应至少有 3 个数据分组或单元，每个单元中至少含 5 个数据点。

χ^2 拟合优度检验的理论为，如果样本被分成 n 个单元（即具有自由度 ν，其中 $\nu = n - 1$），并且如果假设的分布是正确，那么每个单元中的数值将围绕期望值呈正态分布，如果假设的分布是正确的，即如果 x_i 和 E_i 分别是单元 i 的观察值和期望值：

$$\sum_i^n \frac{(x_i - E_i)^2}{E_i} = \chi^2 \quad （自由度为 n - 1）$$

χ^2 值高意味着对零假设提出质疑。当 χ^2 的值落到第 90 百分位以外时，该零假设通常被拒绝。如果 χ^2 值低于这个值，就不具备足够的信息来拒绝数据符合假设的分布。如果算出一个很低的 χ^2 值（如小于 10%），则表示该数据更加接近假定的分布（即数据可能以某种方式被"修改了"）而不是完全任意分布的变量。

其应用可以用例 2-17 来说明。

例 2-17

晶体管的失效数据见表 2-5，以平均每 1000h 失效 12 次的恒定失效率发生失效的可能性有多大？

$$\chi^2 = \frac{(18-12)^2}{12} + \frac{(14-12)^2}{12} + \frac{(10-12)^2}{12} + \frac{(12-12)^2}{12} + \frac{(6-12)^2}{12} = 6.67$$

表 2-5 晶体管的一次过应力寿命试验数据

组/h	组中的数量	组/h	组中的数量
0~999	18	3000~3999	12
1000~1999	14	4000~4999	6
2000~2999	10		

参照附录 2，查找当自由度为 $(n-1)=4$ 时 χ^2 的值。6.67 位于 χ^2 分布的第 80 和第 90 百分位之间（风险因子在 0.1~0.2 之间）。Excel 函数 CHIDIST (6.67, 4)=0.1543。因此在 90% 的水平下，数据来一个恒定瞬时故障率过程的零假设不能被拒绝（风险因子需要低于 0.1）。

如果假定的分布给出的期望值为 20、15、12、10、9（即递降的瞬时故障率），则有

$$\chi^2 = \frac{(18-20)^2}{20} + \frac{(14-15)^2}{15} + \frac{(10-12)^2}{12} + \frac{(12-10)^2}{10} + \frac{(8-9)^2}{9} = 1.11$$

$\chi^2 = 1.11$ 接近第 10 百分位 [CHIDIST (1.11, 4)=0.8926]。因此不能以 90% 的水平拒绝关于呈下降趋势的瞬时故障率分布的零假设。

注意，E_i 的数量应至少为 5。必要时可以将各单元合并，并相应地降低自由度。而且，如果已经对拟合分布的参数进行了估计，自由度应该减少所估计参数的个数。

2.14.2 柯尔莫哥洛夫-斯米尔诺夫检验

另一种在可靠性工作中经常使用的拟合优度检验是柯尔莫哥洛夫-斯米尔诺夫（K-S）检验，这种方法应用时比 χ^2 检验简单，并能在数据点较少时给出更好的结果。因为它基于累积分级数据，即样本的累积分布函数，所以它也便于与概率曲线联合使用（见第 3 章）。步骤为

1）将分级失效数据列表，计算 $|x_i - E_i|$ 的值，其中 x_i 为第 i 个累积分级的值，E_i 为假定分布的累积分级期望值。

2）找出最高的单值。

3）将该值与相应的 K-S 值（见附录 3）相比较。

例 2-18

失效数据对应的分级数值 x_i 见表 2-6。我们要检验该数据无法拟合出能产生表中所列的累积值 E_i 的正态分布的零假设。因此，在 E_i 列中列出了每次失效时的失效比例的期望值。

$|x_i - E_i|$ 的最大值为 0.08 （在表 2-6 中用 * 标出）。柯尔莫哥洛夫 – 斯米尔诺夫表 （见附录 3） 表明，当 $n = 12$ 时，在 10% 显著性水平上，$|x_i - E_i|$ 的临界值为 0.338。所以，在这一水平上，零假设不能被拒绝，而可以接受该数据是来自假设的正态分布。

表 2-6　具有 x_i 分级值的失效数据

事件	失效前时间/h	x_i	E_i	$|x_i - E_i|$
1	12. 2	0. 056	0. 035	0. 021
2	13. 1	0. 136	0. 115	0. 021
3	14. 0	0. 217	0. 29	0. 073
4	14. 1	0. 298	0. 32	0. 022
5	14. 6	0. 379	0. 44	0. 061
6	14. 7	0. 459	0. 46	0. 001
7	14. 7	0. 54	0. 46	0. 08 *
8	15. 1	0. 621	0. 58	0. 041
9	15. 7	0. 702	0. 73	0. 028
10	15. 8	0. 783	0. 75	0. 033
11	16. 3	0. 864	0. 85	0. 014
12	16. 9	0. 94	0. 95	0. 006

例 2-18 中的临界 K – S 值与 $|x_i - E_i|$ 的最大值之间有很大的差异，如在此例中，当从样本数据估计假定的分布参数时，临界 K – S 值过大，并给出了比适合这种情况的水平更低的显著性水平。为了对此进行修正，该临界值应乘以一个因子：

$$0.70\ (\beta > 3.0)$$
$$0.75\ (1.5 \leqslant \beta \leqslant 3.0)$$
$$0.80\ (\beta < 1.5)$$

其中，β 为威布尔形状参数。所以，在例 2-18 中，适合正态分布的威布尔的 $\beta >$ 3.0，修正过的 K – S 临界值为 $0.338 \times 0.70 = 0.237$。

2. 15　事件序列（点过程）

在连续的变量 （如时间） 中随机发生的离散事件无法用单一连续分布函数真实地表达出来。可修复系统的失效、飞机事故和通过某一点的车辆交通流量等都属于离散事件序列。这些都称为随机点过程。它们可通过事件序列的统计学来分析。

泊松分布概率函数 （式 2-41） 描述的是事件以恒定的概率随机发生的情况。这一情况可以用齐次泊松过程 （HPP） 进行描述。一个齐次泊松过程是一个平稳点过程，因为无论何时 （何地） 取一个区间进行抽样，在固定长度的区间内事件数目的分布不变。

泊松分布的概率函数为［由式（2-41）］

$$f(x) = \frac{(\lambda x)^n}{n!}\exp(-\lambda x) \quad (n = 0,1,2,\cdots) \tag{2-45}$$

式中，λ 为平均发生率，因此 λx 是在（0，x）中事件数的期望值。

在非齐次泊松过程（NHPP）中，点过程是非平稳的（发生率是时间的函数），所以在固定长度的区间内事件数分布随 x 的增加而变化。通常，离散事件（如失效）可能以递增或递减的概率发生。

注意，任何齐次泊松过程的重要条件是，在任何区间事件发生的概率与先前区间已经发生的事件无关。齐次泊松过程所描述的是独立同指数分布（IIED）的随机变量的序列。非齐次泊松过程所描述的是既非独立又非同分布的随机变量的序列。

2.15.1 趋势分析（时间序列分析）

当分析来自随机点过程的数据时，重要的是确定该过程是否表现出某种趋势，即要了解一个失效率是呈上升还是下降趋势，或是恒定不变。可以通过分析事件序列的到达值对趋势进行检验。到达值 x_1、x_2、$\cdots$、x_n 是从 $x = 0$ 起计算的独立变量（如时间）在各个事件发生时的数值。到达间隔值 X_1、X_2、$\cdots$、X_n 是自 $x = 0$ 起逐次发生的事件 1、2、$\cdots$、n 之间的区间大小。图 2-19 所示为到达值和间隔值之间的差别。

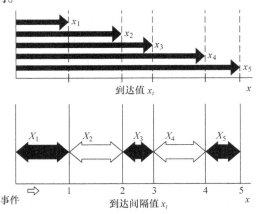

图 2-19 到达值和到达间隔值

如果 x_0 是观测周期，则对趋势的检验统计为

$$U = \frac{\sum x_i / n - x_0 / 2}{x_0 \sqrt{1/(12n)}} \tag{2-46}$$

这称为质心检验或拉普拉斯检验。它将所观测的到达值与观测区间的中点进行比较。如果 $U=0$，则表示没有趋势，即过程是平稳的。如果 $U<0$，则表示呈下降趋势，即间隔值趋于变大。相反，当 $U>0$ 时，呈上升趋势，即间隔值趋于逐渐变小。

如果观测周期在一个事件上终止，则以 $(n-1)$ 替代 n，并从总和 $\sum x_i$ 中去除到最后一个事件的时间。

可以通过将标准正态变量 z 值和 U 值进行比较以检验在按时序排列的数据中不存在趋势的零假设。例如，采用附录 1 或 Excel 函数，如果 $U=1.65$，则对于 $z=1.65$，有 $\Phi(z)=0.95$。故可以在 5% 的显著性水平上拒绝该零假设。

当观测区间终止于某个事件时 $n \geqslant 4$，或者当该区间在一个预定时间被终止时 $n \geqslant 3$，则质心检验在理论上是充分的。

这种方法也称为时间序列分析（TSA）。

例 2-19

某零件在 12 次连续失效之间的到达值（x_i）和间隔值（X_i）列表如下（观测终止于最后一次失效）：

x_i	X_i	x_i	X_i
175	175	618	102
196	21	641	23
304	108	679	38
415	111	726	47
504	89	740	14
516	12	791	51

$$\sum x_i = 5514\,(排除\ 791)$$

$$n - 1 = 11$$

$$\frac{\sum x_i}{n-1} = 501.3$$

$$\frac{x_0}{2} = -395.5$$

$$U = \frac{501.3 - 395.5}{791 \times \sqrt{1/(12 \times 11)}} = 1.54$$

参考附录 1，由 $z=1.54$ 查得 $\Phi(z)=0.94$

因此，可以在 6% 的统计显著性水平上拒绝不存在趋势的零假设。到达间隔时间变短，即失效率在上升。

数据中存在某种趋势（如例 2-19 中）表明到达间隔值不是独立同分布（IID）的。在分析失效数据时，特别要考虑这一点，这将在第 13 章中做出解释。

2.15.2　叠加过程

若干个分开的随机点过程组合起来形成一个整体的过程，如一个系统中各单个元器件（或插座）的失效过程，称为叠加过程。如果个体随机变量是独立同分布的指数分布，则总体过程变量也是独立同分布的指数分布，因此该过程为齐次泊松过程。

如果个体变量是独立同分布却非指数分布的，则整体过程将趋于齐次泊松过程。这样的过程称为更新过程或称为常规更新过程（ORP）。图 2-20 所示为这些过程。更新过程的分析通常用来描述可修复系统的状态，其中初期的失效服从指数分布或者其他统计分布，而失效的零件可以修复到"如新"的状态，重新投入运行并再次经历失效。本章提到的传统的统计分布都无法使用，因为失效件没有从总体中剔除，因此当总失效的数量超过总体数量时，概率累积分布函数会大于 1。更新过程的基本方程是：

$$\Lambda(t) = F(t) + \int_0^t \Lambda(t - \tau)\,\mathrm{d}F(\tau)$$

式中，$\Lambda(t)$ 为更新函数，表示每个单元出现的更换（维修）的数量；$F(t)$ 为主要失效的概率分布函数（失效的零件按未更换处理）。

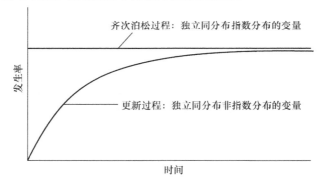

图 2-20　叠加过程的发生率

2.16　统计计算机软件

现在还可以用计算机软件来执行本章及后面各章所述的分析方法。如前文所述，微软的 Excel 有各种统计函数，本章大多数公式都有涵盖。在专门用于统计的软件中，Minitab 和 SAS 可能是全球范围内应用最广泛的软件。Minitab 是包含数据分析各个方面的综合性软件，包括质量、试验设计及其他工程或非工程应用。SAS 则更多地注重在商业方面。

2. 17　实践总结

尽管本章所述的数学方法对于理解和预测是有用的，但了解它们的局限性也是很重要的。它们是数学模型，而且不一定能像确定性的、基于物理的公式那样反映现实。重要的是在将统计方法用于实际工作时，必须牢记：

1）变异实际上很少服从正态分布。

2）就可靠性而言，最重要的变异通常是在尾部的变异，在该处的数据不可避免地更少（甚至没有数据），数据更不确定，而且传统的统计模型可能最能引起误导。

3）变异可以随时间而改变，因此一次测得的规律可能并不代表下一次的实际情况。我们将在后续各章中详细讨论这方面的问题。

4）变量间可能会有相互影响，因此而引发的组合影响比单个变异的影响更为显著。这部分内容将在后续各章中讨论。

5）工程中的变异通常是由人的因素造成的，或受人的因素影响。人们的行为并不符合任何可信的数学模型。

6）大多数统计学方面的工程教育仅涉及数学，而很少有统计学家能够了解他们所帮助解决的实际问题。这会导致不合理的分析和推导，并导致工程人员对统计方法的不信任。

必须在使用确定性方法和统计方法间求得适当的平衡。例如，做一个从高处释放一个物体的试验，如果物体落下，则说明试验成功，其结果如下：

产品检验（0 失效）：0　　1　　1　　0　　2　　0

则可以推断，有 80% 的统计置信度认为可靠性最少为 0.9 的情况将是

0　　0.90　　0.98　　0.99

这里假设数据完全是统计值，即没有物理的或工程的先验知识。另一方面，如果确信具有此类知识（在此例中，重力总是作用于被释放的物体上），那么即使没有做任何试验，我们对 100% 的可靠性具有 100% 的置信度。因此，在此类确定性情况下，进行统计性试验和分析是不合适的。

但是，许多工程中遇到的情况既含确定性也含统计性。例如，可能会出现释放机构不能正常打开的情况。变异的原因和影响经常是不确定的（特别是存在相互影响时），因此必须充分利用我们的知识并使用最佳方法来探索这些不确定性。

统计试验本身会产生误导的结果。我们讨论过超出所测量数据范围的外推的问题。另一个例子可能是一系列的试验，表明一个产品在高应力条件下比在低应力条件下运行更可靠。这样的结果可能是由于这些在高应力条件下试验的产品是

采用更好的工艺制造的，或者高应力实际上可能提高了可靠性（如高温可能提高密封的性能），或许这些结果是由于偶然因素造成的而不能代表将来的试验。对所观察到的可靠性的差异必须用实际工程方法予以确定和分析，有时这可能是困难的。

总而言之，所有的理解必须以实际知识（科学的、人性的等）为基础。统计方法能提供线索以帮助我们获得此类知识。

习　题

1. 在导弹试射过程中，我们知道有些事件会使导弹脱靶。这些事件列表如下，表中同时也列出了在一次发射过程中它们的近似发生概率：

事件	概率
（A_1） 云反射	0.0001
（A_2） 降雨	0.005
（A_3） 目标规避	0.002
（A_4） 电子干扰	0.04

如果这些事件发生，失败的概率为

$P(F/A_1) = 0.3$、$P(F/A_2) = 0.01$、$P(F/A_3) = 0.005$、$P(F/A_4) = 0.0002$

使用贝叶斯理论［式（2-10）］计算其中每一类事件导致导弹脱靶的概率。

2. 对于一个在某测试环境中失效概率为 0.02 的装置，使用二项分布计算有 25 个装置的测试样本的下列情况的概率：（a）无失效的概率；（b）有 1 个失效的概率；（c）多于一个失效的概率。

3. 假设失效概率为 0.2，重复问题 2 的计算。

4. 对二项分布使用泊松近似法重复问题 2 和问题 3 的计算，并对答案做出评价。

5. 一家供应商在最近提交几批零件后才意识到约有 10% 的零件有制造缺陷而导致可靠性降低。现无任何外表或目视的方法来识别这些不合格的零件。但批次标识还在，所以问题就是将那些有缺陷的批次（差的批次）从其余的批次（好的批次）中分拣出来。已设计出一种加速测试方法，使取自好的批次中的元器件的失效概率为 0.02，而取自差的批次中的元器件的失效概率为 0.2。所做抽样计划如下：

（a）随机从每个未知的批次中选出含 25 件产品的样本做测试。

（b）若有 0 或 1 个零件失效，即可判定这一批次是好的。

（c）若有 2 或 2 个以上的零件失效，即可判定这一批次是差的。

此做法存在一定的风险：（ⅰ）将好的批次误判为差的批次的风险；（ⅱ）将差的批次误判为好的批次的风险。

使用贝叶斯理论和问题 2、问题 3 的答案，对这些风险进行评估。

6.（a）说明什么情况下你期望所观测的失效次数符合指数分布。

（b）从可靠性的角度说明指数分布与泊松分布的关系。

（c）一设备的 MTBF（平均故障间隔时间）为 350h，计算其工作 200h 而无失效的概率。

7. 一列火车装有 3 个发动机/传动单元，可假设它在 200h 的平均寿命呈现恒定的失效率。按每天工作 15h，计算火车（a）发动机/传动单元无失效的概率；（b）不超过 1 个单元失效的概率；（c）不超过 2 个单元失效的概率。

8. 在指数分布的前提下，计算系统正常运行的时间超过 MTBF 两倍的可能性。

9.（a）解释下面描述零件可靠性的各个概念，必要时可以使用草图，并清晰地说明它们之间的关系：（ⅰ）寿命概率密度函数；（ⅱ）累积分布函数；（ⅲ）可靠性函数；（ⅳ）风险函数。

（b）写出双参数威布尔分布的累积分布函数。说明各参数的含义并绘制草图说明参数值如何影响分布函数和风险函数。

10. 10 个零件被试验到失效，其发生失效的时间（h）顺序如下：70.9、87.2、101.7、104.2、106.2、111.4、112.6、116.7、143.0、150.9。

（a）假设它们发生失效的时间服从正态分布，估计零部件在下列时刻的可靠性和风险函数：（ⅰ）在工作 100h；（ⅱ）在工作 150h。

（b）使用 K－S 检验查看假设正态分布是否合理。

11. 一个飞轮由 5 个螺栓固定在轴上，每个螺栓的紧固扭矩为（50±5）N·m。检查 20 个装配样品中的螺栓扭矩。由 100 个螺栓的检查结果，求得平均扭矩为 47.2N·m，标准差为 1.38N·m。

（a）假设扭矩服从正态分布，估计扭矩低于 45N·m 的比例。

（b）对于给定的装配件，计算（ⅰ）扭矩没有低于 45N·m 的螺栓的概率；（ⅱ）至少有 1 个螺栓的扭矩低于 45N·m 的概率；（ⅲ）扭矩大于 45N·m 的螺栓少于 2 个的概率；（ⅳ）全部 5 个螺栓的扭矩都低于 45N·m 的概率。

（c）在整个有 100 个螺栓的样本中，实际上发现有 4 个螺栓的扭矩低于 45N·m。（ⅰ）将这个结果与（a）的结果进行对比并做出评价；（ⅱ）使用此结果求出扭矩低于 45N·m 的 90% 双边置信区间。

（d）向一个聪明的但不了解技术经理解释上面（c）中（ⅱ）的置信区间的含义。

（e）每个组件中扭矩最低的螺栓已经被识别出来。20 个螺栓的平均扭矩为

45.5N·m，标准差为0.88N·m。假设极值分布，计算在某一特定组件上最低扭矩（ⅰ）低于45N·m的概率；（ⅱ）低于44N·m的概率。

12. 以下数据是一个加工中心逐次失效间的时间（h）：96、81、105、34、92、81、89、138、75、156、205、111、177。

计算其趋势统计量［式（2-46）］并检验其显著性。

13. 用四种方法分析某工程变量与假设为服从正态分布时的区别。分别举例说明。

14. 在大多数统计应用中，最重要的结果与所研究的总体的大多数特性相关。为什么在大多数工程应用中却不是这样？

15. 将10个产品进行试验，直到全部失效。第一次失效发生在第35000次工作循环。对失效前时间进行的回归分析表明与双参数威布尔分布拟合良好，且求出了分布参数。规范要求该产品应有30000次循环的B_{10}寿命。假设试验表明与规范相符，讨论其实际含义。

16. 在第15题中，如果该产品是下列物品，你的判断将受到何种影响？

（a）一个承受疲劳加载的钢质螺栓。

（b）儿童玩具中的一个塑料零件。

（c）一个照明单元。

（d）一个变速器里的轴承。

（e）一只发光二极管。

（可以在学过第8章和第9章后再回答该问题）

17. 解释统计置信度的含义。如何根据工程知识对从试验获得的统计置信度进行修改？

18. 在例2-7中，列举3个因素，出使轮胎彼此独立发生失效的假设无效。如何才能使这种针对轮胎的假设更有效？

19. 在$n=100$、$p=0.14$的情况下，失效少于20次而多于10次的概率为多大（2-10节）？

（a）使用二项分布。

（b）使用正态近似。

20. 电子控制器的寿命服从对数正态分布，参数为$\mu=20$，$\sigma=10$。控制器寿命达到50h的概率为多大？寿命达到200h的概率为多大？

21. 商用洗衣机内有两个不可修复的电机，恒定失效率为0.08/年。维修部门购进2个备用。如果洗衣机的寿命是7年，则两只备件足够的概率为多大。提示：使用泊松分布。

22. 比较两个产品的可靠性：产品A服从指数分布，产品B服从威布尔分布。$\text{MTBF}_A=\eta_B=1000h$。比较300h时的可靠性：

$\beta_B = 0.5$

$\beta_B = 1.0$

$\beta_B = 3.0$

在尺度参数不变的前提下，如何描述威布尔分布的形状参数 β 对可靠性的影响？

23. 推导威布尔分布的失效率和累积失效函数。

24. 计算 $\beta_B = 0.5$、$\eta = 200h$ 的威布尔分布在 $t = 100h$ 时的累积失效率。

参 考 文 献
入门性资料

Chatfield, C. (1983) *Statistics for Technology*, 2nd edn, Chapman & Hall.

Conover, W. (1998) *Practical Non-parametric Statistics*, J. Wiley.

Hines, W. and Montgomery, D. (1990) *Probability and Statistics in Engineering and Management Science*, 3rd edn, Wiley.

Langley, R. (1979) *Practical Statistics Simply Explained*, 2nd edn, Pan.

Modarres, M. Kaminskiy, M. Krivtsov V. (1999) *Reliability Engineering and Risk Analysis*, 2nd edn, Marcel Dekker.

Montgomery, D., Runger, G., Hubele, M. (2006) *Engineering Statistics*, 4th edn, J. Wiley.

NIST (2011) Section 1.3.6.7.3 *Upper Critical Values of the F Distribution*. Engineering Statistics Handbook, published by NIST. Available at: http://www.itl.nist.gov/div898/handbook/eda/section3/eda3673.htm.

Ryan, T. (2000) *Statistical Methods for Quality Improvement*, Wiley.

更深入的读物

Abernethy, R. (2003) *The New Weibull Handbook*, 5th edn, Dr. Robert Abernethy.

Duncan, A. (1986) *Quality Control and Industrial Statistics*, 5th edn, Irwin.

Hahn G., Meeker, W. (1991) *Statistical Intervals, a Guide for Practitioners*, J. Wiley.

Hollander, M., Wolfe, D. (1999) *Non-parametric Statistical Methods*, 2nd edn, J. Wiley.

Kleyner, A., Bhagath, S., Gasparini, M. *et al.* (1997) Bayesian techniques to reduce the sample size in automotive electronics attribute testing. *Microelectronics and Reliability*, **37**(6), 879–883.

Martz, H. and Waller, A. (1982) *Bayesian Reliability Analysis*, J. Wiley.

Modarres, M., Kaminskiy, M. and Krivtsov, V. (1999) Reliability Engineering and Risk MINITAB (2011) (General purpose statistics training and application software). Minitab Inc. 3081 Enterprise Drive, PA 16801, USA. (*The MINITAB Handbook* (Duxbury Press, Boston) is an excellent introduction to basic statistics), www.mintab.com.

National Institute of Standards and Technology (NIST). NIST/SEMATECH e-Handbook of Statistical Methods http://www.itl.nist.gov/div898/handbook/October 2010.

Nelson, W. (2003) *Applied Life Data Analysis*, J. Wiley.

SAS Business Analytics Software Manual. http://www.sas.com/resources/.

Seitano, S. (2001) *Engineering Uncertainty and Risk Analysis*, Hydroscience Inc.

Wassreman, G. (2003) *Reliability Verification Testing, and Analysis in Engineering Design*, Marcel Dekker.

第3章 寿命数据分析和概率绘图

3.1 引言

在可靠性工程中，通常需要确定哪种分布能最好地拟合一组数据，并推导出该分布参数的区间估计。解决这类问题的方法所需的数学基础在第 2 章中已经讨论过。

3.1.1 一般的寿命数据分析和概率绘图

本章介绍的方法可用于分析任何数据，如尺寸或者参数测量。然而，这里主要用于分析失效时间（寿命数据）。

通用的统计分析软件如 Minitab 带有概率绘图功能。因为威布尔分布是最常用的可靠性寿命分布，相应地也有软件专门针对这种分布，如 Reliasoft Weibull + +、SuperSMITH Weibull 等。本章用 Reliasoft Weibull + +介绍如何进行分析。

应注意，以概率图法求解失效时间的分布参数只有在数据为独立同分布（IID）时才适用。不可修复的零部件和系统通常属于这种情况，但可修复系统的失效数据的情况可能不同，原因是修复后的系统会出现继发性失效，而它和原发性失效是相关的。而且因为后续的维修，可修复系统总体失效的数量可能超过总体的数量，导致 cdf > 1.0，这在数学上是讲不通的。可修复系统的可靠性建模和数据分析将在第 6 章和第 13 章介绍。

3.1.2 统计数据分析方法

根据观测到的失效数据计算最佳的统计分布的过程可以通过图 3-1 表示，根据概率密度函数深色部分的现有数据，$f(t)$ 的其余部分可以被"重新构造"出来。这个过程的目的是发现拟合最佳的统计分布，然后推导出分布的参数，继而推导可靠性函数 $R(t)$。然而在实际工作中，这个方法主要是构造对现有数据拟合最佳的 cdf 曲线。

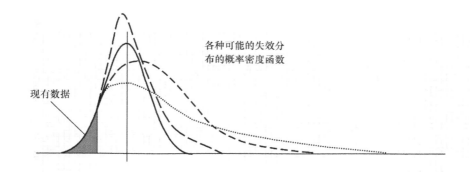

图 3-1　绘制各种可能的概率密度函数曲线

在参数估计的方法中，数学难度最低的是概率绘图法。顾名思义，概率绘图法是在专门印制的概率纸（分布不同，概率纸也不同）上将数据绘制出来。概率纸坐标上的变换能使对应的分布函数呈现一条直线。因此，如果绘制在概率纸上的数据能用一条直线拟合，数据就可以用相应的分布拟合（如图 3-2 所示的拟合的正态分布）。此法还可以估算分布的参数。只要有合适的概率纸，这一过程很容易徒手完成。有针对所有主要分布的概率纸，包括正态分布、对数正态分布、威布尔分布、指数分布、极值分布等，可以从互联网上下载（如 Reliasfot，2011）。然而目前概率绘图大多通过计算机完成，本章的后面将进行介绍。

威布尔分布（见第 2 章）在分析寿命数据时应用较多，因此这个方法常被称为威布尔分析。威布尔模型可以用双参数、三参数或混合分布。其他常用的寿命分布包括指数分布、极值分布、对数正态分布和正态分布。分析人员根据拟合优度、以往经验和工程判断来选择最适合数据的寿命分布。寿命数据的分析过程如下：

1）收集产品寿命数据。

2）选择寿命分布，并根据数据进行验证。

3）为产品寿命特征绘制图形并得出结果，如可靠性、失效率、平均寿命或其他相关的量。

本章讨论概率绘图和寿命数据分析的理论及实际应用。

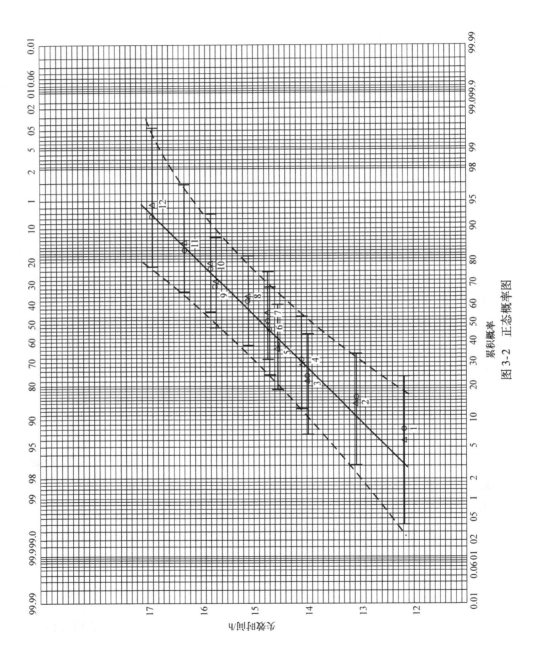

图 3-2 正态概率图

3.2 寿命数据的分类

在可靠性工作中，寿命可以是指失效前的时间、行驶的距离、开关的次数、循环等。参数估计的准确性和可信性都高度依赖于所提供数据的质量、准确性和完整性。合适的数据，结合适当的分布模型，就会对参数进行良好的估计。

在使用寿命数据进行分析（及一般统计）时，我们必须对数据的质量保持谨慎。最重要的、必须满足的前提是收集的数据或者样本能够代表总体。多数统计分析都以随机抽样为前提。例如，如果要估计人口的平均寿命，我们应该使样本和人口总体有同样的构成，即男女比例相同，吸烟者和不吸烟者的比例相同，等等。如果我们使用了 10 位男性吸烟者来估算寿命，分析结果和预测都很可能会有偏差。在所有的分析中，样本能够代表总体并且试验或者使用条件能够代表实际使用条件这两个前提都必须满足。不良的或者不充分的数据，很可能会导致不正确的估计，即"废进废出"。

3.2.1 完整数据

完整数据是指每一个样品的值都已被观测或者获知。例如，如果我们要计算 10 位学生的考试成绩，完整数据就包括了每一位学生的成绩。类似地，在寿命分析中，完整数据包括样本中所有的失效时间。例如，我们测试了 4 个零件，它们全部失效并且失效时间都记录了下来（图 3-3），这样我们就有了样品中每个失效时间的完整信息。

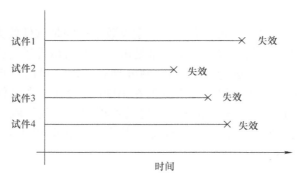

图 3-3 完整数据

3.2.2 删失数据

在分析寿命数据时，多数情况下不是所有的样品都失效了（即未观测到相关事件）或者全部样品准确的失效时间未知。这类数据通常称为删失数据。删失的类型有三种：右删失（中止）、区间删失和左删失。

3.2.3　右删失（中止）

最常见的删失是右删失，或称试验中止。在寿命数据中，这些数据是指没有发生失效的数据。例如，如果我们要试验 5 个零件，但是到试验结束时只有 3 个零件失效了，剩下 2 个没有失效的零件的数据即右删失数据。"右删失"是指关注的事件（即失效时间）在我们的数据点的右侧。换言之，如果继续对这个样本进行试验，失效将在我们的数据点之后的某一个时间点（或者在时间坐标上向右）发生，如图 3-4 所示。

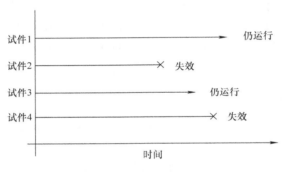

图 3-4　右删失数据

3.2.4　区间删失

第二种删失通常称为区间删失。区间删失数据指的是试件的失效发生在一个区间内某一个未知的时刻。这类数据通常是由于没有对试件进行持续观测而导致的。如果我们对 5 个试件进行试验，每 100h 检查一次，我们只知道样件是否在检查间隔之间失效。具体来说，如果我们在 100h 时检查一个试件，发现其正常运行；然后在 200h 时检查这个试件，发现其不再运行，我们就知道失效发生在100h 和 200h 之间。换言之，我们仅仅知道其在一个区间内失效（图 3-5）。这通常也被称为检查区间。

3.2.5　左删失

第三种删失类似于区间删失，称为左删失。在左删失数据中，我们只知道失效时间位于某一个时刻之前（图 3-6），或者说在数据点的左侧。例如，我们进行第一个 100h 检查时，发现零件已经失效。换言之，失效可能发生在 0～100h之间。这和起始点为零的区间删失相同。

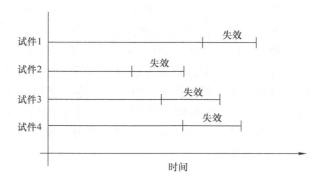

图 3-5　区间删失数据

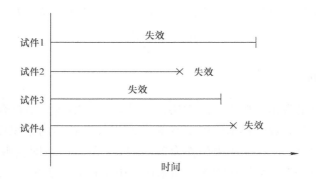

图 3-6　左删失数据

完整的数据比任何一种删失数据都更易于使用。完整的数据和右删失数据通常可以用作图法分析，而左删失和区间删失数据需要更复杂的方法，包括使用软件工具。本章将介绍其中的一些方法。

3.3　数据的秩

概率绘图（手动或计算机绘制）通常是绘制关注的变量（时间、里程、循环等）和累积百分比概率之间的关系。因此数据需要排序而且要计算每个数据点的累积概率。本节将介绍对各类数据进行排序并使它们适合分析和绘制的方法。

3.3.1　秩的概念

数据排序能估计某次试验样本在总体中所占的比例。数据求秩提供了一种在频次直方图中展示数据的另一种方法，因为在实际工程中只能获得少量数据。例如，如果我们试验了 5 个零件，测得的寿命分别为 100h、200h、300h、400h 和500h，那么第一个数据点 100h 的秩为 20%（1/5），第二个秩为 40%（2/5），等等。有时这也称为简单估计。但这也能足够说明 20% 的整体的寿命低于 100h。类似地，如果我们假设第 5 个零件能代表 100% 的总体，我们就能得出所有零件都会在 500h 内失效的结论。然而对概率绘图来讲，最好进行一定程度的调整，以使每一个失效表示分布上的一个点。为此，同时也为了改进估计的准确性，我们引入了平均秩和中位秩的概念。

3.3.2 平均秩

平均秩基于与分布无关的模型，而且通常用于绘制对称的统计分布，如正态分布。在计算累积百分位时，通常用（$N+1$）而不是 N 作为分母：

$$\text{平均秩} = \frac{i}{N+1} \tag{3-1}$$

3.3.3 中位秩

中位秩法是最常用的概率绘图方法，尤其是在已知数据不符合正态分布时。中位秩可以定义为某数据样本能以 50% 置信水平代表总体的累积百分比。例如，如果 5 个样品中第 2 个样品的中位秩为 31.47%（表3-1），即表明两个样品代表总体的 31.47% 的置信水平为 50%。用来计算中位秩的方法很多，最常用的方法是累积二项法和它的代数近似。

表3-1 样本容量为 5 时的中位秩

k	1	2	3	4	5
$n=5$ 时的中位秩	12.94%	31.47%	50%	68.53%	87.06%

3.3.4 中位秩的累积二项法

根据累积二项法，中位秩可以通过求解累积二项分布的 Z 值（第 j 个失效的秩）来求得（Nelson，1982）：

$$P = \sum_{k=j}^{N} \binom{N}{k} Z^k (1-Z)^{N-k} \tag{3-2}$$

式中，N 为样本大小；j 为顺序数。

中位秩可以通过求解下式中的 Z 计算出来：

$$0.50 = \sum_{k=j}^{N} \binom{N}{k} Z^k (1-Z)^{N-k} \tag{3-3}$$

通过将 P 从 0.50（50%）更改为期望的置信水平，可以重复使用相同的方法，对 $P = 95\%$，式（3-3）可改为

$$0.95 = \sum_{k=j}^{N} \binom{N}{k} Z^k (1 - Z)^{N-k} \tag{3-4}$$

本章我们会讲到，秩的概念在图形绘制和计算机数据分析方法中都有广泛的应用。

3.3.5　中位秩的代数近似

中位秩已经被制成表格并发布，而且几乎所有的统计软件（Minitab、SAS 等）都可以计算。如 Weibull + + 包含一个"快速计算器"，用于用户对任何样本数量和失效数量计算秩。但是当软件和表格都不可用时，或者样本超过表格的范围时，可以使用式（3-5），其也称为贝纳德（Benard）近似。第 j 个秩的近似值为

$$\text{中位秩} \; r_j = \frac{j - 0.3}{N + 0.4} \tag{3-5}$$

式中，j 为失效顺序数；N 为样本容量。

式（3-5）广泛地应用于用概率纸进行手动制图，如威布尔分布、对数分布、正态分布、对数正态分布、极值分布等。

3.3.6　对删失数据求秩

当分析删失数据时，概率图的绘制更加复杂。删失数据分析更容易解释右删失数据。试验中止的零件没有在图上显示为数据点，但是它们本身影响着其余数据点的秩，因此需要对秩进行调节。这样做是为了反映出与未知的失效时间相关的不确定性。中位秩的推导步骤如下：

1）为失效的零件列出顺序号（$i = 1, 2, \cdots$）。

2）将失效零件的寿命（t_i）从小到大排列。

3）对每个失效的零件，列出在上一次失效和本次失效之间正常工作的零件数量（如果是第一次失效，则从 $t = 0$ 开始计算）。

4）对每个失效的零件，用下式计算平均顺序 i_{t_i}

$$i_{t_i} = i_{t_{i-1}} + N_{t_i} \tag{3-6}$$

其中

$$N_{t_i} = \frac{(n + 1) - i_{t_{i-1}}}{1 + (n - \text{之前的数量})} \tag{3-7}$$

n 为样本容量。

5）由式（3-5），对每一失效零件计算中位秩：

$$r_{t_i} = \frac{i_{t_i} - 0.3}{n + 0.4}\%$$ (3-8)

这种方法的应用见本章 3.4.2 节例 3-2。

3.4 威布尔分布

在可靠性工程中，威布尔分布在处理和分析寿命数据方面的应用几乎是最广泛的。主要原因是它的灵活性，易于解释分布参数，以及它们与失效率和图 1-6 所示的浴盆曲线概念的关系。本章，我们用威布尔分布介绍概率绘图和寿命数据分析。这些方法大多数都可以用在第 2 章介绍的其他分布的数据分析中。

3.4.1 双参数威布尔分布

威布尔分布中相对简单的是双参数模型。顾名思义，这种分布由两个参数确定。如第 2 章 2.6.6 节中介绍的，累积失效分布函数 $F(t)$ 为

$$F(t) = 1 - \exp\left[-\left(\frac{t}{\eta}\right)^{\beta}\right]$$ (3-9)

式中，t 为时间；β 为威布尔斜率（在威布尔概率纸上的失效线的斜率），也称为形状参数；η 为特征寿命，即总体中 63.2% 的产品失效的时间，也称为尺度参数。

式（3-9）也可以写为

$$\frac{1}{1 - F(t)} = \exp\left(\frac{t}{\eta}\right)^{\beta}$$ (3-10)

或者取两次自然对数，式（3-10）变为

$$\ln\ln\frac{1}{1 - F(t)} = \beta(\ln t) - (\beta\ln\eta)$$ (3-11)

可以看出式（3-11）呈现线性关系，$Y = \beta X + C$。其中

$$X = \ln t$$
$$Y = \ln\ln\frac{1}{1 - F(t)}$$ (3-12)
$$C = -\beta\ln\eta$$

因此，式（3-11）表示了一条在直角坐标系下斜率为 β，截距为 C 的直线。因此如果数据服从双参数的威布尔分布，$\ln\ln\frac{1}{1 - F(t)}$ 和 $\ln(t)$ 之间的关系图像将是一条斜率为 β 的直线。

3.4.2 威布尔参数估计和概率绘图

图 3-7 所示为威布尔概率纸。上文介绍了威布尔概率纸的 X 轴和 Y 轴的变

换。这里 Y 轴（双对数倒数单位）表示不可靠性 $F(t) = 1 - R(t)$，而 X 轴表示时间或者其他使用量的参数（英里、千米、循环、次数、开关等）。然后，给定每个数据点的 x 和 y 值，就可以绘制出每个点。

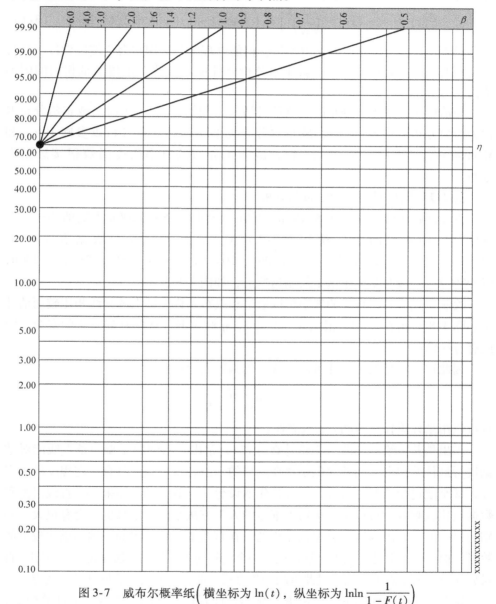

图 3-7　威布尔概率纸$\left(横坐标为 \ln(t)，纵坐标为 \ln\ln\dfrac{1}{1-F(t)}\right)$

　　图 3-7 中的点表示失效时间数据。在概率绘图中，我们将这些值作为 x 值。适当的 y 绘制点或不可靠性值对应于每个失效点的中位秩。

在威布尔概率纸上绘制完每个点之后，绘制出与这些点拟合最佳的直线。直线的斜率（作图或者计算）即为参数 β，参数 η 为 Y 轴上 63.2% 的不可靠性对应的时间。为了求出这个数值，将 $t = \eta$ 代入式（3-10）并计算累积失效函数：

$$F(t) = 1 - \exp\left[-\left(\frac{\eta}{\eta}\right)^{\beta}\right] = 1 - \exp(-1) = 0.632(63.2\%) \qquad (3-13)$$

尽管现在很少使用威布尔概率纸，但能够理解并运用它会为使用软件工具打下良好的基础。此外，大多数威布尔分析软件使用与威布尔概率纸相同的图形格式。

如前所述，威布尔分布的优点是灵活性。例如，当 $\beta = 1$ 时，威布尔分布退化为指数分布。当 $\beta = 2$ 时，威布尔分布类似于瑞利分布（可以参阅 Hines 和 Montgomery，1990）。当 $\beta = 3.5$ 时，威布尔分布的概率密度函数很接近正态分布。

例 3-1 用秩回归进行威布尔分析

首先回顾 5 个零件分别在 100h、200h、300h、400h、500h 失效的例子。将这些数值和它们的中位秩（表 3-1）配对，就得到 5 个数据点（100h，12.94%），（200h，31.47%），（300h，50%），（400h，68.53%），（500h，87.06%）。在威布尔概率纸上绘制这些点，如图 3-8 所示。

绘制完直线后，直线的斜率可以通过和威布尔概率纸上的 β 线相比较而估计出。图 3-8 显示 $\beta \approx 2.0$。根据式（3-13），η 对应不可靠性为 63.2% 的寿命，因此有 $\eta \approx 320$。

因此这个产品的可靠性可以用威布尔函数表示：

$$R(t) = \exp\left[-\left(\frac{t}{320}\right)^{2.0}\right]$$

且可以用来计算任意时间 t 的可靠性。

求出秩并且绘图之后（无论什么分布），常出现的问题是哪一条直线能对数据进行最佳的拟合？当然前提是存在这样的一条直线。难免具有一定程度的主观性，甚至通过稍微调整直线来符合预先的设想。一般来讲，如果一条直线目测和数据点比较吻合就可以了，更精确细微的人工方法给出的结果也不会有很大的差别。另一方面，因为这些数据是累积的，在直线上累积较多的一端的点比较早的数据更加重要。但是，如果尽量客观，一个比较简单可行的方法是将一把透明的直尺放在最后一个点上，然后过此点画一条直线，使直线的两边有同样数量的点。

这些只是人工绘图的一般考虑。显然，计算机软件能无主观性地计算数据，并且更加准确，同时在处理数据时有更多的选项。用软件分析数据将在 3.5 节讨论。

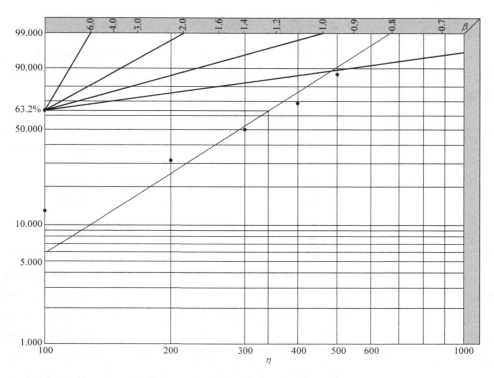

图 3-8　将例 3-1 中的数据绘制在威布尔概率纸上（$\beta \approx 2.0$，$\eta \approx 320$）

例 3-2　计算调整后的秩

再看例 3-1 中的 5 个零件，只是这次零件 2 和零件 4 没有失效，并且分别在 200h 和 400h 时中止试验（表 3-2）。计算这组调整后的新数据的秩。

由式（3-6）和式（3-8）可得

$$N_{100} = \frac{5 + 1 - 0}{1 + (5 - 0)} = 1.0$$

$$N_{300} = \frac{5 + 1 - 1}{1 + (5 - 2)} = 1.25$$

$$N_{500} = \frac{5 + 1 - 2.25}{1 + (5 - 4)} = 1.875$$

$$i_{100} = i_0 + N_{100} = 0 + 1.0 = 1.0$$

$$i_{300} = i_{100} + N_{300} = 1.0 + 1.25 = 2.25$$

$$i_{500} = i_{300} + N_{500} = 2.25 + 1.875 = 4.125$$

$$r_{100} = \frac{1 - 0.3}{5 + 0.4} = 0.1296$$

$$r_{300} = \frac{2.25 - 0.3}{5 + 0.4} = 3.611$$

$$r_{500} = \frac{4.125 - 0.3}{5 + 0.4} = 0.7083$$

表 3-2 给出了针对三个失效点计算调整后的秩的步骤。计算出调整后的秩之后，用仅有的三个数据点（数据点 1、数据点 3、数据点 5）和与例 3-1 相同的步骤绘制概率图。

表 3-2　例 3-2 的数据汇总和调整后的秩

零件号	时间 /h	失效或删失	N_{t_i}	i_{t_i}	r_{t_i}
1	100	失效 1	1.0	1.0	12.96%
2	200	右删失	—	—	—
3	300	失效 2	1.25	2.25	36.11%
4	400	右删失	—	—	—
5	500	失效 3	1.875	4.125	70.83%

尽管调整秩的方法在进行右删失分析时用得最多，但它也有一些严重的缺陷。可以从这个分析中看出，针对右删失，它只分析了失效的位置而不是试验中止的时间。这个缺陷在失效个数少而右删失数量多且没有均匀地分布在各个失效之间时尤为显著，见例 3-2。这就是为什么多数情况下建议使用最大似然法（Maximum Likelihood）（见 3.5.2 节）来估计参数而不是 3.5.1 节中的最小二乘法。最大似然法并不考虑秩或者绘制点的位置，而是考虑每一个失效时间和右删失起点时间。

3.4.3　三参数威布尔分布

如第 2 章所述，这种分布的累积失效分布函数 $F(t)$ 比式（3-9）稍复杂，增加一个参数 γ：

$$F(t) = 1 - \exp\left[-\left(\frac{t - \gamma}{\eta}\right)^{\beta}\right] \tag{3-14}$$

式中，γ 为最小寿命期望，也称位置参数，因为它决定了概率密度函数在 X 轴上的起始点。

其他文献中可能使用符号 X_0、t_0 或 ρ 来代替 γ。因为三参数威布尔分布中没有产品会在时间 γ 之前失效，因此它也被称为最小寿命。

因为三参数威布尔分布无法在威布尔概率纸上用直线表示（图 3-9），因此人工绘制更困难。有一种方法可以绘制三参数的威布尔分布，它将每个数据点在对数坐标下向左（或向右）移动一定距离使所有的点对齐。移动的距离取决于最小寿命 γ。当然，用计算机绘制更准确且更方便。

对一个分布增加位置参数就是把范围从 $[0, \infty]$ 变为 $[\gamma, \infty]$，其中 γ 可

能是正的也可能是负的。这对可靠性有很大的影响。位置参数如果是正的，就说明某分布总是在 γ 点以后；如果是负的，就说明理论上失效可以发生在时刻 0 之前。实际上，位置参数为负表示静态失效（在产品初次投入使用之前发生的失效），或者生产、包装及运输过程中出现问题。

分析不以直线绘制的数据时要谨慎，因为这种现象可能是因为出现混合分布或者数据不服从威布尔分布。需要分析失效机理并进行工程判断才能做出正确的解释。例如，多数情况下磨损失效都会有一段无失效的时间。这样就可以通过对产品及其应用的了解来估计 γ。

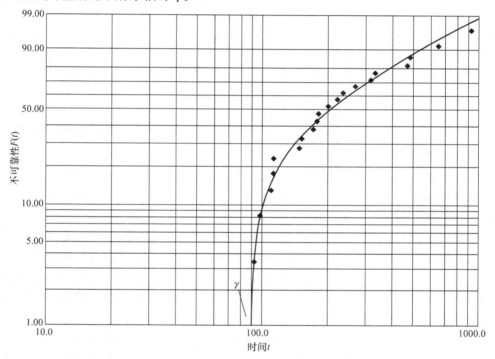

图 3-9 用 Weibull + + 绘制的三参数威布尔分布（Reliasoft 许可使用）

在质量控制和可靠性工作中，我们经常要处理已经经过某种筛选的样本。例如，机械加工件经过尺寸检查之后，过大或者过小的将被剔除；电子元器件中筛除了零寿命（到货即损）的零件。筛选会在概率图上显示出来，在尾部呈现曲线。例如，疲劳寿命试验的样件的失效时间图通常是弯曲的，因为强度过低的样件在质检中已被移除。换言之，最小寿命为正，并且适合用三参数威布尔分布表示。

另外，这样的情况下三参数威布尔分布比双参数威布尔分布更适合：更多的数据点（至少 10 个）和根据失效机理得知存在最小寿命的原因。因此，单纯从数学上拟合是不足以选用三参数威布尔分布的。分布的选择对可靠性数值的影响很大，即使是双参数和三参数威布尔分布之间，这种选择也会对 β、η 两个参数有影响。

3.4.4 β 参数与失效率和浴盆曲线的关系

如第 2 章所述，β 的值反映的是威布尔分布的风险函数或预期失效率，并且可以根据 β 的值小于、等于还是大于 1 来推断总体的失效特性。从图 3-10 可以看出 β 的值和浴盆曲线（图 1-6）上各段的对应关系。

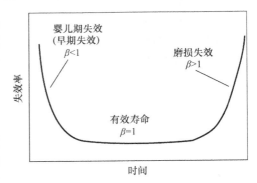

图 3-10 浴盆曲线和威布尔斜率 β 的对应关系

由于近年来威布尔分析都是用软件进行的，用户倾向于直接运行数据并生成报告，而不仔细分析数据的有效性。因此可以借助下面的指导更好地分析结果并根据 β 的值进行判断：

如果 $\beta<1$，说明失效率逐渐降低而且通常属于早期失效，有时称为早夭。它通常对应的是与制造相关的失效及刚投产之后发生的失效。原因可能是一些样品有缺陷或者有其他早期失效的迹象。

如果 $\beta\approx1$，说明失效率是常数，而且通常对应的是有效寿命。常数失效率通常发生在产品寿命的中段，可能是随机失效或多种失效模式混合导致的结果。

如果 $\beta>1$，说明失效率逐渐升高，并且通常和磨损有关，发生在产品寿命的后期，失效之间的时间比较接近。如果在产品寿命的早期出现，可能是严重的设计问题或者数据分析错误导致的。

如果 $\beta>6$，此时需要引起注意，虽然 $\beta>6$ 也是常见的。它反映的是加速失效和快速磨损，这种现象通常出现在比较脆弱的零件上，或者有某种形式的腐蚀、旧设备的失效，但在电子系统上不常见。有些生物或化学系统有 $\beta>6$ 的情况，如人的寿命、油品的黏度变化等。另外，大量的删失数据比完整数据更容易导致较高的 β 值。这时可以用不同的数据分析方法来验证结果的合理性。

如果 $\beta>10$，此时需要引起极大的关注。如此高的 β 值并非不可能，但是在实际工程中极为罕见。它表现的是极高的磨损率，并且在完整数据或者接近完整的数据中不常见。但是可能由删失数据较多而完整失效较少导致（例如，可以做个练习，两个样件在 900h 和 920h 时失效，5 个样件在 1000h 右删失）。另外，β 值过高可能是步进过应力试验的结果，其中环境条件随着每一步逐渐更加严苛，导致零件加速失效。

3.4.5　B_X 寿命

用来衡量可靠性的另一个参数是 B 寿命，其含义是总体中一定比例会发生失效的时间（或者其他度量），用 B_X 表示，其中 X 是总体中失效的百分数。如 B_{10} 寿命为 15 年则表示 15 年内可靠性是 90%。这两者的关系可以用下式表示：

$$R(B_X) = (100 - X)\% \tag{3-15}$$

用在威布尔分布上即

$$R(B_X) = \exp\left[-\left(\frac{B_X}{\eta}\right)^{\beta}\right] = 1 - \frac{X}{100} \tag{3-16}$$

3.5　用软件进行数据分析和概率绘图

计算机分析寿命采用的方法和手动计算的原理相同，区别为计算机分析采用了更复杂的数学方法来求解直线，而不是简单的目测。现代的软件在计算的精确性和多样性方面优势明显。本节介绍两种在计算机数据分析中最常用的方法：秩回归和最大似然法。本节中图将用 Weibull + + 软件绘制。这个软件在全世界用得非常多，有着强大的统计分析能力和灵活性，能够对各类可靠性数据采用广泛的分布函数进行多种分析。如上文所述，虽然本章主要采用威布尔分布，但各类统计分布原则上都是相同的。

3.5.1　X 轴秩回归

一种通过一组数据点绘制直线的方法称为秩回归。它需要直线和这组数据点之间拟合，使各个点到直线的垂直或者水平距离的平方和达到最小。

设想获取并绘制了这样一组数据点 (x_1, y_1)，(x_2, y_2)，$\cdots$，(x_N, y_N)。根据最小二乘原理，我们将数据点和所拟合的直线的水平距离最小化，如图 3-11 所示。将拟合最佳的直线称为 $x = \hat{a} + \hat{b}y$，符合下列条件：

$$\sum_{i=1}^{N} (\hat{a} + \hat{b}y_i - x_i)^2 = \min(a,b) \sum_{i=1}^{N} (a + by_i - x_i) \tag{3-17}$$

式中，$\hat{a}$ 和 $\hat{b}$ 分别为 a 和 b 的最小二乘估值；N 为数据点的个数。

求解式（3-17）（见 Reliasoft，2008a）中的 $\hat{a}$ 和 $\hat{b}$：

$$\hat{a} = \frac{\sum_{i=1}^{N} x_i}{N} - \hat{b} \frac{\sum_{i=1}^{N} y_i}{N} = \bar{x} - \hat{b} \bar{y} \tag{3-18}$$

$$\hat{b} = \frac{\displaystyle\sum_{i=1}^{N} x_i y_i - \frac{\displaystyle\sum_{i=1}^{N} x_i \sum_{i=1}^{N} y_i}{N}}{\displaystyle\sum_{i=1}^{N} y_i^2 - \frac{\left(\displaystyle\sum_{i=1}^{N} y_i\right)^2}{N}} \tag{3-19}$$

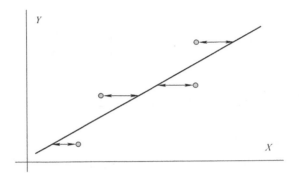

图 3-11 X 方向的距离最小化

秩回归的优点之一是它能够为拟合程度提供一个很好的度量。这个度量称为相关系数。在寿命数据分析中，它衡量中位秩（Y 轴的值）和失效时间数据（X 轴的值）之间的线性相关性。总体相关系数的形式为

$$\rho = \frac{\sigma_{xy}}{\sigma_x \sigma_y} \tag{3-20}$$

式中，σ_{xy} 为 x 和 y 的协方差；σ_x 为 x 的标准差；σ_y 为 y 的标准差（基于数据样本）。

N 个样本数据点的相关系数的估计可以在 Reliasoft（2008a）或者其他参考资料中查阅到。

相关系数越接近 1，线性拟合的效果越好。注意，+1 说明拟合是完全的，而且斜率为正；而 -1 表示拟合同样完全，但斜率为负。完全拟合是指所有的点都恰好落在直线上。相关系数为零则表示数据点随机分布，与回归直线模型没有相关性。经常用 ρ^2 而不是 ρ 来表示相关性，这是因为 ρ^2 能提供更灵敏的度量，尤其是对概率绘图。

另一种方法是使用秩对 Y 的回归分析数据，这和秩对 X 的回归很相似，唯一的区别是要使数据点和直线在 Y 方向的距离最小化。重要的是，对 Y 进行回归不一定能得到和对 X 进行回归相同的结果，但通常差别很小。

3.5.2 最大似然法

许多软件使用了秩回归以外的概率绘图法,其中之一是最大似然法。最大似然法参数估计的思想是求出使样品数据以最大可能性地符合某一分布的各个参数的值(Reliasoft,2008a)。最大似然估计通过使所谓"似然函数"的值最大来对一组数据找出分布参数中最"可能"的值。从统计学角度讲,最大似然法被认为是更稳定的方法(也有例外),得出的估计量有很好的统计特性。换言之,最大似然法非常灵活而且适合用在各种类型的数据上(删失数据和无删失数据)。

如果 x 是个随机变量,它的概率密度函数为

$$f(x;\theta_1,\theta_2,\cdots,\theta_k)$$

式中,θ_1、θ_2、$\cdots$、θ_k 为 k 个未知而需要估计的常数参数。

进行一次寿命试验得到了 N 次失效时间的观测值:x_1、x_2、$\cdots$、x_N。似然函数(完整数据)为

$$L(x_1,x_2,\cdots,x_N \mid \theta_1,\theta_2,\cdots,\theta_k) = L = \prod_{i=1}^{N} f(x_i;\theta_1,\theta_2,\cdots,\theta_k) \quad i = 1,2,\cdots,N$$

$$(3-21)$$

对数似然函数为

$$\Lambda = \ln L = \sum_{i=1}^{N} \ln f(x_i;\theta_1,\theta_2,\cdots,\theta_k) \tag{3-22}$$

对 L 或者 Λ 求最大值就得出了 θ_1、θ_2、$\cdots$、θ_k 的最大似然估计值。

对 Λ 求最大值比对 L 求最大值简单,θ_1、θ_2、$\cdots$、θ_k 的最大似然估计值是 k 个联立方程的解:

$$\frac{\partial(\Lambda)}{\partial \theta_j} = 0, \quad j = 1,2,\cdots,k$$

应注意,很多商业化软件用中位秩绘制最大似然法的解(用中位秩绘制点,而用最大似然法绘制线)。但是由式(3-21)可知,最大似然法和任何秩都没有关系。因此,许多情况下,最大似然解并未和概率图完全一致。这是完全合理的。因为两种方法完全独立,并不能说明解是错误的。

关于最大似然法和删失数据分析的更多资料可以在 Reliasoft(2008a)、Nelson(1982)、Wasserman(2003)或 Abernethy(2003)获得。

例 3-3 用指数分布解释最大似然法

这种方法很容易用单参数的分布来说明。因为只有一个参数,只要解一个微分方程。而且,由于指数函数的性质,这个方程是闭式的。指数分布的似然方程为

$$L(\lambda \mid t_1,t_2,\cdots,t_n) = \prod_{i=1}^{n} f(t_i) = \prod_{i=1}^{n} \lambda e^{-\lambda t_i} = \lambda^n e^{-\lambda \sum_{i=1}^{n} t_i}$$

式中，λ 为要估计的值。

对指数分布，似然函数的对数为

$$\Lambda = \ln L = n\ln\lambda - \lambda \sum_{i=1}^{n} t_i$$

对 λ 求导数并令其为 0，得

$$\frac{\partial \Lambda}{\partial \lambda} = \frac{n}{\lambda} - \sum_{i=1}^{n} t_i = 0$$

整理，对 λ 求解：

$$\hat{\lambda} = \frac{n}{\sum_{i=1}^{n} t_i}$$

这就给出了单参数指数分布的最大似然函数的闭式解。可以看出，参数 λ 是 MTTF（平均失效前时间）的倒数。显然，这是最简单的例子之一，但是能够说明这个过程。对多个参数的分布，这种方法会变得复杂，而且经常没有闭式解。对删失数据使用最大似然法也是很复杂的，而且要用数值方法求解。更多关于最大似然法的数学方面的内容可以在 Reliasoft（2011）、Nelson（1982）及本章结尾的参考文献中查阅。

3.5.3 选用秩回归法和最大似然法的建议

秩回归法通常会给出与最大似然法不同的分布参数，所以很自然地就会有这样的问题：针对什么数据应该采用哪一种方法。根据各种研究 [见 Reliasoft（2008a）、Wasserman（2003）和 Abernethy（2003）]，秩回归法通常最适合较小的（样本容量 <30）并且仅含有完整数据的样本。样本容量增加到 30 或者以上时，这些差别变得不那么重要。完整失效的数据最适合用秩回归对 X 进行分析，向不确定的方向进行回归是可取的。当数据中有大量不规则的删失或者有大量的区间数据时，最大似然法通常能给出更好的结果。它还能够在只有一个失效或者没有失效时给出估计，而秩回归法并不能。

如果不清楚哪种方法能给出更准确的结果，建议同时运用两种方法并进行比较。可能会出现以下几种情况：

- 秩回归法和最大似然法的结果差别很小。
- 结果有明显差别，一种方法给出的 β 值异常（太高或太低）。
- 结果有明显差别，一种方法给出的 β 值不符合失效率的变化规律（见 3.4.4 节）。

这些结果有助于更好地选择分析方法。此外，还建议针对不同的分布分别使用秩回归法和最大似然法。采用最大似然法或秩回归法也会影响最佳拟合分布的选择，如采用最大似然法得出双参数威布尔分布，而对同一组数据采用秩回归法得出的却是正态分布（见 3.7 节）。

3.6　寿命数据分析的置信界限

因为寿命数据分析的结果是根据所观测的样本的寿命估算出的，样本容量较小就会导致不确定性。第 2 章简单介绍了置信区间，可以通过某个区间包含特定数值的可能性来定量表达因为采样误差而导致的不确定性。我们并不知道某个区间是否包含这个值。对于连续分布，求置信界限就是计算概率密度函数曲线下对应所求置信水平的面积，如图 3-12 所示。

当我们使用双侧置信界限（或区间）时，我们关注的是一定百分比的总体能落在什么区间中。即应求出两个值，或称为界限，使一定百分比的总体落在它们之间。例如，当称 90% 的双侧置信界限是 $[X, Y]$ 时，其含义是 90% 的总体位于 X 和 Y 之间，其中 5% 小于 X，5% 大于 Y。

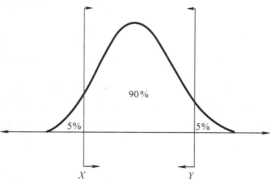

图 3-12　双侧 90% 的置信界限

单侧的区间用来表示目标值大于或者小于界限值。例如，如果 X 是 95% 单侧上限，就表示 95% 的总体小于 X。如果 X 是 95% 单侧下限，就说明 95% 的总体大于 X。单侧置信界限如图 3-13 所示。

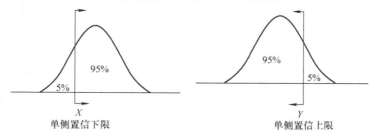

图 3-13　单侧置信界限

需要注意区分单侧和双侧置信界限，因为同样的值对应的百分比不同。例如，人们会对可靠性采用单侧下限，对保修百分比采用单侧上限，对分布的参数采用双侧界限。注意，单侧和双侧界限是相关的。例如，90% 的双侧界限中的下限是 95% 单侧界限的下限，而 90% 的双侧界限中的上限是 95% 单侧界限的上限，如图 3-12 和图 3-13 所示。

3.6.1 威布尔数据的置信区间

进行威布尔分析时可以采用不同的置信水平。秩的计算是通过对应 50% 置信水平的中位秩进行的。因此，如图 3-12 所示的 90% 双侧置信水平，我们需要使用各级秩来绘制。特别地，我们需要使用 5% 和 95% 的秩绘制相同的失效点图以提供［5%，95%］置信界限。这可以通过应用诸如式（3-2）的累积二项法实现。表 3-3 给出了样本容量为 5 时的 5% 和 95% 的秩。附录 4 给出了更多样本容量下的 5% 和 95% 的秩。

表 3-3　样本容量为 5 的 5% 和 95% 的秩

k	1	2	3	4	5
n＝5 时，5% 秩	1.02%	7.64%	18.92%	34.25%	54.92%
n＝5 时，95% 秩	45.07%	65.74%	81.07%	92.36%	98.98%

在例 3-1 中，第一个失效发生在第 100h，它的秩是 1.02%（5%）和 45.07%（95%）。因此，在 100h 时不可靠性的 90% 的置信水平，即 $F(100h)$ 就是 1.02% 和 45.07%。类似地，得出每个失效点的 5% 和 95% 的秩，就得出图 3-14。

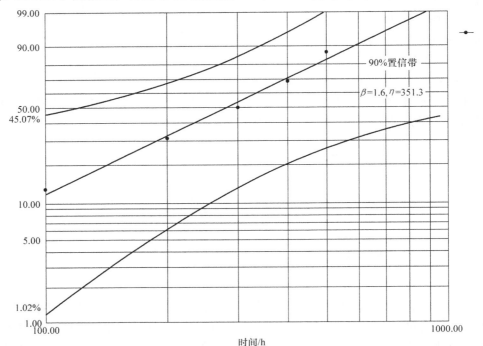

图 3-14　用 Weibull＋＋表示双侧 90% 置信界限

图 3-14 中的置信区间是很宽的。在 90% 的置信水平下，100h 的可靠性可能是 54.92% 和 98.98% 之间的任何一个值。置信区间如此宽是因为数据点太少。

随着样本数量的增加，秩的增量会变小，从而更加密集。所以，置信区间变窄，并更趋向于中位秩的直线。

为了说明样本数量增加对置信区间的影响，考虑 10 个样本中第 2 个样本的 5% 的秩。从量上讲，10 个样本中的第 2 个样本和 5 个样本中的第 1 个样本都代表了 20%，但是此时 5% 的秩是 3.68% 而不是 5 个样本时的 1.02%（见附录 4）。类似地，10 个样本中第 2 个样本的 95% 的秩是 39.2%，而 5 个样本中第 1 个样本的是 45.07%。两者中 10 个样本的秩都会更接近于中心线，这样就会在拟合数据时使置信区间更窄。

3.6.2 单个参数的界限

我们通常需要对分布参数求出对应的置信水平，因为还要将这个值作为其他判断的依据。例如，β 值能够表示产品总体失效率的趋势及在图 3-10 所示的浴盆曲线上的位置。单个参数的置信界限用来衡量参数期望值（或称为均值）的不确定性。一般通过软件，利用费雪矩阵、似然比、β 二项式、蒙特卡洛和贝叶斯置信界限的方法求出单个参数的置信界限。

3.6.2.1 费雪矩阵法

费雪矩阵法是应用很广的统计方法。它通过费雪信息矩阵计算置信界限。费雪信息矩阵的逆矩阵就是方差 – 协方差矩阵，其中包含了参数的方差 $\mathrm{Var}(\hat{\theta})$，见 Reliasoft（2008a）。参数的置信界限的计算式为

$$
\begin{cases}
\text{下限} = \hat{\theta} - Z_{\alpha/2}\sqrt{\mathrm{Var}(\hat{\theta})} \\
\text{上限} = \hat{\theta} + Z_{\alpha/2}\sqrt{\mathrm{Var}(\hat{\theta})}
\end{cases}
\tag{3-23}
$$

式中，$\hat{\theta}$ 为参数 θ 均值的估计值；$\mathrm{Var}(\hat{\theta})$ 为参数 θ 的方差；$\alpha = 1 - C$，其中 C 为置信水平；$Z_{\alpha/2}$ 为标准正态统计量。Excel 函数为 – NORMSINV（$\alpha/2$），或查阅附录 1。

假设非负的参数服从对数正态分布。置信界限的计算式为

$$
\begin{cases}
\text{下限} = \hat{\theta}\exp\left[-(z_{\alpha/2}/\hat{\theta})\sqrt{\mathrm{Var}(\hat{\theta})}\right] \\
\text{上限} = \hat{\theta}\exp\left[(z_{\alpha/2}/\hat{\theta})\sqrt{\mathrm{Var}(\hat{\theta})}\right]
\end{cases}
\tag{3-24}
$$

尽管计算复杂，但费雪矩阵法求解置信界限在大多数软件中都得到了应用。更多的内容请见 Reliasoft（2008a）。

3.6.2.2 似然比法

对数据点很少的数据集，费雪矩阵法不够准确。在这种情况下，似然比法能给出更加准确的结果。如果数据量比较大，这两种方法得出的结果没有明显的差别。似然比法用下面的似然函数计算：

$$-2 \times \ln\left(\frac{L(\theta)}{L(\hat{\theta})}\right) \geqslant \chi^2_{(\alpha,k)} \tag{3-25}$$

式中，$L(\theta)$ 为未知参数 θ 的似然函数；$L(\hat{\theta})$ 为参数取估计值 $\hat{\theta}$ 时的似然函数；$\alpha = 1 - C$，其中 C 为置信水平；$\chi^2_{(\alpha,k)}$ 为 k 自由度的卡方统计量，其中 k 为联合进行估计的量的个数。Excel 函数为 CHIINV（α，k），另外可以查阅附录 2。

在计算单个参数的似然比界限时，只采用了 $\chi^2_{(\alpha,k)}$ 中的 1 个自由度（$k = 1$）。这是因为这些计算只计算出一个置信界限。更多的内容可以参阅 Reliasoft（2008a）和 Nelson（1982）。

3.6.2.3 β 二项式法

β 二项式法是一种非参数的求解置信界限的方法。它通过查秩表或者用 3.2 节中的计算方法计算置信界限，这和 3.6.1 节中的计算类似。

3.6.2.4 蒙特卡洛法

这种方法采用蒙特卡洛仿真根据已知的分布生成大量样本数据，然后计算这些数据中落在参数真值的置信区间内的比例及区间的宽度。这方面更多的内容请参阅 Wasserman（2003）。

3.6.2.5 贝叶斯法

这种方法基于贝叶斯定理，将先验的信息和样本数据结合起来从而得出新参数分布，并对模型参数和函数进行推断。通过后验概率推出参数的贝叶斯置信界限。这些计算的细节可以在 ReliaSoft（2008a）和 ReliaSoft（2006）中查阅到。

例 3-4 手动计算威布尔参数 β 的置信界限

手动计算形状参数 β 的置信界限可以通过图 3-15 得到，它表示的是因子 F_β 和 β 的各个置信水平下（99%、95%、90%）样本容量之间的关系。图 3-15 是根据费雪矩阵法式（3-24）近似做出的图。置信上限和置信下限分别为

$$\beta_{\text{Upper}} = \hat{\beta} F_\beta$$

$$\beta_{\text{Lower}} = \hat{\beta} \frac{1}{F_\beta}$$

求 $n = 10$、$\beta = 1.6$ 和 $C = 90\%$（双侧）时的置信上限和置信下限。

由图 3-15 可知 $F_\beta = 1.37$，因此

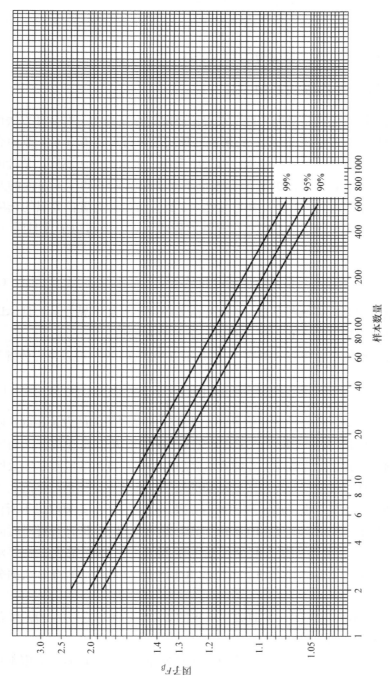

图 3-15　在不同置信水平下的形状参数 β 的置信界限

$$\beta_{\text{Upper}} = 1.6 \times 1.37 = 2.19$$

$$\beta_{\text{Lower}} = \frac{1.6}{1.37} = 1.17$$

即有90%的概率置信区间为$2.19 \geqslant \beta \geqslant 1.17$。

3.6.3　计算置信界限的其他方法

求置信界限，尤其是对删失数据求置信界限是很复杂的。有多种方法可以使用。除了使用3.2节中式（3-2）的累积二项式法以外，还有3.6.2节中介绍的其他方法。这些方法很复杂，通常在软件中采用。采用的方法不同，估计的值不同，寿命数据分析软件求出的置信界限也不同。包括Weibull＋＋在内的几种软件为用户提供了对时间（1类）和可靠性（2类）分别计算置信界限的选项。

通过首先求解时间 T 的威布尔可靠性方程式（3-9），可以估计时间（1类）的置信界限：

$$T = \hat{\eta}\left(\ln\frac{1}{R}\right)^{\frac{1}{\hat{\beta}}} \tag{3-26}$$

根据威布尔参数 $\hat{\beta}$ 和 $\hat{\eta}$ 的估值，T 的置信界限用上界和下界表示，具体取决于所选择的分析方法（见3.6.2节）和第三个参数 R 的值。

对于可靠性的置信界限（2类），威布尔方程式（3-9）可以写为传统形式：

$$R(t) = \exp\left[-\left(\frac{t}{\hat{\eta}}\right)^{\hat{\beta}}\right] \tag{3-27}$$

计算某一时刻下可靠性的置信界限和计算时间界限采用的方法相同。唯一的区别是解必须用 β、η 和 t 表示。这时 t 变成了参数而 R 不是参数，因为时间值必须事先确定。在这个方法中，R 的置信界限需要用估算出的威布尔参数值 $\hat{\beta}$ 和 $\hat{\eta}$ 定义，这会和计算时间（1类）产生不同的结果。在软件中用得最多的费雪矩阵法会根据是1类还是2类得出不同的置信界限。用1类还是2类取决于所估算的值。例如，为了求出 B_{10} 寿命（10%的产品失效的时间），我们需要对时间使用置信界限（1类），要计算某一时刻（如工作200h后）的可靠性，就要对可靠性使用置信界限。更多的计算细节可以从ReliaSoft（2008a）的寿命数据分析中获得。

图3-16所示为根据例3-1的数据求出的 B_{10} 寿命（1类）的90%置信水平和200h（2类）的可靠性。

值得一提的是，对数据用大多数其他统计分布计算变量的置信界限都可以采用类似的方法。

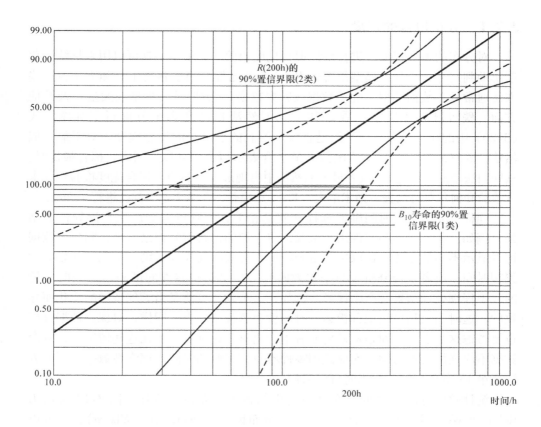

图 3-16　用 Weibull + +绘制的 B_{10} 寿命的 90% 置信界限（例 3-1）

（经 ReliaSoft 许可使用）

3.7　选择最佳分布并评估结果

可供使用的统计分布有很多，最常用的已在第 2 章进行介绍。借助计算机可以将其绘制出来。但是，这就提出了一个问题，即哪一种分布最适于用来对一组数据进行拟合？最佳分布拟合并不总是很明显。选择最优模型的过程可能很复杂。通常是从现有的分布入手，分析它们对数据的拟合程度如何，这是单纯数学上的拟合。但是在实际的工程应用中，仅在数学上拟合是不够的，因为统计分布需要能解释所观测失效的物理本质。因此在选择最佳模型时，两个方面都需要仔细考虑。

3.7.1 分布拟合的优度

对分布的拟合程度应进行统计拟合优度检验。有很多工具可以用来从统计角度协助判定某一个分布模型是否适用。3.5 节已经介绍了各类工具和方法，这些方法通常基于数据类型（完整数据或删失数据）、数据量（少量或大量）及其他方面。秩回归法（最小二乘）和最大似然法也已在 3.5 节进行了介绍。式（3-20）中的相关系数 ρ 衡量的是直线和绘制的点之间的拟合程度。对于最大似然法，式（3-21）中的似然函数 L 最适合表示拟合的优度。通常，拟合最优时，秩回归法中的 ρ 接近 1，或者最大似然法中出现最大似然值。拟合优度检验包括卡方检验和柯尔莫可洛夫 – 斯米洛夫（K – S）检验，在第 2 章中都已进行了介绍。

同样重要的是，时间轴的选择和问题相关，否则可能会产生有误导性的结果。例如，如果对一些零件进行试验，将它们的运行时间记录下来，则失效数据可以显示不同的趋势，这取决于是否将所有失效时间作为从第一项测试开始时的累积时间，或者是否分析了单个失效时间。如果这些零件的试验不是同时开始的，不仔细处理结果会产生误导。例如，某个趋势可能是由天气条件的变化而导致的，这时如果只单纯地分析运行时间就会忽视这一点。同样，对保修数据分析也要考虑这一点，时间是从销售或者生产出时开始计量的。在这些情况下，寿命数据不应该用自然时间，而应该用零件本身被保修的时间。探索性数据分析的方法在第 13 章介绍，在适当时可以采用。

统计软件可以根据拟合程度为选用的各个分布进行排序。图 3-17 所示为 ReliaSoft Weibull + + 自带的工具，称为分布助手（Distribution Wizard），它可以使用户对各种分布模型的拟合程度进行比较。

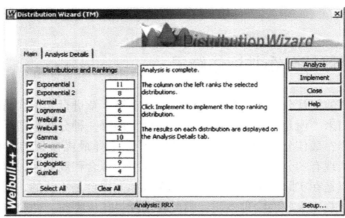

图 3-17 基于拟合优度的 Weibull + + 分布排序
（对 X 的秩回归）（经 ReliaSoft 许可使用）

图 3-17 中的表格表示采用例 3-1 的数据，对可用的分布进行排序。分布助手综合采用拟合优度（K–S 法）、相关系数和似然值来求出最佳的拟合。注意，用最大似然法得到的排序是不同的，因为拟合优度的量化（权重的组合）取决于具体的数据分析方法。但是，图 3-17 中根据拟合优度进行的排序应该仅是选择工作的第一步。下一步应根据数据规律、失效模式、数据的量及本节后面介绍的其他考虑因素进行评估。

3.7.2　混合分布

失效数据的图表可能对应产品的一种失效模式，也可能对应多种失效模式。如果无法用一条直线对失效数据进行拟合，尤其是当斜率出现明显的变化时，应该分析失效原因，并估计失效模式的个数。例如，试验进行了一段时间之后，第二个失效模式出现，或者一个产品有两种叠加的失效模式。在这种情况下，需要把单个失效模式隔离出来分别进行分析。当然，这种隔离仅限于失效过程独立，彼此没有相互影响的情况。如果各个失效模式很难甚至无法隔离，可以把寿命数据作为同质的、趋势有变化的总体进行分析。多数情况下可以用混合威布尔分布分析。

许多软件可以处理数据点集并把数据拟合到混合分布中去。例如，图 3-18 所示为 3 组不同的数据点，它们清晰地表明了不同的趋势和斜率。第一组包括 1～100h 的数据点，第二组为 100～1000h，第三组为 1000～10000h。

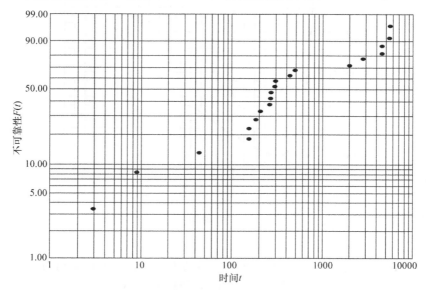

图 3-18　各组数据点（ReliaSoft 许可使用）

　　这些数据点可以分为三组，然后拟合到混合威布尔分布中，如图 3-19 所示。注意，每组有不同的 β 斜率，即不同的失效率和数据规律。

　　图 3-19 所示为混合威布尔分布的不可靠性与时间的关系曲线，它包含 3 个部分及对应的失效率和时间的变化，因为失效率有变化，所以呈现类似浴盆曲线的形状。

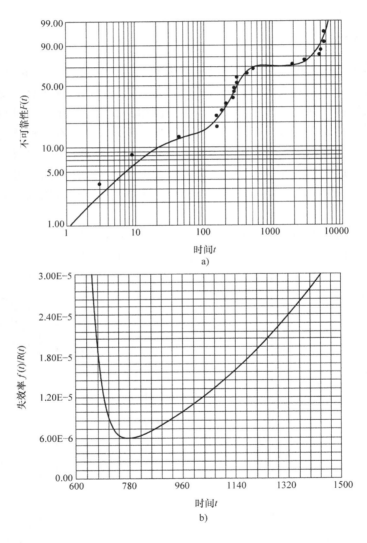

图 3-19　用 Weibull + +绘制的混合威布尔分布（ReliaSoft 许可使用）：

a）概率图（不可靠性与时间）；b）失效率

3.7.3 在工程中求出最优分布的方法

在分析寿命数据并求解最佳统计模型时（3.7.1 节），应注意我们是在分析真实的产品发生的失效，而对产品的理解也是求出这个统计模型的重要因素。工程方面的考虑应该包括：

- 产品的成熟度及在浴盆曲线中的位置。
- 失效的类型（失效模式和失效机理）。
- 样本容量和它所代表的总体。

产品的成熟度对失效率有影响，如浴盆曲线模型中，在威布尔分布中的 β 值很容易表现出来（图 3-10）。

如前所述，$\beta < 1$ 表示下降的失效率（DFR），这通常是制造方面的缺陷和产品本身不成熟。因此，如果数据来自已经投入使用很长时间的成熟的产品，就需要考虑其他分布类型。例如，正态分布和极值分布的失效率是一直增加的。很重要的一点是，基于失效率逐渐降低的分布进行预测会严重低估失效的比例，这是因为它会外推到浴盆曲线的有效使用阶段。因此，威布尔曲线有时需要和不同的分布合并（可以参阅诸如 Kleyner 和 Sandborn2005 的著作）。

如果失效率明显是常数（$\beta \approx 1$），这可能意味着存在多种失效模式，或者失效时间的数据值得怀疑。这经常会出现在有很多工龄不同而工作时间未知的零件上。失效率是常数也可能说明失效是因外部因素导致的，如使用不当或维护不当。如果没有这些情况，可以考虑其他的统计分布。

当进入 $\beta > 1$ 的磨损失效阶段时，如果能把失效的零件从其他零件中区分出来，并分析它们的寿命和失效数据，就能求出威布尔分布的参数。

分析失效模式和失效机理是十分重要的。如果分析是为了工程上的改进而不是后勤补给，那么在分析失效数据时，必须同时调查失效的机理。例如，如果一个总成件有多种失效模式，但是失效数据只是用于计算需要的备件，就不需要调查每种失效模式，得到混合分布的参数即可。但是，如果要深入理解某种失效模式从而进行改进，就必须要调查所有的失效模式并且分别分析它们的分布。这是因为多种失效模式对应的参数可能差别很大，总体失效数据拟合出的分布与任何一个失效模式的分布都不同。另外，一些失效模式的 β 值已经从以往的经验中得出，这些都可以作为参考。例如，在电子工业中，焊点的低周疲劳的特点是 β 斜率在 [2.0，4.0] 之间，金属疲劳失效的 β 斜率通常在 [3.0，6.0] 之间。当然，这只是一般性结论，但是它们可以用于对结果的额外验证，尤其是当有删失数据时。此外，如果失效是由一些极端情况导致的，如极高的电负荷或极低的结合强度，则无论拟合优度如何，极值分布可能是拟合数据的最佳选择。

还需要了解的是，有些分布并不像其他分布那样灵活。虽然威布尔分布能对任一种失效率的数据进行拟合，但其他分布只能拟合某一种类型。例如，正态分布和极值分布只能表示不断升高的失效率，而对数正态分布表现的却是先升高后降低的更加复杂的情况。失效机理也会影响选择双参数或三参数的威布尔分布。参数 γ 能实现更好的拟合（如图 3-17 中的分布助手将三参数威布尔分布排在双参数的前面），但选择三参数威布尔分布也意味着有一段未失效时间。在实际工程中，只有少数机理真正存在未失效时间（如腐蚀、疲劳），多数情况下失效模式在产品生命的早期就会表现出来。因此当选择三参数的威布尔分布时，需要有理由说明为什么产品不会在工作 γ 小时（天、英里等）之前失效。

样本数量和总体数量也可能对确定分布模型有重要的影响。需要注意的是，累积概率图在很大程度上是自动调整的，因为后续的点只能在右侧的上方。拟合优度检验几乎总是表现出与经过这些点的直线拟合良好。分析诸如保修申请的大量失效数据时，经常会出现这样的问题，因为失效数量相对总体来说很少，所以多个分布都会显示拟合程度较优。在图 3-1 中，阴影部分的面积相对于整个分布来说很小。在汽车行业的保修数据库中，几十万辆车的 3 年质保期中有几千个失效数据点是很常见的。在这种情况下，双参数威布尔分布和对数正态分布的似然值十分接近，但是如果将这些分布数据外推到 10 年的范围进行预测，失效数量就会有很大的区别。在这种情况下，理解失效率的趋势（对数正态分布先增后减的规律和威布尔分布 $\beta > 1$ 的递增趋势）可以帮助我们进行选择。这个例子说明了对于大量数据，考虑失效工程方面含义的重要性。此外，大量的数据如保修数据库，可能会有继发失效，需要用完全不同的方法进行绘制。

另一种情况是，样本数量或者实际失效数量较少。在产品试验中，常常见到 5~10 个试件中只出现一两个失效。多数软件都可以通过最大似然法处理 2 个甚至 1 个失效。但是绘图法难以求出斜率或 β 值的可信的结果。在某些情况下，对 β 值的预判能帮助我们选择适当的分布与数据拟合，并获得更合理的结果，而不是单纯数学上的拟合。

还可以应用其他数据分析法，如最早失效出现的时间可能比后期失效出现的时间更重要（反之亦然），因此相对次要的数据点可以被视为异常情况处理，除非在工程上有充足的理由。总体来说，在寿命数据分析中选择分布时，都要遵循工程实际高于纯数学这个原则。

例 3-5 钢丝的断裂强度

用 15 段长度相等的钢丝进行断裂强度试验。可以认为钢丝的强度和材料的缺陷有关，因此极小值的极值分布可能是很好的拟合。结果见表 3-4。因为这是极小值分布，它会向左偏斜，数据幅值也因此逐渐降低。从另一个方向绘制的曲线从上面看是凸曲线。极大值的极值分布的数据幅值是逐渐升高的。

表 3-4　15 段长度相同的钢丝试件的断裂强度

序号	累积概率百分比（中位秩，累积分布函数）	断裂强度/N
1	4. 5	76
2	10. 9	75
3	17. 4	74
4	23. 9	72. 5
5	30. 4	72
6	36. 9	69
7	43. 4	69
8	50. 0	65
9	56. 5	64
10	63. 0	63
11	69. 5	62
12	76. 0	61
13	82. 5	58
14	89. 0	52
15	95. 4	48

众数 $\hat{\mu}$ 可以直接从数据中求出，这里 $\hat{\mu} = 69.0\text{N}$。

表示变异的 σ 可以用第 2 章 2.6.7.1 节的公式推导出。

$$均值 = \hat{\mu} - 0.577\hat{\sigma}$$

$$\hat{\sigma} = \frac{\hat{\mu} - 均值}{0.577} = \frac{69.0 - 65.4}{0.577} = 6.30\text{N} \tag{3-28}$$

$1/\sigma$ 的值有时被称为耿贝尔斜率。现在应用第 2 章介绍的概率密度函数，$F(y) = 1 - \exp[-\exp(y)]$，其中 $y = (x - \mu)/\sigma$，可以求出 $F(y) = 0.05$ 时 $x = 50.3\text{N}$。

在这个例子中，概率的尺度表示断裂强度大于这个值的累积概率，所以钢丝有 95% 的可能性强度大于 50.3N。如果钢丝更长，强度就有可能更小，因为它含有薄弱缺陷的可能性更大。

重现期 $1/F(y)$ 表示出现比期间的值更高或者更低的 x（如次数或时间）的平均值。因此，在 $1/0.05 = 20$ 段长度中出现一段断裂强度小于 50.3N 的钢丝的概率为 50%。重现期概念用于预测极端事件如洪水、飓风出现的概率，但是在可靠性工作中不常用。

Weibull + + 中包含更详细的极值解，如图 3-20 所示。用秩回归法求出参数值为 $\hat{\mu} = 69.2858$、$\hat{\sigma} = 7.2875$。

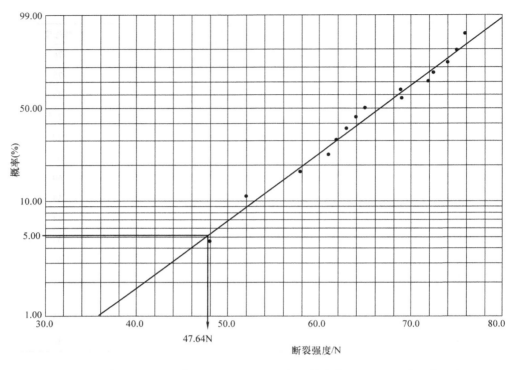

图 3-20　断裂强度的概率图（Weibull＋＋），极值分布（ReliaSoft 许可使用）

3.8　小结

　　概率图法在分析可靠性数据时很有用，但本章介绍的方法只适用于只有一次失效的情况。这一点很重要，因为理论和方法都以每个失效都是独立同分布为前提。即一个零件的失效对总体中另一个零件的失效的可能性或者事件没有影响，而且失效时间的分布对所有失效都是相同的。如果不满足这些条件则得出的结果也是错误的。第 13 章将介绍不满足这些条件时（如失效件可以修复）分析可靠性数据的方法。

　　概率绘图和寿命分析也可以用于其他独立同分布的数据，如质量控制中样品的测量。重要的是，在使用当今繁多的软件工具时，要理解选择最佳分布来分析数据的过程。选择最佳分布应该包括数学上的拟合优度检验。这也要和工程判断结合起来，包括理解相关的物理或者其他方面的失效原因。在数据分析的各个阶段及进行结果分析时，要始终贯穿着实际工程角度的判断。

习　题

下面的一些问题需要寿命分析软件。如果没有此类软件，可以在 http：//www. reliasoft. com/downloads. htm 处下载 Weibull＋＋。

1. （a）简要地用非数学语言解释为什么在威布尔概率图中，n 个样本中排序为 i 的失效绘制在"中位秩"上而不是第 i/n 的位置。

（b）某关键部位的滚动轴承需要进行定期更换，更换时间是它的 B_{10} 寿命。现有 10 个轴承放到试验台上模拟真实的工况和环境。前 6 个失效发生在 370h、830h、950h、1380h、1550h 和 1570h，随后试验终止。用两种方法计算 B_{10} 寿命：（i）上述数据；（ii）使用正态概率纸绘制（正态概率纸可以从 www. weibull. com/GPaper/index. htm 处下载。解释这两个结果的差别。

（c）用双参数威布尔分布分析数据。B_{10} 寿命的区别是什么？

2. （a）对 20 个开关进行台架试验。前 15 次失效发生在下列循环数：420、890、1090、1120、1400、1810、1815、2150、2500、2510、3030、3290、3330、3710 和 4250。将数据绘制在威布尔概率纸上，并计算（ⅰ）形状参数 β；（ⅱ）平均寿命 μ；（ⅲ）B_{10} 寿命；（ⅳ）β 的上下 90% 置信界限；（ⅴ）2500 个工作周期后失效概率的上下 90% 置信界限。最后，使用 K-S 检验法分析数据的拟合优度。

（b）然后再使用软件计算（a）。如果使用 Weibull＋＋，用分布助手将选择的分布和其他分布进行比较。哪个分布是最合适的？

3. 对 6 个电子控制器进行了加速试验，失效时间如下：46h、64h、83h、105h、123h 和 150h。

（a）如何区分单个数据、分组数据、右删失数据、左删失数据、无删失数据等。

（b）分别采用下列分布对 X 采用秩回归（最小二乘）法求出参数值，并绘制出各个分布。从绘制的图中，观察各个分布对数据的拟合程度影响如何？

（ⅰ）双参数威布尔分布。

（ⅱ）三参数威布尔分布。

（ⅲ）正态分布。

（ⅳ）对数正态分布。

（ⅴ）指数分布。

（ⅵ）极值分布（耿贝尔分布）。

（ⅶ）伽马分布。

4. 在废水厂中大量使用的泵出现了突然且完全的失效。主要有两种失效模式：叶轮失效（I）和电动机失效（M）。可以认为这些模式是独立的。12 个泵的数据记录如下：

泵编号	失效时工龄/h	失效模式
1	1180	M
2	6320	M
3	1030	I
4	120	M
5	2800	I
6	970	I
7	2150	I
8	700	M
9	640	I
10	1600	I
11	520	M
12	1090	I

计算每一种失效模式的威布尔参数。

如果使用 Weibull＋＋软件，可以使用不同的"子集 ID（Subset ID）"来区分失效模式，然后运行"批量自动运行（Batch Auto Run）"选项。

5. 某化工厂的反应器使用了一种泵，其工作条件十分恶劣，经常出现故障。某场所使用 5 台反应器，本身自带新的泵。每一台反应器上装有一个泵。当一个泵失效时，就会被送回原厂修复。泵的厂家称修复后的泵可以视为和新泵完全相同。各台反应器从工厂投入使用开始已经一同运行了 2750h。发生过的失效如下：

反应器 1－932h、1374h 和 1997h。

反应器 2－1566h、2122h 和 2456h。

反应器 3－1781h。

反应器 4－1309h、1652h、2337h 和 2595h。

反应器 5－1270h、1928h。

（a）计算拉普拉斯统计量［式（2-46）］将泵的总体行为视为点过程。

（b）分别计算新泵和返修的泵的威布尔参数。

（c）针对（a）和（b）的结果，对厂家的说明做出评论。

6. 一个车辆生产厂决定将保修期从 12 个月延长到 36 个月。为了预测这个变化带来的影响，该厂家选取了一些车辆在较长时间段内的失效数据。下面列出的数据是选出的 20 辆车中某零部件失效的日期。每辆车只有一个这种零部件，修理完毕后可以视为和新的一样。如果"零部件失效日期"一栏是空的，说明这辆车还没有发生故障。数据截止到 1995 年 10 月，当时所有车辆仍然都在运行。该零部件在保修期内约有 3% 会失效。

车辆	开始日期	零部件失效日期
1	1993 年 5 月	—
2	1993 年 6 月	1993 年 11 月，1994 年 7 月
3	1993 年 6 月	—
4	1993 年 8 月	1995 年 2 月
5	1993 年 10 月	1995 年 1 月
6	1993 年 10 月	1994 年 10 月
7	1993 年 10 月	1995 年 2 月
8	1993 年 10 月	1994 年 9 月，1995 年 3 月
9	1993 年 11 月	—
10	1993 年 11 月	1994 年 12 月
11	1993 年 12 月	1995 年 1 月，1995 年 7 月
12	1994 年 1 月	—
13	1994 年 1 月	—
14	1994 年 2 月	—
15	1994 年 2 月	—
16	1994 年 7 月	—
17	1994 年 7 月	1995 年 2 月
18	1994 年 8 月	—
19	1994 年 12 月	1995 年 8 月
20	1995 年 2 月	—

选用适当的方法计算拟合的威布尔分布的尺度参数和形状参数，并讨论提议的延长保修的影响。

7. 下列数据是一个有缺陷零件的失效记录，用在一间办公室中 5 台相似的复印机上。当复印机出现故障后，会返修如新。

机器号	发生故障时已完成的复印数量	目前完成的复印数量
1	13600，49000	64300
2	16000，23800，40400	60000
3	18700，28900	46700
4	22200	40600
5	6500	39000

（a）计算符合这些数据的威布尔分布的参数。

（b）计算拉普拉斯趋势统计量［式（2-46）］，并根据这些值讨论（a）的计算结果是否有意义。

8. 下列数据是 20 个半导体元件的样本中的端接失效情况。每个失效源于导线（W）或焊点（B）两者中较弱一个的损坏。规范要求强度小于 500mg 的端接要少于 1%。

失效载荷/mg	B 或 W	失效载荷/mg	B 或 W
550	B	1250	B
750	W	1350	W
950	B	1450	B
950	W	1450	B
1150	W	1450	W
1150	B	1550	B
1150	B	1550	W
1150	W	1550	W
1150	W	1850	W
1250	B	2050	B

（a）计算相应的威布尔参数：（ⅰ）端接强度；（ⅱ）导线强度；（ⅲ）焊点强度。评价所得的结果。

（b）如果使用 Weibull＋＋，选择对 X 的秩回归（RRX），然后运行"分布助手"。选出拟合最佳的统计分布，并重新评估对强度的要求。

9. 用与例 3-3 中类似的方法，用最大似然法求解正态分布参数 $\hat{\mu}$ 和 $\hat{\sigma}$。

10. 17 个电子元件经过了 1000h 温度试验。每隔 200h 记录失效元件的数量。在 200h 时，出现 1 个失效；在 400h 时，又出现 2 个失效；在 600h 时，又出现 4 个失效；在 800h 时，又出现 5 个失效；在 1000h 时，再次出现 5 个失效。分别对 X 使用秩回归（最小二乘）法和最大似然法计算双参数威布尔分布的 β 和 η 值。比较两者的结果，并解释差异的原因。

11. 用威布尔分布拟合数据（无论使用软件还是概率纸）时，能否通过 β 值确定数据是否可以更好地与其他分布（如正态分布或指数分布）拟合？

12. 某汽车厂家正在测试点火系统的开关次数。7 个点火器被试验到失效，结果如下：10522 次、14232 次、17811 次、21762 次、29830 次、39411 次及43901 次。用软件或者概率纸计算：

（a）双参数威布尔分布的参数值。

（b）10000 次开关时双侧 90% 置信水平下的可靠性。

13. 参考 3.4.4 节讨论的内容，分析 2 个零件分别在 900h 和 920h 后失效而其余 5 个在 1000 小时后右删失。计算威布尔分布参数。β 的值是多少？分析值如此高的原因。

14. 分析区间数据：8 个电子元件投入试运行，每运行 200h 会对元件进行功能检查，观察是否有故障或者异常。检查结果是，有 2 个零件在 400 ~ 600h 之间出现了异常；2 个零件在 600 ~ 800h 之间出现了异常；1 个零件在 800 ~ 1000h 之间出现了异常；其余 3 个零件在 1500h 后仍在正常运行。

（a）对 X 用秩回归（最小二乘）法求双参数威布尔分布的参数值。

（b）绘制这些数据的概率图。

（c）计算这个元件的 B_{10} 寿命。

（d）分别用最大似然法、秩回归法和采用威布尔分布、对数正态分布计算。比较得出的各个 B_{10} 寿命。

15. 符合 $\beta = 1.86$、$\eta = 21620h$ 的威布尔分布的 1600 个零件中：

（a）在 1500h 后预计会有多少个零件失效？

（b）在 3000h 后预计会有多少个零件失效？

16. 将 50 个零件投入试验，但没有持续监测。在 100h 高温后对这些零件进行了功能检查，有 4 个零件失效，其余零件工作正常。所处理的是什么样的寿命数据？

参 考 文 献

Abernethy, R. (2003) *The New Weibull Handbook*, 5th edn, Dr. Robert Abernethy.

Hines, W. and Montgomery, D. (1990) *Probability and Statistics in Engineering and Management Science*, 3rd edn, Wiley.

Kleyner A. and Sandborn P. (2005) *A warranty forecasting model based on piecewise statistical distributions and stochastic simulation*. Reliability Engineering and System Safety, **88**(3), 207–214.

Lawless, J. (2002) *Statistical Models and Methods for Lifetime Data*, Wiley.

Meeker, W. and Escobar, L. (1998) *Statistical Methods for Reliability Data*, Wiley.

Nelson, W. (1982) *Applied Life Data Analysis*, Wiley.

ReliaSoft (2006) *Life Data Analysis Reference: Confidence Bounds*. Online tutorial. Available at: http://www.weibull.com/LifeDataWeb/confidence_bounds.htm.

ReliaSoft (2008a) *Life Data Analysis Reference*, ReliaSoft Publishing.

ReliaSoft (2008b) *Weibull++® User's Guide*, ReliaSoft Publishing.

ReliaSoft (2011) *Probability Plotting Papers*. Available at http://www.weibull.com/GPaper/index.htm.

Wasserman, G. (2003) *Reliability Verification Testing, and Analysis in Engineering Design*, Marcel Dekker.

Weibull, W. (1951) *A statistical distribution function of wide applicability*. Journal of Applied Mechanics, **18**, 293–297.

第4章　蒙特卡洛仿真

4.1　引言

蒙特卡洛（MC）仿真是对输入一侧不确定性很高的现象建模的工具，它在可靠性、可用度与物流预测、风险分析、载荷－强度等干涉分析（见第5章）、随机过程仿真包括可修复系统（见第13章）、概率设计、不确定性扩散、几何尺寸与公差及各类商业应用程序等方面有广泛的应用。

蒙特卡洛思想来自蒙特卡洛赌场。它是一种通过反复从随机变量中采样来计算结果的概率算法。

简单的仿真可以通过电子表格完成，而更复杂的建模需要用专门的软件，如 Palisade @ Risk、Minitab、Crystal Ball 等。

4.2　蒙特卡洛仿真的基础

蒙特卡洛仿真可以定义为用多组随机数值作为输入来对确定性的模型进行迭代计算。它在数学上并不复杂，输入和输出都是随机的：$y = f(x_1, x_2, \cdots, x_n)$，其中输入的是抽样值，而输出的值被记录并分析，如图4-1所示。

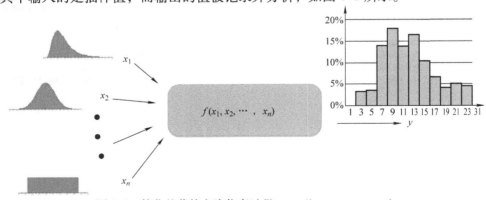

图4-1　简化的蒙特卡洛仿真过程，$y = f(x_1, x_2, \cdots, x_n)$

为了运行蒙特卡洛仿真，需要生成服从任何一种统计分布的随机变量。输入是从概率分布中随机生成的，用来模拟从实际的总体中采样的过程，因此，可以根据当前最佳的理解为输入选择合适的分布。仿真生成的数据可以用基础的统计格式、直方图、拟合成概率分布函数或需要的任何其他格式表示。

4.3　其他统计分布

在讨论蒙特卡洛方法之前，在此还需要介绍两种对蒙特卡洛方法很重要的新的统计分布，在第 2 章中并未对其进行介绍。在失效建模中，这两种分布并不常见，但是它们经常用于工程近似和基本的随机数生成。

4.3.1　均匀分布

生成随机数的能力对蒙特卡洛仿真的成功是很重要的。均匀分布在蒙特卡洛仿真中有特殊地位，因为对任一统计分布的抽样通常采用均匀分布的随机变量。连续的均匀分布有时也称为矩形分布，即在区间 $[a, b]$ 上概率恒定的分布，如图 4-2a 所示，概率密度函数为

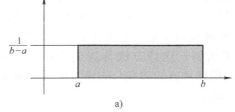

$$f(x) = \begin{cases} \dfrac{1}{(b-a)} & a \leqslant x \leqslant b \\ 0 & \text{其他} \end{cases}$$

(4-1)

蒙特卡洛程序使用多种工具生成这种均匀分布的随机变量。例如，Excel 使用的是内置的均匀分布函数 = RAND( )，这个函数是矩形分布中最基本的，它的 $a = 0$、$b = 1$。当在单元格中输入公式 =

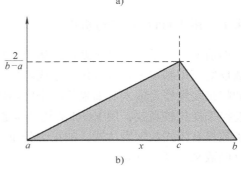

图 4-2　a）矩形分布，b）三角形分布

RAND( )时，它以同等的概率生成一个 0 和 1 之间的任何一个数字。能在[0，1]这个区间中生成一个随机变量即可以使我们进行多种仿真。

4.3.2　三角形分布

三角形分布常用在工程近似中，具体是指为随机变量定出最小值、最可能值及最大值，也称为三点估计量。发生在最可能值附近的可能性更高。

通用的（非对称）三角形分布的概率密度函数为

$$f(x) = \begin{cases} \dfrac{2(x-a)}{(b-a)(c-a)} & a \leqslant x \leqslant c \\[2mm] \dfrac{2(b-x)}{(b-a)(b-c)} & c \leqslant x \leqslant b \\[2mm] 0 & \text{其他} \end{cases} \qquad (4\text{-}2)$$

其几何形式如图 4-2b 所示。

如果 $c = (b-a)/2$，三角形分布就成了对称的分布，见表 4-1。它经常用于正态分布的近似，这种近似去掉了正态分布在 $x = \pm\infty$ 处尾端的影响，在工程中常被作为截去尾部的正态分布（第 2 章的图 2-12）的近似来使用。

4.4　对统计分布进行采样

进行蒙特卡洛仿真需要从任意分布中进行采样。只要能在区间 $[0，1]$ 生成均匀分布的随机变量，就能延伸到任何形式的分布。因为统计分布 $F(x)$ 的概率密度函数同样是在区间 $[0，1]$ 中，对大多数分布都可以用均匀随机数表示 x 的解析解。这种方法称为逆变换采样法（见英文维基百科 Wikipedia，2010 年），用于从已知累积分布函数的任意概率分布中生成随机数（Hazelrigg 1996 年的著作）。

4.4.1　用 Excel 生成随机变量

如前所述，用电子表格就可以运行蒙特卡洛仿真，此时根据模型需要的运行次数反复调用基本公式进行仿真生成随机变量。为此，需要能够生成满足指定分布的随机变量作为输入。如果概率密度函数可以用解析方法或数值方法求逆，则逆变换采样比较高效，用 Excel 的统计函数就可以完成。即使一个分布的概率密度函数没有闭式数学表达式，如正态分布或对数正态分布，仍然可以用 Excel 统计反函数来处理，见表 4-1。

表 4-1　使用 Excel 进行统计分布采样

分布	累积分布函数	Excel 函数
均匀分布	$F(x) = \begin{cases} \dfrac{x-a}{(b-a)} & a \leqslant x \leqslant b \\ 0 & \text{其他} \end{cases}$	$= (b-a) * \text{RAND}()$
三角形分布（对称）	$F(x) = \begin{cases} 2\left(\dfrac{x-a}{b-a}\right)^2 & a \leqslant x \leqslant \dfrac{a+b}{2} \\ 1 - 2\left(\dfrac{b-x}{b-a}\right)^2 & \dfrac{a+b}{2} \leqslant x \leqslant b \end{cases}$	$= a + (b-a) * (\text{RAND}() + \text{RAND}())/2$

（续）

分布	累积分布函数	Excel 函数
正态分布	$F(x) = \Phi\left(\dfrac{x-\mu}{\sigma}\right)$	$= \text{NORMINV}(\text{RAND}(), \mu, \sigma)$
对数正态分布	$F(x) = \Phi\left(\dfrac{\ln x - \mu}{\sigma}\right)$	$= \text{LOGINV}(\text{RAND}(), \mu, \sigma)$
威布尔分布（双参数）	$F(x) = 1 - e^{-\left(\frac{x}{\eta}\right)^{\beta}}$	$= (\eta(-\text{LN}(\text{RAND}()))^{\wedge}(1/\beta))$
威布尔分布（三参数）	$F(x) = 1 - e^{-\left(\frac{x-\gamma}{\eta}\right)^{\beta}}$	$= (\eta(-\text{LN}(\text{RAND}()))^{\wedge}(1/\beta)) + \gamma$
极值分布（极小值）	$F(x) = 1 - \exp\left\{-\exp\left[\dfrac{1}{\sigma}(x-\mu)\right]\right\}$	$= \mu + \sigma * \text{LN}(\text{LN}(1/\text{RAND}()))$
极值分布（极大值）	$F(x) = \exp\left\{-\exp\left[-\dfrac{1}{\sigma}(x-\mu)\right]\right\}$	$= \mu - \sigma * \text{LN}(\text{LN}(1/\text{RAND}()))$

4.4.2 仿真运行次数和结果的准确度

没有一个简单的方法能预测需要运行多少次蒙特卡洛仿真才能实现要求的准确度。运行的次数（也称试算、仿真、迭代或采样数量）取决于确定性模型的复杂程度、输入的方差及在输出中期望达到的准确度。输入的变异越大、模型越复杂，输出的变异就越大，因此也需要更多次的仿真以达到输出稳定。

蒙特卡洛仿真是一种统计方法，因此根据中心极限定理和正态分布的置信界限估计（见第 2 章和第 3 章），分布均值的标准误差为

$$Er(\mu) = \frac{z_{\alpha/2}\sigma}{\sqrt{m}} \tag{4-3}$$

式中，$Er(\mu)$ 为均值的标准差；$\alpha = 1 - C$，其中 C 为置信水平；$z_{\alpha/2}$ 为标准正态分布统计量（z 值见 2.6.1 节）；σ 为输出的标准差；m 为运行蒙特卡洛的次数。

用式（4-3）可以计算要运行多少次蒙特卡洛仿真才能使输出达到一定置信水平。式（4-3）清楚地说明了要降低一个数量级的误差就要多运行两个数量级。然而，式（4-3）的应用有限，因为 σ 的值未知，而且只能进行先验假设或在第一次仿真之后估算。

例 4-1

一个电路的电流用 1000 次蒙特卡洛仿真建模。输出的均值为 20A，标准差为 10A。如果要以 95% 的置信水平实现 1% 的准确度，则要运行多少次仿真？

要计算仿真次数,需要将式(4-3)两边都除以 μ 而转化成比例格式。这就将 σ 转化成相对的标准差,即 $10/20 = 0.5$(50%),而将希望的均值误差 $Er(\mu)/\mu$ 转化成百分比 0.01(1%)。对 $\alpha = 1 - C = 0.05$,$z_{0.025} = 1.645$[Excel 函数 = NORMSINV(0.95)]。因此,根据式(4-3),需要的运行次数为

$$m = \frac{z_{\alpha/2} \times \sigma/\mu}{Er(\mu)/\mu} = \left(\frac{1.645 \times 0.5}{0.01}\right)^2 = 6765$$

如前所述,式(4-3)应该仅用于粗略计算,所以上面得出的数字也仅能作为运行次数的大致估计。

为使仿真快速高效,应用蒙特卡洛仿真时经常使用分层采样(而不是纯随机采样)。分层采样中使用较多的方法称为拉丁超立方采样(Latin Hypercube Sampling,LHS)。在拉丁超立方采样中,每一个输入变量的范围被分为概率相等的区间(区域)。在采样过程中,每个区域都要被采样一次,然后重复进行。这种算法也规定了区域中的采样在不同的输入变量之间组合的顺序。这种方法能产生分布更加均匀(概率方面)的随机变量并减少不太可能出现的组合,如所有的输入都位于各自分布的尾端。总体来说,LHS 法生成的样本更加精确地反映了采样分布的形状,并且仿真结果的均值更快地接近"真"值。许多蒙特卡洛仿真软件有拉丁超立方选项,如@ RISK 可以通过在仿真过程中跟踪输出的熟练程度自动决定运行的次数。可以参考 Palisade(2005)的著作。更多关于拉丁超立方采样法和其他分层采样法的内容请查阅 Rubinstein 和 Kroese(2008)及 Roberts 和 Casella(2004)的著作。

4.5　进行蒙特卡洛仿真的基本步骤

蒙特卡洛仿真可以分为几个步骤,具体问题不同,这些步骤也可能有变化,但是都应该包含下面几个基本的步骤:

第 1 步:明确问题及分析的整体目标。评估现有的数据和期望的结果。

第 2 步:明确系统并创建参数模型,$y = f(x_1, x_2, \cdots, x_q)$。

第 3 步:设计仿真方案。应收集关注的量,如每个输入的概率分布。明确要运行多少次仿真。运行的次数 m 取决于模型的复杂程度和对结果的精度要求(见 4.4.2 节)。

第 4 步:生成随机输入,x_{i1}、x_{i2}、$\cdots$、x_{iq}。

第 5 步:用随机输入运行确定性模型。评估模型,并将结果存储为 y_i。

第 6 步:重复第 4 步和第 5 步,$i = 1 \sim m$。

第 7 步:分析结果的统计量、置信区间、直方图、最优拟合分布或其他统计度量。

上述步骤如图 4-3 所示。

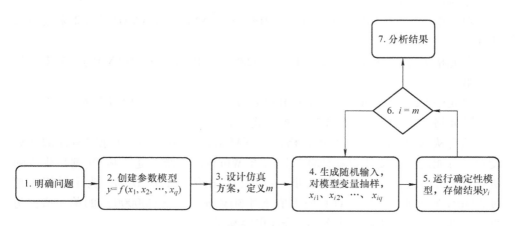

图 4-3　蒙特卡洛仿真过程

例 4-2　计算超过屈服强度的概率

为了说明蒙特卡洛法，考虑一个简单的应力分析问题，其中随机力 F 被施加到尺寸 $A \times B$ 的矩形区域内。根据先前记录的数据和拟合优度准则，力 F 可以用参数 $\beta = 2.5$、$\eta = 11300\mathrm{N}$（均值为 10026N）的双参数威布尔分布进行统计描述。尺寸 A 的均值为 2.0cm，公差为 1.0mm；尺寸 B 的均值为 3.0cm，公差为 $\pm 1.5\mathrm{mm}$。在弹性应变范围内，期望结构正常工作，因此需要估计超过 30MPa（$30 \times 10^6 \mathrm{N/m^2}$）屈服强度的概率。

单轴应力可以计算为力除以其作用面积：

$$S = \frac{F}{AB} \tag{4-4}$$

尽管式（4-4）形式简单，但即使是最简单的结果分析，如均值和标准差，也很难进行分析计算，得到应力值的统计分布就更为困难，蒙特卡洛仿真可能是解决这一问题最有效的方法。

按照本节介绍的过程，前两步已经明确了问题并创建了参数模型［见前述内容和式（4-4）］。第 3 步包括设计和仿真。虽然已经知道力 F 的分布，因为尺寸公差，A 和 B 仍然需要被视为随机变量。有很多种方法为公差建立模型，其中之一就是三角形分布，极小值和极大值分别对应下极限偏差和上极限偏差。因此 A 可以由三点来估计：［0.019（极小），0.02（最可能），0.021（极大）］m，B 为［0.0285，0.03，0.0315］m。考虑到这个模型中只有 3 个变量，我们从较少的迭代次数 $m = 1000$ 开始。

第 4 步和第 5 步使用 Excel 电子表格作为工具，如图 4-4 所示。首先输入变量名：在第 1 行分别输入 A（m）、B（m）、F（m）及 S（Pa）。在第 2 行写下随机变量对应的方程。

单元格 A2：$= 0.019 + (0.021 - 0.019) * (RAND( ) + RAND( ))/2$ 来模拟尺寸 A。

单元格 B2：$= 0.0285 + (0.0315 - 0.0285) * (RAND( ) + RAND( ))/2$ 来模拟尺寸 B。

单元格 C2：$= (11300 * (-LN(RAND( )))^\wedge(1/2.5))$ 来模拟力 F。

单元格 D2：$= C2/(A2 * B2)$，根据式（4-4）模拟应力。

然后从 A2 到 D2 的每个单元格都向下复制到第 1001 行。根据 Excel 的计算设置，可能还需要按"重新计算"键（在 Windows 系统下通常是 F9 键）生成随机变量。此时，仿真过程（第 6 步）结束，输出值生成在 D 列。为了计算 S 超过 30MPa 的可能性，需要计算应力值超过 30MPa（$S > 30000000$）的单元格占仿真中全部单元格的比例。用 Excel 公式很容易做到：

$$= COUNTIF(D2:D1001,'' > 30,000,000'')/COUNT(D2:D1001) \qquad (4-5)$$

	A	B	C	D	E
A2		f_x	=0.019+(0.021-0.019)*(RAND( )+RAND( ))/2		
1	A (m)	B (m)	F (N)	S (Pa)	
2	0.01998	0.02959	15,462	26,152,049	

图 4-4　用 Excel 进行蒙特卡洛仿真

一种观察运行次数（在例 4-2 中就是行数）是否充分的方法是重复按下"重复计算"键（通常为 F9 键），同时观察比值［式（4-5）］。在例 4-2 中，这个方法生成了一个随机数字序列（4.6；3.7；4.1；3.95；4.25；4.05；4.3；4.55；4.1；3.5；4.1；4.05）。平均值为 4.104%。为了完成分析，在 D 列中生成的输出值可以用直方图表示或者绘制成概率分布函数图。根据式（4-3），D 列数值的标准差可以用于计算需要运行仿真的次数（即 Excel 的行数）。为此需要给出需要的准确度和置信水平，如同例 4-1。

如果要运行更复杂的信息，可以使用专用的软件，如@ Risk。@ Risk 基于一个标准的 Excel 电子表格。所有的随机数密集地生成在对应的单元格上（包括输入和输出）。它可以用图形表示输入变量，还可以生成输出数据的直方图。表4-2显示的是用@ Risk 生成的图形来表示变量 F、A、B。

完成 10000 次这种仿真需要约 30s。输出值自动用直方图表示出来，最佳拟合分布如图 4-5 所示。这个分布根据卡方分布和 K－S 法都得出三参数的威布尔分布，其中 $\beta = 2.48$、$\eta = 18.8 \times 10^6$Pa、$\gamma = 38593$Pa。图 4-5 中，这个分布的右侧尾部显示有 4.2% 的可能应力 S 超过 30MPa。

除了基本的仿真，还进行了敏感度分析，结果如图 4-6 所示。这种分析有助

表 4-2　运用 @Risk 为例 4-2 生成输入变量（Palisade 公司许可使用）

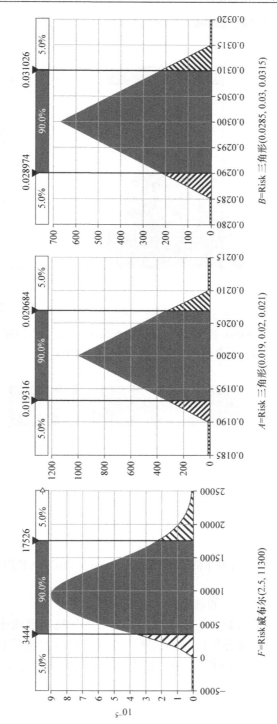

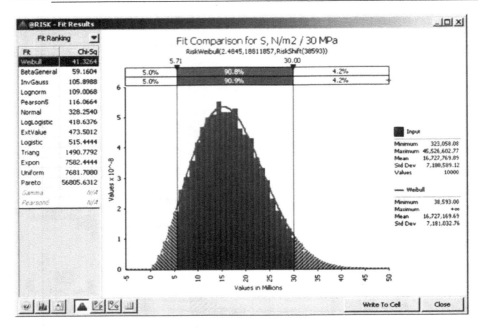

图 4-5　用@ Risk 做出的例 4-2 的仿真结果，包括直方图和
最优拟合分布（Palisade 公司许可使用）

图 4-6　@ Risk 蒙特卡洛敏感度分析（Palisade 公司许可使用）

于确定输出相对每一输入变化的敏感性。

图 4-6 显示根据相关系数，输出 S 对力 F 变异的敏感程度约比对截面尺寸变异的敏感程度高 8 倍。这部分原因是因为随机变量 F 的变异程度比 A 和 B 要大。A 和 B 的值都被限制在极大值和极小值之间，而 F 值因为位于威布尔分布的尾部，理论上可以很高。

4.6　蒙特卡洛方法总结

经过多年的使用，已经证明蒙特卡洛方法在处理各种不确定性问题时是十分有效的方法。然而在解决问题时，要理解蒙特卡洛方法的优点和缺点。

蒙特卡洛方法的主要优点是复杂程度低。和求解同样问题的其他数值方法相比，蒙特卡洛的概念很简单，比较容易在计算机上完成。它也不需要对解的形式或者数学特性有专门了解。它也不限制分布的形式，分布甚至不需要有一个数学表达式。蒙特卡洛方法适合在输入一侧有很大不确定性的现象，而且无论模型的复杂性如何，它总是有效的。

另外一个优点是容易被决策者理解。各种不同的情形及输出对输入的敏感度可以很快分析出来。

蒙特卡洛方法的缺点是计算量大，尤其是当模型复杂时，需要运行大量的仿真。尽管随着计算机性能的提高，这个问题得到了缓解。反对蒙特卡洛的观点还包括，它是一种依赖计算机性能的"暴力求解"。另外，很难估计误差，因为计算结果的误差没有硬性规定。概率误差边界是基于变异的，并不是很好的衡量指标，尤其是对偏斜的分布。另一个潜在的缺点是，蒙特卡洛方法假设所有的参数都是独立的，而这未必正确，尤其是对复杂模型。相关的输入应提前明确这一点，否则仿真会产生错误的结果。

Faulin 等人（2010）介绍了复杂系统可靠性和可用性的仿真应用。

习　题

下列问题可以使用 Excel 电子表格计算。也可以从 http：//www. palisade. com/下载@ Risk 的试用版或者从 http：//www. palisade. com/bookdownloads/oconnorkleyner 下载这个软件针对本书的版本来进行更复杂的分析。

1. 在 Excel 中输入 $\beta = 3.0$、$\eta = 1000$ 的双参数威布尔分布并从表 4-1 复制公式产生 100 行。在第二列生成 1000 行，在第三列生成 10000 行。计算出每一列中的均值和标准差。单击"重新计算"（通常是 F9 键）观察均值和标准差的变化。评论每一组的变异。

2. 当对函数 $Z = X^Y$（其中 X 和 Y 为随机函数）进行仿真时，如果 X 和 Y 服从同样的统计分布（如均为 $\mu = 10.0$、$\sigma = 2.0$ 的正态分布），函数 Z 对 X 和 Y 中的哪一个更敏感？给出解题过程。

3. 推导出一个 Excel 函数来模拟类似图 4-1 中的非对称三角形分布。

4. 计算某洗衣机单侧 80% 置信水平的保修成本。保修成本可以这样计算：

（销售量）$\times C_W \times (1 - \text{NFF}) \times [1 - R(3 \text{ 年})]$，其中 C_W 是单次保修的成本，R（3年）是 3 年时的可靠性，NFF 是申报中"未发现故障"的比例。销售量在 80 万 ~ 100 万台之间均匀分布。保修成本服从 $\mu = 5.8$、$\sigma = 0.5$ 的对数正态分布。这款洗衣机的失效率是常数，在每年 0.001 ~ 0.002 次（均匀分布）之间。NFF 可以用对称的三角形分布表示，最小值和最大值分别是 20% 和 50%。

如果你在使用@ Risk 或其他专门的蒙特卡洛仿真软件，进行一次敏感度分析，确定哪个变量对总保修成本的影响最大。

5. 如果你在进行蒙特卡洛分析（m 个样本）并希望将标准差降低一半，需要分析多少个样本？

6. 验证下列假设：只要将一些随机变量加到一起，无论这些变量服从什么分布，得到的和总是趋向于正态分布。从不同的统计分布中抽取 10 个随机变量求和，并利用直方图或其他统计工具验证和的正态性。

7. 用 1000 次试验统计电路电流大小。输出的均值为 25A，标准差为 8A。计算需要运行多少次计算才能在 95% 的置信水平上达到 1% 的准确度。

参 考 文 献

Faulin, J., Juan, A., Martorell, S. and Ramírez-Márquez, J.-E. (eds) (2010) *Simulation Methods for Reliability and Availability of Complex Systems*, Springer-Verlag.

Hazelrigg, G. (1996) *Systems Engineering: An Approach to Information-Based Design*, Prentice Hall.

Palisade (2005) *Guide to Using @Risk. Advanced Risk Analysis for Spreadsheets*, Palisade Corporation, Newfield, New York. Available at: http://www.palisade.com (Accessed February 2011).

Roberts, C. and Casella, G. (2004) *Monte Carlo Statistical Methods*, 2nd edn, Springer.

Rubinstein R. and Kroese D. (2008) *Simulation and the Monte Carlo Method*, 2nd edn (Wiley Series in Probability and Statistics), Wiley.

Sandborn, P. (2011) *Electronic Systems Cost Modeling – Economics of Manufacturing and Life Cycle. Chapter 10 (Uncertainty Modeling)*. World Scientific Publishing, Co.

Wikipedia (2010) *Inverse Transform Sampling*: Available at: http://en.wikipedia.org/wiki/Inverse_transform_sampling.

第5章 载荷-强度干涉

5.1 引言

第1章提到过一个共性的失效原因是施加的载荷超过了强度。载荷与强度是从最广义的角度来考虑的。"载荷"可以指机械应力、电压、交变载荷或内部产生的应力，如温度。"强度"可以指任何抵抗载荷的物理特性，如硬度、强度、熔点或附着力等。请注意载荷-强度这个概念在一些文献中称为"应力-强度"。

举例如下：

1）当轴承内部产生的载荷（可能由于表面粗糙、无润滑等原因）超过局部强度时，会造成断裂、过热或卡死等失效。

2）当施加电压造成局部电流密集，并因此温度升高，超过了导体或半导体材料的熔点时，集成电路中的晶体管门电路失效。

3）当密封垫不能承受压力而不过度泄漏时，液压阀失效。

4）当转矩超过强度时，轴发生断裂。

5）车用收音机内，因为内部发热产生的交变温度载荷使焊点在预期寿命之前就出现裂缝。

因此，如果能将强度设计得大于载荷，就不应该有失效。这是正常的设计思路，设计工程师要考虑载荷和强度可能的极值，并确保有足够的安全系数。

还可以提高安全系数，如压力容器设计准则或电子元器件降额规范所规定的那样。这种方法常常是有效的。但是，从载荷-强度模型可以看出，仍会有失效发生。按照我们的定义，或是载荷过高，或是强度过低。既然在设计中已经考虑了载荷与强度，问题出在哪里？

5.2 载荷与强度的分布

对于大多数产品，载荷与强度都不是固定的，而是统计分布的，如图5-1a

所示。每种分布都有一个均值（用 $\bar{L}$ 或 $\bar{S}$ 表示）和标准差（用 σ_L 或 σ_S 表示）。如果某事件发生在两个分布重叠的区域，即处在强度分布最低端的产品受到处在载荷分布最高端的载荷，此时两种分布的尾部发生了重叠，于是会出现失效。这种情况如图 5-1b 所示。

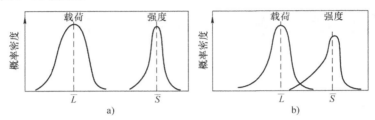

图 5-1　载荷与强度的分布
a）没有重叠的分布　b）出现重叠的分布

对于载荷与强度分布，定义两个因子，即安全裕度（SM）：

$$SM = \frac{\bar{S} - \bar{L}}{(\sigma_S^2 + \sigma_L^2)^{1/2}} \tag{5-1}$$

和载荷粗糙度（LR）：

$$LR = \frac{\sigma_L}{(\sigma_S^2 + \sigma_L^2)^{1/2}} \tag{5-2}$$

安全裕度表示载荷与强度均值的相对距离，载荷粗糙度表示载荷分布的标准差，二者都与载荷和强度分布的组合标准差有关。

从理论上说，安全裕度和载荷粗糙度可以用来分析载荷与强度分布干涉，并求出失效概率。相比之下，传统的确定性安全系数是基于均值或最大/最小值的，无法用来进行可靠性估计。另一方面，通常不易获得有关载荷和强度特性的准确数据。在应用该理论时也有其他实际困难，工程师必须始终意识到人员、材料和环境都未必符合所选用的统计模型。本章后面将介绍载荷－强度干涉分析的理论基础。应用该理论时必须慎重，并要全面了解实际的限制，这些将在后面讨论。

图 5-2 所示为各种安全裕度与载荷粗糙度的例子。图 5-2a 所示为一个高可靠性的情况：载荷与强度的分布范围窄、载荷粗糙度低、安全裕度大。如果能够控制强度与载荷的范围，并提供如此大的安全裕度，则该设计本质上应该是无失效的（注意，现在讨论的是平均强度维持恒定的情况，即强度不随时间退化，后面将会讨论强度退化的问题）。这是大多数设计采用的思想，尤其是在土木工程结构和压力容器这样的关键部件设计中。根据经验，采用能够满足要求的安全裕度，还应控制质量、尺寸等以限制强度的变化，并且用自然或人工的方法限制载荷的变化。

图 5-2b 所示为载荷粗糙度低，但由于强度分布的标准差大，致使安全裕度

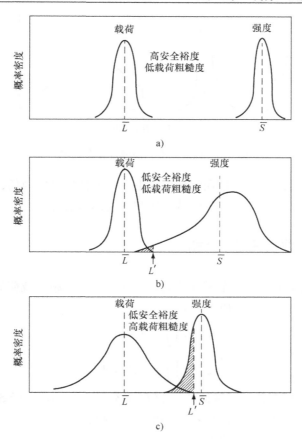

图 5-2 安全裕度与载荷粗糙度的影响（阴影区显示由载荷 *L'* 造成的部分产品失效）

较低的情况。极端载荷条件下会使较弱的产品失效。然而，只有一小部分产品在经受极端载荷时会失效。典型的例子是质量控制方法不会很容易地降低强度分布的标准差（例如，在电子器件生产中，全部进行外观检验和机械检验基本是不可行的）。这时，可以人为地施加过应力导致较弱产品失效，从而留下强度分布左边被截去的零件（图 5-3）。这样就消除了重叠，增强了残存总体的可靠性。这是电子器件进行高应力老炼试验、压力容器进行安全试验的理由。注意，过应力试验不只排除了较弱产品，还可能使好产品弱化（强度降低）。因此在进行老炼试验前，需要对技术和成本进行仔细分析。

    图 5-2c 所示为载荷分布宽、载荷粗糙度高造成安全裕度低的情况。从可靠性的角度看，这是一种困难的情况，因为极端应力会造成总体中的大部分失效。因此，通过筛选出在这些应力下可能失效的产品来改善总体的可靠性是很不经济的。其他选择是通过增加平均强度来提高安全裕度（这可能成本更高），或设计

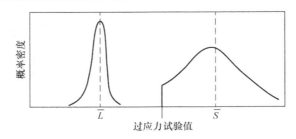

图 5-3　通过筛选，使强度分布截尾

缩小载荷分布范围的方法。这在实践中是由一些元器件来实现的，如电路中的限流器、熔丝或气动与液压系统中的减压阀和气流调节器等。

5.3　载荷－强度干涉分析

对离散的载荷来说，一个零部件的可靠性就是强度超过载荷的概率：

$$R = P(S > L)$$

$$= \int_0^\infty f_L(L) \left[\int_L^\infty f_S(S)\,dS \right] dL$$

$$= \int_0^\infty f_S(S) \left[\int_0^S f_L(L)\,dL \right] dS \qquad (5-3)$$

式中，$f_S(S)$ 为强度的概率密度函数；$f_L(L)$ 为载荷的概率密度函数。

而且，若令 $y = S - L$，其中 y 为随机变量，则有

$$R = P(y > 0)$$

$$= \int_0^\infty \int_0^\infty f_S(y + L) f(L)\,dL\,dy \qquad (5-4)$$

5.3.1　正态分布的强度与载荷

如果认定载荷与强度服从正态分布，那么累积分布函数为

$$F_L(L) = \Phi\left(\frac{L - \overline{L}}{\sigma_L} \right)$$

$$F_S(S) = \Phi\left(\frac{S - \overline{S}}{\sigma_S} \right)$$

如果 $y = S - L$，则有 $\overline{y} = \overline{S} - \overline{L}$ 和 $\sigma_y = (\sigma_S^2 + \sigma_L^2)^{1/2}$，所以

$$R = P(y > 0)$$

$$= \Phi\left(\frac{\overline{S} - \overline{L}}{\sigma_y} \right) \qquad (5-5)$$

因此，从正态分布表中查得标准的累积统计正态变量值即可确定可靠性，由

式（5-1），该可靠性可以表示为

$$R = \Phi\left[\frac{\overline{S} - \overline{L}}{(\sigma_S^2 + \sigma_L^2)^{1/2}}\right]$$

$$= \Phi(\text{SM}) \tag{5-6}$$

例 5-1

某零件的强度服从正态分布，均值为 5000N，标准差为 400N。它要承受的载荷也服从正态分布，均值为 3500N，标准差为 400N。每施加一次载荷的可靠性为多大？

安全裕度为

$$\frac{5000 - 3500}{(400^2 + 400^2)^{1/2}} = 2.65$$

由附录 1 中可知 $\Phi(2.65) = 0.996$，或使用 Excel（$= \text{NORMSDIST}(2.65)$）。

5.3.2　载荷与强度服从其他分布的情况

载荷与强度服从其他分布的积分可以用类似的方法推导。例如，可能需要评估某产品的可靠性，该产品的强度服从威布尔分布，承受的载荷服从极值分布。这些积分有些复杂，通常无法获得解析解。因此第 4 章中讲到的蒙特卡洛仿真可以用来从分布中随机抽取样本并进行比较。运行了足够多次之后，可以从结果推断出概率，本章后面将进行介绍。

5.4　安全裕度与载荷粗糙度对可靠性的影响（施加多个载荷）

当施加多个载荷时：

$$R = \int_0^\infty f_S(S) \left[\int_0^S f_L(L)\,\mathrm{d}L\right]^n \mathrm{d}S$$

式中，n 为施加载荷的个数。

因此，可靠性就变成了安全裕度与载荷粗糙度的函数，而不仅仅只是安全裕度的函数。这个复杂的积分不能简化为式（5-6）那样的程度，但可以用计算机通过数值方法进行计算。

图 5-4 所示为载荷与强度都服从正态分布且 n 值较大时每施加一个载荷，不同的安全裕度和载荷粗糙度对失效概率的影响。虚线表示施加单一载荷的情况［由式（5-6）］。注意，施加单个载荷的可靠性要低于多个载荷的情况。

因为施加的载荷为统计独立的，所以施加 n 次载荷的可靠性由下面的等式给出，由式（2-2）

$$R = (1 - p)^n$$

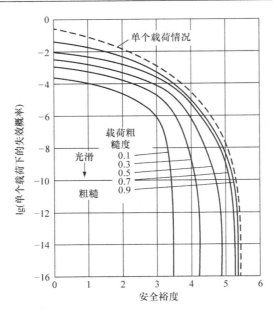

图 5-4 载荷与强度都服从正态分布时的失效概率 – 安全裕度曲线

（当 n 较大和 $n = 1$ 时）（Carter, 1997）

式中，p 为每次施加载荷时的失效概率。

当 p 值较小时，可用二项近似将其简化为

$$R \approx 1 - np \tag{5-7}$$

使用图 5-4 得出 p 值，如果知道了载荷的个数，就可以算出多个载荷情况下的可靠性。一旦安全裕度超过 3 ~ 5（取决于载荷粗糙度的值），失效概率会变得极小，此时便可以称该产品本质上是可靠的。还有一个失效概率对载荷粗糙度或安全裕度很敏感的中间区域，而在安全裕度低时失效概率就会很高。图 5-5 所示为这些特征区域。载荷与强度的其他分布可以得出类似的曲线。图 5-6 和图 5-7 所示为载荷与强度服从威布尔分布时，载荷分别为平滑和粗糙时的失效概率 – 安全裕度曲线。这表明，如果分布偏斜到存在相当大的干涉，必须具有高的安全裕度才能获得高可靠性。例如，如图 5-6 所示，当载荷分布向右偏斜而强度分布向左偏斜时，即便载荷粗糙度低至 0.3，安全裕度至少需为 5.5 才能保证固有的可靠性。如果载荷粗糙度高（图 5-7），则所需要的安全裕度为 8。这些曲线表明了可靠性对安全裕度、载荷粗糙度及载荷与强度分布的敏感程度。

这里给出两个载荷 – 强度分析在电子和机械设计方面的实例。

例 5-2 电子应用

一个功率放大器的设计在其输出部分使用了单一的晶体管。要求提供一种本质上可靠的设计，但为了减少系统中元器件的种类，晶体管种类的选择有限。该

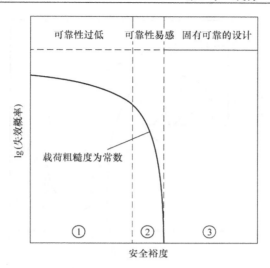

图 5-5　典型的失效概率-安全裕度曲线中的特征区域（Carter，1997）

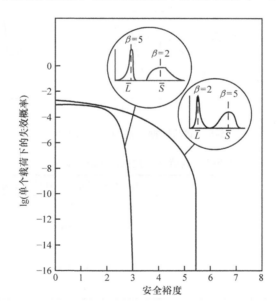

图 5-6　非对称分布的失效概率-安全裕度曲线（载荷粗糙度 = 0.3）（Carter，1997）

放大器必须在 50℃下能可靠地工作。

对放大器的载荷需求分析给出了图 5-8 所示的结果。载荷试验数据的平均秩评定在表 5-1 中给出。选择了 2N2904 型晶体管。温度在 25℃ 的情况下，该器件的最大额定功率损耗为 0.6W。

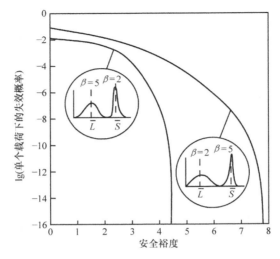

图 5-7　非对称分布的失效概率-安全裕度曲线（载荷粗糙度 = 0.9）（Carter，1997）

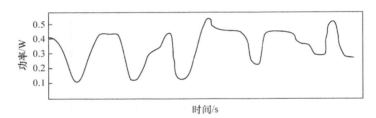

图 5-8　载荷数据（按 10s 间隔采样）

表 5-1　载荷试验数据的平均秩评定

功率/W	时间累积百分比（累积分布函数）
0.1	5%
0.2	25%
0.3	80%
0.4	98.5%
0.5	99.95%

可以分析表 5-1 中的载荷试验数据以找到最适合的分布。有很多带有最佳拟合功能的商业化软件可以使用，包括前面讲到的 Weibull + + 和 Risk。使用了 Weibull + + 的分布助手（第 3 章图 3-17）之后可以看到前三种推荐依次是威布尔分布、正态分布和伽马分布。为了简化计算，选择正态分布，参数如下：

$$\bar{L} = 0.238 W$$

$$\sigma_L = 0.0783 W$$

此外，也可以通过在正态分布概率纸上绘制表 5-1 中的数据求解。

然而，在例 5-2 中必须考虑功率损耗和温度升高的综合影响。适用于 2N2904 型晶体管的温度降额计算指导书建议的线性降额是 3.43mW/K。因为要求放大器在 50℃ 下工作，等效的组合载荷分布服从正态分布，标准差相同但均值高 （25 × 3.43）mW = 86mW = 0.086W。现在平均载荷 $\overline{L}$ 为（0.238 + 0.086）W = 0.324W，标准差不变，仍为 0.0783W。

为导出强度的分布，在 25℃ 的环境温度下试验了 100 个晶体管，每个功率电平（步进应力）上持续 10s，给出的失效数据见表 5-2。和表 5-1 类似，使用 Weibull + + 处理这些数据，得出失效时的平均功率（强度）为 0.9897W，方差为 0.142W。

表 5-2 100 个晶体管的失效数据

功率/W	失效数	累积失效百分比 （累积分布函数） （平均秩）
0.1	0	0
0.2	0	0
0.3	0	0
0.4	0	0
0.5	0	0
0.6	0	0
0.7	2	2
0.8	8	10
0.9	17	25
1.0	35	59
1.2	30	89
1.3	10	99

结合载荷 - 强度数据得出

$$\mathrm{LR} = \frac{\sigma_\mathrm{L}}{(\sigma_\mathrm{S}^2 + \sigma_\mathrm{L}^2)^{1/2}} = \frac{0.0783}{(0.142^2 + 0.0783^2)^{1/2}} = 0.483$$

$$\mathrm{SM} = \frac{\overline{S} - \overline{L}}{(\sigma_\mathrm{S}^2 + \sigma_\mathrm{L}^2)^{1/2}} = \frac{0.989 - 0.324}{(0.142^2 + 0.0783^2)^{1/2}} = 4.10$$

所以

$$R = \Phi(\mathrm{SM}) = 0.9999794 = \mathrm{NORMSDIST}(4.10)$$

这是单个载荷下每施加一次载荷的可靠性。如图 5-4 所示，多个载荷（n 较大）下，每施加一次载荷的失效概率（p）约为 10^{-11}（图 5-5 的②区）。施加载荷超过 10^6 次，可靠性约为 0.99999 [由式（5-6）得出]。

实际工作中，这种情况一般使用第 9 章中建议的温度和载荷降额值。事实上，在非常接近晶体管的最大温度和载荷额定值（例5-2中，温度为25℃时所测得的最高载荷为0.5W，几乎相当于温度为50℃时的0.6W）的条件下使用它不是一种好的设计，而在晶体管应用中通常取降额因子0.5~0.8。例5-2说明对典型的电子元器件充分降额的重要性。解决这个问题的方法也可以根据以下理由来评述：

1）失效（强度）数据在分布的"弱"端是稀疏的。很可能批次之间的差异比试验数据所示的更重要，可以通过筛选从总体中清除薄弱器件。

2）对超出载荷分布0.5W的峰值进行外推是危险的，而这种外推需要结合工程判断和实际运用情况来调整。

例5-3 机械疲劳

在用户使用数据中，系统所受载荷导致的应力分布通常比较容易获得。某洗衣机制造商想要估算电动机在第一年使用中疲劳失效的保修成本，电动机平均为100个循环。电动机实际受到的载荷大小随每台洗衣机用户的具体使用情况不同而不同。为了计算保修成本，制造商希望先估算出第一年退货的百分比。虽然电动机的设计允许在超过6kg载荷引起的应力下工作，但电动机的寿命显然和载荷有关。载荷随用户使用情况的不同而不同，所以要解决的问题是估算保修期间退货百分比时载荷应设定为多大。首先，制造商决定对有代表性的用户进行调查以收集使用的信息，并记录每次放入洗衣机的衣物的质量。

根据表5-3给出的数据，可以算出用户每次放入衣物质量的百分比的分布。第三列中的累积值可以用和例5-2类似的方法处理。利用Weibull++中的分布助手（3.7.1节），最适合这组数据的是$\mu = 1.12$和$\sigma = 0.243$的对数正态分布。

表5-3 最大载荷与应用这些载荷的用户的百分比

最大载荷/kg	使用百分比	累积百分比（累积分布函数）
2	4%	4%
3	42%	46%
4	40%	86%
5	12%	98%
6	1.7%	99.7%

下一步要做的是获得不同载荷下（或者应力水平下）电动机的寿命数据。电动机样品在5个不同的载荷水平下试验直到失效。然后进行威布尔分析（3.4节），求出100个循环下失效的百分比，并汇总在表5-4中。

表 5-4　洗衣机载荷和 100 个循环下失效的比例

最大载荷/kg	100 个循环下失效的比例（累积分布函数）
4	2.73%
5	10.32%
6	20.6%
7	32.0%
9	54.6%

使用软件可以得出拟合这组数据的三参数威布尔分布：$\beta=1.69$、$\eta=6.67$、$\gamma=3.2$。

将这两个概率密度函数绘制在同一张图上，如图 5-9 所示，图中重叠的区域表示失效会发生。

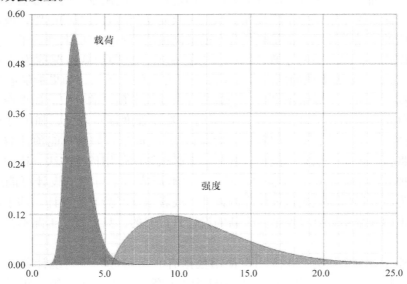

图 5-9　例 5-3 中使用 Weibull＋＋绘制的载荷－强度分布图（Reliasoft 公司许可使用）

最后一步是计算两个分布之间重叠区域的面积。因为两个分布都不是正态分布（因此没有闭式解），制造商决定使用蒙特卡洛仿真求出载荷超过强度时的比例。如第 4 章所述，有很多商业化软件可以运行蒙特卡洛仿真，包括 Weibull＋＋中的"应力－强度"选项。但这里为了简便起见，使用了和第 4 章例 4-2 一样的 Excel。对数正态载荷分布用 Excel 中的函数 = LOGINV（RAND（），1.12，0.243）（表4-1）仿真，三参数威布尔强度分布为 = (6.67 * (− LN(RAND())))＾(1/1.69)) + 3.2。制造商运行了 10000 次仿真（Excel 的行数），发现载荷超过强度的行是所有行（10000）的 1.2%。根据这个分析结果，制造商留出足够的数量，以弥补保修期内 1.2% 。电动机发生故障的情况。

5.5　一些实际因素的考量

　　这些例子说明了将统计方法应用于设计时的优势和局限性。主要的困难是：在试图考虑变异性时，引入的假设条件未必正确，如将载荷与强度数据外推到选用的总体分布的低概率尾部。因此应该用具体的工程知识来支持分析，用统计方法来处理工程的不确定性，否则必须要有很好的统计数据。例如，在很多机械行业应用中就存在良好的数据，或可以从载荷分布获得，如作用在结构上的风阻、作用在飞机上的阵风载荷，或者作用在汽车悬架上的载荷等。此类载荷可称为"可预计的"。

　　另一方面，有些载荷工况有更大的不确定性，在应用场合间有很明显的区别时更是如此。由于错误的步骤或保护系统失效而受到瞬时过载的电路，或者手电钻中使用的电动机轴承，都是载荷分布的最高极值很不确定的典型例子。分布可能是多模式的，高载荷时呈现出峰值，如谐振时。这种加载情况称为"不可预计的"。显然，要做出明确的区分并不总是很容易的。例如，如果能够收集到足够的数据，仍可以使原来不可预计的载荷分布变成可预计的分布。如果在可预计的加载分布中运用，上述方法是有意义的（除非强度逐步降低，强度分布可以预计的情况更为常见，这个问题将在后面讨论）。但是，如果不能预计载荷，概率估计将很不确定。如果不能预计载荷，就必须转向使用传统方法。这并不意味着用这种方法不能实现高可靠性。但是，逐渐形成一个可靠的设计可能成本更高，因为需要谨慎地做出过度保守的设计，或者根据经验改进设计。基于这种经验制定出的安全系数可以保证一个新的设计是可靠的，只要新的工况不会外推得过远。

　　另外，例 5-2 和例 5-3 的用户使用数据有时需要进一步的统计分析。如例 5-3 中，制造商假设第一年平均使用 100 个工作循环。实际上，第一年工作循环的数量也应该用统计分布来表示，因为每一位最终用户的习惯都不同。用户数据的这方面内容将在第 7 章介绍产品使用和分布环境的变化中讨论。

　　还有另一种做法，即在适当的情况下，使用离散的最大和最小值，而不是分析载荷与强度的分布。例如，如果质量控制能够保证，就可以使用简单的最低强度值。在例 5-2 中，实际上已经可以断定晶体管在 0.7W 的功率下不会失效，即超过载荷分布 99.95% 的情况下安全系数是 1.4。在其他情况下，还可以假设载荷已经截尾，如同功率有上限的系统施加的载荷，如液压缸或者人力操作。如果载荷和强度的分布都有截尾，传统的安全系数方法就足够了，只要其他方面如质量或成本等不会提高设计风险。

如果基于统计的设计不考虑实际存在的截尾，就会导致过度设计。相反，传统的确定性安全系数法在优先降低质量或成本时会导致过度设计。

在很多情况下，其他设计需求（如刚度）也提高了内在可靠性。因此上述方法应该在需要在重要的场合下评估失效风险重大与否时使用。

本章的例题也表明，将数据拟合到分布中的能力对载荷 - 强度分析也是很重要的。前面提到有很多软件（Weibull + +、@ Risk、Minitab、Crystall Ball 等）都有为抽样数据和累积数据选出最佳拟合分布的功能。

本章没有考虑强度随时间或载荷循环而降低的可能性。上述方法只有当强度降低可以忽略不计时才适用，如产品完全在安全疲劳寿命期以内工作，或者没有弱化的现象发生。有强度衰减时的可靠性与寿命分析将在第 8 章和第 14 章中讲述。

最后要强调的是，用这些方法进行的可靠性计算只能被视为是非常粗略的，仅仅反映了数量级。

习　　题

1. 说明载荷与强度分布的 4 种实际情况（用草图表示分布的形状和位置），评论每种情况下的失效概率和可靠性，并说明可以降低失效概率的方法。

2.（a）如果加到一个产品上的载荷和产品的强度都服从正态分布，给出安全裕度和载荷粗糙度的公式。

（b）画出失效概率和安全裕度之间的关系随载荷粗糙度变化的草图，标出参数的近似值。

3.（a）如果对随机抽出的产品随机施加载荷，当载荷与强度均服从正态分布时，每次施加载荷的可靠性表达式是什么？

（b）描述并评论影响用这种方法进行可靠性预计准确度的各种因素。

4. 在机械和电子领域各举一个例子，说明在实际工程设计和生产中极端载荷与强度值出现截尾的情况。

5. 如果重复例 5-2 中的试验，并有

（a）1 个晶体管在 0.5W 失效，如何重新解释这个结果？

（b）前 10 个失效出现在 0.8W，如何重新解释这个结果？

6. 计算［式（5-3）］当随机载荷和随机强度都服从指数分布时的可靠性，概率密度函数分别为

$$f_S(x) = \frac{1}{\mu_S} e^{-\frac{x}{\mu_S}} \text{ 和 } f_L(x) = \frac{1}{\mu_L} e^{-\frac{x}{\mu_L}}$$

其中，μ_L 为载荷的均值，μ_S 为强度的均值。

7. 电解电容所在的线路板被安装在一个移动的平台上，因此电容的引线要反复承受载荷。引线的屈服强度服从正态分布，均值为 100MPa，标准差为 20MPa。交变载荷所产生的应力也服从正态分布，均值为 60MPa，标准差为 15MPa。

（a）计算安全裕度 SM。

（b）计算载荷粗糙度 LR。

（c）计算电容的可靠性。

8. 连杆要承受拉力载荷，试验显示这种载荷服从对数正态分布，参数为 $\mu = 9.2$、$\sigma = 1.1$。对材料的试验显示强度服从对数正态分布，其中 $\mu = 11.8$、$\sigma = 1.3$。由于这个零件要大量生产，因此不适合逐个试验。用蒙特卡洛方法计算零件的可靠性。

参 考 文 献

Carter, A. (1997) *Mechanical Reliability and Design*, Wiley.

Kapur K. and Lamberson L. (1977) *Reliability in Engineering Design*, Wiley.

Palisade Corporation (2005) Guide to Using @Risk. Advanced Risk Analysis for Spreadsheets' Palisade Corporation. Newfield, New York. Available at http://www.palisade.com.

ReliaSoft (2002) Prediction Warranty Returns Based on Customer Usage Data. Reliability Edge, Quarter 1: Volume 3, Issue 1. Available at http://www.reliasoft.com/newsletter/1q2002/usage.htm (Accessed 22 March 2011).

ReliaSoft (2008) *Weibull++® User's Guide*, ReliaSoft Publishing.

Wasserman, G. (2003) *Reliability Verification, Testing and Analysis in Engineering Design*, Marcel Dekker.

第6章　可靠性预测与建模

6.1　引言

　　显然，我们十分希望在新产品制造出来或投入市场之前，就能对它的可靠性进行准确的预测。根据产品及其市场需求，有了对可靠性的预先了解，就可以对需要的保障成本、备件、保修成本和适销性等做出准确预测。但是，对可靠性很难做出准确可信的预测。尽管如此，即使是尝试性的估计也能给受影响的方面如生命周期成本提供一个预测的基础。可靠性预测可以成为研究和设计过程中有价值的一部分，用来比较方案和指出设计中可靠性方面的关键点。

　　如果计划开发一款新的产品用来取代当前的产品，而当前产品的可靠性是已知的，那么这个可靠性可以用来作为预测新一代产品可靠性的出发点。然而，新产品中的不同点可能会影响可靠性：如软件可能控制了更多的功能，新引进了子系统或者零部件等。一些变化可能会提高可靠性，其他则可能会引入新的风险。在项目管理方面也有影响可靠性的因素，如针对质量和可靠性目标投入的资源，试验计划和约束，尤其是对开发时间的约束。这些方面会在后面各章中介绍。这种自顶向下的方法可以用于所有新产品和系统。即使没有已经投入使用的产品可供比较，也可以根据风险和投入进行一定程度的估算。

　　可靠性预测先从整个系统层面开始，随着系统的定义越来越详细，预测也逐渐扩展到细节层面。原则上讲，最终需要落实到单个零件的可靠性分布上。但是分析的层面越低，为整个系统进行预测的不确定性也越高。需要注意，许多系统的失效并不是因为零件失效导致的，而且零件失效并不一定导致系统失效。

　　预测可靠性的常用方法是计算每个零件的贡献，并向上到整个产品或者系统层级。零件数量法（见本章后面）是比较常用的，但其十分依赖数据的准确性。零件级别的失效率数据已经有研究人员整理并发表，包括电子元件和其他类元件，这些将在本章后面讨论。因为可靠性同时也受设计和试验人员的知识及动机、试验中失效的处理、生产质量及维修的技能的影响，也要考虑这些因素。很多情况下，这些因素甚至比历史数据更重要。因此使用可靠性数据来对新系统进行可靠性预测时要十分注意。本质上讲，可靠性是没有上限的，但是用历史数据进行预测时，容易看出其是有上限的。

6.2 可靠性预测的基本限制

在工程和科学中，使用数学模型来进行预测。例如，一个新的电子系统的功率消耗可使用欧姆定律和"功率＝电流×电压"模型进行预测。同样地，可以利用牛顿定律和行星现在的位置、速度及质量的知识来预测行星未来的位置。这些定律在一定的范围内是有效的（例如，欧姆定律在接近绝对零度的温度时不再适用，牛顿定律在亚原子水平也是无效的）。然而作为日常使用，这些确定性的定律已经能很好地满足要求，我们也利用它们来进行预测，同时也将诸如初始条件下的测量误差这类实际情况考虑进去。

虽然用于实际预测的大多数物理学定律被认为是确定性的，但其潜在的作用机理可以是随机的。例如，一个封闭盒内气体产生的压力是大量分子随机运动的函数。对如此巨量的单独随机事件和相互作用应用统计中心极限定理，能够使我们以分子动能的平均效应来预测压力值。波意耳定律实际上就是以经验为基础的，和类似欧姆定律的所谓"确定性"定律一样。只有在单个的水平上或很少的作用和相互作用时，如核物理试验时，物理学家才发现必须要考虑由于潜在过程的随机特性而产生的不确定性。但是出于实用的目的，我们忽略了这些无限小的变化，特别是这些变化经常是不可测量的，如同我们接受牛顿学说一样。

如果要使一个数学模型被接受并作为科学理论预测的基础，就必须基于能够解释这种关系的理论。该模型所用的参数还必须有明确的定义。最终，科学家及工程师都期望用该模型得到的预测总是可重复的。如果发现使用的科学模型在某些情况下不能预测出正确的结果，就认为需要对该模型和基础的理论进行修正，并提出新的理论。

与在其他科学和工程领域建立并使用模型相同，人们希望导出能用来预测可靠性的数学模型，这种想法也很受关注。在可靠性预测模型中也加入了物理定律的影响，但是还有很多其他的因素导致零件失效（有些仍是未知的），因此预测可靠性通常有更高的不确定性。例如，可以基于诸如工作温度和各类应力等参数得出电子元器件的失效率模型。这些内容在第 9 章和第 13 章中介绍。类似的模型也适用于非电子元件，甚至是计算机软件。有时这些模型很简单，失效率或者可靠性是一个固定值，或是有简单修正因子。但是，也有一些模型相当复杂，尤其是用于电子元器件的模型，因为其包括了可能影响可靠性的许多因素。

类似欧姆定律这样的模型是可信的，因为当电压施加在导体上时，是否有电流通过是毫无疑问的。但是，虽然工程零部件具有的导电性、质量等属性都是明确定义的和可测量的，固有可靠性却极不可能满足这种标准。例如，一个良好的晶体管或液压执行器，如果使用得当，在所在系统预期寿命内不应出现失效。如果一批这样的零件中出现失效现象，那么原因、失效模式、失效时间的分布可能受各种物理或化学因素的影响，还有无法单纯用物理或化学理论解释的其他因素。有些晶体管可能由于意外的过应力而失效，另一些可能由于工艺缺陷而失效，还有些根本就不会失效。如果液压执行器在苛刻的环境中工作了很长时间，其中的一些可能会出现泄漏，某些操作员可能将它归为失效。另外，失效或不失效在很大程度上取决于人的感知，这永远不能成为自然法则。这就说明了利用数学模型进行可靠性预测的想法具有本质上的局限性。

丹麦著名物理学家尼尔斯·波尔曾经开玩笑地说"预测是很难的，尤其是对未来进行预测。"在第 5 章已经看到载荷和强度的分布稍有差异，可靠性就会产生数量级上的变化。用载荷 – 强度模型计算可靠性有很高的不确定性。

另一个严重的局限是由于可靠性模型通常是根据以往的数据建立的模型。推导统计关系比确定性（理论上）的关系需要更多的数据，即使如此也仍然有不确定性，因为样本不能完全代表整个全体。例如，寿命参数的真实值是永远无法得出的，可计算的只是它的期望值的分布，所以无法说失效一定在何时发生。有时可以说可能性增加，如在疲劳试验或探测轴承的磨损，但是我们很少能预测失效时间。基于统计推导出的关系本身不能成为因果关系或者建立理论。它必须有基于对因果关系理解的理论支持。

根据具体情况，在确定潜在条件基本不变的前提下，根据以往的数据进行预测。但是因为在实际工程中要十分关注设计、工艺和应用方面细微的变化，仅仅基于以往的数据预测可靠性忽略了为提高可靠性进行的变更。另外，有些变更还会带来新的可靠性问题。当然，有时也可以假设这个变更不显著，或者在外推时将对计划的变更产生的效果考虑进去。例如，如果系统含有很多逐渐老化的零件，如同办公室里的荧光灯，我们可以比较准确地预测失效的概率和规律，但这仅仅是个例。

总体来说，需要意识到对可靠性的预测仍然是粗略的估计，实际达到的可靠性和预测的可靠性可能有很大差别。

6.3　根据标准进行可靠性预测

根据标准进行可靠性预测是一种基于全球公认的军用和商业标准的失效率估计的方法。在某些情况下，制造商有义务根据客户或者合同条款要求，根据已公布的标准进行可靠性预测。

在标准中，典型的做法是将分析对象视为串联的，即一只零部件失效就会导致整个系统失效。另外一个主要的假设是失效率为常数，用指数分布表示（2.6.3 节）。这总体上代表了零部件在可用寿命内，失效是随机事件（即没有磨损或者早期失效）。在工程领域，这种恒定失效率的假设对电子和非电子的元器件都是有误导性的。

最常用的表示失效率的方法状态失效表示为单位时间内的失效数量，时间通常是百万（甚至十亿）小时。十亿小时（10^9 小时）内的一次失效记为一个 FIT。因为 FIT 表示一段时间内的失效（failure in time），这个单位并没有在可靠性行业被广泛接受。对不可修复的零件而言可以理解为失效率对系统失效率的贡献。然后这些数据被用来计算系统失效率，或者是叠加或者是根据系统的构造进行分析，具体内容在后面介绍。对零件失效率加和通常称为"零件计数"法。当可靠性数据从同样的应用场合中获取时，可以用来进行一些预测，如飞机、石化工厂、计算机或汽车。但是，将这些数据转移到其他应用场合时需要仔细进行分析。即使在同一领域也应谨慎，因为工况可能会变化。如果同型电机在新的复印机中的功能和工况和以往相同，那么可能会表现出同样的失效规律。然而，如果这个电机用于不同的功能，工作循环发生了变化，或者即使是来自于不同的供应商，以往的数据可能就不再适用。

常用的标准有 MIL - HDBK - 217、Bellcore/Telcordia（SR - 332）、NSWC - 06/LE10、中国 299B、RDF 2000，其他一些标准在本章后面会提到。这些标准使用的方法通常有零件计数法和零件应力分析法。零件计数法只需要比较少的信息，通常是零件个数、质量水平和应用环境，比较适用于设计早期和项目提议阶段。

6.3.1　MIL - HDBK - 217

要获得电子元器件的失效率，MIL - HDBK - 217（1995）标准手册用得最广泛。它使用了前面所述的大多数原理，并基于美国军方多年来收集的电子元件常见的失效率。此手册使用了两种方法来预测可靠性：零件计数法和零件应力法。零件计数法采用平均应力水平作为早期设计时对失效率的预测。总体失效率（Reliasoft，2006）的计算为

$$\lambda = \sum_{i=1}^{n} N_i \pi_{Qi} \lambda_{bi}$$

式中，n 为零件种类（如电解电容、电感器等）的数量；N_i 为第 i 种零件的个数；π_{Qi} 为第 i 种零件的质量系数；λ_{bi} 为第 i 种零件的基础失效率。

系数 π 随零件种类不同而不同。

零件应力法需要最详细的信息。这种方法用在设计的后期，已经在设计具体的零件和电路。零件应力法囊括了更多的方面，每个零件的失效率计算式的质量

系数包含更多的反映了产品环境、电气应力、温度、应用环境及其他零件类型特有的因素。例如，预测微电路的失效率可以计算为

$$\lambda_p = \pi_Q \pi_L [C_1 \pi_T + C_2 \pi_E]$$

式中，π_Q、π_E、π_T 及 π_L 分别为质量系数、环境系数、温度系数及学习系数；C_1 为模具复杂系数，根据芯片门的数量、存储设备的比特数或线性设备的晶体管数来确定；C_2 为封装方面（针脚数量、封装类型）的复杂系数。

对 MIL – HDBK – 217 的批评也适用于多数其他基于标准的预测电子系统可靠性的方法，包括以下几点：

1）经验表明，现代电子系统中只有部分失效是由于内部原因导致的元件失效。

2）当前的经验和失效物理学表明失效率并不总是受温度影响。

3）这个模型中的一些其他参数的有效性值得怀疑。例如，失效率并不是随着复杂性显著增加，因为持续改进抵消了复杂性的影响。

4）模型没有将其他影响可靠性的因素考虑进去，如瞬时过应力、温度循环、变异、电磁干扰和电磁兼容、装配中的质量控制、试验与维护。

尽管存在这些问题，而且 MIL – HDBK – 217 自 1994 年以来没有更新过，但这个标准一直被用来预测可靠性。因此，美国海军水面作战中心（Naval Surface Warfare Center，NSWC）牵头开展了一些工作推出 MIL – HDBK – 217 修订版 G，该修订版将显著更新现有标准，包括将失效物理引入预测的方法中（McLeish，2010）。

6. 3. 2　Telcordia SR – 332（原 Bellcore）

其他非军事组织，如面向商业应用的电信公司，也收集并出版了电子元器件的数据。最常用的标准（尤其是在欧洲）是 Telcordia SR – 332，它是 Bellcore 的 TR – 332 第 6 期的更新版。Bellcore 的可靠性预测模型原来是由 AT&T 的贝尔实验室根据 MIL – HDBK – 217 的公式建立的，后来面向电信行业的实际经验进行了修订。

Telcordia SR – 332 使用了三种不同的方法，第一种方法是使用户得到由 Bellcore/Telcordia 标准推荐的通用的失效率，第二种方法使用户将试验数据和标准中的通用失效率结合起来，第三种方法是将实际数据和标准中的通用失效率结合起来。另外，Telcordia SR – 332 着重于电子元器件的早期失效问题，使用老炼试验来筛除早期失效的薄弱元器件，从而降低早期失效的影响（ReliaSoft，2006）。Telcordia SR – 332 还针对早期失效风险采用了第一年乘子（First – Year – Multiplier）这一系数用于失效率预测。该标准还为老化阶段设置了"记分"，并且相应降低了第一年乘子（即老炼试验越长，乘子越小）。

6.3.3　IEC 62380（原 RDF 2000）

IEC 62380 的第一版是从 RDF 2000 发展而来的，旧称 UTEC 80810（UTEC 80810，2000）。制定该标准的目的是对 MIL - HDBK - 217 标准进行扩展，其中系数 π 和失效率的乘积模型被修改为加和与乘积的组合。该标准允许指定含有不同阶段的温度任务剖面。各个阶段的温度可能不同，从而影响失效率。各个阶段可以是不同的类型（开/关、常开、休眠），如同设备在室外经历的温度变化一样。这些阶段对失效率计算有不同的影响，因为它们对零件施加的应力不同。

6.3.4　NSWC - 06/LE10

还有一些针对非电子元器件的数据库，如 NSWC - 06，2006。该标准由其早期版本 NSWC - 98 增订而来。它使用一系列模型针对各种机械零件根据温度、应力、流量和其他参数来预测失效率。机械零件的种类分为密封件、垫片、弹簧、电磁线圈、阀总成、轴承、齿轮和花键、执行器、泵、制动器、压缩机、电机及其他非电子元器件。

其中有许多机械零件实际上由几个子零件组成，它们都需要建立模型。例如，电机包括轴承、绕组、电刷、电枢轴、壳体、齿轮。工程师需要熟悉零件和手册才能正确地为模型选用类型和子零件的数量。

对这种方法的批评主要在于 NSWC 标准中零件的种类和应用十分繁多，这大大提高了预测的不确定性。此外，与电子元器件不同，垫片或弹簧没有常用的工作时间单位。

6.3.5　PRISM 和 217Plus

PRISM 可靠性预测模型在 2000 年初由当时的可靠性分析中心（Reliability Analysis Center，RAC）发布，用来克服 MIL - HDBK - 217 的局限性，而后者并未被经常维护或更新（更多内容可以查阅 Dylis 和 Priore，2001 和 Alion，2011）。此外，也有人认为因为各个 π 系数的相乘，通过 MIL - HDBK - 217 给出的结果过于悲观。诸如 MIL - HDBK - 217 的传统可靠性预测方法的前提为系统的失效率主要是组成系统的零部件导致的。RAC 数据表明 78% 的失效来源于非零部件原因，即设计缺陷、制造缺陷、诸如需求不充分的系统管理问题、磨损、软件、诱导性失效及无缺陷失效。由此，RAC 建立了 PRISM 流程来估算电子系统的失效率。PRISM 模型是基于从军用和商用方面收集的大量试验数据和现场数据而建立的。

和 MIL - HDBK - 217 中的乘积模型不同，PRISM 对每一类失效机理都使用了系数 π 和失效率 λ 加和与乘积的组合。这种方法有些类似于 RDF 2000。

PRISM 结合了新零件可靠性预测模型，包括评估影响系统可靠性的零件以外的因素，还包括软件可靠性模型。PRISM 还允许用户根据包括上一代同类产品的现场数据和零部件级别的数据在内的所有数据来对预测进行调整。PRISM 预测的失效率模型采用的形式为

$$\lambda = \sum_{i=1}^{n} N_i \sum_{j=1}^{m} \pi_{ij} \lambda_{ij}$$

式中，n 为零件种类的数量；N_i 为第 i 个零件的数量；m 为第 i 类零件失效机理的数量；π_{ij} 为第 i 类零件中第 j 个失效机理的 π 系数；λ_{ij} 为第 i 类零件中第 j 个失效机理的失效率。

例如，$\pi_e \lambda_e$ 表示产品失效率的贡献，系数 π 表示环境应力，$\pi_0 \lambda_0$ 表示工作应力等。

217Plus™ 是 PRISM 的一个副产品，使用相同的建模方法，但是有更多的零件类型失效率模型。217Plus™ 中的模型还包括连接器、开关、继电器、电感器、变压器和其他光电设备。更多信息请查阅 Nicholls（2007）。

6.3.6　中国 299B（GJB/Z 299B）

GJB/Z 299B 电子设备可靠性计算模型（常称为中国 299B）是一个中国标准，在 2001 年翻译成英文。该标准是在受国际认可的电子设备可靠性计算方法之上制定的。该标准和 MIL－HDBK－217 类似，也包括零件计数法和应力分析法。该标准针对电子、电气、电机使用了一系列模型来预测失效率，并包括环境条件、质量水平、应力条件和其他各种参数的影响。它为零件层面和系统层面都提供了计算失效率的方法。

6.3.7　其他标准

本节提到的标准并不详尽，没有包括一些使用相对较少的预测标准，其中有些已经不再更新，但仍然被少量使用。

英国电信可靠性手册（见英国电信，1995）和 MIL－HDBK－217 使用的方法相似。其他不太常见的标准还包括西门子可靠性标准 SN 29500.1 及其更新版本 SN 29500－2005－1，1993 年由意大利电信发布的意大利电信可靠性预测手册和 1985 年的日本电信 NTT 方法均已经不再维护。

仍然在维护的标准有 FIDES 手册，在 2009 年更新（FIDES，2009）。FIDES 方法是基于失效物理，并由试验数据、返修和当前模型的分析支持，因此和主要利用统计分析和返修数据的传统方法有区别。这种方法分析了开发过程或者制造误差及实际应用中的过应力（电气、机械、热）现象。

另一个非电子元器件标准是 NPRD – 95，"非电子元器件可靠性数据"，由 RAC 在 20 世纪 90 年代中期发布。零件种类包括执行器、电池、泵等。在种类下面用户可以选择特定的子类别（如电池下面包括碳锌电池、锂电池等），和 NSWC – 06 相同。

6.3.8 IEEE 1413 标准

IEEE 1413（2003）是为电子系统建立可靠性预测的框架而编写的，但其能应用于任何技术领域。用符合 IEEE 1413 的方法计算时，需要对 IEEE 1413 中的一组问题进行回答。它能帮助识别出为使可靠性预测可理解、可信而需要的信息，从而评估预测结果的有效性。但是 IEEE 1413 并不就如何进行可靠性预测进行指导，也不对任何方法进行评判。符合 IEEE 1413 的预测能够输出下列信息：

——预计结果。

——预计结果的预期用途。

——所用的方法。

——所选方法需要的输入。

——对每个输入的已知程度。

——已知输入数据的来源。

——对未知输入数据的假设。

——性能数据。

——预测的可信度。

——不确定性的来源。

——局限性。

——可重复性。

6.3.9 可靠性预测的软件工具

手动计算可靠性预测漫长繁琐且容易出错，尤其是当系统包含大量零部件时。有多种软件可以根据物料清单（BOM）、工作环境、应用条件、零件应力数据及其他信息使工程师在系统设计阶段就可以进行可靠性预测。多数软件可以使用户选用可靠性预测标准，或者同时运行多个标准。常见的可靠性预测软件有 ReliaSoft 的 Lambda Predict、BQR 的 CARE、ITEM 的 ToolKit、Isograph 的 Reliability Workbench、Reliass 的 RAM COMMANDER 等。除本章列出的标准之外，多数软件都有添加用户定义的失效率数据库的能力。

6.4　可靠性预测的其他方法

6.4.1　基于返修的方法

　　一些制造商希望用自己内部的数据进行可靠性预测。失效率可以根据返修、维护性更换、保修或其他任何关于失效和仍在工作的零件的信息计算。该方法的优点很明显，因为针对的是该制造商的产品、工艺和应用。这种预测比通用的数据库更加准确。但是也有缺点，即供应商对标时无共同的标准。

6.4.2　现场数据和可靠性预测标准结合

　　对可靠性预测标准的批评主要在于其中的失效率都是凭借经验的，而且相当普遍。因此，即使采用了 π 系数，这种预测并没有具体针对某一种应用（汽车、航空电子、快销品等）。为此，人们尝试了多种方法来在已知的预测标准和模型范围内提高计算失效率的准确性。一些方法是根据保修数据或现场数据校准基础失效率 λ_b（见 Kleyner 和 Bender，2003）。

　　Talmor 和 Arueti（1997）提出了另一种将可靠性预测标准和内部数据结合使用的方法。这种方法建议在制造过程的早期进行环境应力筛选，将获得的结果用来计算质量系数 π_Q 的值，从而调整可靠性预测模型。另外，Kleyner 和 Boyle（2003）根据零件在工作时的温度分布而不是一个固定的温度值来计算"等效失效率"，给确定性的失效率模型增加了一个统计维度。

　　也有些商业化的可靠性预测软件允许用户将内部数据和基于标准的模型结合起来，根据用户的具体需求调整预测值。

6.4.3　失效物理

　　失效物理（physics – of – failure，PoF）分析的目的是预测在某个具体应用下，单一零件或单一连接中导致寿命终止的失效机理的发生时间。失效物理的预测是针对单一失效机理如金属疲劳、电迁移、焊点开裂、焊线粘结等来估计在寿命期内的失效概率（RAIC，2010）。与根据历史失效数据的经验性可靠性预测方法明显不同的是，这种分析需要对所有材料特性、几何尺寸、环境条件都有很详细的了解。这里的计算包括零件受到的应力、可能触发的失效机理的类型及适当的模型来计算由该机理导致的失效对应的寿命。机械和电子领域的失效时间模型将在第 8 章、第 9 章和第 13 章介绍。

　　失效物理方法的优点是能运用已知的失效机理对磨损失效点进行比较准确的预测。失效物理方法分析的是潜在的失效机理和产品受到的应力，因此能更针对当前产品的设计和应用，而且应该比其他类型的可靠性预测更加准确。这种方法的缺点是需要零件厂家的材料、工艺、设计等信息，而这些信息在设计早期不容易全部得到。另外，实际的计算和分析很复杂，有时成本很高，并且需要很详细的信息及很高的分析水平。其他的批评还有，因为大多数分析都是对零件或者总成以下级别进行的，所以很难分析到整个系统。

美国马里兰大学（University of Maryland）的计算机辅助寿命工程（Computer Aided Life Cycle Engineering，CALCE）中心在研究失效物理和建立基于失效物理的预测模型方面开展了大量的工作（CALCE，2011）。在那里，开发了针对零件总成的基于失效物理方法的软件，如 CalcePWA、CalceFast、CalceEP® （见 Foucher等，2002）

6.4.4 可靠性预测的"自顶向下法"

了解了可靠性预测模型和数据的局限后，仍然经常需要面对预测新系统可靠性的难题。在一定的条件下，有可能不采用上面介绍的模型而对系统做出合理可信的可靠性预测。这些条件是：

1）该系统和以前开发、建造及使用的系统相似，因此可以利用以前的经验。

2）新系统不涉及重大的技术风险［由1）推断］。

3）该系统将被大量生产，或者本身非常复杂（即包括许多零件或零件复杂），或者将被长时间地使用，符合这些情况中的一条或者几条，即具有渐近的特性。

4）制造商非常愿意达到所预测的可靠性。

因此，可以对新的电视接收机或汽车发动机做出可信的可靠性预测。对过去的做法没有大的改变，技术风险低，生产量大且还相当复杂，而且必须与市场中现有的可靠产品相竞争。

这样的可靠性预测（在合理期望的意义上）可以不需要在零件层面上借助于统计学或经验数学模型进行，而是可以基于对系统层面的过去的表现、新变化可能造成的影响及现在管理目标和优先级进行预测。这是"自顶向下"的预测。

6.5 实际因素的考量

可靠性预测并不保证可靠性的值能一定达到，它不像根据物理定律预计质量或功率消耗那样推理。相反地，它应被视为设定目标的基础，有了管理层的全力支持，这个目标才可能实现。因此可靠性预测也必须要先考虑目标，再考虑风险。这是一个反复的过程，因为目标和风险必须相互平衡。可靠性工程师在其中起到的作用很大，因为要评估在这个风险下目标是否现实。这种评估应该是自顶向下的，但只要注意到它们的限制和误差范围，就可以合理地使用适当的模型和数据。在评估了风险并且确定了目标后，开发过程中需要持续关注分析、试验和整改措施对风险的降低作用，以及试验反映出的可靠性。这是达成目标所需要的，在必要时管理层应该提供额外的帮助，如为解决某些问题需要调拨更多的资源。

　　预测方法和结果还受预测目的的影响。例如，如果预测将用于计算备件数量或者维修成本，可以采用较乐观的估计。但是，如果要用于安全分析，就应该采取较保守的估计。指出不确定性的可能预期范围较好。

　　另外，可靠性预测可以作为对比分析的有效工具。当选择不同的设计方案时，通过可靠性预测得出的固有可靠性可以作为决策的重要因素。然而，仍然需要注意预测值的不确定性。

　　当需要采用特定方法进行预测时，可靠性预测报告中需要注明结果是如何得出的。预测工作应该总是考虑到目标和管理层方面的因素，如投入和风险。如果管理层不推动"可靠性工作"，预测就毫无意义。应注意，产品实际能达到的可靠性水平理论上没有极限，而且可靠性高不一定代表成本高。

6.6　系统可靠性模型

6.6.1　基本的串联可靠性模型

　　设想一个由两个独立零件组成的系统，每个零件都表现出恒定的故障率（或失效率）。如果任何一个零件失效都会导致该系统失效，那么该系统就可以由图 6-1 所示的可靠性框图（RBD）表示（可靠性框图并不一定表示系统的工作逻辑或功能划分）。

　　如果 λ_1 和 λ_2 分别是两个零件的故障率，那么系统故障率就是 $\lambda_1 + \lambda_2$。因为故障率是恒定的，经过一段工作时间 t，零件的可靠性 R_1 和 R_2 分别为 $\exp(-\lambda_1 t)$ 和 $\exp(-\lambda_2 t)$。系统的可靠性则是两个零件都不失效的概率，即 $R_1 R_2 = \exp[-(\lambda_1 + \lambda_2)t]$。总体来讲，对于 n 个统计独立的零件串联，有

$$R = \prod_{i=1}^{n} R_i \tag{6-1}$$

式中，R_i 为第 i 个零件的可靠性。

　　这就是已知的乘积法则或串联法则［见式（2-2）］：

$$\begin{cases} \lambda = \sum_{i=1}^{n} \lambda_i \\ R = \exp(-\lambda t) \end{cases} \tag{6-2}$$

这是最简单的基本模型，零件计数可靠性预测就是以它为基础的。

如果有冗余的子系统或零件，那么整个系统的失效逻辑模型将更为复杂。而且，如果系统失效是由零件失效以外的事件引起的，如由接口问题引起，模型中应该专门将其包括进去，如用另外的方框表示。

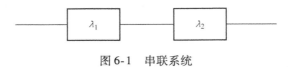

图 6-1　串联系统

6.6.2　工作冗余

最简单的冗余系统的可靠性框图如图 6-2 所示。这个系统包括两个统计独立零件，可靠性分别是 R_1 和 R_2，如果其中任意一个或两个零件工作，则系统正常运行。因此，系统可靠性 R 等于零件 1 或零件 2 工作的概率。

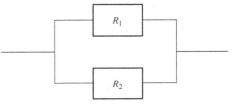

图 6-2　双重冗余系统

由式（2-6）可知，该概率为

$$(R_1 + R_2) = R_1 + R_2 - R_1 R_2$$

它经常写为

$$1 - (1 - R_1)(1 - R_2)$$

对于恒定故障率的情况，有

$$R = \exp(-\lambda_1 t) + \exp(-\lambda_2 t) - \exp[-(\lambda_1 + \lambda_2)t] \qquad (6-3)$$

工作并联冗余的通用表达式为

$$R = 1 - \prod_{i=1}^{n}(1 - R_i) \qquad (6-4)$$

式中，R_i 为第 i 个零件的可靠性；n 为并联的零件数。

如果在包含两个零件的冗余系统中，每 1000h $\lambda_1 = \lambda_2 = 0.1$ 次失效，则系统在 1000h 的期间的可靠性为 0.9909。这比简单的无冗余单元的可靠性（0.9048）有显著的增加。这种增加经常是系统进行冗余设计从而增加额外成本的合理依据。这种增加也通常超过了预测中不确定性的浮动范围。举一个针对非维护系统的例子，即当一个零件失效时，不对该系统进行修理。实际上，大多数冗余系统包含对一个零件失效故障的提示，从而可以对该零件进行修理。显然，从理论上说有维护的工作冗余系统比非维护的系统更可靠。非维护的工作冗余系统的例子可以在空间飞行器系统中看到（例如，用于保持轨道站的双推力发动机），而有维护的工作冗余的例子有发电系统和火车信号系统等系统的特征。

6.6.3　表决系统冗余

在一些并联构造中，需要 n 中的 m 个零件正常工作以使系统正常工作。这称为 n 中取 m（或表示为 m/n）的表决冗余。具有 n 个独立的零件的 m/n 系统在所有单元的可靠性相等的情况下，可靠性为二项式方程［根据式（2-37）］

$$R_{SYS} = 1 - \sum_{i=0}^{m-1} \binom{n}{i} R^i (1 - R)^{n-i} \tag{6-5}$$

或对恒定故障率有

$$R_{SYS} = 1 - \frac{1}{(\lambda t + 1)^n} \sum_{i=0}^{m-1} \binom{n}{i} (\lambda t)^{n-i} \tag{6-6}$$

6.6.4　备用冗余

如果某个单元不是连续工作，仅当主单元失效时才切换到系统中，这就是备用冗余，有时称为"冷备用"。备用发电系统就是一个例子。图 6-3 所示的框图显示的是另一个例子。备用单元与传感和切换装置从启动并维持系统功能到主设备被修好为止的"一次性的"可靠性 R_s 可能被视为是固定的，也可能是随时间变化的。切换装置和冗余单元可能有休眠的风险，尤其是当没有维护或监控时。

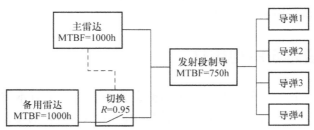

图 6-3　导弹系统的可靠性框图

以系统是非维护的为例，各单元具有相同的恒定工作风险率 λ，没有潜在的失效且 $R_s = 1$，则有

$$R_{SYS} = \exp(-\lambda t) + \lambda t \exp(-\lambda t) \tag{6-7}$$

对于有 n 个相同单元的备用冗余配置（理想切换），通用的可靠性公式为

$$R_{SYS} = \sum_{i=0}^{n-1} \frac{(\lambda t)^i}{i!} \exp(-\lambda t) \tag{6-8}$$

如果备用冗余系统每 1000h $\lambda_1 = \lambda_2 = 0.1$ 次失效，那么该系统的可靠性为 0.9953。这比工作冗余系统［$R(1000) = 0.9909$］要高，因为备用系统只在较短的时间内有失效的可能。如果考虑到传感和切换的装置不是完全理想的，同时备

用设备可能存在潜在故障，那么备用系统的可靠性将降低。

6.6.5　进一步的冗余分析

就系统可靠性模型的多样性和复杂性而言，所述的冗余系统只是一小部分。对于需要很高的安全性或可靠性的系统，常常使用更复杂的冗余。下面是一些例子。

1）飞机上，经常使用双重或三重冗余的液压动力系统，在所有主回路发生故障时，还有紧急（备用）支持系统。

2）飞机的电子飞行控制通常使用三重表决冗余。如果一个系统传输的信号与另两个系统传输的不同，传感系统将自动关闭这个系统，而且还有一套手动备用系统。可靠性分析必须包括所有三个主系统、传感系统和手动系统的可靠性。

3）失火探测与灭火系统中包括了可能是并联冗余配置的探测器和受探测器触发的灭火系统。

在评估冗余系统时，必须认真地确保考虑到那些会部分地消除冗余效果的单点失效。例如，若集成电路封装中包括几条冗余电路，像密封泄漏这样的单一失效可能会引起两个电路都失效。这种相关联的失效有时被称为共模（或共因）失效，特别是与系统相关的故障。在可行的情况下，分析中必须识别和包括它们。后面将更详细地讨论共模失效。

6.7　可修复系统的可用性

如2.15节所述，可修复系统和不可修复系统在数学上有本质的区别。对可修复系统来说，常用的统计分布都不适用，因为失效零件没有从总体中取出。这一点很好理解：失效并维修的数量最终会超过总体数量，概率密度函数大于1.0，这在数学上是不可能的。可修复系统用随机过程来模拟。如果系统可以被修复到完全如新的状态，那么适用于描述失效的模型称为常规更新过程（ORP）（见2.15.2节）。如果系统在刚修复好后保持了和维修前相同的磨损程度，则称为"同旧"，它适于用非齐次泊松过程（NHPP）来模拟。如果维修后的状况比维修前更好，但比全新的差（通常这种情况居多），就要用所谓的广义更新过程（GRP），更多详细内容可以查阅 Kaminskiy 和 Krivtsov（2000）的著作。

因此，对可修复的系统来说，"经典的"可靠性定义只适用于第一次失效。和可靠性等效的称为可用性。可用性定义为设备在需要时能够使用的概率，或者设备可用时间的比例。因此，可修复产品的可用性是其失效率 λ 及其修复或更换率 μ 的函数。不可修复系统和可修复系统的区别如图6-4所示。

产品可用（可工作）时间占整个时间的比例称为稳态可用性。对于具有恒定失效率 λ 和恒定平均修复率 μ 的简单单元，其中 $\mu = 1/\text{MTTR}$，其稳态可用性为

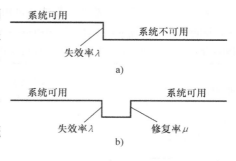

$$A = \frac{\text{MTBF}}{\text{MTBF} + \text{MTTR}} = \frac{\mu}{\lambda + \mu} \quad (6\text{-}9)$$

瞬时可用性或产品在时间 t 的可用概率为

$$A = \frac{\mu}{\lambda + \mu} + \frac{\lambda}{\lambda + \mu} \exp\big[-(\lambda + \mu) t \big]$$

$$(6\text{-}10)$$

图 6-4 a）不可修复系统和 b）可修复系统

随着 t 变大，它将趋近稳态可用性。计算系统的不可用性往往更能说明问题，特别是当比较各种设计方案时：

$$稳态不可用性 = 1 - A$$

$$= \frac{\lambda}{\lambda + \mu} \quad (6\text{-}11)$$

及

$$瞬时不可用性 = \frac{\lambda}{\lambda + \mu} - \frac{\lambda}{\lambda + \mu} \exp\big[-(\lambda + \mu) t \big] \quad (6\text{-}12)$$

如果需要进行定期维修，并要使系统暂停工作，则必须包括到可用性公式中。通常还应考虑是否有用于更换的备件，这取决于先前备件的使用情况和更换单元的修复率。

可用性在相对复杂的系统中是重要的考虑因素，如在通信设备、电网、化工厂和雷达站中。在这些系统中，高可靠性本身不足以确保系统在需要时是可用的，还需要确保它能够快速地予以修复，而且重要的定期维修也能快速地完成，还应尽可能不关闭系统。因此维修性是面向最大可用性设计的一个重要方面，而在可靠性和维修性之间常需进行权衡。例如，许多电子系统中都加入了机内测试设备（built – in test equipment，BITE）。这增加了复杂性，从而降低了可靠性，并可能导致错误的失效指示。但是，BITE 能立即指示出故障的位置，大大减少维修时间，并由此增加了可用性（这不是使用 BITE 的唯一原因，它还能够减小对外部测试设备的需求和查找故障所需技能的培训要求等）。

可用性还受冗余度的影响。如果能够对备用系统进行维修或翻修而不影响主系统提供必需的服务，则整个系统的可用性就能够大大提高。

表 6-1 列出了一些系统结构的可靠性和稳态可用性函数。它清楚地显示了冗余对可靠性和稳态可用性的提高作用。但这些是相对简单的情况，特别是均假定

表 6-1　一些系统构造的可靠性和可用性〔R. H. Myers，K. L. Wong 和 H. M. Gordy，Reliability Engineering for Electronic Systems（电子系统可靠性工程），John Wiley & Sons 公司 1964 年出版。John Wiley & Sons 公司许可使用〕

可靠性的串联并联关系	失效率为常数时的可靠性（不可修复）	n 个框时的可靠性通用表达式
$-\boxed{R}-$	$\exp(-\lambda t)$	
$-\boxed{R_1}-\boxed{R_2}-$	$\exp[-(\lambda_1+\lambda_2)t]$	$\prod_{i=1}^{n} R_i$
$\boxed{R_1}$ 并 $\boxed{R_2}$	启用　$\exp(-\lambda_1 t)+\exp(-\lambda_2 t)-\exp[-(\lambda_1+\lambda_2)t]$	$1-\prod_{i=1}^{n}(1-R_i)$
	备用　$\dfrac{\lambda_2\exp(-\lambda_1 t)-\lambda_1\exp(-\lambda_2 t)^{[2]}}{\lambda_2-\lambda_1}$	$\exp(-\lambda t)\sum_{i=0}^{n-1}\dfrac{(\lambda t)^{i[1]}}{i!}$
$\boxed{R}$ 并 $\boxed{R}$ 并 $\boxed{R}$	启用1/3　$\exp(-\lambda t)-3\exp(-2\lambda t)+\exp(-3\lambda t)$	同上（启用）
	启用2/3　$\exp(-2\lambda t)-2\exp(-3\lambda t)$	$1-\sum_{i=0}^{m-1}\binom{n}{i}R^i(1-R)^{n-i[3]}$
	备用1/3　$\exp(-\lambda t)+\lambda t\exp(-\lambda t)^{[4]}+\dfrac{1}{2}\lambda^2 t^2\exp(-\lambda t)$	$\exp(-\lambda t)\sum_{i=0}^{n-1}\dfrac{(\lambda t)^i}{i!}$

$\lambda_1=\lambda_2=0.01$、$t=100$ 时的 R 值	稳态可用性 A、修复率 μ、恒定失效率 λ	n 个元件的稳态可用性	$\lambda_1=0.01$、$\mu=0.2$ 时的 A 值
0.37	$\dfrac{\mu}{\lambda+\mu}$	—	0.95
0.14	$\dfrac{\mu_1\mu_2}{\mu_1\mu_2+\mu_1\lambda_2+\mu_2\lambda_1+\lambda_1\lambda_2}$	$\prod_{i=1}^{n}\dfrac{\mu_i}{\lambda_i+\mu_i}$	0.907
0.60	$\dfrac{\mu^2+2\mu\lambda^{[1]}}{\mu^2+2\mu\lambda+2\lambda^2}$	$1-\prod_{i=1}^{n}\dfrac{\lambda_i^{[1]}}{\lambda_i+\mu_i}$	0.996
0.74	$\dfrac{\mu^2+\mu\lambda}{\mu^2+\mu\lambda+\lambda^2}$	—	0.998
0.75	$\dfrac{\mu^3+3\mu^2\lambda+6\mu\lambda^2}{\mu^3+3\mu^2\lambda+6\mu\lambda^2+6\lambda^3}$	同上（启用）	0.9999
0.31	$\dfrac{\mu^3+3\mu^2\lambda}{\mu^3+3\mu^2\lambda+6\mu\lambda^2+6\lambda^3}$	$1-\dfrac{1}{(\lambda+\mu)^n}\sum_{i=0}^{m-1}\binom{n}{i}\mu^i\lambda^{n-i}$	0.987
0.92	$\dfrac{\mu^3+\mu^2\lambda+\mu\lambda^2}{\mu^3+\mu^2\lambda+\mu\lambda^2+\lambda^3}$	—	0.9999

① $\lambda_1=\lambda_2=\lambda$。假设串联修复，一个修复团队。

② 当 $\lambda_1=\lambda_2$ 时，可靠性公式称为不定式。当 $\lambda_1=\lambda_2$ 时，使用 $R(t)=\exp(-\lambda t)+\lambda t\exp(-\lambda t)$。如果 $\lambda_1\approx\lambda_2$ 使用 $\lambda=(\lambda_1+\lambda_2)/2$。假设理想切换。

③ m/n 表决冗余。

④ 假设理想切换。

了具有恒定失效率。对于备用冗余的情况有下列前提：

1）转换系统的可靠性为 1。

2）不出现共模失效。

3）只要失效出现，立即会被检测到并予以修复。

当然，这些条件不一定适用，特别是有备用设备的情况，必须对这些备用设备进行定期检测，以确定其能否工作。因此可用性取决于测试间隔。有时要使用监测设备，如电子设备的机内测试设备（BITE），但它不一定能检测出所有失效。在实际应用时必须考虑这些因素，而分析也将变得很复杂。本章末尾将给出处理复杂系统的方法，第 16 章将更详细地叙述维修和维修性。

例 6-1

舰载导弹系统含有两台报警雷达、一套控制系统、一套发射与制导系统和导弹。雷达是备用冗余配置，如果有一台失效，另一台也能发出警报。有四枚导弹待发，如果其中有三枚能发射与制导，该系统即被认为是可靠的。图 6-3 所示为可靠性框图，并注有各分系统的 MTBF。每个导弹的可靠性均为 0.9。假定：（1）发射和制导系统总是启用的；（2）导弹飞行时间可忽略；（3）所有单元都是统计独立的。计算：（a）24h 期间系统的可靠性；（b）当所有单元的平均修复时间是 2h 且切换的可靠性为 0.95 时，系统的稳态可用性（不包括导弹）。

各单元在 24h 期间的可靠性为

主雷达 0.9762（失效率 $\lambda_P = 0.001$）。

备用雷达 0.9762（失效率 $\lambda_S = 0.001$）

发射和制导 0.9685（失效率 $\lambda_{LG} = 0.0013$）

（a）整个雷达的可靠性由下式给出（由表 6-1）：

$$R_{radar} = \exp(-\lambda t) + \lambda t \exp(-\lambda t)$$
$$= 0.9762 + (0.001 \times 24 \times 0.9762)$$
$$= 0.9996$$

主雷达失效的概率是（$1 - R_P$）。该雷达失效和切换系统失效的概率是两个失效概率的乘积：

$$(1 - 0.9762) \times (1 - 0.95) = 0.0012$$

因此转换系统可靠性的影响可认为与具有下述可靠性的串联单元等价：

$$R_{SW} = (1 - 0.0012)$$
$$= 0.9988$$

到导弹发射点的系统可靠性为

$$R_S = R_{radar} \times R_{SW} \times R_{LG}$$
$$= 0.9996 \times 0.9988 \times 0.9685 = 0.9670$$

四枚导弹中任三枚的可靠性由累积二项分布给出〔式（6-5）〕：

$$R_M = 1 - \left[\binom{4}{0} 0.9^0 \times 0.1^4 + \binom{4}{1} 0.9^1 \times 0.1^3 + \binom{4}{2} 0.9^2 \times 0.1^2 \right]$$
$$= 0.9477$$

因此，整个系统的可靠性为

$$R'_S = R_S \times R_M$$
$$= 0.9670 \times 0.9477 = 0.9164$$

（b）冗余雷达配置的可用性为（表6-1）

$$A_{radar} = \frac{\mu^2 + \mu\lambda}{\mu^2 + \mu\lambda + \lambda^2}$$
$$= \frac{0.5^2 + (0.5 \times 0.001)}{0.5^2 + (0.5 \times 0.001) + 2(0.001)^2}$$
$$= 0.999997 \,(不可用性 = 3 \times 10^{-6})$$

发射和导航系统的可用性为

$$A_{LG} = \frac{\mu}{\mu + \lambda}$$
$$= \frac{0.5}{0.5 + 0.0013} = 0.9974 \,(不可用性 = 2.6 \times 10^{-3})$$

因此系统可用性为

$$A_{radar} \times A_{LG} = 0.9974 \,(不可用性 = 2.6 \times 10^{-3})$$

例6-1可用以说明如何用这样的分析进行灵敏度研究，以比较系统设计方案。例如，发射和制导系统的 MTBF 减少 20% 对系统可靠性的影响比两个雷达的 MTBF 减少 20% 的影响大得多。

对于为提高可靠性或安全而采用了冗余设计的系统，针对需要的输出来计算系统可靠性，和针对维护时计算系统失效率应该分别进行。对后一情况，所有单元可以被视为串联的，因为不论是主单元还是备用单元，所有故障都会导致维修。

6.8 模块化设计

可用性和维修系统的成本还受设计划分方式的影响。"模块化"设计可用在许多复杂的产品中，如电子系统和航空发动机，它能够通过更换故障模块这种相对简便的方法改正失效，而不是更换整个单元。

例6-2

某飞机燃气涡轮发动机的平均更换时间（MTBR）为1000飞行小时，包括计划的和非计划的。以每年总飞行率为 30000h、平均更换成本为 10000 美元计，每年的维修费用达到 300000 美元。制造商重新设计了该发动机，将其分成 4 个模块，表 6-2 列出了其 MTBR 和更换成本。那么新的年成本为多少？

表 6-2　MTBR 和 4 个模块的更换成本

	MTBR/h	更换成本（$）
模块 1	2500	3000
模块 2	4000	2000
模块 3	4000	2500
模块 4	10000	10000

仍以相同的更换数目计算，每年的修理成本大幅度减少，即从 300000 美元减少为 72750 美元（表 6-3）。

表 6-3　更换模块的年成本

	每年更换数量	每年成本（$）
模块 1	12	36000
模块 2	7.5	15000
模块 3	7.5	18750
模块 4	3	3000
总计	30	72750

注意，例 6-2 并没有考虑该模块化设计所需的不同备件（即操作员将只需要保存备用模块，而不是备用发动机，这样还有进一步的节省）。事实上，其他因素会使进行这种分析更复杂。例如，与整个发动机相比，各模块都有不同的计划翻修期，磨损性故障模式导致在翻修后更换率随时间的推移而发生变化。在这类情况下，常利用蒙特卡洛仿真来进行规划和决策（见第 4 章）。

6.9　框图分析

系统的失效逻辑能够用可靠性框图（RBD）表示，它可以显示出系统各零部件之间的逻辑联系。可靠性框图不一定和系统功能设计的方框图相同，已经列举了简单的串联和并联系统可靠性框图的例子。对于含有复杂相互作用的系统，可靠性框图的构建可能是相当困难的，而且构成系统失效的定义不同，需要的可靠性框图也不同。

进行框图分析要将整个可靠性框图简化成一个简单的系统，使之能够用串联或并联的公式进行分析。还需要认为各方框的可靠性是统计独立的。

这种技术也称为框图分解。例 6-3 将对其进行说明。

例 6-3

图 6-5 所示的系统能够进行如下简化（假定各可靠性是统计独立的）：

$$R_S = R_1 \times R_2 \times R_B \times R_{10} R_C \qquad [由式(6-1)]$$

$$R_B = 1 - \left[1 - (R_3 \times R_4 \times R_5) \right]\left[1 - (R_6 \times R_7 \times R_8) \right](1 - R_9) \qquad [由式(6-4)]$$

$$R_C = 1 - \frac{3 \times 2}{3 \times 2} R_{11}^0 (1 - R_{11})^3 + \frac{3 \times 2}{2} R_{11}(1 - R_{11})^2$$

$$= 1 - (1 - R_{11})^3 + 3R_{11}(1 - R_{11})^2 \qquad [由式(6-5)]$$

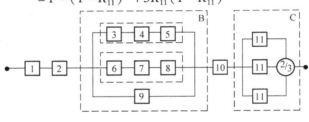

图 6-5　框图分解

6.9.1　割集与合集

复杂的可靠性框图能够用割集或合集方法来进行分析。割集是通过画一条线穿过系统各个方框，显示可能导致系统失效的最小数量的失效方框。合集（或路集）则是通过画一条经过各方框的线，只有当这些方框全部都在工作时，才会使系统工作。图 6-6 所示为生成割集和合集的方法，在该系统中有三个割集和两个合集。

分别从割集和合集求出的系统可靠性的界限如下：

$$R_S > 1 - \sum_j^N \prod_i^{n_j} (1 - R_i) \qquad (6\text{-}13)$$

$$R_S < \sum_j^T \prod_i^{n_j} R_i \qquad (6\text{-}14)$$

式中，N 为割集的数量；T 为合集的数量；n_j 为第 j 个割集或合集中方框的数量。

例 6-4

求出图 6-6 所示系统的可靠性的界限，$R_1 = R_2 = R_3 = R_4 = 0.9$。

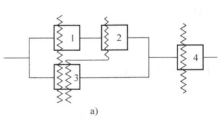

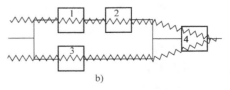

图 6-6　a）割集和 b）合集

割集:

$$R_S > 1 - \left[(1-R_1)(1-R_3) + (1-R_2)(1-R_3) + (1-R_4) \right]$$
$$> 1 - \left[3 - R_1 - R_2 - 2R_3 - R_4 + R_1R_3 + R_2R_3 \right]$$
$$> 1 - 0.12 = 0.88$$

合集:

$$R_S < R_1R_2R_4 + R_3R_4$$
$$< 1.54 \ (\text{即} < 1.0)$$

为了比较,准确的可靠性为

$$R_S = \left[1 - (1-R_1R_2)(1-R_3) \right] R_4$$
$$= R_3R_4 + R_1R_2R_4 - R_1R_2R_3R_4$$
$$= 0.883$$

对于类似例 6-4 的简单系统,不适合使用割集和合集方法,因为分解法容易,并能给出精确的结果。但是,对于复杂的系统,难以使用分解法求出精确可靠性,割集和合集方法则适用于这种情况。随着系统复杂程度的增加,近似值收敛于系统的精确可靠性值,当各方框的可靠性较高时,收敛速度更快。但是,在系统分析中通常并不分析和计算合集。

割集和合集的方法适用于计算机。它们适合分析可能有各种构造的大型系统,如飞机控制、发电站或大型工厂安装的控制和仪表系统。这种方法的限制(与分解方法相同)是所有方框的可靠性必须是独立的。

6.9.2　共模失效

共模(或共因)失效可能导致冗余配置中所有路径都失效。识别并分析共模失效是非常重要的,因为共模失效的发生概率可能比冗余系统中单个路径失效的概率更高。在设计冗余系统时,非常重要的一点是要识别并消除共模失效,或是将它们的发生概率降低到比其他失效模式的发生概率低一个量级以上的水平。

例如,假定一个系统的每条路径具有可靠性 $R = 0.99$,其共模失效的不发生概率为 $R_{CM} = 0.98$。该系统的设计可以是单一单元或双冗余配置(图 6-7)。如果不考虑共模失效,双冗余系统的可靠性可为 0.9999。但是,共模失效实际上抵消了冗余配置带来的优点。

共模失效源的例子有:

1)使备用冗余单元进入工作状态的切换系统。

2)检测路径失效的传感系统。

3)对人员发出路径失效警告的指示系统。

4)不同路径共用的电力或燃油供给系统。

5)对不同路径采取同样的维修工作,如在飞机发动机油料检查后,维修人

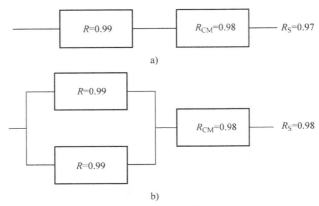

图 6-7 共模失效的影响

员没有更换所有发动机上的油封（实际发生了两次，每次都几乎引起大的灾难）。

6）对不同路径共用相同的操作，从而同样的人为误差将导致两个路径都受到损害。

7）所有路径共用的软件，或是并行处理器之间软件的时序问题。

8）"后继最弱链路"失效。一个零件的失效给相串联的另一个零件或冗余单元增加了载荷，结果导致失效。

共模失效很难预见，当分析系统安全性方面的问题时必须特别注意，要确保识别出可能的来源。

6.9.3 启动事件

启动事件虽然不一定是一个失效或引起失效的直接原因，但它在伴有失效时，将引起更高层次的失效。与共模失效相同，启动事件很重要且难以预料，但又必须加以考虑。启动事件的例子有：

1）警报系统处于维护中，或因为它们产生虚假警报。

2）控制系统设定不正确。

3）操作或维修人员未正确地遵循工作程序，或未遵循工作程序。

4）由于进行维修，备用单元未能起作用。

6.9.4 实践方面的问题

系统可靠性分析中，要考虑工程中的实际情况。可靠性框图要表明的是这些"方框"或是"失效"，或是在工作，而且逻辑关系要正确。实践中的和逻辑中的误差可能出现的情况举例如下：

1）两个二极管（或两个逆止阀）相串联。如果任何一个有断路故障（卡死在闭合位），将没有电流（流体）流过，从可靠性的角度看它们是串联的。另一方面，如果任何一个有短路故障（或卡死在开位），另一个将提供系统所需的功能（电流或流体将以一个方向流动），从可靠性的角度看它们是并联的。

2）两个热启动开关（恒热调节装置）以导线并联连接，可通过启动冷却风扇为系统提供过热保护，一旦一个开关失效则有另一个备用。这种配置可能用两个开关的并联模型表示。但是在实际工程上，这个简单模型会造成误导或无效：

——如果一个失效而未能闭合，另一个将执行保护功能。但是，无法知道哪一个已经失效了（如果没有另外的线路或检测）。

——如果一个失效于永久闭合的位置，风扇将可能持续运转。

——由于两个开关可能在有微小差别的温度下启动，一个开关就可能会完成所有的开闭转换工作，所以该功能就不能被平等地分担。如果首先启动的开关在开路的位置失效，另一个开关由于未触发而致使接通能力下降，从而不能工作。

——如果它们做了相同次数的开闭转换，两个开关可能以相同的速率退化（接触耗损），因而当一个失效后，另一个也很快会失效。

3）航空发动机在飞机飞行中的故障概率被用来确定新型商用飞机是否符合安全性标准［例如，"持续双发动机跨越水面飞行"（extended twin overwater operations，ETOPS)］。发动机可能会失效而停止提供动力，而且还会引起继发的损坏并可能损失整架飞机。如果分析只考虑动力的丧失，将偏向使用双发动机飞机。

4）很难预计共模失效，但它能够决定系统实际的可靠性或安全性。维修工作或其他人为活动是主要原因。例如：

——切尔诺贝利核反应堆事故是由操作员进行未经授权的测试造成的。

5）意外事件的组合。例如：

——协和式飞机坠毁是由跑道上的碎片破坏了轮胎，然后轮胎的碎片又刺破了燃油箱造成的。

——1996 年飞越大西洋的波音 747 爆炸（TWA 航班 800）是由于一根电缆受损导致短路，并使中央油箱内的油位指示系统经受高电压并发生放电，最终引燃燃油蒸气而发生爆炸。

6）系统失效可能是由零部件或子系统失效以外的事件引起的，如电磁干扰（见第 9 章）、操作人员失误等。

这些例子说明，可靠性和安全性分析需要由具有系统设计、制造、操作和维修等实际知识和经验的工程师完成。

6.10　故障树分析（FTA）

故障树分析（FTA）是一项可靠性/安全性设计分析方法，它从考虑系统失效影响（称为"顶层事件"）着手进行分析。随后分析这些顶层事件是如何由单个更下层失效或事件，或者它们的组合引起的。

　　在建立故障树时，要使用标准的符号来描述各个事件和逻辑联系，如图 6-8 所示。图 6-9 所示为某型航空发动机的简单框图分析（Block Diagram Analysis，BDA）。在工作并联冗余配置中有两个点火系统。故障树分析（图 6-10）显示，作为顶层事件的失效可以因为燃油输送失效、喷射器失效或点火失效（三输入的或门）引起。在更低层次，整个点火失效由点火系统 1 和点火系统 2（双输入的与门）失效引起。

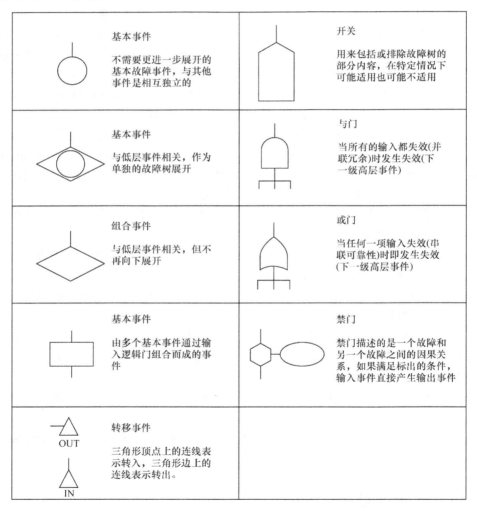

图 6-8　在故障树分析中使用的标准符号

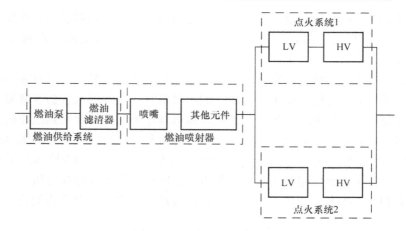

图 6-9　发动机的可靠性图

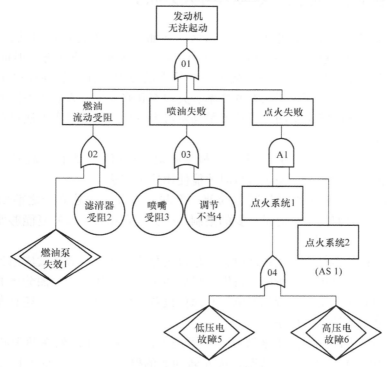

图 6-10　发动机的 FTA

　　除了显示顶层事件与各失效事件之间的逻辑联系外，故障树分析还能够以与在框图分析中使用的相同方法量化顶层事件概率。从可靠性预测值导出的失效率可以赋给各失效事件，而割集和合集方法可用于分析系统的失效概率。

　　应该注意，对每个明确的顶层事件，要建立不同的故障树去分析，不同的顶层事件可能由不同的失效模式或失效事件之间不同的逻辑联系引起。在发动机的例子中，如果顶层事件是"飞行不安全"，则在起飞前需要两个点火系统都可用，而 A1 门需转换成或门。

此处的故障树分析是非常简单的，类似的系统如果要显示出所有零部件失效模式，或者对于飞行控制系统或化工厂的大型系统，故障树通常会非常复杂，通过手工绘制和分析是不现实的。应使用计算机程序来生成并评估其故障树。它们会进行割集分析并建立故障树图形。使用计算机程序进行故障树分析能够提供相同的效果和经济性，并易于进行迭代分析，和危害性分析（FMECA）类似。前面所述关于系统可靠性建模实践方面的事项，同样适用于故障树分析。

由于 FIA 考虑多个及单一失效事件，该方法是大多数安全分析的重要部分。

6.11 状态空间分析（马尔可夫分析）

系统或零部件都可能处在两个状态之一（如失效、未失效），我们能离散或连续地定义出对应这些状态的概率，可利用状态 – 空间（或状态 – 时间）分析法计算出在未来某时刻处于一个或另一个状态的概率。在可靠性和可用性分析中，失效概率与返回到可用状态的概率、失效率和修复率是人们所关注的变量。

最广为人知的状态空间分析技术是马尔可夫分析。马尔可夫方法可在下列主要约束条件下应用：

1）从一个状态转变到另一状态的概率必须保持恒定，即该过程必须是齐次的。因此仅当失效率被证明是常数时才能使用这种方法。

2）系统的未来状态仅与紧邻的前一个状态有关，而独立于之前所有的状态。这在分析可修复系统时是重要的限制，因为这意味着经过修复能够使系统返回到"如新"的情况。

但是，在基本符合上述条件时，马尔可夫分析仍能够有效地被应用到系统可靠性、安全性和可用性分析中，特别是可应用于不能直接使用框图分析的可修复系统。这种方法可用于分析如发电站和通信设备这样的复杂系统。还有专门用于马尔可夫分析的计算机程序。

可以用单个部件的例子来解释马尔可夫方法，这个部件处在两个状态失效（F）和可用（A）中的一个状态。从 A 转到 F 的概率为 $P_{A \to F}$，而从 F 转到 A 的概率为 $P_{F \to A}$。图 6-11 所示为该情况，这称为状态转移或状态空间图，其示出了所有状态、所有转移概率和保持在现有状态的概率（ = 1 – 转移概率）。这是离散马尔可夫链，因为能够利用它描述从一个时间增量到另一个时间增量的状态。例 6-5 说明了这一点。

例 6-5

图 6-11 所示的部件在相同时间间隔内的转移概率如下:

$$P_{A \to F} = 0.1$$
$$P_{F \to A} = 0.6$$

假定系统刚开始是可用的,则经过 4 个时间间隔后系统仍可用的概率为多大?

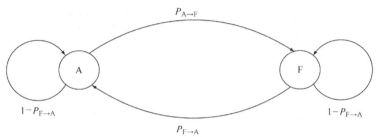

图 6-11　二状态马尔可夫状态转换图

使用树状图(图 6-12)能够解决这个问题。

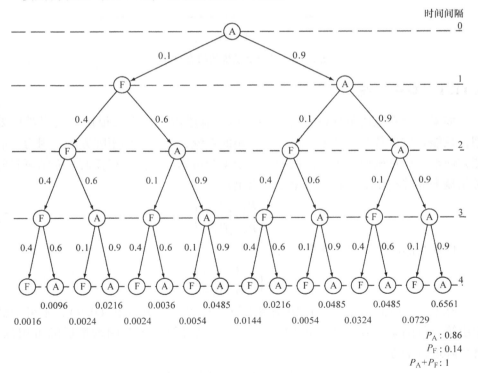

图 6-12　例 6-5 的树状图

系统的可用性如图 6-13 所示。注意经过一段时间间隔后，可用性是如何趋近稳定状态的。这是在失效率和修复率都恒定、各事件独立的前提下的必然结果。

虽然瞬时状态取决于初始条件（可用或失效），而稳定状态则与初始条件无关。但是，趋近稳定状态的速度取决于初始条件和转移概率。

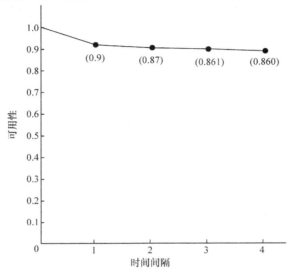

图 6-13　可修复系统的瞬态可用性

6.11.1　复杂系统

如果一个系统比单部件系统复杂得多，前述树状图方法很快会变得难以处理，只能完成少数几个增量。对于更复杂的系统，可以使用矩阵方法，因为它们能方便地由计算机程序求解。例如，对于单个可修复部件，在任何间隔结束时的可用概率能够利用随机转移概率矩阵求出：

$$P = \begin{pmatrix} P_{A \to A} P_{A \to F} \\ P_{F \to A} P_{F \to F} \end{pmatrix} \tag{6-15}$$

例 6-5 的随机转移概率矩阵为

$$P = \begin{pmatrix} 0.9 & 0.1 \\ 0.6 & 0.4 \end{pmatrix}$$

经第一个时间增量后的可用概率由第一行的第一项给出（0.9），不可用概率由第一行的第二项给出（0.1）。为了推导经过第二个时间增量后的可用性，将矩阵进行平方：

$$P^2 = \begin{pmatrix} 0.9 & 0.1 \\ 0.6 & 0.4 \end{pmatrix}^2 = \begin{pmatrix} 0.87 & 0.13 \\ 0.78 & 0.22 \end{pmatrix}$$

在第二个时间增量结束时，可用的概率由矩阵最上面一行的第一项给出（0.87），不可用概率 = 1 − 0.87 = 0.13（最上面一行的第二项）。

对第三个时间增量的结果，可计算概率矩阵的三次方，以此类推。

注意，概率矩阵的底部一行从一、二、三次方等依次增加，给出了当系统从失效状态开始时，它为可用（第一项）和失效（第二项）的概率。请读者重复树状图（图 6-12），从失效状态开始，以证实这一点。还应注意各行的值相加总和为 1，即所有状态的总概率（简单矩阵代数的复习说明见附录 7）。

如果系统有两个以上的状态（多元件或冗余系统），则其随机转移概率矩阵将具有多于 2×2 个元素。例如，对于双元件系统，其状态可为

	元件		
状态	1	2	
1	A	A	
2	A	$\overline{A}$	
3	$\overline{A}$	A	A：可用
4	$\overline{A}$	$\overline{A}$	$\overline{A}$：不可用

从任何一个状态转移到任何其他状态的概率可以一个 4×4 矩阵示出。如果转移概率与例 6-5 中的相同，那么

$$P_{1\rightarrow1} = 0.9 \times 0.9 = 0.81$$
$$P_{1\rightarrow2} = 0.9 \times 0.1 = 0.09$$
$$P_{1\rightarrow3} = 0.1 \times 0.9 = 0.09$$
$$P_{1\rightarrow4} = 0.1 \times 0.1 = 0.01$$
$$P_{2\rightarrow1} = 0.9 \times 0.6 = 0.54$$
$$P_{2\rightarrow2} = 0.9 \times 0.4 = 0.36$$
$$P_{2\rightarrow3} = 0.1 \times 0.6 = 0.06$$
$$P_{2\rightarrow4} = 0.1 \times 0.4 = 0.04$$
$$P_{3\rightarrow1} = 0.6 \times 0.9 = 0.54$$
$$P_{3\rightarrow2} = 0.6 \times 0.1 = 0.06$$
$$P_{3\rightarrow3} = 0.4 \times 0.9 = 0.36$$
$$P_{3\rightarrow4} = 0.4 \times 0.1 = 0.04$$
$$P_{4\rightarrow1} = 0.6 \times 0.6 = 0.36$$
$$P_{4\rightarrow2} = 0.6 \times 0.4 = 0.24$$
$$P_{4\rightarrow3} = 0.4 \times 0.6 = 0.24$$
$$P_{4\rightarrow4} = 0.4 \times 0.4 = 0.16$$

而概率矩阵为

$$P = \begin{pmatrix} P_{1 \to 1} & P_{1 \to 2} & P_{1 \to 3} & P_{1 \to 4} \\ P_{2 \to 1} & P_{2 \to 2} & P_{2 \to 3} & P_{2 \to 4} \\ P_{3 \to 1} & P_{3 \to 2} & P_{3 \to 3} & P_{3 \to 4} \\ P_{4 \to 1} & P_{4 \to 2} & P_{4 \to 3} & P_{4 \to 4} \end{pmatrix}$$

$$= \begin{pmatrix} 0.81 & 0.09 & 0.09 & 0.01 \\ 0.54 & 0.36 & 0.06 & 0.04 \\ 0.54 & 0.06 & 0.36 & 0.04 \\ 0.36 & 0.24 & 0.24 & 0.16 \end{pmatrix}$$

如果系统在开始时是可用的，第一行中前两项给出在一个时间增量后可用和不可用的概率。经过 2、3…个时间间隔后的可用性与上面相同，可由上面的 p^2、p^3…导出。

很容易看出，即使对于十分简单的系统，矩阵计算的复杂性是如何迅速增加的。但计算机程序能够容易地处理大型矩阵的计算，因此这种分析在适当条件下是可行的。

6.11.2   连续马尔可夫过程

目前，我们已经讨论了离散马尔可夫过程。我们还可以使用马尔可夫方法估算失效率和修复率（λ，μ）在连续时间内是恒定的系统的可用性。单个可修复产品的状态转移图如图6-14所示。

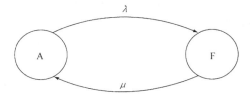

图 6-14   单个单元可修复系统的状态 – 空间图

在稳定状态，其随机转移概率矩阵为

$$P = \begin{pmatrix} 1 - \lambda & \lambda \\ \mu & 1 - \mu \end{pmatrix} \tag{6-16}$$

在达到稳态前，其瞬时可用性可由式（6-11）推导出来。

可用上述方法计算更复杂的、连续的马尔可夫链。还可将马尔可夫分析用于可用性分析、考虑进备件的存储量和修复率。关于马尔可夫方法在更复杂系统中应用的细节方面，读者可参阅 Singh 和 Billinton（1977）及 Pukite（1998）。

6.11.3   马尔可夫分析的局限、优点和应用

马尔可夫分析有一个主要的缺点。如前所述，必须假定所有发生的事件（失效和修复）具有恒定的概率或比例，还必须假定各事件是统计独立的。正如第 2 章和本章前面所解释的那样，这些前提在实际工作中很难成立。当分析系统

的马尔可夫的计算结果时,必须仔细考虑它们的影响程度。

马尔可夫分析需要运用矩阵计算知识。这会使与非可靠性专业人员交流该方法及结果比较困难。假设条件对实际情况的过度简化还会影响结果的可信度。

一旦准备好输入信息,马尔可夫分析在计算机上运行时是很快的,因此很经济。这种方法可以用于分析诸如配电网络和物流等系统。

6.12 Petri 网

状态-空间分析技术的进一步扩展伴随着 Petri 网的发展,Petri 网由 Carl Adam Petri 在 1962 年提出。Petri 网是一种通用的图形化数学工具,用于描述条件和事件之间的关系。Petri 网最初不包括时间的概念,所以要进行的转换是瞬时发生的(见6.12.2节)。在 20 世纪 70 年代后期扩展到了随机 Petri 网(SPN)或者带时间的 Petri 网。随机 Petri 网为系统元件的状态建立模型,这样系统的状态可以通过自身元件的状态推导出来,而不是像马尔可夫方法要求的那样,从而解决了马尔可夫链的多数缺点。

随机 Petri 网通常用于建模的预处理,这样模型内部转换为马尔可夫状态空间并由马尔可夫法求解。但是如前所述,马尔可夫法的主要缺点在于它需要所有的事件都为常数比例(泊松过程)。为了克服这一缺点并对随机 Petri 网直接求解,常用蒙特卡洛法对转变过程进行仿真。原来的 Petri 网方法仍然在软件设计中使用,而可靠性工作中大多使用带有时间的 Petri 网。

Petri 网的基本符号包括:

◯:位,住所,画成一个圆,表示事件。

──:即时转移、变迁,画成一条细线,表示事件无延迟转移。

━━:定时转移、变迁,画成一条粗线,表示事件以一段延迟时间转移。

⌒:有向弧,带有箭头,处于位和转移之间。

●:标记、令牌,画成圆点,包含在位中,表示数据。

ᵒ⌐:抑制弧,画成一端带圆圈的线段,处于位和转移之间。

如果输入位满足允许条件,则转移启动(fire)。转移启动将从它的每个输入位移走一个标记,并将一个标记置入它的所有输出位中。Petri 网逻辑关系的基本结构如图 6-15,其中有两种用于转移的输入位,即规定型和条件型。前者有单一的输出弧,而后者有多个输出弧。规定型位中的标记只有一个输出目的,即如果输入位有一个标记令牌,则转移启动并给输出位一个标记令牌。但是,条件型位中有不止一条的输出路径,能够将该系统导向不同情况。对于图 6-15 所示的"转移或"Petri网，是 Q 还是 R 从 P 接收标记取决于条件，如概率、其他活动或者位的自身条件。

逻辑关系	转移	与	或	转移与	转移或	抑制
描述	If P then Q	If P AND Q then R	If P OR Q then R	If P then Q AND R	If P then Q OR R	If P AND Q' then R
布尔函数	Q=P	R=P*Q	R=P+Q	Q=R=P	Q+R=P	R=P*Q'
Petri 网						

图 6-15　Petri 网逻辑关系的基本结构

根据时间，转移可划分为三种类型，没有时间延迟的转移称为即时转移，需要固定时间的转移称为定时转移，第三种称为随机转移，用于为具有随机时间的过程建模。由于 Petri 网能表示的逻辑关系的多样性，因而它是为系统建模的有力工具。Petri 网不仅可用于仿真、可靠性分析和失效监测，还可用于动态行为观测。这极大地帮助了故障跟踪和失效状态分析。而且，利用 Petri 网还能够改善分析者和系统设计者之间的沟通。

6.12.1　故障树和 Petri 网之间的转换

图 6-16 所示为故障树示例，其中事件 A、B、C、D 和 E 是事件 0 的基本原因。图中还描述了事件之间的逻辑关系。故障树和 Petri 网之间的相互关系如图6-17所示。

图 6-18 所示为图 6-16 的 Petri 网转换。

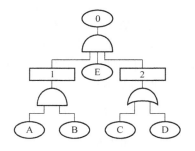

图 6-16　某故障树（S. Yang 许可使用）

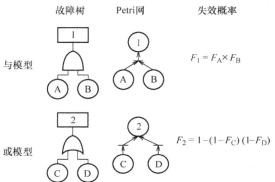

图 6-17　故障树和 Petri 网之间的相互关系（S. Yang 许可使用）

与模型　　$F_1 = F_A \times F_B$

或模型　　$F_2 = 1 - (1 - F_C)(1 - F_D)$

6.12.2 最小割集法

要确定 Petri 网中的最小割集，可使用矩阵法，如下：

1）如果输出位与来自转移的多个弧连接，记入输入位的编号。则认为是或模型。

2）如果输出位与来自转移的一条弧相连接，记入输入位的编号。则认为是与模型。

3）各行的共同入口是每一行共享的入口。

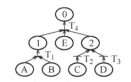

图 6-18　图 6-16Petri 网的变换（S. Yang 许可使用）

4）从顶层事件开始向下到基本事件，直到所有位被基本事件代替，即形成矩阵，称为基本事件矩阵，该矩阵的列向量组成割集。

5）从基本事件矩阵中移走超集，剩余的列向量即为最小割集。

例如，图 6-18 的基本事件矩阵如图 6-19 所示。

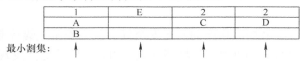

1	E	2	2
A		C	D
B			

最小割集：

图 6-19　图 6-18 的最小割集

最小割集可从相反的自下而上的方向导出，即从基本位到最高位。具有 $T = 0$ 的转移称为即时转移。如果 Petri 网具有即时转移，即位之间的记号令牌转移不需时间，则它可被吸收为简化的形式，称为等效 Petri 网。

图 6-20 所示为吸收的原理。吸收之后，所有剩余的位都是基本事件。等效 Petri 网恰好组成了最小割集，即每个转移的输入代表了一个最小割集。

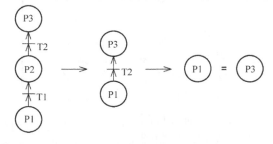

图 6-20　等效 Petri 网的吸收原理

6.12.3 标志转换

Petri 网的标志是在每个位处标记的总数目，由列向量 M 表示。这样，向量

$M_k = (n_1, n_2, \cdots, n_m)$ 分别代表在状态 k 时位 P_1、P_2、$\cdots$、P_m 的记号数分别为 n_1、n_2、$\cdots$、n_m。因此，Petri 网能够表示为状态空间形式，它可由前一状态 M_k 给出下个状态 M_{k+1}：

$$M_{k+1} = AM_k + BU_k, \quad k = 1, 2, \cdots \tag{6-17}$$

式中，M_k 为状态 k 时的标志，是 $m \times 1$ 列向量；U_k 为状态 k 时的输入向量；A 和 B 为矩阵系数。

因为向量 M_k 是状态 k 时 Petri 网中的标志，而一个系统的失效状态可能随时间而变化。因此，Petri 网的标志也随时间变化。系统失效的动态状态被定义为随时间变化的系统失效状态，并由 Petri 网模型中的标记运动确定。于是，将系统失效的变化规律视为随时间变化的系统失效状态，用 Petri 网模型中标记的运动表示。这样，不能用故障树分析的系统失效的动态变化可以用 Petri 网进行分析。因为 Petri 网分析仍然是新兴领域，大多数用来建立和分析 Petri 网的软件仍然是专有的。Yakovlev 等人（2000）给出了 Petri 网的介绍，Yang 和 Liu（1997）、Yang 和 Liu（1998）及 Kleyner 和 Volovoi（2008）介绍了一些应用。

例 6-6

分析一款带有故障探测功能的汽车安全气囊。当安全气囊控制器在汽车正常行驶（没有发生事故）过程中出现故障时，故障探测系统会发现故障并通过警告灯通知驾驶人。

图 6-21 所示为安全气囊控制器（下面两处）和探测位置（上面两处）。当控制器失效，下面两个令牌从"控制器正常"向右移动到"控制器失效"位置。如果探测系统工作正常，失效会由驾驶人察觉然后被修复，系统通过中间的"修复"变换恢复到了"控制器正常"位。但是如果探测系统失效，那么顶部的标志令牌从"探测系统正常"移动到"探测系统失效"，这样就启动了关闭"修复"这个变换的抑制弧。这样，如果控制器现在失效，抑制弧将阻止系统通知驾驶人控制器失效，控制器也得不到修复。如果变换的比例是常数，

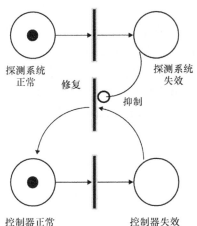

图 6-21 具有故障探测功能的汽车安全气囊的 Petri 网示意图（Kleyner 和 Volovoi，2008）

那么系统可以用马尔可夫过程来建模。然而如果变换的比例不是常数（如控制器的主要失效服从威布尔分布），那么系统应该用蒙特卡洛或者其他随机仿真来建模。

6.13 可靠性分配

有时需要将对整个系统的可靠性的要求分解到每个分系统的可靠性中去。这一点对于大型系统很常见，尤其是涉及不同设计团队或外协厂时。一级外协厂或者系统设计组负责人需要提前保证子系统具有满足系统要求的可靠性，所以在子系统的技术规范中必须包括相应的值。这种工作可以看成是可靠性"预算"。

可靠性分配可以从表示系统结构的可靠性框图着手。然后分析与每一方框所对应的复杂性、风险和现有的经验，将系统要求按比例分配下去。重要的是，要注意这样的早期预计本身有不确定性，因而不是要使各方框的可靠性总计达到系统可靠性的要求，而是要比这个要求更高一些。从中导出的分配比例和要求应考虑到各子系统遇到的各种不同工况。例如，雷达系统可能有一个子系统的工作时间只占整个系统工作时间的一半，这应在可靠性框图（RBD）中表示出，而在向其分配失效率时应该清楚地表明是系统还是子系统的工作时间。

6.14 小结

系统可靠性（及安全性和可用性）预测和建模是一项复杂的工作，因为当考虑冗余、修复时间、测试和监测时，即使是十分简单的系统也会有复杂的可靠性逻辑。另一方面，所使用的参数，特别是可靠性值，通常也是非常不确定的，即使在相似的系统间也可能有很大差异。本章介绍了一些方法，但必须认识到所得结果对于参数变化是非常敏感的。例如，只要在分析中忽视了一个共模失效，就很可能使高可靠性冗余系统的可靠性计算失效。实际上，可用性经常更多地是由备件存储量、管理时间（运输、文件、延迟等）决定的，而不仅是由平均修复时间这样的"可预测因素"确定的。因此系统可靠性和可用性的预测和建模应该作为设计评审的一种形式，来分析可能影响可靠性和可用性的因素，以及对假设条件变化的敏感度提供严谨的方法。这样就能找出要重点关注的方面，而且可以对不同的系统方案进行比较。

预测和建模的概念在可靠性领域内引起了众多关注、有大量文献和争论。在开发和更新数据库与模型方面已经做了相当多的工作，还有关于这类课题的大量期刊论文和会议论文。大部分工作只局限在学术界而实际应用有限。本章所述的数学方法只有当代入公式的数值变动的范围很小时才适用。用复杂的公式去分析具有很大不确定性的参数的影响的效率很低，而且可能造成误导。

最后，预测必须有项目管理层的支持，并且对技术与风险有现实的认识。

习 题

1. 假设由你来负责一个包括电子单元和机械单元的系统的可靠性工作。该系统的客户要求提供有具体数值的可靠性预测。

（a）说明在这种情况下"可靠性预测"的含义。

（b）说出一些能够帮助进行计算的数据来源，并讨论在使用这些数据时应注意防范的风险。

（c）你认为这个预测高估还是低估了系统能够达到的可靠性？说出你的理由。

2. 一个电路中有两个电阻并联。它们在开路（电阻 = ∞）或短路（电阻 = 0）时都可能失效。画出这两个电阻在下列情况下的可靠性框图：（ⅰ）电路开路失效；（ⅱ）电路短路失效。

3. 图 6-22 所示的系统是用来调节化工厂气体的顺流压力的。它有两个调节阀，功能是保持阀后压力为恒定值。阀前压力是波动的，但总是比阀后压力的目标值高得多。调节阀独立地工作，但都能够在同一点（X）感知阀后压力。

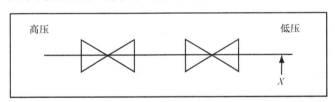

图 6-22 题 3 图

调节阀可在下列两种情况之一失效："开"，它在这种情况下变成了"直通"，气体流动不受限制，针对这个失效模式的可靠性为 R_0；"关"，完全阻止气体流过，针对这个失效模式的可靠性为 R_c。

（a）假定这两种失效是独立的，写出两种情况下系统可靠性的表达式：（ⅰ）由于完全没有气体通过而系统失效；（ⅱ）由于阀后过压而系统失效。

（b）由下列分布来描述调节器的失效前时间：

关 – 指数分布，平均寿命 2 年。

开 – 威布尔分布，$\beta = 1.8$、$\eta = 1.6$ 年。

在每种模式下，系统一年内无失效工作的概率是多少？

（c）无论何种失效模式，一年内工作无失效的概率是多少？

4. 有人提议习题 3 中可以通过使用图 6-23 所示的双流系统来提高系统的可靠性。

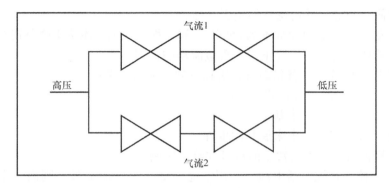

图 6-23　题 4 图

计算该配置系统的两种（无流量和过压）可靠性。

5. 画出习题 4 中"双流"的两种失效模式的框图。画出每种情况下的割集和合集。

6. 计算系统在执行 150h 任务期间的可靠性，该系统的可靠性框图如图 6-24 所示。

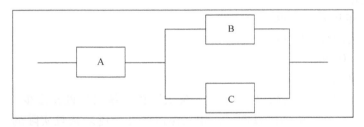

图 6-24　题 6 图

各单元失效前寿命的概率分布为

（ⅰ）恒定瞬时故障，平均寿命为 837h。

（ⅱ）威布尔分布，形状参数为 2.0，特征寿命为 315h。

（ⅲ）正态分布，均值为 420h，标准差为 133h。

7. 生产系统中的某单元，其平均故障间隔时间为 25h。当它失效时，平均需要 2h 才能使其恢复到工作状态。因此建议，应安装一个完全一样的备用单元来避免由于该单元的不可靠引起的问题。

（a）对于单一单元和有冗余单元的系统，分别计算系统无失效完成 8h 班次的概率。

（b）如果让一个修理小组能够在发生失效后立即开始对失效单元进行修复，分别计算单一单元和有冗余单元系统的长期系统可用性（假定连续工作）。陈述你做出的假设条件，并讨论它们是否合理。

（c）如果额外的单元成本为25000英镑，而停工期成本为100英镑/h，那么额外单元的偿还期是多少（不考虑现金流动的折现）？

8. 就故障树分析的背景而言，解释下列各项的意义：

一个"与"门　　"顶层"事件

一个"或"门　一个基本事件

优先"与"门　一个未展开的事件

针对每种情况，画出常用的符号并给出实例。

9. 一个控制系统包括电源、备用电池（如果主电源失效，则由一个传感器和一个开关起动）、液压动力组件、控制器、两个并联的执行器（即只要两个执行器中有一个起作用，就可以实现控制）。

（a）画出系统可靠性框图。

（b）画出对应于顶层事件"执行器控制完全丧失"的故障树。

10. 在习题9中，如果每个部件的可靠性如下：

主电源：0.99

备用电池：0.995

传感器和开关：0.995

液压动力组件：0.95

控制器：0.98

执行器（每个）：0.99

对应于顶层事件"执行器控制完全失效"的系统可靠性是多少？

11. 这是一个简单的仿真例子，用来探讨在处理更复杂且实际的一类问题时采用的原则。它描述了常见的"排队"问题，但是利用仿真能够避开那些通常会引入到传统的"排队论"中的、虽然方便但又往往不符合事实的假设。特别是我们并不需要将到达和服务次数假定成服从指数分布。

无线电呼叫出租车服务的工作时间从上午9时到下午7时。随机接到的呼叫约为每小时3次。到达用户处前所用的时间服从威布尔分布，$\beta = 2h$、$\eta = 0.25h$。行程时间服从均值为30min、标准差为6min的正态分布。仅仅在有出租车可用，即当前不在行程中时，用户才可以获得服务。

现在你可以对两辆出租车运营一天进行"手动"仿真，并评估其可靠性（即用户能搭上车的比例）。该计算简单但是乏味，所以要对复杂得多的情况进行数千次仿真时，要使用计算机方法。需要产生下列随机样本值：

t_1——上一次与本次用户呼叫之间的时间。

t_2——到达用户处的时间。

t_3——用户乘坐的行程时间

这些值可以用 0 ~ 1 之间的随机数字展开得到。这些数字能用不同的方法产生，例如：

——使用蒙特卡洛仿真（见第 4 章）

——在计算器上使用 ran # 功能

——掷一个 20 面的骰子

——使用随机数字表

——使用内部通用应用软件中的随机数字产生器（如大多数电子表格软件）

仿真生成 t_1：

可靠性函数（到达用户处的时间超过 $t = t_1$ 的概率）来自于指数分布，即 exp $(-\lambda t)$，由此可得 $t = 1/\lambda \ln[1/R(t)]$。为 $R(t)$ 简单地产生一个 0 ~ 1 之间的随机数字，并利用 $\lambda = 1/3$ 来计算 t 值。例如，对于随机数字 0.439，随机时间是 $3\ln(1/0.439)h = 2.47h$。

如果使用 Excel 运行蒙特卡洛仿真，使用第 4 章表 4-1 中的函数。

仿真生成 t_2：

时间可用威布尔分布表示，即

$$R(t) = \exp[-(t/\eta)^{\beta}]$$

由此可得

$$t = \eta\{\ln[1/R(t)]\}^{1/\beta}$$

已知 $\beta = 2$、$\eta = 0.25$，因此如果随机数字为 0.772，那么 t_2 的仿真值为

$$0.25\{\ln[1/0.772]\}^{0.5}h = 0.127h$$

如果使用 Excel 运行蒙特卡洛仿真，使用第 4 章表 4-1 中的函数。

仿真生成 t_3：

可靠性函数来自于正态分布，这种分布的可靠性函数没有闭合表达式，因此需要用其他的方法替代。最简便的方法是使用标准随机正态表（大多数统计学书中都包括）或在电子表格软件中使用。假设获得的值为 -0.194。对于该正态分布，均值为 0.5h，标准差为 0.1h，所以仿真出的随机时间为

$$[0.5 + (-0.194 \times 0.1)]h = 0.481h$$

如果使用 Excel 运行蒙特卡洛仿真，使用第 4 章表 4-1 中的函数。

使用上述方法，"预演"出两辆出租车运营一天的随机样本。观察发生了多少请求，并有多少用户能够被送到目的地。

12. 地面雷达系统中使用了某装置，它的老化失效可以近似地用威布尔分布表示，其平均寿命为 83h，形状参数为 1.5，位置参数为 0。失效时，平均需要 3.5h 进行修理。

（a）计算经过 25h 的可靠性及该装置的"稳态"可用性。

（b）计算超过 25h 的可靠性及由两个这种装置并联组成的冗余子系统的

"稳态"可用性。

（c）列出在计算中做出的所有假设，并讨论其有效性。

（d）解释（a）和（b）中"稳态可用性"的意义，并考虑是否在本题中对可用性给出了最合适的度量。

13. 说明在下列实际情况下，使用框图分析（BDA）、故障树分析（FTA）和马尔可夫链等方法分析可靠性的局限性，包括定性和定量两个方面（提示：对每种情况，首先确定要考虑的失效模式）：

（a）降落伞（考虑伞衣、伞绳和展开机构）。

（b）微处理器（考虑功率输入、数据输入及输出连接，以及每个晶体管和电容器）。

（c）电动机。

（d）由螺栓连接在一起的若干静止零件组成的机械总成。

（e）火车。

14. 计算一个通用的电容为 $0.2\mu F$ 的陶瓷电容器的失效率（电路阻值为 $0.5/\Omega/V$），它在环境温度 $T = 60℃$ 的地面车辆上使用。这个电容有两个针脚，密封包装，最高工作温度是 $100℃$。比较 MIL – HDBK – 217 中得到的结果和其他方法如 Telcordia 或 IEC 62380 获得的结果。

15. 绘制 6.6.4 节中的备用系统的马尔可夫状态 – 空间图及 Petri 网。考虑理想切换和非理想切换的两种情况。

16. 在设计早期需要预测产品的可靠性。如果现有下列资料，应选用哪一种可靠性方法？

（a）电子系统的 BOM。

（b）系统的机械图样。

（c）电子系统的 BOM 及应力，如温度、振动、电压等的情况。

（d）电路原理图。

（e）机械零件列表和详细图样。

（f）设备的几何形状材料特性和应用应力的详细信息。

（g）以往型号产品的返修和质保数据，明确说明不同型号的区别。

（h）以往型号产品的返修和质保数据，明确说明两个不同型号产品所受的环境应力的区别。

17. 绘制咖啡机、手动计算器、数码相机、热水器、剪草机、微波炉、电子节温器、电视遥控器、吸尘器或者其他日用产品的失效树。顶端事件至少向下深入 3 层。

18. 某 XYZ 系统可以如图 6-25 所示分为子系统并用框图表示。

每个子系统的失效分布如下：

A：指数分布，$\lambda =$ 每一百万小时 12.0 次失效。

B：威布尔分布，$\beta = 2.0$，$\eta = 20000$h。

C：正态分布，$\mu = 1600$h，$\sigma = 100$h。

D：对数正态分布，$\mu = 24$h，$\sigma = 12$h。

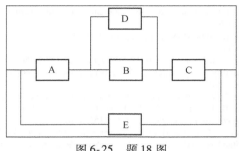

图 6-25　题 18 图

E：威布尔分布，$\beta = 0.8$，$\eta = 10000$h。

计算系统在 1200h 时的可靠性。

计算系统在 1600h 时的可靠性。

对方框 A、B 和 E，指出它们分别在浴盆曲线的哪一段？说明原因。

19. 如果系统主要含有 4 个串联的子系统，需要可靠性达到 0.9，那么在平均分配的情况下，每个子系统分配的可靠性是多少？

20. 比较下面三个零件在 10 年时的可靠性：

零件 A（R_A）：失效服从指数分布，失效率为每一百万小时 0.58 次失效。每天运行 24h。

零件 B（R_B）：B_{10} 寿命等于 10 年。

零件 C（R_C）：失效服从威布尔分布，$\beta = 2.0$，$\eta = 20$ 年。

21. 两个同样而且独立的零件并联组成了工作（并联）冗余系统。每个零件的失效时间服从威布尔分布，参数为 β 和 η。导出这个系统风险率 $h(t)$ 的解析表达式。

22. 绘制汽车转向信号系统的失效树。系统失效可能是因为电池故障（$P_B = 0.11$）、连接器故障（$P_C = 0.05$）或者灯泡故障（$P_L = 0.21$）。整个系统失效的概率是多少？

23. 某备用冗余可以实现理想切换。其中常用的和备用的子系统的失效率都是每小时 0.006 次失效。整个系统在 60h 时的可靠性是多少？

参 考 文 献

Alion System Reliability Center (2011) *PRISM*. Available at: http://src.alionscience.com/prism/ (Accessed 22 March 2011)

Andrews, J. and Moss, T. (2002) *Reliability and Risk Assessment*, ASME Press.

British Standard, BS 5760 (1991) *Reliability of Systems, Equipments and Components*, British Standards Institution, London.

British Telecom (1995) HRD5, *Handbook of Reliability Data for Electronic Components used in Telecommunication Systems*.

CALCE (2011) Center for Advanced Life Cycle Engineering. Available at http://www.calce.umd.edu/ (Accessed 22 March 2011).

Dylis, D (2001) PRISM: A new approach to reliability prediction. Amer. Soc. Quality (ASQ) Reliability Review, **21**(1), March issue.

Dylis, D. and Priore, M. (2001) *A Comprehensive Reliability Assessment Tool for Electronic Systems*, IIT Research/ Reliability Analysis Center, Rome NY, Available at: http://www.theriac.org/productsandservices/products/217plus/ rams01.pdf

FIDES (2009) *FIDES Guide 2009 Issue A*. Available at http://fides-reliability.org/ (Accessed 22 March 2011)

Foucher, B., Boullié, J.B., Meslet, B. and Das, D. (2002) A review of reliability prediction methods for electronic devices. *Microelectronics Reliability*, **42**(8), 1155–1162.

Høyland, A., Rausand, M. (2004) *System Reliability Theory, Models and Statistical Methods*, 2nd edn, Wiley.

IEEE Standard 1413.1-2002 (2003) *IEEE Guide for Selecting and Using Reliability Predictions Based on IEEE 1413*, IEEE.

Kaminskiy, M. and Krivtsov, V. (2000) G-Renewal Process as a Model for Statistical Warranty Claim Prediction. Proceedings of the Annual Reliability and Maintainability Symposium (RAMS).

Kleyner, A. and Volovoi, V. (2008) Reliability Prediction using Petri Nets for On-Demand Safety Systems with Fault Detection, in *Safety and Reliability and Risk Analysis* (eds Martorell, Soares and Barnett), (European Safety and Reliability conference), v.3, pp. 1961–1968.

Kleyner, A. and Bender, M. (2003) Reliability Prediction Method Based on Merging Military Standards Approach with Manufacturer's Warranty Data. Proceedings of Annual Reliability and Maintainability Symposium (RAMS), Tampa, Florida, pp. 202–206.

Kleyner, A. and Boyle, J. (2003) Reliability Prediction of Substitute Parts Based on Component Temperature Rating and Limited Accelerated Test Data. Proceedings of Annual Reliability and Maintainability Symposium, Tampa, Florida, pp. 518–522.

McLeish, J. (2010) Enhancing MIL-HDBK-217 Reliability Predictions with Physics of Failure Methods. Proceedings of the Annual Reliability and Maintainability Symposium (RAMS).

MIL-HDBK-217F (1995) Military Handbook, Reliability Prediction of Electronic Equipment, Notice 2, Department of Defense, Washington, DC.

Nicholls, D. (2007) What is 217Plus™ and Where Did it Come From? Proceedings of the Annual Reliability and Maintainability Symposium (RAMS).

Nippon Telegraph and Telephone Corporation (1985) *Standard Reliability Table for Semiconductor Devices*.

NSWC-06/LE10 (2006) *Handbook of Reliability Prediction Procedures for Mechanical Equipment*, Edition 2006. US Naval Surface Warfare Center, Carderock Division, West Bethesda, Maryland 20 817-5700. Available at: http://www .everyspec.com/USN/NSWC/NSWC-06_RELIAB_HDBK_2006_15 051/.

Pukite J. and Pukite P. (1998) *Markov Modelling for Reliability Analysis*, IEEE Press.

RAIC (2010) *Electronic Reliability Prediction*. Available at http://www.theriac.org/DeskReference/viewDocument.php?id = 211 (Accessed 22 March 2011).

RAIC (2011) *217Plus: RAIC's Reliability Prediction Methodology*. Available at http://www.theriac.org/productsand services/products/217plus/ (Accessed 22 March 2011).

ReliaSoft (2006) *Standards Based Reliability Prediction in a Nutshell*. Reliability Hotwire Issue 70, http://www.weibull .com/hotwire/issue70/relbasics70.htm (Accessed 22 March 2011).

Singh, C. and Billinton, R. (1977) *System Reliability Modeling and Evaluation*, Hutchinson.

Talmor, M. and Arueti, S. (1997) Reliability Prediction: The Turn-Over Point. Proceedings of Reliability and Maintainability Symposium (RAMS).

Telcordia Special Report SR-332 (2001) *Reliability Prediction Procedure for Electronic Equipment (RPP)*. Issue 1, Telcordia Customer Service, Piscataway, NJ.

UTEC80810 (2000) *Modele universel pour le calcul de la fiabileite previsionnelle des composants, cartes et equipememts electroniques* – RDF2000.

Yakovlev, A., Gomes, L. and Lavagno, L. (2007) *Hardware Design and Petri Nets*, Kluwer Academic Publishers.

Yang, S. and Liu, T. (1997) Failure Analysis for an Airbag Inflator by Petri Nets. *Quality and Reliability Engineering International*, **13**, 139–151.

Yang, S. and Liu, T. (1998) A Petri Net Approach to Early Failure Detection and Isolation for Preventive Maintenance. *Quality and Reliability Engineering International*, **14**, 319–330.

第 7 章　可靠性设计

7.1　引言

产品的可靠性在很大程度上受设计过程中所做决策的影响。设计上的缺陷会影响所有产品的生产，并随着开发工作的进行，纠正时需要的成本越来越高。设计错误和设计更改的成本在产品开发周期中急剧增加，如图 7-1 所示。从一个阶段到下一个阶段之间可能达到 10 倍的程度。因此采用严谨的设计方法尽可能降低失效概率，并且尽可能早发现并纠正设计缺陷是十分重要的。第 5 章已经介绍了无失效设计的基本要点，即足够的安全裕度、防止出现极端载荷及防止出现强度退化。设计中还必须考虑所有其他可能影响可靠性的因素，如生产方法、使用和维修、非载荷引起的失效。

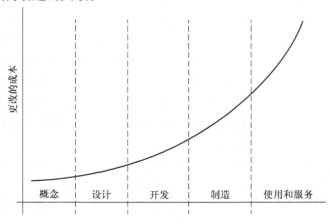

图 7-1　设计更改的成本

因此必须管理好设计工作，遵循无失效设计的原则，并确保能够发现和纠正对该原则的任何偏离。设计工程师的目标必须是使设计出的产品在按标准生产后和使用时不会失效。

以往的产品设计理念是"试验—分析—修理（test—analyze—and—fix，TA-

AF)"过程中，可靠性问题要通过试验才能发现。在现代的设计和制造中，受紧迫的设计周期、一再压缩的成本、高昂的保修费用等其他因素的影响，这种方法已经不再适用。因此可靠性应该通过最科学的方法"设计到"产品中。这个过程称为可靠性设计（Design for Reliability，DfR），从产品开发的早期开始一直贯穿到所有阶段。

DfR 也改变了工程师在设计过程中的角色。可靠性工程师的作用变成了顾问（Silverman，2010），即选用最适当的可靠性设计方法，然后培训设计工程师如何使用。这样，设计工程师对产品的可靠性负责，而可靠性团队提供指导。显然，可靠性工程师应该和设计工程师在 DfR 过程的早期就协同工作。因此，DfR 过程能促使企业致力于提高可靠性。

目前还出现了和 DfR 相似的六西格玛设计（Design for Six Sigma，DFSS）（可以参阅 Creveling 等，2003）。这两个过程有相似之处，也采用了一些同样的方法。但是，这两者有明显的区别。DFSS 的目的是在设计过程中降低变异，主要是为了减少生产中出现的问题，而 DfR 则致力于将可靠性设计到产品中。关于 DFSS 和 DfR 之间更多的区别，请查阅 Reliasoft（2008）和 Mettas（2010）。

7.2 可靠性设计过程

可靠性设计过程包括为提高产品可靠性而使用的各种工具和方法，以及使用的顺序。虽然多数 DfR 工具已经被人们使用了很多年，但 DfR 本身作为一个技术领域和流程仍然处在发展阶段。对这个流程的定义，人们已经做了一些工作［见 Crow 和 Feinberg（2001），ReliaSoft（2007），Mettas（2010），Silverman（2010）及本章后面的参考文献］。但是研究人员和从业人员就 DfR 流程中具体的步骤和工作的讨论仍然在进行中，而没有达成一致意见。ReliaSoft（2008）和 Mettas（2010）提出了结构化的 DfR，将这个流程归纳成几项主要设计工作的迭代的过程和相应的可靠性分析工具。

根据不同行业、产品类型、开发周期及产品的其他具体情况，DfR 不可避免地有所不同，但是可以表示为一个通用的形式（图 7-2）。

这个流程表示了要实现零失效的设计需要的工作步骤。这一流程也与产品开发的一般流程"方案—设计—开发—制造—使用/支持"相一致。图 7-2 中 DfR 的每一步还包括要采用的方法和适当的工具。

实施 DfR 流程和使用相应的工具有时被认为很乏味而且成本很高。多数情况下设计分析的结果表明设计的几乎所有方面都令人满意，很多时间和精力都用在证明这一点上，而不是发现那些少量的缺陷。但是，即使在早期阶段仅仅找出了少量缺陷，也比后续阶段再更改设计或者不得不接受这个缺陷带来的所有后果

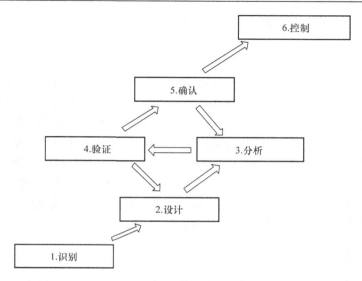

图 7-2　可靠性设计（DfR）流程

要节省大量的成本。因此，如果能够正确地实施 DfR 过程，成本效益是很高的。工作中的单调和花费可以通过妥善的安排和准备及使用相应的软件来降低。本章将介绍 DfR 的每一步及 DfR 的方法和技术。有些已经在前面的章节中进行了介绍，有些将在后面进行介绍。

7.3　识别

在这一阶段进行的是项目设计的重要基础性工作，首先要从理解系统需求开始。例如，如果要求产品工作 10 年和 200000km，如何将这个要求转换成可靠性指标？系统可靠性需求可以来自客户、设计团队，或者按照行业常规。在系统设计阶段，顶层的可靠性需求要在设计工程师和可靠性工程师的合作下分配到子系统中（见第 6 章可靠性分配和 14 章可靠性指标）。

此时应该收集数据并更好地理解产品的使用条件。例如，装在汽车发动机舱内的电子控制器会经受什么温度剖面？在这个阶段使用的分析方法和设计工作还包括质量功能展开（Quality Functional Deployment，QFD）、竞争产品对标、产品使用分析、可靠性成本分析、环境评估、风险评估和可靠性分配。在这个阶段，可靠性工程师和设计工程师尽早协同工作也是很重要的，这样，潜在的可靠性问题可以从最初得到关注。如果设计当中包括新技术，这也是进行技术适用范围分析、可靠性分析和风险分析工作的时机。例如，设计团队可以定出混合动力汽车的电池在一定温度下无法工作、CD 播放器不能承受太高的振动等。这一阶段的工作可能还会决定未来试验和验证的成本。

7.3.1　对标

对标是改进过程的重要活动，不仅局限于可靠性。汽车工业行动小组（Automotive Industry Action Group，AIAG）2004 年指出："对标是指通过持续发现、理解和采用世界先进的产品和流程中卓越的实践、流程、功能和性能水平来改进产品和流程水平的工作"。因此可靠性水平也应该和竞争对手对标从而达到或者超过"行业最佳"的水平。对标应该首先选出关注的参数和指标及在这方面做到最佳的公司。随后应该对这些最佳实践通过互联网、图书馆研究、调查问卷、访谈等各种合法途径进行分析研究。这个过程的最后一步应该包括提出建议并最终采用最佳的工具和实践来达到已经设立的目标。

7.3.2　环境

设计过程中确定使用情况和环境条件是很重要的一步。设计工程师需要了解产品在实际工作中所受应力的类型。产品在存放、工作、保养的过程中所处的环境及预期的严重程度和持续时间都需要仔细分析。分析应该包括可能影响产品使用、安全性和可靠性的所有方面。物理因素包括温度、振动、冲击、湿度、压力等。必须要考虑极值，必要时还要考虑变化率。还必须关注其他的环境条件，如腐蚀性空气、电气干扰、电源变化等。在适当的情况下，还应该评估综合环境工况，如温度/腐蚀性空气和振动/污染。经常被忽略的环境因素是在存储、搬运、使用和维修过程中人员对产品的影响。

应系统地分析环境的各个方面，并将结果形成正式的文档。应采取的防护措施必须根据存储、运输、搬运、使用和维修情况加以确定。具体防护措施包括包装、提供警告标签和说明、表面的防护处理和设计特征。详细设计在第 8 章和第 9 章中介绍。

7.3.3　环境分布

很多情况下，设计出的产品会在世界各地不同区域被不同的用户以不同的方式使用。例如，有些人会连续使用 CD 播放器或者 iPod 播放器听音乐，而其他人则可能每星期只打开一次。载荷和应力分布的概念在第 5 章中已进行了介绍。使用情况或者环境的统计数据经常称为环境分布、使用分布或使用程度。

例 7-1

某一家汽车供应商需要了解欧洲小轿车的行驶里程。通过分析从几家销售商处获得的数据，得出了这些样本中的每辆车从销售日到维修日的行驶里程。这个数据转化成每辆车每年的行驶里程。对这些数据进行最优拟合分析，得出每年行

驶里程可以用 $\mu = 3.867$ 和 $\sigma = 0.603$ 的对数正态分布来表示，如图 7-3 所示。从这个分布图中，厂家了解到每年平均行驶的里程是 20600km，位于中位数（50百分位）的车辆行驶里程是 17200km，位于 95 百分位的车辆行驶 46000km。因此，厂家根据 46000km/年这个数据来为发动机的二级供应商制定可靠性要求。

根据不同的行业或产品，设计可能会针对 50 百分位、90 百分位、95 百分位甚至 99.9 百分位的用户。类似的统计或者非统计格式的用户数据还有很多种，如手机的使用、机器开/关循环、极端温度的次数、便携式计算机的开启次数、预计的振动水平等。为了制造的产品能够可靠地工作，根据这类信息来制定切实可行的需求是很重要的。

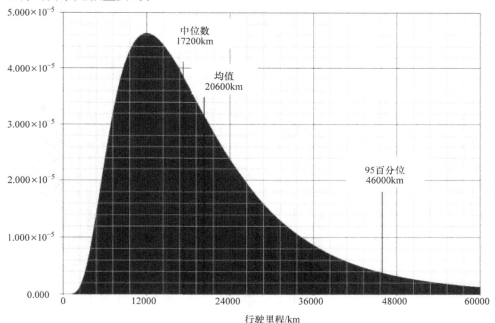

图 7-3　每年行驶里程的统计分布（欧洲每辆车）

7.3.4　质量功能展开（QFD）

质量功能展开（QFD）是一种识别影响设计或者产品满足客户能力的全部因素及保证控制的方法和责任的工具。QFD 不仅针对可靠性，它还包括客户对感知和外表的偏好等方面，但是它能系统而有效地指出设计和过程活动中的重点和保证可靠性的控制方法。

QFD 由市场、设计、生产、可靠性与质量方面的主要人员根据项目计划或者项目要求，识别出需要控制的特征、适当的控制方法及相应的责任人。限制、风险及需要的资源也要识别出来。在这个阶段不用进行分析和详细的计划，但是需要识别出可能采取的方法。这些方法会在本章的后面和其他章节中介绍。

　　QFD 用表格将需求及控制责任、限制等列出，并和设计、分析、制造对应的项做出关联。图 7-4 所示为一个例子。

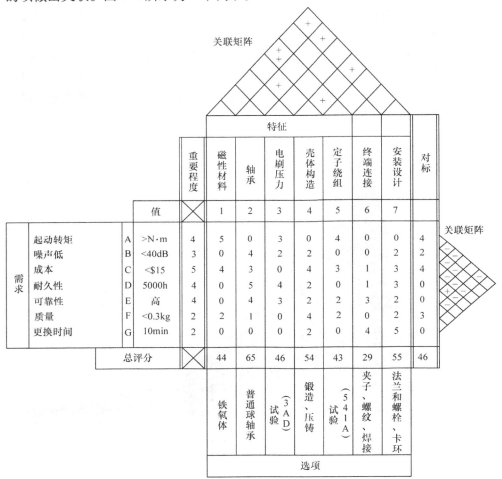

			重要程度	磁性材料	轴承	电刷压力	壳体构造	定子绕组	终端连接	安装设计	对标
	值		✕	1	2	3	4	5	6	7	
	起动转矩	A >N·m	4	5	0	3	0	4	0	0	4
	噪声低	B <40dB	3	0	4	2	2	0	0	0	2
需求	成本	C <$15	5	4	3	0	4	3	1	1	4
	耐久性	D 5000h	4	0	5	4	2	0	1	2	0
	可靠性	E 高	4	0	4	3	0	2	3	2	0
	质量	F <0.3kg	2	2	1	0	4	2	0	2	3
	更换时间	G 10min	2	0	0	0	2	0	4	5	0
	总评分		✕	44	65	46	54	43	29	55	46
	选项			铁氧体	普通球轴承	试验（3AD）	锻造、压铸	试验（541A）	夹子、螺纹、焊接	法兰和螺栓、卡环	

图 7-4　电机设计的质量功能展开

　　图 7-5 给出的是重要程度（1~5），以及能影响它们的设计特征。每一条特征按照对各条需求的影响进行评分，每一条特征的评分乘以重要程度然后累计，就得出了这一条特征的总评分。这样，轴承、壳体及安装设计就成为最重要的设计特征。

　　"对标"一列是评比潜在用户的每一条需求在一款竞争产品上的表现。这里只有一款对标竞争产品，可以再增加更多的竞争产品。对标是在市场的环境下观察需求的有效方法。

关联矩阵表现需求和特征之间交互的程度：加号表示正相关，而减号表示负相关。例如，磁性材料和定子绕组设计相关程度高。关联矩阵中的减号表示两个需求是相互矛盾的。

人们根据 QFD 的形状称其为"质量屋"。显然，此处质量一词是广义的，包括影响产品声誉和成本的全部方面。图 7-4 是高层的表，下一层的表用来分析更详细的方面，如更详细的设计和零部件特征及制造工业和公差，一直都是和同一组需求相对应。因此，设计和制造的每一方面，包括分析、试验、制造工艺控制、终检、包装、维护等都针对产品最重要的需求进行了系统地分析和计划。不重要的需求和特征也这样显示出来，这对降低成本和提高可靠性有重要作用。

和其他概念分析的方法类似，不存在单一的标准方法，用户可以根据自己的产品和问题制定格式和方法。也有 QFD 软件供使用。

Akao（1990）对该方法进行了详细的介绍，互联网上也有很多资源。

7.3.5　项目风险分析

产品开发自带进化的属性，因此在多数情况下新产品是对现有产品的进一步开发。因此在"识别"阶段，要了解与旧产品相比，有多少变化引入了新产品很重要。为此要回答下列问题：

- 这款产品是否包含可靠性尚不确定的新技术？
- 设计是渐进的还是激进的？
- 和旧设计相比，新的设计差别是否很大（如 30% 的成分是新的）？
- 这款产品会被用在不同的地域，或者处于极端环境下吗？
- 对这款产品有新的需求吗（如寿命要求从 10 年延长到 15 年）？
- 这款产品有新的应用吗（如消费电子产品安装在车上使用）？
- 设计中使用了新材料吗？
- 供应链有变化吗？
- 产品将在不同地方生产吗？
- 产品会供给不同的用户吗？
- 有其他可能会影响可靠性的变更吗？

上述问题的答复中"是"越多，可靠性风险越高。风险越高就应该对可靠性有更高的重视，因此项目中应该包括 DfR。

7.4　设计

在这个阶段要展开具体的设计，如电路设计、机械制图、零件/供应商选择等。因此，设计工作的各个细节全面展开。

在"设计"阶段，需要确定供应商，有了初步的物料清单，因此可以开始进行初步的可靠性预测（第6章）。这一阶段的其他工作还有设计失效模式与危害性分析（FMECA）、当前产品问题的分析（经验总结）、失效树分析（第6章）、关键项目清单、人机工程、危害与可操作性分析（HAZOPS），以及设计评审。此外，载荷防护和非材料性的失效模式应该作为 FMECA 的一部分或者单独考虑。

7.4.1　计算机辅助工程（CAE）

计算机辅助工程（CAE）方法被用于执行各种各样的设计任务。CAE 还能完成一些采用其他方法非常困难或不经济的设计，如复杂电子电路的设计。CAE 在电子设计中通常称为电子设计自动化（EDA）。CAE 还能大大地提高工作效率，如果使用得当，能够使设计更为可靠。

原则上讲，设计工程师能在计算机屏幕前进行设计及"建造"和"测试"产品的全部工作。参数变更或失效模式的影响能够快速地被评估，动态和静态工作条件都能够模拟出来。

专门的 CAE 软件还可以对融入了其他技术（如液压、磁学和微波电子学）的系统和产品进行设计与分析。因为现在还出现了多个领域的技术能力，所以能针对混合技术设计进行建模和分析。

CAE 能够对不同的设计方案进行快速评估，以及对公差、变异和失效模式进行分析。因此，如果能系统和严谨地使用，并详细记录所分析和评估的各个方案，就能够在成本、制造性和可靠性方面得到优化。

但是，大多数 CAE 工具都存在很大的局限性。软件模型很难准确表示设计的所有方面及产品的实际工作环境。例如，电子电路模拟程序通常会忽略元器件之间的电磁干扰影响，绘图系统会忽略应力或温度引起的变形。因此使用 CAE 的工程师必须了解这些局限及它们对设计的影响。

7.4.2　失效模式、影响与危害性分析（FMECA）

失效模式、影响与危害性分析（FMECA）［或失效模式与影响分析（FMEA）］可能是使用最广泛和最有效的设计可靠性分析方法。FMECA 的原理是分析系统的每个零部件的各个失效模式，并依次确定每一失效模式对系统工作的影响。失效的影响可以在不止一个层次上考虑，如在子系统和整个系统的层次上。根据失效影响的严重度将失效模式分类。

FMECA 可以是基于实体件的，也可以是基于功能的。在基于实体件时，分析的是实体件的失效模式（如电阻器开路、轴承卡死）。在实体件有多种可能时，或者在设计早期阶段实体件还没有完全确定时，可使用基于功能的方法，在这种方法中考虑的是功能失效（如无反馈、记忆丢失）。注意，功能失效模式可以是在基于实体件的 FMECA 中的实体件失效的影响。FMECA 还能同时基于实体件和功能的组合方法来进行。

图 7-5 所示为一个典型的 AIAG－3 格式的工作表（AIAG，2003），它列出了在严重度、探测难度、发生概率、维护度或者安全性方面有最重要影响的失效模式。图 7-5 包括用来评估风险的风险优先指数（Risk Priority Index，RPN）。RPN 过程包括下列步骤：对每一项失效的严重度评分、对每一项失效原因发生的可能性评分和对每一项失效原因发生前被探测到（即在最终用户或者客户之前发现这个问题）的可能性评分。评分为 1～10，数值越高，表明严重度或者风险越高。例如，严重度为 10 分表示最恶劣的失效结果。

RPN 为三个评分的乘积：

$$RPN = 严重度 \times 发生度 \times 探测难度$$

然后，RPN 值可以用来对分析中的各个问题进行比较，排列出对问题的处理优先级，以便采取纠正措施。

图 7-6 所示为取自美国 MIL－STD－1629 中方法 102（危害性分析）格式的典型的工作表。这种方法包括对失效率或概率、失效模式比和危害性的量化评估等，以便提供零部件或功能的量化危害性评分。失效模式危害性数值为

$$C_{m} = \beta \alpha \lambda_{p} t \tag{7-1}$$

式中，β 为功能或任务丧失的条件概率；α 为失效模式比（对于产品，$\sum \alpha = 1$）；λ_{P} 为零件失效率或瞬时故障率（可以从标准中或第 6 章中其他可靠性预测方法获得）；t 为产品的工作时间或在危险中的时间。

可以用失效概率 $1 - \exp(-\alpha \lambda_{p} t)$ 代替 $\lambda_{p} t$。

产品危害性的值是产品失效模式危害性值的总和。

FMECA 在很多行业使用，尤其是在失效可能具有严重后果的行业，如军用、航空、汽车、医疗设备等。除了 AIAG－3 和 MIL－STD－1629 以外，还有其他发布的标准包含 FMECA 表格和指导。这些标准有 ISO/TS 16949（汽车质量管理系统）、SAE J1739（由美国汽车工程师学会发布）、IEC 60812（失效模式与风险分析步骤）、ARP5580（为非汽车行业推荐的失效模式与影响分析）、P－302－720（美国国家航空航天局飞行保障过程）等。

7.4.3　FMECA 的步骤

有效的 FMECA 应该由对系统设计和应用方面有深入理解的工程师团队完成。这个团队还可以包括其他部门的专家，如采购、技术支持、试验、设备、市场等部门。因此，首先是获得关于设计的所有能收集到的信息，包括能够得到的各种规范、图样、计算机辅助工程（CAE）数据、应力分析、试验结果等。对于危害性分析，还必须有可靠性预测的数据，或能够同时生成这些信息。

过程/功能 要求	潜在失效模式	潜在失效影响(后果)	危害性	类别	潜在原因/失效机理	发生概率	目前预防措施	目前探测措施	探测难度	风险优先级	建议措施	负责人和目标日期	措施效果				
													采取措施与生效日期	危害性	发生概率	探测难度	风险优先级

图 7-5　AIAG-3 中的 FMEA 工作表

识别号	项功能标识(名称)	功能	失效模式与原因	任务阶段/作业模式	危害性级别	失效概率		失效模式比(α)	失效比(λ_p)	作业时间(t)	失效模式危害性 $C_m=\beta\alpha\lambda_p t$	单项危害性 $C_r=\Sigma C_m$	备注
						失效率数据源	失效影响概率						

图 7-6　MIL-STD-1629 方法 102 危害性分析工作表

如果还没有可获得的信息，还应该制作系统功能框图和可靠性框图（见第 6 章），因为它们是进行 FMECA 和理解整个分析的基础。

如果系统在不止一个阶段下工作，即存在不同的功能关系或产品的工作模式，则在分析时也要予以考虑。还要考虑冗余的效果，评估冗余的子系统在可用或不可用情况下各失效模式的影响。

可从不同的角度进行 FMECA，如安全性、任务成功、可用性、修理费用、失效模式或影响的可探测性角度等。需要确定并表明分析考虑的观点。例如，与安全性相关的 FMECA 可能给一项严重地影响了可用性但没有严重影响安全性的失效一个比较低的危害性分数。

然后，使用合适的工作表，针对产品或者适当层次的分组件，参考可用的设计数据和分析目的，即可开展 FMECA。对于一个新设计，特别是对于失效后果严重（产品保修成本高、可靠性声誉、安全性等）的情况，分析时应该考虑到所有零部件的所有失效模式。但是，如果是基于现有设计的，特别是如果还不清楚设计细节，则考虑分总成的功能失效模式可能更合适。

一旦有了早期的设计信息，FMECA 就应该开始了。随着设计的进行，应该迭代式地进行 FMECA，这样才能利用分析结果影响设计，并生成最终完成的设计文档。各个设计方案应该单独分析，这样在决定选择哪个方案时可以考虑它们对可靠性的影响。应该利用试验结果更新 FMECA。

FMECA 不是一项繁琐的工作，而是要花费许多工时甚至几个星期的工作。要穿过复杂的系统来准确地跟踪低层次失效的影响也是困难的。CAE（或电子设计自动化 EDA）软件可以用来帮助分析，从而有助于弄清零部件层次的失效对复杂系统工作的影响。即使有了这样的帮助，FMECA 对于一些设计也可能是不合适的，如数字电子系统，它极不可能出现低层次失效（如集成电路内的晶体管失效），而且这些影响（就其因系统状态不同也会大为不同的意义上说）是动态的，随着系统的状态不同而不同。

7.4.4　FMECA 的应用

FMECA 的主要用途是识别对安全性或可靠性关键的失效模式及其影响，但是还有其他方面。它们包括：

1）识别出应该包括在试验计划中的特征（见第 12 章和第 13 章）。

2）给出了诊断流程，如流程图或故障查找表。借助 FMECA，很容易列出能够产生某一失效影响或者症状的失效模式及其发生的可能性。

3）给出了预防性维修的要求。失效的影响和发生度可以与定期性检查、保养或更换联系起来考虑。例如，如果某个失效模式对安全性或者任务成功没有很大的影响，那么这个零件可以仅在失效时更换而不必定期更换。详见第 16 章。

4）帮助设计机内测试（BIT）、失效指示和冗余系统。对于具有这些功能的系统的 FMECA 来说，失效的可检测性是非常重要。

5）用于可测试性的分析，特别是用于电子部件和系统，通过自动或人工的测试设备，保证硬件能够经济地进行测试并诊断失效。

6）用于自动测试和 BIT 软件的开发。

7）作为安全性和可靠性分析的正式记录予以保存，作为向用户提交报告所需的证据或者产品安全方面诉讼时的证据。

8）可用来分析生产导致失效的可能性，如二极管方向错误。在制订试验计划及从事面向制造的设计时，这样的工艺 FMECA 是非常有用的。

这些活动的协调十分重要，这样就可以在上面所有工作中最有效地利用FMECA，并确保能在需要时 FMECA 已经做好准备。

7.4.5 FMECA 软件工具

人们已经开发了软件用于 FMECA。以软件代替 FMECA 工作表，能够更快更准确地完成 FMECA，大大增加了编辑和更新的简便性，以应对设计变化、设计方案选择、不同的观点和不同的输入和前提。与其他计算机辅助设计技术相同，计算机化的 FMECA 能够使工程师专注于工程本身，而不是繁琐的编辑工作，因此以同样的总工作量，却能使设计分析进行得更彻底，或是对于同样深度的分析减少工作量。

利用计算机化的 FMECA 能够进行更为敏锐的分析。可在不同的系统层次、系统工作的不同状态和从不同角度，按危害性的大小对失效影响进行排序。能够部分自动地准备分析报告，并能快速地进行灵敏度分析。图 7-7 所示为使用了 BQR

图 7-7　FMECA 软件 CARE 的部分界面（BQR 可靠性工程公司许可使用）

可靠性工程公司的 CARE 软件进行的 FMECA，它显示出了比较器 U4 的 3 层 FMECA 树。图 7-7 显示了该组件的潜在失效模式（右侧）和 RPN 分析（底部）。另外使用电子表格制作 FMECA 也是可行的，而且有效。这种方法的优点是可以使格式和分析类型适合特定的设计分析方法。

7.4.6　用 FMECA 进行可靠性预测

进行 FMECA 主要是为了确认关键的失效模式和评估设计备选方案，因此应该使用实际最差情况下的失效率或可靠性值，如同 MIL – STD – 1629 中那样。有些标准规定了应该配合 FMECA 使用的可靠性预测方法，如用于电子类产品的 MIL – HDBK – 217 或者用于机械类产品的 NSWC – 06/LE10。但是，要意识到可靠性预测中所固有的大量不确定性，特别是在单个失效事件的层次上（见第 6 章）。因此，对于那些被认为可造成严重后果的失效模式，或悲观的假定被证明是真实的，应该总是以最不利情况下或最悲观的可靠性值作为输入的值。另一种方法是在没有可信的定量数据时，可以按预先的设置在 0 ~ 1 范围内赋值（如 1 = 一定发生，0.5 = 偶尔发生，0.1 = 很少发生，0 = 不会发生）。总之，失效模式危害越大，最不利情况的可靠性就应该越差。

7.4.7　载荷 – 强度分析

第 5 章介绍的载荷 – 强度分析（Load – Strength Analysis，LSA）是在进行设计时用到的一种确保所有载荷和强度情况都被考虑到的方法，如果需要，制订试验计划时也是如此。载荷 – 强度分析可以开始于设计阶段早期，随着关于系统特性数据的获得，持续到 DfR 过程的绝大部分。LSA 应该包括下列内容：

——找出可能的最不利载荷和强度的数值及其变异规律。

——评估固有可靠性的安全裕度。

——确定防护方法（载荷限度、降额、筛选、其他质量控制方法）。

——识别并分析强度降低的模式。

——试验至失效以证实、分析结果。

——纠正或控制（重新设计、安全寿命、质量控制、维护等）。

表 7-1 是某个机电总成的载荷 – 强度分析的假想例子，这个例子说明了分析到不同方面时应采用的方法。事件概率可以用完整的分布来表示，也可用超过某个限度的可能性来表示。前者更适合于载荷可引起强度降低，或需要更详细的可靠性评估的情况。两个例子给出了虽然简单但是典型的可能忽视综合载荷的情况。例如，供应商提供的电磁线圈的工作电压为（28 ± 2）V，最高环境温度为 45℃。电磁线圈的室温测试证明其能够在电压 32V 时正常工作而不出现过热现象。如果综合环境为温度 45℃ 和电压 32V 同时存在，即使这种情况不常发生，

也将导致失效。

表7-1 载荷－强度分析示例

项目（材料、功能）	最恶劣载荷/载荷组合	概率/发生概率	数据来源	组合影响	强度	备注
铆钉（×4）（铝制，将支架固定在塑料框架上）	1）共50N，轴向	持续		塑料结构是薄弱环节		采用寿命试验来确定塑料结构在连接支架处的厚度可能是关键点
	2）40N，横向冲击	见载荷分布附录1	工作数据	与1组合老化		
	3）温度为0～35℃		NIL	NIL效应		
电磁线圈	1）32V（27℃时）	$1/10^4$ h	供电数据变异	72℃	隔热到70℃	需要过压保护或者改进制冷
	2）环境温度为45℃	$1/10^2$ h				

机械的例子不太容易分析，而且如果组件非常关键并要提供保修，则试验可能是最适当的方法。若载荷－强度分析指出了可能存在的问题，还应做进一步的分析，如使用第4章和第5章所述的概率论方法和CAE方法。应计划好试验以证实所有的设计决策。

7.4.8 危害与可操作性分析（HAZOPS）

危害与可操作性分析（HAZOPS）是一项用于识别系统可能引起的潜在危害并消除它或使其最小化的方法。它用于诸如石化工厂、铁路等系统的开发过程，通常是强制安全性审核过程的一部分。表7-2是一个格式的例子。

表7-2 运动系统（部分）的HAZOPS

零部件/功能	失效/偏差	可能的原因	后果/事件号	预防措施	措施
电源	无电力	1）主电源失效 2）连接器	系统失效（1）	提供备用电源？	系统设计
液压源	主要和备用均失效	1）主感应器和压力感应器均失效	系统失效（2）	维修时检查	维修计划
		2）主阀和转换阀均失效		—	—
脉冲宽度调制电路	常期"接通"	见FMEA	系统失效（3）	待定	分析、试验
电磁阀	一直打开	腐蚀		待定	试验

在"失效/偏差"列，有时使用一组"引导字"帮助确认可能出错的事物。常用的引导字为

– 无/没有	– 部分
– 更多	– 相反
– 更少	– 除了
– 以及	

HAZOPS 应涵盖所有的潜在失效原因，包括自然灾害和人因的失效等。HAZOPS 也在工业和环境健康与安全领域的风险评估时经常使用。HAZOPS 的其他详细内容可以查阅 IEC 61882 HAZOPS 应用指南。

7.4.9 零部件、材料和过程（PMP）的评估

设计中用到的所有新零件、新材料和新工艺都应该识别出来。此处的"新"是指对某个设计和生产的单位而言意味着是新的。设计工程师可能会认为零部件或材料能表现得与手册规定的一样，并能将工艺控制得完全符合设计。可靠性和质量保证（QA）工程师必须确保这样的信心是有充分根据的。因此，在使用新零件、新材料和新工艺前必须进行评估和试验，并据此安排对生产人员进行充分的培训，制定质量控制保证措施和安排好备选的资源。新零件、新材料和新工艺必须经正式批准才能进入生产过程，并添加到核准清单中。

必须从可靠性角度对材料和工艺进行评估。涉及可靠性的主要考虑包括：

1）循环加载。只要载荷是循环的，包括经常发生的冲击载荷，就必须考虑疲劳问题。

2）外部环境。存储和工作的环境中的一些因素必须考虑到，如腐蚀和超高温的影响等。

3）磨损。对于所有存在相互接触的运动部件，必须考虑材料的磨损特性。

材料特性有着很大的变异，即使是对诸如钢、铝合金、塑料和橡胶这类的材料，概括地分析这些变异与可靠性的关系也是不现实的。材料的选择必须基于若干因素，设计评估过程必须保证与可靠性相关的问题得到应有的关注。第 8 章更详细地介绍了机械设计的可靠性。

7.4.10 非材料失效模式

大多数可靠性工程都涉及材料的失效，如由载荷 – 强度干涉和强度退化引起的失效。然而，有很大一类失效模式与这种材料失效无关，但它的后果却很严重。相关例子有：

1）固定重要板件的紧固件，可能因磨损而变得不牢固，或已经松动但未被

检测出。

2）密封件磨损，引起液压系统或者气动系统的泄漏。

3）由于电弧和氧化物的堆积，致使接触电阻升高。

4）表面保护失效，如油漆、金属电镀或阳极化表面。

5）在多针电气连接器上，插针变形或接触不稳定。

6）电子元器件参数的漂移。

7）电子系统中的电磁干扰（EMI）和定时问题。

8）其他诸如不当的维修、搬运或存储等人为原因引起的失效。例如，忽视了给长期存放的电解电容器充电，结果导致使用时充电容量减小。

9）由于公差不匹配而导致子系统之间存在接口问题。

所有这些模式导致的失效都可以观测到。失效报告系统总是包含一部分这样的失效内容。但是，通常还有由于技能水平、个人态度和维修程序等因素造成的主观的解释和可变性，特别是对复杂设备。

非材料的失效在设计阶段更加难以分析，而且经常不会在试验过程中显现出来。设计可靠性评估应该考虑这些类型的失效，即使在某些情况下不大可能预计发生的概率，尤其是人因的失效。

7.4.11　关键项目清单

关键项目清单是经其他分析表明可能对最终产品的可靠性有相当大的影响或者涉及不确定性的项目的汇总。它的目的是突出这些项目，并将为减小风险所采取的措施汇总。这个清单起初是在设计分析时提出的，但随着项目的进行，会根据试验结果、设计更改和服务数据进行更新。关键项目清单是管理汇报和采取行动的顶层文件，因为它基于"例外管理"的原则并汇总了最重要的可靠性问题。因此，通常包括的产品不应该超过10个，并且应根据关键程度排序，这样管理重点就能够集中在少数最重要的问题上。如果有足够的数据，可以用Pareto图（见第12章）显示出相对重要性。关键项目清单上应该有问题的名称和非常简要的说明及状态报告，并列出其他相关的报告。

7.4.12　载荷防护

对极端的载荷进行防护并不总是可行的，但应尽可能予以考虑。在很多情况下，可以事先得出最大载荷，无必要进行特殊防护。但是在很多其他情况下，可能出现极端的外部载荷，而且可以进行防护。有些标准产品能够提供对诸如液压或气动系统过压、冲击载荷或电过载的防护。如果要提供过载防护，就要在可预计的最大载荷下进行可靠性分析，但应牢记防护系统的误差。适当时，还必须考虑防护系统失效时可能出现的载荷。

但是，在大多数实际情况下，设计出能承受预定载荷并接受超出预定的载荷即可能引起失效这个事实就足够了。在进行全面的可靠性分析时，必须计算出出现这种载荷的概率。要求出这些极端事件的分布并非总是可行的，但也许可从类似产品的失效记录，或从试验或其他记录得到相关数据。

如果得不到可信的数据，则必须估计最不利的设计载荷。重要的是要估计并明确最不利的设计工况。一种常见的失效原因是采用了与平均载荷条件相关的安全系数，而没有对使用产品时可能出现的极端条件给予充分的考虑。

7.4.13　针对强度降低的防护

强度降低有很多种，它是在设计可靠性分析时所考虑的最困难的问题之一。人们已经对金属疲劳引起的强度降低有了很好的理解和记录，因此涉及金属疲劳的可靠性分析，包括由于诸如缺口、拐角、孔洞和表面加工等造成的应力集中效应，都能够较好地完成，而且能将零件设计成在低于疲劳极限的工况下工作或按规定的安全寿命进行设计。

然而，其他退化机理通常更为复杂。组合应力可能会加速损坏或降低疲劳极限。腐蚀和磨损程度取决于环境和润滑情况，因此其影响常难以预测。如果不能做到完全防护，设计工程师也必须就检查、润滑或定期更换等制定维护程序。

对具有复杂退化过程的设计进行可靠性分析经常是不切实际的。所以应该设计一些试验，通过在已知的加载条件下产生失效来获得所需的数据。第 8 章将更详细地介绍这些方面的内容。

7.4.14　设计评估的管理

必须将这里的评估方法视为严格的设计工作程序的一部分，否则评估将仅仅是一项意义不大的工作，而不会向使设计更可靠的目标推进。为了使工作有效，必须由了解设计的人员来完成这一工作。这不一定是指由设计工程师完成，原因有二：首先，该分析是对设计工程师所做工作的审核，因此与设计工程师评估自己的工作相比，独立的评估通常更能指出需要进一步做哪些工作；其次，这里的分析并非像设计那样是原则性的工作。设计工程师应是具有创造性的，从这个意义上讲，将时间用在重新评估这项工作上是没有价值的。但是，设计工程师可能最有资格进行大部分的分析，因为他们了解问题所在，评估过各备选方案，进行过所有的设计计算并制定了设计方案。另一方面，有创造性才能的人可能最不善于耐心地运用相当冗长的评估方法。

这种情况下最好的方法是评估人员和设计人员紧密地协同工作，并在具有创造性的过程中做"提出反对的人"。以这种方式，设计人员和评估人员作为同一个团队共同工作，并尽可能早地发现问题。这样的可靠性工程人员组织安排将在

第 17 章中介绍。理想的评估人员应该是可靠性工程师，其能力受到设计工程师的尊重，他们的共同目标是使设计完善。因为可靠性工程师不可能像设计工程师那样耗费很多时间在一项设计上，一名可靠性工程师通常可以涵盖几个设计工程师的工作。显然其比例取决于具体工程项目和涉及的设计领域需要考虑的可靠性工作量。

在同一个团队工作时，设计工程师和可靠性工程师在正式分析报告产生前就能够解决许多问题，并能就提出的建议达成一致，如应进行哪些试验。因为可靠性工程师要计划并监督试验，所以保持这种联系。在图样签发之前，这种团队工作方式能使设计充分地得到评估和分析，在这一阶段后进行变更会困难而且成本高得多。

遗憾的是，该团队工作方法不被经常采用，设计工程师和可靠性工程师在分析时是分开进行的，彼此通过邮件、电话或者隔着会议桌远远地向对方提出意见。这样，人们会对设计评估和可靠性的工作失去信心。受到影响的主要是设计本身，因为人们会坚持己见。

为使设计分析持续发挥作用，必须随着设计和开发工作的进行不断更新。每次正式评估必须基于设计实际状态分析，并有试验数据、零部件评估等的支持。分析应作为设计工作的一部分安排在计划中，在适当的阶段安排设计评估。该评估应提前做好计划，设计工程师必须十分清楚这个步骤。所有参加人员应事先得到简报，这样他们就不会将评估时间浪费在了解基本的信息上。为此，需要给所有的参加人员一份正式的分析报告（可靠性预计、载荷－强度分析、PMP 评估、可维护性分析、关键项目清单、FMECA、FTA）及产品的介绍，包括相应的数据如图样。设计工程师应该做一个简短的介绍，并答复所有一般性的疑问。每个分析报告即形成一个单独的会议议程，对它们的询问和建议作为讨论和决策的主题。如果能根据经验制作适合于该设计的检查清单，可浏览一遍，但要参照随后的说明。

这个过程可以使几乎所有需要进一步研究或决定的事情都预先在团队内部持续、非正式地讨论。正式评估从而就变成了决策讨论，而且也不会因讨论琐碎问题而陷入停顿。这和在很大程度上依赖检查清单，而又几乎没有准备工作的设计评估会议形成了鲜明的对比。那样的评估变成了缓慢地翻阅检查清单，其中的很多问题可能都与这个设计无关。它们会代替思考。

使用检查清单的三条指导原则是：

1）在设计办公室就开始使用它们，而不是在正式设计评估会上。

2）保证它们是相关的并且是最新的。

3）避免模糊的问题，如"是否考虑维修性？"，甚至是"润滑注入点是否容易达到？"，而应该问"为润滑提供了什么样的通道？"因为它需要的是详细的回答，而不是简单的肯定。

设计评估组应该包括来自销售、生产、质保的人员和重点设计领域的专家。现场应该有设计工程师和可靠性工程师团队成员（他们可能属于质保部门）。负责人应该是项目经理或能够做出影响设计决策的人员，如总设计师。有时设计评估由采购单位主持，或者它也可能申请参加。如果设计评估仅是咨询而没有权威性是不会有效果的，因此所有参加者都必须与该项目有关（作为顾问的专家除外）。

正式的设计评估会应该在有充分的信息时召开，并且在能及时促进以后的工作而对项目进度和预算干扰最小的情况下召开。正式的和非正式的设计评估应该在 DfR 的"识别"阶段开始，贯穿于几乎全部阶段，当然，程度可能不同。典型的是根据初步设计完成、开发试验完成和生产标准图样完成进行三次评估。每次评估批准进入下一阶段，并可附带必要的条件，如设计更改、附加试验等。设计评估是项目进展过程中的主要里程碑。当然，它们不仅仅关注可靠性，可靠性工程师已经在很大程度上影响了进行现代设计评估的方式，而设计评估又是可靠性工作中的关键任务。

7.4.15　基于失效模式的设计评估（DRBFM）

如果设计的变动不大，可以采用被称为基于失效模式的设计评估的方法。这种方法最早由丰田公司的工程师根据"现有的成功设计在发生变更时会出现可靠性问题"的原则制定。DRBFM 可以视为 FMECA 的简化版，它将关注点集中在新的点上和更改了的点上。DRBFM 鼓励设计团队从多个角度讨论潜在的设计问题或者弱点，并制定改正的措施。

DRBFM 以 FMECA 为基础而关注产品发生的变更，无论这种变更是有意的还是无意的。因此 DRBFM 的做法和 FMECA 类似，表格也类似。DRBFM 的工作表可以不尽相同，但是通常都需要以下信息：零部件名称、功能、变更点、变更原因、潜在失效模式、出现条件、对用户的影响、预防该失效的设计步骤、建议措施（DRBFM 的结果）及实施结果（DRBFM 完成）。美国汽车工程师学会发布的标准 SAE J2886 中含有 DRBFM 的解释、建议的步骤并为说明如何进行这个过程举了例子。

7.4.16　人因可靠性

"人因可靠性"这一术语包含操作人员或维修人员能影响系统正确或安全工作的情形。在这些情形下，人们容易出现失误，并能在不同方面引起零部件或系统失效。

在任何因为人的不可靠可能会影响产品可靠性或安全性的设计中，都必须考虑人员的可靠性。像 FMECA 和 FTA 这样的设计分析应该包括人的因素，如操作或维修中出现错误的可能性、检测出失效情况和应对的能力及人机工程学或其他可能的影响因素。另外，只要涉及人的操作，产品设计中应该全面考虑心理和生理方面的因素以尽可能降低工作中人因错误的可能性。

已经有一些研究试图量化各种人因错误的概率，但是处理这些数据时必须谨慎，因为人的表现十分易变，很难根据过去的记录做出可信的预测。人为失误的概率通常可以通过培训、监督和激励等降低，因此在分析时必须考虑到这些因素。当然，在很多情况下，设计部门很少或不能控制这些因素，但是能够利用这种分析来强调对专门培训、独立检查或操作及维修人员的指导及警告的需要。更多关于工程中人为因素的介绍可以参阅 Wickens 等（2003）。

7.5 分析

在这一阶段，重要的是进一步处理所有潜在失效的来源。在做出第一版设计后，可以进行各种类型的分析，包括失效物理、有限元分析（FEA）、保修数据分析、继续 DRBFM、可靠性预测（见第 6 章）、以前的经验总结、试验设计（DOE）（见第 11 章）、降额分析（见第 9 章）。在样机、概念验证机或工程开发机制作出来以后，验证分析结果和改进设计就会容易一些。

有限元分析（FEA）是第 6 章讨论过的失效物理（PoF）的最重要的分析方法之一。FEA 可以用于计算由热膨胀、振动、意外掉落及其他环境下的应力。它还可以用来计算由热循环和振动引起的疲劳寿命。第 8 章将详细介绍。

如图 7-2 所示，DfR 的流程中存在着迭代，尤其是在设计－分析－验证这个顺序中，因此，同样的设计工具可以用在不同的阶段。

返修和保修数据分析

返修和保修数据分析在识别并处理潜在的可靠性问题时极为有用。在新开发的产品和现有产品变化不大的情况下，该领域的失效可能与新设计有关。来自现场的工程反馈对产品设计和开发的成功十分重要。新产品的开发过程需要结合返修件的分析以防止旧的问题在新产品上复现。

根据返修件的复杂程度，可以用失效分析、系统化的解决方法或结合使用持续改进的工具。

例如，工程分析可以得出失效原因是某个装配问题、最终用户的误操作、软件故障、电子或者机械元件失效、腐蚀、过热或者振动。分析应该缩小与设计相关的失效范围，并识别可能在新设计中再次出现的问题。例如，是否同一型有问题的零件用到新产品上,是否零件和返修件采用同一工厂的同一种焊接工艺。

此外,在新产品开发时,保修数据能持续帮助进行可靠性和保修预测。当前产品的现场失效数据可能经常比一些传统的方法如可靠性增长(见第 14 章)或者基于标准的方法更准确地预测可靠性。

7.6　验证

在这个阶段,实体模型已经制作出来,可以开始进行设计验证。这些工作包括加速寿命试验(ALT)和高加速寿命试验(HALT)(见第 12 章)、寿命数据分析(见第 3 章)、退化分析、配置控制、子系统级别试验、可靠性增长模型(见第 14 章)。当发现问题时,可以用第 15 章介绍的根因分析法和系统化的解决方法如鱼骨图等方法。

7.6.1　退化分析

产品验证经常需要试验到失败和寿命数据分析。但是在多数情况下,按照正常应力状态甚至加速应力状态都可能需要很长时间。退化分析是一种缩短试验时间,同时评估产品是否达到可靠性要求的方法。它还可以用来评估强度退化。退化分析是指某一产品特性随着时间退化的度量(电流的减小、磨损等)及将退化数据进行外推,以计算产品最终失效的时间。更多的关于退化的内容见第14 章。

7.6.2　配置控制

配置控制是指获知系统的准确设计版本的过程。配置控制适用于硬件和软件。有效的配置控制能够保证容易地识别出一个产品中诸如零部件的规格和来源及图样的版本号。配置控制在产品的开发和生产中是非常重要的,它对于一些项目则是强制性的,如航天(民用和军用)和国防项目。正式的控制应该在第一次设计评估后开始。

配置控制对于可靠性是很重要的,因为借助它才能将失效追溯到相应的设计版本。例如,失效可能出现在一个加工到某个公差的零件上,配置控制系统能查到失效原因。

7.7　确认

"确认"一词在不同的技术背景下可能有不同的含义。如在系统工程中"确认"一词的定义是保证系统满足所有用户需求和主要功能指标的过程。在可靠性工程中，确认通常包含功能和环境方面的指标，它的建立也是为确保系统的所有可靠性需求得到满足。

在"确认"阶段，样机的设计和验证已经完成，软件也已调试完成，系统完全可以工作。"确认"的目的是成功解决先前阶段可能忽视的设计和生产问题。确认通常是在系统层面上对功能和环境方面进行试验，使设计改进达到生产就绪的状态。这些工作包括试验到失效或者通过性试验（见第14章），通常在正常应力下，也可能在加速应力下。在这一阶段，另一重要任务是对软件进行测试、发布，达到生产就绪的状态。在这一阶段，可靠性需求也需要演示出来。

产品确认经常由两个阶段设计确认（Design Validation，DV）和工艺确认（Process Validation，PV）组成。DV 通常包括在样机上进行环境、耐久、性能和功能试验。PV 的任务和 DV 类似，但是是在试投件上完成的，最好是在最终生产设备上制造出来，目的是确认生产工艺完全有能力重复生产出符合规范的产品。可靠性试验、可靠性数据分析和可靠性演示在第 12 ~第 14 章介绍。

7.8 控制

这个阶段的目的是使生产过程保持受控并使变异维持在低位（见第 15 章）。在这个阶段使用的技术工具有自动检验、控制图、审计、人机因素分析、老炼筛选、已知生产问题分析、环境应力筛选（ESS）（见第 15 章）、高加速应力筛选（HASS）（见第 12 章）、工艺 FMEA 及其他围绕生产的工作。本节讨论的许多工作应该在前面的阶段就开始（一些和"设计"这一步同时开始）并和其他设计工作并行，但是因为它们直接和生产工艺相关，因此在本节介绍。

7.8.1 工艺设计分析

生产和维护产品的工艺必须得到充分理解并进行优化。首要的一点是，无论是由人还是机器进行，所有的工艺都能够被正确而高效地完成。因此工艺设计工程师必须了解所使用的方法及其能力和局限，而且要在产品设计和工艺设计中体现出来。对所有经分析显示是关键和重要的工艺，试验计划必须包括相应的试验。

下面介绍可以使用的分析方法。

7.8.2 变异

如第 2 章所述，所有的制造过程像零件和总成件的参数值和尺寸值那样存在着变异。生产人员和生产工艺在准确性和正确性方面的表现不可避免地有变化。设计时必须考虑到所有这些因素，必须使生产引起失效的可能性最小化。

前面已经讲过 FMECA 能够帮助识别这些原因。评估生产工艺变异影响的方法将在后面说明。这些方法有时被称为工艺设计，以便将其与涉及产品细节及其环境的设计区分开。使用集成的方法，包括稍后介绍的试验和分析技术，来进行产品和工艺设计有时又被称为离线质量控制。工艺设计可确立对生产过程的正确控制，这种检测属于在线质量控制，将在第 15 章介绍。

有两种可能的方法用于针对参数变异和公差进行的设计，即"最坏情况"方法及统计方法。传统的方法是考虑最坏的情况。例如，如果一个轴必须装在一个孔内，为了确保所有的轴都能适合所有的孔，轴和孔的直径和公差可定为：轴（20 ± 0.1）mm；孔（20.2 ± 0.1）mm。如果公差取决于机械加工过程，生产的零部件直径服从正态分布，2.5% 的尺寸过大，2.5% 的尺寸过小（2σ 的范围），轴和孔存在干涉的概率为

$$0.025 \times 0.025 = 0.000625$$

另一方面，大多数轴和孔的组合会产生相当松的配合，图 7-8 所示为这一情况。25% 的组合的间隙将大于 0.2mm。

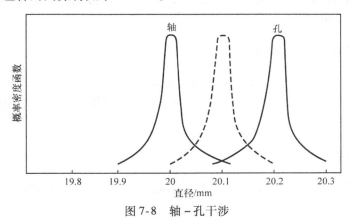

图 7-8 轴 - 孔干涉

但如果使用统计公差的方法，就能将直径设计得更接近公称尺寸，并且过盈的概率仍然低到可接受。如将轴的公称直径设置为 20.1mm（图 7-8 中的虚线），则干涉概率 P_I 可以计算为

$$P_I = 1 - \Phi \Big[\frac{D_1 - D_2}{(\sigma_1^2 + \sigma_1^2)^{1/2}} \Big]$$

在上述情况下，如果 2σ 为 0.1mm，那么 σ 为 0.05mm。因此

$$P_I = 1 - \Phi \Big[\frac{20.2 - 20.1}{(0.05^2 + 0.05^2)^{1/2}} \Big]$$

$$= 0.08$$

这里用了一个非常简单的例子来说明该原理。Ryan（2000）更为详细地说

明了统计公差。对于像电子电路这样的系统，必须考虑很多元件的公差，对参数公差或漂移的统计分析能提供更经济的设计，因为多个元件都接近它们的规格极限的概率比一两个元件的概率要低得多。使用统计公差方法还能使生产成本更低，因为零件和组件测试规范不需要过于严格，因此也会有更少的被剔除。但是，统计公差必须基于正确的模型，而且假设变量服从统计正态分布并不总是正确。例如，很多电子元器件是经过筛选的，其数值接近标称值的元器件按"精确"元器件出售。这样，从中抽掉了这批元器件后的分布将是双峰式的，位于标称值附近筛选范围内的元器件已经取出。（见第2章、第9章和图9-12）。

多个同时存在的变异的分析方法见第11章。

7.8.3　工艺FMECA

工艺FMECA（PFMECA）可如上述的FMECA那样进行，只不过问题不是"该零部件或功能会如何失效？"而是"此步工艺会如何失效？"依次分析每步工艺，识别出潜在的问题，从而确定改进或予以控制的方法。工艺FMECA的例子见ReliaSoft（2003）。

7.8.4　Poka Yoke防错

Poka Yoke是"防错"的日语表述。它是一种设计方法，考虑了工艺中可能出现错误操作的方式，从而使这些错误很难甚至不可能发生。如采用模板确保有方向的零件不会被接反。

7.8.5　测试性分析

电子电路和系统必须在组装后进行测试，以保证它们是正确的，并指出失效源。测试性和测试性分析将在第9章介绍。

7.8.6　试验输出分析

利用设计软件的蒙特卡洛仿真功能（与第4章介绍的类似）和关于试验或者测量准则的知识，可以对用适当模型描述的设计进行输出预计分析。

7.8.7　维修性分析

对可能需要的维修项目如润滑、清洁、加注、校准、失效诊断和修理等都必须进行分析，以保证相关人员能正确地完成它们。涉及的方面包括实体可达性、完成任务需要的时间、技能水平、培训需求、专用工具和设备及对专用设施的需要。维修和维修性的介绍见第16章。

7.9　评估一个组织的 DfR 能力

为了成功地完成 DfR 流程并交付可靠的产品，企业内部需要拥有工具集、技能、资源和对可靠性的优先支持。因此企业需要能对自身和供应商执行 DfR 的能力进行评估。这种对组织内可靠性流程的评估方法就是"可靠性能力与可靠性成熟度"评估，这将在第 17 章介绍。

7.10　总结

DfR 流程中的方法要花费大量工作时间，这可能会限制它们的有效应用。它们都要在许多方面进行详细的考虑，如 QFD、系统仿真、载荷 – 强度分析、在 FMECA 中的失效模式、潜在电路分析（SA）（见第 9 章）、故障树分析（FTA）（见第 6 章）及工艺分析。但是如果能有效地使用这些方法，那么除了提高可靠性以外，DfR 还能够帮助减少整个项目的时间和成本，毕竟我们总是希望尽早地发现问题和预防或改正问题。如果产品的时间进度非常紧（的确经常如此），就需要尽早决定使用哪种方法及如何利用得出的结果。有时还可以限定分析的范围。例如，质量功能展开可能只针对少数关键设计要求进行，包括适当的变异，而将载荷 – 强度分析和 FMECA 分析限定于少数几个被认为关键的部件，而不是所有的部件。7.3.5 节介绍的风险因子应该作为使用哪些 DfR 工具及使用程度的指导原则。风险越高，越应该遵循更严格的 DfR 流程。

现代工程设计和分析软件的发展导致的一个重要结果是有可能减小甚至消除对开发试验的需求。这是一个值得努力的目标，因为工程项目总是受到减少研制成本和时间的压力。但是，仍没有设计分析软件能处理所有可能会造成失效的工作应力、环境、变异和退化机理。所有设计分析和仿真方法所涉及的假设和简化，都会在不同程度上产生错误的或者有误导性的结果。

虽然理论上可以将参数值设定在如公差界限上或者在公差范围内进行分析，从而计算出变异的影响，而且大多数 CAE 软件都能进行公差分析，但是要有效地完成这样的分析仍很困难且费时。特别地，分析意味着分布参数和相互影响都是已知的。如第 2 章所述，这些方面通常是很不确定的。

最后，只有实体产品才能体现出设计的真实全貌，特别是对于那些在分析中可能被忽略或曲解的方面。因为所有的设计分析所固有的局限性都会导致不确定性，从而直接产生对试验的需求。因此应将分析的结果用于帮助制定试验计划并安排其优先顺序，相关工程师也应该是试验团队的一员。第 12 章说明了各种试验方法，有关综合设计和试验管理方面的内容将在第 17 章讨论。

习　题

1. 从下列产品中选出一件，对其包含的五个零部件进行失效模式与影响分析（FMEA）：（ⅰ）家用洗衣机；（ⅱ）汽车的制动系统；（ⅲ）简单的相机；（ⅳ）便携式晶体管收音机；（ⅴ）你所熟悉的其他产品（对它的功能做简要说明）。给出的答案应该能构成该产品完整的 FMEA 的一部分。说明要将所完成的 FMEA 转换成 FMECA 还需加入什么。

2. 说明 FMECA 完成之后的主要用途。

3. 说明可以用来分析并改进新产品制造工艺的三种方法。

4. 简要解释下面的方法，必要时可以结合图形说明。

（a）质量功能展开。

（b）工艺 FMEA。

（c）瞬时故障和可操作性研究。

（d）Poka Yoke。

（e）关键项目清单。

5. 如果对下列各种情况进行 FMECA，评论可能需要用到的失效发生度数值（考虑数据可得性、可信度和分析的目的）。

（a）汽车座椅位置调节系统的工作。

（b）火车制动系统的工作。

（c）移动电话的电子电路测试范围。

（d）氢弹引信的工作。

6. 在下列两个产品中选出一个，提出四个可靠性问题用于设计评估中：（ⅰ）含有轴承、轴和齿轮的高机械应力高速机构；（ⅱ）使用标准交流电源输入的直流电源。

7. 为了最有效地保证新产品的设计是可靠的、易生产的和易维修的，讨论对其设计评估过程应有的管理方式。除了组织和流程方面的问题，还对评估实际进行中的问题进行评论。

8. 讨论产生可靠性关键项目清单时应考虑的因素，对象为

（a）现代化的电子控制的洗衣机。

（b）战斗机的电子装置盒。

9. 绘制常见产品如咖啡机、计算器、数码相机、热水器、割草机、微波炉、电子恒温器、电视遥控器、吸尘器或者其他日用产品的 QFD 质量屋。使用你已经知道或者多数人知道的产品知识。

10. 在互联网上检索 DFSS。列出 DFSS 和 DfR 之间的共同点和主要区别。

11. 你认为进行 FMECA 的第一步应该是什么？

12. 因为 FMECA 的 RPN 分数包含一定的主观性，你如何制定需要关注并纠正的最小 RPN 值？

13. 思考何时使用 DRBFM 是有益处的？何时没有？分别给出一个例子。

14. 针对图 7-2 所示的 DfR 流程图，说明 DfR 阶段的各个成本因素。在这 6 步当中的每一步纠正设计错误的影响因素是什么？

15. 你认为行业标准对可靠性设计有什么作用？

参 考 文 献

AIAG (2003) *Potential Failure Mode & Effects Analysis: FMEA-3*. Available at www.aiag.org.

Akao, Y. (1990) *QFD: Quality Function Deployment - Integrating Customer Requirements into Product Design*, Productivity Press.

Allan, L. (2008) *Change Point Analysis and DRBFM: A Winning Combination. Reliability Edge* (published by ReliaSoft), volume 9, issue 2. Available at http://www.reliasoft.com/newsletter/v9i2/drbfm.htm.

British Standard, BS 5760. *Reliability of Systems, Equipment and Components*. British Standards Institution, London.

Brombacher, A. (1999) *Maturity Index on Reliability: Covering Non-technical Aspects of IEC61508*. Reliability Certification Reliability Engineering & System Safety, **66**(2), 109–120.

Clausing, D. (1994) *Total Quality Development: a Step by Step Guide to World Class Concurrent Engineering*, ASME Press.

Creveling C., Slutsky, J. and Antis, D. (2003) *Design for Six Sigma in Technology and Product Development*, Prentice Hall.

Crowe, D. and Feinberg, A. (2001) *Design for Reliability (Electronics Handbook Series)*, CRC Press, Boca Raton.

Mettas, A. (2010) *Design for Reliability: Overview of the Process and Applicable Techniques*. International Journal of Performability Engineering (IJPE), **6**(6), November 2010 - Paper 4 - 577–586.

ReliaSoft (2001) *Using Degradation Data for Life Data Analyses*, Reliability Edge, Volume 2, Issue 2. Available at: http://www.reliasoft.com/newsletter/2q2001/degradation.htm.

ReliaSoft (2003) *Process FMEA sample (Front Door L.H)*, Available at http://www.weibull.com/basics/fmea_fig1.htm.

ReliaSoft (2007) *Fundamentals of Design for Reliability: RS 560 Course Notes*. Available at http://www.reliasoft.com/seminars/gencourses/rs560.htm.

ReliaSoft (2008) *Design for Reliability: Overview of the Process and Applicable Techniques*. Reliability Edge, Volume 8, Issue 2. http://www.reliasoft.com/newsletter/v8i2/reliability.htm.

Ryan, T. (2000) *Statistical Methods for Quality Improvement, Wiley*.

SAE J-1739, *Potential Failure Mode and Effects Analysis*. Society of Automotive Engineers, USA.

Silverman, M. (2010) *How Reliable is Your Product? 50 Ways to Improve Product Reliability*, Super Star Press, Silicon Valley, California.

Stamatis, D. (2003) *Failure Mode and Effect Analysis: FMEA from Theory to Execution*, 2nd edn, American Society for Quality (ASQ) Press.

US MIL STD1629A: *Failure Mode and Effects Analysis*. National Technical Information Service, Springfield, Virginia.

Wickens, C., Lee, J., Liu Y. and Gordon-Becker, S. (2003) *Introduction to Human Factors Engineering*, 2nd edn, Prentice Hall.

第 8 章　机械零件和系统的可靠性

8.1　引言

机械零件会因为施加的机械应力导致断裂而失效。出现这样的失效主要有两个原因：

1）应力过高导致断裂。应力可能是拉应力、压应力或剪应力。弯曲应力能够引起拉应力和压应力，但通常在受拉情况下才发生断裂。

2）强度降低，使工作应力在一段时间后引起断裂。

例如，如果一个压力容器内的压力超过设计的耐压强度，或裂纹或其他缺陷已发展到使其足够脆弱，将发生爆裂。

机械零件和系统还可因许多其他原因而失效，如（虽然该清单并不完全）：

——因磨损、误差过大或装配或维护不正确造成控制、连接和齿轮传动松旷。

——阀门、测量装置等调节不当。

——由于污染、腐蚀或表面损坏，活动部件接触时卡住，如轴承或滑动部件。

——磨损或破损导致密封泄漏。

——由紧固不当、磨损或锁止不当导致的紧固件松动。

——由磨损、转动部件的不平衡或共振导致的过大的振动和噪声。

设计工程师必须意识到这些失效及其他潜在失效的原因，而且必须使设计能够预防或尽可能减少此类情况的发生。还应了解"墨菲定律"（如果一个事物可能会出错，它就必将出错），对需要维护的系统和仅需简单操作之外的系统更是如此。本章将介绍过载和强度降低问题，以及零部件和材料的选择与制造过程的相关内容。

8.2　机械应力、强度和断裂

机械应力可以是拉应力、压应力或剪应力。当材料被拉伸时将引起拉应力，机械应力会试图克服将材料保持在一起的内力。图 8-1 所示为处于受拉状态时材料的典型情况。它表明，随着应力增大，材料先是随着应力成比例地伸长（弹性区），然后开始加快地伸长（塑性区），直至最后断裂。在弹性范围内，如果去掉应力，材料能够恢复到原来无应力作用下的长度。变形量称为应变。在塑性范围内，如果去掉应力，材料仍将保持部分或全部的变形。当施加足够的能量克服内力时，就会发生断裂。

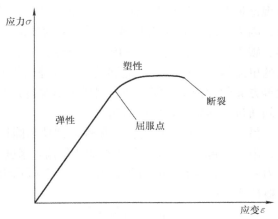

图 8-1　拉应力作用下的材料行为

应力是每单位横截面面积上的载荷，传统上用 σ 表示，度量单位是 kgf/m^2、lbf/in^2（psi）或 Pa（N/m^2）。应变 ε 是长度变化量与原长度的比值。应力和应变的关系由胡克定律说明：

$$\sigma = E\varepsilon \tag{8-1}$$

式中，E 为材料的弹性模量，E 的值高，就表示该材料较硬，低则意味着材料较软或有延展性。

材料在拉伸下的强度可由屈服强度（不可逆的塑性变形开始时的应力）或极限抗拉强度（Ultimate Tensile Strength，UTS），即断裂发生时的应力来度量。注意，极限抗拉强度可能比屈服强度低。

当一个试件受到拉应力时，会变细或"缩颈"，因此横截面面积会减小。这就造成"真实"应力的水平与按原始的无应力横截面面积计算出的"工程"应力相比有所增加。但是，工程设计惯例通常将应力限制在使之引起不超过 0.2% 的应变，这样通常就能使用工程上的应力 - 应变关系。

材料的弹性、塑性或者断裂状态是由它的原子或分子结构决定的。固体中的原子是由原子或分子间的引力结合在一起的。E 与原子间的间距成正比，并且随着温度增加而减小。弹性变形拉长了原子间的距离。当施加的能量足以引起晶体中原子平面沿着晶格结构滑移并形成新的稳定状态时，就发生了塑性变形。材料的表面含有能量，就像液体的表面带有张力一样。这是由于材料表面的原子间的引力只能在二维起作用，所以不能像材料内的原子间引力那样可以相互抵消。这种能量在固体中比在液体中要高得多。当断裂发生时，形成了两个新的表面。这种额外的能量来自所施加的导致断裂的应力。了解了材料的表面能量就能够求出理论强度。这远远超过了我们实际测量的值，高达 1000 倍甚至 10000 倍以上。出现这种差异的原因是当应力远远低于理论弹性极限时发生了一定程度的塑性变形，因为实际材料中有形成应力集中的缺陷，如晶体材料（金属、金属合金、硅、碳等）晶面内的位移和塑料之类的非晶体材料分子边界之间的错位。非常纯的单晶体，如碳纤维，能够具有接近理论值的强度。虽然诸如晶体结构、均匀性等方面的理论知识能够使材料学家对强度进行近似的预测，但材料的实际强度必须通过试验到失效才能得出。

　　另一个重要的材料特性是韧性，韧性是脆性的对立面。它是对断裂的抵抗能力，用能引起断裂的每单位体积的能量输入来度量。这是强度和延展性的综合，由应力－应变曲线下面的面积表示。图 8-2 所示为不同材料的应力－应变曲线（非常概括地显示）。

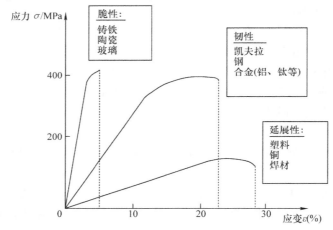

图 8-2　不同材料的应力－应变曲线（概括）

　　不同状态的曲线形状代表了延展性、脆性和韧性。延展性好而强度低的材料如纯铜在一定的应力下有相当大的应变，并会在低应力下发生断裂。而凯夫拉（Kevlar）或钛这样的韧性材料则具有很小的应变和很高的极限抗拉强度。脆性材料如铸铁、玻璃或陶瓷，它们的应变非常小，但是对像冲击载荷这样的快速施加的应力的抵抗力更低。有些材料，尤其是金属材料，在经过一些诸如热处理或者机械加工等的过程之后，它们的特性会有很大变化。材料在实际使用中，受到的最大应力总是要远低于屈服强度的，其比例至少为 2。

　　如果在裂缝尖端的能量足以克服原子间的作用力，裂缝将扩展，并因此进一步裂开。格里菲思（Griffith）定律将之表示为

$$\sigma = \sqrt{\frac{2E\gamma}{\pi a}} \tag{8-2}$$

式中，σ 为裂缝尖端处的最大应力（注意，不是材料的平均应力）；E 为弹性模量；γ 为表面能量；a 为半裂缝长度。

裂缝尖端（或在任何其他缺陷或应力集中点上）的最大应力与施加的总应力、裂缝或缺陷的尺寸及周围有应力的尖端的锐度成正比。最大应力与作用的应力之比为应力集中系数。虽然利用有限元分析等方法通常能够准确地计算出总应力或平均应力，但应力集中周围的最大应力和强度则是很难求出的。通过设计能够减小应力集中：使承受应力的零件在转角处具有足够的曲率半径，保证材料表面光滑，并且如果板材有裂缝，则可在裂缝末端钻孔来增加它的半径。

抗压强度更难以分析和预计。它取决于失效的模式（对于大多数工程材料和零件来说是屈曲，如用钢或铝合金制作的车辆钣金件、撑杆和电气接头的插针）和零部件的形状。受压断裂也会发生，尤其是脆性材料。

承载弯曲载荷的结构既受拉应力又受压应力。悬臂梁受载时，上部受拉，下部受压。

应力也可以剪应力的方式施加。常见的例子是将表面安装的电子元器件（集成电路封装）连接到电路板上的焊接点：在操作中，元器件的温度升高引起相对于电路板的热膨胀，因此有剪应力作用于焊接点。

上面的讨论只是关于这个主题的极为简要的说明。在大多数有作用力的情况下，会因为出现组合影响，材料的状态更复杂。例如，受到拉应力的零件也在与该拉应力垂直的方向上受压，因此同时还有压应力。弯曲载荷能够在梁的顶部到底部导致产生不同程度的拉应力和压应力，因此在梁的内部还有剪应力。受压断裂可能因为材料中产生的剪应力而引起。有限元分析（FEA）方法结合现代化的软件，可以分析复杂加载工况。但是，特别是当设计比较复杂时，几乎总是应该对结构零部件进行试验以计算它们的实际强度。

8.3　疲劳

当反复施加机械应力并且应力超过疲劳极限值时，工程材料将发生疲劳损坏。疲劳损坏是逐渐产生的，所以重复或超过疲劳极限的应力将最终导致失效。例如，经常受到超过疲劳极限的循环拉伸的弹簧最终将在拉伸过程中失效。

对受到诸如重复的加载、气动载荷、振动等重复应力的结构来说，疲劳是重要的可靠性问题。因为疲劳临界应力可能比静态断裂强度的 1/4 还要小，当作用力小于静态强度的 1/2 时，经过 $10^7 \sim 10^8$ 次循环后就会发生断裂。

疲劳损坏机理是循环应力传递到晶体边界的能量造成了微裂纹，微裂纹继续沿着这些应力集中的薄弱线扩展。与静态断裂力学相同，量化和预测在很大程度上是凭经验并基于试验进行的，但不确定性程度更高。

裂缝的产生和增长速度取决于材料特性和表面与内部的情况。能抵抗疲劳损坏的材料特性为韧性。如前所述，在裂缝尖端或其他缺陷（如机械加工在零件上留下的划痕，或铸造与锻造中的气孔或夹砂）周围的应力比主体材料中的应力要大得多，所以能量被集中到这些位置。我们可以用曲别针来演示，将原来直的曲别针反复弯过180°。作为有延展性的材料，这个曲别针在第一次弯曲时不会断裂。但是，交替出现的拉应力和压应力将产生累积的疲劳损伤，一般重复20次循环后会导致断裂。如果现在重复这个试验，但是先在曲别针上用锋利的雕刻刀轻轻地切割过再试验，一般经过5次或更少的循环就会断裂。

图8-3所示为一般情况下应力和断裂前循环次数之间的经验关系。此处绘制的是应力 σ 的对数和断裂前循环次数 N 的对数之间的关系图，也被称为 $S-N$ 曲线。在疲劳极限以下，寿命是无限的，但是更高的应力水平能够引起累积损伤，最终导致失效。$S-N$ 曲线显示了极限应力和疲劳极限 σ' 之间任何循环应力值造成失效时所经历的循环数，用公式表达为

$$N = A\sigma^{-b} \tag{8-3}$$

式中，N 为失效前的循环次数；σ 为交变应力的值；b 为疲劳指数；A 为经验常数。

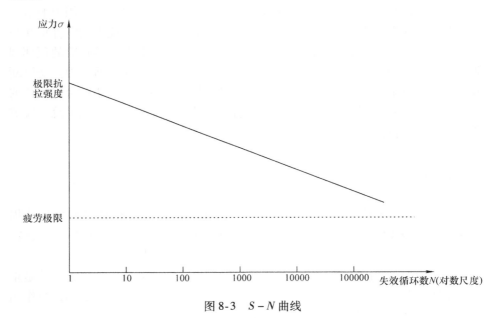

图8-3 $S-N$ 曲线

该曲线表达了对于给定失效前循环次数的循环载荷平均值（反之亦然）。失效前的总体循环次数实际上是有分布的。

基本的 $S-N$ 曲线显示的是最简单的情况，其中施加的是均匀的循环载荷。

实际情况中，更为普遍的是图 8-4 所示的随机分布的应力，失效前循环次数的总体分布将具有额外的变异性，而且不了解造成了多大程度的损坏。

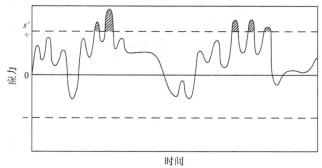

图 8-4　随机过载

承受变化应力的产品的疲劳寿命可用 Palmgren – Miner 定律（更多地被称为 Miner 定律）来估算。它表示为

$$
\begin{cases}
\dfrac{n_1}{N_1} + \dfrac{n_2}{N_2} + \dfrac{n_3}{N_3} + \cdots + \dfrac{n_k}{N_k} = 1 \\[2mm]
\displaystyle\sum_{i=1}^{k} \dfrac{n_i}{N_i} = 1
\end{cases}
\tag{8-4}
$$

式中，n_i 为超过疲劳极限的、某应力水平上的循环次数；N_i 为在该应力水平下，失效前循环次数的中位值，如 $S–N$ 曲线所示。

承受平均值为零的交变应力的产品的疲劳寿命为

$$
N_e = \sum_{i=1}^{k} n_i
\tag{8-5}
$$

N_e 称为等效寿命，当结合 $S–N$ 曲线使用时可给出等效稳定交变应力，此时损坏出现的情况与在变化应力条件下的相同。

例 8-1

作用在零件上的载荷数据显示，有三个值超过了疲劳极限应力 $4.5 \times 10^8 \mathrm{N/m^2}$。在工作过程中出现的次数如下：

$$5.5 \times 10^8 \mathrm{N/m^2}：3 \text{ 次}$$
$$6.5 \times 10^8 \mathrm{N/m^2}：3 \text{ 次}$$
$$7.0 \times 10^8 \mathrm{N/m^2}：1 \text{ 次}$$

计算出等效恒定动态应力。

图 8-5 所示为该材料的 $S–N$ 曲线。在每个过应力的水平下，失效前的循环次数为

$$5.5 \times 10^8 \mathrm{N/m^2}：9.5 \times 10^4 \text{ 循环}$$

$$6.5 \times 10^8 \, \text{N/m}^2 : 1.5 \times 10^4 \, \text{循环}$$
$$7.0 \times 10^8 \, \text{N/m}^2 : 0.98 \times 10^4 \, \text{循环}$$

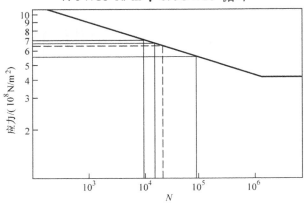

图 8-5　例 8-1 中零件的 $S-N$ 曲线

因此，由式（8-4）有

$$\frac{3C}{9.5 \times 10^4} + \frac{2C}{1.5 \times 10^4} + \frac{C}{0.98 \times 10^4} = 1$$

$$C = 3746$$

式中，C 为任意常数。

由式（8-5）有

$$N_e = 3C + 2C + C$$
$$= 2.25 \times 10^4 \, \text{循环}$$

由 $S-N$ 曲线，该等效恒定动态应力是 $6.3 \times 10^8 \, \text{N/m}^2$。

图 8-6 所示为一组零件的 $S-N$ 曲线，图中还显示了强度和应力的分布。应力分布的尾部延伸到超过了 S'，因此产生了疲劳损伤，由此也降低了强度分布的均值。随着产品出现不同数量的疲劳损伤，强度分布方差将增加。在 N' 处，应力和强度分布的尾部发生干涉，于是进入故障率递增阶段。

若以概率密度函数表示，则发生疲劳失效前经历的时间通常服从对数正态分布或威布尔分布。方差即使在受控的试验条件下也通常大一个数量级，而在随机的工作环境下则要大得更多，特别是当温度应力、腐蚀、损伤或生产变异等其他因素延伸到寿命分布的左侧尾部时。因此疲劳寿命应谨慎地进行预计，特别是对关键的零件和结构。但是，用这种方法计算的可靠性值具有很大的不确定性。通常按安全寿命进行设计是估算等效的失效前循环次数，并预计 N_e 的变异，从而计算出一个安全寿命。但是，预计的安全寿命最终仍然应该使用实际生产的产品在模拟或实际的环境中通过寿命试验予以验证。

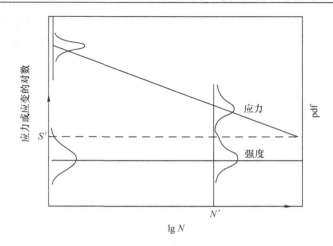

图 8-6　强度随循环应力而降低

　　试验中和工作中的失效时间可以用威布尔概率图进行分析。失效前时间的威布尔分布表明无失效寿命（γ）为正值且斜率（β）值大于 1（一般为 2～3.5），即故障率随着在安全寿命区间以后开始出现失效而递增。该寿命有时被称为 "B 寿命"（具体见第 3 章 3.4.5 节）。B 寿命还用来定义受到磨损的零件的寿命，如轴承。

　　一般对于金属而言，疲劳寿命不会受到应力循环施加速度的影响。这是因为它们是热的良导体，任何转换成热的能量都可以很快被传导出去，因此很少或没有温度升高。但是，塑料一般比较容易因快速施加重复应力而局部升温，加之其具有较低的熔点和其他特性，如玻璃化转变温度，可能导致在循环速度较高时疲劳寿命降低。

　　诸如纤维增强结构的复合材料，能按定制的机械特性进行设计和制造，因为应力主要是通过纤维而不是主体材料传递的。复合材料零件的失效可归因为纤维的层间缺陷或分离或整个零件的断裂。

　　疲劳寿命还会受到其他因素的影响，主要有温度和腐蚀。高温通过在裂纹尖端保持临界能量水平，加速了裂纹增长速率。腐蚀也能大大地加速裂纹的扩展。复杂的加载情况，如在静态载荷上叠加的振动，也能降低疲劳寿命。

　　疲劳失效的断裂表面通常随着裂纹逐渐增加会显示出特有的从初始疲劳裂纹呈环状地向外扩展，直到最终发生断裂的颗粒状区（图 8-7）。

　　设计的各项疲劳特性可以通过有限元分析（FEA）和材料特性数据的软件进行分析。但是，这类软件假定（除非另有说明）材料表面是光滑无损伤的，不存在其他影响，如腐蚀。用于设计疲劳寿命的软件能够估算出（平均）寿命和对应的变异，而不是第一次失效前的可能时间。输出的正确性取决于输入信息的正确性，如表面情况、所用的网格是否充分及对基础力学和物理学的理解。网格或其他输入中的小错误或疏忽会产生偏离并导致状态预计出现严重的错误。参考文献中断裂力学的内容在前述材料特性方面有很好的论述。

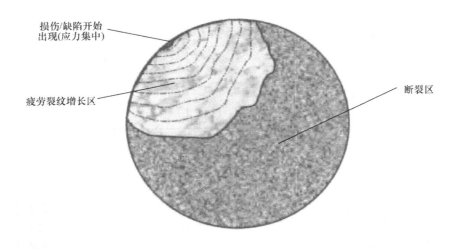

损伤/缺陷开始出现(应力集中)

疲劳裂纹增长区

断裂区

图 8-7　典型的疲劳失效（示意）

8.3.1　抗疲劳设计

在潜在的疲劳条件下，按可靠性要求进行设计意味着或是保证分布载荷不超过临界载荷，或是按某一有限的"安全寿命"进行设计，产品超过该安全寿命之后就不会使用或要根据维护计划进行更换。如果能够保证这些条件，就不会发生失效。

但是，考虑到疲劳寿命存在很大的变异，以及对应力与其他环境和材料状况的敏感性，这并不容易做到。必须考虑的最重要的方面如下：

1）这种材料的疲劳特性的技术资料必须从适当的来源获得，必要时还要进行试验。这些技术资料必须与产品的最终状态相关联，即产品经过了可能对疲劳有影响的所有过程（机械加工等）之后的状态。

2）必须注意应力集中的区域如孔、固定处、边角和过渡处的设计，以便控制应力分布。必须确定经受振动的产品的共振波腹的位置。有限元和节点分析方法可用于这项工作（见后面有关振动的部分）。

3）按"故障安全"进行设计，即在失效的零部件能够被检测出来并被修理或更换之前，载荷可由其他部分来承担，或以其他方法减轻疲劳失效的影响。这种方法常用于飞机结构设计中。

4）设计得易于检查并检测出疲劳损坏（裂纹）及易于修理。

5）使用预防手段，如用表面处理技术来减轻表面应力（喷丸加工、热处理），增加表面韧性（钢的渗氮、热处理），或提供"止裂措施"，增加倒角以减小裂缝尖端的应力等。

6）仔细地进行制造和维修，保证表面不被划痕、刻痕和撞击的损坏。

8.3.2　易疲劳零件的维护

对承受疲劳载荷的关键零件进行检查以关注裂纹的出现和增长是非常重要的。对这些零件的维修技术包括：

1）目视检验。

2）无损检测（NDT）方法，如着色、X 射线和声发射试验等。

3）如果合适，监测振动频谱。

4）在疲劳寿命结束之前定期更换。

这些维护工作的计划和安排必须基于有关材料特性（疲劳寿命、裂纹传播速率、变异性）的知识、载荷工作循环、失效影响和试验数据等。第 16 章详细介绍了制订维护计划的原则。

8.4　蠕变

蠕变是指零件在连续或交变的拉应力和高温综合作用下长度逐渐增加。蠕变是一种塑性（即永久的）变形，按热力学温度计，当材料温度超过熔点的 50% 时即出现这种情况。高温和离心力对燃气轮机的涡轮盘和叶片类零件的综合影响是非常明显的。最近在使用表面贴装元器件的电子组件中也出现一个问题。因为焊锡约在 183℃时熔化，因而系统工作温度一般处于蠕变温度范围内。因此，由于热循环施加的剪应力，系统会发生永久变形。这种变形反过来会导致更高的剪应力，所以加速了疲劳过程。

8.5　磨损

8.5.1　磨损的机理

磨损是因零件相对于其他零件或材料运动而造成的材料表面脱落。磨损的发生可能有各种机理，在任何情况下都可能有不止一种机理起作用。摩擦学就是理解和控制工程中磨损的科学和方法。下面说明主要的磨损机理。

黏着磨损在光滑表面互相摩擦时出现。接触载荷引起表面凸起点之间相对作用，而这种相对运动会在表面之间产生局部发热和阻滞。结果导致颗粒破裂或从表面剥落，因而产生了磨损碎屑松散粒子。

磨蚀与黏着磨损相似，但它发生在存在小幅振动运动表面之间。这种小幅振动阻止了磨损碎屑从磨损区排出，所以这些碎屑被分解成更小的尺寸并可能被氧化。在表面上同一部分的重复运动还会导致一定程度的表面疲劳，而该机理中还包括腐蚀。

磨料磨损是指较软的表面被相对硬的表面划过。它的磨损机理基本上是切割作用，并经常伴有软材料在被刻出的凹槽边上的位移。

液体侵蚀是与液体接触的表面被液体以足够的能量冲击而造成的。例如，高速喷射的液体能引起这种损坏。如果液体中含有固体颗粒，磨损将会加速。气穴是指在压力快速变化的条件下，液体中真空气泡的形成与突然破裂，真空气泡在材料表面上的突然破裂造成了液体侵蚀。泵、螺旋桨和液压零件都会受到这种损坏。

腐蚀磨损是通过电解作用使材料从表面脱落。该磨损机理很重要，因为其他磨损过程可能使材料表面的防护层脱落，而使材料表面处于化学活性状态。因此，对其他磨损机理而言，腐蚀是强烈的附加磨损机理。

8.5.2　减小磨损的方法

减小磨损的主要方法有：

1）在设计中尽量避免可导致磨损的情况，如振动表面间的接触，使磨损的可能性降至最小。

2）选择抗磨损的材料或者进行自润滑表面处理。

3）润滑并设计高效的润滑系统，以及设计需要时易于接近的润滑加注口。

当使用中出现磨损问题时，调查的关键起点是对受损表面进行检查，从众多磨损机理中确定出涉及哪一种，或是哪几种的组合。例如，滑动轴承在一端显示出黏着磨损迹象，就应该检查油膜厚度和可能的轴挠曲或失调。如果问题是磨料磨损，则应该检查润滑剂和表面的污染或磨损碎屑。

如果情况严重，可能需要更改设计或对使用进行限制才能克服磨损问题。而在其他情况下，更改材料、表面处理或改变润滑可能就足够了。适当时要保证润滑剂得到有效的过滤，这一点也很重要。

8.5.3　受到磨损的系统的维护

受磨损的零件和系统的寿命及可靠性在很大程度上取决于维护情况。应该拟订维护计划，要考虑到清洁和润滑要求、大气和污染状况、润滑剂的使用期和过滤、材料特性和磨损速率及失效的后果。在适当的情况下，维护还包括定期对润滑剂进行抽样监测，使用电磁铁收集铁颗粒和油的光谱分析程序（SOAP）以检测磨损材料含量的变化。还可以使用振动或声学监测。这些技术应用于工业和航空发动机、变速器等系统中。

Neale（1995）和 Summers – Smith（1994）详细地介绍了摩擦学和磨损。

8.6　腐蚀

黑色金属及其他一些有色金属，如铝和镁，会受到腐蚀影响。对于含铁的产品来说，这是非常严重的可靠性问题，特别是在潮湿的环境中。化学污染可加速腐蚀，如在沿海或海上环境中的盐腐蚀。

主要的腐蚀机理是氧化。一些金属，特别是铝，带有能够形成非常硬的表层的氧化物，从而可对底层的金属提供防护。但是，铁合金不具有这种特性，因此氧化损坏（锈）是累积的。

电化学腐蚀也会造成一些实际问题。当不同的金属互相接触时会造成电动势的积累，当同时存在可使电流流动的条件时，将出现电化学腐蚀。这将导致金属间化合物的形成，并加速其他化学反应。而且，当产生的电流通过不同金属的边界时，在电气和电子系统中将发生具有相似结果的电解腐蚀。例如，当接地或搭接不充分时，就会出现这种情况。电解腐蚀影响电路中最活跃的电气单元。

应力腐蚀是由拉应力和腐蚀损坏综合引起的。腐蚀从表面弱点开始，随后导致裂纹的形成。在处于化学活跃状态的金属裂纹尖端会发生进一步的腐蚀和弱化，而产生的高温又加速了进一步的化学作用。因此，这种综合的影响比只发生其中任何一种情况要快得多。

防止或减小腐蚀的设计方法包括：

1）选择适合应用工况和预期环境的材料。

2）表面保护，如对有色金属进行阳极氧化处理、等离子喷涂、涂漆、金属电镀（镀锌、镀铬）和润滑。

3）其他环境防护，如使用干燥器或干燥剂。

4）避免出现电偶或电解腐蚀的情况。

5）注意并避免可能出现应力腐蚀的情况。

为了保证易腐蚀零件的可靠性，正确的维护是必不可少的。在这些维护中，需要保证前述防护措施的完整性。因为腐蚀损坏通常变化很大，维护计划应该基于经验和危害程度。

Revie（2011）详细地说明了腐蚀。

8.7 振动和冲击

在使用、运输或维护过程中，零件和组件会受到振动和冲击。振动和冲击会造成：

——由于疲劳或机械过应力而断裂。

——轴承、连接器等零件磨损。

——螺钉、螺栓等紧固件松动。

——由于密封件磨损或接头松动，导致液压和气动系统的泄漏。

——噪声（频率为 10 ~10000Hz）。

常见的振动输入是：

——机器的往复或旋转运动。由转动而产生的振动主频率（Hz）为 60r/min。

——公路和铁路车辆的车轮振动。

——作用在飞机和导弹结构上的空气动力效应。

——液压和气动系统的压力波动。

——噪声。

结构的振动可能以一个固定的频率发生，在一段时间内以不同的频率发生，或同时在某个频率范围内发生。以大范围的各种频率同时振动称为宽带振动。振动可以沿不同的轴线或者绕旋转轴发生。

与正弦振动有关的重要单位是：

——频率（Hz）。

——位移（mm），定义为峰值或峰 – 峰值。

——速度（m/s），定义为峰值。

——加速度（m/s^{2}或 g），定义为峰值。

每个结构都有一个或多个共振频率，如果振动输入发生时在共振频率上或者谐波频率上，振动位移将达到最大值。振动位移为零的位置称为节点，出现最大位移幅度的位置称为波腹。在预期的环境下可能有不止一个共振频率，而且可能是沿着不同的轴向。还有更复杂的共振模式，如扭转模式或者机械、声、旋转或机电的组合模式。有时同时出现的共振可能是很关键的，如以不同模态或不同频率振动的两个零件发生撞击。常见的例子是电子电路板、液压管路和车辆钣金件。

共振频率与结构的刚度成正比，并与惯量成反比。因此，为了保证共振频率比任何可能输入的振动高很多，结构必须具有足够的刚度，特别是有比较重的零件的位置，如电路板上的大元器件所在的位置。

任何频率的振动幅度会由于阻尼而减小。阻尼还能够改变共振频率。液压或气动系统的蓄能器、悬架系统和转向系统的机械减振器、电动机或电子设备箱的减振块等都能够提供阻尼。

　　振动的规律是其他参数如发动机转速的函数，它可由瀑布图表示，如图 8-8 所示。瀑布图可以帮助找出振动和噪声的来源。例如，独立于转速的某个共振显示为一条竖直线，而特定转速产生的共振显示出水平方向延伸的峰值。峰的高度（或在彩图上显示的颜色）说明了幅度。

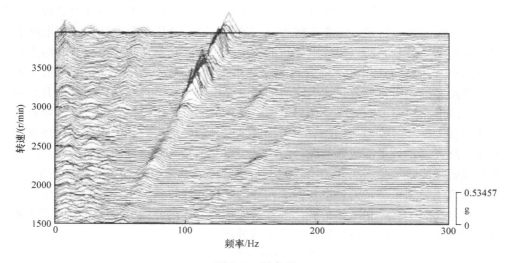

图 8-8　瀑布图

　　冲击载荷能够引起振动，虽然幅度通常由于内在或外加阻尼而减弱。冲击载荷只是振动输入的一种特殊形式，即在短时间内有较高的强度和频率。

　　Piersol 和 Paze（2009）提供了对这个问题的广泛处理方法，Steinberg（2000）介绍了在电子行业中的应用。第 12 章介绍了振动和冲击的试验方法。

8.8　温度影响

　　经受高温或低温的材料能够产生失效。主要的高温失效模式是：
　　——软化和弱化（金属、某些塑料）。
　　——熔化（金属、某些塑料）。
　　——炭化（塑料、有机材料）。
　　——其他化学变化。
　　——黏性减小或润滑作用丧失。
　　——交互作用，如温度加速的腐蚀。
低温影响包括塑料的脆化、润滑剂黏性增加、冷凝剂或冷却剂的凝结或冻结。

大多数温度影响是确定的（熔点、凝结温度、冻结点、黏度）。这类影响不是累积性的，所以时间和温度循环的次数不直接影响可靠性。但是，次生的影响可能是累积性的，如润滑剂黏性对磨损率的影响。

所有的材料都具有热膨胀系数（Thermal Coefficient of Expansion，TCE）。如果具有不同热膨胀系数的两个零件相互连接，或连在一起的两个零件经受不同的温度，则会产生机械应力。这种情况的一个重要例子是电子元器件在电路板或其他基底上的安装，特别是第9章将要提到的表面贴装的集成电路块。集成电路通电工作时产生热量，所以集成电路块的温度会升高。热量从集成电路块和焊点传至电路板（可能包括用来改进散热的"热平面"）。从集成电路块到最后散热器的热流路径的热阻将导致集成电路块的温度比电路板高，且电路板温度的升高滞后于集成电路块温度的升高。如果电源是循环的，温差也是循环的，这将导致在焊接点受到循环剪应力。这些应力的幅度足以导致疲劳失效，出现穿过焊接点的裂纹。反过来经过足够次数的循环后，又会引起通常为间歇性的电气失效。这种失效在必须能够承受多次开关循环的电子系统中尤其重要，如发动机控制系统。如果系统还受到振动，则热量和振动循环的联合效应将会产生强烈的交互作用。

化学反应、气体和液体扩散及某些其他物理过程都会随着温度升高而加速进行。阿列纽斯（Arrhenius）定律表达了这种现象：

$$R = K\exp[-E_A/kT] \tag{8-6}$$

式中，R 为过程速率；K 为常数；E_A 为过程的活化能（取决于材料和失效的机理）；k 为玻尔兹曼常数；T 为热力学温度 K。

一般而言，温度每升高 $10 \sim 20℃$，化学反应速率就会增加 2 倍。最重要的可能是热加速腐蚀，特别是铁和钢的锈蚀。

湿度和冷凝

潮湿环境能够引起或加速诸如腐蚀和长霉等的失效过程。温度和湿度是密切相关的，在达到露点之前，湿度与温度成反比，低于露点时湿气即凝结在表面。液态水能够进一步引起失效，包括：

——在有污染的情况下的化学腐蚀。

——在有电解液的情况下的电化学腐蚀。

——电气系统的短路，特别是在连接器内。

——长霉。

塑料通常是吸湿性的，即温度高于或低于露点，它们都吸收潮气。因此封装在塑料内的任何零件，特别是电子元器件和组件，原则上都会受到潮气侵入。直到最近，这仍是塑料封装件在应用上的主要限制，因为在高湿度环境中它们受到铝导线喷镀金属的腐蚀。在军事和航空航天系统中已经禁止使用这类零件。但是，现代的零件如集成电路都具有很好的防潮保护，因为能够较好地控制芯片表面的防护层，以控制塑料材料的纯度和封装过程，因此目前对它们的使用很少有限制，而与潮湿相关的失效也就很少了。

8.9　材料

选择适当的材料是可靠性设计的一个重要方面，设计工程师必须了解它们在实际条件下的相关特性。随着可用材料的种类越来越多，这些知识并不容易记住，设计工程师应该从供应商、手册和其他数据库获得数据及使用建议。以下介绍在选择可靠的工程材料时应考虑的要点，介绍的内容并不详尽，而且没有包括强度、硬度和韧性等与应用相关的明显需考虑的一些方面。

8.9.1　金属合金

1）抗疲劳性。
2）腐蚀环境，相容性。
3）表面防护方法。
4）不同金属相接触时的电化学（电解、电偶）腐蚀。

8.9.2　塑料、橡胶

1）对来自相接触的材料或局部大气和环境中（润滑剂、污染物质等）的化学侵蚀的抵抗能力。
2）温度稳定性（尺寸、物理方面的）和在高、低温时的强度变异。
3）对紫外线（阳光）辐射的敏感性。
4）吸潮（所有塑料都是吸湿的）。

8.9.3　陶瓷

脆性、断裂韧度。

8.9.4　复合材料、黏合剂

1）冲击强度。
2）侵蚀。
3）方向性强度。
Crane 等（1997）在工程材料的选择方面提供了丰富的信息。

8.10　零件

机械零件的范围很广，涉及了从弹簧、密封件及轴承到发动机、泵和动力传输单元等的很大范围。即使最基本的零件也很少标准化，同时人们还在不断地开发新产品，提出新概念。要在本章为这样广的范围提供详细的可靠性指导是很难的，但是一些常规的原则应该被采用：

1）应该采用前面各章介绍的方法，仔细评估零件在实际使用中的所有方面。如果在另一个系统中有应用经验，应该利用过去工作情况的所有数据，如失效模式和原因、应用条件、耐久性等。必须与供应商的应用工程师充分讨论应用情况，将他们作为设计团队的一部分，也对产品的成功负有责任。

2）除非在成本、性能等方面有明确的更重要的原因，否则应该使用成熟的零件而不是新的零件。全新的零件即使看起来风险不明显，也会经常带来一些负面的影响。所有新零件都必须列入关键项目清单（见第 6 章）。

3）尽可能减少零件的数量和类型，无论是弹簧还是液压泵，这种方法不但能降低产品和总成的成本，还能提高可靠性。例如，如果送纸机构需要弹簧、凸轮和杠杆，仔细分析这一情况，经常会找到使一个零件执行多项功能的途径。

4）注意细节。不可靠性常常由简单的设计问题导致，因为这些问题没有引起充分的重视。例如，塑料件上的弹簧系耳会因硬弹簧材料切过而断裂（可用一个金属套解决该问题），以及使零件处于容易受到水或油的污染，或者难于安装和调节的位置等，都是常见的未能正确使用设计技巧和经验的"简单"例子。

8.11　制造工艺

设计工程师必须注意制造过程中的可靠性问题。机械加工过程产生的尺寸变异将影响磨损和疲劳特性。设计时必须考虑到能够提高材料特性的制造过程，并且进行有针对性的设计。例如，热处理、金属电镀、阳极氧化处理、化学处理和涂漆等都需要精确控制才能发挥作用，而产品及其装配方法的设计必须保证能正确和有效地完成这些过程。

影响可靠性的其他方面还有：

8.11.1　紧固件

有许多不同的紧固方法和方式可以使用，包括用铆钉、螺栓和螺母、管夹、黏合剂等进行紧固。振动或温度循环可以导致紧固件松动。紧固件会由于疲劳而失效，疲劳裂纹也可自铆钉和螺栓孔开始。

　　螺栓和螺母可用锁紧装置联合以防止松动，包括使用可变形的塑料衬垫、弹簧垫圈、挤压垫圈、开口销固定器、黏合剂、锁紧钢丝等。很多锁紧装置如果反复使用，其完好程度会降低。对一些场合中的螺栓和螺母必须准确地施加扭矩，以保证产生正确的紧固力，而又不致使紧固件在组件上应力过高。

8.11.2　黏合剂

　　黏合剂适用于许多装配工作，包括飞机和其他车辆的结构、在电子元器件上安装散热器、螺栓和螺母的锁紧等。最常用的工业黏合剂是环氧塑料和氰基丙烯。环氧塑料是双组分黏合剂，必须在使用前进行混合。氰基丙烯是接触性黏合剂，能够即时粘接。其他黏合化合物和系列还有人造弹性体（在隔振的场合使用）和胶带。

　　所有黏合剂在使用时都需要对要粘接的表面进行仔细的准备和清洁，它们都受被粘接材料的限制。黏合剂还受温度限制，通常不能承受超过200℃的温度。

8.11.3　熔焊和钎焊

　　金属可通过焊接连接在一起，针对材料和应用情况的不同有不同的焊接方法。钢结构能够用电弧或氧乙炔气焊焊炬来进行焊接。像铝镁这类的合金会在氧气中燃烧，所以要在惰性气体中（氩）进行焊接。对汽车总成，可通过机器人使用加压和高电流形成的电阻焊进行点焊。各种表面也可用摩擦焊（高压和振动，包括微电子组件上的金焊丝超声焊接）进行焊接。

　　锡 – 铅焊是目前连接产品中电子与电气元器件的常用方法，当然，目前无铅焊接也越来越常见。它还可用于结构连。电子组件的焊接在第 9 章介绍。

8.11.4　密封件

　　密封件是用来防止系统中的泄漏，如水、油液压和气动零件及管路的连接，围绕旋转轴和往复式油缸，以及用于保护密封容器的物体。特种密封包括阻止电磁辐射从电子设备外壳逸出或进入的措施。

　　密封的有效性总是受装配操作控制效果的影响，也经常受维护的影响。因为它们总在使用中受到磨损、腐蚀等，所以密封性会随着时间和使用而下降。

　　Summers – Smith（1994）详细地介绍了工程密封。

　　第 15 章将介绍制造工艺过程的控制。但是，在设计中要对生产过程能力等相关问题和性能及成本有同样多的关注。生产运营也影响这些方面，所以如第 7 章和第 15 章中所述的综合方法必须被全面的遵循。生产和质量工程师必须为设计团队的成员，而不应在设计完成后再提出设计生产方法和质量标准。

习　题

1. 简要说明并注释承受拉应力的材料的一般应变状态。说明脆性的、韧性的和延展性的工程材料各有什么不同，并分别举例。

2. 解释为什么工程零件的实际机械强度比理论强度要低得多。这种差异如何影响强度的可预计性？

3. 简要说明机械零件强度降低的三种最常见的原因。分别举例说明预防或减小失效可能性的方法。

4. Miner 定律被用来预计疲劳的失效前时间。

（a）写出 Miner 定律的数学表达式。

（b）在实验室中试验一个零件以求出它的疲劳寿命。试验结果如下：

应力水平（$\times 10^8$ N/m^2）　6.8　8.0　10.0

失效前平均循环次数（$\times 10^5$）12.7　4.2　　0.6

该零件将分别以这些应力水平按照以下比例进行工作：

循环次数比例0.5　0.3　0.2

如果应力循环速率为 1000 次/h，使用中的失效前时间将是多少？

（c）讨论可能影响本次预计准确性的因素。

5. 对某一承受循环机械应力的零件进行分析后，可计算出其大致的疲劳寿命。针对下列零件，讨论为确保不发生失效而使用的方法：

（a）土方机械上的某执行器的钢制安装支架。

（b）飞机上某飞行控制执行器的铝合金安装支架。

（c）复印机上的某塑料零件。

6. 有两种基本方法可以用来设计可能因疲劳损伤而失效的零件和结构，它们是故障-安全法和安全-寿命法。解释它们的含义，讨论决定适用方法的因素，并给出应用示例。

7. 简要说明三种可用来减小由于疲劳导致零件和结构失效的可能性的方法。

8. 描述在移动接触中可导致表面失效的三种磨损过程。说明工程师如何使其中的一种降到最低。

9. 腐蚀能够引起金属零件的失效，描述三种腐蚀过程。工程师如何才能使每一种降到最低？

10. 设计一种将用在农业机器上的电子单元。振动环境可能导致哪些失效？应采取什么步骤来使它们降到最低？

11. 简要说明温度对下列各项的影响（必要时给出温度值，并考虑温度循环的影响）：

（a）固定某质量较大的电子元器件时，钎焊的连接强度。

（b）某润滑油的特性。

（c）置于室外的某电子设备。

（d）腐蚀。

12. 对某合金进行疲劳试验，得出 $S - N$ 关系式为

$$N = 1.2 \times 10^{26} \sigma^{-7.2}$$

式中，N 为失效前的循环次数；σ 为应力幅值（MPa）。

该合金用于设计一种飞机发动机，这种发动机每秒将经受 120 次应力循环，应力幅值为 72.2MPa。发动机通常每年运行 450h。如果发动机的设计寿命是 12 年，是否可以使用该合金？

参 考 文 献

Anderson, T.L. (2005) *Fracture Mechanics*, CRC Press.

Collins, J.A. (1981) *Failure of Materials in Mechanical Design*, J. Wiley.

Dowling, N.E. (2006) *Mechanical Behaviour of Materials*, 2nd edn, Pearson Education.

Gordon, J.E. (1991) *The New Science of Strong Materials*, Penguin Books.

Neale, M.J. (1995) *The Tribology Handbook*, 2nd edn, Butterworth-Heinemann.

Summers-Smith, J.D. (1994) *An Introductory Guide to Industrial Tribology*, Mechanical Engineering Publications.

Revie, R.W. (2011) *Uhlig's Corrosion Handbook*, 3rd edn, J. Wiley.

Piersol, A.G. and Paez, T.L. (2009) *Harris' Shock and Vibration Handbook*, 6th edn, McGraw-Hill.

Steinberg, D. (2000) *Vibration Analysis for Electronic Equipment*, 3rd edn, Wiley.

Brostow, W. and Corneliussen, R. (1986) *Failure of Plastics*, Hanser.

Crane, F.A., Charles, J.A. and Furness, J.A. (1997) *Selection and Use of Engineering Materials*, 3rd edn, Butterworth-Heinemann.

Summers-Smith, J. (1992) *Mechanical Seal Practice for Improved Performance*, 2nd edn, Mechanical Engineering Publications.

第9章 电子系统的可靠性

9.1 引言

可靠性工程和管理的发展很大程度上是为了解决早期电子设备可靠性低的问题，在电子设备应用中开发出了许多技术。与其他的工程领域相比，电子系统的设计与构成要使用大量的相似元件，而对于设计和生产工程师来说，他们对这些元件的控制极少。例如，对于某一特定的逻辑功能，可能要选择一种特定的集成电路元件。除了可从被授权的第二供应商处获得功能相同的器元件外，工程师通常没有别的选择，只能使用现有目录上的产品。所用元器件的可靠性在采购和制造阶段在很大程度上可以得到控制，但是主要通过质量控制方法，这将在后面说明。一般来说，电路设计工程师很少能对元器件的设计可靠性进行控制。随着生产的电子系统越来越复杂，这样的趋势就越来越明显。随着集成电路（IC）取代了晶体管，然后逐渐出现了大规模集成电路（LSI）、超大规模集成电路（VLSI），电子系统设计工程师对一些影响可靠性的主要因素的控制也越来越弱。但是，随着系统设计越来越多地使用用户定制的或部分定制的集成电路，这方面的情况也出现了变化，后面将更详细地进行介绍。这并不意味着设计师在可靠性方面的作用减弱。更确切地说，与大多数其他的工程领域相比，电子系统的设计工程师更应该是一个团队中的一员，这个团队包括了来自其他技术、生产、质量控制、试验规划、可靠性工程等领域的人员。如果没有这样的团队协作，功能正确的设计将会极不可靠。而功能正确的液压或机械系统的设计者是不太可能严重失望的。理解引起这个区别的原因是很重要的。

对于绝大多数的电子元器件和系统来说，决定其可靠性的主要因素是整个生产过程中的质量控制。对于非电子元器件也是如此（这两种情况下，在规范规定的范围内使用的产品都如此）。然而，大多数的非电子设备都能够通过检查和测试确保它们能可靠地运行。由于电子元器件通常是封装起来的，所以进行检查并不容易。实际上，除了对超高可靠性产品的部件进行 X 射线检查以外，一般不可能进行内部检查。由于一旦电子元器件被封装，就无法被检查，而且在尺寸和数量方面，由于现代元器件要求在非常高的生产率下同时保证尺寸精确，在生产出的任何一批元器件中都不可避免地存在变异。通过自动或人工测试，可以容易地探测出重要的缺陷，即丧失规范内要求的功能。然而，正是那些并不能立即影响性能表现的缺陷是使电子元器件不可靠的主要原因。

考虑一个电子元器件的典型失效机理：引线导体与该元器件的导电材料的机械连接薄弱。电阻器、电容器、晶体管或集成电路都有可能出现这样的情况。这样的元器件可能在制造后的测试中及安装到系统后的所有测试中，功能都表现正常。没有实用的方法能探测出这样的缺陷。然而，因为连接有缺陷，它会在一段时间之后，由于机械应力或者因连接处电流密度高导致过热而发生失效。其他几种失效机理也会导致这样的后果，如半导体材料的缺陷和密封不严。类似的失效也会发生在非电子系统中，但总体来说并不占多数。

典型的"电子类"失效机理是耗损或应力导致的有缺陷的产品失效。在这种情况下，"好的"元器件不会失效，因为在预计寿命期内承受规定的载荷并不会导致失效。虽然每一件有缺陷的产品有其各自的寿命特征，取决于缺陷的性质和所施加的载荷，但仍可以将电子元器件的失效分布规律进行总结。以有缺陷的连接为例，其发生失效前的时间可能受施加的电压、周围环境的温度及振动等机械载荷的影响。其他的失效机理，如硅晶体中的缺陷，主要可能因为温度的变化而加速扩展。元器件中的缺陷能引起局部电流密度增大，一旦其超过有缺陷元器件的临界值，就会出现失效。

当然，并不是所有的电子系统的不可靠性都是由有缺陷的元器件引起的。钎焊接头和导线接头这样的连接点可能是可靠性的薄弱环节，尤其是在严苛的环境下（汽车、航空电子设备、军用设备、石油钻采等）。其他失效机理将在本章后面介绍。

设计工程师仍然有责任保证系统中元件的工作载荷在稳态、瞬态、测试或工作状态下都不超过额定值（或者是降额值）。因为电子元器件的可靠性受温度影响，因此设计时有必要控制温度，特别是对局部的"热点"。所以，工程师仍然要注意第 7 章中所述的可靠性规则。

除了载荷超过强度以外，还有其他机理会引起电子系统失效。例如，元器件发生参数漂移、由钎焊缺陷或者元件内的杂质引起的短路、大电阻继电器或者连接器接触、公差不匹配及电磁干扰等，都是由载荷以外的原因导致失效的例子。我们会在后面针对电子系统涉及的各种元器件和过程来讨论相应的失效模式。

9.2 电子元器件的可靠性

电子元器件的失效可能由与第 8 章所述的相同机理（疲劳、蠕变、磨损、腐蚀等）导致。对表面安装的元件焊脚和质量比较大、没有支撑的元器件（如变压器、开关及垂直安装的电容器）而言，常见的失效原因是疲劳。接头受磨损影响。集成电路上的金属导体、插接件和其他一些元器件会受到腐蚀的影响。电应力和热应力也会导致电子设备独有的失效。引起电气和电子元器件及系统失效的主要电应力有电流、电压和功率。在所有的这些失效模式中，因为电流会产生热量，所以电应力和热应力之间有很强的相互作用。

要意识到一个很重要的事实，即如果能做到下面几点，绝大多数类型的电子元器件在存储和使用过程中都不会有任何导致性能下降或失效的机理：

——在性能、应力和防护方面进行正确的选择和使用。

——当组装到电路中时，没有缺陷或损伤。

——在使用中没有发生过应力或损伤。

现代电子元器件的制造质量很高，所以对于任何购买数量，即使像集成电路这样的复杂元器件，缺陷的比例通常小于百万分之十，而简单一些的元器件甚至更低。因此设计良好、制造良好的电子系统的内在可靠性极高，而且如果维护适当且经费充足，实际能够达到的可靠性也是没有上限的。

1. 电流

电流会引起导体温度升高。如果温度达到了熔点，导体就会熔化（当然，熔丝也利用这个特点被用作保护装置来防止发生其他更严重的失效）。导体内的热量主要通过传导和对流传递到其他元器件和绝缘材料上，从而导致它们产生热损伤。

大电流也能引起诸如电阻等的元器件的参数值随时间漂移。工作温度高会加速这一影响。图 9-1 所示为一个例子。

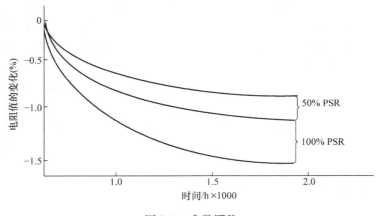

图 9-1　参数漂移

电流还会产生磁场。如果有振荡，电流还会产生噪声和机电振动。稍后会讨论电气干扰的影响。

2. 电压

电压应力由处在不同电位间的材料的电介质强度抵抗。最常见的例子有电容器极板之间的电介质材料和导体之间的绝缘体（空气或者其他绝缘体）。电位差使导体和元器件内产生电流，如果电流的载流容量不足，导体或元器件会失效，在这种情况下，失效机理是电流，尽管原因可能是电压太高。例如，如果偶然在集成电路上施加了高的静电电压，则集成电路可能由于电流超限而失效，同理，110V 的电器接上 240V 的电源也会失效。

高压电可能由以下因素引起：

——由聚集在衣物或工具上的电荷引起的静电放电（ESD）。

——其他的电气过载，如电力线上的瞬变高压、未经过稳压的电源、导致元器件过载的电路重大故障、偶然将高压电连接到低功率元器件上等。

电压应力的另一个影响是电弧放电，只要接触断开就会发生电弧，如同在开关和继电器中那样。在电动机和发电机的电刷和换向器之间也会发生电弧放电现象。电弧放电会产生电磁噪声，还会逐渐损坏接触表面，最终导致失效。如果由于电路设计或维护中的不当而形成了电流通路，电弧也会造成电机轴承损坏。

利用电压抑制元器件可以减少电弧放电现象，如将电容器跨接在继电器和开关触点上。电弧放电更可能在大气压力降低时发生，因为空气的介电常数与气压成正比，并更难以抑制。这正是飞机和航天器电气系统要在较低的电压水平下工作的原因，如直流 28 V、交流 115 V。

在中等到较高的电压的作用下，物体的尖点上会发生电晕放电。由于电离作用，可导致灰尘或其他微粒聚集在这个区域。

有些元器件可能在电流或电压非常低甚至为零的情况下失效。如果低功率的继电器触点之间长时间有很低的直流电通过，就会因接触面的冷焊而粘在闭合的位置。诸如集成电路插接件之类的电接触会因氧化或污染而形成薄的介电层，低的电压是不能将之击穿的，这样就造成了开路。

3. 温度

阿列纽斯（Arrhenius）公式能将物理、化学过程的速率与温度联系起来，它能够描述电子元器件的温度与失效前时间之间的关系，也是预计电子系统可靠性方法的基础，第 8 章已经叙述。但这个公式有时被误用。因为对很多现代的电子元器件而言，大部分失效机理并不是由温度的升高而引起或加速的。所采用的材料和工艺在超过零件厂家所建议的温度很多时仍是稳定的。这种关系看似成立的原因可能是，在微电路技术发展的早期，质量控制的标准不是很高，因此有相当大的一部分元器件在失效被观察到时温度较高。但是除了一些特定的失效模式以外（这些模式将在后面介绍），当前数据并没有表现出这样的关系。因为人们普遍持有"温度越低越好"的错误观念，所以这对热设计有重要的影响。

图 9-2 所示为温度与失效率的真实关系。大多数电子元器件能够在大大超过手册上给出的温度下使用。例如，对工业级塑料封装的集成电路和晶体管，数据手册建议的封装温度限制一般是 85℃，而对陶瓷或金属外壳的器件是 125℃。但是，这些与物理限制并没有关系，而更多的是基于行业惯例提出的。

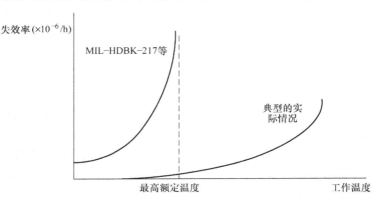

图 9-2　电子元器件的温度与失效率的关系

低温也会导致元器件失效，通常是由于电气特性的参数改变。对大多数元器件的低温限制一般是 $-60 \sim -20℃$。然而，这些失效通常是可逆的，在温度回升后功能就能恢复。

在反复变化的温度下比在持续的高温下工作带来的损伤更大。温度变化还会使表面安装的电子元器件的锡焊连接发生疲劳损伤和蠕变变形，如第 8 章所述。

4. 功率

电力会产生热量（$W = I^2 R$）。所有工作中的电子元器件，如晶体管、集成电路和放大器等都会发热，从而使温度升高。线圈、压降电阻等元器件也是如此。元器件的稳态温度是环境温度和内部发热产生的温度的叠加。内部产生的热量可以通过元器件连接处和基座散发出去，而元器件的工作部分和最终散热器之间的热阻将决定稳态温度。我们前面已经讨论过温度对电子元器件可靠性的影响。

一些无源元器件，如电阻和电容，也易因功率应力导致过热（并不是由于电流过高而熔化）而失效。长期的功率应力还能引起电阻或电容等的参数值漂移。这些元器件的使用说明中通常要包括功率应力限制。

如前所述，功率应力循环引起的热循环也能导致失效，并能导致疲劳。

9.3　元器件类型和失效机理

以下介绍几种主要的电子元器件类型和其最常见的失效机理。

9.3.1　集成电路（IC）

集成电路不能被视为"元器件"，实际上它们是包含了晶体管、电容器及其他离散元器件的子系统。以前，集成电路被分为以下几种：小规模集成电路（Small Scale Integration，SSI），逻辑门数在 100 个以下；中规模集成电路（Medium Scale Integration，MSI），逻辑门数在 1000 个以下；大规模集成电路（Large Scale Integration，LSI），逻辑门数在 10000 个以下；超大规模集成电路（Very Large Scale Integration，VLSI），逻辑门数超过 10000 个。目前已经不常使用这样的分类。2011 年的微处理器中的晶体管数量已达几十亿个。

集成电路在制作开始时要对硅片的不同电荷电平区进行选择性扩散，可以采用熔炉内的离子扩散或带电粒子加速器注入的方法。在大规模生产中使用的是后一种方法。在扩散过程中，接受处理的区域由光掩模限制。经过一系列对选定区域进行化学刻蚀的即时清除处理，晶体管和电容器的结构就形成了。

扩散过程中的不同层之间由二氧化硅（SiO_2）形成电气绝缘，这称为钝化。最后，整个模具表面上除了用于导线连接的连接器衬底外，都进一步涂以二氧化硅或氮化硅（Si_3N_4）起保护作用。这个过程称为玻璃熔封。

芯片上的晶体管之间及和输入与输出针脚之间是通过导电带连接的，导电带是通过掩模在表面沉积一薄层金属（金属化）形成的。近年来，连接的数量随着晶体管数量急剧增加。因此，布线中的时间延后问题促使布线材料由铝变为铜，由二氧化硅变为介电常数更低的材料。这类材料（称为低介电常数材质）包括掺杂了氟元素和碳元素的二氧化硅。

最后，该组件被封装进一个塑料模具或密封（陶瓷或金属）的包装中。

20 世纪 70 年代和 80 年代，当集成电路被首次生产出时，它们主要还是一些比较简单的、有一定功能（运算放大器、加法器、触发器、逻辑门等）的模拟和数字电路，而且根据明确规定的通用规范生产。例如，7408 是一个二输入与门，而它可能产自好几个供应商。从此以后，对应复杂性和功能性方面的快速增长，人们开发出了几种不同类型的集成电路。现在还可用的有以下几种：

——"标准"的集成电路。这些是在通用规范或制造商的产品目录上可以见到的元器件，逻辑电路、存储器、微处理器、模数转换器、信号处理器、运算放大器等均属这一类。

——可编程逻辑设备（PLD）、现场可编程门阵列（FPGA）。这些是标准电路，可通过选择易熔线进行"编程"。

——混合信号集成电路。将数字电路和模拟电路都集成在同一芯片内。

——微波单片集成电路（MMIC）。在通信等系统中使用，并包含微波无线电电路。

——复杂多功能设备（"片上系统" SOC），它可能包括多种技术，如处理、存储、模数转换、光转换等，并将新的和"继承"的电路设计融于一体。

——微型机电系统（MEMS）是由电驱动的极小的机械装置。MEMS 在日本也被称为微型机械，在欧洲也被称为微系统技术（Micro Systems Technology, MST）。MEMS 使用的材料包括硅、高分子聚合物和各种金属，如金、镍、铝、铜等。MEMS 的应用包括传感器、执行器、医疗设备等。

9.3.1.1　专用集成电路

为特定用途专门设计集成电路正呈现不断增长的趋势。微处理器、存储器等标准集成电路一直会被用到，但采用专门设计的集成电路则可以更经济。这样的电路称为专用集成电路（ASIC）。

在半定制的专用集成电路中，芯片上的所有制造过程都是预先完成的，留下电阻和单元等待专门设计的导体连接起来。但是在全定制的设计中，芯片完全是为特定应用而设计和制造的。

在数量相对较少时，半定制的专用集成电路比完全按客户要求设计的集成电路更经济，但是设计的灵活性较小，而且对芯片面积的利用不够经济。通常当数量较大时，因为设计和开发成本很高，全定制的专用集成电路才是经济的。尽管半定制设计方法实行起来更容易一些，但两种设计都很依赖电子设计自动化（EDA）的手段。

专用集成电路导致了重要的可靠性问题。电子系统工程师不再从产品目录中选择"黑匣子"，即标准的集成电路，而是在元器件（或功能组件）这一层面设计系统。可靠性（和测试性）分析必须进行到这一层面，而不只是考虑输入和输出引脚。由于设计变更的成本很高，所以必须首先保证电路是可靠的和可测试的。以下几个方面尤其需要注意：

1）在工作输入和输出的全范围内都能满意地运行。由于存在大量不同的运行状态（类似于第 10 章测试软件的问题），彻底地对大规模集成电路或超大规模集成电路的设计进行测试通常是不切实际的，但是一定要在可行的最广范围内对设计进行测试，尤其是对于关键性的功能。

2）失效对系统功能的影响。不同的失效模式有不同的影响并有不同程度的危害度。例如，有些失效模式可能在遭遇某种特定条件前不产生任何影响，而另一些失效模式可能使所有功能完全丧失。

3）系统软件对整个系统运行的影响。如软件能在某些硬件失效时进行提示，或者选择备用运行路径从而进行一定程度的补偿。

4）提供内置冗余的需求和方法，既提高了生产测试的良品率，又改善了可靠性，特别是针对关键的应用场合。

5）设计的易测试性。由于未被测试的功能带有一定程度的可靠性风险，所以，易于对电路进行测试能极大地影响生产成本和可靠性。

用于集成电路设计的电子设计自动化（EDA）系统包含评估可靠性和测试性的功能。例如，在设计阶段，可以对失效模式进行仿真，并对失效影响予以评估，这样就可以将应力分析和失效模式、影响与危害性分析（FMECA）及设计过程结合起来。后面会详细介绍电子电路的设计分析方法。

9.3.1.2　微电子封装

封装集成电路芯片主要有两种方法。在密封封装中，晶片通常焊在封装的底部，晶片结合垫和引出线用焊线接合，然后加盖密封好。密封封装可以是陶瓷的或者是金属的。塑料封装的集成电路（PEIC 或 PED）使用的是环氧树脂封装材料。

塑料封装的集成电路比密封封装的集成电路的成本低，因此倾向于用在家用及大量民用和工业设备中。然而，在高温运行环境下（温度高于85℃）通常不建议使用塑料封装的集成电路。由于湿气的侵入，无论因为封装材料吸湿，还是沿着引线处塑料与金属边界侵入，它们都会出现与时间相关的（耗损）失效模式。在导电带和引线之间，或者是穿过玻璃熔封的任何缝隙或孔的导电带周围各处，湿气成为形成电解腐蚀的媒介。尽管现代的材料和过程控制已经大大缓解了这个问题，但是没有塑料封装材料可以完全不受湿气侵入的影响。因此在高温或者潮湿环境下，或者当寿命是重要因素（如军事、汽车或宇航等应用场合）的情况下，使用塑料封装的集成电路时应特别慎重，以确保它们适合使用。

多年以来，最常见的封装方式是双列直插式封装（DIL 或 DIP），针与针之间间隔0.1in（2.5mm）。将针插入印制电路板（PCB）上的孔中并进行焊接，或为了方便拆卸和重新插入，也可插入双列直插插座。

集成电路最初 20 年左右所使用过的封装技术正被新的技术所取代，主要是为了能将更多的线路封装在更小的体积内。无引线芯片底座（Leadless Chip Carrier，LCC）封装和小外形集成电路（Small Outline IC，SOIC）都是表面安装器件（Surface Mounted Devices，SMD）。其外围有引出线，被回流焊接到印制电路板的导电带上（或者是被焊接到陶瓷基片上，然后再焊接到印制电路板的导电带上），而不是像双列直插式那样被插入印制电路板的孔中（在回流焊过程中，元件被放置在印制电路板或基片上，在红外线或气相炉中加热该组件，熔化焊料）。引线之间间隔为 0.05in（1.25mm）或更小。

新的封装技术的开发也越来越适合组装过程的自动化。包括封装在非常小的

"芯片"中的单个元器件,如晶体管、二极管、电容器等,焊接很精细,以至于无法手工组装,而不得不采用自动化系统进行布置和焊接。

最近开发的技术是针式栅阵列(Pin Grid Array,PGA)封装和球式栅阵列(Ball Grid Array,BGA)封装。引出线被接到封装件下部插针的阵列上,形成0.05in(1.25mm)或者更小的栅格。和无引线芯片底座的封装相同,通过回流焊使之与印制电路板或基片相连接。还有一些封装方法,如在印制电路板或基片上直接安装芯片的倒装芯片(焊料凸块向下连接)和板载芯片(向上连接),以及晶片级封装(Chip Scale Packaging,CSP)。图9-3 所示为上述几种封装的例子。

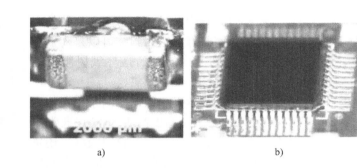

图 9-3　集成电路封装技术

a)无引线芯片底座　b)方形扁平封装(Quad Flat Pack IC Package,QFP)

(图片经 DfR Solutions 公司授权使用)　c)球式栅阵列(BGA)

此外,由于集成电路元件不断地小型化,制造商纷纷寻求在第三维即 Z 方向上缩小尺寸。堆叠式封装或 3D 封装出现在 CSP、BGA 等各种集成度高的电路中。图9-4 说明了堆叠式的封装需要大量的连接,更加难于制造,并且比"传统"的 IC 封装更不可靠。

新封装技术在可靠性方面的主要问题是,随着每项功能所需体积的减小,单位体积的功耗就增加。这会产生为防止结温达到严重影响可靠性的程度而很难处理的热控制问题。目前,在一些诸如军用或高速运算和测试设备的应用中,有必要对组件采用水冷的方式。

新方法中涉及的另一种可靠性问题是在印制电路板或基片上使用回流焊。在封装底部的焊点必须用 X 射线才能检查。而且,反复施加的热循环能导致焊点因剪力而失效。因此,必须精确地控制焊接工艺,而且后续的老炼和可靠性测试(见以后各章)必须被设计得能够确保连接良好而不受测试工况的损害。

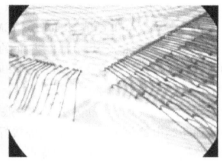

图9-4　五层晶片堆叠的4G闪存（金字塔式堆叠和连接）（经 DfR 公司许可）

9.3.1.3　混合/微电子封装/多芯片模块

混合微电子封装是一种在陶瓷基片上安装未封装的半导体和其他器件的技术。电阻器是通过丝网印制印入导电墨水并经激光修整获得预期的电阻值的。导电带与器件衬底的连接通过细的金、铜或铝焊线并用超声波焊接而成，与图9-4所示封装集成电路内的方法相同。然后将完整的组件进行密封封装，如图9-5所示。

在一些特殊用途下，混合封装比传统印制电路板的构造具有一定的优越性。它非常坚固，因为整个电路是

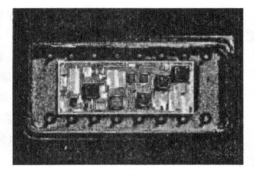

图9-5　微型混合
（经过 National Semiconductor 公司许可）

被密封起来的，而且与在印制电路板上安装元器件相比，可以做更高密度的封装。但是，因为需要无尘室条件及专门的设备，所以修理混合电路不太可行。这样一来，这种技术仅适用于不需要修理的混合组件，遇到缺陷时仅仅进行更换或者丢弃。混合电路常常用在导弹电子设备、汽车发动机控制和恶劣环境下的工业环境中，或者如高频等一些要求密集组装的场合。混合电路可以依客户要求设计和制造，也可以按标准规格供使用。

由于混合电路的相对尺寸较大、内部连接数量多且封装周长较大，同装在与其相当的印制电路板电路上的封装集成电路相比，它们更易受到污染物和导电粒子的混入、连接失效及密封问题的困扰。因此，如果想发挥混合电路的潜在可靠性，就要非常严格地控制生产和质量。美国军用标准 MIL – STD – 883 中对混合微电子电路提出了和离散集成电路相同的筛选方法，欧洲与英国的规范

（CECC，BS 9450）也包含了类似的要求，稍后将进行介绍。

多芯片模块（Multichip Module，MCM）封装是新开发出的一种微混合方法。

详细的封装技术及其可靠性方面的介绍可参考 Harper（2004）、Tummala（2001）、Lau（1998）等及 Tummala（2001）等的文献。

9.3.1.4 微电子元器件的连接

双列直插式（DIP）和无引线芯片底座（LCC）封装中的微电子元器件既可以焊接到印制电路板上，也可插到焊接好的插座中。从测试和维护的角度看，将集成电路插入插座有三个重要的优点：

1）易于更换失效的元器件，对印制电路板或其他元器件造成损害的危险较小。

2）如果没有像微处理器之类的复杂元器件，测试和诊断通常很方便且有效。

3）需要升级或修改的元器件，如存储器和专用集成电路，也很容易进行更换。

另一方面，也存在一些不利因素，在某些情况下会抵消优点：

1）热交换减少，因而不太可能充分地降低结温。

2）在高度振动、冲击或污染的环境中，可能会出现电接触问题。

3）由于搬运的原因，有损伤集成电路和插座的风险。

因此在一些可修复系统中使用集成电路插座，如内存通常是插接的，以便于更换。

9.3.1.5 微电子元器件的失效模式

集成电路的主要失效模式有：

——超载（Clectrical Overstress，EOS）/静电损伤（Electrostatic Damage，ESD）。由于一些瞬态状况，如开关或来自人或设备的静电放电等，易使集成电路遭受高压电导致的损伤。大多数集成电路含有内置的超载/静电损伤保护电路，一般可以在短时超载状态下（通常最高到1000V、500μJ）保护元器件。

——闩锁在集成电路的电源输入与地之间形成了一个低电阻通道。当互补性金属氧化物半导体集成电路（CMOS IC）受到由于静电放电引起的瞬间电压超载或者来自电路运行、测试设备等的瞬态脉冲时，容易产生这种失效机理。其后果就是元器件永久性的完全失效。

——电迁移（Electromigration，EM）：随着集成电路上的金属导电带（通常被称为互联引线）被制成极小的尺寸（现在已降到宽35nm级，而且还在继续变窄）。这样的横截面积意味着即使电路中的电流和电压非常低，电流密度也会非常高。电迁移就是由于载流子的动量交换所引起的导体材料在金属晶体层的质量迁移。它会引起导电带局部变窄，从而增加局部电流密度甚至最终熔化。并且，材料移位会形成导电的晶须，引起邻近的导电带短路。电迁移的过程可以用布莱克（Black）定律予以量化：

$$t_{EM} = A(W)J^{-N}\exp[E_A/kT] \tag{9-1}$$

式中，t_{EM} 为由于电迁移过程导致失效的时间；J 为电流密度（A/m^2）；N 为经验常数，介于 1 和 3 之间；$A(W)$ 为材料常数，线宽的函数；E_A 为活化能（见第 8 章阿列纽斯定律）；k 为玻尔兹曼常数（8.6173×10^{-5} eV/K）。

对于需要长时间工作，尤其是诸如发动机控制、航天器、通信等工作温度高的系统（中继器、开关等）来说，电迁移是一种重要的失效模式。

——时间相关的电介质击穿（Time – Dependent Dielectric Breakdown，TD-DB）是集成电路中的电容失效模式，它是由于导电材料的晶须穿过电介质（二氧化硅）生长最终使元器件短路导致的。电压和温度会使这种效应加速，因此尺寸小的元器件情况更严重。

——慢自陷（slow trapping）是集成电路中硅与二氧化硅层之间间隙边缘的电子滞留。它会导致数字逻辑与存储器中的转换电平发生错误。元器件的慢自陷主要取决于元器件的生产过程，且元器件尺寸的缩小和由此带来的电场增强会使集成电路产生更多的慢自陷。

——热载流子是有足够能量能够克服硅 – 硅与二氧化硅边界的能障并被注入二氧化硅内的电子（或空穴）。热载流子发生在电场强度足够高的亚微米级的集成电路中。其影响是增加了数字器件的切换时间，并降低了模拟器件的特性。通过工艺设计技术和电路设计，在关键部位减小电压应力，可以减小热载体的影响。

——软失效是由于宇宙射线粒子或阿尔法粒子穿过所引起的存储单元的误操作。宇宙射线在地面及空间应用条件下都会在电路中造成软失效。阿尔法粒子是由器件封装材料中的微量重金属杂质生成的。通过刷新存储器可以纠正这类错误。

——制造中的工艺问题（扩散、金属化、导线连接、封装、测试等）能够导致许多其他的失效机理。大多数会引起性能降低（定时、数据丢失等）或者是完全失效。

微电子元器件可靠性物理学在 Ohring（1998）、Bajenescu and Bazu（1999）及 Amerasekera and Najm（1997）的文献中有介绍。

值得注意的是，尽管微电子器件的失效方式有很多，并且有很高的复杂度，但现代的制造工艺仍提供了很高的质量水平，典型的缺陷比例为每百万 0 ~ 100 个。另外，在系统设计、制造和使用过程中，适当注意可以确保防止外部引发的失效。

因此，仅有小部分现代电子系统的失效是由微电子器件的失效引起的。

9.3.1.6 微电子元器件规范

为了控制军用微电子器件的质量和可靠性，美国制定了军用规范 M-38510。这个规范说明了总的控制方法，并有专门的部分（"插页"）给出了一些具体器件类型的详细规范。后来类似地出现了国际（国际电工委员会 IEC）、欧洲（CECC）和英国（英国标准协会 BS 9400）规范。这些规范一般都经过"协调"，因此对同一类元器件来说，它们之间几乎完全相同。按照这些规范生产的元器件视为"受认可的"元器件。由于电子元器件的快速发展，M-38510 现在已经不再被频繁使用了。

为了保证可靠性和互换性，军用系统规范通常要求电子元器件应按照这些规范来制造和测试。然而，随着各种元器件类型的快速增加，规范体系并没能跟上这种步伐，因而，许多市面上最新型的元器件没有这种规范。为了应对这个问题，人们采用能力许可或合格制造商清单（Qualified Manufacturers List，QML）的方法，对元器件制造商的各种过程提供了通用的认可，涵盖了来自该行业的所有类似元器件。美国军用标准 MIL-STD-PRF 38535C 介绍了针对美国军用的体系。能力许可也适用于专用集成电路（ASIC）的制造。

过程质量的普遍提高也消除了"受认可的"和工业商业等级的元器件之间的质量差距，因此规范体系也不再那么必要了，应用范围也允许更加灵活，具体取决于应用和成本等因素。大多数高可靠性的非军用电子系统的制造商依靠自己的规范和质量控制采用商用等级的元器件。

9.3.1.7 微电子元器件筛选

所谓筛选，是指通过测试发现一批元器件或组件中有缺陷的那部分，但是又不会使良品弱化或失效的过程。适合进行筛选的情况有：

1）预计有缺陷的比例足够高，而早期剔除将会提高后续测试的合格率并改善使用中的可靠性。

2）筛选的成本低于不进行筛选而导致的后续成本。

假如良品不出现弱化，就意味着故障率会降低。

图 9-6 所示为在一个典型的工艺中可以制造出的三类元器件。大多数是"良品"，并且是按照规范生产的，这些在设备的寿命期内不应该失效。一些则有初始缺陷且在第一次测试时失效，并被剔除。这样它们就不会引起设备失效。但是，还有一些元器件可能是有缺陷的，但仍然通过了测试。这些缺陷将成为以后的某个时刻发生失效的潜在原因。这种类型的典型缺陷有导线连接强度不足，硅、氧化物及导体有瑕疵，杂质和夹杂物及封装密封不良。这些元器件称为畸形。

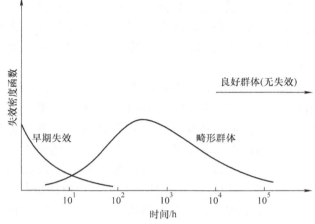

图9-6 电子元器件在没有经过老炼试验时，典型的失效密度函数

人们专门为微电子元器件开发出很多筛选方法。最早制定的标准是美国军用标准 MIL – STD – 883G：微电子元器件的测试方法和程序。之前提到的其他国家和国际标准中包括了非常相似的方法。有三个基本的筛选级别，见表9-1。A级筛选（也称S级筛选，应用于航天器）是最严格的也是最昂贵的。B级筛选一般适用于军用、航空电子设备及其他环境恶劣、高度综合的系统等使用的微电路，尤其是在长工作寿命条件下使用的微电路。C级筛选则是较宽松的要求，它不包括下面所述的老炼。

表9-1 微电子元器件筛选要求

筛选方法	针对何种缺陷有效	筛选级别适用性		
		MIL – STD – 883/BS		9400
		A	B	C
封装前目视检查有效（30～200倍放大）	污染、芯片表面缺陷、引线接合定位	100%	100%	100%
稳定性烘焙	本体硅的缺陷、金属化缺陷（稳定电参数）	100%	100%	100%
温度循环	封装密封缺陷、接线不牢、基底开裂	100%	100%	100%
恒定加速度（20000g）	芯片粘合、接线不牢、基底开裂	100%	100%	100%
渗漏测试	封装密封	100%	100%	100%
电参数测试（老炼之前）	表面和金属化缺陷、接线失效、污染/粒子	100%	100%	100%
老炼测试（应用交流电压，168h，125℃）	表面和金属化缺陷、接线不牢	100% 240h	100% 168h	—
电测试（老炼之后）	参数漂移	100%	100%	—
X射线	粒子，引线接合定位	100%	—	—

注：本表并不全面，要获得测试的详细内容，请参阅相应的标准。

老炼是指让元器件在高温下长时间运行，通过施加会导致有缺陷件失效而不致损伤良好件的加速应力，因此促使有缺陷的元器件失效而进行的试验。在 MIL – STD – 883 中使用的温度为 125℃ （封装温度），持续时间为 168h。对电气测试条件也做了规定。

元器件制造商和用户已开发出了各种标准的筛选和老炼方法：主要的变化在于老炼的持续时间，因为经验已经表明，168h 已经超过了剔除绝大多数有缺陷元器件所必需的时间 （之所以用 168h，唯一合理的解释就是它是一周的小时数）。而且，除了规定的简单反偏压静态试验外，有时还要进行强化的电气测试。如果在工艺或设计的成熟程度及应用场合的重要程度方面的要求支持额外增加费用，就要对存储器件、其他 VLSI 器件和专用集成电路进行动态试验，其间要对门电路和导体进行试验检验，并在监测状态下进行全功能测试。

由于塑料封装的元器件不能在 125℃ 进行老炼试验，因此采用较低的温度。并且用抗湿能力测试代替渗漏测试，一般在 85℃、相对湿度 （RH） 为 85% 的试验箱内测试 1000h。但这个测试并不是 100% 的筛选，而是以抽样测试进行批量的合格认证。

由于 85℃、相对湿度 85% 的测试对最新的封装过程而言不够严格，因此还会使用更严格的测试。即用非饱和高压釜在 100℃、相对湿度 100% 的条件下进行测试。

微电子元器件质量的最新进步在很大程度上消除了由元器件用户进行老炼的必要性。大多数元器件制造商都已经在生产过程中使用不同的标准方法对元器件进行老炼试验，特别是对于超大规模集成电路和专用集成电路的元器件。并且，新的封装技术只能使用自动贴片机搬运，因为其他的操作会损伤并且降低触点的焊接性能，因此用户老炼一般不可取。

老炼方法在 Kuo （1998） 的著作中有介绍。

9.3.2 其他电子元器件

其他电子元器件类型主要有：诸如晶体管和二极管等的 "有源" 器件，以及诸如电阻器、电容器、电感器、印制电路板、连接器等的 "无源" 器件。一般而言，这些离散元器件是非常可靠的，而且大多数没有内在的降低性能的机理 （除了发光二极管、继电器和某些真空元器件、电解电容等以外）。能够影响可靠性的因素包括热应力和电应力，以及制造和组装过程的质量控制。针对微电路已经有了一些标准规范，但是除了制造商的功能试验之外，一般不进行筛选。

Ohring （1998） 和 US MIL – HDBK – 338 及元器件制造商的数据手册中都提供了可靠性应用指导。下面将更详细地讨论元器件的主要类型。

9.3.2.1　离散的半导体

—— 制造中的工艺问题（扩散、表面状况、金属化、导线连接、封装、测试等）能够引起许多失效机理。大多数会导致性能下降或者完全失效。

—— 对于功率器件，芯片和外壳之间热接合的均匀性和完整性是在高功率和热应力下保证可靠性的重要因素。

9.3.2.2　"无源"元器件

—— 电阻器、电容器、电感器及其他一些元器件，可能由于制造问题、组装到电路中的损伤、静电放电及其他原因而引起失效。这些通常会导致元器件开路或者阻值升高。

—— 元器件参数值可能在开始就超出了公差，或者如前所述，参数值由于受到了应力而随着时间漂移。

—— 由于元器件内部断续接触或材料中含有杂质，可能会出现电"噪声"。

9.3.2.3　电容器

—— 电压过高通常会使电容器变成开路。高电压/高功率的电容器在短路时甚至会爆炸。

—— 低电压、低功率的电容器，如作为内存存储器安装在集成电路中的电容器，因树状金属晶须生长穿过电介质而引起长期失效。

—— 使用液体或糊状电介质的电容器（电解电容），如果没有电压应力，经过一段时间，性能会下降，从而在使用时出现短路。为了防止发生这种情况，必须定期将之"校正"。电容器或包含电容器的设备，如电源，在长期存放或闲置时，必须妥善地维护和检查。

—— 反电压或交流电压会损伤电解电容，因此必须正确地连接，必要时采用二极管保护。微型钽电容器也会因所施加电压的脉动而降低性能，因此不应在未经滤波的电压下使用。

—— 多层陶瓷片状电容器（Multilayer Ceramic Chip Capacitors，MLCC）的尺寸小、电容大。它们适用于表面安装，因为内部电极完全密封，通常寿命较长。

9.3.2.4　光电元器件

很多现代系统将光纤、连接器和光电（Electro – Optical，EO）元器件用于数据传输。光学频率能极大提高数据传输速率。光电系统在可靠性方面的主要优势是既不产生电磁干扰，也能抗干扰。还可以利用光电元器件将电信号转换为光信号，再将光信号转换回电信号，为数据传输提供过压保护。光电元器件的失效模式是：

—— 光纤的损坏。

—— 在连接器内和与元器件的接合处光纤未对准。接合端必须准确切割，并且准确对齐。

—— 发光二极管的光输出衰减。

9.3.2.5 电缆和连接器

电源和信号必须在各电路内和各电路间进行传输。通常并不认为电缆和连接器属于高技术或者高风险的元器件，但是如果使用时不仔细加以选择，它们也会成为许多系统不可靠的主要原因。

最常见的电缆系统是单芯电缆或多芯电缆中的铜线。多芯电缆可以是圆的或是扁平的（带状）。电缆失效机理包括了制造、使用或维护过程中的损伤，以及由振动和运动引起的疲劳。失效主要发生在端部与接头等相连接的位置，还包括如反复弯折而发生损伤的位置。失效模式是永久性或者间歇性的开路。应该谨慎地将电缆沿着线路固定好以限制其运动并加以保护。测试时应该注意如下方面：组装和维修过程中可能造成的损伤、由于振动使绝缘层受到磨损、振动或其他运动引起的疲劳等。

连接器的主要类型有：用来连接圆形电缆的圆形多针接头和连接带状电缆及电路板的扁平接头。单线电缆通常通过钎焊或者用螺旋拧进式或按压式的接头连接。低成本的连接器在恶劣环境（振动、潮湿、频繁的断开/重接等）下或长寿命使用时可能不够坚固耐用。用在重要和关键场合的连接器要设计得坚固耐用，能够防止连接针脚表面受潮和污染，而且连接表面是镀金的。

在许多现代电气与电子系统中，由连接器引起的使用中的失效具有较高的比例，经常占了绝大多数。最常见的失效模式是由损伤或氧化、污染或腐蚀引起的配合面上的绝缘层增长导致的永久性或间歇性断路。因此，针对应用情况仔细选择，针对振动、滥用、腐蚀和其他应力进行防护，并且在测试过程中考虑各种失效模式等都是很重要的。

数据信号还可以通过光纤和连接器以光脉冲的形式发送。在红外光谱工作的发光二极管在光纤末端起着发送器和接收器的作用。用特殊的光纤连接器连接光纤末端，连接时必须精确地将末端对准并配合好才能确保信号的传输。光纤可能会因弯曲应力而断裂。

9.3.2.6 绝缘

在电气和电子系统中，绝缘和传导是同等重要的。在电缆、连接器内和电路板上的所有导体之间都必须互相绝缘。线圈（电磁线圈、电动机、发电机等）的绕组也需要绝缘。绝缘还可以防止人体接触高压电而受伤或死亡。

由于以下主要原因，绝缘材料会退化失效：

—— 机械损伤，如卡死、磨破、切割等造成的。

—— 温度过高而烧焦，从而导致绝缘强度丧失。我们都熟悉诸如电钻或微波炉等电器的电动机或变压器线圈短路时烧焦的胶漆味。

—— 由于暴露在高温、紫外线辐射或化学污染条件下，绝缘材料变脆然后断裂（油污会导致一些电缆绝缘材料膨胀并软化）。

　　—— 被啮齿动物攻击。某些用于在冬天保护农业机械的绝缘材料容易招鼠类啃咬。

　　绝缘材料的老化几乎总会经过长时间之后出现（一般为 10 年或 10 年以上）。

9.3.3　钎焊

　　钎焊和钎焊工艺对电子系统的可靠性至关重要。大量的失效都来源于焊点的疲劳和开裂，尤其是在极端的环境条件下，如汽车、航空和军用设备。

9.3.3.1　锡铅焊

　　锡铅焊料（一般为 63% 的锡和 37% 的铅，熔点为 183℃）是迄今为止将电子器件固定到电路板上的最常见材料。对于连接间不必用细距（小于 2.5mm）元器件的简单电路，可以手工方式焊接。但是对于绝大多数现代电子系统，钎焊都是自动完成的。使用的主要技术有：

　　—— 插孔安装及手焊或波峰焊。先将连接头插入孔中，将元器件安装到电路板上。双列直插式集成电路用这种方法安装，许多类型的离散元器件也是这样。孔的间隔一般为 2.5mm。在进行波峰焊时，电路板从液体焊料的波峰上方掠过，这样下方的连接点就被短时间地浸在波峰中。这些方法现在主要用于那些不需要使用最紧凑的封装技术的元器件和电路，如电源电路。

　　—— 表面安装及红外或气相钎焊（有时称为回流焊）。电路板上元器件的连接位置印有焊膏，表面安装的元器件通过自动置放机安装到表面。球式栅阵列（BGA）钎焊是将焊料球（直径通常为 1mm）准确地置于电路板上的焊药上，然后再将球式栅阵列组件放在上面。"已装载"的电路板通过"回流"炉，该"回流"炉熔化焊料的时间要刚好足以在焊料固化之前使焊料浸润，从而形成金属互化物。"回流"炉可由红外辐射加热，或者更为常见的是气相炉或者对流炉，将气体加热到超过焊料熔点的温度。在后一种炉子中，气体冷凝的潜热被传导到焊料，而这种加热是很均匀的。

　　—— 在有限的范围内还可使用激光锡焊，但可能会有进一步的发展。

　　有时，不同类型的元器件和钎焊方法会同时用在电路板上。

　　可靠的焊接点必须能提供良好的机械和电气连接。这是通过在焊料和与之连接表面的接合面处形成金属互化合金实现的。最常见的焊点失效原因有：

　　—— 因表面污染或氧化，使被连接的表面上焊料浸润不充分。元器件在置放之前都必须仔细地存储和保护。在组装之前不应该长时间存储元器件，而细距元器件只能用置放机处理。

　　—— 加热不足（时间或温度）。焊料也许能够充分熔化并且连接一个或两个表面，但是不足以形成金属互化物。这样的连接可以导电，但力学性能是不足的。

—— 如第 8 章所述，由热引起的循环应力或振动导致的疲劳。

—— 如第 8 章所述，由热引起的循环应力导致的蠕变。

所有这些都会在生产、测试和使用中出现工作失效。失效可以是永久性的，也可以是间歇性的。现代电子电路可能包含数以万计的焊点，所有的焊点都必须正确地焊接。控制焊接过程是确保质量和可靠性的主要因素，而检验和测试连接质量是现代生产测试系统的重要特征。

Pecht（1993）及 Brindley 和 Judd（1999）叙述了钎焊的方法和问题。

9.3.3.2　无铅钎焊

欧洲启用和实施有害物质限制（Restriction of Hazardous Substances Directive，RoHS）指令对电子产业整体有很大的影响。这项指令对一些有害材料在电子行业的使用进行了限制。最明显的是，它强制制造商将铅从焊接工艺中排除。这个无铅的转变影响了制造工艺、验证过程、失效机理和行业内的很多其他做法。

电子行业中持续试验用锡和银、铜、铋、铟及其他微量金属制成无铅的合金。当前（2011）最常见的无铅合金含有：锡 96.5%、银 3.0%、铜 0.5%，通常表示为 SAC305。这种合金常见是因为它的熔点只有 217℃，而其他合金则高得多。一般来说，无铅焊料没有锡铅焊料柔软，因此会在振动时更容易出现坑裂或者其他开裂。坑裂是由于焊缝延展性差而在冷却时产生拉力将电路板和焊垫分开的现象。

在无铅焊接的可靠性方面有大量的文献，包括来自于马里兰大学的 CALCE（CALCE，2011）、DfR Solutions（DfR，2010）、EPSI 公司的 J. – P. Clech（Clech 等，2009）、W. Engelmaier（Evans，2010）等各位专家。

锡铅和无铅焊料的热疲劳特性不同，而且随着元件的类型、形状和焊接工艺的不同，可靠性也有区别。和热循环加速因子比较而言，无铅焊接疲劳模型更复杂，也更与循环的最高和最低温度及停留时间相关（见第 13 章）。

减少铅的使用在电子行业中还造成了另一个问题——锡须。纯锡或者接近纯的锡会长出锡须——晶态长丝，这在锡 – 铅焊接中没有出现过。锡须可以长到几毫米长，将附近的线端连接起来，造成短路。它们可能脱落在其他位置造成短路，或者妨碍机械构件的运动。

锡须更有可能在镀锡的电线终端表面长出，另外机械应力、温度和湿度都会促进其生长。而且，锡须有很长的潜伏期（长达 3000h），这使得无法有效地利用老炼来解决。

无铅焊点的其他可靠性问题包括在锡和铜之间形成克氏孔洞。克氏孔洞可能随着热老化尤其是高温而形成。形成一连串的孔洞，在机械冲击下就成为薄弱的撕裂线。

在电子行业从锡铅到无铅的转变中，可靠性将持续成为主要的问题之一。

9.4　元器件失效模式总结

系统中使用的电子元器件，必须在设计中就考虑到最可能出现的失效模式，这样才能将失效的影响降至最低。电路可能出现的失效模式也应该在FMECA和系统可靠性框图中体现出来。表 9-2 汇总了最常见的元器件类型的主要失效模式。这些列出的失效模式并不全面，列出的元器件类型也只是这个范围内的概括。失效模式的比例会依类型、应用、等级和来源而出现相当大的变化。在特定设计中使用的元器件应单独评估，例如，一个定级非常保守的电阻器，因开路失效的可能性相对较低。

设计电路时应该尽量将可能出现的失效模式考虑进去。串联的电容器可以在一个电容器出现短路失效时提供保护，而并联的电阻器能够在一个电阻器开路时提供冗余。为了防止短路，常将阻塞的二极管串联起来。

Bajenescu 和 Bazu（1999）及 Ohring（1998）介绍了大多数类型电子元器件可靠性方面的内容。

表 9-2　元器件失效模式

类　　型	主要失效模式	典型的近似比例（%）
微电路		
数字逻辑	高或低时输出中断	80
	不工作	20
线性	参数漂移	20
	无输出	70
	输出过强	10
晶体管		
	低增益	20
	开路	30
	短路	20
	集电极基极高泄漏	30
二极管		
通用整流器	短路	10
	开路	20
	逆向电流高	70
电阻器		
薄膜定值	开路	30
	参数改变	70

（续）

类　　型	主要失效模式	典型的近似比例（%）
混合定值	开路	10
	参数改变	90
可变的	开路	30
	间歇	10
	噪声	10
	参数改变	50
继电器		
	无传递	20
	间歇	70
	短路	10
电容器		
固定	短路	60
	开路	20
	泄漏过多	10
	参数改变	10
钎焊连接器	开路	50
	短路	20
	间歇	30

9.5　电路和系统方面的影响

9.5.1　失真和抖动

任何相对于理想情况的波形形状的变化都是失真。引起失真的原因有很多，包括输入与输出阻抗不匹配，晶体管、光学器件和运算放大器内的交叉失真，晶体管饱和，干扰（见后面的内容），热效应等。所有的波形（功率、音频信号、高频到微波信号、数字信号等）都会受到影响，而且随频率的增加，问题会变得更加严重。电路设计中应该将失真降到最小，失真还会导致失效，或者是元器件失效或参数变化的表现。

抖动是失真的一种形式，它会引起波形从其理想位置发生间歇性的变化，如定时、周期或者相位的不稳定性。它会影响高速电路的运行，特别是影响数字脉冲的定时，并因此引起信号和数据损毁。

9.5.2　定时

定时是大多数数字电子电路设计的一个重要方面。为了正确地工作，电路元器件的输入与输出电压脉冲必须按逻辑顺序在正确的时间出现。对于以相对低速

（时钟频率或频率）运行的简单电路，在设计中安排起来比较容易。然而，由于速度和复杂程度的不断提高，确保每个脉冲在正确的时间按正确的顺序出现就变得越来越困难。在更高的频率下，也越来越难以确保脉冲波形的完整性。任何数字电路都有一个速度，超过该速度将无法正确的工作。在通信或控制系统等更高的装配级别上，电路内的电感和电容效应及沿导体的传播延迟会造成对运行速度更进一步的限制。

9.5.3　电磁干扰和兼容

电磁干扰（Electromagnetic Interference，EMI）是由变化着的电磁场或其他电激励对电路正常工作状态的扰动，继而被信号线接收而产生虚假信号。电磁干扰也称为"噪声"。电磁兼容（EMC）是电路和系统承受电磁干扰影响的能力。电磁兼容有时也称为电磁免疫力。

电磁干扰可由许多原因引起：

——　系统内源自元器件内部的开关、源自数据通信线路的传输和振荡器的高频辐射。每个元器件和导体都是一个潜在的发射源和潜在的接收器。这种现象称为"交叉耦合"。

——　由于电感和电容效应，电路接地层不同部位的电势间有瞬间差。

——　来自构成系统的一部分的射频元器件或子系统的电磁辐射，或来自无线电、雷达、发动机点火系统、电机、继电器电弧放电、雷击等其他系统的电磁辐射。

——　电感或电容负载的切换，如同一电路上各个电动机。

——　现代数字系统的工作频率在无线电频率范围内（500MHz 到高于3GHz），所以会产生谐波。设计的目的在于确保所有的信号都能够传播到电路导体中，但是在如此高的频率下，不可避免地会有辐射，并可被其他导体和元器件接收。在所有现代系统设计中，按照防止电磁干扰进行电路设计是困难的，并且是具有挑战性的工作。后续将介绍有关方法。

9.5.4　间歇失效

事实上，现代电子系统的失效有很大一部分具有间歇性，即系统只是在某些情况下工作不正常，而在其他情况下则正常。这种失效经常是由连接器有时产生振动或者在一定温度下电路插板导轨发生间歇性的开路、元器件参数间公差累积的影响等而未能连接造成的。系统失效中有 50% 以上根据调查研究被诊断为"未发现故障"（NFF）或"重测合格"（RTOK）是很常见的，这主要是由间歇性失效引起的。更不利的是，由于没有确定失效原因，因此未对故障件进行修理，从而重新安装后还会引起同样的系统失效。这样会产生系统停机、修理、备件等方面的高昂费用。

9.5.5　其他失效原因

电气电子元器件和系统还有很多其他失效原因。尝试做出一个全面的清单是不切实际的，但以下是其中一些例子：

—— 由于密封不良引起的真空元器件（阴极射线管、电灯泡和电子管等）失效。

—— 在装配或者维护中产生的机械损伤。

—— 因为存储和待用等非工作条件下的环境而导致的失效。

9.6　电子系统设计中的可靠性

9.6.1　简介

电子系统的设计工程师欲设计出内在可靠的方案，需要考虑下面几个主要方面：

1）元器件上的电应力和其他应力，尤其是热应力，以确保在工作和测试过程中元器件不会受到过应力。

2）元器件参数值的变异和公差，以确保电路在可能的参数值范围内能正确地工作。

3）电气干扰、定时和寄生参数等非应力因素的影响。在高频和高增益电路中，这些因素尤其重要。

4）易于制造和维修，包括易于测试。

除这些主要的事项外，电路和系统设计的一些其他方面也可以用来提高可靠性。通过减少不同元器件部分类型数，可以减少用在选择元器件的工作量，而且设计也变得易于检查。这样也能降低生产和使用成本。还可以在电路设计中加入冗余。要尽可能避免过于精确的公差要求和调整。

并不是所有能够实现可靠的电子设计方法都是互补的。例如，冗余和增加保护元器件或者电路和降低复杂性与元器件类型数目相矛盾。与可靠性相关的不同设计方案的选择，必须与它们的效能、成本及失效的后果联系起来考虑。

以下各节介绍了为提高可靠性可以使用的最重要的方法。它们并不全面：电路设计师应该参考自己公司的设计规则、元器件应用记录、本章所列的参考文献及其他相关资料。以下内容只作为指南，引导可靠性工程师和电路设计师考虑一些要点。

9.6.2　瞬变电压防护

电子元器件容易因遭受由负载转换、电容或电感效应、静电放电（ESD）、不当的测试等引起短时高压瞬变而损坏。如集成电路和功率晶体管等小型半导体元器件尤其脆弱，因为它们的热惯量很低。金属 – 氧化物半导体（MOS）元器件非常容易受到静电放电（ESD）的损伤，并在外部和芯片上都需要专门的防护。

与感性或容性负载连接或与测试系统直接连接的逻辑元器件，需要有瞬变电压防护。可以通过下列方法来进行防护：在要防护的电压线与接地线之间加一个电容，用来吸收高频瞬变（缓冲）；二极管防护，用以防止电压升高超出一个定值（钳位）；串联电阻，用以限制电流值。图 9-7 和图 9-8 所示分别为对逻辑器件和晶体管的典型防护布局。集成电路也通过发光二极管（LED）和光换能器的组合发送逻辑信号予以防护，这称为光隔离器或光耦合器。

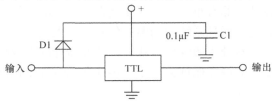

图 9-7　逻辑器件防护。二极管 D1 防止了输入电压升高到电源电压以上。电容器 C1 吸收高频电源瞬变。本图经可靠性分析中心（Reliability Analysis Center）许可复制使用。

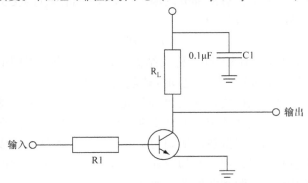

图 9-8　晶体管防护。电阻器 R1 限制了基极电流 I_B，而电容器 C1 吸收了高频电源瞬变。本图经可靠性分析中心（Reliability Analysis Center）许可复制使用。

能够引起半导体元器件失效的瞬变电压电平称为 VZAP。VZAP 的值由瞬变的持续时间决定。制造商的数据手册规定了最大安全瞬变电压，同时已经开发出标准的测试，如美国军用标准 MIL – STD – 883。

无源元器件也会因瞬变电压而受损，但是所需的能量等级比小型半导体部件所需的高许多。因此，无源元器件一般不需要单独的防护。

在服装、封装材料、自动搬运和组装设备等上的摩擦电效应可引起非常高的静电电势，高达5000V。对静电放电（ESD）敏感的元器件来说，无论是直接与其引脚接触，还是通过系统中的导体，都可能造成损伤或破坏。因此十分必要在所有阶段都对元器件采用足够的预防措施，并且在电路中设计防护措施以便在装配后保护元器件。此后，尽管元器件已经不再像以前那样易受损，但是在测试和维修过程中仍必须加以小心。

即使在接电源的状况下，静电放电也能损伤或破坏元器件，因此，在所有包括搬运在内的操作中，都需要采取预防措施。在包装和设备上应该放置警告标识，而且在组装、修理和测试的过程中，工作台、工具和人员都应该接地。

Ohring（1998）很好地介绍了静电放电。

9.6.3　热设计

电子系统的热设计是非常重要的，以使其在最恶劣的环境和负载情况下不会超过最大额定工作温度，而且系统内的温度变异不会太剧烈。

原因在于，高温会对处于边缘失效状态下的元器件的失效模式进行加速，而在环境温度和高温之间的温度循环会导致连接处和元器件结构出现热疲劳，当局部温度梯度高时更是如此。

元器件内的最高温度取决于电气载荷和局部环境温度及元器件有源部分和外部环境之间的热阻。元器件有源部分的温度，如功率晶体管的接头处，或者集成电路表面的平均温度，可计算为

$$T_J = T_A + \theta W \tag{9-2}$$

式中，T_J 为有源区域的局部温度，称为结温；T_A 为元器件周围的环境温度；W 为功率耗散；θ 为有源部分与环境之间的热阻（℃/W）。

对于与散热能力相比耗能功率大得多的元器件，有必要提供额外的热防护。可以通过将元器件安装在散热装置上来实现，该散热装置一般是金属块，上面带有散热片以加强对流和辐射散热。诸如功率晶体管等元器件有连成一体的散热装置。有时也用到小型风扇，用于冷却微处理器等。进一步的防护可以用温度敏感的断流开关或继电器，电源和转换单元通常有这些功能。

有时不仅要考虑从元器件有源区域到局部环境的热通道，还有必要使整个组件有利于散热。这对于航空电子系统、军用电子系统、计算机等紧凑的系统是特别重要的。在这类系统中，通常将一个铜散热板与印制电路板接合在一起，以确保热量能够从元器件传递到设备的外壳。散热板的边缘和外壳之间必须有很好的热接触。同时可以利用散热片将外壳设计得适合高效散热。在极端情况下可以使用液冷系统，用泵使冷却液流经外壳中的通道或流过散热装置。

元器件或印制电路板等分组件的布局和摆放对温度控制有很大的影响。热元

器件应该放在热流通道（散热板或气流）的下游位置，而印制电路板应该垂直安装以使空气形成对流。人们经常用风扇使电子系统中的空气进行循环以帮助散热。

当使用了额外的热控制措施时，必须在分析元器件工作温度时考虑它们的影响。必须考虑从元器件有源区域到外部环境之间的各种热阻，还要考虑所有发热元器件的热输入、太阳能辐射等外部热源和对流或强制冷却措施的影响。进行这样详细的热评估最好能够通过热学建模软件，采用有限元方法计算。分析了每个元器件的功率负载和所有的热阻之后，这种软件能够生成印制电路板的热图像。

热分析对于元器件工作温度可能达到最大额定值的电子电路是很重要的。Harper（2004）、McCluskey 等人（1997）及 Sergent 和 Krum（1998）给出了关于电子系统热设计的详细说明。

9.6.4　应力降额

降额是为了提高可靠性而限制施加到元器件上的应力，从而使应力水平低于规定的最大值的做法。电应力的降额值可以用施加的应力与额定最大应力的比值表示。施加的应力要取最恶劣工作条件下可能出现的最大应力值。

降额通过以下方面来提高可靠性：

1）降低处于边缘状态的元器件在系统寿命期内失效的可能性。

2）降低参数变异的影响。

3）减少参数值的长期漂移。

4）为应力计算中的不确定性提供余量。

5）针对电压峰值等瞬变应力提供防护。

典型的降额建议见表 9-3，它给出了电和热的降额值，适用于常见的和一些关键（高可靠性）的应用场合，如航天器，或者用于其他系统内的关键功能。这些建议通常仅仅作为参考使用，因为还有其他因素如成本或体积可能是更重要的。但是，如果不得不使应力值接近额定的最大值，那么就要仔细选择和采购零部件，并且反复校核应力。

表 9-3　元器件降额建议

元器件类型	参　　数	最大额定值	
		普通	高可靠性
微电子			
数字	电源、输入电压	在性能规范内降额	
	输出电流（负载、输出端）	0.8	0.8
	结温（密封）：TTL	130℃	100℃
	（密封）：CMOS	110℃	90℃
	（塑料）	100℃	70℃
	速度	0.8	0.8

（续）

元器件类型	参　数	最大额定值	
		普通	高可靠性
线性	电源电压	在性能规范内降额	
	输入电压	0.8	0.7
	结温（密封）	110℃	90℃
	（塑料）	100℃	70℃
晶体管			
硅（通用）	集电极电流	0.8	0.5
	电压 V_{cc}	0.8	0.6
	结温（密封）	120℃	100℃
	（塑料）	100℃	80℃
硅（功率）	集电极电流	0.8	0.6
	电压 V_{cc}	0.8	0.6
	电压（反偏压）	0.9	0.8
	结温（密封）	130℃	110℃
	（塑料）	110℃	90℃
二极管			
硅（通用）	前向电流、电压	0.8	0.5
齐纳管	结温	120℃	100℃
电阻器			
	功率损耗	0.8	0.5
	工作温度	额定值－20℃	额定值－40℃
电容器			
	电压	0.8	0.5
	工作温度	额定值－20℃	额定值－40℃
继电器和开关			
电阻或电容性负载	电流	0.8	0.5
电感性负载	电流	0.5	0.3
电机	电流	0.3	0.2
灯丝	电流	0.2	0.1

　　由于热应力是周围温度和功耗的函数，所以一般建议对功率晶体管这样的元器件采用综合的温度加功率进行应力降额，如图 9-9 所示。应该参考制造商的数据手册获得具体的指导，Pecht（1995）和 MIL－HDBK－338 也提供了相关信息。

　　下面是常用的降额标准：

　　NAVSEA－TE000－AB－GTP－010：海军用电子设备零件降额要求和应用手册，由美国海军海上系统司令部发布。这个标准给出了 10 类电子电气零件的降额曲线。

　　MIL－STD－975M：NASA 标准电子电器及电机零件清单，由美国国家航空

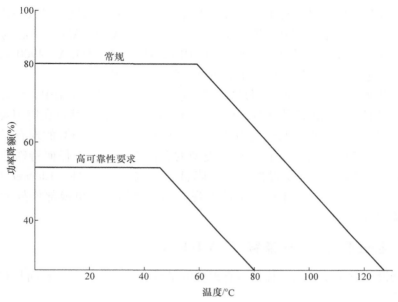

图 9-9   典型的晶体管和二极管等温度 – 功率降额图线

航天局于 1994 年发布。这项标准给出了航天和发射运载工具选择零件时需要的信息及电子元件、材料、工艺的降额曲线。

MIL – STD – 1547A：航天和发射运载工具的电子元件、材料和工艺，由美国国防部于 1998 年 11 月发布。这项标准给出了太空飞行装置和主要地勤设备的设计和建造在选择零件时需要的信息及电气、电子、机电元件、材料、工艺的降额曲线。

ECSS – Q – 30 – 11 – A：太空产品的保障，由欧洲空间标准化合作组织于 2006 年 4 月发布。这项标准介绍了空天项目中的电子、电气、机电零部件的降额要求。

9.6.5   零件升额

与降额相反，零件升额旨在评估零件（通常是电子元器件）在超出制造商规格的应用下，满足功能和性能要求的能力。例如，在民用产品中，大量半导体部件被规定（或额定）最高温度为 70℃，有时为 85℃（Das 等，2001 年）。但是，有时也需要能在更高工作温度下工作的零件，尤其是在恶劣环境应用中，如汽车、航空电子设备、军用等。这些行业中没有足够大的需求来促使半导体制造商生产温度较高的零件，这就促使这些行业的制造商使用现有的零件。显然，这种方法存在着早期故障和可靠性降低的风险，因此，需要进行升额，评估零部件在此环境中工作的能力，并评估风险。零件升额通常需要在规格以外的温度下进行测试，并且可以通过几种不同的方式进行。最常见的方法是：参数一致性、参数重新定性和应力平衡（Das 等，2001 年）。马里兰大学 CALCE 中心为开发升额方法和测试过程做出了很大贡献。IEC TR 62240 和 ANSI/EIA-4900-2002 是在制造商指定温度范围以外使用半导体器件的两个常用标准。

组件升额的另一个常见原因是成本降低。在某些非关键应用中，设计人员可能会用额定温度更低的廉价元件部件替换当前电子元件，当然仍在应用规格限制范围内。例如，在最高预期温度为 70℃ 时，将额定温度为 85℃ 的现有元件替换为额定温度为 70℃ 的相似元件。这种类型的升额不需要经过任何特殊的测试过程，但由于新零件的温度规格较低，降低了系统的可靠性。Kleyner 和 Boyle（2003 年）讨论了一种基于原有部件的现有测试数据推测更换部件故障率的方法，降额和升额都适用。

9.6.6 电磁干扰和电磁兼容（EMI/EMC）

电路设计时防止电磁干扰是所有现代电子系统面临的一个困难而具有挑战性的领域。

主要设计技巧有：

1）使用滤波电路解除来自或传至电源的噪声和瞬变。

2）将电路和导线放置在一个接地的导电盒（法拉第屏蔽）中屏蔽起来，或可以对电缆用接地导电线网。采用双绞线，也可以使电缆不容易拾取噪声。

3）应平衡电路阻抗，如电源和负载之间的阻抗，这样每个导体内拾取的噪声将相同，并且会自行抵消。

4）在电路工作过程中，所有电路接地必须有相同的电位，因此所有的接地处必须提供一个返回电流源的低阻抗通道。这在高频数字系统中尤为重要。

5）在电路工作过程中，对于形成接触或断开的器件，如微型开关和继电器，必须选择能将电磁干扰减到最小的。必要时，必须在其周围安排滤波电路。

6）在数字系统的印制电路板电源输入处须有噪声滤波器，并要靠近每个集成电路。常用的方法是使用去耦电容。必须按照电路频率选择电容值，这样，局部 L-C 电路（图 9-10）的谐振频率就会远高于电路工作频率（为了防止谐振），但是要用足够大的电容量提供集成电路完成切换功能所需的瞬态电流。

7）用于传输数据的光纤不受电磁效应的影响。

8）在软件驱动的系统中，可以用编码的方法提供电磁干扰防护，见第 10 章。

可以用软件对 EMI 电磁干扰/EMC 电磁兼容进行分析。

前述大多数防护瞬间高压的方法对防止电磁干扰也有效，反之亦然。因此在专业书籍和培训中，这些主题都是放在一起的。Ott（2009）和 Schmitt（2002）对电磁干扰和电磁兼容整个领域做了很好的介绍。

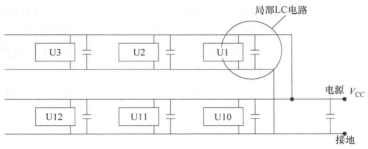

图 9-10　数字电路噪声去耦

9.6.7　冗余

第 6 章已讲到了冗余技术。在电子电路和系统设计中，从单个元器件到子系统的任何层面上都可应用冗余技术。决定在何时及如何将冗余设计进去，要根据系统或功能的关键性决定，并且总是必须在尽可能与降低复杂性和成本的要求达到平衡。但是，由于大多数现代化元器件都比较便宜，因此经常可以用相对低的成本使用冗余电路元件适当地提高可靠性。必须考虑到最可能出现的元器件失效模式。如并联的电阻器能提供冗余，但是如果有一个开路，可能会使操作降级，但短路是不太可能发生的失效模式。考虑电容器时则相反。

9.6.8　设计简化

与所有好的工程实践相同，电子系统设计必须尽可能地保持简单。在电子工业中，设计简化主要是指尽量使用少的元器件数量来完成所需功能。减少元器件数量及其连接应该能提高可靠性并同时降低生产成本。然而，和减少元器件数量相比，提供足够的防护和元器件降额的需求，以及在必要时提供冗余通常应该更加优先。

减少元器件类型数量也是设计简化的重要方面。当许多设计工程师同时设计一个系统时，他们将不可避免地对类似的设计问题有不同的解决方案，结果选用了过多数量的元器件类型和参数值。由于必须购买和存储更多类型的元器件，因此导致了更高的生产成本和更高的维护成本。如果必须管理过多的元器件类型，对购进的元器件的质量控制就变得更加困难，因此可靠性也会降低。

可编写设计准则，以使工程师采用适当的标准方法，将元器件类型减至最少。还应将减少元器件类型作为设计评审的目的之一，特别是在原型样机制造出来之前，或图样被冻结准备投产之前。

9.6.9　潜在电路分析

潜在电路是在电气或电子电路中不希望出现的连接，它不是由元器件失效引起的，它会导致某种不希望出现的状况或者阻止出现某种希望出现的状况。潜在电路可能是不经意设计到系统中的，因为没有完全指明或理解接口，或者工程师在设计复杂电路时出错。潜在分析是为了从电气和电子电路及操作软件中识别出这些状况而发展起来的一种技术。

这种方法以识别系统内能够引起潜在电路的拓扑模式为基础。图 9-11 所示为这 5 种基本拓扑模式。

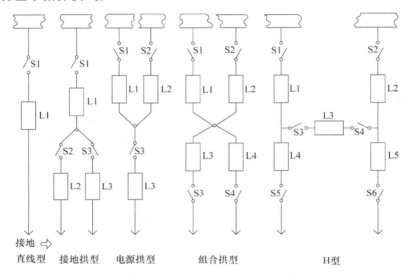

图 9-11　潜在分析基本拓扑模式（硬件）

任何电路都可被视为这些拓扑模式的组合。无论是在正常工作中或者由于系统其他部分发生故障时，为了检查是否存在产生潜在问题的条件，要针对每种拓扑模式进行分析。例如，在电源拱形或组合拱形中，如果 S1 和 S2 是闭合的，电源会反向。

潜在电路有 5 种类型：

1）潜在通路：电流沿非预期的路径流动。

2）潜在开路：电流不沿预期的路径流动。

3）潜在时序：电流在不正确的时间流动，或者不能在正确的时间流动。

4）潜在指示：错误或模糊的指示。

5）潜在标志：控制器或指示器上错误、模糊的或者不完整的标志。

在识别出可能的潜在状况后，必须通过测试或详细的调查分析进行证实并给出报告，而且必须制定整改措施。

对比较大的系统进行潜在分析是一件繁琐的工作。然而，已经证明这项工作对安全性分析和航空系统或工业系统控制的完整性评估是非常有益的。目前大部分电路仿真软件有潜在电路分析的功能。第 10 章将提到软件应用。

细心地设计，或者充分地进行测试可以防止潜在电路。正式的分析技术适用于关键的系统，尤其适用于子系统之间存在复杂接口的情况。

9.7 参数变异和公差

9.7.1 简介

所有电子元器件之间都存在初始的参数变异，有时还会存在长期的漂移。参数值也会随着其他因素的变化而变化，尤其是随温度的变化而变化。在一个特定的设计中，这些变异重要与否取决于在应用中对参数准确度的要求。例如，在高增益放大器的反馈电路中，电阻器的阻值可能对正确运行至关重要，但是没有必要像对限流器的电阻器那样进行精密的控制。

初始变异的存在是元器件生产过程的必然结果。大多数受控制的参数是在生产结束时测量的，元器件都规定有公差带，而如果它们处于限定的范围之外就被拒收。例如，一般提供的电阻器在名义电阻值的 1%、5%、10% 和 20% 的公差范围内。因为经常在同一批产品中进行选择，它们可能的参数分布如图 9-12 所示，图中标明了被选的公差范围，并假设只选了两个公差带。根据使用情况，参数分布的形状的知识可能是重要的。

对大多数的元器件参数，如晶体管特性参数，都给出了最大值和最小值。要注意到在制造和选择过程中，并非所有的参数值都受控制，这一点很重要。有些参数只是作为"典型"值给出。设计关键电路的工作状态时，如果根据这样的参数永远是不适当的，因为通常没有对它们进行测量，因此没有保证。

由于导体和半导体材料的电导随着温度改变，因而所有相关参数也会发生变化。因此电阻器的阻值及晶体管的增益和切换时间都是与温度相关的典型参数，而且高温还会增加噪声输出。其他的参数会相互影响，如晶体管连接之间的电容值会受偏压的影响。

随时间增加而产生的参数漂移通常也与电导及电介质性能的改变有关，所以电阻器和电容器也容易发生漂移，其速率由材料类型和所采用的结构、工作温度及时间决定。

电路参数变异的另一个来源是由所谓的寄生参数引发的。这些电性能参数并不是元器件或电路的原理设计中所固有的，而是因为结构和布局特征引起的。例如，绕线电阻是电感性的，电感值取决于结构类型，印制电路板的导电带之间有电感和电容，而集成电路的引线框架也是电感性的。在高增益和高频系统中，寄生效应非常重要，而且难以控制。

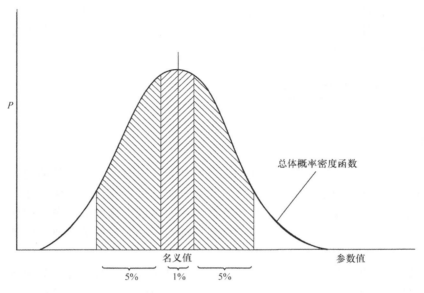

图 9-12　选择后的参数分布

参数变异能以两种方式影响电路。对于要求批量生产的电路，一部分可能达不到所需的工作规范，因而产量就达不到 100%，从而增加了生产成本。变异还可能导致电路在使用中不能正确地工作。初始的元器件之间的变异主要影响产量，而与应力或时间相关的变异主要影响可靠性。

9.7.2　公差设计

每个电子电路的设计（就此而言，不仅是电子电路，还包括所有系统）必须以对正确运行有贡献的全部元器件的标称参数值为基础。这称为参数设计。它涵盖了解决设计问题所必需的知识和创造性的品质。但是，正确的功能设计形成之后，还需要分析参数变异对通过率、稳定性和可靠性的影响，这称为公差设计方法。

公差设计的第一步是选出哪些可能是对通过率和性能最敏感的参数值。可以先在开始时凭经验并在参数设计阶段根据所做的系统计算来完成。但是，在详细的设计中应该用更系统的方法，后面会介绍这些技术。

下一步是根据详细的元器件的设计要求，决定所有重要参数值的变化范围。设计工程师有时会使用"优选件"清单而省略这一步，但清单只列出了主要的标称值和公差，并没有给出其他与应用情况相关的数据的完整信息。这一阶段应该对所有的相关寄生参数做出评估。

有时可以通过设计对一些变异进行补偿，如利用热变电阻器或可变电阻器等可调节元器件作为温度补偿元器件。然而，这些都提高了复杂程度并且通常会降低可靠性，因为它们自身就会有漂移，而且可调节元器件会因为磨损、振动和污染而降级。所以仍应尽可能通过仔细选择参数和公差达到使性能变异最小的目的。

9.7.3 分析方法

我们将在第 11 章介绍在一般设计中分析公差的影响。本节介绍更多的可用于分析电子电路中变异和公差的影响的方法。

9.7.3.1 最坏情况分析

最坏情况分析（Worst Case Analysis，WCA）是评估当最重要的元器件参数值处于其最高和最低公差值时的电路性能。它是参数设计计算最直接的延伸。但是，这只有对简单的电路才实用。而且，只要频率和时序要求不是太严格，纯数字电路也相对容易用这种方法分析。然而，如果有几个可能重要的参数的变异，尤其是相互影响或具有不确定性，则应该使用更有效的分析方法。

9.7.3.2 转置电路

电路输出对参数变化的敏感性可以用转置电路法来分析。转置电路是一种与所研究的电路拓扑结构相同的电路，但每一个 3 引线的元器件（如晶体管）的正向和反向传输系数是互换了的这一点除外。该输入被一个开路代替，而输出被 1A 的电流源代替。图 9-13 所示为一个电路的可能转置电路。这里只检查我们认为其参数变异对输出影响最大的元器件，在这种情况下，当输入为 I_i 时，输出为 V_0。注意，在频域内这些都是各参数的瞬时值（或 DC 值）。

V_0 对电阻器电感 G 的微小变化的敏感度由下面的公式给出：

$$\frac{\partial V_0}{\partial G} = -V_G V_{GT} \tag{9-3}$$

式中，V_G 为实际电路中跨过元器件的电压；V_{GT} 为转置电路中跨过该元器件的电压。

如果以同样的频率分析两个电路，对于其他元器件参数，相似的关系也成立。这就是特勒根定理。利用这些关系式，通过如电路仿真软件的软件只要分析两个不同的电路，就可以算出对所有关键参数的敏感度。这项技术对于分析小的和单个的变异的影响极其有效。在 Spence 和 Soin（1988）的著作中有介绍。

9.7.3.3 仿真

另一种分析公差和变异影响的方法是蒙特卡洛仿真。蒙特卡洛仿真的原理在第 4 章中讲过。大多数现代电路仿真软件包含了蒙特卡洛法，这种方法可以设置参数变异，它既可以是一个范围，也可以是一个规定的分布形状（正态分布、双峰分布），而该程序会利用服从该分布的参数值随机地"建造"出各个电路并做出分析。蒙特卡洛电路仿真可评估多个参数同时存在变异的影响。通过详细地分析能识别出最关键的参数，并且可以运行利用统计学原理设计的试验（见第

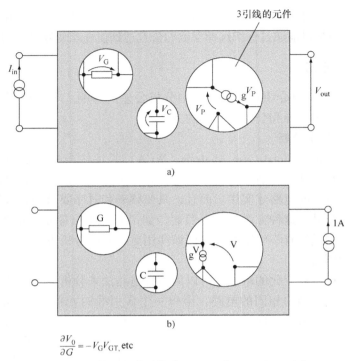

$$\frac{\partial V_0}{\partial G} = -V_G V_{GT}, etc$$

图 9-13 转置电路〔摘自 Spence 和 Soin（1988）〕

a）原始电路　b）转置电路

11 章）。分析电路可以在时域和频域上进行，除了分析需要耗费时间以外，对参数的数量、输入条件及仿真几乎没有任何限制。

图 9-14 所示为对滤波电路进行多次蒙特卡洛仿真的结果，并与规格要求做对比。该图表明在一些参数组合下的性能超出了规格的要求。经过多次运行，估算出了通过率，并可以求出导致电路超出规范的参数值组合。

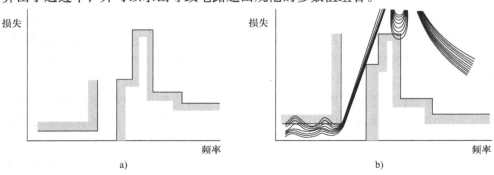

图 9-14 滤波电路的蒙特卡洛分析〔摘自 Spence 与 Soin（1988）的文献〕

a）滤波电路性能的规格　b）批量生产的电路超出了规格

关于本节内容的详细论述可以参考 Singhal 与 Vlach（2010）Spence 与 Soin（1988）的文献。

9.8 面向生产、测试和维护的设计

设计电子电路时，应该能使它们在生产过程中进行测试。这些方法要视制造过程的检测要求和经济性考虑而定，将在第 15 章介绍。易测试性是一项重要的设计特征，能够对生产成本产生很大影响。易测试性还影响可靠性，因为没有检测出的生产缺陷会导致使用中的失效，而难以进行诊断的电路更可能导致不能完全修复或者修复得不正确。

重要的是，电路设计工程师应该了解将会用到的测试方法，以及为它们对设计提出的要求，以保证测试进行得有效而经济。O'Connor（2001）介绍了电子领域的测试方法。

电路的设计必须做到使 ATE（自动测试设备）开启元器件的工作状态，控制电路工作，观察和测量输出的状态和数值，并分隔电路以降低测试工作的复杂性。在设计被确定之前，最好能与测试工程师一起仔细评审设计的易测试性。现代 EDA（电子设计自动化）软件包括了进行测试性分析的程序。Turino 与 Binnendyk（1991）详细地介绍了设计中考虑测试的内容。

面向生产、测试和维修的电子系统设计应该加入设计规范和设计评审中。从这个角度讲，好的电子设计应该做到以下几点：

1）尽可能降低进行调节的必要性，如电位器。可调节的元器件不如固定值的元器件可靠，并更容易出现漂移。

2）在必须根据测量的参数值选择元器件时，避免出现"边测试边选择"的情况。选择只要在对应的参数公差范围内就能使用的元器件，而不应根据那些被认为常见但并没有保证的参数来选择。当不得不使用"常见"的公差时，要确保在组装前进行适当的元器件筛选。

3）确保在适当的组件层级上调整是易于实现的。

4）分隔电路，以使子组件可以分别测试和诊断。例如，如果一些被测量值要放大、模数转换、逻辑处理和驱动显示，那么最好是在一块印制电路板上包括每个被测量值的所有功能，而不是对每一个功能用一块印制电路板，因为这样可使故障诊断变得容易，而且修理一个通道不会影响其他通道的性能和校准。当然，也考虑到成本和空间等其他因素。

习　题

1. 温度升高会如何影响电子元器件的可靠性？举出 3 个失效机理和元器件类型的例子具体说明。

2. 简要描述 3 种可能发生在现代集成电路中的失效模式。解释它们分别是如何受温度（高和低）、电应力、制造质量的影响的。

3. 描述对以下集成电路失效模式有影响的设计、制造和使用因素：（ⅰ）电迁移；（ⅱ）闩锁；（ⅲ）静电损伤。

4. 筛选是用来提高集成电路质量和可靠性的一个过程。解释进行集成电路筛选的技术合理性，并简要说明筛选过程中一般会用到的测试。

5. 微电路器件封装技术方面的最新发展对可靠性有什么影响？如何将失效风险减到最小？

6. 从可靠性的角度看，在选择用于大规模生产而设计的电路中的集成电路封装类型时，主要需要考虑哪些因素？对照比较密封封装和塑料封装，以及穿孔安装和表面安装。

7. 说明对 ASIC 生产线审批来说，能力审批比元器件审批体系更有用。

8. 用第 6 章提到的 MIL – HDBK – 217 中的公式 $\lambda_p = \pi_Q \pi_L [C_1 \pi_T + C_2 \pi_E] /$ $10^6 h$ 针对被筛选为 B – 1 级的元器件（$\pi_Q = 2.0$），以下列数据计算该元器件的故障率：$\pi_L = 1$，$C_1 = 0.12$，$\pi_T = 3.7$，$\pi_V = 1$，$C_2 = 0.01$，$\pi_E = 4.2$。用这种方法计算故障率有何用处？

9. 论述现代系统中电子元器件的可靠性对整个系统可靠性的影响。

10. 介绍钎焊连接失效的方式。工程师在设计电路时如何将焊接失效降到最少？

11. 叙述电缆和接头的失效方式。工程师在设计电路时如何将这些失效降到最少？

12. 什么是“未发现故障”式的失效？说明这些失效的主要原因。它们为什么重要？

13. 为什么在电子系统设计中，热学方面的问题对可靠性是重要的？工程师可以用什么方法降低电子元器件的工作温度？

14. 供应商已经提出了降额方案，该方案是以电应力相对于 MIL – HDBK – 217 中给出的基本故障率曲线导出的降额曲线为基础提出的。说出你对这种方法的疑虑。

15.（a）一个小型塑料晶体管以 120mW 的功率工作，如果在 25℃ 以上时 $\theta = 0.4℃\,mW^{-1}$，且环境温度为 50℃，计算 T_J。

（b）如果最高节温为150℃，计算在环境温度为60℃时晶体管的功耗。

16. 利用图9-9和表9-3，计算应用于高可靠性场合下，塑料密封的通用硅晶体管被允许的百分比功率。

17. 描述在以电子元器件为基础的设计中，使用热降额方法的几点好处。

18. 能对电子系统造成影响的电磁干扰主要来自哪里？介绍3种可以保护电路免受电磁干扰的方法。

19. 一个普通的家庭厨房中有荧光灯和洗衣机，列出你能发现的电磁干扰源，如果你是设计师，如何缓和这些影响？

20. 介绍3种分析元器件参数变异对电子电路性能影响的方法。针对每种方法，说明工程师如何将变异和它们的影响减到最小。

21. 分析比较锡－铅和无铅钎焊的可靠性方面的特点。介绍使用无铅焊接的优缺点。举例说明在哪些情况下你愿意使用锡－铅焊接，在哪些情况下使用无铅焊接。

22. 在两个不同的温度 $T_1 = 25℃$ 和 $T_2 = 60℃$ 下进行了一系列电迁移试验。第一种情况下的电流密度为 $2mA/\mu m^2$，第二种情况下的电流密度为 $1mA/\mu m^2$；活化能为 $E_A = 0.6eV$。试验的结果是：$MTTF_1 = 1457h$，$MTTF_2 = 500h$。计算 Black 方程式（9-1）中的试验常数 A 和 N。

23. 电阻标称的额定功率为2W。可以选择在1W和3W应用中使用此电阻。哪种情况属于降额，哪种情况属于升额？请解释你的答案。

参 考 文 献

综合性文献

CALCE (2011) *Lead Free and Green Electronics Forum*, CALCE, University of Maryland. Available at: http://www.calce.umd.edu/lead-free/index.html.

Clech, J-P. (2004) *Lead-Free and Mixed Assembly Solder Joint Reliability Trends*. Proceedings (CD-ROM), IPC / SMEMA Council APEX 2004 Conference, Anaheim, CA, Feb. 23-26, 2004, pp. S28-3-1 through S28-3-14. Available at http://www.jpclech.com/EPSI_Publications.html.

Clech, J-P., Henshall, G. and Miremadi, J. (2009) Closed-Form, Strain-Energy Based Acceleration Factors for Thermal Cycling of Lead-Free Assemblies, Proceedings of SMTA International Conference (SMTAI 2009), Oct. 4-8, 2009, San Diego, CA.

DfR Solutions (2010) *Pb-Free Solder Joints*. Available at http://www.dfrsolutions.com/pb-free-solder-joints/.

Evans, J. (2010) *A Guide to Lead-free Solders. Physical Metallurgy and Reliability* (ed. W. Engelmaier), Springer.

Garrou, P. and Gedney, R. (2004) *Tin Whiskers: An Industry Perspective*. Advanced Packaging, December 2004 issue.

Horowitz P. and Hill, W. (1989) *The Art of Electronics*, 2nd edn, Cambridge University Press.

JEDEC (2006) JESD201 standard, *Environmental Acceptance Requirements for Tin Whisker Susceptibility of Tin and Tin Alloy Surface Finishes*. Available at http://www.jedec.org/standards-documents.

Pascoe, N. (2011) *Reliability Technology: Principles and Practice of Failure Prevention in Electronic Systems*, Wiley.

Pecht, M. (ed.) (1995) *Product Reliability, Maintainability and Supportability Handbook*. ARINC Research Corp.

US MIL-HDBK-338. *Electronic Reliability Design Handbook*. Available from the National Technical Information Service, Springfield, Virginia.

元器件

Amerasekera, E. and Najm, F. (1997) *Failure Mechanisms in Semiconductor Devices*, 2nd edn, Wiley.

Bajenescu, T. and Bazu, M. (2011) *Failure Analysis: A Practical Guide for Manufacturers of Electronic Components and Systems*, J. Wiley.

Brindley, K. and Judd, M. (1999) *Soldering in Electronics Assembly*, Newnes.

Bajenescu, T. and Bazu, M. (1999) *Reliability of Electronic Components*, Springer-Verlag.

British Standard, BS 9000. *Components of Assessed Quality*. British Standards Institution, London. (And equivalent US MIL, European (CECC) and International (IEC) standards.)

Das, D., Pendse, N., Wilkinson, C. and Pecht, M. (2001) Parameter Recharacterization: A Method of Thermal Uprating. *IEEE Transactions on Components and Packaging Technologies*, **24**(4), December 2001

Hannemann, R., Kraus, A. and Pecht, M. (1997) *Semiconductor Packaging: A Multidisciplinary Approach*, Wiley.

Harper, C. (2004) *Electronic Packaging and Interconnection Handbook*, 4th edn, McGraw-Hill Professional.

IEC TR 62240 (2005) *Process management for avionics –Use of semiconductor devices outside manufacturers' specified temperature range.*

Jensen, F. (1995) *Electronic Component Reliability*, Wiley.

Kleyner, A. and Boyle, J. (2003) Reliability Prediction of Substitute Parts Based on Component Temperature Rating and Limited Accelerated Test Data. *Proceedings of Annual Reliability and Maintainability Symposium*, Tampa, Florida, pp. 518–522.

Kuo, W., Chien, W. and Kim, T. (1998) *Reliability, Yield, and Stress Burn-In: a Unified Approach for Microelectronics Systems Manufacturing & Software Development*, Springer.

Lau, J., Wong, C., Prince J. and Nakayama, W. (1998) *Electronic Packaging: Design, Materials, Process, and Reliability*, McGraw-Hill.

Ohring, M. (1998) *Reliability and Failure of Electronic Materials and Devices*, Academic Press.

Pecht, M. (ed.) (1993) *Soldering Processes and Equipment*, Wiley.

Pecht, J. and Pecht, M. (eds) (1995) *Long-Term Non-Operating Reliability of Electronic Products*, CRC Press.

Pecht, M., Radojcic, R. and Rao, G. (1999) *Guidebook for Managing Silicon Chip Reliability*, CRC Press.

Tummala, R. (2001) *Fundamentals of Microsystems Packaging*, McGraw-Hill.

Tummala, R., Rymaszewski, E. and Klopfenstein, A. (1997) *Microelectronics Packaging Handbook*, Kluwer Academic Publishers.

US MIL-STD-883. *Test Methods and Procedures for Microelectronic Devices*. Available from the National Technical Information Service, Springfield, Virginia.

Woodgate, R. (1996) *The Handbook of Machine Soldering: SMT and TH*, 3rd edn, Wiley-Interscience.

机械及热效应和设计可靠性预计

Lall, P., Pecht, M. and Hakim, E. (1997) *Influence of Temperature on Microelectronics and System Reliability*, CRC Press.

McCluskey, P., Grzybowski R. and Podlesak, T. (eds) (1997) *High Temperature Electronics*, CRC Press.

Sergent, J. and Krum, A. (1998) *Thermal Management Handbook: For Electronic Assemblies*, McGraw-Hill.

Steinberg, D. (2000) *Vibration Analysis for Electronic Equipment*, 3rd edn, Wiley.

Thermal Guide for Reliability Engineers. Rome Air Development Center Report TR-82-172. Available from the National Technical Information Service, Springfield, Virginia.

电磁干扰(EMI)/电磁兼容(EMC)/静电放电(ESD)

Chatterton, P. and Houlden, M. (1991) *EMC: Electromagnetic Theory to Practical Design*, Wiley.

Ott, H. (2009) *Electromagnetic Compatibility Engineering*, Wiley-Interscience.

Schmitt, R. (2002), *Electromagnetics Explained: A Handbook for Wireless/RF, EMC, and High-Speed Electronics*. Elsevier.

US MIL-E-6051D, Electromagnetic Compatibility Requirements, Systems. NTIS, Springfield, VI.

US MIL-STD-461D, Requirements for the Control of Electromagnetic Interference Emisions and Susceptibility. NTIS, Springfield VI.

公差设计和电子测试

O'Connor, P.D.T. (2001) *Test Engineering*. Wiley.

Singhal, K. and Vlach, J. (2010) *Computer Methods for Circuit Analysis and Design*, Kluwer Academic Publishers.

Spence, R. and Soin, R. (1988) *Tolerance Design in Electronic Circuits*, Addison-Wesley.

Turino, J. and Binnendyk, H. (1991) Design to Test, 2nd edn, Logical Solutions Inc., Campbell, CA (Also *Testability Advisor* software).

第 10 章　软件可靠性

10.1　引言

目前，软件构成了众多产品中的操作系统，而且随着低成本微控制器带来的各种机会，这种趋势还在持续加速。软件的开发成本较低，复制的费用极低，没有重量，而且不以硬件的失效方式失效。与其他方法相比，软件还能以更可行或更经济的方式实现更加强大的功能。用软件来实现各种功能可以使系统不那么复杂、更便宜、更轻和更稳定。因此，以往使用硬件甚至是人来完成的许多功能，现在越来越多地使用软件来实现。最近的例子有飞机的飞行控制系统、焊接机器人、发动机控制系统、家用面包制作机等。

现在使用的软件"技术"仍然和在早期计算机上首次使用的基本时序数字逻辑技术相同。主要的变化只是处理器的速度与字长能力和可用的内存容量发生了重大变化，这又推动了高级计算机语言和现代操作系统的发展。人们也尝试过提出完全不同的方法，如并行处理和模糊逻辑等，但这些都还处在边缘状态。因此，为确保程序正确、安全和可靠，软件开发的基本原则自 20 世纪 70 年代首次提出以来（Myers，1976），大部分没有改变。

由于一个计算机程序的每个副本都与原始程序是完全相同的，因此不会发生因变异造成的失效。而且，除了少有的特殊含义⊖以外，软件也不会降级，而且在发生了降级时也易于将其恢复到初始水准。因此，一个正确的程序可以无限地运行而不出现失效，它的所有副本也是如此。但软件可能会由于未检测到的错误而不能实现预期的功能。如果一个软件存在错误（"瑕疵"），那么该程序所有的副本都会存在该错误，并且如果在一定情况下出现失效，那么当该情况存在时该程序总会失效。

软件失效的发生也随着机器环境的变化而变化。例如，机器可被重新起动，而软件可以因为清除等待队列、消除内存泄漏和刷新机器状态被"修好"。因

⊖　存储在某些介质中的数据或程序会发生降级。软盘等磁性存储介质易受电磁场甚至长时间紧密包装的影响。由于自然存在的 α 粒子撞击，超大规模集成电路半导体元器件的单个存储单元的电压状态会发生变化。这种情况下经过一个刷新周期就可以恢复程序。

此，同样的多个副本可能会随着重启以来的"工龄"不同而运行表现不同。

因为软件错误而引发的系统失效的影响可能是微不足道的，但也可能是灾难性的。因此，在软件可靠性和安全性方面所做的工作中，应该关注错误导致的后果，而不是仅仅预防和消除大部分错误。

由于大部分程序是由许多单一语句和逻辑路径组成的，并且都是人为编写的，因此会存在各种出错的可能。所以必须通过推行编程规范及利用检查和测试等手段，尽力防止错误的产生，并尽最大可能检测和纠正已经产生的错误。

当软件是软硬件结合的系统的一部分时，系统失效可能是由硬件失效引起的，也可能是由软件错误引起的。当人也是系统的一部分时，人也可以引发系统失效（例如，空中客车的飞机在一次低空飞行表演中，发生了坠毁事件，对此，一些"专家"立即谴责新的飞行控制软件，但调查研究的结论表明，坠毁是飞行员使飞机进入了一种使系统无法预防坠毁的状态而造成的）。有些情况下，可能会难以区分是硬件的、软件的还是人为因素。

硬件可靠性和软件可靠性在一些方面存在差别，前面已提及了一些。表10-1列出了它们之间的差别。

表 10-1　硬件和软件可靠性特征比较

硬　件	软　件
1. 失效可由设计、生产、使用和维护中的缺陷引起	失效主要由设计缺陷引起。可通过修改设计来修复，使之在能引发失效的条件下足够稳定
2. 损耗或其他与能量相关的现象都可能造成失效。有时在失效发生之前会有预警（如系统发出噪声表明系统退化，失效即将发生）	不存在损耗现象。软件失效发生前没有预警，虽然很老的软件代码在进行功能升级时会因将错误引入代码而呈现递升的失效率
3. 没有两个产品是完全相同的。失效可能由变异引起	不存在变异：同一程序的所有副本都是完全相同的
4. 通过修理可使设备更可靠。进行预防性维护将零部件修复到如新的状态即属于此种情况	不存在修理。唯一的解决方案是重新设计（重新编程），这时如果消除了错误又没有引入其他错误，那么可以使软件具有更高的可靠性
5. 可靠性可能与老炼或损耗现象有关，即随着时间的推移，失效率会降低、恒定或上升	可靠性基本不依赖于时间。可靠性可能随时间推移而提高，但这并不是因为与运行时间有关，更确切地讲，是通过检查和纠正错误使代码的可靠性增长而起的作用
6. 可靠性可能与时间有关，失效的发生是工作（或存储）时间、循环等的函数	可靠性与时间无关。程序执行到某一特定的步骤或路径时，或遇到某一特定的输入条件时，就会触发失效
7. 可靠性可能与环境因素（如温度、振动、湿度等）有关	外部环境不会影响可靠性，除非是其影响了程序输入。但程序可靠性受到内部机器环境（等待队列、内存泄漏等）的影响
8. 从原则上讲，可靠性可以被预测，但从对于设计、零件、使用及环境应力等因素的认识程度讲，大多带有很大的不确定性	不能基于任何物理方面对可靠性进行预计，因为它完全取决于设计中的人为因素。虽然也存在某些基于所用开发过程和代码范围的可靠性预计方法，但这些是有争议的

（续）

硬　　件	软　　件
9. 可通过冗余来提高可靠性。冗余技术的成功使用意味着设备已具备检测、隔离和切换能力	如果并行路径是相同的，那么冗余将不能提高可靠性，因为若某一路径失效，另一路径也存在该项错误。可以通过由不同的团队编写不同的程序使之具有不同的平行路径来实现冗余
10. 失效可以发生在系统的零部件中，而且在一定程度上可由零部件上的应力及其他因素对其进行预计。对于确认高风险的产品项目，可以使用可靠性关键（项目）清单	几乎不可能通过分析逐个语句预计失效。错误可能随机地存在于程序的任何一处，而且任何语句都有可能出错。大多数错误存在于程序的边界或程序的异常处理中。可靠性关键项目清单并不适用
11. 硬件接口是可见的，人们可以看见十针脚的接头	软件接口是抽象和概念性的，而非直观可见的
12. 已存在可用于生成和分析设计的计算机辅助设计系统	尚不存在计算机化的软件设计和分析方法。软件设计更多的是一种"艺术形式"，缺乏硬件的那种可验证性，除了在一定程度上利用形式化方法（参见后续内容）
13. 硬件产品使用标准的零部件作为基本的结构单元	软件不存在标准部件，虽然也有标准化的逻辑结构。软件重用也正在使用，但是程度很有限

10.2　工程系统中的软件

软件作为一个工程系统的有机组成部分或其子系统，它与其他应用领域中的软件如银行、航空票务、物流、CAE、PC 操作系统和应用程序等有一些重要差别。这些差别如下：

——工程软件是"实时"的：它们必须按系统时间尺度运行，该时间尺度是由系统时钟决定的，并受到信号传播和其他延迟（开关、执行器等）的影响。例如，象棋比赛程序或电路模拟程序在执行时即运行，完成该运行需要的准确时间并非是关键性的。但对诸如过程控制器或自动驾驶仪等的作业系统，软件要在正确的时刻准备好接收输入和完成任务却是至关重要的。软件设计必须使得功能相对系统时钟脉冲、任务执行时间、中断等时间正确。在实时系统中，尤其是在其开发期间，常见的一种失效原因是定时错误。这种错误往往很难检测，特别是通过代码检查更难于发现。定时错误可能由硬件故障引起，也可能由接口问题引起。不过可以利用逻辑测试设备（逻辑分析仪）来准确地显示何时和在何种条件下会发生系统定时错误，从而发现原因。

——工程软件与系统硬件共用大量的接口。除了处理器、内存、显示器和键盘等基本部件外，还包括测量传感器、A/D 和 D/A 转换器、信号分析器、开关和连接器等其他工程接口。

——工程软件可以"嵌入"在系统内的各个不同层次上。例如，主操作程序可能会加载到软盘或可访问到的可编程只读存储器（PROM）中并运行，但其他软件可能会被嵌入到较难访问到的元器件中，如专用集成电路 ASIC、可编程门阵列、信号处理集成电路和闪存器件等。个人计算机中的基本输入输出系统（BIOS）芯片也是一个这种嵌入式软件的例子。

—— 对于设计问题，经常存在各种备选的解决方案，包括决定哪些任务由硬件（或人）完成，而哪些由软件完成。

—— 有时工程软件必须工作在电气"噪声"环境中，因此数据可能会被破坏。

—— 工程软件通常但未必全部比大多数其他应用程序规模小且简单。

因此，很重要的一点是，工程软件的开发（规范、设计、编写、测试和管理）要与硬件及整个系统的工作紧密结合。对于重要的工程软件，编写一份软件要求之后就将程序开发工作"外包"出去的做法虽然很常见，但并不可取。

10.3 软件错误

规范、软件系统设计和编写过程等都有可能产生软件错误（即"瑕疵"）。

10.3.1 规范错误

通常，在软件开发过程中被记录的错误中，有一半以上都源自规范。由于软件无法以实体感知，因此很少有可能对多义性、不一致性或不完整的语句做出常识性的解释。因此，拟定和审查对软件的规范都必须非常仔细。软件规范必须全面、准确地陈述对程序的要求。程序也必须准确地实现这些要求。在软件设计中，不存在如同实体零件设计中的安全裕度。例如，如果软件的要求为测量 9V ±0.5V 的电压并指示电压是否超出了公差范围，该程序能准确地做到。如果规范表述得不正确，例如，如果没有说明公差大小，那么每一次被测电压相对于 9V 只要有一个可测的变化量，无论是否超出了公差，都会在该点指示电压超过公差。根据情况，这可能是一种容易被察觉到的错误，或者也许会因为相信了超出公差的指示而导致不必要的检查和调整。这是一个相对简单的例子。还有更多的严重错误，如误解或遗漏了程序的逻辑要求，可以写进规范中。纠正此类错误要难得多，将涉及大量的重新编程工作，而且后果也会严重得多。

欧洲的 Ariane5 号航天器发射器失效就是由一个软件错误造成的：制导计算机和惯性测量装置中的数值数据使用了不同的数字位格式，虽然人们都了解该情况，但由于阿丽亚娜发射器该问题在以往都未曾导致过失效，因此没有采取措施。而新的发射器火箭推力更大，当惯性装置测得的速度高于以前经历过的速度时就导致了溢出。美国国家航空航天局（NASA）的火星极地轨道飞行器与行星发生碰撞的原因是，设计的部分系统以英里为度量单位，而接口子系统以千米为单位。

规范必须做到逻辑上是完整的。假定有如下陈述："样本输入 A、B、C，若其中任何一个值超过其他两个值的平均值 ±10 个单位，则前馈这两个值的平均值，指示出超出公差输入的失效，若不存在超出公差的情况，则前馈该三个输入值的平均值。"

这是一个三选二多数表决冗余系统的例子。其逻辑关系如图 10-1 所示。考虑输入的 A、B、C 分别为 100、90、120。则推导出的参数值、程序所经历的流程如图 10-1 所示。该情况存在两种故障情况，因为 B 和 C 都超过了另两个输入的平均值。程序将指示 B 失效，原因是该算法先比较 B 再比较 C。规范并没有说明当多于一个输入超出公差时该如何处理。因为程序只要可以得到输入，就会按算法执行，但系统却未必安全。该流程图与规范是相符的，但可能并没有反映出规范编写人员的真正意图。软件规范必须涵盖所有可能的输入条件和输出要求，这比硬件规范要详细得多。

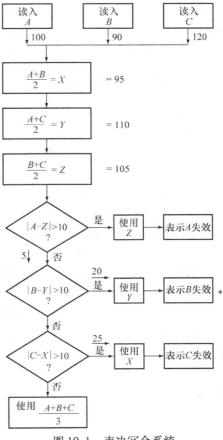

图 10-1　表决冗余系统

规范必须是前后一致的，绝对不能给出相互矛盾的信息或在不同的部分使用不同的惯例（如分别以英里和千米为单位）。

规范中不得包括不可测试的要求，如精度或速度要求超出了硬件能力。

规范不应只陈述对程序的要求，它还要说明使用的结构、程序的测试要求和开发与测试过程中所需的文档，以及诸如编程语言和输入与输出等基本要求（程序结构、测试和文档将在后面介绍）。

10.3.2　软件系统设计

规范之后就是软件系统设计。系统设计可以是一个流程图，并可能定义了程序结构、测试点、限制等。不正确地理解规范，或逻辑中存在缺失或缺陷，都有可能引发错误。如果软件不能对不正确的但又是可能出现的数据输入（如缺少或不正确的数字位）进行处理，也可能引发错误。

软件系统设计的一个重要的可靠性特征是鲁棒性。该术语被用来描述程序对承受错误情况后不导致严重后果的能力，如死循环或"崩溃"等。程序的鲁棒性取决于设计，因为正是在该阶段决定了程序在出错情况下的执行路径。

10.3.3　软件代码生成

代码生成是一个主要的错误来源，因为一个典型的程序涉及了大量的代码语句。典型的错误可能有：

—— 印刷错误（原文如此）。

—— 数值错误，如将 0.01 写为 0.1。

—— 符号遗漏，如括号。

—— 包含了未经声明的变量，或在程序开始运行时未经初始化。

—— 包含了有可能变为无确定值的表达式，如除数有可能变为 0。

—— 存储单元的意外共用。

对代码的更改有可能产生灾难性的后果。由之引入新故障的可能性可高达 50%，而小的更改可能更高。这些引入的故障倾向于更隐蔽，因而难以检测到和消除。所做的更改有可能与原始的体系结构存在冲突并会增加代码的复杂性。

我们将简要介绍一些可用于减少产生错误的方法，以及可用于检测已生成的错误的方法。

10.4　预防错误

规范

必须协调统一地拟定全部的系统规范和软件规范。两者在功能分配上都要有一定的灵活性并应促进集成。

软件规范不能只限于陈述要求，还必须完整、明确、详细地陈述需完成的功能及相应的操作环境（硬件、内存分配、时序等）。还应明确地陈述所有绝对不允许发生的情况。同时也要说明应该使用的程序结构、程序测试要求和开发期间所制作的文档，以及诸如对编程语言、内存分配、输入和输出等的基本要求。在充分地规定了这些方面之后，即可建立起一个使产生错误的可能性降到最小并确保能发现和纠正错误的程序开发框架。

必须对规范进行仔细审查，以确保其满足前述全部要求，并且不能存在多义性。规范需要经过项目团队评审，该团队应包括其工作将受规范推动的编程人员和工程师。

10.5 软件结构与模块化

10.5.1 结构

结构化的程序设计要求编程人员使用清晰并明确定义的方法进行程序设计，而不允许完全自由地设计可能是复杂的、难以理解或检查并容易出错的"聪明"程序。在程序中，一个主要的错误来源是使用无条件转移语句（GOTO 语句）来构成循环和分支（判定）之类的结构。因此，结构化程序设计方法不鼓励使用GOTO 语句，而要求使用具有单一入口和单一出口的控制结构。例如，图 10-2所示的简单分支指令既可以采用非结构化方式，也可以采用结构化方式进行编程（用 BASIC 语言）。对于非结构化方法，若给出错误的行号（例如，由于更改程序而改变了行号），将会导致程序错误，而且还难以追踪子程序（A、B）回溯到分支判定点。

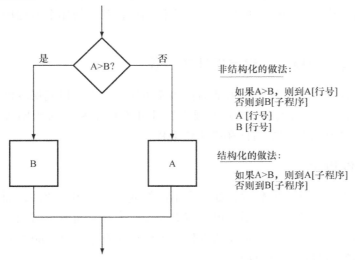

图 10-2 结构化与非结构化程序设计

另一方面，结构化方法消除了出现行号错误的可能性，并且更易于理解和检查。

结构化程序设计能产生错误更少、更清晰、更易于维护的软件。但结构化的程序在速度或内存需求方面的效率可能稍低。

10.5.2 模块化

模块化程序设计是将程序的需求分解为许多单独的、更小的程序需求或模块，每个模块都可以分别地予以规范、编写和测试。这样，整个问题就变得更加易于理解，而这对于缩小错误的影响范围和减小检查的难度也是非常重要的。各个分开的模块可在短时间内被编写和测试完成，从而减少了中途更换编程人员的可能性。

每个模块的规范都必须说明该模块与程序其他部分的接口关系。因此，所有的输入和输出也都应该规定出来。进行结构化程序设计可能因为需要在确定程序结构、编写规范和测试要求等方面做更多的准备工作。然而，与任何开发项目都需要充分的基础工作相同，这些工作得到的回报不止是减少了用于编写和调试的时间，还能使所编写的程序更易于理解和更改。一个程序容易被修改的能力可以与硬件的维护性相比较，而且通常是一个非常重要的特征。当不得不进行逻辑修正或需求发生变化时，就有必要对程序进行修改。很少有软件开发项目能避免这种情况。

模块的最佳大小取决于模块的功能，而不仅仅取决于程序单元的个数。在某种程度上，模块大小通常以接口引入方便与否来确定。大体上，若是使用高级语言，模块通常不应超过 100 个单独的语句或代码行；若是使用汇编程序代码，则应更少。

10.5.3　结构化和模块化程序设计的要求

大多数软件客户会对程序提出结构化和模块化的需求，以确保软件的可靠性和可维护性。这些严谨的做法能大大减少软件开发成本和寿命周期成本。ISO/IEC 9003 标准详细解释了结构化和模块化编程。

10.5.4　软件重用

有时还可以使用现有的软件，如来自不同的或以往应用的软件，而不需要编写新的程序或模块。这种方法不但可以节省开发成本和缩短开发时间，还可以降低产生新的错误的可能性。但是要慎重！一定要记住发生在 Ariane 5 号和火星极地轨道飞行器的事故的沉重教训。

有些计算机辅助设计系统，如 Labview 和 Simulink，在它们的数据库中包含嵌入式软件。

10.6　编程风格

编程风格体现的是程序设计和编码的整体方式。结构化和模块化程序设计便是编程风格的两个方面。其他的方面还有在编目中使用"注释"语句来解释程序，包含错误检查例行程序的"防错性"程序设计，以及尽可能使用简单的结构等。显然，严谨的编程风格对软件可靠性和可维护性有着重大影响，因此在软件设计指导和设计评审及编程人员培训中包括编程风格方面的内容是非常重要的。

10.7　容错

程序的编写可以避免错误造成严重问题或造成程序完全失效。我们已经提及与程序设计相关的"鲁棒性"，而这是容错的一个方面。程序应能找到恰当地避开错误状态的方法，并指出错误来源。这可以通过编入内部测试或检查循环时间，能在没有满足预设置的条件时，实现重新设置并指出错误。当要考虑安全性时，重要的是程序能在错误发生时设置安全的条件。例如，如果一个过程控制器在两个连续的程序周期时间未产生输出，或者输出值的变化超出了预定的量，则可以通过编程设置已知的安全条件并指出发生的问题。

这些软件技术也可用于防止出现硬件失效，如一个传感器的失效即可提供一个程序输入。这类方法的例子有：

—— 检查某过程的周期时间（如灌满一个油箱的时间），以及当正确时间被某设定值超过时就自动停止操作。传感器或油泵的失效，或由于漏油，都有可能导致这种情况。

—— 如果恒温器未能停止供热，那么这种失效状况可以通过在超过一个设定的时间后，无论恒温器输出如何，停止维持热供应来防止。

—— 检查输入值的变化速率。若变化值大于预定值，则采取上面所述的纠正措施。例如，由于传感器或连接器失效，压力测量值可能会突然降为零，但这样的压力变化实际是不太可能的。系统不应对错误的输入做出不恰当的响应。

—— 允许用两个或更多个程序周期来接收输入数据，以便兼顾可能的数据丢失、中断或损坏等情况。

用软件来实现上述功能要比用硬件来实现容易得多，并且不需要增加额外的材料成本或质量。因此，在拟定规范和设计阶段，总是应该分析提高由软件控制的系统的可靠性和安全性的可能性。当软件开发工作被当做一种集成化的系统工作方式的一部分进行管理时，就更有可能进行分析和优化。

10.8　冗余/分集

程序冗余也能提高容错能力。对高度集成的系统而言，分开编写的程序可安排在多个分开而又互联的控制器上同时运行，或在同一控制器上以分时的方式运行。可用表决或选择子程序来选择要使用的输出。该方法也称为程序分集。该方法的效果基于如下前提：两个单独编写的程序不太可能包含相同的代码错误，但也不能防止规范错误。另外，冗余还可以为由一个子程序来对重要的输出进行检查，若未发现正确的状况，则由一个不同的子程序进行检查（图10-3）。

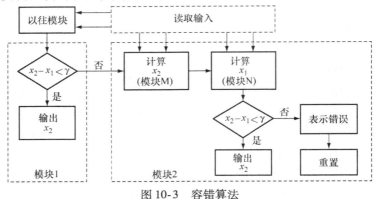

图 10-3　容错算法

10.9　编程语言

计算机语言的选择会影响软件的可靠性。目前主要有三种方法可用：

1）机器代码编程。

2）汇编编程。

3）高级语言（High Level Language，HLL 或 High Order Language，HOL）编程。

机器代码编程是编写处理器能运行的微代码。但是，不应该在该层次编写程序，因为它在速度或存储方面没有任何优势，非常容易产生错误而极难检查出来，并且没有捕捉错误的办法。

汇编语言程序比用高级语言（HLL）编制的程序的运行速度更快且需要的内存更小，因此对于实时系统有吸引力。但汇编程序比高级语言编程难得多，并更难于检查和修改。在汇编编程时可能会产生的一些错误在用高级语言编程时则不可能出现，或者出现的可能性很小。因此，对较大的程序，一般不太支持使用汇编语言编程，虽然有时为了提高速度和减小内存需求，其也可能会使用在一些模块中。但是，符号汇编器带有高级语言的一些减少错误的功能。

由于机器语言和汇编语言是直接面向体系结构和操作系统的，因此它们是某一特定处理器所专有的。

高级语言独立于处理器，是通过编译器转换为处理器的操作系统进行工作的。因此，高级语言需要更大的内存（编译器本身就是一个大的程序），而且运行得更缓慢。但使用高级语言编程更容易，而编制出来的程序也更容易检查和修改。旧的高级语言（如 FORTRAN、BASIC）并未鼓励结构化编程，但新开发的语言（如 PASCAL、Ada、C、C＋＋）则鼓励结构化程序设计。

由于高级语言必须通过编译器才能工作，因此编译器的可靠性将影响系统的可靠性。用于新式高级语言和新处理器的编译器有时在刚推出的最初几年会出现一些问题，直至所有的错误都被发现并纠正后才会停止。但通常来说，因为其使用范围十分广泛，因此一旦编译器完全开发完成，还是比较可靠的。现代的编译器含有错误检测功能，因此，高级语言程序中的许多逻辑的、语法的或其他的错误都会提示给编辑人员，这样在程序加载或运行之前，错误能被纠正。在某些情况下，错误是可以进行自动纠正的，但这仅局限于一些特定类型的错误。

在某些现代化的系统中，模糊逻辑已在一定范围内得到了应用，模糊逻辑程序失效的方式与常规逻辑的基本相同。

可编程逻辑控制器（PLC）常常用来替代处理器，用在机床、工厂自动控制、列车门控制等系统中。由于只需编写基本的逻辑指令，因此 PLC 的编程要比用于微处理器的编程容易得多。基于 PLC 的系统还可避开针对基于处理器的系统（如操作系统软件、内存等）需要的其他要求，因此它们更简单、更具鲁棒性、更易于测试。

10.10　数据可靠性

对基于软件的系统可靠性来说，数据可靠性（或信息完整性）是一个重要的方面。在数字化编码数据被传输时，有两个降质的来源：

1）数据可能未被及时处理，从而产生处理错误。例如，若数据到达处理点（"服务器"，如微处理器或存储地址解码器）的速度超过了服务器的处理速度，就可能发生这种错误。

2）数据可能在传输过程中或在存储器中因数字位丢失、反向或被增加了虚假数字位而遭到破坏。若在传输系统中存在噪声，如电磁干扰或存储器的缺陷，就可能发生这种情况。

在系统设计中，为了消除或减少因处理时间错误而引发的失效，可以使用排队理论，根据期望的速率和信息输入结构、"服务器"的数目和速度及排队规定［如先进先出（FIFO）、后进先出（LIFO）等］。另外，还可使用一种冗余的方法，即仅当在例如三个处理周期内至少完全一样地重复两次，才认为处理的数据是有效的而予以接受。当然，这会使系统的处理或操作速度有所降低。

因传输或存储缺陷所造成的数据损坏可通过错误检测与纠正代码来检查和校正。奇偶校验位是最简单的，可能也是最著名的。在每个数据字中添加一个附加位，从而使其总有偶数（或奇数）个 1［偶数（或奇数）校验］。若在某数据字中出现奇数个 1，则该数据字被拒绝或忽略。还可用更复杂的错误检测码，它们可以覆盖更大部分的可能存在的错误并可纠正错误，如汉明（Hamming）码和 BCH 码就是这类例子。

为了保证可靠的数据传输，需要在存储分配和操作速度之间进行权衡。

10.11 软件检查

为确认规范已得到了遵守，必须针对规范中的每一项对程序进行检查。例如，若测试规范要求阻抗测量值为（15 ± 1）Ω，只有逐行检查程序列才有可能发现测量值公差为 +1Ω、−0Ω 这样的错误。程序检查可能是一个单调乏味的过程，但如果将程序构造成各个规范清晰、易于理解的模块，从而可以快速和全面地进行独立的检查，那么就会容易得多。与硬件设计评审的工作相同，进行程序检查所花费的代价通常都会因后续各阶段开发时间的节省而得到充分的补偿。程序检查应该按照预先准备好的计划进行，计划中规定了为验证符合规范所需的测试。

由设计团队和独立人员参与的正式程序检查，又称为结构化走查或代码评审。

10.11.1 FMECA

由于软件并没有会失效的"部件"，所以对软件使用 FMECA（见第 7 章）是不切实际的。和 FMECA 最接近的是代码检查，一旦错误被发现即被纠正，软件错误源头就被消除了。然而对于硬件，如晶体管的失效，则不能消除失效的可能性。人们尝试过针对软件制定 FMECA 方法，但是都没有被广泛采用或者形成标准。

如前所述，由于在硬件发生失效的情况下系统的行为可能会受到软件的影响，因此当对软件和硬件集成的系统进行 FMECA 分析时，需要在有软件运行的背景下考虑该失效的影响。对于使用内置测试软件的系统，或当软件涉及切换冗余、显示、警告和关机等功能时尤其如此。

10.11.2 软件潜在分析

第 9 章中所介绍的用来分析可能导致系统失效的电路状态的潜在分析（SA）方法同样适用于软件。由于代码段并不失效，只是按照预先编好的指令执行，而无论是否是预期的功能，这与电路设计中的错误有相似之处。

与对硬件的潜在分析相同，必须将程序简化为一系列拓扑模型。由于适度大小的程序已很难用这种方式简化，因此该步骤通常由计算机来完成。

如图 10-4 所示，存在六种基本的潜在模型。应注意，大多数软件潜在模型都与分支指令有关，如 GOTO 语句或 IF THEN/ELSE 语句。能导向或源自此类语句的条件及这些语句本身，都是潜在分析（SA）中的重要线索。

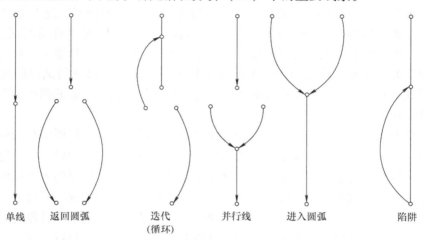

单线　　返回圆弧　　　迭代　　　并行线　　　进入圆弧　　　陷阱
　　　　　　　　　　（循环）

图 10-4　软件潜在的几种模式

软件潜在的情况有：

1）潜在输出：产生错误的输出。

2）潜在抑制：对输入或输出进行非期望的抑制。

3）潜在时序：由于时序或不正确的输入时序造成的错误输出。

4）潜在信息：程序输出的信息对系统的状态做出了不正确的报告。

图 10-1 表明了一种可能的潜在信息条件，因为当 A 和 B 都失效时，程序不会指示 C 失效。这种失效是由一个不正确的直线型拓扑造成的。该程序正确地识别了 A 值的正确和 B 值的不正确，并在没有机会对 C 进行测试的情况下就进行到输出。

10. 12　软件测试

软件测试的目的是确保系统与需求相符，并检测出遗留的错误。测试一个程序是否能在各种系统条件下都能正确地运行是软件和系统开发过程的重要组成部分。如上所述，对于较大的程序，即使进行了极为仔细的设计，仍会因为无法检查出所有的错误，所以错误仍可能遗留在程序中，因此必须严谨地为软件测试做好计划，并按计划实施。诸如定时、溢出等情况和模块接口等特性是不容易检查的。

很少有程序能在其首次测试时即运行良好。由于人通过思维建立完全正确的逻辑结构是很困难的，错误出现的可能性相当大，因此花费一些时间用于调试新程序直至消除所有基本的错误是很正常的。

软件测试存在局限性。对一个相当复杂的程序进行彻底的测试是不切实际的。一个有 n 个分支和循环的程序包含总数为 2^n 的可能的路径，这与第 9 章中所讨论的数字电路测试问题类似。但是，不存在用于软件的"自动测试设备"（ATE），因此所有的测试必须都要手动设置、运行和监测。要计划出一种在理论上有很广的错误覆盖范围的测试策略通常是不切实际的，而且测试时间也会很长。因此，必须仔细选择要进行的测试，既要验证程序能在可能的操作范围和输入条件下正确运行，又是经济的。

软件测试过程应是迭代性的，随着代码的生成同时进行。代码编写完成后就应立即进行测试，以便确保编写它的人员能尽快地纠正错误。为较小的、定义明确的代码段设计有效的测试要比为大型程序设计测试容易。最早的可测试的代码通常是在模块层次上。在程序开发的早期，检测和纠正错误的成本低得多。错误纠正后，必须重新对软件进行测试，以便确保新的设计是有效的并且没有引入任何其他的错误。随后，当大部分或所有模块都已被编写完成并经过测试后，应对整个程序进行测试、纠错并重新测试。因此，设计和测试逐步地进行，随时将测试结果反馈给编程人员。

通常由编程人员测试模块或小程序。如果有针对测试的实施和报告的规范及适当的说明，编程人员通常是测试自身工作结果的最佳人选。另外一种或补充性的方式是编程人员相互测试彼此的程序，这样就实现了独立的测试。然而，对于涉及若干编程人员的较大程序段或整个程序的测试，则应由对系统负有责任的人员进行管理。当然，程序设计团队的成员应该密切地参与。这称为集成测试。集成测试应覆盖模块接口，并应验证与系统规范的相符性。

软件测试必须包括：

—— 规范中规定的所有要求（"必须要做"和"必须不能做"的所有情况）。

—— 极端条件下的操作（时序、输入参数值及变化速率、内存使用）。

—— 输入序列的可能范围。

—— 容错（错误恢复）。

由于对全部的输入情况都进行测试可能不实际，因此对最关键的输入及其组合进行测试就显得更重要了。适当时还应该从系统仿真中生成随机输入进行测试，以进一步确保覆盖了大范围的输入。

可在不同的层次上进行软件测试：

—— 白箱测试是结构层面上详细的测试，包括了数据流、控制流、内存分配、查找等方面。它是针对模块或小的系统单元进行的，以表现出在这些层面上的正确。

—— 验证有时是指在开发或仿真环境中，如利用一台主机或实验室机器，进行所有的测试。验证可包括模块测试和集成测试。

—— 确认或黑箱测试是指在真实环境中进行的测试，包括在目标机器上运行，使用工作的输入和输出设备、其他部件和接头。如前所述，确认仅适用于集成测试，并包括了各硬件/软件接口的方面。

上述术语的定义并不是绝对的，也可以有其他的解释。

软件测试管理

软件测试必须作为整个系统试验计划的一个组成部分进行管理。制订软件测试计划时，必须充分理解软件如何会失效及软件与系统硬件之间的接口关系。在系统试验计划中，软件应被视为一个分开的子系统（验证）和整个系统的一部分（确认）。

各测试规范（针对模块、集成/验证、确认）必须陈述将要使用的每一项测试条件，测试报告必须指明每项测试的结果。

如果尚未开始进行，那么正式的、完整的错误报告工作也应在这个阶段开始。显然，所有的错误都必须得到纠正，并且还必须报告所采取的措施（如视情况对规范、设计、程序代码、硬件等进行的更改）。相关的测试必须再次进行，以确保纠正了错误并且没有产生其他错误。

正式的配置控制应在集成测试开始之际就启动，以便确保所有的变更都被记录存档，并确保具有当前版本号的所有程序副本都是一致的。

对确认和其他系统测试，应就软件引起的失效进行汇报，使之作为集成化工作的一部分，因为大多数问题的对应解决方案都可能要涉及硬件或软件更改。

在开发期间每一项软件测试只需进行一次，除非是对该程序或对相关硬件做了变更。当然，在系统生产试验过程中不需要再进行软件测试，因为软件的各副本间不会出现变化，也不会随时间而改变。

有些人提出软件测试（和检查）应由完全独立于编程团队的人员来实施。这就是所谓的软件开发的"净室"法。该方法是有争议的，并且与本书所依据的理念不一致。

Ould 和 Unwin（1986）、Beizer（1995）、Patton（2006）及 Kaner 等（1999）介绍了有关软件测试的更多信息。

10.13 错误报告

软件错误的报告是整个程序文档的重要组成部分。发现错误的人可能并不是编程人员或系统设计者，因此无论是在检查和测试过程中发现的错误，还是在使用过程中发现的错误，都需要连同程序当时工作的详细情况一同记录。整改工作报告应说明错误来源（规范、设计、编码）并陈述所做的更改。图 10-5 所示为软件错误报告表的一个例子。软件错误报告和整改工作过程与硬件的失效报告系统同等重要。错误报告和整改工作的详细情况应与模块或程序文件夹一同作为开发记录的一部分存档。

```
程序

模块

错误状态：

        输入状态：

        失效描述：

影响/重要性：

从最后一次失效起计的执行时间：总运行时间

日期：            时间：            签名：

程序语句包括：

    行号                        语句




错误源：

        代码：        设计：        规范：

整改建议：

    代码：

    设计：

    规范：

    日期：        签名：        评审：

    整改执行/测试人：        日期：    时间：    签名：

    项目主管：            日期：    时间：    签名：
```

图 10-5 软件错误报告表

10.14　软件可靠性预测和度量

10.14.1　简介

软件可靠性量化评价通常要通过一个程序中出错的概率或错误数量的预计或度量进行。虽然这是一个很直接的出发点，但存在实际困难。程序的可靠性不单与是否存在错误有关，还与存在的错误对输出产生影响的概率及影响的性质有关。对于那些非常容易出现的错误，在程序运行的大多数时间都会引起失效，在开发阶段就可能被发现和纠正。很少出现或在不重要的情况下才引发失效的错误可能不是可靠性问题，但是那些尽管经过详细的检查和测试，仍引起如整个航天器损毁的编码错误就是灾难了。

错误的产生及错误的发现和纠正的过程受人的能力与组织管理的影响。因此，虽然可能根据程序大小提出理论模型，但所得的可靠性值可能会具有争议性。例如，一个结构良好的模块化程序首先要比具有同样功能的非结构化程序更容易检查和测试，并且更不易出错。一个熟练且有经验的编程团队比一个水平较差的编程团队产生错误的可能性要小一些。软件可靠性建模方面的另一个困难是错误可能源于规范、设计和编码。对硬件而言，失效通常是载荷、强度和时间的函数，而且无论规范、设计或生产过程是否存在薄弱环节，失效机理都是相同的。而对软件而言，规范、设计和编码错误的性质常常是不同的，它们出现的概率取决于不同的因素。例如，编码错误的数量可能与代码语句数量有关，但规范错误的数量可能就没有类似的关系。规范中的一个错误可能导致一系列不同的程序错误。

以下各节简要介绍了一些已被提出的有关软件可靠性的统计模型。Musa 等（1987）的文献中详细讨论了软件等可靠性预计和度量。但是，重要的一点是，任何软件可靠性统计模型的使用都取决于是否有可接受的分布参数值可用。不同于硬件失效统计，软件失效参数的估计值没有任何物理依据，而且与已有的大量可用的硬件失效数据相比，至今被分析过的软件失效数据是很少的。由于软件可靠性与人员的表现和其他非物理因素密切相关，因此在一个程序或一组程序中获得的数据可能并不像材料特性数据那样可以普遍地适用。

在第 6 章中介绍的可靠性预计在逻辑上所固有的局限性也同样存在于软件当中。甚至在实际上更加显著，因为和许多硬件失效模式不同，软件的以往数据与未来期望之间不存在物理的或逻辑的联系。因此本节介绍的各种方法主要出于学术兴趣，它们尚未被软件行业普遍接受或实现标准化。

10.14.2　泊松模型（时间相关）

假设错误随机地存在于代码结构中，而且错误的出现是程序运行时间的函数。在时间 t 发生的错误数量为 $N(t)$。如果以下条件成立：

1）$N(0) = 0$。

2）在时间间隔 $(t, t + \mathrm{d}t)$ 内发生的错误不会超过一个。

3）一个错误的发生独立于以往的各个错误。

则错误发生可以用非齐次泊松分布描述：

$$P[N(t) = n] = \frac{[m(t)]^n}{n!} \exp[-m(t)] \quad (n \geqslant 0) \tag{10-1}$$

其中，

$$m(t) = \int_0^t \lambda(s) \, \mathrm{d}s$$

$m(t)$ 是时间区间 $(0, t)$ 内发生的平均（期望的）错误个数：

$$m(t) = a[1 - \exp(-bt)]$$

式中，a 为总的错误个数；b 为常量。

假设发生的各个错误都被纠正而未引入其他错误，则时间 t 后错误数保持不变，即

$$\overline{N}(t) = a\exp(-bt) \tag{10-2}$$

那么在最近错误发生并在时刻 s 被纠正后的可靠性函数为

$$R(t) = \exp\{-a[\exp(-bs) - \exp[-b(s+t)]]\} \tag{10-3}$$

在使用时间相关模型时，存在应该如何度量时间的问题。对泊松模型，已经利用发生错误和纠正错误的自然时间和导出的参数 a、b 的值，对照软件错误数据进行了测试。然而，由于与物理（硬件）失效过程不同，软件错误与时间无关，因此对软件错误使用时间相关模型是有问题的。

10.14.3 Musa 模型

Musa 模型将程序执行时间作为独立变量。一个经过简化的 Musa 模型为

$$n = N_0 \left[1 - \exp\left(\frac{-Ct}{N_0 T_0}\right)\right] \tag{10-4}$$

式中，N_0 为固有错误数；T_0 为测试开始之时的 MTTF（平均失效前时间）；C 为"测试压缩因子"，等于等效的操作时间与测试时间的比值。

当前的 MTTF 为

$$T = T_0 \exp\left(\frac{Ct}{N_0 T_0}\right)$$

则有

$$R(t) = \exp\left(\frac{-t}{T}\right) \tag{10-5}$$

由式（10-4）和式（10-5）可以得出从时刻 T_1 到 T_2 为进行改进所必须发现和纠正的失效个数 Δ_n，或所需的程序执行时间 Δ_t：

$$\Delta_n = N_0 T_0 \left(\frac{1}{T_1} - \frac{1}{T_2} \right) \tag{10-6}$$

$$\Delta_t = \left(\frac{N_0 T_0}{C} \right) \ln \left(\frac{T_2}{T_1} \right) \tag{10-7}$$

例 10-1

一个大型程序被认为包含约 300 个错误，而测试开始之时记录的 MTTF 为 1.5h。测试压缩因子可假设为 4。为了将错误数减少为 10，需要做多少测试？经过 50h 运行后的可靠性是多少？

由式（10-6）和式（10-7）有

$$(300 - 10) = 300 \times 1.5 \left(\frac{1}{1.5} - \frac{1}{T_2} \right)$$

$$\Delta_t = \left(\frac{300 \times 1.5}{4} \right) \ln \left(\frac{T_2}{1.5} \right)$$

因而

$$T_2 = 45 \text{h}$$

且

$$\Delta_t = 382.6 \text{h}$$

则

$$R(50) = \exp \left(\frac{-50}{45} \right) = 0.33$$

10.14.4　Jelinski – Moranda 和 Schick – Wolverton 模型

其他两个指数型模型是 Jelinski – Moranda（JM）模型和 Schick – Wolverton（SW）模型。在 JM 模型和 SW 模型中，故障函数 $h(t)$ 分别为

$$h(t_i) = \phi [N_0 - n_{i-1}] \tag{10-8}$$

$$h(t_i) = \phi [N_0 - n_{i-1}] t_i \tag{10-9}$$

式中，t_i 为第 i 个调试间隔的长度，即第 $(i-1)$ 个错误和第 i 个错误之间的时间；ϕ 为常量。

10.14.5　Littlewood 模型

Littlewood 模型尝试考虑以下事实，即不同的程序错误造成失效的概率是不同的。若 ϕ_1、ϕ_2、$\cdots$、ϕ_N 分别为错误 1、2、$\cdots$、N 的发生率，则在纠正第 i 个错误后，该程序的失效前时间的概率密度函数为

$$f(t) = \lambda \exp(-\lambda t) \tag{10-10}$$

假设 ϕ 服从伽马分布，即错误发生率不恒定，但它与程序的使用时间有关。若伽马分布参数为 (α, β) [等同于式（2-28）中的 $(a, 1/\lambda)$]，则利用贝叶斯方法，可将它表示为

$$f(t) = \frac{(N-i)\alpha(\beta+t')^{(N-i)\alpha}}{(\beta+t'+t)^{1+(N-i)\alpha}} \tag{10-11}$$

式中，t' 为检测和纠正 i 个错误所用的时间。

由此可以推出

$$R(t) = \left(\frac{\beta+t'}{\beta+t'+t}\right)^{(N-i)\alpha} \tag{10-12}$$

及

$$\lambda(t) = \frac{(N-i)\alpha}{\beta+t'+t} \tag{10-13}$$

每发生和纠正一个错误，$\lambda(t)$ 就降低一个数量 $\alpha/(\beta+t')$。此处假设所有检测到的错误都被纠正，并且不引入更多的错误。

例 10-2

假设一个大型程序总共包含 300 个错误，其中 250 个错误在 20h 的执行时间内被检测出来并纠正。如果 Littlewood 模型适用，并且分布参数为 $\alpha = 0.005$、$\beta = 4$，那么再过 20h 后的预计可靠性为多少？

由式（10-12）可以得出

$$R(20) = \left(\frac{4+20}{4+20+20}\right)^{(300-250)0.005}$$

$$= 0.86$$

10.14.6 点过程分析

由于程序可被视为一个可修复的系统，错误随着连续的时间过程被检测到然后被纠正，因此在第 2 章中所述的点过程分析方法可用于软件可靠性的度量和分析。

10.15 硬件/软件接口

在由软件控制的系统中，由于硬件与软件之间相互作用，因此难于诊断失效是由硬件引起的还是由软件引起的。我们已经介绍了这样的例子，其中硬件单元为程序提供输入。软件设计可以尽可能减小这些可能性，并提供自动诊断和故障指示。但仍有一些其他类型的失效更难以诊断，在硬件/软件接口的定义不够明确的情况下更是如此。

在诸如处理器和存储器等的电子元器件中，硬件和软件的结合最密切。存储器的一个失效，如某个存储单元无论输入什么总位于逻辑状态 1（即固定在 1），会引发看起来为软件错误导致的失效。如果已经知道程序是在这种输入下工作，那么可利用电子故障查找技术发现出错的元器件。有时，尤其是在开发过程中，诊断结果并不明确，因而需要对软件和硬件都做检查。无论是由于元器件故障还是由于软件错误，时序错误都能导致这种情况出现。

所有类型的存储元器件，无论是光学或磁性介质的，还是半导体存储元器件，都可能引发系统失效。存储介质和元器件同属的这类设备有时被称为"固件"，以表明其接口状态。由于许多存储介质是动态的，即在程序执行过程中，相同的数据在不同的时刻下可能存于不同的位置，因此固件失效只在一定的情况下才会引发系统失效，因而看起来为因软件错误引起的。这类失效也可能是断续出现的。软件和存储器或微处理器可以设计得能够防止系统出现此类失效。例如，前述冗余技术就可以用来防止出现某些类型的动态存储失效（而非整个存储元器件的灾难性失效）。通过在操作区域内安排冗余存储，或提供独立、并行的存储元器件，可以为存储器中所存的数据或逻辑提供冗余。为此，程序逻辑必须设计得能够正确地存储和读取冗余存储，程序因此也会变得更加复杂。

10.16　小结

软件控制带来的灵活性和经济性可能导致人们对程序编写的困难之处和成本的低估。编写一个程序来执行某个简单的功能相对容易。但要确保程序能在所有可能出现的条件下都按照要求运行，并在需要时能够方便地予以修改或更正，就要比基本的设计和编写一次程序付出更多的努力。仔细地检查规范、规划程序结构和依据规范评估设计等基础性工作至关重要，否则最终的程序将包含很多错误并且难于修改。对一个有很多错误的大型的、非结构化的程序而言，进行调试的成本和工作量可能比抛弃整个程序并重新开始编写更高。

最初就可靠的软件，开发起来成本更低也更快捷，因此必须一直着重于尽可能减少早期的错误并在进入下一阶段前消除错误。为确保软件产品是可靠的，软件开发项目应具备以下必要的要点：

1）全面而详细地规定各项要求（系统、软件）。

2）确保所有项目成员都理解这些要求。

3）彻底检查规范。总要问"如果……会如何？"

4）设计结构化的程序并充分定义各个模块。

5）依据系统规范彻底地检查设计和模块规范。

6）逐行检查编好的程序中是否存在错误。

7）计划好模块测试和系统测试，确保覆盖所有重要的输入组合，尤其是对各个极值。

8）确保完整记录所有的开发要点、测试、检查、错误和程序更改的情况。

图 10-6 所示为一个强调可靠性的软件项目的开发过程。Musa（2004）和 Leveson（1995）对软件可靠性和安全性工程做了极好的综述。ISO/IEC 90003：

2004 提供了在 ISO 9001 质量体系下软件编写的指南。美国国防部 2168 标准给出了为军用项目开发软件的质量要求。

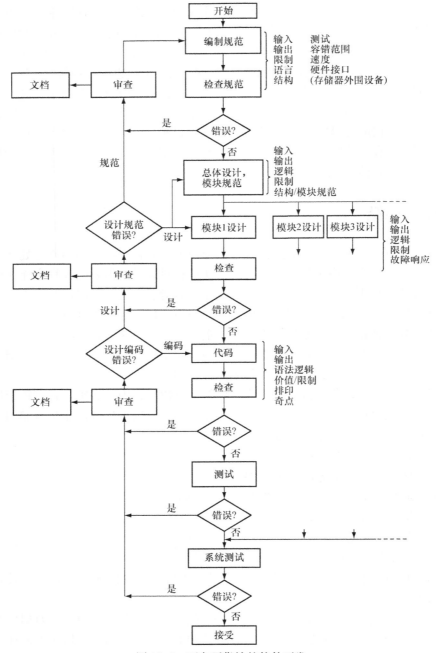

图 10-6　面向可靠性的软件开发

习　　题

1. 讨论软件未能按要求发挥功能和硬件未能按要求发挥功能这两种情形的主要区别。举 4 个例子说明这些区别。

2. 解释工程系统中的软件与其他类型系统中的软件的不同之处。

3. 在软件开发的过程中，可导致程序出错的主要三个阶段是什么？对每一个阶段举出一个会产生的错误类型的例子。

4. 什么是软件的结构化设计方法和模块化设计方法？阐述该两种方法的主要优缺点。

5. 在包含软件和硬件的系统中，如何利用软件防止系统中的硬件失效？给出两个例子说明如何利用软件进行保护。

6. 说明安排新开发软件的测试程序时需要考虑的要点，并说明验证与确认间的区别。

7. 对软件可靠性的预计和度量制定了各种不同的方法。软件可靠性模型主要有哪两种类型？简要说明每种类型中的一个模型，并说明其与预测一个新程序可靠性有关的主要假设。

参 考 文 献

Beizer, B. (1995) *Black-Box Testing*, J. Wiley and Sons.

Kaner, C., Falk, J. and Nguyen, H. (1999) *Testing Computer Software*, 2nd edn, Wiley.

Leveson, N. (1995) *Safeware – System Safety & Computers*, Addison Wesley.

Musa, J. (2004) *Software Reliability Engineering: more reliable software faster and cheaper (2nd edn.) Authorhouse*.

Musa, J., Iannino, A. and Okumoto, K. (1987) *Software Reliability Prediction and Measurement*, McGraw-Hill.

Ould, M.A. and Unwin, C. (1986) *Testing in Software Development*, Cambridge University Press.

Patton, R (2006) *Software Testing*, 2nd edn, SAMS Publishing.

US DoD Standard 2168 *Defence System Software Quality Program*. Available from the National Technical Information Service, Springfield, Virginia.

ISO/IEC 90003. (2004) *Guidelines for the Application of ISO 9001 to Computer Software*.

第 11 章　试验设计和方差分析

11.1　引言

对产品进行试验是可靠性工作者常见的工作，其中可能还包括为了改进产品设计或者一些特性的尝试。本章讨论通过试验来评价多个变量对于产品的可测量的输出或其他特性的综合影响的问题。当设计必须就参数值、工艺和环境条件等方面的变异进行优化时，特别是当这些变异可能产生组合效应时，应该使用能够评价同时存在的变异影响的方法。例如，如果要使发电机的输出功率最大，并且输出变异最小，就可能需要从转速、尺寸、线圈几何参数和负载条件等方面着手。所有这些可能具有单一的或综合的影响，而这些影响又不容易或不可能被精确地进行理论计算。

能够分析这类情况中变异影响的试验统计方法已得到了发展。当在理论上不容易计算，特别是存在大量随机变异或变量之间具有相互作用时，则可使用统计方法。针对多变量对输出的影响，这些方法比一次只评估一个变量影响的方法要经济得多。对于相互作用，如果没有已知的经验，这些"传统的"方法也不能进行分析。本章的其余部分将介绍统计试验方法，以及这些方法在工程中是如何用于优化与解决疑难问题的。

11.2　统计试验设计和方差分析

试验设计（DOE）和方差分析（ANOVA）的统计方法是由 R. A. Fisher 提出的，这种方法能优美、简便而有效地求解多变量和它们之间的相互作用的显著性。方差分析广泛应用于市场研究、化学和冶金工艺的优化、农业和医学研究等领域，可以为优化产品设计、防止和解决质量与可靠性问题提供必要的依据。虽然后续介绍的方法可能显得单调乏味，但有很多种商业软件能用来分析统计试验的结果。Minitab 就是一款应用广泛的软件，本章将用其阐述相关内容[⊖]。

11.2.1 单变量分析

一组数据的方差等于［式（2-15）］

$$\frac{1}{n} \sum_{i=1}^{n} (x_i - \bar{x})^2$$

式中，n 为样本大小；$\bar{x}$ 为平均值。

总体方差估计量是通过将平方和 $\sum (x_i - \bar{x})^2$ 除以（$n-1$）而不是 n 求得的，其中（$n-1$）代表自由度的数目。则有 $\hat{\sigma}^2 = \sum (x_i - \bar{x})^2 / (n-1)$［式（2-16）］。

例 11-1

为了说明如何分析一组样本的方差，设想一个简单的试验，在试验中有 20 个轴承（每 5 个一组，来自 4 个不同的供货商），运行轴承直到失效，试验结果见表 11-1。

表 11-1　20 个轴承的失效时间

样本	失效前时间 $x_i^{①}$/h					样本总数	样本均值 x_i'
1	4	1	3	5	7	20	4
2	6	6	5	10	3	30	6
3	3	2	5	7	8	25	5
4	7	8	8	12	10	45	9

① $\sum x_i = 120$。

我们需要知道，所观察到的样本之间的差异在统计上是显著的，还是仅仅反映了样本所属的总体内部的变异。含 5 个轴承的每个样本内都有相当大的变异。因此必须对"样本之间"（Between Sample，BS）和"样本内"（Within Sample，WS）的方差之间的差异进行分析，并将其与总体相关联。

下一步是计算样本总数和样本平均值，由表 11-1，总的均值为

$$\bar{x} = \frac{\sum x_i}{n} = \frac{120}{20} = 6$$

因为 n 为 20，自由度总数为 19，则可以计算 $(x_i - \bar{x})^2$ 的值，见表 11-2。

得出总的平方和与自由度后，还必须得到样本内和样本之间的值。要得到样本之间的影响，先假设每个产品的数值等于其样本均值（x_i'）。样本 1 ~ 4 中的每个产品的样本均值分别为 4、6、5 和 9。对于样本 1 ~ 4 中的每个产品，样本间 $(x_i' - \bar{x})^2$ 的平方和分别为 4、0、1 和 9，得出样本总数 $\sum (x_i' - \bar{x})^2$ 的值为 20、0、

⊖ 本书所载的部分输入和输出经 Minitab 公司许可。所有材料和版权仍属于 Minitab 公司独家所有。保留所有权利。

5 和 45，以及总的样本间 $\Sigma(x'_i - \bar{x})^2$ 的值为 70。样本间的自由度为 $4 - 1 = 3$。

表 11-2　表 11-1 中数据的 $(x_i - \bar{x})^2$ 的值

样本	$(x_i - \bar{x})^2$					$\Sigma(x_i - \bar{x})^2$①
1	4	25	9	1	1	40
2	0	0	1	16	9	26
3	9	16	1	1	4	31
4	1	4	4	36	16	61

① 总体 $\Sigma(x_i - \bar{x})^2 = 158$。

通过去掉样本之间的效应，可得到样本内方差的等效值。为此，要从原表中每个产品的数值中减去 x'_i 以给出 x''_i，结果见表 11-3。

表 11-4 给出了样本内平方和的值，是由将它们的对应值求平方得到的，因为此时 $\bar{x}'' = 0$。样本内的自由度数为 $(5 - 1) \times 4 = 16$（对于总共 4 个样本来说，每个样本内自由度为 4）。现在可以将方差分析列表（表 11-5）。

如果我们可以假设变量服从正态分布且所有方差均相等，就可使用 F 检验（方差比检验）（2.12.4 节）来检验这个零假设：即两个方差的估计量（样本间和样本内）属于同一共同（即总体）方差的估计量。样本内方差表示试验误差或残余方差。F 为方差比，与统计显著性水平和自由度数相关的 F 值很容易在互联网上找到（如 NIST 2011 年发布）。F 值可以用 Excel 中的 FINV 功能计算。

在本例中，

$$F = \frac{23.33}{5.50} = 4.24$$

表 11-3　表 11-1 数据的 $(x_i - x'_i)$ 数值样本

样本	x''_i					WS$\Sigma x''_i$
1	0	-3	-1	1	3	0
2	0	0	-1	4	-3	0
3	-2	-3	0	2	3	0
4	-2	-1	-1	3	1	0

表 11-4　表 11-1 数据的 WS $(x''_i - \bar{x}'')^2$ 值

样本	WS$(x''_i - \bar{x}'')^2$					WS$\Sigma(x''_i - \bar{x}'')^2$①
1	0	9	1	1	9	20
2	0	0	1	16	9	26
3	4	9	0	4	9	26
4	4	1	1	9	1	16

① 总体 $\Sigma(x''_i - \bar{x}'')^2 = 88$。

表 11-5　表 11-1 数据的方差源

方差源	Σ（.）	自由度	方差
BS	70	3	23.33
WS（残差）	88	16	5.50
总计	158	19	8.32

对于较大方差估计量中的 3 自由度和较小方差估计量中的 16 自由度来说，F 的 5% 统计显著性水平为 3.239 = FINV（0.05，3，16）。由于实际的 F 值比该值大，因此断定，方差比在 5% 的水平上是统计显著的，而因此在该水平上拒绝了样本之间没有差异的零假设。

使用 Minitab 软件来解例 11-1 还有更多的分析选项，（表 11-6 和图 11-1）。

表 11-6　例 11-1 的 Minitab 求解

单因素 ANOVA：时间与供应商

来源	自由度	SS	MS	F	P
供应商	3	70.00	23.33	4.24	0.022
误差	16	88.00	5.50		
总计	19	158.00			

除了表 11-5 中给出的自由度、平方和及方差以外，它还能计算出 F 值和显著性水平（P 列）。在例 11-1 中，$1 - P = 1 - 0.022 = 0.978$，该值比 95% 高。

图 11-1 给出了数据和均值的图形表示，以及它们 95% 的置信水平。例如，它显示出了样本 1 和样本 4 的 95% 置信区间没有重叠，直观地表示了该差异的统计意义。

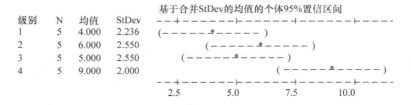

图 11-1　Minitab 说明在样本 1 和样本 4 之间有显著的统计差异

11.2.2　多变量分析（析因试验）

还可将上述方法加以扩展，分析多于 1 个的方差源。当方差源不止 1 个时，它们之间可能会产生交互作用，而且这种交互作用比单个方差源更为统计显著。下面关于 3 因子情况的例子将说明这一点。

例 11-2

在使用 O 形密封环的液压系统上，泄漏的发生看起来是随机的。使用 3 个厂家的密封环后，液压油的压力和温度在该系统的不同处各不相同。关于泄漏问题是由高温位置、厂家还是压力导致的存在争论。寿命试验数据显示，在这些应力水平下，密封环的寿命可以认为服从正态分布，而且方差不随压力变化。为此设计了一个试验台来确定油温、油压及密封环类型对密封性能的影响。以 $15MN/m^2$ 和 $18MN/m^2$ 两个压力值（以 p_1、p_2 表示，按升序排列）及 $80℃$、$100℃$ 和 $120℃$ 三个温度值（以 t_1、t_2、t_3 表示，也按升序排列）进行试验。然后选择用于不同试验条件的密封环，每个组合条件下进行两次试验。试验结果见表 11-7，表中列出了试验到检测出泄漏的时间（h）。

表 11-7 O 形密封环试验结果

温度	类型 T_1		类型 T_2		类型 T_3	
	p_1	p_2	p_1	p_2	p_1	p_2
t_1	104	209	181	172	157	178
	196	132	129	151	187	211
t_2	136	140	162	133	141	164
	97	122	108	114	174	128
t_3	108	96	99	112	122	135
	121	110	123	109	130	118

为了简化表 11-7，从每个值中减去 100，编码数据见表 11-8。三个变异源的平方和计算如下：

1）修正因子：

$$CF = \frac{(\sum x_i)^2}{n} = \frac{1409^2}{36} = 55147$$

表 11-8 表 11-7 中每个数据减去 100 后的数据

温度	类型 T_1		类型 T_2		类型 T_3	
	p_1	p_2	p_1	p_2	p_1	p_2
t_1	4	109	81	72	57	78
	96	32	29	51	87	111
t_2	36	40	62	33	41	64
	−3	22	8	14	74	28
t_3	8	−4	−1	12	22	35
	21	10	23	9	30	18

2）各类型间的平方和：

$$\mathrm{SS}_T = \frac{\sum x_i^2(T)}{2 \times 3 \times 2} - \mathrm{CF}$$

$$= \frac{371^2 + 393^2 + 645^2}{12} - 55147 = 3863$$

三种类型之间有 2 个自由度。

3）压力间的平方和：

$$\mathrm{SS}_p = \frac{\sum x_i^2(p)}{3 \times 3 \times 2} = \mathrm{CF}$$

$$= \frac{675^2 + 734^2}{18} - 55147 = 96$$

两个压力之间有 1 个自由度。

4）温度间的平方和：

$$\mathrm{SS}_t = \frac{\sum x_i^2(t)}{2 \times 3 \times 2} - \mathrm{CF}$$

$$= \frac{807^2 + 419^2 + 183^2}{12} - 55147 = 16544$$

三个温度之间有 2 个自由度。

5）类型 – 温度交互作用的平方和：

$$\mathrm{SS}_{Tt} = \frac{\sum x_i^2(Tt)}{2 \times 2} - \mathrm{CF} - \mathrm{SS}_T - \mathrm{SS}_t$$

$$= \frac{241^2 + 95^2 + 35^2 + 233^2 + 117^2 + 43^2 + 333^2 + 207^2 + 105^2}{4}$$

$$- 55147 - 3863 - 16544$$

$$= 176$$

每个 T 和 t 的效应有 2 个自由度，所以交互作用有 $2 \times 2 = 4$ 个自由度。

6）类型 – 压力交互作用的平方和：

$$\mathrm{SS}_{Tp} = \frac{\sum x_i^2(Tp)}{6} - \mathrm{CF} - \mathrm{SS}_T - \mathrm{SS}_p$$

$$= \frac{162^2 + 209^2 + 202^2 + 191^2 + 311^2 + 334^2}{2 \times 3} - 55147 - 3863 - 96$$

$$= 142$$

T 效应有 2 个自由度，p 效应有 1 个自由度，所以 Tp 的交互作用有 $2 \times 1 = 2$ 个自由度。

7）温度 – 压力交互作用的平方和：

$$SS_{tp} = \frac{\sum x_i^2(tp)}{2 \times 3} - CF - SS_t - SS_p$$

$$= \frac{354^2 + 453^2 + 218^2 + 201^2 + 103^2 + 80^2}{6} - 55147 - 16544 - 96$$

$$= 789$$

t 效应有 2 个自由度，p 效应有 1 个自由度，所以 tp 的交互作用有 $2 \times 1 = 2$ 个自由度。

8）类型 – 温度 – 压力交互作用的平方和：

$$SS_{Ttp} = \frac{\sum x_i^2(Ttp)}{2} - CF - SS_T - SS_t - SS_p - SS_{Tt} - SS_{tp} - SS_{Tp}$$

$$= \frac{154613}{2} - 55147 - 3863 - 16544 - 96 - 176 - 789 - 142$$

$$= 550$$

有 $2 \times 1 \times 2 = 4$ 个自由度。

9）总的平方和：

$$SS_{tot} = \sum x_i^2 - CF$$

$$= 91475 - 55147 = 36328$$

总自由度 $= 36 - 1 = 35$。

10）残差（试验误差）平方和为：

$$SS_{tot} - 所有其他 SS = 36328 - 3863 - 96 - 16544 - 376 - 142 - 789 - 550$$

$$= 13988$$

剩余自由度：

总自由度 – 所有其他的自由度 $= 35 - 2 - 1 - 2 - 4 - 2 - 2 - 4 = 18$。

由方差分析表（表 11-9）可知：所有的交互作用都表明方差估计量比残余方差小得多，因此它们显然在统计上不是显著的。

表 11-9 方差分析表

| 影响 | 主要因子 | | | 交互作用 | | | | |
| | | | | 第一级 | | | 第二级 | |
	类型 T	压力 p	温度 t	Tt	Tp	tp	Ttp	残差
SS	3863	96	16544	176	142	789	550	13920
DF	2	1	2	4	2	2	4	18
SS/DF[①]	1932	96	8272	44	71	395	138	773
SD	44	10	91	10	8	20	9	28

① 方差估计值。

在得出了没有交互作用为统计显著的以后，可以认为这些变异也是由残余或试验方差引起的。因此可以将这些平方和与自由度结合起来，以得出更好的残余方差估计量。从而修正后的残余方差为

$$\frac{176 + 142 + 789 + 550 + 13988}{4 + 2 + 2 + 4 + 18} = \frac{15645}{30} = 521(30 \text{ 个自由度})$$

现在可以检验各主要因子的统计显著性。显然，压力的效应不是统计显著的。对于"类型"（T）的主效应，方差比 $F = 1932/521 = 3.71$，具有 2 个和 30 个自由度。Excel 的 F 分布函数 FDIST（3.71，2，30）= 0.0363，这表明，在 5% 的水平，这是统计显著的（3.63%）。对于温度（t）的主要效应，$F = 8272/521 = 15.88$，有 2 个和 30 个自由度。即使在 1% 水平上，这也是统计显著的 [FDIST（15.88，2，30）= 1.98×10^{-5}]。

因此试验表明，密封环的寿命显著地取决于工作温度和密封环的类型。压力和交互作用显示，其效应即使重要也在试验误差内辨别不出来，该效应"消失在噪声中"了。换言之，在较高的压力下，没有哪种类型显著更好或更坏。参照原始的结果列表，在试验条件范围内，可以计算出 3 种类型密封环的平均寿命：第 1 种类型为 130h；第 2 种类型为 132h；第 3 种类型为 154h。假设没有其他方面因素的影响，如成本控制，则应该选择第 3 种类型，并尽量使之在低油温下工作。

11.2.3　非正态分布的变量

在例 11-2 中，重要的是要注意该方法只有对正态分布的变量在统计上才是正确的。如第 2 章所述，根据中心极限定理，工程中的许多参数都服从正态分布。但是，慎重的做法是在进行方差分析之前先检验变量的正态性。如果有任何重要的变量基本上是不服从正态分布的，则应该使用非参数分析法，数据可以被转换成正态分布的值，或者使用其他方法。Deshpande（1995）介绍了非正态分布数据的处理。

11.2.4　二级析因试验

如果采用二级析因试验设计，就可以简化方差分析。用这种方法，每个主效应只取两个值，即高值和低值，分别用 + 和 - 表示。例 11-3 给出了 3 个因子非重复试验的结果（这种试验称为 2^3 析因设计，即 3 个因子，每个因子有 2 个水平）。

例 11-3

由表 11-10 的结果可以看出，表 11-11 的前 3 列表示析因试验的设计矩阵。该响应值为每个检验组合的数值的平均值，或者是单一检验值，因为本例中没有重复。

在"因子"列中采用适当的符号,对每个高、低因子设置的响应值的差取平均值,即可简单地计算出主效应。因此得出

主效应 A = [(15 − 13) + (13 − 12) + (14 − 11) + (14 − 12)]/4 = 2

这与 (15 + 13 + 14 + 14 − 13 − 12 − 11 − 12)/4 = 2 相同。

同样有

主效应 B = (15 + 13 − 14 − 14 + 13 + 12 − 11 − 12)/4 = 0.5

主效应 C = (15 − 13 + 14 − 14 + 13 − 12 + 11 − 12)/4 = 0.5

表 11-10 3 因子非重复试验的结果

	A		B	
	−	−	+	+
		C		
	−	+	−	+
−	12	11	12	13
+	14	14	13	15

然后用公式计算每种效应的平方和:

$$SS = 2^{k-2} \times (效应估计)^2$$

式中,k 为因子个数。

因此有

$$SS_A = 2 \times 2^2 = 8$$

$$SS_B = 2 \times 0.5^2 = 0.5$$

$$SS_C = 2 \times 0.5^2 = 0.5$$

表 11-11 A、B、C 交互作用与响应

因子				交互作用				响应
A	B	C		AB	AC	BC	ABC	
+	+	+	+	+	+	+		15
+	+	−	+	−	−	−		13
+	−	+		−	+	−		14
+	−	−	−	−	+	+		14
−	+	+		−	−	+	−	13
−	+	−	−	+	−	+		12
−	−	+	+	−	−	+		11
−	−	−		+	+	+	−	12

将表 11-11 扩展,即可得到交互作用的效应。再为每个交互作用增加 1 列。每个交互作用列中的符号由构成的主效应的符号以代数乘法算出。ABC 交互作用的符号可以从 AB × C 或 AC × B 或 BC × A 推出。

这样，AB 的交互作用为

$$(15 + 13 - 14 - 14 - 13 - 12 + 11 + 12)/4 = -0.5$$

且

$$SS_{AB} = 2 \times (-0.5)^2 = 0.5$$

可以用同样的方法计算其他交互作用的平方和，并建立方差分析表（表 11-12）。

表 11-12　方差分析表

	交互效应							总计
	A	B	C	AB	AC	BC	ABC	
SS	8	0.5	0.5	0.5	0.5	2	0	12
DF	1	1	1	1	1	1	1	7
SS/DF[①]	8	0.5	0.5	0.5	0.5	2	0	

① 方差估计值。

为了说明使用软件分析的额外功能，对例 11-3 中的数据使用 Minitab 进行快速分析可以生成主要效应图（图 11-2）。根据线的斜率，可以看出 A 的效应最明显，而 ABC 交互作用最低。

虽然例 11-3 的试验表明主效应 A 最明显，BC 交互作用的效应可能也是重要的，但不可能用统计方法对这些进行检验，因为没有残余方差可以使用。为了得到残余方差的值，有必要进一步重复，或许可以用来自其他试验的试验误差值。或者，如果交互作用，特别是高阶的交互作用不显著，也可以将其组合得出残余值。而且，在自由度很小的情况下，F 检验需要很大的方差比值，才能在高置信度下说明效应是显著的。因此，非重复的 2^3 析因试验也许并不总是足够敏感的。但是，例 11-3 将作为下一节的引言，下一节将讨论需要考虑几个变量的情况。

11.2.5　部分析因试验

到目前为止，我们已经分析了对因子的所有组合都进行检验的试验，即全析因试验。这样可能成本高且费时，因为如果要检验的因子数为 f，水平数为 L，重复次数为 r，则要进行检验的数目为 rL^f，在液压密封环的例子（例 11-2）中为 $2 \times 3^2 = 18$，或在一个有 2 次重复的三级 4 因子试验中为 $2 \times 3^4 = 162$。在部分析因试验中，通过消除某些试验组合可以使试验变得经济，这显然会丢失一些信息，但若将试验计划得使只有那些已经被认为不重要的效应和交互作用才被消除掉，就可以在全部信息与试验数值之间，或试验成本与试验数值之间进行折衷。

应注意，较高阶的交互作用不太可能具有工程意义，或者不太可能显示出统计显著性，所以多个因子的全析因试验给出的信息并不全都有意义。

根据希望分析的效应和交互作用，可以用不同的方式设计部分析因试验。可

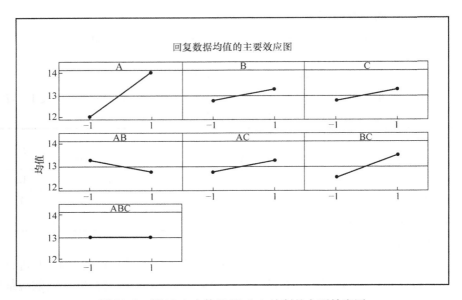

图 11-2 例 11-3 中使用 Minitab 绘制的主要效应图

从全析因试验设计矩阵开始着手选择适当的设计，表 11-13 给出了 2^4 析因试验的全设计矩阵。

表 11-13 2^4 析因试验的全设计矩阵

试验序号	1	2	3	4	5	6	7	8	9	10	11	12	13	14	15
	A	B	C	D	AB	AC	AD	BC	BD	CD	ABC	ABD	ACD	BCD	ABCD
1	−	−	−	−	+	+	+	+	+	+	−	−	−	−	+
2	−	−	−	+	+	+	−	+	−	−	−	+	+	+	−
3	−	−	+	−	+	−	+	−	+	−	+	−	+	+	−
4	−	−	+	+	+	−	−	−	−	+	+	+	−	−	+
5	−	+	−	−	−	+	+	−	−	+	+	+	−	+	−
6	−	+	−	+	−	+	−	−	+	−	+	−	+	−	+
7	−	+	+	−	−	−	+	+	−	−	−	+	+	−	+
8	−	+	+	+	−	−	−	+	+	+	−	−	−	+	−
9	+	−	−	−	−	−	−	+	+	+	+	+	+	−	−
10	+	−	−	+	−	−	+	+	−	−	+	−	−	+	+
11	+	−	+	−	−	+	−	−	+	−	−	+	−	+	+
12	+	−	+	+	−	+	+	−	−	+	−	−	+	−	−
13	+	+	−	−	+	−	−	−	−	+	−	−	+	+	+
14	+	+	−	+	+	−	+	−	+	−	−	+	−	−	−
15	+	+	+	−	+	+	−	+	−	−	+	−	−	−	−
16	+	+	+	+	+	+	+	+	+	+	+	+	+	+	+

从表 11-13 中选出那些认为不值得分析的交互作用，如在 2^4 试验中，一般认为 ABCD 的交互作用是不显著的，因此省略表中在 ABCD 列中显示 "−" 的

所有行，这样就消除了一半的组合，留下的就是半析因试验。结果会失去些什么呢？表 11-14 给出了该试验剩下的内容。

表 11-14　省略表 11-13 中 ABCD 为"－"的各行

A	B	C	D	AB	AC	AD	BC	BD	CD	ABC	ABD	ACD	BCD	ABCD
+	+	+	+	+	+	+	+	+	+	+	+	+	+	+
+	−	−	+	−	−	+	+	−	−	+	−	−	+	+
+	−	+	−	−	+	−	−	+	−	−	+	−	+	+
+	+	−	−	+	−	−	−	−	+	−	−	+	+	+
−	−	−	−	+	+	+	+	+	+	−	−	−	−	+
−	+	+	−	−	−	+	+	−	−	−	+	+	−	+
−	+	−	+	−	+	−	−	+	−	+	−	+	−	+
−	−	+	+	+	−	−	−	−	+	+	+	−	−	+

分析表 11-14，显示出下述成对的相同列：

A，BCD；B，ACD；C，ABD；D，ABC；AB，CD；AC，BD；AD，BC

这意味着 A 的主效应与 BCD 交互作用效应在结果中无法区别。实际上，在这样设计的任何试验中都不能区别这些效应的响应值，我们称此为重影的或混淆的。如果可以假设一、二阶交互作用在这种情况下混淆得不显著，则这将是一种适当的析因设计，可将检验次数从 $2^4 = 16$ 降为 $1/2 \times 2^4 = 8$。如果认为所有的主效应可能显著，仍能够分析所有的主效应，以及最多三个的一阶交互作用。例如，如果工程知识告诉我们 AB 交互作用可能是显著的，而 CD 交互作用不显著，则可以将方差估计归于 AB 交互作用。

类似的 2^3 试验的分解表明：没有主效应与一阶交互作用的混淆，就不可能产生部分析因试验。这一点是不太可能被接受的，而只有当 4 个或更多的因子要分析时，通常才会使用部分析因设计。适当时，可以遵循上述的类似思路使用 1/4 析因设计。当必须分析大量的效应时，使用部分析因设计的价值会急剧提高。例如，如果有 7 个主效应，全析因试验将分析大量无意义的高阶交互作用，要求 $2^7 = 128$ 次无重复检验。我们可以设计出只有 8 次检验的 1/16 析因设计，分析所有的主效应和大多数一阶交互作用，见表 11-15。混淆是慎重地计划好的，如将 A 列和 B 列的符号相乘得出 D 列的符号等。可以通过工程判断来选择要混淆的交互作用。应该注意，其他效应也是混淆的。将混淆的效应相乘可以推导出混淆的全部效应一览表。例如，若 D 与 AB 是混淆的，则 ABD 交互作用效应也是混淆的，等等（如果出现平方项，则令该平方项等于 1，如 $AB \times AC = A^2 BC = BC$）。

表 11-15　7 个主效应的 1/16 分数析因图表

试验序号	A	B	C	D	E	F	G
1	+	+	+	+	+	+	+
2	+	+	−	+	−	−	−
3	+	−	+	−	+	−	−
4	+	−	−	−	−	+	+
5	−	+	+	−	−	+	−
6	−	+	−	−	+	−	+
7	−	−	+	+	−	−	+
8	−	−	−	+	+	+	−
别号				AB	AC	BC	ABC

　　有很多种方法可构建部分析因试验以减少因子和组合的数量。本章无法详细介绍，更多的内容可以查阅 Hinkelmann 和 Kempthorne（2008）、Mathews（2005）或者本章结尾处其他参考资料。

11.3　数据随机化

　　在这一阶段有必要指出所有统计设计试验的一个极为重要的方面。统计显著的方差来源必须表明它们不仅相对于试验误差而存在，还相对于其他可能存在但试验中可能未予检验的变异源而存在。例如，在例 11-2 中，变异源可能是受检验密封环的顺序，或者是抽取密封环所在的批次。为了消除外来因素的影响，并确保只有被分析的效应会影响结果，将试验随机化是很重要的。因此，应该用随机数表或其他合适的随机化过程来选择被测试件和测试顺序。在例 11-2 中，应该从每一种密封环的几个批次中随机地抽取测试样本，而且测试顺序也应该随机化。消除试验中的人为偏差也很重要，如果可行，可以隐藏被测产品的标识。

　　如果被测产品经历了一系列加工过程，如热处理，随后是机械加工，然后是电镀，这些产品应该以随机顺序经历每个加工过程，即分别地使每个加工过程随机化。

　　由于数据随机化的重要性，几乎总是需要设计和计划一个试验来为方差分析提供所需的数据。从正常出现过程收集的数据不太可能有效地达到这个目的。仔细地规划是很重要的，这样一旦试验开始，不可预见的情况就不会造成计划的中断或者引入不想要的变异源或偏差。为了确认试验能够按计划进行，模拟排练运行可能是有用的。

11.4　对结果的工程解释

从本质上说，统计试验总会产生一些与实际情况的物理或化学原理相抵触的结果。与试验误差相关的方差估计的统计显著概率是在分析中得出的，但必须时刻关注出现的与所研究过程相关知识不符的意外结果。例如，在液压密封环的试验中，可以进一步研究温度－压力的交互作用。因为这种交互作用的方差估计值比其他交互作用的方差估计值高，我们会倾向于去怀疑某些交互作用。在另一个试验中，密封环的选择可能使方差估计值表现出了统计显著性。

图 11-3 所示为两种形式的交互作用。如果没有交互作用，即两种效应各自非常独立地对密封环寿命起作用，各图线将在 t_1、t_2，t_2、t_3 或 p_1、p_2 间平行。本例中，交互作用出现在 80℃（t_1）和 100℃（t_2）之间，而不是 100℃ 和 120℃（t_3）之间。考虑到密封环的特性及施加的压力与温度范围，可以认为这是不可能的，因而可以不予考虑。这并不是表明总是要忽略这种交互作用，而只能表明可以合理地用工程知识帮助解释统计试验的结果。总是需要在统计解释与工程解释之间做到适当的平衡。如果结果表现为统计上十分显著，如温度主效应，那么这个结果极不可能是反常的。如果工程解释与统计结果不一致，且根据此结果做的决定又是重要的，那么重复该试验，针对有疑问的效果调整计划就是明智之举。如在液压密封环的试验中，可以只用第 3 种密封环另做试验，但以 3 个压力值和 3 个温度值进行试验，每次检验重复 4 次而不只是 2 次。

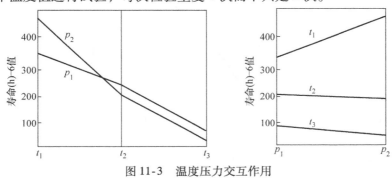

图 11-3　温度压力交互作用

11.5　Taguchi（田口）方法

Genichi Taguchi（田口玄一）提出了一种试验统计设计框架，以满足某些工程设计要求。Taguchi 建议设计过程由 3 个阶段组成：系统设计、参数设计和公差设计。在系统设计阶段确定基本方案，用理论知识和经验计算基本参数值以提供所需的性能。参数设计是指细化那些数值，对并未处于设计者的有效控制之下的各因子和变异，针对相关联的性能进行优化，从而这些方面的设计就是"鲁棒的"。公差设计是最后阶段，在此阶段，要对生产工艺和环境随机变异的影响进行分析，以确定产品设计和生产过程能否进一步优化，特别是与产品成本和生产过程有关的部分能否进一步优化。注意，设计过程应明确地包括生产方法及其控制的设计。参数和公差设计是以统计试验设计为基础的。

Taguchi 将变量分为两类。控制因子是实际上和可以经济地控制的变量，如可以控制的尺寸参数或电气参数；噪声因子是尽管在试验中可以控制，但实际上又难于控制或者控制成本很高的变量，如环境温度或公差范围内的参数变化。那么目的就是求出控制因子设置的组合（设计与过程变量），使产品对于噪声因子中的预计变异具有最大的"鲁棒性"。鲁棒性的衡量指标为信噪比，这与控制工程中使用的术语类似。

图 11-4 所示为这种方法，该图示出了输出参数对变量的响应，例如，可以是晶体管或液压阀的工作特性。如果希望的输出参数值为 A，将输入参数设为 A'，并显示公差，将产生以 A 为中心，并具有所示的变异的输出。但是，如果以

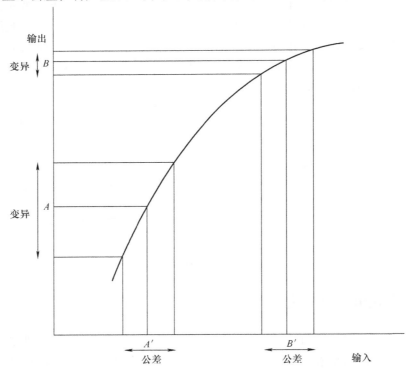

图 11-4　Taguchi 方法（1）

B' 为中心, 对于输入参数变异, 设计将好得多, 即更具鲁棒性, 因为对于同样输入参数的变异, 其输出的变化要小得多。输出值过高的这种情况可以为该系统附加另外一个部件予以调节, 这个部件具有线性的或其他不太敏感的工作特性。这是只涉及一个变量及其影响的简单例子。对于多维的、没有经验的情况, 必须使用统计试验方法。

图 11-5 所示为多变异、控制和噪声因子对所关注的输出的影响。这表明, 设计要像一个控制系统, 针对所有变异和交互作用的影响来优化其性能。

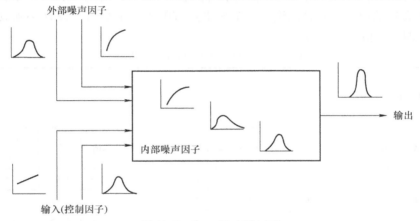

图 11-5　Taguchi 方法 (2)

使用部分析因设计的试验框架如前所述。Taguchi 主张, 在工程中的大多数情况下, 交互作用并没有显著的影响。因此可采用大为简化的, 即更为经济的部分析因设计。必要时, 可以进行辅助或确认性的试验来确保假设的正确性。Taguchi 制定了一系列这样的设计矩阵, 或正交表, 可以从中选出合适的用于特定试验。例如, "L8" 正交表是为有 7 个变量, 每个有两级的 1/16 部分析因设计的, 见表 11-14 (L 是指拉丁方阵)。更多的正交表方面的内容请参阅 Taguchi (1986)、Ross (1988)、Condra (1993) 和 Roy (2001) 的著作。

这些表可以组合起来, 得出内表和外表, 见表 11-16。内表含有控制因子, 外表含有噪声因子。根据所期望的输出参数是否必须予以最大化、最小化或中心化, 使用相应的外表公式, 针对要考虑的控制因子的组合计算信噪比。表达式如下:

最大输出, 信噪比 $= -10\log\left[\dfrac{\sum (1/x^2)}{n}\right]$

最小输出, 信噪比 $= -\log\left[\dfrac{\sum x^2}{n}\right]$

中心输出，信噪比 = $-10\log[\hat{\sigma}^2]$

式中，x 为控制因子设置范围的平均响应；$\hat{\sigma}$ 为标准差的估计值。

进行了如前所述的 ANOVA 分析，使用内表各行的信噪比。当然，也可以依据原始响应数据进行方差分析。

例 11-4

表 11-16 列出了燃油控制系统的试验结果，并只认为零件 A、B 和 C 的变异是显著的，然后选定这些作为控制因子（内表）。现在要研究 X 和 Y 两个噪声因子（外表）的影响。就燃油流量这个输出参数的中心值而言，设计必须具有鲁棒性，即额定值的变异最小。

表 11-16　燃油系统零件的 Taguchi 试验结果（例 11-4）

内表（I4：3×2）			外表（2×2）				均值	$\hat{\sigma}$	信噪比（S/N）
			X ＋	＋	－	－			$(-10\log\sigma^2)$
			Y ＋	－	＋	－			
序号	A	B	C	响应（−30）						
1	＋	＋	＋	8	6	4	4	5.5	1.91	−5.63
2	＋	－	－	0	0	−2	−4	−1.5	1.91	−5.63
3	－	＋	－	0	−2	0	−2	−1.0	1.15	−1.12
4	－	－	＋	4	2	4	2	3.0	1.15	−1.12

图 11-6 表示出改变控制因子对平均响应和信噪比的影响。C 的变异对平均响应的影响最大，而 A 和 B 的变异也有影响。然而，B 和 C 的变异对信噪比的影响可以忽略不计，但是低的 A 值能够比高的 A 值提供更为健全的设计。

为说明原理，这是一个相当简单的试验设计。通常控制因子和噪声因子的试验可能要用更大的阵列。多数商业化软件都包含田口方法作为 DOE 的选项之一。

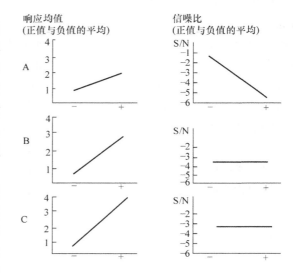

图 11-6　Taguchi 试验结果（例 11-4）

11.6　小结

　　工程设计与生产中的优化设计和解决问题的统计试验方法可以是非常有效而且经济的。当变量的影响难以计算或者这些影响是由交互作用引起的时，统计试验方法比单纯的确定性方法能够给出更高的优化水平，同时对变量的影响有更好的了解。但是，与使用任何统计方法相同，它们本身并不能说明为什么产生了某种结果。我们总是需要提出科学的或工程的解释，以便理解和控制各种影响。

　　必须谨慎地进行计划才能确保试验能给出所需的答案。这一点对统计试验尤其重要，因为每个试验都涉及若干次尝试，这会增加成本。所以，必须在试验成本与要得到的价值之间取得平衡，而且也应该谨慎选择那些将给出更多信息的试验和参数范围。"头脑风暴"法可以与 Taguchi 方法结合起来，但在制定任何工程试验计划时都应该使用。使用这种方法时，与产品设计及其生产工艺有关的人员协同工作，提出那些可能是重要的控制因子和噪声因子，并规划试验框架。该团队应该考虑所有变异来源，包括确定性的、功能性的、随机的，以及可能的范围，以便制定最适合的、高效费比的试验计划。在统计试验设计和分析方面熟练而经验丰富的人员一定要参与进来，甚至可以是团队的领导人。建立起信任与协作的氛围是重要的，一旦计划被制订出，全体成员必须一致同意。要注意其与第 7 章所述的质量功能展开法的相似性。哲学和心理学基础是相同的，而质量功能展开法应该突出强调统计试验应针对的要点。

　　统计试验对解决疑难问题同样有效。特别是，头脑风暴法甚至常常在进行试验之前就有助于问题的发现和解决，尤其是当变异为功能方面时，前文已经提到。

　　应该将统计试验的结果作为设定相关的生产过程控制的根据，这方面的内容在第 15 章中介绍。其中将会讲到，Taguchi 方法尤其适合生产中的现代统计过程控制的概念，因为它指出了使响应变异最小的方法，而不只是优化均值。这种控制因子和噪声因子的处理是达到这个目的的有效方法，对于大多数工程应用场合也是一种现实的方法。

　　由于被认为统计上不严谨和低估了交互作用的影响，Taguchi 方法一直受到某些统计界及其他行业人士（如 Logothetis，1990 和 Ryan，2001）的批评。尽管这些批评有一些道理，但重要的是 Taguchi 提供了一种可操作的方法，该方法慎重地精减了要进行试验的次数以降低成本。制订计划时必须要利用可以运用的理论及其他知识，包括经验，以进行效费比更高的试验。例如，理论和经验常常可以指出何时交互作用是不太可能存在的或是不显著的。此外，在涉及不同加工处理的试验中，可以省略全面随机化处理以节省时间。Taguchi 建议应该进行证实性试验以确保计划中所做的假设是有效的。

可以说，Taguchi 的最大贡献是促使人们广泛地认识到了统计试验在产品和工艺设计优化及问题解决中的效力。另一个好处是强调了产品和生产工艺的设计需要综合的方法。

统计试验可以用计算机辅助设计软件进行，此时软件要包括必要的程序，如蒙特卡洛仿真和统计分析程序。当然，软件在真正的模拟系统及其对变异的响应程度方面，会有一定的局限性，但另一方面，与使用硬件相比，试验成本更低且更快捷。所以，经常用仿真来进行初始优化，而以硬件试验来确认和细化该结果。

本章所述的方法适用于分析线性因果关系，或是在变异的可能范围内可近似认为是线性的因果关系。当然，这些方法不能用来分析非线性的或不连续的函数，如共振和状态的变化。

在工程设计和开发中及解决问题时，使用统计试验的正确做法是利用一切可用方法的效力，并利用相关人员的技能和经验。协作与培训是必不可少的，而且这意味着管理良好。

习　题

可以使用统计软件来解答下列问题。如果没有软件，可以从 www. minitab. com 或 www. reliasoft. com 下载 Minitab 或 Reliasoft DOE + + 的试用版。

1. 某厂家进行了改进发动机热起动可靠性的试验。有两个控制因子：混合气设置（M）和点火时间（T），每个因子有 3 个水平。试验记数如下（为全析因试验，等价于 4 列中只有 2 列有值的 Taguchi L9 正交阵列）：

混合气

		1	2	3
	1	试验 1	试验 2	试验 3
点火时间	2	试验 4	试验 5	试验 6
		试验 7	试验 8	试验 9

响应变量是起动发动机所需的起动机 – 发动机轴的转数。控制因子的每个设置都得到了 20 个结果，平均转数如下：

试验	1	2	3	4	5	6	7	8	9
平均转数	12.15	17.15	20.85	16.25	19.25	16.45	22.10	20.05	14.15

（a）关于控制因子及其交互作用（没有进行显著性检验），可以得出什么初

始结论？

（b）有 2 个可识别的噪声因子（节气门位置和离合器踏板位置），二者都可设置成两级。如何将噪声因子融入试验设计？

（c）与平均转数相比，Taguchi 信噪比是不是一种更好的度量？应采用哪一个？

（d）需要什么其他信息来进行方差分析？

2.

（a）有人提议：不应该将可靠性试验用于证明一个单一的设计参数，而应代之以可能改进可靠性的各关键因子的简单析因试验为依据。你认为这个想法如何？

（b）有人认为下列因素可能对机电组件的可靠性有影响：

A ——电气终端（缠绕或焊接）。

B ——开关电路类型（继电器或固态）。

C ——元器件供应商（供应商 1 或供应商 2）。

D ——冷却（对流或风扇）。

有人怀疑 D 可能与 B 和 C 有交互作用。

已经制定了一种加速检验程序，其中各组件要经受重复的环境与运行循环的试验，直至失效。因为这种试验成本高昂，所以最多制作 10 个样机进行试验。请设计一种合适的试验，并识别所有混淆的交互作用。

3. 便携式通信接收机的可靠性指标之一是在信号强度变动的情况下提供足够的接收能力，信号强度受气候条件和用户无法控制的其他环境因素的强烈影响。因此在设计接收机时决定有 7 个因子会影响接收质量。

用 2^{7-3} 的形式设计试验。在表 11-13 给出的设计中，7 个因子（以 A~G 表示），每个因子 2 级，分别被置于第 1、2、3、4、12、14 和 15 列。其余各列用于评估交互作用。并且可以认为 3 因子和 4 因子不会出现交互作用。

试验时，16 个接收机样机安装在已知信号接收质量差的地区，在四种分开的场合下（这些场合间的环境条件以典型方式变化）评价了每台样机的性能。结果见下表（响应是接收质量的一个指标）：

试验序号	试验结果（接收指标）			
1	6.66	5.90	6.72	4.81
2	7.76	5.77	8.36	8.62
3	5.59	6.34	7.35	8.50
4	6.36	5.37	6.17	6.46
5	7.00	6.76	5.47	5.92

（续）

试验序号	试验结果（接收指标）			
6	7.52	4.71	6.69	8.14
7	7.25	5.08	5.66	5.04
8	6.18	6.47	7.55	5.92
9	7.21	5.37	7.34	4.48
10	6.95	6.96	8.36	6.87
11	7.08	5.74	6.72	6.70
12	5.34	7.56	7.22	6.89
13	8.09	8.27	5.69	5.96
14	7.72	5.62	5.77	6.79
15	6.43	6.59	6.08	5.37
16	5.52	5.82	5.82	7.29

计算最大输出（"最大即最好"）信噪比。由此计算出所有因子和交互作用的信噪比的效应及平方和，然后利用这些值进行方差分析，以检验各种因子和交互作用的显著性。你会推荐什么样的最终设计？

4. 何时会使用 Taguchi 方法代替 DOE 来评估响应的贡献因子？并解释。

5. 为什么在进行 DOE 或者 Taguchi 试验之前要排练？并解释。

6. 为什么对 DOE 来说随机化很重要？并解释。

7. 在试验中自由度如何帮助确定重要程度？并解释。

8. 对两种不同的合金焊材（合金 A 和合金 B）进行试验，在热循环中有不同的温度变化。这些试验结果的 MTTF 值见下表。

DOE 平均失效前时间

焊材合金	温度变化 $\Delta T = 25℃$	温度变化 $\Delta T = 135℃$
合金 A	4000h	1000h
合金 B	3850h	875h

分析数据，哪个因子的效应最显著？

绘制主要效应图。

推导 MTTF 和试验变量之间的方程。考虑主要影响及交互作用。

对同样的数据进行 ANOVA 分析，并对结果进行比较。

参 考 文 献

Bhote, K.R. (1988) *World Class Quality*, American Management Association.

Box, G.E., Hunter, W.G. and Hunter, J.S. (1978) *Statistics for Experimenters*, Wiley.

Breyfogle, F. (1992) *Statistical Methods for Testing, Development and Manufacturing*, Wiley-Interscience.

Condra, L. (1993) *Reliability Improvement with Design of Experiments*, Marcel Dekker.

Deshpande, J., Gore, A. and Shanubhogue, A. (1995) *Statistical Analysis of Nonnormal Data*, Wiley.

Grove, D. and Davis, T. (1992) *Engineering Quality and Design of Experiments*, Longman Higher Education.

Hinkelmann, K. and Kempthorne, O. (2008) *Design and Analysis of Experiments, Introduction to Experimental Design*, Wiley Series in Probability and Statistics.

Lipson, C. and Sheth, N.J. (1973) *Statistical Design and Analysis of Engineering Experiments*, McGraw-Hill.

Logothetis, N. and Wynn, H. (1990) *Quality through Design*, Oxford University Press.

Mason, R.L., Gunst R.F. and Hess J.L. (1989) *Statistical Design and Analysis of Experiments*, Wiley.

Mathews, P. (2005) *Design of Experiments with MINITAB*, American Society for Quality (ASQ) Press.

Montgomery, D. (2000) *Design and Analysis of Experiments*, 5th edn, Wiley.

NIST (2011) Section 1.3.6.7.3 *Upper Critical Values of the F-Distribution*. Engineering Statistics Handbook, published by NIST. Available at: http://www.itl.nist.gov/div898/handbook/eda/section3/eda3673.htm.

Park, S. (1996) *Robust Design and Analysis for Quality Engineering*, Chapman & Hall.

Ross, P.J. (1988) *Taguchi Techniques for Quality Engineering*, McGraw-Hill.

Roy, R. (2001) *Design of Experiments Using the Taguchi Approach*, Wiley-Interscience.

Ryan, T. (2001) *Statistical Methods for Quality Improvement*, 2nd edn, Wiley-Interscience.

Taguchi, G. (1986) *Introduction to Quality Engineering*, Unipub/Asian Productivity Association.

Taguchi, G. (1978). *Systems of Experimental Design*, Unipub/Asian Productivity Association.

第 12 章　可靠性试验

12.1　引言

试验是所有工程开发项目必不可少的部分。如果研制的风险高，那么就时间和其他资源而言，试验工作会成为整个开发工作的一个主要内容。例如，一种新型的水泵或新式的录像机一般都要经受全面彻底的试验，以便确保该设计在规定的使用环境下和规定的工作寿命期内是可靠的。可靠性试验之所以是必需的，是因为设计很少十全十美，而且由于设计工程师通常不可能对所有可能造成产品失效的原因都完全了解或者进行全面分析。前面各章讲到的专业工作，如果能系统地开展下去，将大大提高设计的内在可靠性。它们还能使试验期间发生更少的失效，从而减少试验工作的时间和成本。

整体试验应包括下列内容，可靠性试验是其中一部分：

1）功能试验。确认设计达到了基本性能要求。

2）环境试验。保证设计能够在规定的环境条件范围内工作。

3）统计试验。如第 11 章所述，优化产品的设计和生产过程。

4）可靠性试验。（尽可能）确保产品在期望的寿命期内能无失效地工作。

5）安全性试验。必要时进行。

显然，不可能将各类试验完全分开。所有的试验都将提供性能和可靠性方面的信息，而且对专门知识、试验设备和其他资源都有一些共同的要求。不同类型的试验的确有一些专门的要求。特别是法规要求的安全性试验，其中一些试验可能与其他试验没有太多共同之处。

为了给全面而合理的开发试验项目提供依据，设计规范应当涵盖所有需要试验的标准（功能、环境、可靠性、安全性）。开发试验计划要覆盖所有这些设计标准。重要的是避免执行不同类试验的人员之间在样机、设施和优先级的分配方面引起争议。整体试验规划减少了发生这种争议的可能性。

开发试验工作应该包括：

1）样机分配（零部件、分组件、系统）。

2）对设施的要求，如试验设备。

3）统一的试验和失效汇报流程。

4）试验计划和时间表。

要安排一人来主管全部工作，其有确保所有规范标准都得到演示和验证的责任和权力。

然而，在作为试验整体工作一部分的可靠性试验中，存在着一个固有的矛盾，为了经济、快速地得到可靠性的信息，必须产生失效。因为只有到那时才能得出安全裕度。另一方面，失效与功能和环境试验之间有矛盾。开发试验工作必须面对这个难题。为了使工作能以最低的成本顺利地完成，人们最希望进行试验工作的人员将失效发生的概率降到最低。然而，设计中（或制造工艺中）的薄弱环节必须在进入生产阶段之前得以发现并纠正，而这实际上要通过发生失效才能做到。理想的试验工作应该揭示在使用中可能发生的每一种失效模式。

开发试验的难题应通过将试验划分为两个主要类别予以处理：

1）不期望产生失效的试验（通过性试验）。

2）有意产生失效的试验（试验至失效）。

统计试验、功能试验、系统级试验和大多数环境试验属于第 1 类试验。大多数可靠性试验（和某些安全性试验）属于第 2 类试验，可靠性试验可能同时属于 1 类和第 2 类试验，取决于试验的目的（见第 14 章可靠性演示试验）。特别是对报告试验结果和失效及试验分析与纠正失效模式要采取的措施要有统一的汇报流程。试验、失效报告和整改措施在后面将有详细介绍。

对于第 2 类试验，一旦有了硬件（有时还包括软件），就应该立刻进行，不应该在 DfR（见第 7 章）过程中的验证 VERIFY 阶段之后，而且越早越好。在开发工作中失效发生得越晚，它对进度和成本的影响就越大（图 7-1）。因此，计划试验时要尽早地将失效模式暴露出来。第 1 类试验更适合 DfR 过程中的确认 VALIDATE 阶段，虽然这一阶段也经常出现失效。

工程开发试验方法详见 O'Connor（2001）。

12.2　可靠性试验的计划

12.2.1　使用设计分析数据

第 6、7、9 章中讲到，在设计阶段完成的设计分析（CAE、可靠性预计、FMECA、应力分析、参数变异分析、潜在通路分析、FTA）及任何早期试验的结果，都应该在计划可靠性试验时作为参考。它们已经突出了设计中的风险和不确定性，可靠性试验应该特别对这些予以关注。例如，如果 FMECA 中显示某种失效模式危害性高，那么可靠性试验就要确保这种失效在使用环境和寿命周期内是极不可能发生的。不可避免地，试验工作还会发现设计分析期间没有察觉到的失效模式和影响，否则试验就无太大意义。因此，试验必须覆盖全部使用条件，包括存储、搬运、试验、修理及可能影响可靠性的其他方面。

12.2.2　考虑变异性

第5章和第11章已经介绍了变异性是如何影响失效概率的。变异性的主要来源是将设计转化为实体产品的一系列制造过程。因此，可靠性试验必须要涵盖因为变异性导致的失效模式的影响，无论是意料之内还是意料之外的。如果已经进行了参数变异分析或统计试验，那么在计划可靠性试验时可以用来确认变异的影响。然而，为了在实际中尽可能地涵盖变异性的影响，要在不同台份的产品上进行可靠性试验。在确定试验台份的数量时要考虑：

1）关键变量可控的程度。

2）失效的危害程度。

3）试验样品和试验的成本。

多数情况下至少要试验4件以上的产品。对于比较简单的系统（晶体管、紧固件、液压止回阀等），控制很少的关键变量可能相对容易，而失效的危害程度也可能相对较低。但大量进行试验的成本也不高。对于中等复杂程度的系统（如汽车、电视机、机床），控制关键变量就要困难得多，因为变量的个数太多。在系统中的每一个接口都会引入影响可靠性的更多变量源。因此，需要试验比较多的数量，典型的范围是5~20。对于复杂的系统（航空发动机、飞机等），硬件和试验成本成为主要的限制因素，但至少要有4台产品用于可靠性试验。对于产量很少的大型、昂贵和复杂的产品（如航天器、船舶、发电站），进行可靠性试验的产品少于4件是可以接受的，其中有的在试验之后还将投入实际使用。

如果变异来源已知，它的影响有时可以通过试验来评定。这时，产品中的变量参数（如尺寸、过程变量）有意被设置为最不利的数值。如第11章所述，统计试验设计（DOE）和其他的统计工程优化方法可用于分析多个变异源的影响。

12.2.3　耐久性

可靠性试验工作必须考虑主要失效模式相对于时间（或循环、距离等与时间尺度有关的参量）的规律。

如果失效模式的故障率是递增的，那么试验必须定位于确保在预计的寿命期内有足够的可靠性。因此，可靠性试验必须持续充分的时间以验证达到了上述目标，或必须加速进行，加速试验将在后面介绍。一般来说，机械零件和组件中常出现的磨损、疲劳、腐蚀或者其他品质下降引起的失效会导致故障率递增。经过修理或翻修的系统的可靠性也可随着工龄的增加而降低，所以适当的保养工作必须包括在试验计划中。

12.3　试验环境

可靠性试验工作必须涵盖产品可能经受的所有环境条件。影响大多数产品的可靠性的主要环境因素是温度、振动、机械冲击、湿度、功率输入与输出、电压（电子系统）、灰尘、污染、人员。

此外，电子设备可能还受到以下因素的影响：电磁效应（EMI）。瞬变电压，包括静电放电（ESD）。

在特殊情况下，某些其他环境条件也可影响可靠性。如辐射（紫外线、宇宙射线、X 射线）、润滑剂老化或污染、高空、真空、工业污染、电磁脉冲（闪电、核反应）、盐雾、霉菌、高强度噪声、有害气体。

美国标准 MIL－STD－810、英国防务标准 07－55 和 ISO/IEC 60068（见参考文献）都给出了适用于大部分环境条件的试验方法。但是，这些标准没有直接涉及可靠性，因为它们的目的是要展示产品在试验条件下不会失效或导致损坏。另外，大多数试验并不要求设备在试验期间工作，而且试验是在单一环境下而不是在组合环境下进行的。

环境试验工作应该满足正式的环境试验要求，尤其是在为了遵守法规或合同要求时。可靠性试验在环境条件方面必须满足设计规范中的和环境试验计划规定的环境要求。然而，作为确保产品可靠性的有效方法，需要对可靠性试验的环境状况进行十分详尽的评估。

确定可靠性试验中的环境条件时，必须从可靠性的角度出发找出关键的环境条件，无论单一的还是与其他环境条件组合的。在大多数情况下，先前的经验和惯用的规范都会给出充分的借鉴。例如，美国 MIL－HDBK－781 提供了关于如何评估环境条件和如何相应地设计各种试验的信息。一个典型的用于车辆或飞机上的电子系统的可靠性试验环境如图 12-1 所示。这种试验被称为综合环境可靠性试验（combined environmental reliability testing，CERT）。

有各种试验箱可用于综合环境可靠性试验，尤其是对电子系统。它们包括为受测单元提供温度循环和振动输入的设施。将试验箱放在装于地板的振动器上，而试验箱带有活动的或柔性的底板。电信号（电源、控制和监测信号）可以通过试验箱壁上的连接器输入。专用试验箱还能提供其他设施，如加湿和减压设施。舱室条件的控制可以通过编程实现，被测单元可以通过外部设备进行控制与检测，如可编程电源，数据记录器等。

图 12-2 所示为一台典型的综合环境可靠性试验设备。

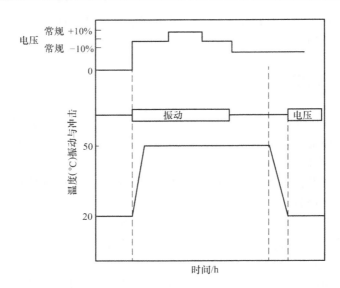

图 12-1 典型的 CERT 环境循环：车载电子设备

图 12-2 CERT 试验设备（Thermotron Industries 提供授权）

当以往采用的各种标准方法不再适用时，如要在恶劣环境中使用的高风险产品，必须对其试验环境进行仔细的评估，特别是以下因素：

1）环境条件的变化速率，而不仅是最大值和最小值。如温度变化率过高时，可能因热性能不匹配和导热率的影响而产生断裂或者疲劳。

2）外部环境的影响程度和工作状态有关。如潮湿引起的腐蚀在设备闲置时可能比在运行时导致更多的问题。

3）环境的综合影响可能比任何单一环境条件的影响严重得多。可用统计试验（见第 11 章）来评估这些影响。

4）振动和冲击的方向和模态，将在后面详细介绍。

5）适用于产品的特殊环境条件，如搬运、存储、维修和特殊的物理条件。

12.3.1　振动试验

对必须经受住振动的产品来说，充分的振动试验尤为重要。但是，制定并制作正确的条件可能是困难的，而且易于造成代价高昂的错误。

有效的振动试验的基本原则是：

1）振动应当通过多个轴输入被试单元（DUT），而且最好是同时的。

2）振动的输入应当包含全部可能遇到的频率和强度，以便激发起所有的谐振。

3）振动的输入应当是随机的而不是扫频的，从而可使不同的谐振同时受到激发（见下文）。

4）将被试单元安装到振动台上的试验夹具应被设计得不会改变振动的输出（无夹具的谐振或阻尼）。只要可行，被试单元就应当直接安装在振动台上。

最简单的振动试验是在一个固定频率上"摇晃"，通常是正弦波输入。但这对可靠性试验来说意义不大。现代振动器可以被编程，产生出任何希望得到的振动剖面。

扫频正弦试验对搜索谐振是有用的，如果检测到不能接受的谐振时，可对设计进行修改。

对给定频率的正弦波，峰值加速度可以使用下面的公式计算：

$$A = 0.002f^2D \qquad\qquad (12-1)$$

式中，A 为峰值加速度（g）；f 为频率（Hz）；D 为峰值位移（mm）。

例如，如果 $f = 50$Hz，$D = 2$mm，那么 $A = 10g$。

另一种正弦振动是正弦驻留，其中被测元件在谐振频率下经受一段时间振动来激发最高的应力。

除此之外，频谱可以是在一定范围和密度函数内的随机输入。对可靠性试验来说，要暴露振动引起的失效模式，输入含有许多频率的随机振动试验比扫频试验要有效得多，因为它同时激发出所有的谐振。这在现实中也更有代表性。

具有连续谱的随机振动输入的度量单位是功率谱密度（Power Spectral Density，PSD），单位为 $g^2/$Hz。对于必须能承受比较严重振动的产品，或对电子元器件等做筛选试验时，一般使用最高为 $0.1g^2/$Hz 的输入。典型的随机振动频谱如图 12-3 所示。

要在振动试验期间给电气或电子设备外加功率，来监测其性能，以便在出现间歇性失效时能察觉到，并进行调查。

被测件的动态响应更多是由于设计和生产的变异导致的谐振的影响，而不是振动器的输入频谱，所以即使精确地掌握了产品的实际工作环境，准确地模拟工作环境的成本效益通常很差。因为可靠性振动试验的目的是同时引起谐振，又因

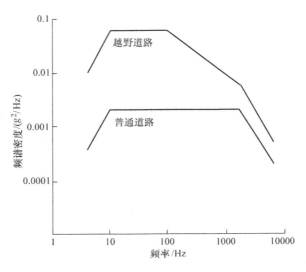

图 12-3 公路运输振动水平

为几乎任何随机频谱都能做到，所以允许存在大的频谱误差（如 ±6 dB），这样可使试验成本降到最低程度。

振动和冲击试验的详细说明见 O'Connor（2001）、Harris（2010）和 Steinberg（2000）。

12.3.2 温度试验

温度试验中最常见的类型有恒温试验、温度循环试验和热冲击试验。在电子行业中，更常见的是用恒温试验检验产品在极低和极高温度下工作或者存放的能力。温度循环试验和热冲击试验的目的是使产品经受低周疲劳（而不是振动试验中的高周疲劳）。因为不同材料的热膨胀系数不同，热循环会导致应力的循环，继而产生疲劳失效。热循环和热冲击用极值和变化率表示。热冲击的值通常更高一些。电子电气设备的温度试验尤其重要，因为它们的可靠性会受工作温度（见第 9 章）和热循环的影响。多数情况下，在进行温度试验时设备应当通电并运转，否则，这些试验将不能体现实际使用中的温度分布和梯度。还应当连续地进行监测，以确保得以检测间歇失效。

12.3.3 电磁兼容性（EMC）试验

电磁兼容性试验对电子系统来说是非常重要的，因为电磁干扰（EMI）或电源电压瞬变会引起数据损坏，造成严重的后果（见第 9 章）。所以，设备必须经受电磁干扰和电压瞬变，以确认它在这些情况下能够无失效地工作。电磁干扰的水平和电压瞬变波形必须通过评估或测量使用环境来确定，或者使用规定的值。

还必须防止内部引起的电磁干扰和电压瞬变，并可能有必要进行试验以保证所发射的电磁干扰处于限度之内。

电磁干扰/电磁兼容性试验方法在美国 MIL - STD - 462D 和 IEC 61000 中做了叙述（见参考文献）。

12. 3. 4　其他环境试验

见 O'Connor（2001）。

12. 3. 5　用户模拟试验

功能、环境、可靠性和安全性试验都是为了验证产品符合其设计参数。这些试验一般由工程经验丰富的人员来完成。这样的人员尽管希望将工作做好，但他们与产品的一般用户区别太大。因此，特别是在消费品（电视机、复印机、洗衣机等）领域中，重要的是由更能代表典型用户的人员或试用者进行一些可靠性试验。这称为"β"试验。这种方法能帮助发现有经验的人使用或在非典型环境中使用时不会出现的失效模式。例如，汽车厂家经常使用"车队"（警车、租用车、快递车）的方式来对新零件和系统进行试验。这些车辆行驶里程的增加比普通车快很多，因此设计中潜在的问题能够更快地被发现。

12. 4　可靠性和耐久性试验：加速试验

在第 8 章和第 9 章中已经介绍了机械、电和其他应力是如何导致失效的，在第 5 章讨论了强度、应力和其他条件的变异是如何影响失效的可能性或失效发生的时间（时间、距离、循环等）的。本节将介绍应该如何设计和实施试验，以保证各种设计和产品在工作中可靠耐用。

12. 4. 1　试验开发

对大多数工程设计，我们并不知道理论上和全体实际产品在工作寿命内工作环境下的"不确定性缺口"有多大。这些不确定性的影响很少能够很有把握地用第 7 章介绍的设计分析方法来评价。那么如何计划试验工作才能在合理的时间和成本之内将不确定性缺口减小到对可靠性和耐久性有把握呢？

对这个问题，常规的解决方法是将可靠性视为一个可度量的功能特性，将产品在模拟使用条件或实际使用条件下试验一段时间，然后计算通过试验达到的可靠性。例如，工作时间除以失效数即是平均故障间隔时间（MTBF）。这种方法将在第 14 章进行论述。但是，这些方法根本不足以提供可靠性保证。主要原因在于它们是以在规定使用环境中施加模拟或实际应力的期间测量出的可靠性为基础的，并且认为（或希望）失效数会低于针对该试验规定的标准。这对上述问题来说是个错误的答案。

正确的答案是显而易见的：必须为了引发失效去试验，而不是为了演示成绩去试验。这个理念在很多行业中得到了认可，尤其是涉及机械强度时。需要注意的是，很多现代的电子产品本身也是机械产品。要得出材料的强度和疲劳特性，需要将样本试验到失效。如第 8 章中解释的，不能通过理论分析准确地得出诸如合金或塑料等材料的强度，只能通过将样本试验到失效。如果用这种材料设计一个零件，就可以用有限元 FEA 那样的方法分析应力，然后可以采用公开的数据或者采用试验到失效得出的材料特性来计算强度。如果设计简单而且在应力和强度之间有足够的裕度，就可以决定不需要进一步做试验。但是，如果诸如质量等约束条件迫使人们设计时裕度更小，而且如果零部件的功能是很关键的（如推动飞机的发动机），人们会认为将一定数量的产品试验到失效才是谨慎的。因此，我们希望失效只在大大超过预计最大应力和最小寿命时才发生，以提供足够大的安全裕度以便将这种设计和使用中的不确定性和变异都考虑进去。

然而，我们设想正在设计一个电子系统。为了正常工作需要规定最高温度限制为 40℃。样机试验应达到什么温度呢？一些没有经验（还包括有一些经验）的工程师回答，40℃ 应当是最高的试验温度，因为在这之上的温度不能代表所规定的条件，所以在此温度以上发生的任何失效会被认为是不相关的。

但是，假定样机在 42℃ 进行试验并失效了，我们应当忽视吗？这种失效会在 35℃ 时发生在根据同一图样制造的另一件产品上吗（变异性造成的影响）？或这种失效会不会在这个产品进入保修期 6 个月后才发生（与时间相关的失效机理的影响）？它会不会在 35℃ 时供电电压在范围内稍升高一些的情况下发生？只因为所施加的热应力不具代表性，能够确定在 42℃ 发生的失效不相关吗？

如果在超过规定极限 2℃ 的温度发生失效，被忽略的可能性不大（虽然确实也会发生）。但是，如果失效发生在 50℃ 或 60℃ 呢？应力要高到什么水平才能够判定是应力水平太高而可以忽略失效呢？甚至应当以比最大规定值高得多的应力进行试验吗？

答案是，这些问题本身就是错误的。线索存在于前面所问的可能导致失效的原因中。当试验中发生了失效，应当问的是它们会不会在实际使用中发生。而这只能通过调研失效的实际物理和化学原因来回答。这样，必须提出的问题就变成了：

1）这种失效在使用中会发生吗（在其他件上、在更长时间之后、在其他的应力水平下等）？

2）我们能在使用中防止失效发生吗？

施加应力的意义仅仅是一种方法，提供证据证明存在着一个改进设计的机会。我们已经获得了如何缩小不确定性缺口的信息。是否利用这个机会是管理问题，还要考虑诸如成本、质量、时间等其他方面的因素。

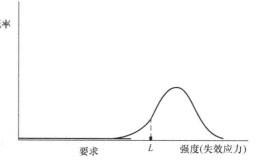

图 12-4　应力、强度和试验失效（1）

上述不确定性如图 12-4 所示。如果只考虑一个应力，以及它可能引起的失效，那么产品的应力 – 失效分布可能如图所示。举个简单的例子，它可以是一个工作温度，到达这个温度电子元器件就会失灵；或者是某种压力，在这个压力下密封开始泄漏。如第 2 章所述，这个分布的确切性质几乎总是不确定的，特别是在其曲线的尾部，而就所关注的可靠性和耐久性而言，这里却是最重要的区域。

假设第一次试验的失效发生在应力水平 L 处，在这个阶段可能只有很少的产品在进行试验，也许只有一个。我们可以称这个产品的强度是分布上的一个点，但不能称它到底是一个具有平均强度的产品、一个强度高的产品还是一个强度弱的产品。找出强度的唯一方法是将更多的产品试验到失效，绘制并分析结果。大多数试件将必然靠近平均值，因为那是总体中的大多数分布的位置。所以，任何被试产品不大可能代表未来总体中的最弱产品。

但是，若我们采用适当的方法分析失效的实际原因，并对产品进行强化，那么实际上是将强度分布曲线向右移动了。我们这时仍不知道它的形状，但这并不重要。我们只是想将它移开。我们从事的是工程技术，不是理论科学和统计学，所以可以用高应力代替大量样本。虽然必须要知道影响可靠性和耐久性的因果关系的科学知识才能完成设计并确定如何改进，但这样得出分布值集中的位置，有时包括围绕集中点的变异也是可取的。在电子学的例子中，可以使用额定值更高的元器件，或加装散热装置。为了密封，可以改变材料或尺寸，或加第二层密封，或减小压力。这样系统将更可靠。

对于许多要进行应力试验的产品，特别是电子系统，有可能发生两种类型的失效：瞬时（或工作）失效和永久失效。如果在某应力水平上发生的是瞬时失效，那么当应力降低时，就会恢复正常工作。永久失效是即使当应力降低后也不能恢复正常工作的失效。对温度、电压等应力来说，它们的限值可能是低的或者负值，过高或者过低的水平都可能引发失效。而它们显然与在高水平引起的失效有不同的机理。对于产品总体来说，导致失效发生的应力是分布式的。一般情况如图 12-5 所示。

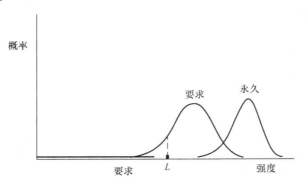

图 12-5　应力、强度和试验失效（2）

如果失效是由磨损引起的，如一个轴承的磨损或一个附件的疲劳，那么分布的水平轴就表示对应某个应力值的时间（或循环数）。现在，除了应力和强度方面的不确定性外，还有时间的不确定性。在时间 t 以后，应力水平 L 处发生的试验失效将代表未知的三维分布上的一个点（图 12-6）。如图 12-6 所示，磨损机理的一个重要特征是失效前时间的合成分布随损伤的累积而变得更宽，这样就进一步增加了不确定性。为了获得全面的理解，就需要用更大的样本做更多的试验。但是，相同原理依然适用：我们并非真正要关注分布的形状。我们只是想在合理的成本下改善设计。

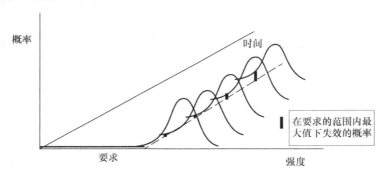

图 12-6　应力、强度和试验失效（3）：损耗失效

在大多数实际情况中，失效是由应力和强度综合引起的，而不是只由一个应力或一个强度变量引起的。有些是时间相关的，而有些不是。借用上述的例子：

—— 施加到电子元器件的应力可能是高温工作、通电后高的温度变化率、开关循环速度、不工作时的湿度、电压和振动的组合。其耐久强度可能取决于内部的连接、封装材料的热传导、无缺陷等组合成的机械完整性。

—— 对于密封，应力和其他的变量可能包括油温、压力、压力波动、油的状况（黏度、清洁度等）、轴的轴向和径向移动、振动、活动部件之间的公差、密封槽和密封件的尺寸公差等。

两个或多个此类变量之间还可能有交互作用，如第 11 章所述。

因此，即使这种相对简单和普通的失效，并非只有一个分布重要，而是有许多可能的分布和交互作用。是什么会使晶体管、电容器或密封在某个应用场合失效，而在另一应用场合，其影响却可以忽略不计？或者在以前的应用中工作得很好的零部件可能在一个新的但却类似的应用中发生问题？这就是工程中的现实！

这个思考引出了可靠性开发试验的主要原则：应当增加应力以导致失效发生，然后用获得的信息去提高可靠性和耐久性。这就是第 7 章讲到的 DfR 过程中"设计—分析—验证"的循环。显然，对施加的应力会有实际的限制，这些限制取决于：

—— 技术的基本限制。例如，在超过所用焊料的熔点的温度上试验一个电子系统是没有意义的。

—— 试验能力的限制。例如，试验箱的最大温度。

需要使用高到"不具代表性"的应力主要基于工程实际的四个方面：

1）未来将发生的失效的原因经常是不确定的。

2）失效概率和失效前的时间也是十分不确定的。

3）试验时间越长，成本越高，所以减小不确定性缺口越快越好。

4）在开发期间找出失效原因并防止重现比在使用中发现新的失效原因要经济得多。

这一点如何强调也不为过：施加"有代表性"的应力进行试验而希望不发生失效，在时间和资金方面要付出的代价是非常高的，而且从很大程度上讲是资源的浪费。遗憾的是，几乎所有应力试验标准中的方法（这些标准后面将讨论）都要求使用典型的或设计要求中最大的应力。这种方法在工业界使用很广泛，并且常见的做法是对样机施加"模拟的"应力，进行长时间试验并进行观察。例如，发动机在试验台上运行几百小时、轿车环绕试车道行驶几千英里，以及电子系统在环境试验箱中运行几千小时。样机没有发生失效的试验就被认为是"成功"的。但是，尽管花费了很长的时间和很高的成本，仍没有识别出多少改进机会，而且使用中发生的故障在试验期间并未被观察到。在这方面有一个重要问题应该认识到，在试验期间由某水平的应力引起的失效在使用中可能是由不同的应力（或多种应力）引起的。例如，试验中几分钟的振动引起的疲劳失效也可以由实际使用中的几个月或几年的温度循环所引发。在试验中使用的振动应力可能完全不能代表使用条件。但前面已经介绍即使"不具代表性"的试验应力也可能激发出有意义的失效。而且，比起施加温度循环所引起的失效，它能更快地引发这一失效。但是在试验中更常见的是产品受到和实际使用中同样类型的工况，只是值更高些（加速试验）。

12.4.2　加速试验

在很多行业中，经常使用产品加速试验。将产品在高于设计要求的水平下进行试验使它失效发生得更快，并且能提供更多的强度信息。同时也能通过缩短试验时间来降低开发成本，因此有助于将产品尽快投放市场。

第12.3节介绍了环境应力（温度、振动、湿度等）可以用于加速试验。例如，使产品处于更高的温度下或者使它经受更高水平的振动都会缩短试验时间。

图12-7从理论上表示了加速试验对产品寿命的影响。更高的应力水平缩短了产品的寿命，提高了在浴盆曲线的每一段的失效率。

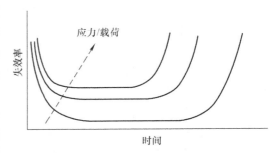

图12-7　加速试验对浴盆曲线的影响

理解潜在的失效机理和产品设计的限值对进行加速寿命试验很重要。图12-8所示为典型的应力范围和期望的失效类型。这些应力限值可以是两侧的（如温度范围），或者是单侧的（如振动和电压）。将应力提高到产品设计范围以上会加速失效而无法代表正常的现场实际情况。例如，高温下温度可能超过塑料件的玻璃化温度甚至使其熔化，这是在正常使用中不会出现的。这些失效经常被称为"愚蠢失效"，在试验中应该避免。在选择加速应力试验中应力水平时，应该注意对"实际"的、在实际使用中可能出现的失效模式进行加速。有了对技术方面和以往类似的产品的理解，再加上设计方面的协助就应该能选择出适当的应力水平。另外，合理地使用DOE（见第11章）也很重要。在生产中的应力筛选中也使用了一个类似的概念，见第15章（图15-8）。加速试验模型及在试验开发中的应用将在第13章介绍。在理解了失效机理（如材料的疲劳）的前提下，有针对性的加速应力试验可以提供量化的因果关系。可以进行统计设计的试验（第11章），使用加速应力来探索它们的影响。但是，这样的试验需要大量的样本、更详细的计划和更长的时间，因此会比上述加速试验成本更高。我们必须要确定是否确实还需要额外的"科学"的或者统计试验来提供信息。很多情况下加速试验获得的信息结合工程知识就足以使我们采取改进设计和工艺了。但有时，尤其是当因果关系不明确时，我们需要更详细的信息。

对电子系统进行的加速试验和振动试验不仅仅是在开发阶段中，也在生产阶

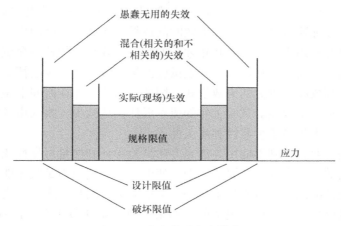

图 12-8　应力范围和失效类型

段中。这称为环境应力筛选（Environmental Stress Screening，ESS）。这种方法还称为 STRIFE（应力 + 寿命，stress + life）。在美国环境科学技术研究院（IEST）和 ISO/IEC 61163 发布指导方针后，ESS 方法已经在某种程度上成为标准。另外，除了 ESS 和 CERT 中有时涉及组合应力，通常应力都是单独施加的。它的目的是模拟工作环境中的最差情况，或者加速到适当的程度。所有这些方法通用的原则都是保证产品在试验中不发生失效。这和前面讨论的方法不一致，下面详细介绍。

12.4.3　高加速寿命试验（HALT）

如果施加的应力远远高于正常的运输、存储、使用中的实际应力，这种试验就称为高加速寿命试验（Highly Accelerated Life Testing，HALT）。这种方法由美国工程师 Gregg Hobbs 博士发明，在 McLean（2009）的书中有详细介绍。HALT 通常是在专门设计的环境 HALT 舱中进行。其同时进行大幅度的和快速的温度变化及 G_{RMS} 极高的随机振动。HALT 可以提供的试验温度范围达 $[-100℃，+200℃]$，在 6 个自由度上产生 $100G_{RMS}$ 的重复冲击。重复冲击振动台通常只允许对随机振动频谱的形状有很小的调节。在 HALT 中，我们完全不是为了模拟真实的工作环境，除了可能在开始施加步进应力时。这种没有明确的加速模型的试验称为定性加速试验（而不是上一节介绍的定量加速试验）。对应力的类型和水平没有限制。条件允许时，我们要施加能使失效尽快出现的任何应力，同时持续运行并监控试验设备。然后分析上面提到的失效，并改进设计。设计改进可以扩大设计极限（图 12-8）将它们移动到远离规格极限的位置，这样降低了失效的可能性。

由于施加的应力大大超过了使用中会遇到的应力，失效就更快地显现出来。一般来说，在高加速寿命试验中的失效时间或循环次数比实际使用中要少几个数量级。可能要在使用中几个月或几年才会发生的失效在高加速寿命试验中几分钟内就被激发出来。而且，在能用于开发试验的样本数量非常少的情况下，就能激发出仅可能在制成品中少见的失效模式。因此，试验工作在时间上压缩了几个数量级，并大大提高了效能。试验工作的成本成比例地减少，投入市场的时间成比例地缩短，并大大提高了可靠性和耐久性。

重要的是，要认识到不能用高加速寿命试验验证和测量可靠性或耐久性的数值。只有当失效原因有唯一主要的机理如疲劳时，加速应力试验才能用于这个目的，因为我们已准确地知道施加了哪一种类的应力，而且知道二者之间的数学关系。有些失效机理是存在这种关系的，如第 8 章和第 9 章中介绍的那些。但是，因为高加速寿命试验同时施加了一系列应力，又因为应力剖面（特别是振动输入）十分复杂并且没有记录，所以得不到这样的关系。在高加速寿命试验中，人们试图用高度"不具代表性"的应力尽可能快地激发失效，所以将试验的结果与诸如 MTBF、MTTF 等量化的可靠性/耐久性要求联系在一起是不现实的，而且会引起误导。

高加速寿命试验方法可以应用于任何种类的产品或技术。例如：

发动机、泵、动力传输单元（如变速器）等。

—— 开始试验时，使用旧的润滑油或其他液体（冷却剂、液压油等）而不是新的。

—— 在低液位运行。

—— 使用热的、冷的或被污染的液体。

—— 用旧的过滤器。

—— 轴、轴承等不要完全对齐。

—— 使用不平衡的转动零部件。

机电一体的产品如打印机、文件、材料或元件搬运装置等。

—— 施加高/低温、振动、高湿度/潮气等。

—— 使用尺寸超误差的元件。

—— 轴、轴承等不要完全对齐。

—— 使用超出规范（厚度、质量、摩擦力等）的纸/文件/材料/元器件。

小型零部件或组件，如电子封装、机械锁、开关、变换器等。

—— 施加高/低温、振动、高湿度/潮气等。

—— 通过固定到适当的变换器，如扬声器的线圈，并用音频放大器驱动来施加高频振动。

12.4.4　加速试验的试验方法

适用于任何可靠性/耐久性加速试验工作的方法都应该做到:

1)条件允许时,应尽力发现使用中可能会出现什么失效。应在进行设计分析和评审期间,特别是应在进行质量功能展开(QFD)和失效模式、影响与危害性分析(FMECA)期间完成(见第 7 章)。

2)参考第 8 章和第 9 章中的说明,列出可能引起失效的应用场合及环境应力。

3)计划如何在试验中最有效地施加可激发出可预见和不可预见失效的应力,将待试件(或多个件)安置于试验箱或其他设施中,以便能对其进行操控和监测。

4)施加位于或接近最大设计值的单个应力,并逐级增加其水平,直到检测出第一个失效。这种方法称为步进应力加速试验。

5)确定失效原因,采取措施加强设计,使之在更高的应力时正常工作。这个措施可能是永久性的改进,也可能是使试验得以继续下去的临时性措施。

6)连续地增加应力(或多个应力)以进一步发现更多的失效原因(或在更高应力上发现相同的原因),采取与上述相同的措施。

7)继续试验,直到在所施加的应力下所有的瞬时和永久失效模式都被发现为止,而且只要技术和经济上可行,就通过设计将之排除。针对其他的单个应力重复试验。

8)决定何时停止(根本技术上的限制、可以施加的应力的限制、成本或质量限制)。

9)在适当时和设备能力范围内(温度、振动、电源电压等),使用组合应力重复该试验过程。

应注意,除了步进应力以外,HALT 中还可以使用很多种不同的试验剖面。选择施加的应力或者应力组合,都是根据经验、被试件决定的,而不是来自规范或标准。

12.4.5　高加速寿命试验(HALT)和生产试验

高加速寿命试验(HALT)的作用不仅是为使设计更具鲁棒性提供依据,它还为制造提供优化应力筛选试验所需要的信息。在开发中和制造中进行加速试验的目的的根本区别在于:在开发中的试验是试图激发失效以便指导如何改进设计,而在生产中,在引发差的或有缺陷的产品失效从而进行纠正或隔离的同时,必须尽力避免损坏好的制成品。使用整套高加速寿命试验过程获得的知识,包括设计强化,可用来针对产品设计出一个优化的,而且比常规生产试验有效得多的应力试验策略。这称为高加速应力筛选（Highly Accelerated Stress Screening, HASS）。与高加速寿命试验在开发过程中起的作用相同，高加速应力筛选也为制造过程带来同样的好处，大大地增加制造过程中的筛选效率并同时降低试验成本和时间。制造试验将在第 15 章中详细讨论。

高加速寿命试验（HALT）和高加速应力筛选（HASS）体现了一种综合的试验方法，保证在设计和制造过程中，都能以最低的成本和最短的时间产生高度可靠的产品。传统、分割开的开发试验和制造试验方法不能实现这种综合，因此也就导致低得多的可靠性和更高的成本。

12.4.6　试验设计（DOE）还是高加速寿命试验（HALT）？

统计试验和高加速寿命试验在开发试验中是互补性的方法，表 12-1 给出了一些针对特定情况选择哪一种方法的指导。

要注意，这些绝不是严格的标准，它们之间经常有灰色区域。必须结合所有的因素，包括风险、知识、成本、时间等来选定最适当的方法或方法的组合。

表 12-1　试验设计/HALT 选择

重要的变量、影响等	试验设计/HALT？
参数：电气、尺寸等	试验设计
对性能参数、输出的影响	试验设计
应力：温度、振动等	HALT
对可靠性/耐久性的影响	HALT
若干不确定的变量	试验设计
没有足够可用于试验设计的样品	HALT
没有足够可用于试验设计的时间	HALT

12.5　试验规划

试验是产品开发的重要部分，早在 DfR 过程（见第 7 章）中的"设计"阶段就可以开始。但是多数试验都是安排在"验证"和"确认"阶段。在开发阶段的早期，试验通常是为了研究设计中的一个问题或者失效机理。例如，为了计算无铅焊点的疲劳寿命，可以将电路板进行 1000 个循环的热冲击试验，或者为了试验安装支架的强度，使重型装置经受随机振动。试验到失效之后的数据分析（第 3 章）是分析系统、子系统、零部件的设计极限的最有用的方法（图 12-8）。

在"确认"阶段，试验通常是在系统级别上进行的，以确定可以投产了。由于进度方面的限制和上市时间的压力，这个阶段常常是证明设计在使用条件下是"足够好"的。这里的试验一般是通过性试验，而且会是模拟各种可能环境的一整套的试验。安排这种系统性的试验需要多方面的考虑，包括理解可靠性要求、现场环境、可能的失效机理、加速模型等。一套完整的试验规划的例子是GMW 3172，由通用汽车公司制定，用作车载电气电子元件的试验标准。

在理想的情况下，所有的环境试验应该对同一台样机进行，最好能同时进行以便反映组合环境因素的作用（见12.3 节中的 CERT）。但是可能由于设备的限制，这些试验需要依次进行。在行业中，环境试验依次进行是很常见的，但是如果开发时间短，而一些试验需要较长时间，这就成了一个问题。在很多情况下，这些试验就要对不同的样机并列进行（图 12-9）。为了使并行试验计划得高效，需要很好地理解失效机理和环境之间的交互作用。那些可能有综合环境作用的失效机理应该在同一批样机中，而相对独立的失效机理可以在不同批样机中。试验的流程如图 12-9 所示，根据 GMW 3172 标准安排了三批。第一批用来针对耐久性，数量最多（12 台），进行可靠性验证（见第 14 章）；第二批针对潜在的腐蚀、枝晶和间断性失效，第三批针对电磁兼容性（EMC）。

实际上很难预料所有试验环境交互作用和它们对产品失效的影响，因此以往的经验和全面的试验设计可以提供更多的信息。

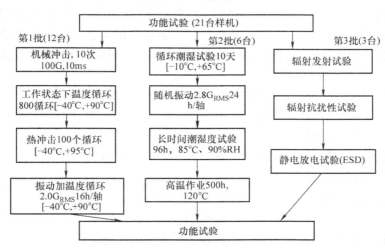

图 12-9　某电子设备的并行试验示例

12.6　失效报告、分析和纠正措施系统（FRACAS）

12.6.1　失效报告

FRACAS 是对失效报告、分析和纠正措施系统工作的简称。将开发试验期间发生的所有失效都认真地进行汇报和调查是十分重要的。人们很容易倾向于将一个失效归为无关紧要的或实际使用时不太可能引起问题的一类，尤其是在工期紧迫时，工程师不希望因填写失效报告而造成延误时更是如此。但是，如果每一个失效模式在首次发生时就进行调查和纠正，那么就长期而言，几乎总是会节省时间和成本。对于在使用中影响可靠性的失效模式，常常可以追溯到在开发试验期间没有采取纠正措施的故障。

应当建立故障评审委员会，目的是评估失效，推进和管理整改措施的落实并监控可靠性的增长。该委员会的一个重要任务是确保整改措施能够有效地防止失效复发。该委员会应当由如下人员组成：

—— 项目可靠性工程师。

—— 设计工程师。

—— 其他能帮助解决问题的人员，如质量工程师、生产或试验工程师。

故障评审委员会的任务是共同解决问题，而不是争论问题归咎于何人，或者将失效报告归到"偶然的、不需采取措施"一类。委员会提出的建议要立刻执行，如果委员会不能确定当前的措施，如对某问题的解决方案需要更多的资源，则要向项目管理提出。这种方法与第15章介绍的质量小组有很多共同之处。

美国 MIL－HDBK－781 很好地介绍了失效报告的方法。因为在整个项目过程中都应当使用统一的报告系统，所以可以将 MIL－STD－781 推荐为这项工作的依据。

对于每个失效，应当记录如下数据：

1）失效征兆的描述和失效的影响。

2）立即采取的修理措施。

3）设备在失效时的工作时间（如已经历的时间读数、里程）

4）工作条件。

5）失效的日期/时间。

6）失效类型（如设计、制造、维护引发的）。

7）对失效的零部件的调查分析报告，若必要时重新分类。

8）对失效建议整改措施。

9）后续纠正措施（试验结果等）。

设计失效报告表时应该包括上述信息。而且，应该能够易于输入计算机，可以设置一个适当的编号空格供操作时使用。附录5给出了示例。

失效数据分析方法在第13章介绍。

12.6.2　纠正措施的有效性

当为纠正某个失效而设计或对工艺做出更改时，重要的是要再次进行产生了该失效的试验，以保证整改措施是有效的。有时，整改措施不起作用。例如，它可能将问题转移到一连串承受应力的零件中下一个最弱的零件上，或者真正的失效原因比最早分析指出的更复杂。因此，再次试验的重要性就是确保不会引入新的问题，并确保该项整改有预期的效果。

分析试验结果时，必须考虑整改措施的效果。除非对失效的原因有极为深入的了解，而且完全确信该纠正措施能够防止失效重现，否则就不能认为有 100% 的效果。

习　　题

1. 叙述整体试验规划的概念。一个新整体试验规划中，应包括的主要试验类别有哪些，每一类试验的主要目的是什么？

2. 列出规划可靠性试验时应当考虑的重要信息。

3. 说出一个可以为环境试验提供指导的参考标准。说出在针对温度、振动或电磁兼容性设置试验时要考虑的主要因素。

4. 简述综合环境可靠性试验（CERT）的概念。为下列产品计划 CERT 试验时，主要环境应力分别是什么？（i）家庭洗碗机电子控制器；（ii）通信卫星电子模块；（iii）工业用液压泵。

5. 陈述将标准环境试验规范用于问题 4 中所列的设备时，你对使用该标准的疑虑。

6. 什么是加速试验，这种类型的试验与非加速试验比较，主要优点是什么？

7. 说明为什么加速应力试验中施加的应力不必模拟实际工作中的水平？

8. 如何对在疲劳载荷下的机械零件和工作在高温下的电子系统进行加速试验？对用于分析每种试验结果的方法进行讨论。

9. 什么是"高加速寿命试验"？说明这种方法的主要优点。

10. 为什么确保在工程开发期间所发生的全部失效都要进行汇报是重要的？说出有效的失效报告、分析和纠正措施系统（FRACAS）的主要方面。

11. 给出一些本章中没有列出的"愚蠢失效"的例子。讨论在试验中避免这种失效的方法。

12. 某电动振动台要进行加速度为 $12g$ 的振动。比较在正弦扫频试验中，120Hz 和 200Hz 下的峰 - 峰位移。

13. 说明在应力水平达到设计极限时，浴盆曲线会出现什么情况（图12-7）。当应力达到破坏极限时，浴盆曲线会出现什么情况？

14. 你在为海上风力发电机设计变速器。在试验过程中你会考虑什么环境因素？哪些可以依次进行，哪些可以并列进行？

15. 你会将保修数据库视为 FRACAS 吗？除了典型的 FRACAS 数据结构，保修系统中还包含哪些信息？

16. 在产品开发中，对新技术使用 HALT 和对设计改进使用 HALT 哪个更有效？解释你的回答。

17. 你在制订一个有 300 次循环的温度试验计划 $[T_{min}, T_{max}]$。要确定在温度 T_{min} 和 T_{max} 下的时间和在这两个温度之间的转换时间时，你如何考虑产品的尺寸和质量？

参 考 文 献

Environmental Stress Screening Guidelines. Institute of Environmental Sciences and Technology (USA).

GMW 3172 (2004) *General Specification for Electrical/Electronic Component Analytical/Development/Validation (A/D/V) Procedures for Conformance to Vehicle Environmental, Reliability, and Performance Requirements*, General Motors Worldwide Engineering standard. Available at www.global.ihs.com (Accessed 20 March 2011).

Harris, C., Piersol, A. and Paez, T. (eds) (2010) *Shock and Vibration Handbook*, 6th edn, McGraw-Hill.

IEC 61 000. *Electromagnetic Compatibility*.

ISO/IEC 60068. *Environmental Testing*.

ISO/IEC 61163. *Reliability Stress Screening*.

McLean, H. (2009) *HALT, HASS and HASA Explained: Accelerated Reliability Techniques*, American Society for Quality.

O'Connor, P.D.T. (2001) *Test Engineering*, Wiley.

Steinberg, D. (2000) *Vibration Analysis for Electronic Equipment*, 3rd edn, Wiley.

UK Defence Standard 07-55. *Environmental Testing*. HMSO.

US MIL-HDBK-781. *Reliability Testing for Engineering Development, Qualification and Production*. Available from the National Technical Information Service, Springfield, Virginia.

US MIL-STD-462D. *Measurement of Electromagnetic Interference Characteristics*. Available from NTIS, Springfield, Virginia.

US MIL-STD-810. *Environmental Test Methods*. Available from the National Technical Information Service, Springfield, Virginia.

第 13 章 可靠性数据分析

13.1 引言

本章介绍几种分析可靠性数据的方法，并进一步深入介绍第 3 章介绍过的各种概率制图方法，这些方法可分析从开发试验和实际使用中得到的可靠性数据，目的是监测趋势、找出不可靠的原因，并衡量或演示可靠性。

由于大多数这类方法都是以统计分析为基础的，必须注意 2.17 节所提出的警告，而且对所得的全部结果都应根据相应的工程和科学知识加以判断。

13.2 Pareto 分析

作为可靠性数据分析的第一步，可以使用关于"关键的少数，次要的多数"的 Pareto 原理。人们常常发现一个产品中的大部分失效都是由少数原因造成的。因此，如果分析了失效数据，就可以决定如何最经济地利用资源来解决整体可靠性问题中的最大部分问题。通过制作失效数据的 Pareto 图，常常可以排除许多失效而不做进一步分析。例如，图 13-1 所示为取自某家用洗衣机的保修记录的失效数据。这些数据表明，对程序开关、排水泵、高位开关和渗漏方面的关注将会最大限度地降低保修成本。但是，在投入资源之前，重要的是确保该数据已经过全面分析，获得了其中包含的最大信息量。图 13-1 中的数据表示已替换或调整的零件。

在上述情况中，进一步分析记录表明：

1）程序开关：有 77 次失效是由于定时器电动机电枢开路，18 次失效是由于定时器电动机端轴承出现问题，10 次失效是由于其他原因。定时器电动机在保修期间故障率随时间递减。

2）排水泵：有 79 次失效是因为轴密封漏水使水接触到电动机线圈，21 次失效是由于其他原因。轴密封漏水的故障率随时间递增。

3）高位开关：有 58 次失效是由于点焊失效，使接触组件短路接地（递减

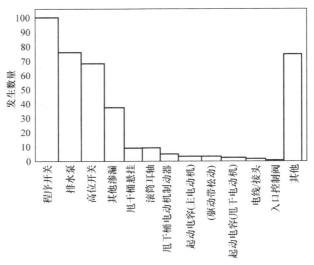

图 13-1 失效数据的 Pareto 图

的故障率），10 次是由于其他原因。

这些数据为整改措施提供了线索。定时器电动机和高位开关呈现出制造质量问题（故障率随时间递减）。排水泵轴漏水是磨损问题（故障率递增）。但是漏水被认为更重要，因为漏水会损害泵的电动机。可以考虑两种整改措施：重新布置水泵，使轴渗漏不会影响电动机线圈，以及关注密封本身。因为这种失效模式相对于设备的工龄来说发生率是递增的，改进密封会明显地减少老旧机器的报修次数。假设对这 4 种失效模式采取整改措施，而且改进工作有 80% 是有效的，则将来的生产将显示出保修期的失效数下降约 40%。

还应该考虑其他失效模式，因为虽然在保修成本方面中的绝对收益可能不那么大，但整改措施可能相对简单，因而也是值得做的。例如，有些老旧机器的起动电容失效，原因是它们被安置在一块泵电动机的轴渗漏和其他渗漏会滴到的平板上，从而造成了电容主要部分被腐蚀。因此，重新调整电容的安装位置和调查研究漏水原因都值得考虑。

该例说明，获得准确的数据是决定向何处投入力量先解决重要的问题以改进可靠性的基础。必须对数据加以分析，以便尽可能地揭示问题的相对严重性和可能的原因。即便是相当简单的数据，如关于失效原因的简短描述、机器和产品零件号及采购日期等，也经常足以揭示不可靠的主要原因。在其他应用场合，可按照重要性准则，根据失效对停机时间或修理成本等的影响，对失效数据进行分析。

13.3 加速试验数据的分析

加速应力试验获得的失效数据和寿命数据可以用第 2 章、3 章、5 章和 11 章所述的方法分析。如果充分理解这种机理，如材料疲劳和一些电子方面的退化过程，那么可以使用过程模型来解释结果并推导不同应力水平时的可靠性或寿命值。而且，可以用试验结果来推出或证实寿命模型。典型的应力－寿命模型包括：

$$指数模型：寿命 = Ae^{-X(应力)} \tag{13-1}$$

在这个模型中，寿命（或其他性能的度量）与应力变量 X 之间为指数关系。A 是经验常数，X 可以是常数，也可以是一个描述关系的函数（见本章后文）。根据失效机理，应力可以是受到的最高温度、热循环中的温度差 ΔT、振动的 G_{RMS}、湿度、电压和其他外部或者内部的参数。电子元器件通常在寿命周期内随温度遵循这种关系。有些材料遵循这种老化关系。

$$幂律模型：寿命 = A（应力）^{-X} \tag{13-2}$$

在此模型中，性能度量与应力变量之间为简单的乘幂关系。电子元器件在大部分寿命期内与电压有关的失效机理一般遵循这种关系。电动机与温度以外的应力之间也有类似的关系。一些材料的机械蠕变可能也遵循这样的关系。

还有其他的模型，如指数和幂律混合模型等其他物理定律。其中一些会在本章后面介绍。

13.4　加速因子

大部分寿命－应力模型［式（13-1）和式（13-2）］都含有经验常数 A，它通常在事先是未知的，只能通过针对一个特定的失效机理在一定条件下试验来获得。而且在测量寿命时会影响 A 的值，如产品的寿命可以用 MTBF、MTTF、B_{10} 寿命，威布尔特征 η，甚至是初次失效时间来衡量。因此更常见的是根据加速因子 AF（Acceleration Factor）分析试验数据。

$$加速因子：AF = \frac{L_{Field}}{L_{Test}} \tag{13-3}$$

式中，L_{Field} 为实际使用中的产品寿命；L_{Test} 为试验（加速试验）中的产品寿命。其他文献中可能使用不同的字母表示，如 L_U（use）表示实际使用中的产品寿命，L_S（stress）或者 L_A（accelerated）表示试验中的产品寿命。在式（13-3）中，加速因子和经验常数 A 与测量的产品寿命无关。式（13-3）成立的前提是在同一类型的环境下出现同一种失效机理，仅仅是应力水平不同。

加速条件对产品寿命的影响已经在第 12 章、浴盆曲线、图 12-7 中表示出来，因此加速因子可用于根据期望的产品寿命计算所需的试验时间。加速因子涉及的主要的可靠性函数见表 13-1。计算加速因子的能力对制订高效、能充分反映现场应力条件的试验计划十分重要。

表 13-1　加速因子和可靠性函数的关系

失效时间	$t_{\text{Field}} = t_{\text{Test}} AF$
失效概率密度函数 pdf	$f_{\text{Field}}(t) = \dfrac{1}{AF} f_{\text{Test}}\left(\dfrac{t}{AF}\right)$
失效概率函数 cdf	$F_{\text{Field}}(t) = F_{\text{Test}}\left(\dfrac{t}{AF}\right)$
可靠性	$R_{\text{Field}}(t) = R_{\text{Test}}\left(\dfrac{t}{AF}\right)$
失效率	$h_{\text{Field}}(t) = \dfrac{1}{AF} h_{\text{Test}}\left(\dfrac{t}{AF}\right)$

例 13-1

一个微处理器在 60℃ 的使用温度下，如果每天工作 2h，平均失效前时间（MTTF）是 20 年。持续在 120℃ 下试验产生了和实际使用中同样的失效模式。计算加速因子。

为了计算使用寿命，需要将 20 年的寿命折合成工作小时数：$L_{\text{field}} = 20$ 年 × 365 天/年 × 2h/天 = 14600h。

因此根据式（13-3），得

$$AF = \frac{L_{\text{Field}}}{L_{\text{Test}}} = \frac{14600}{1000} = 14.6$$

13.5　加速模型

本节将讨论受到各种应力如温度、湿度、振动、电压和电流的加速模型。这些模型都包括经验常数，这些常数对特定的模型中特定的失效机理是相同的。这些通用的常数从以往的经验或者试验中测得。即使这些常数在行业中使用很多年，最好也要通过在不同应力水平下的失效试验，并将获得的寿命数据拟合到模型中去获得这些经验值。根据加速试验数据建立加速模型将在 13.7 节中讨论。

13.5.1　温度和湿度加速模型

下面介绍最常用的针对温度和湿度的加速模型。

13.5.1.1　阿列纽斯（Arrhenius）模型

根据阿列纽斯方程式（8-6），寿命对温度（T）这一单一变量是非线性的。它包括了很多物理化学方面和温度相关的过程，包括扩散和腐蚀。阿列纽斯方程应用很广，但主要用在计算电子元器件在恒温下的加速因子：

阿列纽斯模型：

$$AF = \exp\left[\frac{E_{\text{A}}}{k}\left(\frac{1}{T_{\text{Field}}} - \frac{1}{T_{\text{Test}}}\right)\right] \tag{13-4}$$

式中，E_A 为该过程的活化能；k 为 $8.62 \times 10^{-5} \text{eV/K}$（玻尔兹曼常数）；$T_{\text{Field}}$ 和 T_{Test} 分别为实际工作和试验中的绝对温度。

阿列纽斯活化能的最初定义来自化学和物理领域。它是指发生化学反应时电子能级跃迁所需要的最小能量。需要注意的是虽然 E_A 本身有原子或者材料特性方面的专门含义，但在阿列纽斯方程中它仅仅是一个针对特定失效机理的经验常数。这就是说在组件级别上，活化能不再仅仅是材料特性，而是受形状、材料、技术、连接和其他因素影响的比较复杂的函数。因此，其有时也被称为 E_{AA} "表观活化能"（JEDEC，1999）。

由于零件特性的不同，具体的失效机理的 E_A 不存在一个通用值，因此不同的参考资料列出了活化能的不同值。但是相关文献中仍给出了一些推荐值（参见如 Ohring，1998），见表 13-2。

表 13-2　不同失效机理下常用活化能的值

失效机理	活化能 E_A/eV
栅极氧化物缺陷	0.3 ~ 0.5
散装硅缺陷	0.3 ~ 0.5
硅结缺陷	0.6 ~ 0.8
金属化缺陷	0.5
Au – Al 金属间化合物生长	1.05
电迁移	0.6 ~ 0.9
金属腐蚀	0.45 ~ 0.7
装配缺陷	0.5 ~ 0.7
接合相关	1.0
晶圆制造（化学污染）	0.8 ~ 1.1
晶圆制造（硅/晶体缺陷）	0.5 ~ 0.6
介电击穿，磁场 > 0.04μm	0.3
介电击穿，磁场 ≤ 0.04μm	0.7
黏性：粘接剥离	0.65 ~ 1.0

应注意，获得 E_A 值的唯一可靠方法是进行一系列加速试验并记录失效时间与温度的关系（例 13-4）。同样重要的是要注意，阿列纽斯加速因子由于指数关系的存在而对 E_A 值非常敏感，因此 E_A 值的准确性非常重要。

13.5.1.2　Eyring 模型

Eyring 模型通常应用在受多个独立的应力变量的影响，前提是应力之间没有交互作用。许多其他模型是 Eyring 模型的简化。通用的 Erying 方程为

$$寿命 = A\exp\left[\frac{E_A}{kT} Y_1(应力 1) Y_2(应力 2)\right] \tag{13-5}$$

Y_1（应力 1）和 Y_2（应力 2）指的是其他施加的应力，如温度、湿度、电压、

电流、振动等。

电压 V 和温度对 Eyring 模型的影响形式为

$$\text{寿命} = AV^{-B}\exp\left[\frac{E_A}{kT} + \left(C + \frac{D}{T}\right)V\right] \tag{13-6}$$

要使用式（13-6），需要得到 A、B、C、D 四个常数（见 NIST，2006）。

13.5.1.3 Peck 温度－湿度模型

Peck 方程是 Eyring 模型的一个特殊情况（Peck，1986），其可能是对温度和湿度组合效应的最常用的一个加速模型。根据 Peck 方程，对应现场工作和试验时间的加速因子可以表示为

$$AF = \left(\frac{RH_{\text{Test}}}{RH_{\text{Field}}}\right)^m \exp\left[\frac{E_A}{k}\left(\frac{1}{T_{\text{Field}}} - \frac{1}{T_{\text{Test}}}\right)\right] \tag{13-7}$$

式中，m 为湿度幂常数，通常在 $2.0 \sim 4.0$ 之间；RH 为百分数表示的相对湿度。

尽管应用范围有限且精度不同，Peck 模型仍然经常用于计算各种产品和失效模式的现场测试比。需要注意的是，该模型仅适用于损耗失效机制，包括电迁移、腐蚀、电介质击穿和晶枝生长（Kleyner，2010a）。它也已经应用到无铅电子产品中的锡须生长，尽管准确程度不一。

13.5.1.4 Lawson 温度－湿度模型

Lawson 温度－湿度模型是一个不太为人熟知的模型，基于 Lawson（1984）进行的吸水研究，经常应用其修正版本：

$$AF = \exp\left[\frac{E_A}{k}\left(\frac{1}{T_{\text{Field}}} - \frac{1}{T_{\text{Test}}}\right)\right] \exp\left[b\left(RH_{\text{Test}}^2 - RH_{\text{Field}}^2\right)\right] \tag{13-8}$$

式中，b 为基于吸水率的经验湿度常数，在很多包括硅片的电子应用中 $b = 5.57 \times 10^{-4}$，当然最好能通过试验求出 b 的值。

13.5.1.5 锡铅焊接

焊点疲劳一直是电子行业关注的重点（见第 9 章）。众所周知的 Coffin - Manson 公式给出了热循环寿命 N 和塑性应变范围 $\Delta\gamma_p$ 之间的关系：

$$N(\Delta\gamma_p)^m = \text{常数} \tag{13-9}$$

式中，m 为经验疲劳常数，对低共熔的锡铅焊接，其值在 $2.0 \sim 3.0$ 之间。

在热循环中，由焊料和其他材料之间的热膨胀系数不一致引起的应变范围与循环温度幅度 $\Delta T = T_{\text{max}} - T_{\text{min}}$ 成比例。

根据式（13-9），加速因子可近似表示为

$$AF = \left(\frac{\Delta T_{\text{Test}}}{\Delta T_{\text{Field}}}\right)^m \tag{13-10}$$

在低周疲劳的情况下，加速因子通常作用在热循环次数上而不是温度暴露时间上。Coffin - Manson 模型的扩展考虑了热循环过程中温度转变的影响（参见

Norris 和 Landzberg 的文献，1969）。然而，没有确凿的证据表明更快的温度转变对锡铅焊点的疲劳寿命有显著影响。

13.5.1.6 无铅焊接

如第 9 章所述，无铅焊接的力学性能与锡铅焊接是不同的，包括低周疲劳特性方面。简化的无铅模型基于锡铅 Coffin – Manson 方程式（13-10），疲劳常数 $m = 2.6 \sim 2.7$。然而，研究表明，无铅焊接加速因子也受 ΔT 以外的变量的影响，如最大和最小循环温度、停留时间（在最高和最低温度下）及一定程度上的温度转变速率。

如第 9 章所述，人们对无铅焊料的研究时间比锡铅焊接短很多，因此无铅焊料的技术知识达到成熟还需要一些时间。在过去几年中已经开发了几种经验性的无铅加速模型，特别是对于 SAC305 焊料。Pan 等人（2005）报道了其中一些模型，Clech 等（2005）、Salmela（2007）和其他几个仍处于建立过程中。

13.5.2 电压与电流加速模型

通常用于电容器的简单逆幂律模型只与电压 V 有关，其形式为

$$AF = \left(\frac{V_{\text{Test}}}{V_{\text{Field}}} \right)^B \tag{13-11}$$

另外，对于指数电压模型：

$$AF = \exp\left[B\left(V_{\text{Test}} - V_{\text{Field}} \right) \right] \tag{13-12}$$

式中，B 为电压加速参数（通常根据试验得出）。

将指数电压模型式（13-12）和阿列纽斯模型结合可以用于与时间相关的介质击穿（TDDB）（JEDEC，2009），计算式为

$$AF = \exp\left[B\left(V_{\text{Test}} - V_{\text{Field}} \right) \right] \exp\left[\frac{E_{\text{A}}}{k} \left(\frac{1}{T_{\text{Field}}} - \frac{1}{T_{\text{Test}}} \right) \right] \tag{13-13}$$

另外一种 Erying 方程可以用于表示电迁移（9.3.1.5 节），离子运动随着温度和电流密度 J 的升高而加速。

$$AF = \left(\frac{J_{\text{Test}}}{J_{\text{Field}}} \right)^n \exp\left[\frac{E_{\text{A}}}{k} \left(\frac{1}{T_{\text{Field}}} - \frac{1}{T_{\text{Test}}} \right) \right]$$

对铝或者铝铜合金，常用的值是 $E_{\text{A}} = 0.7 \sim 0.9\text{eV}$、$n = 2$。

更多的电子元器件加速模型可以在 SEMATECH（2000）中查阅到。

13.5.3 振动加速模型

大多数振动模型都基于第 8 章介绍的 $S - N$ 曲线。峰值应力 σ 与失效循环次数 N 之间的关系可表示为 $N\sigma^b =$ 常数（高周疲劳）。假设振动期间应力和加速度 G 之间存在线性关系，模型采用以下形式：

$$\begin{cases} \text{正弦振动}: AF = \left(\dfrac{G_{\text{Peak - Test}}}{G_{\text{Peak - Filed}}} \right)^{b} \\[4mm] \text{随机振动}: AF = \left(\dfrac{G_{\text{RMS Test}}}{G_{\text{RMS Filed}}} \right)^{b} \end{cases} \qquad (13\text{-}14)$$

疲劳指数 b 是对数－对数标度中的 $S-N$ 曲线的斜率（第 8 章图 8-5），并且对于不同的材料具有不同的值［见 Steinberg（2000）的疲劳曲线］。对于电子相关故障（电触点、元器件引线、安装支架等），比较常见的是 $b = 4.0 \sim 6.0$。正弦振动通常用于测量振动时间或多个周期的寿命。对随机振动来说，它是测试时间或应力反转次数（见 Steinberg，2000）。

例 13-2

某个电绝缘体正常使用的额定电压为 12kV。曾对一个样件进行的测试显示，该绝缘体可在 30kV 电压以上工作，而且发现幂律模型的应力－寿命指数为 $N = 5.5$。如果要求在 12kV 电压下工作的 B_{10} 寿命期至少为 25 年，更验证等效为在 30kV 工作电压下 B_{10} 寿命的时间（只基于电压），应进行多长时间的加速寿命试验？

令寿命 $L = A~(V)^{-N}$ 表示典型的应力－寿命关系（逆幂律）。

用式（13-11）计算仅与电压有关的加速因子：

$$AF = \left(\frac{30\text{kV}}{12\text{kV}} \right)^{5.5} = 154.41$$

因此，在 30kV 的工作电压下的试验时间为

$$\frac{L_{25\text{年}}}{AF} = \frac{25\ \text{年} \times 8760\ \dfrac{\text{h}}{\text{年}}}{154.41} = 1418.3\text{h}$$

如果试验应力高很多，将加速试验结果外推到预期的使用条件之外可能会造成误导，因为它可能会激发出其他的失效机理。这增加了不相关的失效或者"愚蠢失效"的可能性。如果像高加速寿命试验（HALT）那样施加非常高的应力，特别是组合应力，更会出现这种情况。重要的是要了解试验的主要目的：是求解或证实寿命特性，还是帮助建立本质上无失效的设计。

只有当数据针对一个（或者主要的）失效模式时，才能分析上述寿命特性。因此，当存在多个不同的失效模式时，对总成或者系统的失效分析就变得十分复杂。在这些情况下，如 12.5 节所述，需要通过针对各个失效机理的一系列环境试验来解决不同的失效模式。然后，寿命－应力模型应该应用于该试验项目中的每个应力环境，以便计算试验应该持续的时间（见 13.6 节）。

当有足够的数据时，不同应力水平下的寿命数据分析方法（第 3 章）也可用于分析此类数据（见 13.7 节）。

13.6　试验与实际工况的对应

要得出某一项试验在产品的实际工作中的寿命方面代表什么，或者反之，通常都是很复杂的。它不仅需要选用正确的加速模型，还需要熟悉实际工作中的应力和使用条件。如前所述，加速模型应该一次仅应用于一个失效机理，但实际上几乎总是存在多个潜在的失效机理。因此，可以在测试过程中解决与特定测试的特定环境相关的最主要的故障机制（第 12 章图 12-9）。此外，计算加速因子应针对使产品失效最快的失效机理。例如，在由恒定温度引起的可能的失效机理中，应选择具有最低 E_A 的失效机理（表 13-2）用于计算试验时间，因为它将产生最保守（最低）的加速因子。

模拟产品实际寿命试验的计划应该包含下面几个步骤：

—— 计算应力水平和使用剖面。

—— 根据关注的失效机理，选择适当的加速模型（一个或多个）。

—— 根据试验设备能力和最大许用应力，确定适当的应力水平和试验时间，并避免"愚蠢失效"。

—— 根据在寿命周期内实际工作中的应力水平和环境暴露时间计算加速因子和试验时间。

—— 针对每项试验/环境重复上述步骤。

例 13-3

要为装在汽车发动机舱盖下的控制器制订热循环试验计划，控制器被设计为工作 10 年。首先要确定典型的工作环境，以及对控制器的使用情况。已经知道有 90% ~98% 的轿车用户每天有两次"冷"循环。所谓一次"冷"循环，表示车辆在 0℃ 以下停放后起动并随后有 30min 的连续行驶。因此 10 年的使用可以计算为

$$10 \text{ 年} \times 365 \text{ 天/年} \times 2 \text{ 循环/天} = 7300 \text{ 循环}$$

焊接疲劳通常被认为是汽车电子设备热循环过程中的主要失效机理。汽车热循环通常由发动机发热与电子单元的内部散热相结合引起。因此，选择 Coffin – Manson 模型式（13-9）来计算锡铅焊接的 $m = 2.5$ 的加速因子。为了计算加速因子，我们需要知道测试和现场条件下的温度变化 ΔT。基于环境仓能力和以往的经验选择了循环 [–40℃ ，+125℃]。现场研究表明，在极端气候条件下，汽车运行时发动机舱盖下安装的电子设备的内部温度在行驶期间升高达 $\Delta T_{\text{Field}} = 70℃$。将这些数字代入式（13-8）得

$$T_{\text{Test}} = 7300 \left(\frac{70}{125 - (-40)} \right)^{2.5} = 856$$

因此 856 次［−40℃， +125℃］的循环能代表汽车发动机舱盖下的控制器 10 年的产品寿命。

13.7　加速试验数据的统计分析

如前所述，本章讨论的加速模型的精度有限，因为它们的经验公式只是基于通用的数据。因此，如果能根据试验数据而不是通用方程开发加速模型总是更合适的。已经有商用的软件用于分析加速寿命数据。当有充足的数据时，诸如 ReliaSoft ALTA 或 WinSMITH 等软件包可以根据每个应力水平的寿命数据集拟合成统计分布，并生成寿命 - 应力关系的模型。

有效的定量加速寿命测试会产生在两个或多个导致产品失效的应力水平下获得的寿命数据。分析包含失效和未失效（暂停删失）部分的数据，可以计算出最适合每个压力水平数据的寿命分布参数（如威布尔分布、指数分布、对数正态分布等）。然后，寿命 - 应力关系可用于基于每个加速应力水平下的分布特征来估计现场使用（未加速）应力水平的 pdf。对 pdf，表 13-1 给出了此方法的简化版本。

数据分析人员必须首先为试验的失效模式选择合适的寿命 - 应力关系，并为所分析数据找到最佳拟合。可以基于统计分布或其他标准来选择适当的寿命特征。例如，对于威布尔分布，尺度参数 η 被认为是应力相关的。因此，服从威布尔分布的数据的寿命 - 应力模型被指定为 η。对于指数分布，其为 MTTF，对于正态分布，其为平均寿命，以此类推。

如前所述，寿命 - 应力关系是针对失效的类型的。因此，在不同的应力水平下，失效机理保持不变是很重要的。验证的最佳方法是进行故障分析，这通常需要观察故障部件的横截面。分析替代方案（虽然不如故障分析好）是比较不同应力水平下的威布尔斜率 β。如果斜率 β 在不同应力水平下保持不变，就表明产品经历同一个或者类似的失效模式。

例 13-4

为了加速产品开发的进程，要对 24 个电子元器件进行加速测试，这些元器件用于在 40℃ 的现场温度下运行。第一组 8 个样品已在 60℃（333K）下测试，第二组在 80℃（353K）下测试，第三组在 100℃（373K）下测试。测试在 250h 后终止。表 13-3 列出了该试验中获得的失效时间和暂停时间数据。

假设使用阿列纽斯温度模型，计算活化能 E_A 并求出该设备的寿命 - 应力关系。根据加速试验数据，该部件在 40℃（313K）的现场温度下运行 100h 后的可靠性是多少？

表 13-3 加速试验结果（例 13-4）

60℃（333K）		80℃（353K）		100℃（373K）	
68h	失效	55h	失效	13h	失效
127h	失效	63h	失效	15h	失效
186h	失效	80h	失效	30h	失效
205h	失效	126h	失效	31h	失效
250h	暂停	137h	失效	47h	失效
250h	暂停	192h	失效	73h	失效
250h	暂停	240h	失效	95h	失效
250h	暂停	250h	暂停	98h	失效

第一步是在每个应力水平下运行寿命数据分析，并验证零件在所有三个温度下具有相同的故障模式。图 13-2 所示为每组零件的威布尔图。它表示出了三个近似相等的威布尔斜率，这证实了在所有三个应力水平下失效机理是一致的。

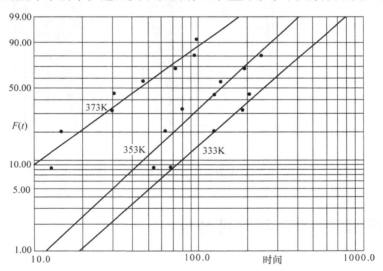

图 13-2 三个应力水平下的威布尔图（Weibull + +）（Reliasoft 公司许可使用）

下一步是模拟寿命 - 应力关系。在这种情况下，我们将使用 ReliaSoft ALTA 软件，该软件计算每个应力水平下威布尔分布的参数，并将它们插入现场使用水平图 13-3。

图 13-3 所示为每个应力水平的分布，并将中值寿命模拟为温度的函数。基于 ALTA 的分析（图 13-3），活化能 $E_A = 0.476$，$\beta = 1.6693$，寿命 - 应力关系为

$$寿命 = \eta(T) = C\exp\left(\frac{B}{T}\right) = 2.27 \times 10^{-5}\exp\left(\frac{5528.78}{T}\right)$$

在使用温度下的特征寿命 η（313K）=1062.6h，因此根据威布尔方程：

$$R(100\text{h}) = \exp\left[-\left(\frac{100}{1062.6}\right)^{1.6693}\right] = 0.9808$$

注意，例 13-4 中的寿命 – 应力关系可以使用其他分析工具得到。通过寿命数据分析得出的特征寿命的值（图 13-2）在不同应力水平下是 η（333K）=310.0、η（353K）=169.7、η（373K）=57.6，可以通过 Excel 表拟合到阿列纽斯模型中。但是，诸如 ALTA 等专门设计的软件可以更高效更准确地完成这项任务。

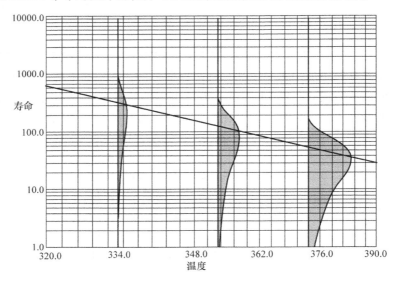

图 13-3　ALTA 绘制的寿命 – 应力图（ReliaSoft 公司许可使用）

13.8　可修复系统的可靠性分析

13.8.1　可修复系统的失效率

第 3 章介绍了与首次失效时间有关的分析数据的方法。当需要了解发生失效即被更换的零件的失效过程时，或者当关注诸如导弹、航天器或水下电话增音机等的正常工作概率时，首次失效前时间的分布函数显然是重要的。

但是，对于真正代表了绝大多数日常可靠性经历的可修复系统（第 2 章和第 6 章）而言，首次失效前时间的分布与系统的失效率或失效发生率（ROCOF）相比则不那么重要。

任何可修复系统都可以看成是一个众多零部件的组合，零部件失效时就予以更换。可以将系统设想为"插座"，不可修复的零部件则被插在其中。我们所关注的是"插座"的连续失效方式。为了纠正系统失效，要对某些零部件进行修理（如调整、润滑、紧固等），但是将首先考虑系统仅由发生失效即被更换的零部件组成的情况（如大多数电子系统）。所以，每一个零部件失效时，会有一个新零部件取代其在"插座"中的位置。如果忽略更换（修理）时间，与待机和工作时间相比，更换时间通常很短，并且假设任何零部件的失效前时间与任何修理活动无关，那么就可以使用第 2 章中的事件系列分析法来分析该系统的可靠性。

考虑 2.15.1 节中例 2-19 的数据。连续元器件失效之间的中间到达值（按时间先后顺序排列）和到达值见下表第 1 列和第 2 列：

1	2	3
X_i	时序排列的 X_i	秩 X_i
175	175	12
21	196	14
108	304	21
111	415	23
89	504	38
12	516	47
102	618	51
23	641	89
38	679	102
47	726	108
14	740	111
51	791	175

例 2-19 表明失效率在增加，到达间隔值趋向于变短。换言之，中间到达值不是独立同分布的（IID）。但是，如果没有进行质心检验，并假设数据是独立同分布的，就可按秩排列数据（第 3 列），并绘制在概率纸上。绘制在威布尔概率纸上的数据如图 13-4（线 A）所示，该图展示出明显的指数式寿命分布。显然，这是个有误导性的结果，因为当按时间顺序研究数据时，对"插座"而言，失效率显然呈上升趋势。

这个例子说明对失效数据进行正确分析的重要性，这取决于是要了解不可修复零件的可靠性，还是要了解其中为零件配有"插座"的可修复系统的可靠性。当将数据按时间先后顺序排列时，存在的趋势表明失效前时间不是独立同分布的。因此，按大小顺序排列，这意味着统计同分布，会给出误导性的结果。每当将失效数据重新排列时，所有关于趋势的信息就被忽视了。正确的是采用趋势（时间序列）分析。

可以按照时间先后顺序（第 2 列）而不是按秩排序标绘累积失效前时间图

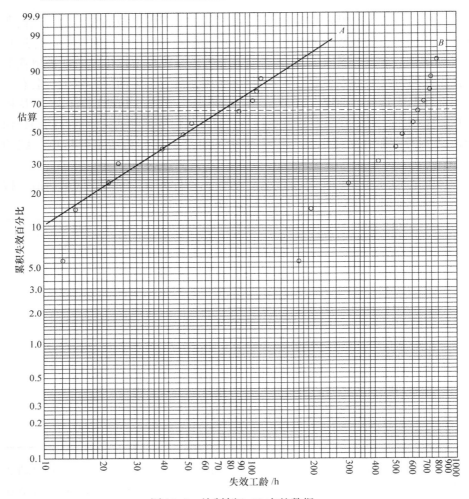

图 13-4　绘制例 2-19 中的数据

线，以获得系统在一段时间内的可靠性，如图 13-4（*B* 线）所示。它表明失效率（尽管"插座"的失效前时间不服从威布尔分布）在逐步上升。

13.8.2　多插座系统

现在考虑一个更常见的系统，该系统由若干呈现独立失效方式的零件组成。每个零件配入一个"插座"。这样一个由 6 个"插座"组成的系统的失效方式如图 13-5 所示。

插座 1 产生一个高的、恒定的系统失效率。随着系统工龄的增加，插座 2 产生一个递增的失效率，等等。在底线上可以看出组合的失效率。每个零件和系统的 *U*［见第 2 章式（2-46）质心检验］估计值已经给出。当 *U* 为负值时（即过

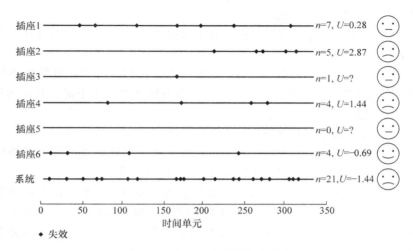

图 13-5　多插座系统的失效方式

程趋势为负），表示为一个"高兴"的插座，各次失效的间隔时间递增（失效率降低，DFR）；U 为正值时，表示为一个"不高兴"的插座（失效率升高，IFR）。

　　如果没有扰动（这将在后面讨论），则不管"插座"的失效趋势如何（见例 2-19），在大多数零件被至少更换过一次以后，失效率将趋向一个恒定值。这就是为什么对系统来说，人们常常采用恒定失效率（CFR）这个假说，以及零件危害率与失效率相混淆的主要原因之一。然而，系统使用到大多数零件被更换的时间通常很长，大大超出了大多数系统的预计寿命。

　　如果零件失效时间（在串联系统中，见第 6 章）是独立同指数分布（IID 指数分布）的，该系统就有恒定的失效率，它是零件的平均失效前时间的倒数的和，即

$$\lambda_s = \sum_1^n \frac{1}{x_i}$$

　　如果假设一个可修复系统中，各插座内的零件失效前时间为独立同指数分布的，会有很大的误导性。其原因（经允许，摘自 Ascher 与 Feingold，1984）是：

　　1）系统最重要的失效模式通常是由其失效概率随时间的推移而增大（损耗失效）的零件引起的。

　　2）一个零件的失效和修理都可能会对其他零件造成损伤，因此相继失效的间隔时间不一定是独立的。

　　3）修理往往并不是将系统"更新"。修理常常并不完善，或者引入了导致其他零件失效的其他缺陷。

　　4）对零件的修理可以是调节、润滑等，这样能使其寿命延长，但并不是

"更新"，即系统不会完好如新。

5）替换的零件，如果它们具有递减的故障率，会使随后的失效从一开始就更容易发生。

6）修理人员从经验中学习，所以诊断能力（即修理作业正确的概率）随着时间的推移而提高。一般而言，人员的变更会导致诊断能力下降，并因而导致上报的失效数会更多。

7）不是所有的零件失效都会导致系统失效。

8）开关循环、不同的使用模式、不同的系统工作环境或不同的维修做法等因素，在产生诱发失效的应力方面经常比工作时间更重要。

9）上报的失效几乎总是受人的偏见和情绪的影响。一个操作人员或维修人员所容忍的某种情况可能在其他情况下作为失效上报，而且对失效的观察会受到以往的经验、修理是否属于保修范围之内等因素的影响，完全客观的失效数据记录是极少的。

10）失效概率受定期维护或大修的影响。经大修的系统常常在随后立即就表现出更高的失效率，这是因为本来不会失效的零件受到了影响。如果在系统再次被投入使用之前有一段大修后的试验时间，那么许多这类失效有可能会得到修理。失效数据也许包括或不包括这些失效。

11）替换件不一定与原件取自同一个总体，也许更好，也许更坏。

12）系统失效可能是由一些分别都在规范以内（即无失效）的零件的组合公差导致的。

13）许多被上报的失效根本不是由零件失效造成的，而是由间歇性连接、不正确的使用、维修人员利用机会更换"可疑"零件等事件造成的。

14）在系统内部，不是所有零件都能工作至整个系统的工作周期结束。

任何有实际经验的人都可以根据自己的经验对上述内容进行补充。上面所列的因素在要建模的系统中和采集的可靠性数据的系统中占大多数。在大型数据采集系统中，失效数据可能是由各工作场所远距离地进行编码和分析的，通常大都会出现上文所述的分析错误。这种数据系统可能只是通过计算总的失效数，再除以总的工作时间来求出系统和零件的 MTBF 的。例如，当设备只在一次飞行任务的部分时段工作时，仍然按飞行小时数计算飞机电子设备的 MTBF，或按小时数计算阀门的 MTBF，而忽视了阀门正常时应该处在关闭状态还是处在开启状态，或者开和关的频率如何。这些数据经常被用来进行新系统的可靠性预计（见第 6 章），从而使情况变得更差。

恒定失效率经常是实用而且可测量的首选假设，特别是当数据不足以进行更详细的分析时。

下一个例子（引自 Ascher 和 Feingold，1984）生动地显示了接连的修理对一个老化系统可靠性的影响。

例 13-5（经 Marcel Dekker 公司许可，转载自 Ascher 和 Feingold，1984 重印）

公共汽车发动机重大失效（间隔值）的英里数数据如图 13-6 所示，图中数据记录了第 1 次、第 2 次……第 5 次重大失效间隔的英里数。注意到第 1 次失效（X_i）前的中间到达英里数近似服从正态分布，相继的中间到达时间（第 2 次、第 3 次、第 4 次、第 5 次失效）显示出指数分布的趋势。无论如何，该结果清楚

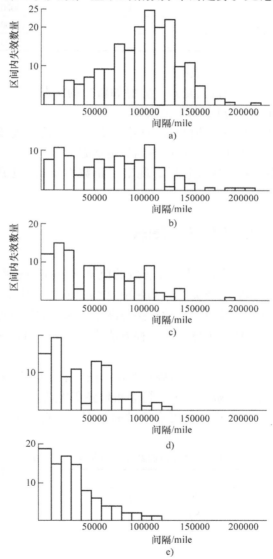

图 13-6   公共汽车发动机失效数据

a）第 1 次失效（191）　b）第 2 次失效（105）　c）第 3 次失效（101）

d）第 4 次失效（96）　e）第 5 次失效（94）

地表明可靠性随着接连的修理而下降，因为平均中间到达距离的平均值是逐步减小的：

失效序号	X_i/mile
1	94000
2	70000
3	54000
4	41000
5	33000

这个结果的重要性在于它表明了：

1）维修并不能使发动机恢复到"完好如新"的状态。

2）接连的 X_i 不是独立同指数分布的。

3）只有在几乎所有的发动机都经过若干次修理之后，失效率才趋向于一个恒定值，甚至经过 5 次修理之后仍达不到稳定状态。

4）尽管在发生了若干次失效后显现出"指数性质"，但更换或更有效的大修仍显得很有必要。

13.9 累积和（CUSUM）图表

"累积和"或 CUSUM 图表是一种有效的监测质量控制和可靠性趋势的图示方法。其原理在于并非监测所关注的测量值（参数值、成功率），而是标绘相对于目标值的或正或负的发散量。这种方法与高尔夫球中的记分原理一样，它以高于或低于标准杆数记分代替击球数。这种方法能够简单并且以一种很容易理解的方式报告进展情况。

CUSUM 图表也能灵敏地指示趋势和变化。图中表示的不是样本号和度量值，而是 CUSUM，而斜率则灵敏地表示了趋势和趋势变化点。

表 13-4 给出了一次性产品的可靠性试验数据。一百个为一批进行试验，目标成功率为 95%。

表 13-4 可靠性试验数据，目标 =95%（T）

样本 i	x_i	$x_i - T$	CUSUM$\sum (x_i - T)$
1	86	−9	−9
2	88	−7	−16
3	85	−10	−26
4	87	−8	−34
5	88	−7	−41
6	91	−4	−45
7	91	−4	−49

（续）

样本 i	x_i	$x_i - T$	CUSUM$\sum (x_i - T)$
8	93	-2	-51
9	93	-2	-53
10	94	-1	-54
11	92	-3	-57
12	95	0	-57
13	94	-1	-58
14	96	1	-57
15	94	-1	-58
16	93	-2	-60
17	95	0	-60
18	97	2	-58
19	96	1	-57
20	96	1	-56
21	94	-1	-57
22	96	1	-56
23	97	2	-54
24	95	0	-54
25	96	1	-53
26	97	2	-51
27	98	3	-48
28	98	3	-45
29	96	1	-44
30	98	3	-41

图 13-7a 所示为绘制在常规的运行图表上的结果。

图 13-7b 所示为同样的数据被绘制在 CUSUM 图表上，所计算的 CUSUM 值见表 13-4。

如果达到了变化了、改进了的过程平均值，则可以启用新目标值重新开始绘制 CUSUM。根据具体情况取决于重新开始的时间、样本量和坐标轴的标度。

英国标准 BS 5703（见参考文献）介绍了如何使用 CUSUM 图，此外，第 15 章的参考文献中列出的统计过程控制方面的书籍中也有介绍。

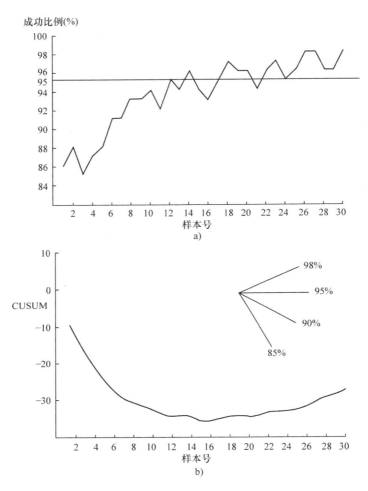

图 13-7 a）表 13-4 的运行图 b）表 13-4 的 CUSUM 图

13.10 数据外推分析及比例风险模型

探索性数据分析是用于寻求时序数据和说明性因子之间联系的一种简单的图示方法。它也被作为一种分析数据的方法，以提出值得检验的假设。从可靠性角度，失效数据与其他信息被绘制成一张时序图。例如，大修间隔、季节变化或不同的工作方式都可以显示在图上。图 13-8 所示为计划的大修间隔时间内的失效数据。每次大修后不久总会明显有失效聚集的现象，这表明大修实际上反而对可靠性有害。在这种情况下，有必要进一步调查研究找出原因。例如，大修工作的质量可能不合格。图 13-8 所呈现的另一个特征是两个或更多的失效集中在一起发生的趋势。这似乎表明失效通常不能被诊断出来，或在第一时间不能正确地予以修理。

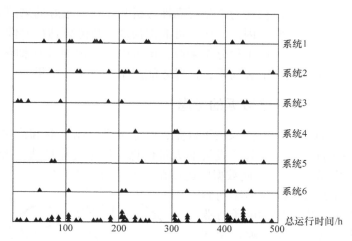

图 13-8　事件序列图：失效与时间（大修间隔 1000h）

这种展现数据的方法对揭示如车队、加工厂等系统的不可靠的原因可能很有效。可以根据情况分别示出每个产品的数据，或按用户类别显示，并分析失效与说明性因子之间的联系或相关性。

比例风险模型（Proportional Hazard Modelling，PHM）是电子设计自动化（EDA）的数学外延。它用来表示二级变量对产品失效的影响。基本的比例风险模型的形式如下：

$$\lambda(t; Z_1, Z_2, \cdots, Z_k) = \lambda_0(t)\exp(\beta_1 Z_1 + \beta_2 Z_2 + \cdots + \beta_k Z_k) \qquad (13\text{-}15)$$

式中，λ（t；Z_1，Z_2，$\cdots$，Z_k）为时间 t 时的风险率；$\lambda_0(t)$ 为基线风险率函数；Z_1，Z_2，$\cdots$，Z_k 为说明性因子（或协变量）；β_1，β_2，$\cdots$，β_k 为模型参数。

在比例风险模型中，假定协变量对总的风险率有乘法效应。在标准回归分析或方差分析中，该效应被认为是加法的。如果当一个具有若干种失效模式的系统承受不同的应力水平，该应力对于大多数失效模式具有类似的影响时，乘法的假定是现实的。比例风险法对于来自可修复系统和不可修复系统的失效数据都适用。

这种方法的理论基础在 Kalbfleisch 与 Prentice（2002）中有介绍。模型参数的推导需要使用先进的统计软件，因为该分析是基于迭代法的。这限制了技术的应用，只有具有专业知识的团队才能使用适当的软件。

13.11　现场数据与保修数据分析

退货和保修数据可以被视为产品可靠性分析和建模的很好的来源。现场环境是对产品性能的最终检验。因此，应尽可能根据现场故障评估可靠性。保修索赔数据库可以作为失效原因的工程分析来源，也可以用于预测未来索赔。但是，使用保修数据需要了解其细节和局限，这样才能产生有意义的结果。

13.11.1　对现场和保修数据的考虑

保修数据多种多样，具体取决于行业、产品类型、制造商和许多其他因素。典型的保修数据库包含关于每项投诉的大量信息，但是可靠性从业者应该理解，除了"真正的"故障之外，此数据中还存在一定量的"噪声"。

图 13-9 所示为保修数据库内容的例子。"噪声"因素包括电子行业常见的 NFF（未发现故障，第 9 章）、欺诈性索赔、不准确的报告，包括缺失数据和误用。"嘈杂"声明的数量会因行业、产品类型甚至个别制造商而有很大差异。因此，重要的是能够"清理"数据，区分"相关"和"不相关"投诉的数据，并进一步按故障模式对它们进行分类。但应注意，产品的所有故障都会对用户造成影响，无论来源如何，因此不删除

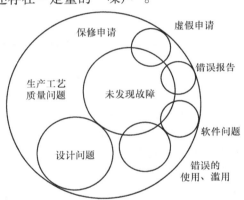

图 13-9　保修申请的各种根本原因

那些被认为是无关的数据，而"按原样"处理数据通常是有益的。

高容量保修分析的另一个复杂因素是产品被不断生产和销售。因此，每个产品的保修期在不同的时间开始。因此，用产品年龄而不是日历时间进行保修建模会更容易。

对可靠性专业人员而言，要注意保修期通常短于产品的预期寿命，因此保修数据通常不会提供足够的信息以评估产品寿命后期的可靠性，这段时间主要发生的是损耗失效。

13.11.2　保修数据格式

保修数据库通常包含两种类型的数据，一种可以获得有关每项索赔的详细信息，而另一种类型则具有保修统计信息，如销售额、失效数量和相关故障时间。这些格式在下文介绍。

13.11.2.1　单项索赔的数据格式

单项索赔数据包含关于每个故障的各种类型的信息，通常包括生产日期、销售日期、失败日期、问题描述，索赔地点（国家、州、地区等）、维修成本、执行维修的人员等。它还可能包含使用数据，如里程数、运行次数、周期、加载量等。详细的索赔数据可用于工程分析，并反馈在设计和制造方面的根本原因。在确定每个失败的根本原因后，也可以绘制 Pareto 图，如图 13-1 所示。基于这些信息，工程师可以改进现有产品，并学习可以纳入可靠性设计（DfR）过程的经验教训。有关保修数据分析在工程和业务中的更多应用，请参阅 Kleyner（2010b）。单项索赔数据通常来自样本，而不是处理所有退回的产品，尤其是在维修数量很大的情况下。

单项索赔分析还允许分析人员分离出感兴趣的失效模式并进一步进行统计数据分析（见下一节）。例如，如果单项索赔分析显示所有索赔的 20% 是由误诊或客户滥用造成的，那么我们可以据此调整"真实"索赔的统计数据。

13.11.2.2　统计数据格式

单项索赔数据不足以进行寿命数据分析和预测。它需要与现场工作的全部产品的信息相结合才能对统计分析有用。统计保修数据（有时称为精算）通常包含销售量、故障部件数量和相关的时间信息，如制造、销售、故障或维修日期。

在统计数据报告中，追踪每件产品通常是不切实际的，特别是在大批量生产行业。因此，习惯上按月或其他预定的时间间隔对数据进行分组。确切的格式和信息量随行业而异，甚至不同公司也各不相同。其中一种常见的数据报告格式称为服务月份（Month in Service，MIS）。它广泛用于跟踪汽车保修，但也成功地应用于其他行业。

表 13-5 给出了 MIS 格式的保修数据的例子。对于每个月的销售（如果保修从发运开始统计，则为生产月份），每个月都会记录已维修或退回的零件数量。其他 MIS 信息可能包括财务方面的信息，如该月的总保修费用或每次维修的平均费用。每个销售月份都单独跟踪，但总数可以根据每月的量计算加权平均（表 13-5 的最底行）。显然，产品生产（或销售）越晚，将记录的保修索赔越少，影响该月对总数的贡献。

保修专业人员使用的另一种流行的数据格式被称为"内华达"（数据表类似于美国内华达州的形状），有时也被称为"夹层蛋糕"。表 13-6 给出了以内华达格式列出的表 13-5 的月度返修数据。返修以日历时间格式显示，而不是与 MIS 关联的工龄格式。6 个月累积失效百分比见表 13-7。

内华达格式允许用户将运输和保修退货数据转换为故障和暂停的标准可靠性数据格式，以便使用传统的寿命数据分析方法进行分析。在分析期结束时，所有已转运且自装运以来未发生故障的零件都被视为暂停。商业上可用的保修分析软件包可以处理各种数据输入格式。例如，ReliaSoft Weibull++有四种不同的保修数据输入格式，包括内华达格式。

表13-5 MIS数据举例（2011年1~7月）

月度		MIS服务月份										
		1		2		3		4		5		6	
销售	销量	维修	%	维修	%	维修	%	维修	%	维修	%	维修	%
2011年1月	5000	15	0.30	12	0.24	19	0.38	12	0.24	16	0.32	17	0.34
2011年2月	7000	11	0.16	16	0.23	11	0.16	21	0.30	10	0.14		
2011年3月	8000	9	0.11	17	0.21	9	0.11	12	0.15				
2011年4月	6000	9	0.15	12	0.20	12	0.15						
2011年5月	8000	17	0.21	21	0.26								
总计	34000	61	0.18	78	0.23	48	0.18	45	0.23	26	0.22	17	0.34

表13-6 "内华达"格式（"夹层蛋糕"）的保修数据分析

生产月份	产量销量	每月失效数					
		2011年2月	2011年3月	2011年4月	2011年5月	2011年6月	2011年7月
2011年1月	5000	15	12	19	12	16	17
2011年2月	7000		11	16	11	21	10
2011年3月	8000			9	17	9	12
2011年4月	6000				9	12	9
2011年5月	8000					17	21

表13-7 6个月累积失效百分比（基于表13-5中的数据）

时间（月份）	1	2	3	4	5	6
累积百分比失效	0.18%	0.41%	0.59%	0.82%	1.04%	1.38%

13.11.3 保修数据分析

大多数保修索赔都可使出现故障的零件得到维修或更换，因此保修数据应该使用适用于可修复系统的统计分析进行分析，如更新过程、非齐次泊松过程（NHPP）等，这些内容已经在2.15节、6.7节和13.8节中介绍。尤其是当设备需要经历重复故障或进行维修时，如操作机器、工厂设备、飞机等。然而，在相对简单的零件的大量生产中，二次故障的数量预计会很小。例如，在保修期间经历二次故障的汽车电子模块的比例通常低于5%甚至1%（见Kleyner和Sandborn，2008），因此应用不可修复数据分析技术将简化分析，不会导致大的计算错误。

累积失效函 F（t）比更新过程或 NHPP 更容易建模，因此可以从保修数据的寿命分析中得到可靠性函数 R（t）。然而，由于大多数零件被期望在质保期间无故障地运行，因此该数据被大量暂停审查。

如图 13-9 所示，保修数据可能很混乱，通常需要在执行寿命数据分析之前进行"清洗"。通常使保修数据分析复杂化的另一个因素是所谓的"数据成熟"。保修数据通常仅限于几个月的观察，其中失效趋势可能尚未确定。此外，维修日期和保修系统输入日期之间通常存在滞后，从而导致最新索赔报告不足。所有这些都可能使得 F（t）和整体可靠性数据分析出现偏移。有关保修数据收集和分析的更多信息，请参阅 Blischke 等人（2011）的文献。

例 13-6

根据表 13-5 中的数据，计算产品在 36 个月保修期内的可靠性。表 13-5 底行中的数据可用于计算表 13-7 累积故障（cdf）。

可以用双参数威布尔分布来分析表 13-7 的数据，通过 Weibull + + 软件@ Risk 中的"分布拟合"选项，或其他分布拟合软件，得出 $\beta = 1.11$ 和 $\eta = 297.9$ 个月。

因此，R（36 个月）$= \exp[\ -(36/297.9)^{1.11}\ ] = 90.8\%$

这个预测只是临时性的，因为只是根据 6 个月的观察数据。更不利的是，抽样的总体随着服务月数的增加而逐渐减少，这进一步降低了这个保修预测的准确性。例如，表 13-5 显示 6 个月的保修仅仅对 2011 年 1 月的零件适用，而 2011 年 1 月至 5 月的所有部件都有一个月保修数据。此外，此数据尚未针对"不相关"进行过滤故障，因此，设计相关的可靠性预测会略高于预期。

有关保修数据的更多信息可以参阅 Blischke 和 Murthy（1996）的文献。

习　题

可以使用寿命数据分析软件来求解下列问题。如果没有软件，可以从 www. reliasoft. com 下载试用版的 Weibull + + 和 ALTA。

1. 根据现有数据，可靠性工程师开发并实施了加速测试计划。在指数分布的假设下，经测试得出 MTTF = 300h。已知加速因子为 5.6，求正常条件下 200h 时的可靠性。

2. 说出至少三种应力 – 寿命关系模型，并举例说明何时出现这些关系。

3. 分析下列数据

（a）下列应力寿命关系是否符合对数 – 对数关系？

应力/V	失效时间/h
25	5.6
50	10
70	14.3
90	27.8

（b）简述为什么在高应力和低应力时，对数应力 - 对数寿命关系可能不总是线性的。

4. 说明为什么简单的寿命 - 应力幂律关系不适用于含有多个受不同应力的零件的装配体。

5. 要通过加速寿命测试来分析腐蚀性溶液的加速影响。溶液的浓度将是加速因子，并且在测试中将使用四个水平。将金属样品以各种浓度浸泡一天 10% 的时间，然后在室温下风干。描述如何进行该测试并在将来如何使用该结果。

6. 令 S 衡量被测材料随时间变化的强度，S_0 是在测试开始时测量的初始强度。之前的测试和评估表明，以下压力时间关系可能有效。

$$S^2 = (S_0)^2 - 2Ct$$

式中，t 为时间。

如果强度在 3 星期的加速试验后下降了 20%，而失效被定义为强度下降 50%。在这种情况下要出现失效，预计的时间是多少？

7. 令问题 6 的函数关系变为 $S^4 = (S_0)^4 - 4Ct$（这是典型的降级曲线）。重新对问题 6 进行计算。

8. 下表中数据来自一次有效的加速寿命试验，寿命定义是在每种工况下，一个样本失效达到 10% 的时间。如果下面的基本模型正确，对于下面给出的典型公式而言，3 个未知数 E_A、N 和 B 的值是多少？

$$寿命 = B(V)^{-N}e^{E_A/kT}$$

工作温度/℃	工作电压/V	寿命/h
150	70	10
150	50	14.3
150	25	44.7
125	70	27.8
125	50	46.4
125	25	199.5
100	70	117.1
100	50	188.9

9. 说明可修复系统先后两次失效的间隔时间为什么可能不是独立同分布

（IID）的。

10. 第 3 章中的习题 3 描述了某个可修复系统"插座"中某个零部件的状况。回顾该问题，假定已经得到了补充信息，即机器 A 已累积工作 500h 时，机器 B 开始工作；机器 A 已累积工作 1000h 时，机器 C 开始工作；机器 A 已累积工作 1500h 时，机器 D 开始工作；机器 A 已累积工作 2000h 时，机器 E 开始工作。

（a）用这种有关失效顺序的补充信息计算趋势统计量［式（2-46）］，以便从该"插座"的角度，通过图 13-5 判断该系统是"高兴"，是"不高兴"，还是不确定（IID）。

（b）重复该习题，但要将数据分开处理：（ⅰ）前 8 个连续的失效和（ⅱ）后 8 个连续的失效。当 IID 失效的假设可能不正确时，如果仍采用 IID 的假设，会面临什么风险，这些结果说明了什么？

11. 对车用无线电样本进行加速振动测试直到失效。这里有三个 G 级振动，称为 1 – 低、2 – 中、3 – 高。对于图 13-10 所示的每个应力水平，可以从威布尔图中得出什么结论？

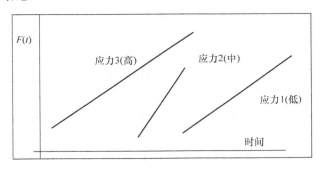

图 13-10　试验结果的威布尔图

12. 对风力发电机进行测试，以解决由温度和湿度同时引起的腐蚀。发电机将安装在湿度高达 80% RH（相对湿度）的气候条件下。发电机设计为每天工作 24h 运行 10 年。现场使用温度分布如下：30℃ 下 20% 的时间 20℃ 下 30% 的时间和 0℃ 下 10% 的时间。使用 Peck 模型计算测试的持续时间为 85℃ – 85% RH，假设 $E_A = 0.7 \text{eV}$ 且湿度功率常数 $m = 3.0$。

13. 在对机车制动盘裂纹进行分析调查中，对样本进行了比例风险分析，样本包括 205 次失效和 905 次删失（失效是由于轴上裂纹扩展到了需要更换的程度，为避免可能的断裂而将轴拆除，删失是由于其他原因将轴拆除）。参照式（13-9），协变量为：

$Z_1 =$ 工作区（0 为东区，1 为西区）

Z_2 = 制动系统（0 为 A 型，1 为 B 型）

Z_3 = 制动盘材料（0 为材料 X，1 为材料 Y）

利用计算机方法（唯一可行的方法）分析数据，得到下列系数：$\beta_1 = 0.39$、$\beta_2 = 0.72$、$\beta_3 = 0.95$。

（a）在任意工龄下，工作在两个地区的轴的风险函数之比是什么？

（b）2 个制动系统之比是什么？

（c）2 个制动盘的材料之比是什么？

［这个例子以 Newton 和 Walley 在 1983 年首次报告的真实数据为依据。Bendell、Walley、Wightman 和 Wood 在 1986 年撰写的题为 "Proportional hazards modelling in reliability analysis – an application to brake disks on high – speed trains"（可靠性分析中的比例瞬时故障建模——在高速火车制动盘方面的应用）的论文中做了进一步的分析。Quality and Reliability International 2，42 – 52］

14. 下列数据给出了某飞机空调设备的先后两次失效间隔时间：48h、29h、502h、12h、70h、21h、29h、386h、59h、27h、153h、26h 和 326h。设备失效时在现场修理，假定修理可以即时完成。

（a）将设备作为飞机上的一个零部件，考察失效时间分布。

（b）将空调系统本身作为一个可修复系统，分析失效趋势。

（c）清楚地叙述从这两个分析中得出的结论。

15. 制造出了两个新设计的超高频（VHF）通信设备的样机。每个样机都经历如下的寿命试验：

样机 A：工作到 37h、53h、102h、230h 和 480h 时出现失效，试验到 600h 时停止试验。

样机 B：当样机 A 被停止试验（只有 1 个试验台可用）时开始试验，并在工作到 55h、290h、310h、780h 和 1220h 后出现失效，但仍继续工作，累积工作了 1700h。

（a）假设为随机失效，计算失效率及无失效完成为期 100h 任务的概率。

（b）如果在样机 A 的试验中发现必要的所有改进全都在样机 B 上得以实现，并将可靠性增长模型运用于该数据，请修改（a）的答案。

16. 计算问题 10 中数据的总的平均故障间隔时间。制作出该数据的 CUSUM 图，绘出 $\sum (t_i - T)$ 相对于 i 的图线，其中 t_i 是第 i 次和第（$i-1$）次顺序的故障间隔时间，T 是基于总的 MTBF 得出的自前次失效后预计经历的时间。

从该图中判断 MTBF 可能发生的任何变化，并计算变化前后的 MTBF。

分析该图显示的情况是否比直接显示累积失效相对于累积时间的图更加清楚。

17. 按照 http：//www. weibull. com/AccelTestWeb/paper_ clip_ example. htm

中的说明运行回形针例子。使用弯曲角度作为应力变量，并将疲劳寿命测量为多个循环，直到夹子的内环断裂。运行计算并预测 45°弯曲时的疲劳寿命，并通过在 45°弯曲处实际进行试验来检查结果。

18. 振动测试在两个不同的应力水平下进行：$4.0G$ 和 $6.0G$ 峰值到峰值加速度。下表列出了失效循环的结果：

$4.0G$ 振动	$6.0G$ 振动
9.60×10^5 循环	4.92×10^4 循环
1.52×10^6 循环	5.60×10^4 循环
8.35×10^5 循环	5.32×10^4 循环

（a）求疲劳指数 b。

（b）计算在 $2.0G$ 的振动下，失效前的循环数。

19. Pareto 分析的目的和优点是什么？举例说明在什么情况下使用 Pareto 分析将是有益的。

20. 现场退货保修数据的 Pareto 分析显示了几个类别大致相等。在制定整改措施以减少这些问题时，如何选择首先解决哪些类别？考虑诸如解决问题的成本、解决问题的难易程度、整体成本节约、成本效益分析等，多快会看到结果。

21. 讨论图 13-9 所示的保修索赔根本原因。

（a）哪些类别最容易在保修数据库中检测到，哪些类别最难被检测到？

（b）对每个类别采取的整改措施是怎样的？哪个是最容易采取整改措施的，哪个最难？

（c）在你看来，哪些类别可以带来最大程度的成本降低？

22. 在制订加速试验计划时，使用加速模型有哪些局限性？如果根据实际的加速试验数据应用模型，而不使用通用模型，哪些限制将被消除，哪些限制将仍然存在？

参 考 文 献

Ascher, H. and Feingold, H. (1984) *Repairable Systems Reliability*, Dekker.

Blischke, W. and Murthy, D. (1996) *Product Warranty Handbook*, Marcel Dekker.

Blischke, W., Karim, R. and Murthy, D. (2011) *Warranty Data Collection and Analysis*, Springer.

British Standard BS 5703. *Guide to Data Analysis and Quality Control using Cusum Techniques*. British Standards Institute, London.

British Standard, BS 5760. *Reliability of Systems, Equipments and Components*, Part 2. British Standards Institution, London.

Clech, J-P., Henshall, G. and Miremadi, J. (2009) Closed-Form, Strain-Energy Based Acceleration Factors for Thermal Cycling of Lead-Free Assemblies. Proceedings of SMTA International Conference (SMTAI 2009), Oct. 4-8, 2009, San Diego, CA.

ISO IEC 60605. *Equipment Reliability Testing*. International Standards Organisation, Geneva.

JEDEC (2009) JEP122F *Failure Mechanisms and Models for Semiconductor Devices*. Published by JEDEC Association. Available at http://www.jedec.org/Catalog/catalog.cfm.

Kalbfleisch, J., Lawless, J. and Robinson, J. (1991), Methods for the Analysis and Prediction of Warranty Claims. *Technometrics*, **33**(3) August.

Kalbfleisch, J. and Prentice, R. (2002) *The Statistical Analysis of Failure Time Data*, 2nd edn, Wiley.

Kleyner, A. (2010a) *In the Twilight Zone of Humidity Testing*. TEST Engineering & Management, August/September issue.

Kleyner A. (2010b) Discussion Warranted. *Quality Progress, International Monthly Journal of American Society for Quality (ASQ)*. May 2010 issue, pp. 22–27.

Kleyner, A. and Sandborn, P. (2008) Minimizing life cycle cost by managing product reliability via validation plan and warranty return cost. *International Journal of Production Economics*, **112**, 796–807.

Lawson, R. (1984) A review of the status of plastic encapsulated semiconductor component reliability. *British Telecommunication Technology Journal*, **2**(2), 95–111.

Moltoft, J. (1994) Reliability Engineering Based on Field Information: The Way Ahead. *Quality and Reliability Engineering International*, **10**, 399–409.

Nelson, W. (1989) *Accelerated Testing: Statistical Models, Test Plans and Data Analysis*, Wiley.

NIST (2006) *Eyring*. National Institute of Standards and Technology, online Handbook section 8.1.5.2 Available at: http://www.itl.nist.gov/div898/handbook/apr/section1/apr152.htm.

Norris, K. and Landzberg, A. (1969) Reliability of Controlled Collapse Interconnections. *IBM Journal of Research and Development*, **13**(3), 266–271.

Ohring, M. (1998) *Reliability and Failure of Electronic Materials and Devices*, Academic Press.

Pan, N., Henshall, G.A., Billaut, F. *et al.* (2005) *An Acceleration Model for Sn-Ag-Cu Solder Joint Reliability under Various Thermal Cycle Conditions*, SMTA International, pp. 876–883.

Peck, D. (1986) Comprehensive Model for Humidity Testing Correlation. *IEEE IRPS Proceedings*, 44–50.

ReliaSoft (2010) *Accelerated Life Testing Reference*, ReliaSoft Publishing.

ReliaSoft (2010) *ALTA-7 User's Guide*, ReliaSoft Publishing.

ReliaSoft (2011) *Accelerated Life Testing Reference*. Online Reliability Engineering Resources. Available at: http://www.weibull.com/acceltestwebcontents.htm.

Salmela, O. (2007) Acceleration Factors for Lead-Free Solder Materials. *IEEE Transactions on Components and Packaging Technologies*, **30**(4), December 2007.

SEMATECH (2000) *Semiconductor Device Reliability Failure Models*. Technology Transfer # 00053955A-XFR. International SEMATECH Report. Available at: http://www.sematech.org/docubase/document/3955axfr.pdf.

Steinberg, D. (2000), *Vibration Analysis for Electronic Equipment*, 3rd edn, Wiley.

Steven E., Rigdon, S. and Basu, A. (2000) *Statistical Methods for the Reliability of Repairable Systems*, Wiley.

Trindade, D. and Nathan, S. (2005) Simple Plots for Monitoring the Field Reliability of Repairable Systems. Proceedings of the Annual Reliability and Maintainability Symposium (RAMS).

US MIL-HDBK-781. *Reliability Testing for Equipment Development, Qualification and Production*. Available from the National Technical Information Service, Springfield, Virginia.

第 14 章　可靠性演示与增长

14.1　引言

如第 12 章所述，可靠性试验是可靠性项目的重点。第 12 章强调了安排可靠性试验的重要性在于通过暴露潜在问题以改善可靠性。但是，如果安排合理，一系列可靠性试验还能生成数据，用来分析产品是否能在工作寿命中正常而无故障运行，或是达到某一可靠性水平。许多产品开发项目需要完成一系列环境试验以证明制造商满足了可靠性要求，并向客户演示。

可靠性演示试验通常是当产品的硬件（和适用的软件）进入了试验阶段，并且已经能够完全工作或者能完成部分功能时进行的。我们希望最好能对大量部件进行试验，直到失效为止，这样就能获得产品或者设计的可靠性，但是受时间和资源方面的限制，这种做法很难实现。在这样的情况下，可以仅对一定数量的产品进行试验，或者试验一段时间，以证明产品在一定置信水平下达到或者超过了某个可靠性标准。在最后分析结果时，产品的实际可靠性当然还是未知的，但工程师将能够说明产品达到了某些标准。本章将讨论这些要求，以及在工业环境中实现这些要求的不同方法。

14.2　可靠性指标

大多数产品设计的要求中都包含一些可靠性方面的要求，对应一些指标。如果系统比较复杂，这些指标可能还包括可靠性如何分配（第 6 章）或者在系统、子系统和零件级别的要求。

可能最常见的可靠性指标是简单的可靠性函数 $R(t)$。如产品可能要求 5 年寿命期的可靠性不低于 98.0%，即 R（5 年）$= 0.98$。可靠性要求经常基于试验品的数量包括一定的置信水平。这将在下一节介绍。

另一个常用的指标是平均故障间隔时间（MTBF）（2.6.3 节）。MTBF 是失效率恒定的可修复系统的特征［见式（2-27）的指数分布］。MTBF 经常被非可靠性领域的人员误解为一批产品中连续失效之间的平均时间，即使失效并不是发生在同一个产品上。因此建议尽可能使用其他方式演示可靠性的指标。对不可修复系统，如果失效率是常数，使用 MTTF 而不是 MTBF（见第 1 章和第 2 章）。同时，失效率 λ 既能作为可修复系统的可靠性指标，也能作为不可修复系统的可靠性指标。

B_X 寿命（3.4.5 节）是另一个常见的指标，经常使用的是 B_{10}，即 10% 的产品出现失效的时间。

PPM（parts per million，百万分率）也可以用来衡量可靠性，但其更多是用来衡量生产质量。在可靠性中，PPM 可能是随时间变化的量，表示在时间区间 $[0, t]$ 中每一百万个零件中失效的个数，因此有

$$R(t) = 1 - \frac{\text{PPM}(t)}{10^6} \tag{14-1}$$

一种可靠性指标可以转化成另一种互换使用。

例 14-1

产品需求中最初要求 B_{10} 寿命为 5 年。将这个要求转换为其他可靠性指标。假设为指数分布。

$$R(5 \text{ 年}) = 0.90 = \exp\left(-\frac{5 \text{ 年}}{\text{MTTF}}\right) \tag{14-2}$$

求解式（14-2），得到 MTTF = 47.5 年。每年失效率为 $\lambda = 1/\text{MTTF} = 0.021$，或者如果每天工作 24h，每小时失效率为 $\lambda = 0.021/(365 \times 24)$ 次/h = 2.4×10^{-6} 次/h。同样，根据式（14-1），R（5 年）= 0.9 说明 5 年的 PPM 为 100000。

14.3 通过性试验（test to success）

试验到成功，即期望不发生失效的试验，在第 12 章中已经介绍过。不同的行业有不同的名称，如成功运行试验、属性试验、无失效证明试验或任务寿命试验。此时，要试验的产品通常要经受等效于使用寿命的加速试验（试验到底），并且期望所有试件都不发生失效。在第 13.6 节中，我们讨论了如何近似计算等效于使用寿命的试验。

14.3.1 二项分布法

成功试验的统计计算大多数基于 2.10.1 节中介绍的二项分布。二项分布的概率函数见式（2-37），这种试验只有两种结果：通过或者失败。因此，如果式（2-37）中可靠性 $R = p$，根据二项分布函数，产品生存的概率为

$$C = 1 - \sum_{i=0}^{k} \frac{N!}{i!(N-i)!} R^{N-i} (1-R)^i \tag{14-3}$$

式中，R 为未知的可靠性；C 为置信水平；N 为试验样机的数量；k 为失效件的数量。

如果 $k=0$（无失效），式（14-3）就变为连续试验的简单方程：

$$C = 1 - R^N \qquad (14\text{-}4)$$

式（14-4）可以解出试验样本数量 N：

$$N = \frac{\ln(1-C)}{\ln R} \qquad (14\text{-}5)$$

根据式（14-5），当表现出的可靠性 R 接近 1.0 时，样机数量 N 趋向于无穷大。根据式（14-5），表14-1 给出了置信水平为 50% 和 90% 时需要的样机数量。

产品设计与验证经常明确要求可靠性演示中的可靠性水平和置信水平。例如，汽车行业常见的是在 50% 的置信水平下可靠性达到 97.0%。根据表 14-1，这需要 23 台试验无失效才能和寿命周期等效。

表 14-1　可靠性演示试验中 50% 和 90% 置信水平时需要的样机数量

可靠性 R	$C=50\%$ 时样机数量 N	$C=90\%$ 时样机数量 N
90%	7	22
95%	14	45
97%	23	76
99%	69	230
99.9%	693	2301
99.99%	6932	23025

14.3.2　通过性试验中出现失效

当通过性试验中出现失效时，仍然可以通过式（14-3）计算可靠性。但是式（14-3）很难求出 R，尤其是当 $k>2$ 时。因此可以使用近似的 χ^2 分布替代：

$$R = \exp\left(-\frac{\chi^2_{(1-C,\,2k+2)}}{2N}\right) \qquad (14\text{-}6)$$

式（14-6）是根据后面 14-6 节中 MTBF 置信区间估计来推导的。χ^2 的值可以在附录 2 中查阅，或者使用 Excel 中 CHIINV（$1-C$，$2k+2$）函数求解。

14.4　破坏性试验

如果演示可靠性过程中出现故障，可以使用第 3 章详细介绍的寿命数据分析法。根据寿命数据分析的结果，我们能够根据选择的寿命分布建立可靠性模型 $R(t)$ 并计算出这个可靠性对应的置信界限（3.6 节）。双参数或者三参数威布尔分布（3.4 节）是最常见的用来给 $R(t)$ 建模的分布。威布尔斜率 β 也能告诉我们产品在浴盆曲线的位置（早期失效、有效寿命还是磨损失效）。

破坏性试验的缺点是比通过性试验时间更长。通过性试验的时间需要等效于产品寿命（或者加速试验等效），而破坏性试验需要至少双倍的时间才能产生足够多的失效来进行寿命数据分析。另外破坏性试验需要某种监控装置来记录失效时间。因此，在不断压缩开发周期的压力下，项目经理通常选择通过性试验而不是破坏性试验。

14.5 寿命试验的延长

对成本的考虑一直是计划试验时的重点。决定试验样机的数量时要考虑每一件的制造成本（有时样机的成本很高），在样机上安装检测设备，并安排充分的试验能力来对所有样机进行试验。样机数量多可能需要占用更大的面积来安装额外的测试设备，如温度/湿度试验柜或者振动台，这都是很昂贵的。

试验时间可以是考虑可靠性试验成本的一个因素。如果单个样机很昂贵，可以减少样机数量，但是试验时间需要更长。

14.5.1 参数化二项法

将通过性试验方程式（14-4）和双参数威布尔分布式（2-31）结合起来，Lipson 和 Sheth（1973）分析了为演示同样的可靠性水平和置信水平的两组试验 (N_1, t_1)、(N_2, t_2) 之间的关系：

$$\frac{N_2}{N_1} = \left(\frac{t_1}{t_2}\right)^{\beta} \tag{14-7}$$

式中，β 为对主要失效模式的威布尔斜率（已知的或假设的）；N_1、N_2 为试验样机数量；t_1、t_2 为试验时间。

因此有可能通过延长试验时间来达到减少样机数量的目的。因此如果 t_1 等效于一个任务寿命而 $t_2 = Lt_1$，其中 L 是寿命比则结合式（14-7），有

$$N_1 = L^{\beta} N_2 \tag{14-8}$$

由式（14-8），通过性试验方程式（14-4）变为

$$C = 1 - R^{NL^{\beta}} \text{ 或 } R = (1 - C)^{\frac{1}{NL^{\beta}}} \tag{14-9}$$

式（14-9）给出的关系常被称为参数二项模型。当试验资源有限时，也可以通过延长试验时间来减少试验样机数量。例如，为了演示可靠性需要在环境箱中试验 23 个样件，但实际上环境箱中只能放置 18 个，那么通过延长试验时间就可以只用 18 个样件来演示同样的可靠性。

所需要的样件数量可以随着试验时间的延长减少到 $1/L^\beta$（$L>1$）。因此这种方法能通过灵活调整试验样件的数量、配合当前试验能力来降低成本。

例 14-2

设计规范要求通过 1000h 温度试验演示产品使用寿命中可靠性在 50% 的置信水平上达到 97.0%。带有试验监控装置的温度试验箱只能容纳 15 个试件。计算达到上述可靠性要求的试验时间，假设威布尔参数 $\beta = 2.0$。

根据式（14-5）和表 14-1，需要 23 个试件才能在 50% 置信水平下演示出 97% 的可靠性水平。因此通过式（14-9）求解 L 并代入 $R = 97.0\%$、$C = 50\%$、$N = 15$ 及 $\beta = 2.0$，得

$$L = \left[\frac{\ln(1-C)}{N\ln R}\right]^{\frac{1}{\beta}} = \left[\frac{\ln(1-0.5)}{15\ln 0.97}\right]^{\frac{1}{2.0}} = 1.232 \tag{14-10}$$

因此原来 1000h 的试验可以延长到 $Lt = 1.232 \times 1000 = 1232h$，并且如果没有失效发生，就能仅用 15 个样件而不是 23 个样件就能证明达到了需要的可靠性。

14.5.2　参数化二项模型的局限性

参数化二项法已经成功地用于延长和缩短试验时间。但是不建议将试验时间改变超过 ±50%，因为可能会违反参数二项模型的假设。在式（14-9）中使用了威布尔斜率 β，它假设了失效率的某种趋势。例如，如果 $\beta = 3.0$，对应威布尔斜率为 3，模型反映的是磨损率。$\beta > 3.0$ 时，过度延长试验时间可能会加剧磨损，这样在模型假设的范围以外出现失效的概率就会提高，反之亦然。过度缩短试验时间可能会使失效规律从磨损阶段的失效变为使用寿命阶段的失效，这将使 β 值降低为 1，同样也违反了参数二项模型的前提。

14.6　连续试验

在连续试验中，将所有试件总的试验时间 T 除以失效数量 k 就得到了平均故障间隔时间（$MTBF = T/k$）。当产品的失效率被认为是常数时，χ^2 分布可以用于计算 MTBF 的置信水平，从而演示了可靠性。

齐次泊松过程产生的数据的上下置信界限见表 14-2。它给出了当在第 k 个失效发生时，单侧和双侧的置信界限，即失效截尾的试验，以及时间截尾的试验（即在一个预定的时间之后试验停止）。不同的风险系数 α 和自由度下 χ^2 分布的值见附录 2，也可以用 Excel 中 CHIINV 统计函数计算。

在不可修复系统，MTBF 变成 MTTF。

表 14-2　MTBF 置信界限

	时间截尾试验	失效截尾试验
单侧置信区间	$\text{MTBF} \leqslant \dfrac{2T}{\chi^2_{(\alpha,2k+2)}}$	$\text{MTBF} \leqslant \dfrac{2T}{\chi^2_{(\alpha,2k)}}$
双侧置信区间	$\dfrac{2T}{\chi^2_{(\frac{\alpha}{2},2k+2)}} \leqslant \text{MTBF} \leqslant \dfrac{2T}{\chi^2_{(1-\frac{\alpha}{2},2k+2)}}$	$\dfrac{2T}{\chi^2_{(\frac{\alpha}{2},2k)}} \leqslant \text{MTBF} \leqslant \dfrac{2T}{\chi^2_{(1-\frac{\alpha}{2},2k)}}$

注：T 为试验总时间，α 为可接受的错误风险 $(1-C)$，k 为失效数量。

例 14-3

10 台试件总共试验了 2000h，有 3 次失效，该试验定时截尾。假设失效率为常数，那么在工作 100h 后，可靠性 90% 的置信下限是多少？

使用表 14-2 或者 Excel 函数 CHIINV（或者附录 2）：

$$\text{MTBF} \leqslant \frac{2T}{\chi^2_{(\alpha,2k+2)}} = \frac{2 \times 2000}{\text{CHIINV}(0.1, 2 \times 3 + 2)}\text{h} = \frac{4000}{13.362}\text{h} = 299.36\text{h}$$

因此，根据指数分布：

$$R(100\text{h}) = \exp\left(-\frac{100\text{h}}{299.36\text{h}}\right) = 0.716(71.6\%)$$

14.7　退化分析

产品试验是很耗时的，在常规载荷下甚至是加速载荷下仍需要很长时间才能使产品发生失效。当模拟全寿命实际工况时，通过性试验可能需要的时间很长（15~30 年）。第 7 章介绍的退化分析是一种在相对短的时间内演示可靠性的方法。许多失效机理都可以直接对应到产品某个位置的退化现象。利用退化分析，可以根据退化的程度或者性能的衰减随时间变化的规律外推到失效。产品退化的例子有制动片的磨损、材料疲劳导致裂纹的扩展、导电性的降低、性能（如发电能力）的衰减等。

要进行退化分析，需要明确退化到什么程度才构成失效。一旦确定了这个失效阈值，用基本的数学模型对性能随时间变化的规律进行外推直到失效点就比较容易了。求出了外推的失效时间以后，就可以用寿命数据分析对试件的可靠性进行建模和分析。

图 14-1 所示为退化分析的概念，其中测量分别在 0h、250h、500h 进行。将这个数据进行外推，直到退化参数达到了失效的阈值，发生失效。最常见的外推模型有线性模型（$y = bx + c$）、指数模型（$y = be^{axe}$）和幂模型（$y = bx^a$）。在商业软件中也有其他模型可供使用（见 ReliaSoft，2006）。

在进行基于退化的可靠性演示之前应注意下列几点：

　　—— 所选的退化参数必须对失效至关重要，并且是最主要的失效机理。

　　—— 要确定所选的参数确实是受了试验的影响。参数也可能实际上因为其他的原因发生退化，如质量不佳或者根本不受试验影响。

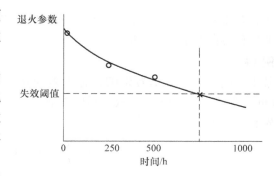

图 14-1　退化分析图示

　　—— 所选的参数要表现出清晰的退化趋势。如果产品的参数秩表现出了起伏的现象，试验是完全无效的。

　　—— 对所有的外推来说，都需要注意不要外推得离现有数据点过远，否则将导致误差过大。

　　简单的退化分析可以用 Excel 电子表格将数据点进行外推，并计算退化程度达到阈值的时间。但是，用专门的软件总是效率更高。

14.8　使用贝叶斯统计法合并试验结果

　　可靠性演示试验的结果并不是关于这个产品的唯一信息，而是在试验开始之前就存在信息，从零部件到子总成试验，以往的产品试验，甚至根据经验做出的直觉判断。为什么不利用这些信息对正式试验的结果进行补充呢？贝叶斯定理（第 2 章）说明［式（2-9）］

$$P(B \mid A) = \frac{P(A \mid B)P(B)}{P(A)}$$

将这些概率值合并起来。式（2-9）可以扩展到概率分布中：

$$p(\lambda \mid \phi) = \frac{f(\phi \mid \lambda)p(\lambda)}{f(\phi)} \tag{14-11}$$

式中，λ 为连续变量；ϕ 为新观察到的数据；$p(\lambda)$ 为 λ 的先验概率分布；$p(\lambda \mid \phi)$ 为在给定 ϕ 之后，λ 的后验概率分布；$f(\phi \mid \lambda)$ 为在给定 λ 之后，ϕ 的采样概率分布。

　　用 λ 表示失效率，t 表示成功试验的时间。令 λ 的密度函数服从伽马分布：

$$p(\lambda) = \frac{t}{\Gamma(a)}(\lambda t)^{a-1} \exp(-\lambda t)$$

　　如果先验参数为 a_0、t_0，那么以往的平均失效率为 $\mu = a_0/t_0$，以往的方差为 $\sigma^2 = a_0/t_0^2$［改变了式（2-28）中相应的符号］。后验也将是参数为 a_1、t_1 的伽马分布，其中 $a_1 = a_0 + n$、$t_1 = t_0 + t$，n 为时间区间 0 到 t 之间的事件数量。后验均值的置信界限是 $\chi^2_{(\alpha, 2a_1)}/2t_1$。

例 14-4

某零件的先验失效率为 0.02，标准差为 0.01。可靠性演示试验的结果是在 $t = 500h$ 内发生了 $n = 14$ 个失效。后验失效率和 90% 置信界限是多少？

先验失效率为

$$\mu = \frac{a_0}{t_0} = 0.02h^{-1}$$

$$\sigma^2 = \frac{a_0}{t_0^2} = 10^{-4}h^{-2}$$

因此有

$$a_0 = \frac{\mu^2}{\sigma^2} = 4.0 \text{ 次失效}$$

$$t_0 = \frac{\mu}{\sigma^2} = \frac{0.02}{10^{-4}}h = 200h$$

$$a_1 = (4 + 14)\text{次失效} = 18 \text{ 次失效}$$

$$t_1 = (200 + 500)h = 700h$$

后验失效率为

$$\lambda_1 = \frac{a_1}{t_1} = \frac{18}{700}h^{-1} = 0.0257h^{-1}$$

这和用先前的方法计算的失效率 $(14/500)h^{-1} = 0.028h^{-1}$ 接近。

均值的 90% 置信下限为

$$\frac{\chi^2_{(0.1, 2 \times 18)}}{2t_1} = \frac{\text{CHIINV}(0.1, 36)}{2 \times 700} = \frac{47.2}{2 \times 700} = 0.0337h^{-1}$$

与先前的计算（表 14-2）

$$\lambda_1 = \frac{\chi^2_{(0.10, 2 \times 14 + 2)}}{2 \times 500} = \frac{\text{CHIINV}(0.1, 30)}{2 \times 500} = \frac{40.3}{2 \times 500}h^{-1} = 0.0403h^{-1}$$

在例 14-4 中，使用先验信息导致失效率的计算低于试验结果，置信区间更小。

在可靠性工程中，贝叶斯法是有争议的，尤其是用于减少试验工作量时。例如，Kleyner 等人（1997）提出一种在通过性试验中减少样件数量来演示在一定置信水平下达到了可靠性目标的方法。预先根据主观判断选择分布、专家观点、其他试验或者实际经验都会引起争议。这样将分总成的结果组合起来也忽略了接口可能出现的问题。

这种方法的另一个缺点是如果先验数据不佳，会对可靠性演示有不利的影响，即延长了时间、增加了样件数量。贝叶斯法通常并不出现在产品验证计划中，但是已经努力将其编入可靠性标准中。如 Yates（2008）介绍了澳大利亚军用标准中的贝叶斯可靠性演示。

14.9　非参数方法

非参数统计法（2.13 节）也可以用于可靠性测量。它们计算简单，因此在详细分析之前可以用来进行快速计算，尤其是在没有事先假设统计分布时。

C – Rank 法

如果对 n 个样件进行试验，其中有 k 个失效，样件的可靠性为

$$R_C \approx 1 - \left[C - (n+1) \text{中第} (k+1) \text{个值} \right] \tag{14-12}$$

式中，C 为需要的置信水平，使用适当的秩［中位秩见第 3 章，5% 和 95% 秩见式（3-5）及附录 4］。

例 14-5

20 个试件试验了 100h，有 3 个失效。置信下限 50% 和 95% 的可靠性为多少？

$$k + 1 = 3 + 1 = 4$$
$$n + 1 = 20 + 1 = 21$$

由式（3-5）和附录 4，中位秩和 95% 秩表可以看出，在 21 个试件中第 4 位的 C – rank 为

$$50\% : 0.172 (\text{即} R_{50} \approx 0.828)$$

$$95\% : 0.329 (\text{即} R_{95} \approx 0.671)$$

$$(\text{比较} \hat{R} 17/20 = 0.85)$$

14.10　可靠性演示软件

有多种可靠性软件使用上述介绍的方法快速地进行可靠性演示。如 Weibull ++ 包含称为 DRT（Design of Reliability Test，可靠性试验计划）的计算器，使用户根据现有的信息，快捷地计算需要的试验时间、样件数量、置信界限等。图 14-2 所示为用 DRT 功能对例 14-2 的求解。它使用参数化的二项式模型计算延长的试验时间。其他软件如 Minitab、BQR CARE、WinSMITH、Reliass 等也有类似的功能。

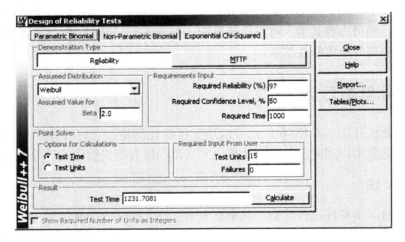

图 14-2　使用 Weibull＋＋可靠性演示计算器计算例 14-2（经 ReliaSoft 许可）

14.11　可靠性验证的一些实际因素

在制造业中，涉及供应商和客户时，包含可靠性验证的试验计划经常需要客户许可，而这常常引起争论。有时客户要求的可靠性水平很难在合理的试验时间中完成。

应注意，要验证很高的可靠性需要使用大量的样件（表 14-1），无论选用什么方法及试验的经费有多少。而且，客户也容易将可靠性验证和可靠性预测混淆［见 Kleyner 和 Boyle（2004）关于可靠性验证和可靠性预测的比较）。如第 6 章所述，多数可靠性预测的方法都是基于通用的零部件失效率，因此得出的结果有很大的不确定性。而且，可靠性演示试验也有一定的不确定性。因此，两者之间必然有差异。为了解释得更清楚，下面向读者解释为什么不应该试图通过大量增加样件来进行可靠性验证。

首先，如果要验证的可靠性 $R = 99.9\%$，即 0.1% 的准确度，则上面介绍的方法在实际上不经济或者不可行。可靠性工程师进行的大部分试验都是加速试验，不确定性来自试验所用的工况和实际的工况之间的差别，最大的影响因素是两者的关联程度。换言之，我们希望根据数小时到数星期的试验，计算出产品在未来 10～15 年的表现。由于未知因素如此之多，总体的不确定性大大超过 0.1%。

其次，系统内的相互作用对保修索赔有很大影响。保修分析（第 13 章图 13-9）表示可靠性相关的问题仅仅是现场问题的一部分，因此即使可靠性表现得很高，仍不能保证在现场会有同样的表现，因为还有许多其他的因素。

第三，根据可靠性验证试验进行的计算通常基于置信下限，因此表现出置信下限为95%时的可靠性，我们实际上验证 $R \geqslant 0.95$。所以在实际现场，可靠性将很可能比试验得到的数值高。验证试验无法使产品的可靠性更高，但是设计可以。

第四，制定试验要求时，其中的应力往往高于相应的环境条件和用户工况中的应力均值（见7.3.2节）。因此当将试验结果应用到所有实际用户分布时，表现出的可靠性将高得多。

最后，当可靠性要求极高时（如和安全相关时要求 $R > 0.999$），可靠性验证试验几乎是不可行的。因为样件数量的限制，应该着重使用可靠性建模和仿真、有限元分析、FMECA 等方法。

上述内容说明为什么应该谨慎使用量化的可靠性验证。重要的是，可能存在的争议点如失效的定义，试验能验证什么、不能验证什么，都要事先达成一致。

14.12　可修复系统的标准方法

本节介绍用来验证可靠性要求的试验和分析的方法。这些标准方法不能代替本章前面介绍的统计分析法。它们可以用于采购合同，尤其是政府采购，但是不能提供如寿命数据分析那样带来的帮助。因此这些标准应该被视为统计工程方法的补充，适用于（或强制）验证并监控已经进入或者完成开发阶段的产品的可靠性。

14.12.1　概率比序贯试验（PRST）（美国 MIL – HDBK – 781）

对于电子系统、电机等长时间工作的可维修设备，正式可靠性验证试验最常见的标准是美国 MIL – HDBK – 781：工程开发、认证和生产的可靠性试验（见参考文献）。它提供了详细的试验方法和环境，以及监控可靠性增长的方法（见14.13节）

MIL – HDBK – 781 试验基于概率比序贯试验，结果（失效数和试验时间的关系）如图 14-3 所示。试验持续进行，直到失效数与时间的图达到"台阶"线与决策线相交。拒绝线（虚线）表示产品在这个范围之外不符合试验要求。越过接受线则表示符合试验要求。决策线的截尾给出了可接受的最长的试验时间。试验时间长度用 MTBF 的倍数表示。MIL – HDBK – 781 中包括了英制标准和国际标准（见参考文献）。

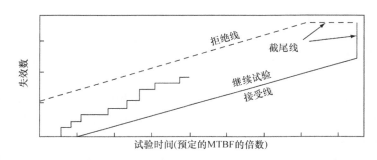

图14-3　典型的概率比序贯试验（PRST）计划

14. 12. 2　试验计划

　　MIL－HDBK－781 包含一系列试验计划，使读者可根据其中的统计风险（即拒绝可靠性符合要求的产品和接受可靠性低于要求的产品）和对可靠性目标的最低接受比例进行选择。好的产品（或者批次）被拒绝的风险称为生产者的风险，用 α 表示。不合格产品（或者批次）被接受的风险称为消费者的风险，用 β 表示。MIL－HDBK－781 中的试验都是基于失效率为常数这个前提的，因此使用 MTBF 这个指标。因此 MIL－HDBK－781 中的试验适用于失效率接近常数的设备，如比较复杂的电子产品经历老炼之后。这类设备是编写 MIL－HDBK－781 的基础，即 AGREE 报告的依据（1.8 节）。如果主要的失效模式的失效率不稳定，应该使用第 2 章介绍的试验方法。无论如何，分析失效数据的趋势都是很有用的，如 2.15.1 节所述。

　　MIL－HDBK－781 中采用的准则有：

　　1）MTBF、θ_0 的高值。这是被认为"可接受"的 MTBF 水平。

　　2）MTBF、θ_1 的低值。这是规定的或经协商达成的需要演示的最低 MTBF。

　　3）设计比值，$d = \theta_0 / \theta_1$。

　　4）生产者的风险 α（MTBF 高于 θ_1 的产品被拒绝的概率）。

　　5）消费者的风险 β（MTBF 低于 θ_0 的产品被接受的概率）。

　　MIL－HDBK－781 中概率比序贯试验见表 14-3。还包括一些固定时间的试验计划（计划IX－XVI），其中的试验要求进行到 MTBF 的固定倍数，见表14-4。为生产可靠性验收试验（PRAT）提供了进一步的试验计划（XVII），其中所有的产品都要经过测试。这个计划是以试验计划Ⅲ为基础的。它的试验时间不是截为MTBF 的倍数，而是取决于产品的数量。

14. 12. 3　概率比序贯试验的统计基础

　　PRST 基于 14.6 节中介绍的统计原理并以恒定失效率为前提。决策风险是得出的 MTBF 不高于高值试验的 MTBF（拒绝），或者不低于低值试验的 MTBF（接受）。

表 14-3　MIL – HDBK – 781 概率比序贯试验

试验计划	决策风险（%）		设计比值，$d = \theta_0/\theta_1$
	α	β	
I	10	10	1.5
II	20	20	1.5
III	10	10	2.0
IV	20	20	2.0
V	10	10	3.0
VI	20	20	3.0
VII[①]	30	30	1.5
VIII[①]	30	30	2.0

① 试验计划 VII 和 VIII 也称为短时间高风险概率比序贯试验。

表 14-4　MIL – HDBK – 781 定时试验计划

试验计划	决策风险（%）		设计比例 d	试验时间 θ_1	拒绝 > 失效	接受 < 失效
	α	β				
IX	10	10	1.5	45.0	37	36
X	20	20	1.5	21.1	18	17
XI	10	10	2.0	18.8	14	13
XII	20	20	2.0	7.8	6	5
XIII	30	30	2.0	3.7	3	2
XIV	10	10	3.0	9.3	6	5
XV	20	20	3.0	4.3	3	2
XVI	30	30	3.0	1.1	1	0

因此建立两个零假设：

$$H_0 : \hat{\theta} \leq \theta_0$$

$$H_1 : \hat{\theta} \geq \theta_1$$

如果 $\hat{\theta} = \theta_1$，接受 H_0 的概率是（$1 - \alpha$）；如果 $\hat{\theta} = \theta_0$，接受 H_0 的概率是 β。发生第 i 次失效的时间可以通过分布函数 $f(t_i) = (1/\theta)\exp(-t_i/\theta)$。概率比序贯，或失效数量的期望值在 $\theta = \theta_0$ 或 θ_1 时为

$$\prod_{i=1}^{n} \frac{(1/\theta_1)\exp(-t_i/\theta_1)}{(1/\theta_0)\exp(-t_i/\theta_0)} \tag{14-13}$$

式中，n 为失效的数量。

任何序贯试验计划的上下界限可以从概率比序贯中推导出来，用 θ_0、θ_1、α 和 β 表示。但是，为了使试验能在合理的时间内完成，MIL-HDBK-781 制定了灵活的截尾规则。相比不截尾，这种做法实际上在一定程度上改变了接受和拒绝的概率值，因此 MIL-HDBK-781 给出的 α 和 β 值也只是近似值。准确值可以从 MIL-HDBK-781 的试验计划中的作业特性曲线（Operating Characteristics, OC）得出。OC 在下一节介绍。

14.12.4　作业特性曲线和期望试验时间曲线

所有序贯试验计划都可以用作业特性曲线针对不同的 MTBF 真值来表示接受（或者拒绝）的概率。类似地，可以求出针对任何 θ 值的期望试验时间（Expected Test Time, ETT，即达到决定接受或者拒绝的时间）。MIL-HDBK-781 针对具体的试验计划给出了 OC 或者 ETT 曲线。典型的曲线如图 14-4 和图 14-5 所示。

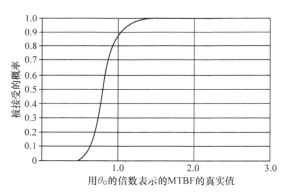

图 14-4　作业特性（OC）曲线。试验计划 1：$\alpha = 10\%$、$\beta = 10\%$、$d = 1.5$

14.12.5　试验标准的选择

选用哪一个试验计划取决于可以接受的风险的程度及试验的成本。例如，在新产品开发的阶段，不清楚能达到什么样的 MTBF，可以选择风险为 20% 的试验计划。后续的试验，如批量生产验收试验，可以选用风险为 10% 的试验计划。在早期的可靠性试验中也可以采用更高的设计比例。风险越高（即 α、β 的值越高）且设计值越低，试验的时间就越长，成本就越高。

设计的 MTBF 应该基于可靠性预测、开发试验及以往的经验的方法计算。MIL-HDBK-781 要求在开发项目早期就进行可靠性预测，并随着项目的进展持续更新。第 6 章讨论了可靠性预测中的不确定性，但是这仅仅针对第一次可靠性试验，因为试验的结果可以为后续试验设置标准。

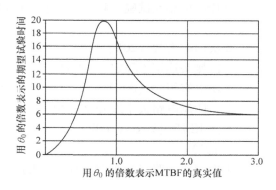

图 14-5　期望试验时间（ETT）曲线。试验计划 1：$\alpha = 10\%$、$\beta = 10\%$、$d = 1.5$

MTBF 的低值可能会在合同中规定，在军用设备采购中是很常见的，也可能是根据以往经验或者在分析市场需求后内部制定的目标。

14.12.6　试验样机数量

MIL－HDBK－781 对可靠性试验的样机数量给出了建议。对常规的开发项目，早期可靠性试验（定性试验）应该至少在两台样机上进行。面向生产的可靠性验收试验样机的数量应该根据生产率、产品的复杂程度及试验的成本决定。通常至少每批应该有 3 台样机需要进行试验。

14.12.7　老炼试验

如果产品在生产可靠性验收试验之前进行了老炼试验，MIL－HDBK－781 要求所有的产品在发货前都需要进行同样的老炼试验。

14.12.8　概率比序贯试验（PRST）的实际问题

使用 PRST 进行可靠性演示试验在实际中有很多问题和局限，使它备受争议。我们已经介绍了最根本的限制：假设失效率为常数。但是，这也是基于 MT-BF 是一个系统的固有参数，可以通过试验验证，尽管有置信度的范围限制。实际上，可靠性测量和可靠性预测都面临着同样的根本性限制：与质量或者电流不同，可靠性不是一个系统本质的物理属性。产品的质量或者能耗是可以直接测量的（必要时也有统计限度）。任何人都可以对任意一件同样的产品重复进行测量，并且应该获得同样的结果。但是如果在一次试验中测量出 MTBF 后，很难在另一次试验中得出同样的 MTBF，而这不仅仅是因为统计变异方面的原因。实际上，从逻辑上或者物理上讲，这类试验都不具有可重复性。这一点可以用实例说明。

假设一款产品要进行 PRST 可靠性试验。4 台样机进行了 400h 的试验，得出的故障如下：

第 1 台	2 次内存失效（20h、48h）
	1 次接头连接不稳定（150h）
	1 次电容短路（60h）
第 2 台	1 次印制电路板走线开路（40h）
	1 次 IC 插座故障（200h）
第 3 台	无故障
第 4 台	1 次接头短路（装配时卡住）（0h）

故障总数：6

总运行时间：1600h

观测 MTBF $\hat{\theta} = 267h$

注意，这些都是典型的故障。但是如果再使用 4 台样机重复做这个试验，失效的数量和规律不会相同。同样的 4 台样机再次试验 1600h，失效的规律几乎一定不同。失效的规律和发生的概率也受生产和维修中的质量控制。因此这个试验得出的 MTBF 仅仅是这 4 台样机在这一段时间的历史数据。它无法预测其他产品的 MTBF 或者这 4 台样机以后的 MTBF，与无法确定某一天售出了 4 台并不能预测第二天将售出几台相同。如果试验过后，设计或者工艺方面有变动，预测就更加不确定。

当然，如果我们用大量的产品进行试验，将结果进行外推时就有比较高的可信度并且能预测趋势（如平均每台产品的故障数量）。但是，因为成本的限制，很难将 PRST 用于大量的试验。

PRST 常常因为产品实际工作中的 MTBF 和演示中表现出的 MTBF 的差别很大而受到批评。根据上面的讨论，应该不会感到奇怪。另外，无论在 CERT 中如何模拟，实际工作中的工况几乎总是和 MIL – HDBK – 781 试验中的差别很大。

PRST 和第 12 章中的可靠性试验的宗旨不一致，这是因为它的目的是计算失效数量并希望少发生失效。有效的可靠性计划应该着眼于暴露问题，因为只有这样才能为改进产品提供必要的信息。相比失效分析和整改措施，记录失效数量是次要的。另外，可靠性试验不应该仅仅因为出现了失效的数量比原来预定的数量更多就停止。PRST 成本很高，而对改进可靠性的作用却时常受怀疑。

14.12.9　一次性产品的可靠性演示

对只用一次或者循环使用的产品，如烟火装置、导弹、消防警报系统、开关设备，基于工作时间长度的顺序试验方法可能不合适。对这类产品可以使用第 15 章介绍的统计验收抽样法。另外，MIL – HDBK – 781 中的试验可以用在周期性工作的产品上，以平均失效周期为依据，也可以在给定周期时间的前提下利用 MTBF。

14. 13　可靠性增长监测

14. 13. 1　杜安（Duane）法

新产品在开发阶段早期的可靠性通常比后期要低，因为在后期对观测到的一系列问题都经过了整改。类似地，产品在服役过程中经常表现出可靠性增长。这首先由 J. T. Duane 进行了分析，他通过观察飞机上一系列设备的 MTBF 的增长推导了经验关系式。Duane 观察到累积 MTBF θ_c（总时间除以总失效数量）和时间的关系在双对数坐标纸上呈现一条直线。斜率（α）能表明可靠性（MTBF）的增长，即

$$\log\theta_c = \log\theta_0 + \alpha(\log T - \log T_0)$$

式中，θ_0 为在观察期 T_0 开始时的累积 MTBF。

因此，

$$\theta_c = \theta_0 \left(\frac{T}{T_0}\right)^{\alpha} \tag{14-14}$$

这个关系如图 14-6 所示。

斜率 α 表明了 MTBF 增长的速度，即可靠性工作中纠正失效模式的有效程度。Duane 观察到通常 α 值在 0. 2 ~ 0. 4 之间，具体值取决于可靠性改进工作开展的力度。

杜安法适用于多个在持续工作过程中，多个失效模式不断被消除的产品。因此它不适用于观测早期开发试验，早期试验的结果与杜安模型的拟合度很差。这种方法也和开发过程中的加速试验不一致，因为如第 12 章所述，加速试验的目的是暴露问题，而不是产生可靠性统计数据。

可以通过对式（14-14）进行微分，推导出产品的即时 MTBF θ_i：

$$\theta_c = \frac{T}{k}$$

式中，k 为失效的数量。

因此，

$$k = \frac{T}{\theta_c} = \frac{T}{\theta_0(T/T_0)^{\alpha}}$$

$$= T^{(1-\alpha)}\left(\frac{T_0^{\alpha}}{\theta_0}\right)$$

（T_0^{α}/θ_0）为常数。微分得

$$\frac{\mathrm{d}k}{\mathrm{d}T} = (1 - \alpha)\, T^{-\alpha} \left(\frac{T_0^\alpha}{\theta_0} \right) = (1 - \alpha) \left(\frac{T_0}{T} \right)^\alpha \frac{1}{\theta_0}$$

$$= \frac{1 - \alpha}{\theta_c}$$

$$\frac{\mathrm{d}k}{\mathrm{d}T} = \frac{1}{\theta_i}$$

所以有

$$\theta_i = \frac{\theta_c}{1 - \alpha} \qquad (14\text{-}15)$$

θ_i 如图 14-6 所示。θ_i 线和 θ_0 线平行。可靠性监控计划中可以关注累积 MT-BF，也可以关注瞬时 MTBF。

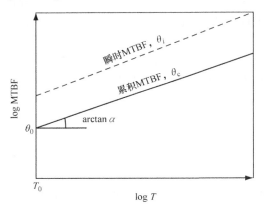

图 14-6　杜安可靠性增长

在包含 MTBF 增长的开发阶段的结尾测量到的 MTBF 是 θ_i，也被视为投产的 MTBF。这里的前提是，开发试验准确地模拟了投产产品在实际使用过程中受到的应力，而且开发末期的产品和投产产品是一致的。当然，这些前提不一定总是成立，将可靠性的值从一种条件外推到另一种条件时必须要认识到这只是一种近似。尽管如此，杜安法仍然为复杂产品监控和计划 MTBF 的增长提供了一种合理的方法。

从原理上讲，杜安法也可以用来计算要达到目标 MTBF 需要的试验时间。如果在某个早期阶段 MTBF 是已知的，选出一个 α 值，就可以计算出需要的试验时间。选择的值必须和在项目中发现故障并解决故障的执行效率相对应。同一个企业中以前完成的可靠性增长工作的效率可以在选择 α 值时作为参考。以下内容可以作为参考：

- $\alpha = 0.4 \sim 0.6$。该项目组致力于消除故障模式，并以此作为首要目标。使用了加速（过应力）试验。对所有失效立即进行分析并进行有效整改。

● $\alpha = 0.3 \sim 0.4$。将可靠性改进作为工作重点。常规（典型实际应力）环境试验。对重点失效模式的分析和整改工作有效。

● $\alpha = 0.2$。仅将可靠性改进作为常规工作。试验中未增加环境应力。仅对重要失效模式进行了整改。

● $\alpha = 0 \sim 0.2$。没有关注可靠性改进，没有分析失效数据，仅对重要失效模式进行了整改，但是没有作为工作重点。

例 14-6

对一种新型电子试验设备进行的初次可靠性鉴定试验中，600h 内发生了 11 次失效，没有主要的失效模式。对生产件的要求是在工作中 MTBF 不低于 500h。如果 α 值是 0.3 和 0.5，还需要进行多长时间的试验？

$$\hat{\theta}_0 = \frac{600}{11} = 54.5\text{h}$$

当 $\theta_i = 500$ 时，

$$\theta_c = 500(1 - \alpha)$$
$$\begin{cases} = 350(\alpha = 0.3) \\ = 250(\alpha = 0.5) \end{cases}$$

使用 $\theta_i = 54.5$，由式（14-14）

$$\theta_c = \theta_0 \left(\frac{T}{T_0}\right)^{\alpha}$$

$$T = T_0 \left(\frac{\theta_c}{\theta_0}\right)^{1/\alpha}$$

$$= 600 \left(\frac{350}{54.5}\right)^{1/0.3} = 295386\text{h}(\alpha = 0.3)$$

$$= 600 \left(\frac{250}{54.5}\right)^{1/0.5} = 12625\text{h}(\alpha = 0.5)$$

也可以用作图法得出同样的结果，如图 14-7 所示 $[\arctan(0.3) = 17° \arctan(0.5) = 27° \theta_i = \theta_c/(1 - \alpha)]$。

显然，近 300000h 的试验是不现实的，因此这里 α 只能取 0.5 来实现 MTBF 为 500h 这个目标，需要再进行 $(12625 - 600)\text{h} \approx 12000\text{h}$ 的试验。

例 14-6 表明杜安分析的结果受初始状态的影响很大。如果在 $T_0 = 200\text{h}$ 时 $\theta_0 = 54.4\text{h}$，要达到 MTBF $= 500\text{h}$ 需要试验时间为 4200h。起初的可靠性数值通常是未知的，因为在项目的早期数据很少。将数据和工程判断结合起来选取一个可靠性起始值可能更可行。在例 14-6 中，如果能立即针对以往失效的原因实施整改措施，可以使用一个更高的 θ_0 值。对早期的可靠性增长进行监控，并根据试验结果的积累调整试验方案是很重要的。

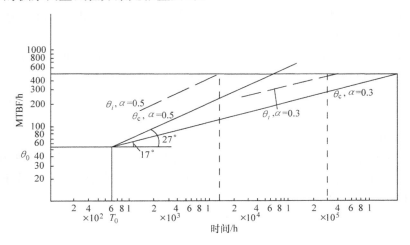

图 14-7　例 14-6 的杜安法示意图

杜安模型被批评过于经验化而且变异很大。也有观点认为可靠性增长通常不是连续渐进的，而是随着每次改进发生台阶式的增长。尽管如此，这种模型简单方便，可以用于可靠性增长计划和监控。如果必须要包括不同类型试验的结果，或者在制定出整改措施之后没有应用在所有试验的模型上，分析就变得很困难。这种情况可以利用常识性方法解决。更根本的反对原因在于对可靠性数据的量化和外推。先前介绍的对可靠性演示试验的现实性的讨论同样适用于对可靠性增长的衡量。与其他失效数据相同，应该进行第 2 章中介绍的趋势检验，以验证失效率恒定的假设是否合理。

还有其他可用的可靠性增长模型，其中有些在 MIL－HDBK－781 中有介绍，同时这个标准也包括了一些可靠性增长监控管理方面的内容。类似地，通过绘制累积成功率，可以执行一次性产品的可靠性增长监控。第 2 章提到的 MTBF 的统计试验或者成功率的变化也可以用于确认可靠性增长。例 14-7 是一个典型的可靠性增长计划和进展记录。

例 14-7

　　——可靠性增长计划：

办公用复印机，型号 Mk 4

　　——规格：

使用中保修率：每年最多 2 次（开发结束时）

每年最多 1 次（第一年结束后）

每年平均每台复印机的复印量：40000

假设：

θ_0 = 在样机上复印 10000 次之后，1000 次复印只出现一次失效

$\alpha \begin{cases} = 0.5, & \text{在开发过程中} \\ = 0.3, & \text{在正式使用中} \end{cases}$

图 14-8 所示为杜安试验图示。

1）样机可靠性演示：型号 2 和型号 3：分别复印 10000 次。

2）第一次中期可靠性演示：型号 6~8、型号 10：分别复印 10000 次。

3）加速和老炼试验（数据没有包括在 θ_0 中）。

4）第二次中期可靠性演示：型号 8、型号 10、型号 12、型号 13：分别复印 10000 次。

5）加速和老炼试验（数据没有包括在 θ_c 中）。

6）最终可靠性演示试验：型号 12、型号 13：分别复印 10000 次。

可靠性演示试验结果给出 θ_i 的值。

应注意，例 14-7 加速应力试验的结果是分开绘制的，在这些试验过程中的失效不会和在常规作业环境下发生的失效累积在一起。因此，得到的加速应力失效数据可以用来促使人们关注失效模式，而不是用在衡量可靠性达到什么水平。第一次加速试验到第二次加速试验的改进比总的可靠性增长线的杜安斜率更大，

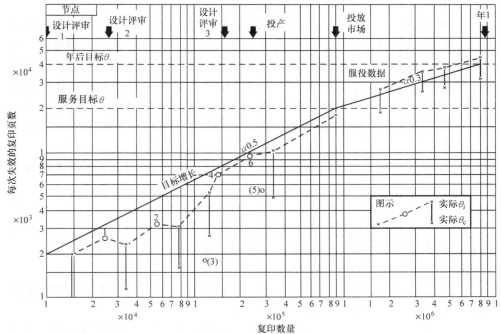

图 14-8　例 14-7 的杜安图

表明可靠性工作改进有效。例 14-7 中，有两台样机在经过第一次中期可靠性演示之后还经受了第二次中期试验和最终可靠性演示试验，因此这也是寿命试验，用来发掘潜在的磨损失效模式。这些产品在各次试验间隔时完成了必要的设计更改。在产品正式服役期间，α 值会比较小，因为正式投产后的设计更改更加困难。

14.13.2　$M(t)$ 法

用于绘制失效数据的 $M(t)$ 法在监控可靠性随时间变化时简单而有效。它最适合分析正在服役的机器的可靠性。图 14-9a 所示为典型的情况，即新设备投入使用一段时间（自然时间），遇到导致停机（维修、延误等）的失效。图 14-9b 所示为同一批设备，但是其用工作时间（自然时间减去停机时间，即作业小时数）作为水平轴。人口图（图 14-9c）表示的是系统随工作时间变化的风险。

在每次失效发生时，用下列公式计算 $M(t)$ 的值：

$$M(t_i) = M(t_{i-1}) + 1/N(t_i) \tag{14-16}$$

式中，$M(t_i)$ 为工作时刻 t_i 的 M 的值；$M(t_{i-1})$ 为 M 的前一个值；$N(t_i)$ 为在工作时刻 t_i 时正在运行的机器数量；$M(t)$ 为累计失效的均值，随工作时间变化。

$M(t_i)$ 也可以对一段时间内一组失效进行计算，将 $1/N(t_i)$ 换成 $\Delta r(t_i)/N(t_i)$，其中 $\Delta r(t_i)$ 是在时刻 t_{i-1} 和 t_i 之间的失效数量。

图 14-9d 所示为 $M(t)$ 图。直线的斜率表示失效的密集程度，即单位时间内发生失效的比例。可靠性改进（无论是因为即时失效率降低还是因为可靠性改进的措施）将使斜率降低。直线表示常数（随机）。斜率增加表示失效率逐渐提高，反之亦然。斜率的变化表示趋势的变化：例如，图 14-9d 起初是典型的"早期失效"阶段，可能原因是生产问题，随后的失效密集程度变得稳定。在任何一个阶段都可以通过计算斜率来计算出失效的密集程度。一段时间内失效比例可以通过读取 $M(t)$ 来得到。

$M(t)$ 法可以用来监控可靠性趋势，整改措施的有效程度。例 14-8 很好地体现了这一点。

例 14-8

表 14-5 给出了服役中的设备的数据。图 14-10a 和图 14-10b 所示分别为 $\Delta r(t)$ 图和 $N(t)$ 图，图 14-10c 所示为 $M(t)$ 图。

由 $M(t)$ 图可知：

1）在前 400h 内没有发生故障，但之后故障开始出现，并增加到很密集的程度。这能表示一段无故障的时间。

2）失效的密集程度持续保持大致稳定（约 2.5 次失效/件/1000h），直到 1400h 时下降到 1 次失效/件/1000h。这可能是由于产品缺陷（潜在的故障）

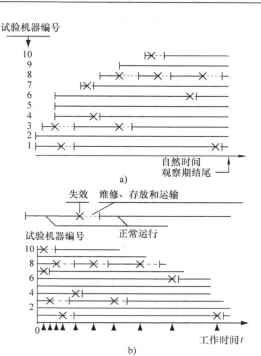

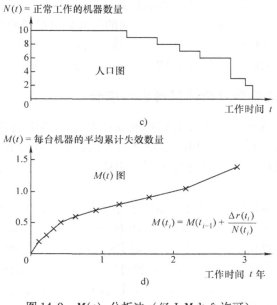

图 14-9 $M(t)$ 分析法（经 J. Møltoft 许可）

已经被排除、整改后的产品投入使用、维护工作的改进等。

表 14-5　工作数据

有风险的台数 $N(t)$	工作时间 t/h	失效数量 $\Delta r(t)$	$\Delta r(t)/N(t)$	$M(t)$
105	0	0	0.00	0.00
105	400	0	0.00	0.00
105	600	4	0.04	0.04
85	800	10	0.12	0.16
65	1000	17	0.26	0.42
45	1200	22	0.49	0.91
35	1400	18	0.51	1.42
25	1600	5	0.20	1.62
15	1800	3	0.20	1.82
5	2000	1	0.20	2.02

3）通过将曲线的渐近线部分外推到 $M(t)$ 轴，可看出平均每台设备失效 2 次，维修 2 次。

$M(t)$ 法可以用于识别和分析失效的趋势。也可以用于计算后勤和保修政策。例如，如果水平轴是自然时间，在某个区间的失效数量可以通过 $M(t)$ 上的截距读出（例如，在例 14-8 中，对最后一段斜线进行线性的外推能推算出成熟系统约 1 次失效/件/1000h，约 12% 的缺陷）。Møltoft 介绍了这种方法（1994）。

14.13.3　用失效数据分析计算可靠性增长

可靠性增长可以通过分析失效数据和安排的整改措施估算。未使用经验模型，这种方法直接分析已知的和已经安排的方面，因此比较容易被接受。但是，这种方法只有在数据充分、开发进入到一定阶段或产品已经投入使用时才可以采用。

如果已知 20% 的失效是由已经制定了整改措施的失效模式造成的，并且已知这种整改将会生效，可以简单地说失效率的改进将是 20%。或者，可以为改进程度取一个有效性的值，如 80%，此时失效率的改进为 16%。

只要失效数据和失效分析工作复杂到可以用 13.2 节介绍的 Pareto 法分析时，就应该使用这种方法。这种方法可以配合杜安图使用。如果已知的失效能得到纠正，就可预测可靠性增长。但是如果可靠性在目标值以下，而且没有安排整改，那么可靠性增长预测就无太大意义。

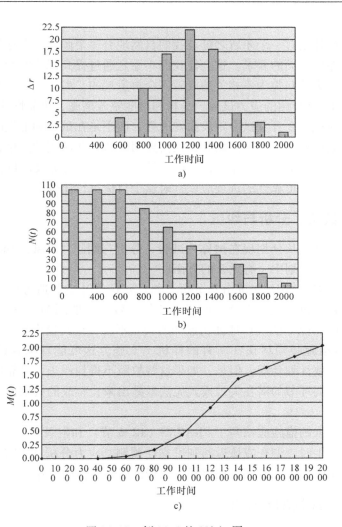

图 14-10 例 14-5 的 $M(t)$ 图

14.14 促进可靠性增长

本章介绍了衡量可靠性改进和增长的一些方法。当然,单纯衡量改进是不够的。需要努力使可靠性达到最高。在可靠性工程中,这意味着发掘出设计和生产中可能导致失效的不足之处,改正这些缺陷并证明这些改正是有效的。在前面几章中,我们已经介绍了用应力分析、设计评估、试验和失效数据分析的方法保证产品的可靠性。为使这些工作更有成效,还需要使它们都向着设定好的可靠性目标。

执行这种计划有一个矛盾之处。我们自然地有一个倾向，即尽量想要证明已经达到了可靠性方面的要求。这会使我们不愿意通过提高试验的严苛程度来激发失效，并且将失效归类为不相关的或者不会再重现的。另一方面，只有刻意并主动地进行第 12 章介绍的应力试验、分析和落实整改措施，可靠性才能充分增长。因此，目标应该是在开发试验阶段激发失效，而不是在试验和汇报时尽可能展示产品满足了某项要求。这种开放和诚实需要团队协作和诚实的品格，以及项目经理对目标的真正理解和对可靠性计划的把控[⊖]。可靠性的阶段性目标应该在项目的早期进行规定，可靠性的进展应该针对这个目标进行比较。

14.14.1　试验、分析与纠正

前述可靠性增长计划现在被称为试验、分析与纠正（Test、Analyse and Fix，TAAF）。在这种计划中，有重要的方面：

1）所有的失效都要被充分地分析，并且要在设计或制造方面进行整改才能保证这些问题不再复现。在这一阶段，任何失效都不能因为"随机"或者"无关"而被忽略，除非能确切地证明这样的失效不会在正式投产后的产品中出现。

2）整改措施必须尽快在所有的样机上实施。这可能意味着设计会经常更改，而且会导致计划延期。但是，如果这些故障不得到纠正，可靠性增长会被延误，下一个薄弱环节的潜在失效模式无法暴露出来，整改的效果也无法被充分得到验证。

对失效采取的措施应该基于 FRACAS（12.6 节）和附录 5。

当失效发生时，调查应该返回到可靠性预测、应力分析和 FMECA 以查看那些分析是否正确。应注意并纠正差异，以帮助以后类似的工作。

14.14.2　可靠性增长曲线

同样的原理可以用于服役中产品的可靠性增长。但是，主要有三个因素使产品在服役中比在开发过程中更难实现可靠性增长：

1）经常难以获得失效数据。保修或者服务合同报告是可靠性数据的重要来源，但是很难进行管控，当产品在用户手中时很难进行调查，在保修期结束后数据即中断（保修数据的使用见第 13 章）。部分公司专门安排销售商提供全面的维修数据。军事或者其他政府机构客户经常使用内部的失效数据系统。但是，服役产品的数据极少能符合可靠性增长计划的要求。

2）对已经发货的产品进行更改或者在启动投产后进行变更都是很困难的。

⊖　可靠性管理中，为了保证通过验收或者获得嘉奖的试验计划不在这里讨论。

3）产品的声誉取决于早期的性能。如果依靠使用过程中的可靠性增长，保修成本、声誉和市场份额方面代价很高。

然而，尽管新产品经历了严格的开发过程，在投入使用中仍经常会有可靠性问题。因此需要收集和分析可靠性数据，然后改进设计并实施。多数需要可靠性计划的产品的服役时间比较长，还会进行后续的开发，因此可以开展可靠性持续改进的工作。当进行这种改进时，现场使用数据对进一步的可靠性试验数据是极有价值的补充，可以用于帮助计划后续的开发和试验。附录5提到的FRACAS可以用于服役期间的失效。

可靠性数据的另一个来源是生产中的试验和检验。很多产品在生产线终端要进行测试，包括很多电子产品的老炼试验。虽然从生产过程的试验和检测中收集数据主要是为了监控生产质量成本和供应商的表现，它们还可以成为服役中的可靠性数据的有益补充。而且，因为数据的收集和产品仍然在制造商的控制之下，反馈和整改措施可以比较快地完成。

制造商可以进一步对产品进行试验，以确保达到了可靠性和质量标准。这样的试验通常在政府采购合同中要求。因为试验在制造商内部进行，它们可以对潜在问题发出早期警告，并帮助确认投产后的可靠性得到了保证或者提高。

习　题

1. 比较 B_5 寿命为 10 年和 MTBF = 150 年两个值，哪个在 10 年后的可靠性更高？

2. 为了要在 50% 置信水平上验证 97.5% 的可靠性，在不出现失效的前提下需要多少个试件？

3. 为 50 个样件做一项通过性试验：

（a）90% 的置信水平下能演示什么水平的可靠性？

（b）如果在试验过程中发生了 2 次失效，演示出的可靠性是多少？

4. 验证产品的成本是每件 1600 美元（包括制作、试验和分析的成本）。如果可靠性演示的要求从 95% 升到 97%，置信水平 90% 不变，成本增加了多少？

5. 可靠性要求可靠性验证为 $R = 95\%$，置信水平 $C = 90\%$。进行的加速热循环试验等效于现场 1000 个循环的寿命。计算：

（a）为了满足这项要求，需要多少试件通过无失效的试验？

（b）如果试验箱中只能放入 30 个试件，需要用这些时间进行多少循环才能满足试验需求？根据以往经验，取威布尔参数斜率 $\beta = 2.5$。

6. 三台变压器在高温潮湿环境下进行了试验。试件在试验开始（时间 = 0）、500h 及试验结束（时间 = 1000h）时进行了检查。当感抗低于 $32\mu H$ 时被认为失效。感抗值见下表：

项目/时间	0h	500h	1000h
第 1 台	38μH	36μH	34μH
第 2 台	42μH	38μH	36μH
第 3 台	38μH	35μH	33μH

计算：

（a）使用线性的外推，每一台的失效时间。

（b）进行寿命数据分析（双参数威布尔），并求出 β 和 η 参数值。

（c）计算 B_{10} 寿命。

（d）用指数和幂函数外推，并和（a）、（b）、（c）的结果进行比较。

7.（a）说明在什么情况下可以对复杂可修复产品的失效之间的时间采用指数分布的假设，尽管它可能包含"磨损"失效的元件。

（b）这样的产品累积进行了 1053h 的试验，并在其中发生了 2 次失效。计算 MTBF 及 90% 的置信水平。

（c）假设没有失效发生，还需要进行多少试验才能在 90% 的置信水平下验证出 500h 的 MTBF？对计算的结果进行讨论。

8.（a）对一个复杂的可修复产品累积进行了 1053h 的试验，在 334h 和 891h 时出现了失效。假设失效率为常数，计算（ⅰ）当前的失效率；（ⅱ）当前的 MTBF 及（ⅲ）MTBF 的下 90% 置信界限。

（b）对上述系统，如果要求 MTBF 至少为 500h，而且必须在 90% 的置信水平下验证出来，还需要进行多少试验并且不发生失效才可以？

9. 5 台发动机试验到失效。失效时间分别为 628h、3444h、822h、846h 和 236h。假设失效率为常数，双侧 90% 的置信水平下 MTBF 为多少？

10. 现在正在运行 5 台涡轮机，达到了 1000h。在试验过程中 1 台涡轮机在 825h 时失效并从试验中移除。单侧 90% 置信水平下的失效率是多少？

11. 解释用概率比序贯试验（PRST）验证 MTBF 的原理。这种方法的主要局限是什么？

12. 解释什么是 PRST 的设计比例。它和风险及试验时长有什么关系？

13. 如果杜安增长模型的斜率为 0.4，累计 MTBF 为 40000h，瞬时 MTBF 是多少？

14. 什么对可靠性增长和产品、工艺的持续改进有主要的推动作用？

15. 一台可修复系统的样机在进行试验，并针对失效的原因进行技术更改。前 500h 的运行中失效发生在 12h、36h、80h、120h、200h、360h、400h、440h 和 480h 时：

（a）使用杜安模型确定可靠性是否发生增长。

（b）计算趋势统计量［式（2-46）］并查看这个结果是否和（a）一致。

参 考 文 献

British Standard, BS 5760. *Reliability of Systems, Equipments and Components*, Part 2. British Standards Institution, London.

Kleyner, A. and Boyle, J. (2004) *The Myths of Reliability Demonstration Testing!* TEST Engineering and Management, August/ September 2004, pp. 16–17.

Kleyner, A., Bhagath, S., Gasparini, M. *et al.* (1997) *Bayesian Techniques to Reduce the Sample Size in Automotive Electronics Attribute Testing*. Microelectronics and Reliability, **37**(6), 879–883.

Lipson, C. and Sheth, N. (1973) *Statistical Design and Analysis of Engineering Experiments*, McGraw-Hill.

Møltoft, J. (1994) *Reliability Engineering Based on Field Information: The Way Ahead*. Quality and Reliability Engineering International, **10**, 399–409.

ReliaSoft (2006) Degradation Analysis. *Web reference*. Available at: http://www.weibull.com/LifeDataWeb/degradation_analysis.htm.

US MIL-HDBK-781. *Reliability Testing for Equipment Development, Qualification and Production*. Available from the National Technical Information Service, Springfield, Virginia.

Wasserman, G. (2003) *Reliability Verification, Testing, and Analysis in Engineering Design*, Marcel Dekker.

Yates, S. (2008) *Australian Defense Standard for Bayesian Reliability Demonstration*. Proceedings of the Annual Reliability and Maintainability Symposium (RAMS), pp. 103–107.

第 15 章　制造过程中的可靠性

15.1　引言

　　一个设计良好的产品也可能由于生产质量差而在使用过程中不可靠，这一点显而易见。因此，为了使可靠性工作有成效，生产质量控制是一个不可缺少的方面。这包括变异的控制并将其降到最低限度，以及问题的识别和解决。

　　人工操作，特别是那些重复性、乏味或令人不快的工作，经常是产品变异的来源。因此这类操作的自动化通常会使质量提高。典型的例子有：汽车生产中使用机器人喷漆、焊接，电子产品制造中元器件的放置和焊接，以及计算机数字控制（CNC）的机械加工等。

　　变异性永远不可能被完全消除，因为几乎总是有一些人工操作，而且自动化的过程也并非完全没有变异。可靠的设计必须适应预期的生产变异，因此设计工程师必须清楚所采用的制造过程中的固有变异性。

　　生产质量团队应该利用设计分析，失效模式、影响与危害性分析（FMECA）和可靠性试验所提供的各种信息。可靠的、易于维护的设计减少了报废和返工的费用，因而生产成本更低。

　　可靠性及制造质量的综合计划详见第 17 章。

15.2　对生产中变异的控制

　　生产诱发的不可靠性及返工和报废的主要原因，是产品生产过程中固有的变异性。原则上讲，正确设计、制造的产品在正常使用中是不会失效的。但是，所有的人工过程都是可变的。自动化的过程也是可变的，但是这种变异性通常较容易控制。外购的零部件和材料也存在可变的特性。生产质量控制（QC）主要关注以费效比最好的方式测量、控制并尽量减少这些变异。

　　统计过程控制（Statistical Process Control，SPC）是关于生产变异性的测量和控制的术语。在 SPC 中，质量控制人员主要依靠统计正态分布进行控制。但是，应当注意 2.8.1 节和 2.17 节中的评论：常规的统计过程控制经常忽视所讨论的现实情况。

15.2.1　过程能力

如果产品有公差或规定的范围，而且它是通过一个会使所关注的参数发生变异的过程产生的，那么显然重要的是该过程的变异要小于该公差。公差与过程变异之比称为过程能力，其表达式如下：

$$C_p = \frac{公差幅度（T）}{过程3\sigma限值}$$

理论上，对于服从正态分布的变异，过程能力指数为 1 时，将在每端有约 0.15% 超出公差的产品（图 15-1）。当过程能力指数大于 1.33 时，理论上会有约 0.005% 超出公差的产品，或实际上成品达 100%。

C_p 值假设规范的中心值与过程的平均值一致。为了使该条件不再必要，可以采用另一种指数 C_{pk} 代替，其中

$$C_{pk} = （1 - K）C_p$$

且有

$$K = \frac{D - \overline{x}}{T/2}（若 D > \overline{x}，其他情况使用 \overline{x} - D）$$

式中，D 为设计中心值；$\overline{x}$ 为过程平均值；T 为公差幅度。

图 15-2 所示为 C_{pk} 的例子。理想情况下 $C_p = C_{pk}$。现代生产质量的典型要求是 C_{pk} 的值为 2 或更高，以更好地保证前后一致性。"6σ" 方法（第 17 章）将这个概念做了进一步的扩展。

过程能力指数的使用假设了该过程始终是统计正态分布的，而且是静止的。任何系统性的发散，如由于设置错误、在制造过程中过程平均值的移动或其他原因，都会显著影响输出。因此采用能力指数表征一个生产过程只对于处在统计控制之下的过程是合适

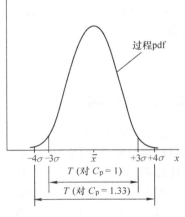

图 15-1　过程能力 C_p

的，即不存在上述变异的特殊原因，而只有常规的原因（2.8.2 节）。当处于统计控制之下时，常规原因引起的变异是过程中固有的随机变异。

制定一个生产过程必须采取的步骤是：

1）使用来自产品、工艺设计研究和试验的信息，确定所需要的公差。

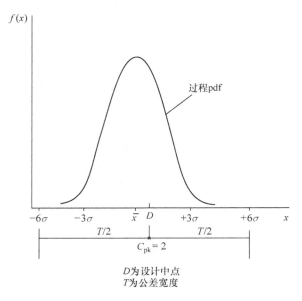

图 15-2　过程能力 C_{pk}

2）从先前的生产或通过进行试验获取有关过程变异的信息。

3）计算过程能力指数。

4）如果过程能力指数足够大，开始生产并应用下述统计控制方法进行监测。

5）如果 $C_{\mathrm{p}}/C_{\mathrm{pk}}$ 过小，则调查研究变异的原因并在投产之前降低它们（15.5节）。

15.2.2　过程控制图

过程控制图用来确保该过程处于统计控制之下，并在出现特殊的变异原因时予以提示。原则上讲，一个受控过程将围绕其平均值产生随机的波动。任何趋势或连续偏离平均值的表现，均表示出现了特殊的变异原因。

图 15-3 所示为过程控制图的一个例子。在进行测量后，对应水平标度上的样本数，将测量值用点绘制在控制图上。绘制的数据可以是单个值或样本平均值；当标注了样本平均值时，该图则被称为 $\bar{x}$ 图。$\bar{x}$ 图能非常清楚地显示过程数值是如何变化的。$\bar{x}$ 图中也画出了上、下控制限值，用以指示何时过程超过了预定限制。

$\bar{x}$ 图上的控制限是基于对过程的公差要求给出的。同时，该图也采用了警告限，警告限被设在控制限以内，以警告该过程可能需要调整。它们是基于过程能

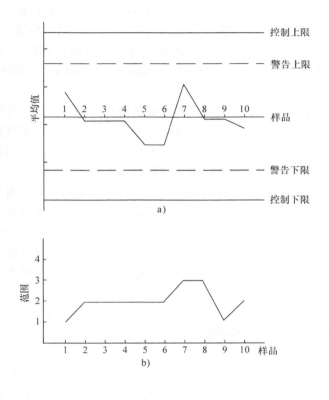

图 15-3　过程控制图

a) $\overline{x}$ 图　b) $\overline{R}$ 图

力的，可以是过程的 3σ （$C_{pk}=1.0$）值或更高。通常必须有两个或更多个样本点落到警告限以外时才采取措施。但只要任何一点落在控制限以外，就说明需要立即进行调查并采取纠正措施。

图 15-3b 所示为极差图（$\overline{R}$ 图）。各标注点表明样本内数值的变程。该图表明了过程的可重复性。

$\overline{x}$ 图和 $\overline{R}$ 图（也称为 Shewhart 图）是用于控制制造过程的统计过程控制（SPC）的基本工具，它们的易用和高效使其非常适合于生产操作人员用于控制自己的工作，因此普遍为操作人员控制和质量行业所用（见本章后面）。当输入过程数据后计算机程序可以自动生成 $\overline{x}$ 图和 $\overline{R}$ 图。集成的测量和控制系统能够直接将测得的数值输入控制图程序，或者还包括统计过程控制能力（分析和图示）。

统计过程控制适用于相对长期、稳定的生产运行，从而在评估和监测过程的能力时具有合理的统计和工程置信度。也已经开发出适用于小批量生产的方法。其他类型的控制图（包括基本 Shewhart 图的变种及非统计图解方法）也已被开发出来。这些均在 Montgomery（2008）、Oakland and Followell（2003）等 SPC 书籍中有详细介绍。

统计过程控制最有效的应用是检测变异的特殊原因，从而可以确保对过程进行改进。统计的精细程度和精确程度通常并不十分重要。但必须慎重使用和选择这些方法，使之适合特定的过程。有关的人员必须经过充分的培训和激励，并且随着经验的积累要对方法及关键值进行推敲和修正。

对影响产品质量的过程进行统计过程控制是很重要的，不仅用于最终的输出参数的控制，而是只要上游的这类过程变量能加以控制就应该使用。例如，如果一个产品的最终尺寸受到不仅一个过程变异的影响，那么就应该用统计方法进行监测与控制，而不是仅仅对最终的尺寸进行监测与控制。仅仅对最终的尺寸应用统计过程控制可能不能显示变异的原因，故或许不能据此对过程进行有效而及时的控制。

15.3 对人因变异的控制

人们已经提出了各种方法用于控制制造过程中人员操作所固有的变异性，这些已被充分地记录在质量保证方面的参考文献中。一些心理学方法，如通过更好的工作组织、劝诫和培训等，提高人员的积极性，自工业化早期特别是自 20 世纪 40 年代以来已经得到了应用。这些都得到了统计方法进步的支持，前文已经有论述。

15.3.1 检验

监测和控制人的工效的方法之一是进行独立的检验。这种方法直到 20 世纪 50 年代之前仍是标准的质量控制方法，而且在某种程度上仍在使用，可以使检验人员独立于生产要求，并授权给他们可以拒收工件而要求修正或报废。但是，检验却有以下三个主要缺点：

1）检验者并非是完美的，他们可能没有发现缺陷。在某些工作中，如在检验大量的焊缝或小型组件时，检验筛选的效果可能是很差的，以至于有 10%～50% 的缺陷可能漏检。检验人员的表现同任何其他人工过程一样是可变的。

2）独立的检验会降低生产人员生产高质量工作成果的积极性。人们将专注于产量，而依靠检验去发现缺陷。

3）检验工作代价很高。它本质上是非生产性的，雇用检验员的酬金常常比生产人员的酬金高得多，而且由于要进行检验，生产输出也受到延误。可能更不利的是，独立的检验会导致质量控制部门过分庞大，对组织的需求不能及时做出响应。

上述缺点，特别是最后一个缺点，逐渐导致了采用下述的由操作员进行质量控制的做法。自动检验方法及系统也被开发出来，包括计算机化的光学比较仪和自动测量系统。

15.3.2 操作员控制

在操作员控制下，生产工人负责监测和控制自己的工效。例如，在机械加工操作中，操作者要对成品进行测量、记录结果、在统计过程控制图上监测工效。检验成为生产操作的一部分，也增加了工人的积极性。显然生产人员必须在检验、测量及统计过程控制方法等方面受到培训，但通常这不会有多大的问题。随着带有测量设备的生产机械，如自监测计算机数控（CNC）机床等的推广应用，操作员控制也越来越普遍。

操作员控制的一个变化是使生产工人在开始进行自己的工作之前先检验制造工序中前一位工人的工作。这既具有独立检验的优点，又保留了集成性方法的优点。

15.4 验收抽样

验收抽样是从某一批产品中随机抽取样本进行测量，以决定是否接收这批产品的方法。抽样可以根据属性，也可以根据变量。应对允许的缺陷比例和抽样风险建立准则。

15.4.1 属性抽样

属性抽样适用于通过（go/no-go）性测试，它采用的是二项统计和泊松统计。属性抽样在标准的方案（如 ANSI/ASQZ1-4 及 BS 6001）中均有论述，根据样本大小和风险水平，为各种抽样方案提供了接收与拒收的准则。主要的准则为可接受质量水平（Acceptable Quality Level，AQL），其定义是可作为过程平均接受的最大百分比缺陷。标准中的列表给出了与样本大小相关并针对"严格的""普通的"和"降低的"检验，给出了可接受质量水平的接收和拒收准则。这些检验级别与用户接收了有缺陷的百分比高于可接受质量水平的一批产品的风险相对应。表 15-1 给出了一个典型的抽样方案。一些抽样方案基于批内允许次品率（Lot Tolerance Percentage Defective，LTPD）。这些方案提供了在给定风险下需要的最小样本量，使得次品率等于或高于规定的允许次品率的批次会被拒收。批内允许次品率试验给出的是客户接收不符合标准的批次的风险的下限。批内允许次品率抽样方案见表 15-2。

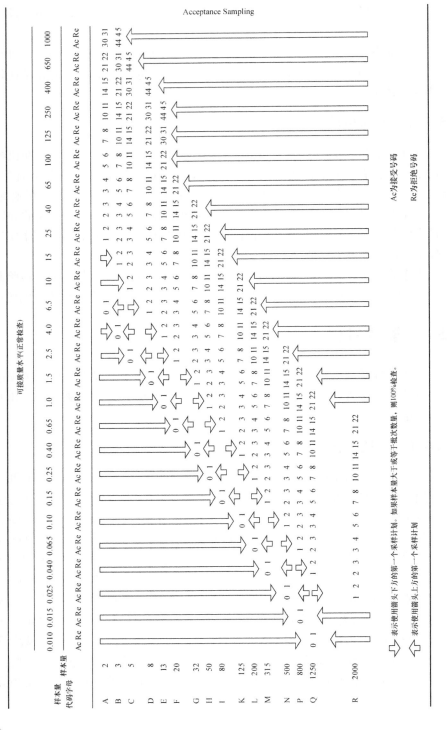

表15-1 常规检验-单次抽样（MIL-STD-105D，表II-A）主表

Acceptance Sampling

Ac为接受号码

Re为拒绝号码

⇧ 表示使用箭头下方的第一个采样计划。如果样本量大于或等于于批次数量，则100%检查。

⇩ 表示使用箭头上方的第一个采样计划。

表 15-2　LTPD 抽样方案[①]。在 90% 的置信水平下，保证有缺陷的零件数量等于规定的 LTPD 不会被接收时，所需的最少的抽样（单次抽样）

故障的最高百分比（LTPD）或者 λ	30	20	15	10	7	5	3	2	1.5	1	0.7	0.5	0.3
验收数量（c）（$r=c+1$）	最小抽样数量（对需要进行寿命试验的设备小时数，乘以1000）												
0 (0.64)	8 (0.46)	11 (10.34)	15 (0.23)	22 (0.16)	32 (0.11)	45 (0.07)	76 (0.04)	116 (0.03)	153 (0.02)	231 (0.02)	328 (0.01)	461 (0.007)	767
1	13 (2.7)	18 (2.0)	25 (1.4)	38 (0.94)	55 (0.65)	77 (0.46)	129 (0.28)	195 (0.18)	258 (0.14)	390 (0.09)	555 (0.06)	778 (0.045)	1296 (0.027)
2	18 (4.5)	25 (3.4)	34 (2.24)	52 (1.6)	75 (1.1)	105 (0.78)	176 (0.47)	266 (0.31)	354 (0.23)	533 (0.15)	759 (0.11)	1065 (0.080)	1773 (0.045)
3	22 (6.2)	32 (4.4)	43 (3.2)	65 (2.1)	94 (1.5)	132 (1.0)	221 (0.62)	333 (0.41)	444 (0.31)	668 (0.20)	953 (0.14)	1337 (0.10)	2226 (0.062)
4	27 (7.3)	38 (5.3)	52 (3.9)	78 (2.6)	113 (1.8)	158 (1.3)	265 (0.75)	398 (0.50)	531 (0.37)	798 (0.25)	1140 (0.17)	1599 (0.12)	2663 (0.074)
5	31 (8.4)	45 (6.0)	60 (4.4)	91 (2.9)	131 (2.0)	184 (1.4)	308 (0.85)	462 (0.57)	617 (0.42)	927 (0.28)	1323 (0.20)	1855 (0.14)	3090 (0.085)
6	35 (9.4)	51 (6.6)	68 (4.9))	104 (3.2)	149 (2.2)	209 (1.6)	349 (0.94)	528 (0.62)	700 (0.47)	1054 (0.31)	1503 (0.22)	2107 (0.155)	3509 (0.093)
7	39 (10.2)	57 (7.2)	77 (5.3)	116 (3.5)	186 (2.4)	234 (1.7)	390 (1.0)	589 (0.57)	783 (0.51)	1178 (0.34)	1680 (0.24)	2355 (0.17)	3922 (0.101)

① MIL－S－19500 和 MIL－M－38510。样本大小基于泊松指数二项极限求出。接收一批 20 件当中的 19 件所需要达到的最低质量（近似 AQL）（平均）在括号中给出，仅供参考。寿命试验失效率 λ 应该被定义为每 1000h 的 LTPD。

任何属性抽样方案都可以得出操作特性（Operating Characteristic，OC）曲线。操作特性曲线表明了抽样方案在拒收含有给定百分比的有缺陷产品的批次时的作用。例如，图 15-4 所示为在样本中有 1 个或更多的缺陷产品就会导致拒收（即验收数 =0）。如果该批量中有缺陷的产品占 2%，那么对总数为 1000 的批次来说被接收的概率为 10%；对总数为 200 的批次，被接收的概率为 65%；对于总数为 100 的批次，被接收的概率为 80%。因此在选择抽样方案时，批次的大小是非常重要的。

还可以使用二次抽样方案。在这种方案中，拒收的决定可以推迟到在进行第

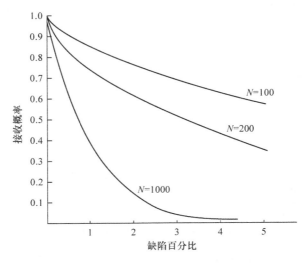

图 15-4　单次抽样方案（10% 抽样，接收数 = 0）的操作特性曲线（见 15.4.1 节）

二次抽样检验时再做出。如果第一个样本中缺陷产品数大于允许立即接收的数值但小于立即拒收的数值时，就需要对第二个样本进行检验。二次（和多次）抽样方案使用的表及操作特性曲线在以上引用的参考文献中均有收录。

15.4.2　变量抽样

变量抽样是指使用实际的测量值，而不是单独的属性（"好或者坏"）数据。该方法的基础是利用统计正态分布。

由于变量抽样方法比较复杂，因此它并没有属性抽样的应用普及。但是，当某生产变量足够重要以致必须要额外控制时，该方法是有用的。

15.4.3　对抽样的一般评论

虽然标准的抽样方案可以就缺陷产品的比例低于某一个规定数值提供一定程度的保证，但仍不能为许多现代产品提供所必需的更高的保证。如某电子组件包括 100 个元器件，可接受质量水平（AQL）均为 0.1% 。平均来说，该组件不含缺陷元器件的概率为 90% 。当生产出 10000 个这样的组件时，平均就有 1000 个有缺陷的产品。显然在生产过程中涉及诊断、修理或报废的费用将非常高。对于现代制造业中的典型大批量来说，显然需要高于实际上可从统计抽样方案中获得的保证。而且标准的质量控制（QC）抽样方案通常不提供长期的可靠性保证。

电子元器件制造商有时以每百万件（ppm）中的有缺陷件数表示质量水平。对集成电路板来说，常见的数值为 5 ~ 30ppm，而诸如晶体管、电阻器、无源元器件等较为简单的元器件则更低。

　　所有的统计抽样方法都依赖于对从批量制造的产品中随机抽取的样本的检验或测试，然后运用概率论数学知识对该批产品质量做出判断。抽样方案基于如下思想，即将所接收的某批产品中有缺陷产品的比例超过可接受质量水平（AQL）或批内允许次品率（LTPD）的概率降到最低限度与测试或检验成本相平衡。

　　然而，优化测试或检验的成本并不是一个合理的目标。在任何测试或检验中，正确、合乎逻辑的目的是将制造和保障的总成本降到最低。以这个观点分析，唯一正确的决策是或者 100% 地进行测试或检验，或者进行零测试或检验。理论上在这两个极端之间没有样本量可以满足总成本最小的准则。此外，最现代的制造过程中，特别是在元器件层次，有缺陷产品的比例如此之小（一般只有百万分之几），以致可接受质量水平（AQL）、批内允许次品率（LTPD）等标准的统计抽样方法并不能判定某批产品是否是"可以接收的"。

　　Deming（1987）首次解释了统计验收抽样本质上的不合逻辑性。如果某产品的测试或检验成本为 k_1，因未测试或检验而导致的后续失效的成本为 k_2，平均有缺陷产品的比例为 p，那么当 p 小于 k_1/k_2 时，正确（使总成本最低）的策略是不做检测；如果 p 大于 k_1/k_2，正确的策略是检测所有件。这种解释只表明了最简单的情况，但它的原理是普遍适用的：从理论上讲，没有另一种最合适的样本大小供测试或检验。无论是对于元器件进厂，还是组装后的产品出厂，这个原理对任何阶段的测试或检验都适用。

　　举例来说，如果一件产品在生产结束时的测试成本为 50 美元，而在使用中失效的平均成本为 1000 美元（保修、修理、备件及声誉），那么 $k_1/k_2 = 0.05$。只要能确信该生产过程可以确保在使用中导致失效的有缺陷产品比例小于 5%，那么最小成本策略就是不对任何产品进行测试或检验。

　　0 或 100% 测试或检验的逻辑在稳定的条件下是正确的，即 p、k_1、k_2 都已知并且相对稳定。当然，并不总是如此，但只要已知 p 比 k_1/k_2 大得多或小得多，仍可以按该准则做出测试和检验的决策。如果并不确定，特别是当 p 的预计值与 k_1/k_2 相接近时，就应该测试或检验 100% 的产品。

　　在某些情况下抽样是可取的。在任何生产工作中，当 p 值小于盈亏临界点但又不确定，或者可能变化，以至于使 p 值接近或超过临界点时，通过测试或检验样本，有可能发现这种偏差并采取纠正措施，或转向对 100% 的产品进行测试/检验。但重要的是要注意，因为不知道 p 值是否改变或可能改变多大，所以不会有经计算得出的最佳统计抽样方案。只有通过对相关的工艺、成本和风险方面进行实际考虑才能确定抽样的数量和频率。例如，如果上述例子中的生产线生产的产品平均只有 0.01% 的有缺陷产品，生产率为每周 1000 件，那么为了审核可能决定每周检验或测试 10 件产品，因为处理 10 件产品或将之置入试验箱进行试验只对生产和交付造成极小程度的中断。

一次性工作或使用的产品，如铆钉、紧固件、安全气囊展开系统和爆破片等，只能采用样本进行测试，对它们进行 100% 测试显然是不可行的。但是，由于有缺陷产品的比例通常比通过任何样本所能检测到的低很多，而且几乎总是存在高度的不确定性和可变性，因此最佳样本方案仍然是不能通过统计计算出的。

因为上述原因，目前很少应用统计抽样。

15.5　工艺改进

当一个生产过程被启动并处于统计控制之下时，依然会生产出有某些变异的产品，即便是保持在允许的公差范围内。同时，偶发的特殊原因也会导致出现超出了公差或有其他方面缺陷的产品。采取措施在变异和产出方面做出改进是很重要的，即使当时它们看起来仍处于令人满意的水平，仍应这样做。持续的改进几乎总是会带来成本的降低、更高的生产率及更高的可靠性。持续改进的概念首先是由 W. E. Deming 提出的，并在日本得到了广泛的应用，在日本称为 Kaizen（改善）。

由 Taguchi（11.5 节）提出的质量损失函数的理念也为持续过程改进提供了经济方面的论据。

适用于过程改进的方法介绍如下，而且 Defeo 与 Juran（2010）、Feigenbaum（1991）、Deming（1987）、Imai（1997）和 Hutchins（1985）的文献中也有介绍。

15.5.1　简单图表

可以使用各种简单图表来帮助识别和解决过程变异性问题。Pareto 图（13.2 节）经常在第一步就被采用，以识别最重要的问题和最可能的原因。当问题分布在某个区域内时，如电子组件上焊接点有缺陷的问题、表面处理的缺陷等，标点图是合适的工具，它只由一个产品图形组成，当判定了缺陷时，就将其位置标注在图上，最后就构成了一个缺陷位置图，这便可以帮助指示出适当的纠正措施。例如，如果焊接点的缺陷集中在印刷电路板的某一部分，则可能是因为焊接系统调试不正确。

因果分析图由 K. Ishikawa 发明（Ishikawa，1991），作为构建和记录解决问题及工艺改进工作的辅助手段。该图又称为鱼骨图或 Ishikawa 图。其将主要的问题表示在一条水平线上，而将可能的原因作为分支显示，进一步还可以有更次要的原因，用子分支显示，以此类推。具体示例如图 15-5 所示，图中圆圈内的数字表示该原因导致的失效的数量。

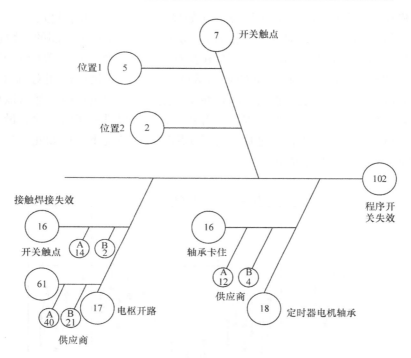

图 15-5　因果分析图

15.5.2　控制图

在使用过程控制图时，应该进行持续的监测，因为变化趋势可能显示出变异的特殊原因，因此可帮助我们进行排除。变化的趋势在图上可以是连续地升高或降低的形式，也可以是任意的周期性形式。连续地升高或降低的趋势意味着需要做过程调整或测量方面的调整。周期性的趋势可能是由温度波动、工艺设定的漂移、操作人员轮换、材料改变等原因造成的。因此在 SPC 图中记录下支持性数据是很重要的，如时间、日期等，以便帮助查找原因。当在不同的机器上运行某个工艺时，应对各自的过程统计控制图进行比较，并应对所有明显的差别进行调查。

15.5.3　多元变量图

多元变量图是一种图解方法，用于判定某过程中产生变异的主要原因。多元变量图可以用来进行工艺开发和问题解决，对减少统计试验中变量的数目是非常有效的。

多元变量图表明了产生变异的主要原因是否是空间的、周期的或时间的因素。其操作原理非常简单：在不同位置（如尺寸和硬度等的测量位置）、生产周期的不同点（如刀具变动时的产品批号），以及不同时间对被监测的参数进行测量。所标绘的结果如图 15-6 所示。该图表明了针对两个测量位置的加工尺寸。如在工艺调整后，绘出各批号下的轴两端的直径。该图显示出端对端（锥度）存在变异的明显状况，表明批次之间存在变异是最为重要的原因。然后该信息将被用来查找什么导致了该主要原因。若有必要，还可以进一步做试验。最后，可进行统计试验以进一步改善该过程，交互作用明显的情况下更应如此。多变量方法在 Bhote（1998）中有介绍。

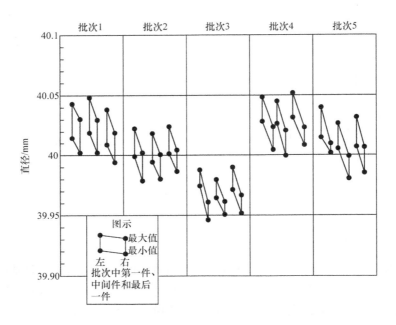

图 15-6 多元变量图

15.5.4 统计方法

第 11 章介绍的变异分析方法同样可以有效地用于减少生产过程中的变异。它们应该以用在产品及工艺的初始设计时同样的方式，用在工艺的改进上。如果某一工艺在开发期间采用了这类试验，那么该试验的结果可以用来指导进一步改进的研究。

上述方法也可以在开始进行统计试验之前就用来判定产生变异的主要原因。用这种方式可以减少在统计试验中需要调查研究的变量数目，从而节省成本。

15.5.5　"零缺陷"

用于质量控制的"零缺陷"（Zero Defects，ZD）方法是 20 世纪 60 年代在美国发展起来的。"零缺陷"在很大程度上是设置质量控制目标、公布结果及通过奖励和海报宣传进行的激励。"零缺陷"声称是成功的，但实际总是有争议。该动机的基础是宣传和鼓舞，因此其最初的热情难以持续。很少有管理者能够像最初所宣示的那样开展"零缺陷"运动并持续下去，因此现在已经很少应用该方法。

15.5.6　质量小组

质量小组运动于 20 世纪 50 年代起源于日本，现在全球广为应用。该理论在很大程度上是以 Drucker 管理学为基础的，由 W. E. Deming 和 K. Ishikawa 针对质量控制的活动而提出并讲授的。它采用了操作员控制的方法，同 Drucker 的教导一致，即最有效的管理是最接近实际行动的管理，将之与基本的统计过程控制和解决问题的方法相结合，以便从源头判定并纠正出现的问题。操作员常常是最有可能了解他人所工作过程中存在的问题的人，而且知道如何解决这些问题。然而单个操作员通常是没有权力或动力去做出改变的。而且他们可能不能影响制造系统中的其他问题。但是，质量小组体制将工人组织成小的工作小组，给予工人这方面的知识和影响力、培训他们监测质量表现、分析问题并向管理者建议解决方案。

质量小组各团队进行自我管理，选择他们的领导者及成员及要处理的问题。如果相关方法在他们的控制之下，即着手改进。否则，他们向管理者推荐解决方法，管理者必须积极响应。

鉴于质量小组在个体和团队层面将质量动机作为正常的工作实践，而不是来自上级的要求，因此它与"零缺陷"方法极为不同。虽然管理者仍必须密切参与并给予支持，但不必像"零缺陷"所要求的那样连续主动和重在表现。

质量小组被指导采用分析方法帮助判定问题并形成解决方案。这些被称为"质量的七个工具"。这七个工具是：

1）"头脑风暴"，确认出现问题并排列优先次序。

2）数据收集。

3）数据分析方法，包括故障图、趋势图、回归分析。

4）Pareto 图。

5）直方图。

6）因果分析图（或称 Ishikawa 图）。

7）统计过程控制（SPC）图。

例如，要对团队进行培训，以便能够分析统计过程控制图，从而发现产生变异的特殊原因并学会运用因果分析图。在"头脑风暴"阶段，因果分析图由领导者使用，通常在一个挂图上，用以展现正在讨论的问题和小组成员提出的各种想法和解决方案。

质量小组必须被精心组织，并给以正确的培训，而且必须得到中高层管理部门的全力支持。特别是对质量小组的建议，只要有效果，都必须认真进行评估并付诸实施，没有被采纳的建议也要给出充分的理由。

质量小组的概念是易于理解的、有启发性的管理质量问题的方法，回想起来，会突然发现其竟然历经了那么长的时间才发展起来。质量小组在激发员工提高产品质量方面取得了巨大成功，而且它已经成为几十年来日本工业革命基础的一部分。质量小组和 kaizen 紧密相连，kaizen 一词在日语中意为持续改进。在没有正式的质量控制部门时，如在小型公司中，质量小组的方式是非常有效的。

用于改进质量的质量小组方法在 Hutchins（1985）和 Imai（1997）的文献中有全面的介绍。

15.6 电子产品的质量控制

15.6.1 测试方法

电子设备的生产特征是其明显的分阶段装配，并且要为每个阶段研制出专用测试设备。由于电子产品无处不在，又由于测试方法会极大地影响质量成本和可靠性，因此需要就此考虑电子产品的测试方法。用于电子产品的生产测试设备主要有以下两类：

1）人工测试设备。包括基本的仪器数字万用表（Digital Multimeters，DMM）、示波器、频谱分析仪、波形发生器、逻辑分析仪及一些专用的仪器仪表，如射频测试仪、失真测试仪、高电压测试仪、光学信号测试仪等。基于计算机的测试应用软件能使计算机模拟测试设备。

2）自动测试设备。自动测试设备（Automatic Test Equipment，ATE）用来测试电路板成品，也用于使用中发现故障及测试经过修理的单元。自动测试设备主要有以下几种：

15.6.1.1 视觉系统

视觉系统通常是指获取图像后进行分析的检验系统。实际上它们并不测试电路，而是作为许多生产测试工序的一部分，因为以人工方式对现代电路板上大量的元器件、焊接点及印制线进行检验很困难，自动光学检验（Automatic Optical Inspection，AOI）设备可以扫描电路板成品，并发现诸如损伤、错位或漏件、焊接点缺陷、焊锡跨导体溢出等反常现象。还可以使用 X 射线系统（AXI）检验一些隐藏的状况，如焊接点焊缝和内部元器件问题。其他技术，如红外、激光扫描也得到了应用。

15.6.1.2　电路在线测试仪（In-Circuit Testers，ICT）、制造缺陷分析仪（Manufacturing Defect Analysers，MDA）

在线测试仪（ICT）测试加载电路板上电路内部元器件的功能，它不测试整个电路的功能。在线测试仪通过测试夹具（有时称为"钉床"夹具）每次读取一个元器件，这种测试夹具包含了大量弹簧支撑的触针，间距调整为可与每个元器件的适当测试点相接触，如电阻的两端或电路内的针式接头。在线测试仪并不测试电路级的状况，如公差失配、定时、干扰等。制造缺陷分析仪（MDA）是与在线测试仪相似但成本更低的仪器，仅能检测由制造过程导致的缺陷，如开路、短路和缺失元器件等。采用制造缺陷分析仪代替在线测试仪的理由在于：在最现代的电子组件中，此类缺陷相对比元器件故障更为普遍。飞针测试仪（又称无夹具测试仪）能够完成同样的功能，但是采用在可编程高速定位系统驱动下快速地在各测试点之间移动的探针连接电路测试点。它比 ICT/MDA 优越是因为探针编程要比昂贵的多针 ICT/MDA 适配器便宜得多，而且更能适应电路的变化，ICT/MDA 必须针对每种待测的电路设计和制作适配器。飞针测试仪还能到达通过"钉床"适配器难以接近的测试点。

15.6.1.3　功能性测试设备（Functional Testers，FT）

功能性测试设备使用输入输出连接器或通过少量弹簧支撑的探针连到电路板或组件级电路上。它们在测试软件的驱动下完成功能性测试。功能性测试设备通常含有能发现异常功能原因的诊断装置。这类设备的应用范围非常广泛，从开发试验室、产品复杂程度较低或产量低的制造商、工作中测试及在修理车间的低成本工作台上使用的自动测试设备（ATE），到大型、高速、高效能的系统。现代自动测试设备的发展趋势是专业化，集中在特定的技术领域，如计算、信号处理等。一些用于制造过程中电路测试的 ATE 包括组合的在线测试仪（ICT）和功能性测试设备（FT）。

在电路性能、封装和连接技术及生产经济性的驱动下，电子测试技术突飞猛进。有关这方面的介绍见 O'Connor（2001）的文献。

很重要的一点是，要通过提供测试接入点和增加辅助电路等方法将电路设计成是可测试的，否则将无法测试所有的功能或诊断出某些失效的原因。易测试性设计对质量成本和未来的维修成本会有很大的影响。这方面的内容在第 9 章、第 16 章及 Davis（1994）的文献中有更详细的论述。

特定电子产品的最佳测试策略取决于诸如元器件质量、组装过程的质量、测试设备的能力、每一阶段的诊断和修理成本及产量等各种因素。一般而言，越早检测出缺陷，成本就越低。普遍的经验表明：发现和纠正缺陷的成本在每一阶段（元器件/印制电路板、电路在线测试仪、功能测试阶段、使用阶段）以 10 倍的因子递增。因此测试的策略必须是在生产周期中尽可能早地检测和纠正缺陷，但同时也需要考虑出现缺陷的概率、检测到的概率及测试成本。

电子设备测试中涉及的诸多变量都可以在预定的输入范围条件下运用适合测试选项的计算机模型予以评估。一个典型的测试流程如图 15-7 所示。

必须持续地对测试结果进行监测，以确保测试过程针对总成本包括使用成本得到优化。随着时间的推移，不可避免地会出现变异。重要的是在后续的测试阶段分析失效的原因，以判断是否可以更早发现和纠正它们。

自始至终，产生缺陷的原因都必须快速地得到检测和排除，而这就需要一个非常敏捷的数据收集和分析系统（15.8 节）。一些自动测试系统具有数据记录和分析能力，而且也可以实现数据在各测试站点之间的网络传输。

Davis（1994）和 O'Connor（2001）提供了电子测试方法及经济性方面的介绍。

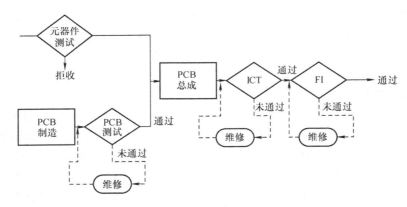

图 15-7　电子设备测试流程

15.6.2　连接的可靠性

在功能性测试中，完全的开路或短路几乎总是都能被检测到，但是在使用过程中会在连接点已经通过最初的目视测试和功能性测试之后，由于腐蚀或疲劳而发生开路和间歇性失效。为保证焊接点的可靠性，要考虑的要点为：

1）过程控制。焊接温度、焊料配合（当可调节时，如使用波峰焊机）、焊接时间、焊剂、印制电路板清洁度。

2）元器件安装。焊接点不应该起支撑结构的作用，特别是在承受振动或冲击的设备中，或元器件质量较大时，如微调电位器及某些电容器。

3）元器件准备。元器件的连接点必须清洁且可被焊料浸润。在未封装状态下保存了数天或在封装后超过半年的元器件要特别注意，氧化物的形成可能会抑制焊接性，特别是对自动焊接系统，所有的焊接点都是同时处于焊接波或焊接炉中的。若有必要，应在组装这些元器件之前清理其引线并重新上锡。应抽样检验元器件的焊接性，抽样检验的时间要尽可能接近装配时间。

4）焊点检查。检验员在对焊接点进行目视检查时，辨别出不通过检验标准的焊接点的有效率为 80%。同时，也可能有一些满足外观标准但不可靠的焊接点。如果以自动地测试开路和短路取代 100% 的目视检验，就不会暴露未来可能失效的处于边缘状态的焊接点。

对第 9 章所述的表面安装的元器件，因为其焊接点非常小且相互间特别密集，而会产生一些特殊的问题，而且很多情况下目视无法觉察。人工焊接不切实际，因此必须采用自动放置和焊接系统。目视检验是困难的甚至不可能的，因而促使人们研制了半自动和自动光学检验系统，尽管不能确保完全可靠。必须仔细地对表面安装元器件的焊接性和焊接进行控制，以便尽可能地减少有缺陷的焊接点的产生。

15.7　应力筛选

应力筛选，或称环境应力筛选（ESS）是指施加的应力将使通过其他测试的、有缺陷的产品失效，同时又不损伤或降低合格产品的有效寿命的试验。因此它是改善产品在使用过程中的可靠性和耐久性的一种方法。这一过程有时也用其他术语表示，最为普遍的是老炼（burn-in），尤其是用在电子元器件和系统上，对它们来说通常施加的应力是高温和电应力（电流、电压）。确定欲施加的应力水平和持续时间时，必须考虑主要的失效产生过程及可能导致产品弱化的制造工艺。应力筛选通常是 100% 测试，即所有的成品都要测试。应力筛选主要应用于电子元器件和组件，但也应该考虑用于非电子产品，如精密的机构（温度、振动）及针对气压和液压部件的高压测试，以检查泄漏及其他薄弱点。

已经制定用于电子元器件及系统的环境应力筛选标准。美国海军已经颁布了标准（NAVMAT P-9492），美国国防部也颁布了标准 MIL-STD-2164（电子产品的环境应力筛选指南），但是这些标准并不灵活，而且所规定的应力水平也不严格（典型的温度循环在 20~60℃ 之间，时间为 8h，具有随机或固定频率的振动，范围是 20~2000Hz，且设备不通电或不被监测）。美国环境科学技术研究院（US Institute for Environ mental Sciences and Technology，IEST）1990 年提出了更为详尽的指导，即电子硬件环境应力筛选（Environmental Stress Screening of Electronic Hardware，ESSEH），该标准包括了开发试验和制造试验。这些推荐的应力规范类似于军用环境应力筛选指导。它们的细节在很大程度上基于在编制标准前所用方法的有效性在工业界的反馈，所以它们代表了过去的经验，特别是军用装备制造商的经验。

如果 ESS 显示出的缺陷非常少，则或是试验不够严格，或是所筛选的产品已经非常可靠。显然我们希望是后一种情况，应对筛选过程中的所有失效进行分析，以确定是否质量控制方法本应该更早阻止或发现它们，特别是在装配之前。在这个阶段，维修成本很高，因此在生产过程中使用高质量的部件和工艺以减少维修的需要是有价值。

筛选试验成本很高，因此使用时要仔细考虑。应连续分析故障数据，以便对工作状况和持续时间进行优化。故障之间的时间间隔也应该被记录，以使流程得以优化。

在制定生产试验计划时必须考虑到筛选。作为综合质量保证方法的一部分，必须评估服务中降低失效成本的成本和影响，以及与其他测试方法和质量控制方法的关系。这很大程度上取决于可靠性要求和服务中的故障成本。此外，筛选应确保在发货前检测到制造质量问题，以便在批量生产之前对其进行纠正。大规模生产，特别是商用和家用产品的产量增加，有时采用的是抽样筛选。

Jensen 和 Peterson（1983）介绍了电子元器件和总成的筛选方法及分析方法。

高加速应力筛选

高加速应力筛选（HASS）是高加速寿命试验（HALT）原理的扩展，如第12章所述，它施加了非常高的组合应力。对于推荐使用的应力和持续时间，目前还没有任何"准则"公布。而是在开发期间应用高加速寿命试验对每件产品（或一组相似产品）分别规定应力、循环和持续时间。高加速寿命试验暴露出产品的薄弱环节，然后尽可能地加强薄弱环节，从而只有当应力大大超过使用中预期的组合应力界限之外时才会出现失效。在进行高加速应力筛选中施加的应力高于使用极限，并且延伸到永久失效极限分布的尾部。整个测试过程中，必须一直将工作中的测试设备处于监控之下。

在高加速应力筛选中所施加的应力，和进行高加速寿命试验所施加的应力都不是用来代表使用条件中最坏情况的，而是用来促使在实际使用中可能发生的失效提前发生。这就是它们只有在开发过程中应用高加速寿命试验才可能实施，而且必须针对每一个具体的产品设计的原因。因为应力水平很高，所以不能安全地应用到任何没有通过高加速寿命试验强化的设计中去。

由于强度分布固有的不确定性，这里的应力 – 时间组合显然不可能完全精确。然而，通过在测试中探索产品的表现，我们可以确定适当的应力水平和持续时间。因为施加的应力非常高，所以持续时间很短，而且在温度稳定后继续在恒定高温或低温下工作并不会带来什么益处。通常仅需要几个应力循环，一般为1~4个。

当施加的应力高于使用极限时，将不能进行功能性测试。因此必须将应力降到低于使用极限的水平。这样才能通过功能性测试表明哪些产品已失效，哪些产品正常。因此筛选过程分两步：促发筛选及随后的检测筛选，如图 15-8 所示。

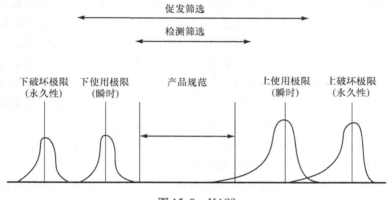

图 15-8　HASS

高加速应力筛选的总测试时间（几分钟）大大少于常规的环境应力筛选（ESS）时间（几小时）。高加速应力筛选在检测缺陷方面也更有效。因此它的费用效能更高。可采用相同的设施进行高加速应力筛选，尤其是环境试验箱与进行高加速寿命试验时所用的相同。由于测试时间很短，在开发和生产阶段采用同一设施通常也很方便，从而在测试与监控设备、接口等方面进一步节约成本。高加速应力筛选的方法可以应用于任何类型的产品和技术，它并不局限于电子零部件。如果设计可以通过高加速寿命试验予以改进，如第 12 章所述，那么原则上制造质量就可以通过高加速应力筛选来提高。用于制造应力筛选的高加速应力筛选方法的完整描述见 McLean（2009）的文献。

15.8　生产失效报告、分析和纠正措施系统（FRACAS）

失效报告和分析是质量保障（QA）职能中重要的一部分。该系统必须能：

1）详细报告所有生产试验和检验过程中发生的失效，以便进行调查研究和采取纠正措施。

2）报告调查研究和纠正措施的结果。

3）分析并报告失效规律和趋势。

4）通过排除失效原因实现持续改进（kaizen）。

FRACAS 的原则（12.6 节）同样可用于生产过程中的失效。

为了经济和准确，应将数据系统计算机化。现代自动测试系统 ATE 有时带有直接的测试数据录入并通过网络输入到中心系统。数据分析系统应为管理报告提供 Pareto 分析、概率图和趋势分析。

生产缺陷数据报告和分析必须迅速才能有效果。趋势分析应每日或者最少每周进行，对高生产率的情况更应如此，以便及时采取纠正措施。生产问题通常会快速地出现，因而该系统必须能够尽快地发现不合格批次的零部件或调整不当的过程。许多问题不需经过数据分析处理就立即显现，但是，试验中的某个零部件的失效出现 50% 的变化，则可能不被注意到，数据分析系统还有必要根据 Pareto 集中处理少数几个对质量成本影响最大的问题这一原则，指出需优先采取措施的地方。为此，进行更长时间的分析，如 1 个月，也是必要的。

有缺陷的零部件不应立即被丢弃，而应贴上标签并存放一段时间，如 1 ~ 2 个月，以便必要时用来进行更详细的调查研究。

生产缺陷数据不应该由负责数据管理的人单独进行分析。有关人员（生产人员、监督人员、QC 工程师、试验操作员等）必须参与，以确保数据由那些相关的人员进行解释并确保能获得实用的结果。质量小组方式对此是非常有效的。

生产故障数据对显现使用中可能出现的可靠性问题是很重要的。许多使用中的失效模式都会在生产检验和测试过程中表现出来。例如，如果一个零件或工艺在最后功能性试验过程中发生失效后在交货之前得以纠正，但该失效机理有可能仍存在于通过了试验并已发运的产品中。金属表面防护和焊接过程就存在这样的风险，而电子产品生产中的任何元器件都可能有这种情况。因此，应始终对生产缺陷进行分析以便确定可能对可靠性和外部失效成本及内部生产质量成本的影响。

15.9 小结

现代生产质量控制和改进的方法以统计方法为基础，对所有各层次的生产人员进行组织、激励和培训，从而不断提高人员和工艺的工效。产品的设计与开发、生产工艺的设计和开发，以及用于控制这些过程的准则与方法之间必须有非常密切的合作。设计和生产过程的集成管理方法在第 17 章中有更详细的论述。主要的质量保证专业学会期刊（详见参考文献）也提供了有关新进展的信息。

习　题

1. 规定某零件的机械加工尺寸为 12.50mm ± 0.10mm。从生产过程中初步抽取的 10 个样本，每个样本含 5 个零件，它们的尺寸测量数据如下：

样本序号	尺寸/mm				
1	12.55	12.51	12.48	12.55	12.46
2	12.54	12.56	12.51	12.54	12.47
3	12.53	12.46	12.49	12.45	12.50
4	12.55	12.55	12.49	12.55	12.47
5	12.49	12.52	12.49	12.48	12.48
6	12.51	12.54	12.51	12.52	12.45
7	12.53	12.52	12.49	12.46	12.50
8	12.50	12.55	12.52	12.44	12.46
9	12.48	12.52	12.54	12.49	12.50
10	12.50	12.50	12.49	12.54	12.54

（a）根据每个样本的平均值和极差来评估过程能力（计算 C_p 和 C_{pk}）。

（b）对大小为 5 的样本，采用关系式（取自 BS 5700）：标准差 = 平均极差 × 2.326。

（c）对需要采用的措施提出建议。

2. 画出用于统计过程控制的两个图。该方法的主要目的是什么？

3. 解释为什么统计验收抽样对监测过程质量不是一个有效的方法。

4. 某元器件被大量应用于一个组件。它的成本很低，但是由于只有在它们被嵌入到一个昂贵的组件后才容易被检测，而如果这个组件含有有缺陷的元器件就会被报废，因此需要有某种防止缺陷的措施。对元器件进行 100% 的检验是不可能的，因为在元器件层次进行的测试是破坏性的，但抽样验收的思路很吸引人。

（a）如何决定 AQL 的使用？

（b）如果 AQL 有 0.4% 的有缺陷产品，而这些元器件以 2500 的批量供应。你将从表 15-1 中选择什么抽样方案？（对于普通的 II 级检验，2500 的批量需要样本大小代码 K。）

（c）如果在样本中检测到一个元器件有缺陷，应如何处理？

（d）如果该方案导致一批元器件被拒收，应如何处理？

5. 某过程生产车用收音机。最终测试费用为 15 美元，其中发现无法工作的平均比例为 0.007，但是某几批高达 0.02。如果售出不工作的收音机（更换、管理等）的费用是 400 美元，讨论持续进行该测试的意义。

6. 列出用于质量小组工作方式的"7 个工具"。说明质量小组应该如何利用它们。

7. 简述用于现代电子电路自动检验和测试的三个主要方法。简要画出一个生产电路组件的生产线的典型检验/测试流程。

8. 描述在制造过程中进行环境应力筛选时通常施加在电子硬件上的应力。

9. （a）详细说明生产过程中对电子组件使用环境应力筛选（ESS）的主要优缺点。

（b）讨论为什么 ESS 应用 MIL – HDBK – 781 类型的环境剖面时会出错。

10. HASS 和传统的 ESS 有何区别？它与 HALT 有何关系？

11. （a）解释通过"老炼"降低失效率和在使用中通过可靠性增长来降低失效率的区别。

（b）假设你负责一个复杂电子系统的可靠性工作，该系统即将投产。简要叙述对购买的元器件、分总成及整机进行"老炼"测试的方法。说明在每一种情况下进行测试的目的和在决定其持续时间时所考虑的准则。

12. 漂移范围 $\pm 1.5\sigma$ 的"6 西格玛"过程的 C_p 和 C_{pk} 的值是多少？

13. 15.2 节开始时提到 SPC 的前提是过程服从正态分布，而这有时并不符合事实。如何对可能是偏态的，如对数正态分布过程进行分析？

14. 比较失效树和 Ishikawa 图方法。这两种方法的异同点是什么？

参 考 文 献

ANSI/ASQ Z1–4. Sampling Procedures and Tables for Inspection by Attributes.

Bergman B. and Klefsjö, B. (2003) Quality: from Customer Needs to Customer Satisfaction, 3rd edn, McGraw-Hill.

Bhote, K.R. (1998) World Class Quality, American Management Association.

British Standard BS 6001. Sampling Procedures and Tables for Inspection by Attributes.

Davis, B. (1994) The Economics of Automatic Test Equipment, 2nd edn, McGraw-Hill.

Defeo, J. and Juran, J. (2010) Juran's Quality Handbook, 6th. edn, McGraw-Hill.

Deming, W.E. (1987) Out of the Crisis, MIT University Press.

Feigenbaum, A.V. (1991) Total Quality Control, 3rd edn, McGraw-Hill.

Grant, E.L. and Leavenworth, R.S. (1996) Statistical Quality Control, 6th edn, McGraw-Hill.

Hutchins, D.C. (1985) Quality Circles Handbook. Pitman.

Imai, M. (1997) Gemba Kaizen. McGraw-Hill.

Ishikawa, K. (1991) Guide to Quality Control. Chapman and Hall.

Jensen, F., Peterson, N.E. (1983) Burn-in: An Engineering Approach to the Design and Analysis of Burn-in Procedures. Wiley.

McLean, H. (2009) Halt, Hass, and Hasa Explained: Accelerated Reliability Techniques, American Society for Quality (ASQ) Publishing.

Montgomery, D.C. (2008) Introduction to Statistical Quality Control, Wiley.

Oakland, J.S. and Followell, R.F. (2003) Statistical Process Control, a Practical Guide, 5th edn, Butterworth-Heinemann.

O'Connor, P.D.T. (2001) Test Engineering, Wiley.

Quality Assurance. Journal of the Institute of Quality Assurance (UK).

Quality Progress. Journal of the American Society for Quality.

Thomas, B. (1995) The Human Dimension of Quality, McGraw-Hill.

第 16 章　可维护性、维护和可用性

16.1　引言

大多数人造的工程系统都需要维护，即在出现故障时要进行修理，并且平常还要做一些工作使它们能正常运行。实施这种修理工作和其他维护工作的容易程度表明了一个系统的可维护性。

被维修的系统可采用修复性维护（Corrective Maintenance，CM）和预防性维护（Preventive Maintenance，PM）。修复性维护是指将一个系统从失效状态恢复到可运行或者可用状态的全部活动。因此，修复性维护的工作量是由可靠性决定的。修复性维护活动通常无法事先计划，虽然有时修理工作可以推迟，但在发生失效时我们总是要进行修理。

修复性维护可以用平均修复时间（MTTR）衡量。但该修复时间含有若干项活动，通常被分为三组：

1）准备时间：安排维修人员、行程、准备工具和测试设备等。

2）有效维修时间：实际地进行维修工作的时间。

3）延迟时间（物流所需时间）：工作开始后等待备件的时间。

有效维修时间包括：在实际修复开始前分析图样等耗费的时间及事后验证修理是否令人满意而耗费的时间。它还可能包括在设备恢复可用之前，耗费在编写修理后文档的时间，如飞机上的设备就是这样。也可将修复性维护规定为平均有效维修时间（MART）或者平均有效修复性维护时间（MACMT），因为它是设计工程师唯一可以影响的有效时间（除了编写文档）。

预防性维护是试图通过防止失效发生，使系统维持在正常运行的或可用的状态。可以是保养，如清洁与润滑，或者通过检查去发现并纠正初期的失效，如裂纹的检测或校准。预防性维护对可靠性有直接的影响。它需要计划，也需要按照计划完成。预防性维护是以完成规定的维护工作所耗费的时间和规定的频率来度量的。

可维护性直接影响可用性。在修理失效和进行日常的预防性维护期间，系统

都处于不可用状态。因此可靠性和可维修性之间有着紧密的联系，一个影响着另一个，二者都影响可用性和成本。

显然系统的可维修性是由设计决定的。设计确定了各种特征，如可达性、易于测试、诊断和修理及对校准、润滑和其他预防性维护活动等的要求。

本章叙述如何通过设计来优化维修性，并如何对它进行预测和度量。本章还说明如何根据可靠性优化预防性维护计划，使无法工作的时间和成本降到最少。

16.2 可用性的度量

为了分析系统的可用性，需要首先度量可用性。根据能获得的数据和分析的目的，可用性分析可以用下面几种方式表达。

16.2.1 固有可用性

固有可用性是只考虑修复性维护（CM）（在6.7节中有介绍）的稳态可用性。假设修复性维护的频率是常数，可以计算如下

$$A_{\text{I}} = \frac{\text{MTBF}}{\text{MTBF} + \text{MTTR}} \tag{16-1}$$

式中，MTBF为平均故障间隔时间，而MTTR为平均修复时间（见第6章），与平均修复性维护时间相同。

16.2.2 可达可用性

可达可用性与固有可用性非常相似，但将预防性维护（PM）导致的停机时间也包括在内。具体来说，它是理想的支持环境中的稳态可用性（即备件、人员等工具随时可用）。可达可用性有时被称为维护部门看到的可用性（不包括物流延迟、供应延迟或管理延迟）。

可达可用性可以通过平均维护间隔时间（Mean Time Between Maintenance Actions，MTBMA）（既包括预防性的，也包括修复性的）及平均维护时间（Mean Maintenance Time，MMT）：

$$A_{\text{A}} = \frac{\text{MTBMA}}{\text{MTBMA} + \text{MMT}} \tag{16-2}$$

假设失效率是常数，MTBMA可以计算如下

$$\text{MTBMA} = \frac{1}{\lambda + f_{\text{PM}}} \tag{16-3}$$

式中，λ为失效率（假设所有失效都被修好）；f_{PM}为预防性维护的频率，为维护周期的倒数。

平均维护时间 MMT 可以进一步分为预防性维护和修复性维护的效果：

$$MMT = \frac{\lambda\,MTTR + f_{PM}\,MPMT}{\lambda + f_{PM}}$$

(16-4)

式中，MTTR 为平均修复时间；MPMT 为平均预防性维护时间。

16.2.3 运行可用性

运行可用性是衡量实际运行环境中一段时间内"真实"的平均可用性的指标。它包括所有经历的停机时间，如管理延迟时间、后勤延迟时间等：

$$A_{Op} = \frac{MTBMA}{MTBMA + MDT}$$

(16-5)

式中，MDT 为平均维护停机时间，MDT = MMT + 物流延迟时间 + 管理延迟时间。

关于可用性的度量，请参考 Blanchard 和 Fabrycky（2011）。

例 16-1

计算系统的可达可用性，已经证明故障率为每运行 1000h 发生 1 次。计划每运行 500h 进行预防性维护计划，平均每次需要 6h。修复故障系统平均需要 16h。

预防性维护的频率为 $f_{PM} = 1/500h = 0.002h^{-1}$，故障率为 $\lambda = 1/1000h = 0.001h^{-1}$。下一步是根据式（16-2）~ 式（16-4）计算 MTBMA、MMT 和 A_A。

$$MTBMA = \frac{1}{0.001 + 0.002}h = 333.33h$$

$$MMT = \frac{0.001h^{-1} \times 16h + 0.002h^{-1} \times 6h}{0.001h^{-1} + 0.002h^{-1}} = 9.33h$$

$$A_A = \frac{333.33}{333.33 + 9.33} = 0.973$$

16.3 维修时间分布

维护时间趋向于服从对数正态分布（图 16-1）。数据分析已经表明了这一点。这种分布也符合我们的经验和直觉，即对一项作业或一组作业来说，虽然有可能工作完成得相当快，但是在比通常情况短得多的时间内完成这样的工作是不太可能的，更可能的是将出现问题，这将导致完成工作的时间比通常情况长得多。这就使维护时间的分布向右偏。

除了不同作业之间、一般使维修时间呈对数正态分布的变异性之外，还有由学习引起的变异性。根据数据的采集方式，这种变异性可以包括在作业之间的变异性之中，如具有不同经验的技术人员同时进行工作。然而，平均时间和变异应当随着经验和培训的增加而减小。

第 2 章中介绍了对数正态分布的特性。

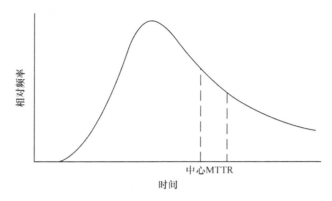

图 16-1　维护时间的对数正态分布

16.4　预防性维护策略

通过分析所维修的零件的失效前时间分布和系统失效率趋势，可以使预防性维护的效果和经济性达到最优。

一般来讲，如果零件的故障率是递减的，那么任何更换都会增加失效概率。如果故障率是恒定的，更换将不改变失效概率。如果零件的故障率是递增的，那么在理论上，以任何时间定期地进行更换都会增加系统的可靠性。但是，如果零件具有某一无失效寿命（威布尔 $\gamma < 0$），那么在此之前进行更换将保证不出现失效。这些情况如图 16-2 所示。

上述内容都是理论上的分析。其中假设了更换不会引起其他的缺陷，而且失效前时间的分布是明确的。如在第 2 章和第 6 章中所解释的，这些假设不能毫无疑问地做出。但在制定预防性维护计划时，显然首先要考虑的是零件的失效前时间分布。

除了考虑被更换件的失效前时间分布从理论上对可靠性的影响外，还必须考虑维修活动对可靠性的影响。例如，对液压的高压管路泄漏失效，数据显示管路在经过无失效寿命后故障率递增。因此合理的维修策略可以是诸如在达到 80% 的无失效寿命后即更换该管路等。但是，如果更换行动实际上提高了从管路接头泄漏的概率，那么在失效时再更换软管也许更为经济。

还必须从对系统的影响及停机时间与修理导致的成本增加这两个方面考虑失效的影响。例如，在液压管路的例子中，如果导致液体大量地流失，管路泄漏可能会很严重，但接头的泄漏可能只是轻微的，不会影响工效或安全。如果从成本的角度分析优化的更换策略，一个好的例子是更换白炽灯和荧光灯。对于办公室和路灯等大量安装的情况，在一定比例的灯泡失效之前定期更换所有的灯泡是更

(m = 定期更换时间间隔)

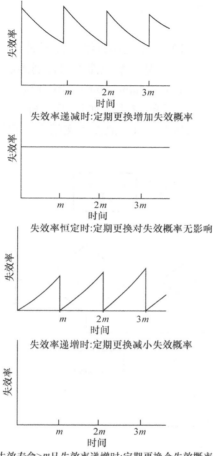

图 16-2　可靠性和定期更换理论的关系

为经济的，而不是在每一只灯泡失效时再更换。但是，在家中，我们只会在灯泡失效时才更换。

　　为了对预防性的更换进行优化，需要了解下列内容：

1）主要失效模式失效前时间的分布参数。

2）所有失效模式的影响。

3）失效的成本。

4）定期更换的成本。

5）维修对可靠性可能产生的影响。

我们已经考虑到了失效发生时没有预警的零件，如果能在失效初期通过检查、无损探伤等察觉到，我们还要考虑以下两点：

1）缺陷蔓延引起的失效的速率。

2）检查或测试的费用。

注意，由第 2 点可知，FMECA 是制订维修计划时不可缺少的输入文件。

这种考虑到可靠性各方面情况的系统性维修计划的制订方法称为以可靠性为中心的维修（Reliability Centered Maintenance，RCM）。图 16-3 所示为这种方法的基本逻辑。RCM 得到了广泛的应用，如用于飞机、工厂的各类系统等。在 Moubray（1999）、Bloom（2005）和其他参考文献中有叙述。

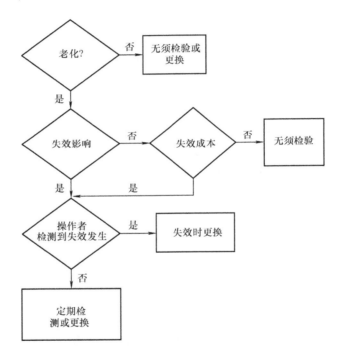

图 16-3　RCM 逻辑图

例 16-2

机器人装配线上柔性电缆的失效时间服从威布尔分布，其中 $\beta = 1.7$、$\eta = 300h$、$\gamma = 150h$。如果在使用中发生失效，装配线停工和更换电缆的费用是 5000 美元。在定期维修期中更换的费用是 500 美元。如果装配线一年运行 5000h，而每周（100h）进行定期维修，以一周或两周为间隔，每年预期的更换费用是多少？

无定期更换时，$t h$ 内发生失效的概率为

$$1 - \exp\left[-\left(\frac{t-150}{300}\right)^{1.7} \right] \tag{16-6}$$

在 mh 后定期更换时，5000h 的定期维修费用为

$$\frac{5000}{m} \times 500 = \frac{2.5 \times 10^6}{m}$$

而在每个定期更换间隔内的预期失效费用为（假设在更换间隔内失效数不大于 1）

$$5000\left\{ 1 - \exp\left[1 - \left(\frac{m-150}{300}\right)^{1.7} \right] \right\}$$

那么，每年的总费用为

$$C = \frac{2.5 \times 10^6}{m} + \frac{5000 \times 5000}{m}\left\{ 1 - \exp\left[-\left(\frac{m-150}{300}\right)^{1.7} \right] \right\}$$

结果如下：

m	定期更换次数	预期失效数	成本
100	50	0	25000 美元
200	25	1.2	18304 美元
400	12	6.5	38735 美元

因此最优策略是在交替的定期维修间隔内更换电缆，但有微小的失效风险（注意，例 16-2 中假设在任意一个定期维修间隔内发生的失效数不大于 1。如果 m 只略大于 γ，那么该假设是合理的）。

更完全的分析可以利用蒙特卡洛仿真（第 4 章）。这样我们可以考虑更详细的维修策略，如可能确定如果在定期维护前不久已由于失效而更换了电缆，那么此时就不需更换了。

实践中的一些问题

最优的维修策略主要取决于系统中零部件失效的时间规律。一般地，因为电子元器件没有耗损，所以定期检测和更换不会提高可靠性。实际上，这种做法更容易引起失效（事实和报告）。电子设备只需要在参数漂移或其他失效可能引起设备工作在规范值以外而用户无法察觉时进行检测和校准。机内测试和自动校准可以减少或消除对定期检测的需求。

当机械设备磨损、腐蚀或疲劳等时，应当考虑进行预防性维护。

16.5　维护计划中的 FMECA 和 FTA

FMECA 是进行有效的维修计划制定和维修性分析的重要先决条件。如前所述，在确定定期维修的要求时，必须分析失效模式的影响（成本、安全影响、

可探测性）。因为 FMECA 的结果可以用来追溯失效症状的可能原因，所以 FME-CA 可以作为输入以制定诊断程序和检查清单。如果也进行了故障树分析（FTA），也可用它达到这个目的。

16.6　维护时间表

在确定有必要进行定期的维护时，还必须确定维修之间的最合适的时间间隔。维修时间计划应当以最适当的时间或其他的尺度为基础。它们包括：

—— 公路和铁路车辆：行程距离。

—— 飞机：飞行小时、起飞/着陆周期。

—— 电子设备：运行小时、开/关周期。

—— 固定系统（工厂设备、通信网络、铁路基础设施等）：自然时间。

最合适的尺度是与性能下降（磨损、疲劳、参数变化等）原因相关联的、最好地说明设备的使用程度并且是可以度量的。例如，对汽车来说，应测量行驶的距离，而最大部分的性能下降都与之相关。另一方面，对测量仪器来说，除非自动地或人工地保存了工作记录，否则没有必要根据测量仪器的运行时间设定校准计划，校准计划通常采用日历时间。

16.7　相关的技术问题

16.7.1　机械方面

可以用不同方法定期或连续地监测机械零部件和系统的状态。这包括：

—— 无损探伤（Non – Destructive Test，NDT）探测疲劳裂纹。

—— 在轴承、齿轮、发动机等上安装温度和振动监测器。

—— 油品分析，检测在润滑和液压系统内磨损和破裂的迹象。

16.7.2　电子和电气方面

电子元器件和组件只要得到保护而不受环境（如腐蚀）的影响，在使用过程中一般不会退化。除非像第 9 章中讨论的情况，电子元器件和连接不会有磨损或疲劳，所以很少有明显的易发生或频繁发生失效"耗损"阶段。因此，除了对测量仪器等产品进行校准外，定期测试很少适用。

16.7.3　"未发现故障"

许多电子系统所报告的大部分失效在后续的测试中都没有得到证实，这种现象称为未发现故障（No Fault Found，NFF）或重测合格（Re – Test OK，RTOK）

故障。也可称为未见异常 NTF（No Trouble Found）和投诉未经验证（Customer Complaint Not Verified，CCNV）。其中原因包括：

—— 间歇性失效，如元器件在一定的条件下（温度等）失效，导电带或焊接点等间歇性开路。

—— 公差的影响。某单元能在一个系统或环境中正确地工作，但在另一个系统或环境中不能。

—— 接头故障。看起来失效是在更换一个单元后消除了，但事实上却是由接头造成的，更换时发生了混淆。

—— 机内测试（Built - in Test，BIT）系统错误地显示了实际上没有发生的失效（如下）。

—— 失效没有被正确诊断和予以修理，导致征兆重现。

—— 在使用环境中的测试与其他地方如维修站诊断时的测试标准不一致。

—— 人为错误或缺乏经验。

—— 在一些系统中，关于哪个产品（卡片、盒中）失效的诊断可能是不明确的，所以即使只有一个产品失效，被更换的却不止一个。有时对技术人员来说，更换多个零件要更快且更容易，而不是去试图发现哪个零件失效。在这种情况下，很多零件被送去诊断和修理，导致很多产品被归类为未发现故障（NFF）。（从经济角度上，有时返回成倍的单元是合理的。例如，为了尽可能快地使系统重新投入使用，令用在诊断系统出问题的原因的时间最少是合适的，如飞机或石油钻井）。

以这些方式产生的失效报告所占的比例可能很高，经常超过 50%，有时高达 80%。这会在保修、备件、支持、测试设备等方面导致很高的费用。未发现故障率可以通过对运行中检测进行设计和对诊断与维修工作的有效管理降低到最低程度。对已修理的产品进行应力筛选也可以降低错误诊断和错误修理造成的失效比例。

16.7.4　软件

如第 10 章所述，软件不会以硬件的失效方式失效，所以不存在"维护"。如果发现因任何原因（改变系统要求、纠正软件错误）需要更改程序，实际上是重新设计该程序，而不是修理。只要对使用中的所有副本都进行更改，则它们将完全相同地工作，并且继续这样。

16.7.5　机内测试（BIT）

诸如实验室设备、航空电子和过程控制系统等的复杂电子系统现在常常包含机内测试（BIT）设备。BIT 由附加的硬件及软件组成，用来对系统进行功能测试。机内测试功能可以设计成由操作人员启动，也可以连续地或按设定的时间间隔对系统进行监测。

机内测试能有效地提高系统的可用性和用户对系统的信心。但是机内测试也不可避免地提高了复杂性和成本，因此可能会增加失效概率。除了机内测试电路和显示器，还可能需要附加的传感器。在由微处理器控制的系统中，大部分机内测试可以通过软件实现。

机内测试也可以由于错误地指示系统处于失效状态而对可靠性表现造成负面影响。这可能是由机内测试内部失效引起的，如传感器、线路或其他元器件的失效。因此应保持机内测试简单，并仅限制在对必不可少的且用其他方法也不易监测的功能进行监测。

从可靠性、可用性和成本方面对机内测试系统进行优化是很重要的。有时，要规定机内测试的性能（如"必须发现并正确地诊断90%的失效"）。FMECA可以用来对照机内测试的要求进行设计检查，因为机内测试的检测能力可以针对识别出的全部重要失效模式进行评估。

16.8　校准

校准是指通过与标准值做比较，对测量物理参数的设备进行的定期检查或测试。不仅基本的测量工具如千分尺、量规、砝码、扭矩扳手需要校准，测量流量、电位、电流与电阻、频率等参数的传感器和仪表也需要校准。因此校准可能是简单的比较（比较质量、计时等），也可能是较复杂的测试（测试电磁频率、发动机转矩等）。

设备是否需要校准主要取决于它的应用，还取决于在正常使用时误差是否明显。对制造过程中使用的任何仪器都应当进行校准，以保证测量正确。校准经常是法定的要求，如食品或医药生产及包装、零售、对安全性至关重要的过程等的测量系统。

校准系统和要求在 Morris（1997）的文献中有介绍。

16.9　可维护性的预计

可维护性的预计是维修工作量的估计，受计划和非计划维修影响。用于预计工作的标准方法有美国的 MIL – HDBK – 472 标准，它包含 4 种方法，预计系统的平均修复时间（MTTR）。其中方法Ⅱ是最常用的，它简单地以产品单个失效模式的预计修理时间总和，除以单个失效率的总和，即

$$MTTR = \frac{\sum(\lambda t_t)}{\sum \lambda} \tag{16-7}$$

同样的方法也用来预计平均预防性维护时间，其中 λ 由预防性维护活动的

发生频率代替。

MIL‐HDBK‐472 介绍了用来预计单个任务所需时间的方法，它是以诸如可达性、需要的技能水平等设计上的考虑为根据的。它还介绍了进行计算和编写分析文档的步骤，以及以抽样作为依据的（方法Ⅲ）进行维修任务选择的程序，而不是分析所有的维修活动，因为对于复杂系统来说，这是不可行的。

16.10　可维护性的演示

可维护性演示验证的标准方法见 MIL‐HDBK‐470。这个方法与使用 MIL‐HDBK‐472 中的方法Ⅲ的维修性预计相同，除了单个作业时间需测量而不是从设计估计的之外。待验证的作业时间可以通过协议选择，或从维修活动的清单中随机抽出。更多的可维护性信息参见 Blanchard 和 Fabrycky（2011）。

16.11　面向可维护性的设计

显然重要的是，要维护的系统应被设计成使维修任务容易地完成，而且根据可能的维修人员和用户的经验及受训情况，进行诊断、修理和定期维护所需要的技能水平不要过高。被维护的系统应该容易接近和搬运，使用标准工具和设备而不是专用特殊设备，以及避免精确调整和校准。只要可行，就应减少对定期维修的需求。虽然设计人员无法直接控制维修人员的工效，但他们能直接影响系统的固有可维修性。

应该根据从相关系统得到的经验制定设计规则和检查清单，以帮助实现可维修性的设计，并对设计评审组的工作进行指导。

可维护性的设计与面向制造的设计紧密相关，如果产品易于组装和测试，那么维护通常也会容易。在这方面，电子电路的可测试性设计特别重要，因为电路的可测试性对失效诊断的便利性和准确性影响很大，从而也影响维护和物流费用。电子设备可测试性的设计在第 9 章中有较详细的介绍。

互换性是可修复系统可维护设计的另一个重要方面，可更换的零部件和组件必须设计成更换后不需要调整或再校准。界面的公差必须规定为能保证更换的单元是可互换的。

16.12　综合后勤保障

综合后勤保障（Integrated Logistic Support，ILS）是由军事部门提出的一个概念，按照这个概念，设计、保障和制订维修计划的所有方面要综合考虑，使设计和保障系统得以优化。工作效能、可用性及部署与保障的总成本都应该考虑进去。在美国的 MIL – HDBK – 1388 和 Jones（2006）的著作中介绍了这种方法。

综合后勤保障和相关的后勤保障分析（Logistic Support Analysis，LSA），都需要可靠性和维修性数据与预测，以及成本、质量、专用工具和测试设备、训练要求等数据的输入。MIL – HDBK – 1388 要求所有的分析都应计算机化，并制定了标准的输入和输出格式。已经开发出了数款可以完成这项工作的商业化计算机程序。

ILS/LSA 的输出对输入的准确性显然是非常敏感的。特别是如第 6 章所述，可靠性预测的不确定性可能很高。因此这种分析，以及基于它们所做出的决策应当充分考虑这些不确定性。

习　题

1. 叙述下面术语的定义并解释：（a）可用性。

（b）可维护性。

（c）状态监控。

2. （a）说明在什么情况下能通过改善可维护性抵消可靠性差，以及在什么情况下这种方法没有使用意义。

（b）单个物品的稳态可用性的表达式为

$$A(t) = \frac{\mu}{\lambda + \mu}$$

解释稳态的含义。说明符号 μ 和 λ 的含义，以及该表达式中所包含的假设。

3. 解释以可靠性为中心的维护（RCM）的概念，包括对该分析的主要输入。

4. 对第 3 章习题 4 中的泵，就如何计划更换策略给出建议。

5. 详述在分析与维护相关的作业时，可能要考虑的与时间相关的工作［提示：将时间分解为在编时间（或能工作时间）和不在编时间（或不能工作时间）］。

6. 系统失效后，在规定的流程和资源下进行修复/修理的工作时间的中位值（50 百分位）不大于 4.5h。15% 最大的有效修复/修理时间应不大于 13.5h（即平均修复时间为 5.7h）。评论上述内容，并推导现实的一组前后一致数值。应使用下面与对数正态分布相关的方程式。

$$\sigma = \left[2(\ln t_{MART} - \ln t_m) \right]^{1/2}$$

$$\sigma Z_\alpha = \ln t_\alpha - \ln t_m$$

式中，t_{MART}为平均修复时间；t_m为修复时间中位数；t_α为"最长"修复时间，取自分布的$(1-\alpha)$百分位点处的值；Z_α为标准的正态偏差，可在附录1中查到；σ为分布的标准差。

7. 下表给出了拆卸和更换时间的数据，计算t_{MART}（平均修复时间）。

零件名称	数量	失效率 $\times 10^{-4}$/h	总维修任务时间/h
螺栓闩	3	0.46	0.20
接地带	1	0.12	0.10
电源线	1	0.36	0.36
信号线	1	1.16	0.10
盖板	1	1.05	0.26
电刷	2	23.6	0.35

8. 发电机每运转1000h维护1次，失效率为每1000h失效0.6次，计算它的工作可用性。预防性维护需要8h，但是当发动机失效时，通常需要26h才能修好。后勤和管理延误通常需要额外的12h。

9. 如果维护时间服从对数正态分布，求解习题8。对修复性维护，$\mu=3.3$、$\sigma=0.6$；对预防性维护，$\mu=2.2$、$\sigma=0.4$。

10. 如果日常更换的零部件的失效率为常数，它们对现场失效率有什么影响？证明你的回答。

11. 波峰焊机的失效服从三参数威布尔分布，其中$\beta=1.6$、$\eta=800h$、$\gamma=500h$。一次预防性维护成本为6000美元，而意外失效的成本为16000美元。这台机器每天工作24h，预防性维护每三个月进行一次。计算这个维护计划每年的总成本。

参 考 文 献

Blanchard, B. and Fabrycky, W. (2011) *Systems Engineering and Analysis*, 5th edn, Prentice Hall.

Bloom, N. (2005) *Reliability Centered Maintenance (RCM): Implementation Made Simple*, McGraw-Hill.

Dhillon, B. (1999) *Engineering Maintainability; How to Design for Reliability and Easy Maintenance*, Gulf Publishing.

Jardine, A. and Tsang, A. (2005) *Maintenance, Replacement and Reliability*. Dekker.

Jones, J. (2006) *Integrated Logistics Support Handbook*, McGraw-Hill Logistics Series.

Morris, A. (1997) *Measurement and Calibration Requirements for Quality Assurance to ISO9000*, Wiley.

Moubray, J. (1999) *Reliability Centred Maintenance*, 2nd edn, Butterworth-Heinemann.

Smith, D. (2005) *Reliability, Maintainability, and Risk*, 7th edn, Elsevier.

UK Defence Standard 00–40. *The Management of Reliability and Maintainability*. HMSO.

US MIL-HDBK-1388. *Integrated Logistic Support*. Available from the National Technical Information Service, Springfield, Virginia.

US MIL-HDBK-470. *Maintainability Program Requirements*. Available from the National Technical Information Service, Springfield, Virginia.

US MIL-HDBK-472. *Maintainability Prediction*. Available from the National Technical Information Service, Springfield, Virginia.

第 17 章　可靠性管理

17.1　企业的可靠性方针

要使可靠性工作真正有效，必须将实现高的可靠性作为企业发展战略的一部分，并在管理上给予高度重视。如果这些条件没有得到满足，只是一种口号，那么每当经费紧张、时间紧迫时，在可靠性方面所做的工作就要减少。会使可靠性团队信心低落，而且不被接纳为项目团队的一部分。因此，质量和可靠性的意识与指示必须来自企业高层，并且必须渗透到可能影响可靠性的各职能部门和各个层次。

现代化工业中的各种因素使得这种高层的认识变得至关重要。在保修期内修理的高额成本，以及用户所承担的高额费用，甚至对于比较简单的设备，如家用电子和电气设备，都使可靠性成为具有很高价值的因素。可靠性还有其他一些不太容易量化的影响，如用户对产品的好印象和产品的声誉等，而且竞争产品的相对可靠性对于占有并保有市场份额也是重要的。

17.2　可靠性综合计划

可靠性工作应当一直作为产品开发过程的重要部分，而不要将它视为一种与开发项目中其他部分没有直接关系的并行活动。这是将可靠性工作的责任赋予项目经理的主要原因。尽管在矩阵式管理结构中，可以由核心部门提供专业的可靠性服务和支持，但是项目经理在实现可靠性目标方面仍然负有责任，因为其是唯一能够确保在产品开发存在矛盾的各个方面之间，将资源与时间进行平衡分配的人。

一个全面、综合的可靠性项目的各个组成部分如图 17-1 和图 17-2 所示，它涉及整个开发、生产和使用方面的工作。还体现了信息的不断反馈，从而能够使设计迭代最为有效。大部分面向可靠性的设计（DfR）所用的工具和活动（第 7 章）如图 17-1 所示。

需考虑的方面	任务	方法

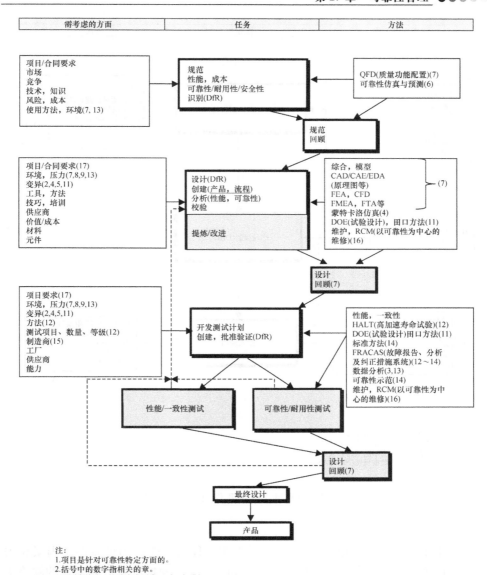

图 17-1　可靠性工作流程图（设计/开发）

注：
1. 项目是针对可靠性特定方面的。
2. 括号中的数字指相关的章。
3. 阴影方格表示这些内容通常需要反复进行。
4. 虚线表示数据反馈（FRACAS）。

　　由于生产质量会影响可靠性，因此质量控制是可靠性项目总体的不可缺少的一部分。质量控制不能弥补设计缺陷，但差的质量却能使可靠性努力毫无意义。质量控制工作必须响应可靠性的要求，而不能仅仅限制在降低生产成本和通过最终试验或检验上。若能做到下面几点，质量控制能为可靠性工作做出最有效的

423

需考虑的方面	任务	方法

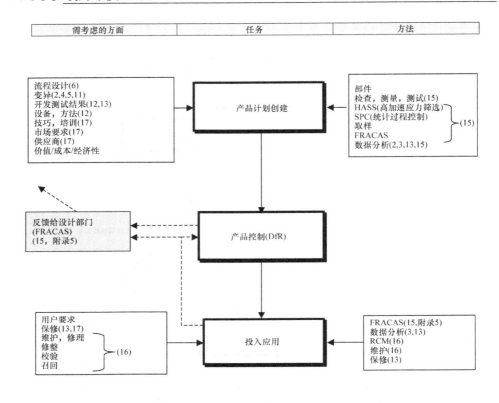

注:
1.项目直接影响可靠性。
2.括号中的数字指相关的章。
3.阴影方格表示这些内容通常需要反复进行。
4.虚线表示数据反馈(FRACAS)。

图 17-2 可靠性工作流程图（生产/使用）

贡献:

1）使诸如试验和检测规范等的质量工作流程与可能影响可靠性的因素相关联，而不仅仅是与形式和功能相关联。例如，公差、对能导致产品弱化的缺陷进行检验及可行时进行适当的筛选。

2）将质量控制试验和检验数据与其他可靠性数据结合分析。

3）在培训质量控制人员时，令他们认识到自己的工作与可靠性的关系，并培训和鼓励他们为提高可靠性做出贡献。

综合的可靠性工作必须是严谨的。虽然对设计等创造性工作来说，通常在不受过多的规定和约束时最有成效，但可靠性（和质量）工作必须由强制性的要求予以严格控制和支撑。必须严格执行对设计分析、试验、报告、失效分析和整改措施的规定，因为任何放松都可能导致可靠性降低，而项目的成本却不会降低。工作中时常会受到放宽设计分析的严格程度，或将存疑的失效归为非相关失效等方面的压力，但是必须抵制这种压力。做到这点最有效的方法是将经同意的可靠性工作中的各项活动作为强制性规程，要规定出完成和报告所有工作任务的责任人，并通过审核和项目评审检查所完成的工作。对综合的可靠性项目的更多介绍请参阅 Silverman（2010）的著作。

17.3　可靠性与成本

实现高可靠性的代价很高，特别是当产品复杂或涉及未经尝试的技术时。前几章中所介绍的技术都需要经过培训的工程师、管理时间、试验设备和供试验的产品等资源，但是可靠性等的值是无法准确预测的，我们常常难于论证必要的成本。人们倾向于单纯依赖好的基本的设计和生产，而不去做具体的可靠性工作，或只做足以安抚要求有形工作的客户，而不进入"真正"开发活动。然而，经验说明了一个事实，即所有管理良好的可靠性工作都会得到收效。

17.3.1　可靠性的成本

在开发项目中，可以用在可靠性上的花费通常是有实际限度的。然而，作者尚未发现有任何项目中的经验表明在可靠性工作中投入了过多的精力，也未发现回报递减率表明项目已经达到饱和。这主要归结于这样的事实，即几乎每个在使用中出现的失效模式都值得在开发过程中发现并纠正。因为在开发期间采取整改措施和将设备投入使用后再采取相类似的措施（或带着失效模式继续使用）在成本上的差异是很大的。在开发工作中，失效模式被发现和纠正得越早，成本就越低。因此，可靠性工作必须从开始就进行，并在早期分析、评审和试验阶段尽可能多地消除各种失效模式。同样地，消除产生制造缺陷原因的成本几乎总会比容忍它们存在而在生产成本和不可靠性的后果方面所要付出的代价少。

在可靠性项目中，将达到某一可靠性值所需的费用，或将可靠性工作方面的成本水平对可靠性的影响一概而论，都是危险的。一些文章中给出了图 1-7（第 1 章）所示的一种关系，图中用最低总成本（寿命周期成本——LCC）标出"最佳可靠性"（或质量）点。但是，该图具有误导性，除非对可靠性（和不可靠性）有影响的所有成本因素都被计入。有了假定的可靠性水平和生产过程的产量，就能将直接失效费用计算得比较准确，但是达到这些水平的成本却难预计得多。可靠性的成本有不同的模型。如 Kleyner 和 Sandborn（2008）针对达到和验证可靠性及后续的保修成本的各方面提出了一个全面的寿命周期模型。如上所述，这种关系似乎更是一种递减的关系，所以最佳质量和可靠性实际上接近

100%，如图1-9所示（第1章）。

一些关于质量管理的标准文献建议从三个方面考虑成本，这样就能对它们进行识别、测量和控制。这些质量成本包括所有工作的成本，特别是用于可靠性和质量控制活动的成本及失效成本。质量成本通常从三个方面考虑：

1）预防成本。

2）评估成本。

3）失效成本。

预防成本是与防止失效发生的工作有关的成本。这些工作包括可靠性工作、购入的零部件和材料的质量控制、培训和管理。

评估成本是与试验、测量、过程控制和质量审计有关的成本。

失效成本是因为发生失效而导致的实际成本。内部失效成本指在制造时发生失效产生的成本，含报废和返工成本（包括与在制品、废品和返工所需场地、相关的文件编制及相关的管理成本）。失效成本还包括外部的或交付后失效的成本，如保修费用，这些属于不可靠性导致的成本。

显然需要尽可能降低在适当长的时间内质量和可靠性的成本之和。因此，预防和评估的直接成本必须与其对失效成本的预期影响相对应，这种影响可能会持续许多年。涉及质量和可靠性的投资分析都是具有不确定性的，因为不可能准确地预计和量化结果。因此，应使用一系列假设进行分析，以得出分析结果对假定的影响的灵敏度，如试验阶段的输出和使用中的可靠性。

例如，两个相似产品的开发预算相近，但可能具有明显不同的可靠性，因为在生产过程中质量控制有差异、初始设计的质量有差异或开发工作的可靠性管理方式有差异。我们甚至更难说出某一特定的可靠性活动对可靠性的影响有多大。如果20000美元用于失效模式、分析和纠正措施，对所达到的可靠性的影响可能很大，也可能小到可以忽略，这取决于被发现的失效模式是否本来也能在开发阶段中暴露出来并被纠正，或取决于初始设计完美无缺的程度。

从可靠性工作中得到的价值在很大程度上必须基于经验的主观判断，并且与对该项工作的管理方式有关。可靠性计划通常受在开发期间所能获得的资源的约束。分配给可靠性工作的资源应该以对风险的评估为依据。对于一项复杂的新设计，设计分析必须十分深入详细，并且应在项目的早期就进行。对已有产品做相对简单的改进，则不必过于强调分析。在这两种情况下，试验工作都应该与可靠性要求、满足该要求的风险评估和未满足时的成本等相联系。该项工作最重要的两个特点是：

1）对可靠性目标的表述应是能理解、可行、强制性和可验证的。

2）专注、集成化的管理。

如果上述两个特点存在，则各项工作之间资源的精确平衡将不是那么关键，并且还取决于产品的类型。有效的试验—分析—改进工作可以弥补设计分析上的不足，尽管成本更高；优秀的设计团队在良好的设计准则的约束和支持下，会减少对试验的需要。电子设备的可靠性工作与发电站的不同。作为一个通用性的规则，本书介绍的所有可靠性工作只要适合于某项产品，都是值得使用的，并且在项目中应用得越早，就越能表现出更好的成本效能。

在集成良好的设计、开发和生产工作中，所有人都致力于实现高质量和高可靠性，并且从管理和培训方面也获得有效的支持，将可靠性和质量工作的成本单列出来是不可能的。最现实和有效的方法是将所有这些工作都视为投资，用以提高产品性能和优点，而不应将其视为负担。

17.3.2　不可靠的成本

应该在开发阶段早期就对使用中的不可靠性导致的成本进行评估，这样才能根据预计的成本证明可靠性工作是合算的，并确定可靠性要求。根据开发项目的类型及如何进行产品维护，可采用不同形式对不可靠性成本进行分析。例 17-1 说明了典型的情况。

例 17-1

获得风险投资的某企业欲开发一种民用电子通信设备。该产品将立即销售，并且有两年的保修，包括备件和服务。概述生命周期费用（LCC）分析方法，并就产品服务策略方案提出建议。

此分析必须考虑直接和间接成本。直接成本可直接根据失效率（或可能会更高些的拆卸率）计算。

直接成本包括：

1）保修成本。每年的保修成本为

使用中的受保产品数量 × 每年每件产品的报修率 × 每次报修成本

受保数量将从市场预测中获得，报修率根据平均故障间隔时间（MTBF）和预期的产品使用情况得出。

2）用于保修支持的备件生产和库存的成本。备件成本由分析（如泊松模型、仿真）得出，可利用报修率、要求备件的报修比例、备件成本、有库存备件可用的概率水平、备件返回库存所需的修理时间、修理和库存成本等。

3）超过保修期的修理和备件的纯利润。超过保修期的备件和修理的年利润的分析方法类似于保修期内的成本分析，但与超过保修期后的设备使用情况相关。

间接成本（与失效率或拆卸率不直接相关）：

1）服务机构（培训手册、管理费用，保修期分担额）。

2）产品声誉。

这些成本无法直接计算出。在任何情况下都需要售后服务机构，它们的表现影响产品的声誉。但是，保修服务也需要一定成本。可在一些项目下进行估算，例如：

服务机构：前 2 年是年保修费用的 50%，之后是 25%。

产品声誉：对报修率使用约定的计算方法。

由于在保修期开始后的几年内，这些成本将以不同的增长率增加，因此，必须对一段时间（如前 5 年）内的这些数据进行估算，然后绘出成本增长图（图 17-3），以表示成本与可靠性的关系。

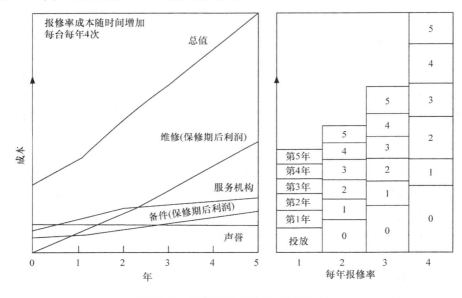

图 17-3　可靠性成本增长（例 17-1）

不可靠性成本的净现值则应该作为规划可靠性项目支出的依据。

如果要知道哪一种服务策略对不同的报修率有最低的成本，就要对这种情况进行分析。例如，报修率非常低时，"直接更换，不修理"策略的成本效能更好，或者可考虑延长保修期以提高产品的声誉。直接更换会节省服务部门的成本，却提高了备件成本。

例 17-1 的分析非常简单，假设也是经简化的。如果需要考虑更复杂的动态影响，如维修时间和成本呈现某种分布、多级的修理和产品失效风险逐渐升高，则蒙特卡洛仿真（第 4 章）可能是更适用的方法。但是，简单的分析通常已足够估算成本的大小，并且在许多情况下也只需如此，因为在后勤分析中的输入变量通常都有些不精确，特别是失效（拆卸）率的值不准确。如果只需做大致的决定，简单分析就已足够。但是，如果试图做更精确的判断或完成灵敏度分析，就应考虑使用诸如仿真的更有力的方法。

当然，产品的不可靠性还会导致产生其他成本。其中的一部分难以量化，如信誉和市场份额，尽管在竞争激烈的情况下这些成本可能很大，而且消费者组织会很快将失效情况公之于众。在极端情况下，尤其是在造成损失或人员受伤时，不可靠性会引起诉讼。一个不可靠成本常常被忽视就是因为设计上存在不可靠之处而在生产过程中引起失效。一个可靠的产品通常制造成本更低，生产质量成本监控系统应该能够发现设计缺陷造成的成本。

17.4　安全性和产品责任

最近，美国、欧洲和其他一些国家的生产责任法规中就消除与安全性相关的失效模式的重要性及在产品开发和制造中全面质量保证方法方面增加了一条新内容。在引入产品责任（Product Liability，PL）之前，与使用某个产品的风险有关的法律是"caveat emptor"（买方自己留心）的原则，而产品责任引入了卖方注意的原则。产品责任使产品制造商对由其产品失效造成的伤害或死亡负责任。现在设计方要对其产品的失效负责，甚至在产品已经用旧而且用户未能正确使用与维护的情况下也是如此。在许多产品导致伤亡的责任诉讼中，只有生产者证明他已经采取了全部可行的措施去发现并排除风险，并且证明伤害完全与失效、设计或生产不当无关，辩护才会成功。由于这些风险可能延续十年以上甚至无限期，按照有关国家的法律，与安全性相关的长期可靠性就成为关键的要求。由于索赔的额度很高，责任在美国没有上限，在减少这些风险时最高管理层必须介入，通过提供组织和资源方面的保证去管理和执行质量与可靠性的任务，以确保实现合理的保护。产品责任保险也是保险公司的业务内容，他们自然希望看到参保的制造商在推动合理的可靠性和安全性工作。

Abbot 和 Tyler（1997）提供了关于这个领域的概述。

17.5　可靠性、质量和安全性标准

一些在工业领域签订开发合同的大型机构发布了关于可靠性工作的标准要求，其中最著名的是美国军用标准 MIL－STD－785（系统及装备研制和生产的可靠性工作）。它涵盖了美国国防部的所有开发项目。MIL－STD－785 获得其他军用标准、手册和规范的支持，在前几章中已被引用到。本书主要参考美国军用文件，因为它们大多数都是最成熟的，并且最广为人知。但是，1995 年美国国防部取消了大多数军用标准和规范，其中包括 MIL－STD－785，并将其他的降级为只起指导作用的手册（HDBK）。现在只要求军事供应商采用"最佳行业实

践"，而不需遵从强制性标准。

在英国，防务标准 00 - 40 和 00 - 41 涵盖了防务装备可靠性工作的管理和方法，且 BS 5760 已面向民用发布，可以被任何机构作为拟定合同时的参考。ARMP - 1 是北约关于可靠性和维修性的标准。一些大型机构如美国国家航空航天局（NASA）及一些主要公共事业机构和企业颁布了自己的可靠性标准。国际标准也已经颁布，下面介绍其中的一部分。

这些正式的标准普遍地（但不是所有）倾向于过分强调文档编制、定量分析和正式试验。它们并没有反映出本书所阐述的并被许多现代工程企业所使用的集成化方法。它们受到对新概念反应迟缓的困扰。因此它们在防务和相关工业之外并不太被采用。但是对于涉及可靠性工作的人员，无论是用户还是供货方，都有必要熟悉这些相关标准。

17.5.1　ISO/IEC 60300（可信性）

ISO/IEC 60300 是关于"可信性"的国际标准，其内容涵盖了可靠性、可维修性和安全性。它描述了与产品设计和开发各方面有关的管理和方法。所涉及的方法包括可靠性预计、设计分析、维护与支持、全寿命周期成本、数据收集、可靠性演示试验和数学/统计方法。大多数方法都在 ISO/IEC 60000 系列的各自的标准中有介绍。制造质量方面的内容没有包括在这个标准中。关于 IEC 标准请参考 Barringer（2011）的文献。

到目前为止，ISO/IEC 60300 仍没有像 ISO 9000 那样进行审核和登记（见下一节内容）。

17.5.2　ISO 9000（质量体系）

制定国际标准质量体系 ISO 9000 是为评估一个组织在提供产品或服务而运营时的"质量管理体系"而制定的。质量体系的概念是由美国质量管理方面的军用标准 MIL - Q - 9858 发展起来的，在 20 世纪 50 年代，它为了保障为美国军方制造的产品的质量而采用。然而，许多组织和企业通过 ISO 9000 认证为他们所购买的产品和服务的质量提供保证，并以此证明自己产品和服务的质量。

注册是对 ISO 9000"家族"中相关标准而言的。ISO 9001 是适用于从事产品设计、开发和制造的公司的标准。我们将"ISO 9000 注册"作为一个总称。

ISO 9000 没有专门阐述产品的质量和服务，也没有规定诸如设计分析、试验和质量控制等实现产品质量的方法。它用非常简要的术语描述了为确保质量应该建立的体系。原则上，只要具有成文的工作程序并得以遵照执行，在该标准中并没有关于防止一个组织生产出质量差的商品或提供差的服务的内容。一个具有有效质量体系的组织通常比混乱的组织更倾向于采取整改措施并改进过程和服务。

但是，认证本身并不能视为质量的保证。

在 ISO 9000 方法中，供应商的质量管理体系（组织、流程等）要经过独立的"第三方"人员的审核，审核人员评估是否符合标准，并据此决定是否颁发注册证书。某些组织被相应的国家鉴定部门"委托"为"认证机构"。让第三方评估的理由是，可消除每个客户对其所有供应商自行进行评估的必要性。但是，诸如质量等的重要事务并不能依赖第三方偶尔进行的评估，因为第三方未必有相应的专业知识，而且与买卖双方密切合作。全面质量管理（Total Quality Management，TQM）的理念（见 17.17.5 节）要求供货方与采购方双方之间形成密切、持续的伙伴关系。

从一开始，ISO 9000 就引发了相当多的争论。因为不得不在获得并维持注册认证上投入精力与费用，企业有可能形成认为已经达到了最好的质量水平的心态。通常一个企业在初次认证成功后会广为宣传，这样又鼓励了这种心态。组织的目标，尤其是其中直接负责获得和维持认证的人员的目标，都被导向维持工作流程和审核员工是否按程序工作的方面。这样就形成了按程序工作比提出更好的工作方式更为重要。当然，也有一些企业在认证后实现了真正的提高。那么，为什么这么多人采用这种认证呢？部分原因是文化上的，部分是由于强制性要求。

文化方面的压力来自这样一种倾向，即认为当人们被告知要做什么时会做得更好，而不是赋予自由和必要的技能并自行激励决定完成工作的最好方式。这种观点产生于科学管理的概念，如 Drucker（1995）和 O'Connor（2004）所述。

强制应用该标准来源于几个方面。实际上，许多机构要求合同的竞标方必须是经过认证的。自从英国国防部决定放弃自己评估而采用第三方评估之后，向英国国防部供货的所有承包商和分承包商都必须是经过认证的，而且美国国防部最近决定采用 ISO 9000 替代 MIL – STD – Q9858。一些大公司和公共事业机构要求他们的供货方经过 ISO 9000 认证，或者是经过行业标准认证，如用于汽车的 QS 9000 和电信的 TL 9000。ISO 9000 的支持者认为全面质量管理（TQM）方法对于大多数组织而言过于严格，并且称 ISO 9000 可以为后续的全面质量工作提供"基础"。但是，一流的现代质量管理大师都反对这种观点。他们指出，任何组织都可以采用全面质量管理（TQM）的理念，并将获得比接受标准认证大得多的收益，而且成本低很多。

许多已出版的书中对 ISO 9000 和它的应用做了介绍，如 Hoyle（2009）的著作。

17.5.3　IEC 61508（与安全性相关的电气/电子/可编程电子系统的功能安全）

IEC 61508 是一个为与安全性相关的，以电气、电子和软件技术为基础的控制系统及防护系统的设计、开发、使用和维修而制定的要求。如果系统任何功能的失效将对人身造成危害，那么这个系统就是"与安全性相关的"。因此，诸如铁路信号、车辆制动、飞机控制、火灾探测、机器安全性互锁、工厂应急控制和车辆安全气囊触发系统等都包括在内。该标准根据系统的危害程度，为这样的系统进行分析和试验必须达到的程度确立了准则，还包括独立评估人员的聘用。该标准还介绍了分析硬件和软件设计的很多方法。

这些方法应用的程度取决于要求达到或希望达到的安全性功能的安全完整性水平（safety integrity level，SIL），它分为 1～4 级。安全性整体水平 4 是最高级，对应的是在每次需求下出现 10^{-5}～10^{-4}，或者每小时出现 10^{-9}～10^{-8} 的"目标失效度量"。对于安全性整体水平 1，这些数值分别为 10^{-2}～10^{-1} 和 10^{-6}～10^{-5}。对于失效概率的量化，建议采用第 6 章中介绍的可靠性预测方法。所列的方法包括"使用经过充分试用的元器件"（对所有 SIL 都建议）、"仿真"（建议用于 SIL 2、3 和 4 级）和"模块化"（强烈建议用于 SIL）。

早在 2000 年，国际标准化组织（ISO）就推出了这个标准的汽车行业的版本——IEC 26262。它对功能安全的处理方法和 IEC 61508 类似，对道路车辆进行了调整。

这两个标准的实用价值和优点都有些值得怀疑。所介绍的方法与所能接受的工业实际情况不符。这些标准的颁布导致了官员、审核员和顾问人数的增多及成本的升高。这个标准不太可能使安全性得到任何提高，同样的原因，ISO 9000 标准不一定能提高质量。但它们毕竟存在并且经常是强制性的，所以系统设计人员需要注意到这一点并保证需求能够得到满足。

17.6　规定可靠性要求

为了保证可靠性在设计、开发和生产时得到充分重视并获得资源支持，必须提出有关要求。在介绍如何充分地确定这些可靠性要求之前，先介绍一些不可取的方式：

1）不应写模糊的要求，如"尽可能地可靠""高可靠性是该设计的一个特点"或"目标可靠性将达到 99%"。这些叙述并不能确保可靠性得到保障。

2）不应写不现实的要求。在许多情况下，"在规定的工作条件下不应发生失效"是一种现实的要求。但对于复杂的电子设备，过高的可靠性不会被视为一个可接受的设计要求，因而会被忽略。

可靠性规范必须包含：

1）与产品功能相关联的失效的定义。该定义应该涵盖与功能相关的所有失效模式。

2）对产品存储、运输、使用和维修环境的全面规定。

3）说明对可靠性的要求，和/或指出那些特别关键的失效模式及影响，它们的发生概率必须很低或者为零。要采用的可靠性的度量已在 14.2 节中讨论过。GMW 3172（2004）可以作为详细的可靠性规范的例子。另外，英国国防标准 00 - 40 详细地叙述了可靠性规范的编制。

17.6.1　失效定义

在定义失效时必须要保证失效准则是无歧义的。失效应该总是对应可度量的参数或明确的现象。轴承被卡住就是很明确的现象，而密封泄漏可能被认为是失效，也可能不被认为是失效，这取决于泄漏率或者泄漏是否能通过简单的调节而排除。电子设备在正常工作时，有的失效模式可能不影响功能，但是其他情况可能会有影响。例如，在进行功能测试时，用于防止电压瞬态峰值的二极管的失效可能不会表现出来，而且可能不会影响正常功能。一些诸如外观的变化或不影响功能的小的性能退化等缺陷通常不与可靠性相关。但有时察觉到的性能下降表明失效将要发生，因此这种事件应该被定义成失效。

在评估失效时不可避免地存在主观性变异，特别是当数据不是取自受控的试验中时。例如，同一台设备从保修期内所进行的修理中获得的失效数据，可能不同于在保修期结束后进行的修理中的相应数据，并且这两类数据都不同于受控状态下可靠性演示验证中所获得的数据。可靠性规范中的失效准则能大大降低与规范相关的失效数据的不确定性，并帮助设计人员理解可靠性要求。

17.6.2　环境规范

环境规范必须涵盖众多载荷的所有方面和影响产品强度或失效概率的其他因素。如果对产品将面临的状况没有清晰的定义，设计工程师不能得知要针对什么进行设计。当然，环境规范的一些内容有时会被视为是显而易见的，而且希望设计工程师在即使没有得到明确指示的情况下也要满足这些条件。但通常最好都要为新产品准备完整的环境规范，因为如果能认真地考虑和分析可能在设计中被忽略的方面，则这项工作就是值得的。7.3.2 节中介绍了环境分析。对于大多数设计团队来说，只需要考虑少量几个标准环境规范。例如，军用装备的环境要求和试验方法已包含在美国的 MIL - STD - 810 标准和英国的防务标准 07 - 55 等规范中。另外一个例子是前文介绍的汽车验证标准 GMW 3172（2004）。

规范所涵盖的环境必须包括搬运、运输、存储、正常使用、可预见的误用、维修和所有其他特殊条件等。例如，可能使用的试验设备的类型、使用和试验人员的技能水平及试验的条件等，当这些因素可能影响所要观察的可靠性时，应该将它们说明清楚。

17.6.3　说明可靠性需求

可靠性需求应该以一种能验证的方式表达，并且要对产品的使用有意义。例如，如果产品的主要工作用距离表示，那么对失效之间的时间进行规定就没有什么意义，或者无法衡量（在可靠性演示或者工作中）。

可靠性水平可以用成功率来表示，也可以用寿命时间表示。对"一次性"产品，成功率是唯一的指标。

基于寿命的可靠性指标必须在相应的寿命分布下制定。适用于可靠性规范的指标见14.2节。

规定的寿命参数必须清晰地说明寿命特性。例如，开关、顺序阀或数据记录的寿命不能仅仅用小时来说明。寿命必须针对工作循环（在这些情况下，就是开关反复次数和频率、定序运行次数和频率、预期的记录、播放和开关的循环次数）。寿命参数可以用某些和时间相关的函数表述，如运行里程、转换循环次数、载荷换向次数，或者在规定的工作循环下可以用达到的时间表述。

17.7　可靠性达标合同

那些可能会因设备的不可靠而付出高额代价的用户，会要求在合同中加入与可靠性相关的条款。当然，每个产品的质保合同也是一种可靠性合同。但是，还有与可靠性达标相关联的具体奖励或惩罚合同，这主要是由军方提出的，但也被其他重大设备的用户如航空公司和公共事业所采用。

可靠性合同最常见的形式是根据可靠性演示验证进行奖励和惩罚。演示可能是正式的试验（第14章中介绍的方法），也可能是基于用户的经验。无论哪种情况，都必须仔细定义是什么构成了相关的失效，并对失效分类达成一致。如果合同只是基于奖励性支付，那么可以同意由用户对失效进行分类并决定奖金，因为不涉及惩罚。有一种可靠性奖励合同形式是为航天器编制的，合同规定当航天器成功连续飞行如2年后，由用户支付奖金。

奖励付款相对于奖励/惩罚结合的方式更具有优势。重要的是要建立一个积极的奖励机制，而不应形成会引起争执和诉讼的策略，在这方面，奖励机制是更可取的。同时，奖励更易于谈判，因为提出条件后更容易被接受。奖励付款的构成可以设计成在使用户因可靠性提高而相对节省了一小部分费用的同时，还使供货方得到显著的利润增长。接受奖金还有明显的间接优点，如可以鼓舞士气，以及作为在将来投标时值得提及的事项。典型的可靠性奖励策略如图17-4所示。

当制订奖励合同时，需要确保对其他性能做了充分而合理的规定，而且适当时还应规定奖励或保证等的财务条款，这样就不会促使供货方为获得可靠性奖励

而放弃其他特性。为了使供货方的
动机与客户的要求一致，应仔细制
订奖励合同。所选的参数值必须具
有现实的挑战性，且奖励金额必须
足够高，这样才值得供货方去做更
多的努力。

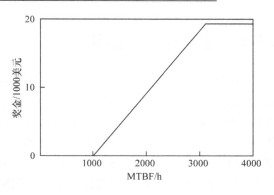

17.7.1 可靠性改进保证

图 17-4 可靠性奖励策略

制造商每年支付的保修费用高
达数十亿美元。因此在很多行业
中，制造商努力激励供应商提高可靠性从而降低保修费用。例如，一些汽车厂会
支付一定失效率之内的保修费用（例如，每年每一千辆汽车中有一辆发生故
障），超过该比例的部分将由供应商负责。近年来，制造商越来越致力于推动供
应商"公平地"支付一部分保修费用。Warranty Week（2011）在它的新闻简报
中发布了各行业各地区在财务和管理方面的保修数据。

17.7.2 全面服务合同

全面服务合同要求供应商不仅提供系统本身，还提供所有的支持。购买方不
规定系统的数量，而规定系统的可用性水平。最近，在欧洲出现的铁路车辆合同
集中体现了这种方法：铁路公司规定了时间表，供应商必须确定并制造相应数量
的列车，并提供全部维护和其他的后勤保障，包括配备人员和管理维修场地及备
件供应等。列车公司要做的就是运行列车。合同条款包括对由于列车失效或不可
用而不能按时刻表运行时所做的补偿。类似的合同也用于向大型购买方提供电子
仪器，向医院提供医疗设备及提供一些军用设备，如教练机。

全面供应合同将可靠性的责任和风险都牢牢地与供货方联系在一起，因而有
高度的激励作用。但是，长远来看，这对购买方并不利。购买方可能会失去工程
知识，这种知识对于在工程方面和使用运营方面之间进行权衡优化，以及制订未
来的采购计划可能是很重要的。当工程和使用之间的相互联系是纯财务和法务的
互动时，由各个独立公司按不同业务目的工作就会引起利益上的冲突，导致无法
达到最优的效果或不能充分合作。由于支持合同一旦订立，实际上就不能改变或
转移，供应商就处于垄断地位。在英国 Railtrack 铁路公司的一宗案例当中，该
公司向承包方"外包"了所有铁路和其他基础设施的维修工作，而在这个过程
中失去了有效管理的必要知识，后因铁轨断裂直接导致了一次致命事故并引发整
个铁路网危机，对这种合同方式潜在的危险提出了明确的警告。相比之下，航空
公司坚持自己进行维修，而民用飞机制造商则将精力集中在其最熟知的业务上。

17.8 管理下级供应商

下级供应商对系统的可靠性具有重大的影响。火车、飞机、轮船、工厂和基础设施等系统的 80% 或更多的失效相当普遍地是从下级供应商处"买"来的。在较小的系统，如机械和电子设备等系统中的发动机、液压泵和阀、电源、显示器等产品，几乎都是从专业供应商处采购的，而它们的失效导致了系统的不可靠。因此，针对供应商的可靠性工作与针对内部的设计、开发与制造的可靠性工作是同样重要的。持续的全球化和工作外包同样会对下级供应商造成影响。现今的供应商来自全球各地，其中包括对设计和制造工艺知之甚少且没有健全的质量体系的地区。

为了确保下级供应商对系统的可靠性做出最大贡献，应该应用下列指导原则：

1）依靠现有的管理贸易关系的商业法规来提供保证。如果产品或服务没有达到规定的或隐含的性能要求，都可以据此进行补救。因此，如果确实发生了失效，可要求采取改进或其他相应的措施。在许多情况下，还要执行质保条款。但是，如果合同规定了需要达到的可靠性的值，如 MTBF 或最高失效比例，那么实际上反而会招致失效。当失效确实发生时，一般都是将注意力集中在讨论或争论统计上的解释和其他不相关的问题上，而不是集中采取技术和管理措施以防止失效再次发生。应该明确地陈述成功，而不是失效。

2）不应仅依靠 ISO 9000 或类似的认证来提供保证。正如上面所解释的，这些方法不能对产品或服务的可靠性或质量提供直接保证。

3）工程师应该管理工程产品的选择和采购。各公司的普遍做法是将这项职能赋予一个专门的采购部门，而设计工程师必须向他们提供规范。这基于这样一种理由，即工程师可能没有专业采购人员所具有的商务方面的知识。但是，只有相关的工程师才具备工程方面的知识，特别是对可靠性的长期影响的知识。工程师可以很快地学会足够的采购知识或得到采购专家的支持，而采购人员无法学会有效选择工程零部件和子系统所必需的工程知识和经验。

4）不应仅以产品价格为依据来选择供应商（这是 Deming 著名的"对经理的 14 要点"中的第 4 点，Deming，1987）。选择供应商及其产品必须根据系统在其预计寿命期内的总价值，包括性能、可靠性、支持及价格等进行。

5）应该与供应商建立长期的伙伴关系，而不应逐个项目去寻求供应商或为短期利益而更换供应商。这样才能实现双方共同分享信息、效益和分担风险，获得长期的收益。具有这种伙伴关系的供应商能够为系统设计工程师指导应用细节，并能对他们的要求做出更为有效的响应。

这些内容在 O'Connor（2004）中有详细介绍。

17.9　可靠性手册

正如大多数大中型设计和开发机构内部，设计实践、组织架构、质量保证（QA）程序等内容都有手册涵盖那样，可靠性管理和技术的内容也应当包括在内。根据产品类型和所采取的组织结构，可靠性可以在工程和质量保证手册的相关章节中得到充分的说明，或者必要时也可以编写单独的可靠性手册来说明。公司内部的可靠性流程不应该试图详细地介绍基本原理，而应该给出相关的标准和文献，而且显然这些标准和文献应该是能使员工读到的。如果可靠性中的各项活动已经在军用、国家或行业标准中有所描述，则应该列入这些标准并在适当时遵照执行。本书的每章结尾都列出了主要的参考文献。

内部文件至少应该包括下列主题：

1）公司的可靠性的策略。

2）可靠性组织架构。

3）设计中的可靠性工作流程（如设计分析、零件降额、零件、材料和过程选择、批准和评审、关键项目清单、设计评审）。

4）可靠性试验流程。

5）可靠性数据收集、分析和实施系统，包括试验、保修等数据（见附录5）。

所制订的工作流程中，必须说明在每种情况下，由谁负责实施、由谁负责提供资源。流程还必须说明由谁提供支持性服务。可靠性手册中的一段可以采用表17-1 给出的样式。

表 17-1　可靠性手册：职责

任　　务	参　　考	责任部门		
		主要责任	资源	支持
应力分析（电子）	工作流程 XX	项目设计	可靠性	可靠性
可靠性试验	工作流程 YY	可靠性	环境试验	项目设计
可靠性数据	工作流程 ZZ	可靠性	可靠性	质量保证

17.10　项目可靠性计划

每个项目都应该制订书面的可靠性计划并按其执行。用户投资开发的项目一般包含制订可靠性计划的要求。

可靠性计划应该包括：

1）关于可靠性需求的简要说明。

2）可靠性的组织结构。

3）需要进行的可靠性活动（设计分析、试验、报告）。

4）所有与项目开发节点有关的主要活动时间表。

5）供应商的可靠性管理。

6）采用的标准、规范和内部工作程序（如可靠性手册），以及对其他计划（如安全性、维修和质量保证）的交叉引用。

在竞标中，当可靠性计划要作为回复用户投标请求（RFP）内容的一部分提交时，该计划必须要反映对用户所提要求的全面认识和理解及与之相匹配的能力。

在接受合同以后，作为项目开发工作的一部分而准备的可靠性计划要比回复RFP中的内容更为广泛，因为它包含各项活动、时间表和汇报的更多细节。因为一旦项目可靠性计划被用户接受，通常就成为合同的一部分，因此清楚而明确地涵盖每一个方面是很重要的。

一个准备充分的可靠性计划对于提高供应商对自身能力的信心，以及为项目提供一个可遵循的良好的可靠性管理计划都是有用的。

附录6给出了一个可靠性和可维护性计划的例子，也包括安全性方面的内容。

对用户要求的调整

对用户要求的调整是指对用户的要求提出不同的建议。"调整"在用户RFP和开发合同中经常会提出。一个典型的例子是，当用户规定了一个系统并要求正式的可靠性演示时，如果潜在供应商能提供的系统已经有了足够多的实际可靠性记录，则可建议用这些数据代替正式的可靠性演示，而对用户的要求进行相应的调整。这样可以为用户节省大量的可靠性演示的费用。此外，如果潜在供应商认为RFP中的某些要求不可行或者无法实施，也可以提出异议。在权衡分析中可能会出现其他示例，例如，研究表明性能参数降低可能会节省成本或提高可靠性。

17.11 利用外部服务机构

在公司内部保留分析和试验人员及设施，并维持工作流程和培训，只有在产品需要相当密集和持续的开发工作时才是值得的。先进的产品领域，如国防和航空航天、电子仪表、控制和通信、车辆，和非最先进的产品，如家用电器和不太复杂的工业设备的大型制造商来说，即使没有合同的要求，也需要有专门的可靠性工程机构。较小的、开发工作不常涉及风险的公司可能同样对可靠性工程的专业知识有大量需求，但并不是持续性的。外部的可靠性工程服务机构可以在小型公司需要时为之提供专业支持和设备支持，以满足其要求。可靠性工程咨询和专业试验设施也能帮助大型公司对其内部人员和设施进行支持。由于他们专门致力于许多不同类型的项目，因此当有新问题出现时应该考虑找到他们提供技术支持。但应该仔细选择，并将其吸收到项目团队中。

小型公司也应该准备在适当时寻求重点用户的帮助。合作的方式对供应商和用户双方都有利。

17.12　用户的可靠性管理

当根据合同进行产品开发时，采购方在可靠性和质量工作中起着重要的作用，军事用品采购或其他公共事业采购经常如此。如前文所述，这些机构经常制订用于开发合同的标准，包括了可靠性工作管理、设计分析方法和试验方法等内容。

每一个项目都应指定一名可靠性经理，向项目经理汇报工作。由集中化的可靠性部门进行项目的可靠性管理，而不对项目经理负责，很可能会降低有效性。中心的可靠性部门的作用是提供通用标准、培训和建议，但是不应该依靠它去管理一系列项目的可靠性工作。如果有出现这种情况的趋势，通常表明没有对项目成员提供足够的标准或培训，这些问题应该得到纠正。

在开发过程的可靠性工作中，采购方的主要责任是：

1）说明可靠性要求（17.6 节和 14.2 节）。

2）说明应该使用的标准和方法。

3）建立财务和合同框架（17.7 节）。

4）说明对报告的要求。

5）监督合同执行。

对上述前三项内容予以恰当的关注，应该能保证对供应商进行有效的指导和激励，进而采购方就可以了解各项活动和进展，而不必过于深入地参与。

通常需要就规范和合同内容进行谈判。在拟定规范和谈判阶段，通常要有集中化可靠性部门介入，因为采用统一的方法是很重要的。进行调整（17.10 节中"对用户要求的调整"部分）是当前开发合同的一个共同特点，是谈判阶段的一个重要方面，需要具有其他正在执行或谈判的合同的经验和知识。

供应商为响应采购方要求而准备的可靠性计划，也应该由该可靠性部门进行评审，特别是对于重大合同。

承包商的汇报任务经常在工作说明（statement of work，SOW）中指定，内容一般包括：

1）可靠性计划。

2）设计分析报告和更新（预测、FMECA、FTA 等）。

3）试验报告。

报告的内容应限制在有利于监测性能的方面。例如，一份 50 页的 FMECA 报告中将系统的每一个失效模式列在表格内，这对采购方来说可能并没有用。因此工作说明中应该规定报告的内容、格式和长度。为了形成报告所需要进行的详细分析，应该用于应对具体问题的查询或审计。

采购方应该关注供应商的设计评审。一些大型公司会指派人员入驻供应商的工作场地监督开发工作，并针对问题提出建议，如对规范的解释。这对一些重大项目如飞机、舰船和工厂等非常有用，如果被指派的人员随后将参与系统的运营和维护时就更加有用。

许多设备的采购方并不详细说明整个系统，或订立完整的开发合同。还有许多采购方没有自己的可靠性标准。尽管这样，他们通常还是能影响所购买设备的可靠和可用性。我们将举一个例子说明典型的采购方是如何做到这一点的。

例 17-2

几位创业者正在策划一个中等规模的食品加工厂。其中，该工厂将包括：

1）两个大型连续进料烤炉，它们属于目录中的现有产品，但供应商按照采购方的要求进行了改动。这是该工厂最耗费资金的项目。只有一个潜在的供应商。

2）一个传送带供料系统。

3）几台标准的机器（刨片机、包装机等）。

4）一个由中央计算机操作的工艺控制系统，其硬件和软件将由专业的供应商按采购方的要求提供。

除第 4 项外，主要安装工作的设计和装配将由一个专门的承包商负责，工艺控制系统的集成将由采购方进行。该工厂必须符合法定的安全标准，并且他们非常希望安全性和工厂可用性达到最大。他们应该如何做来保证这一点呢？

第一步是尽可能地去确认每个供应商在可靠性和服务上具有良好的声誉。采购方应该对可用的设备范围进行调查，在可能的情况下，从其他用户处获得可靠性和服务方面的信息。应在很大程度上根据这些因素选择设备和供应商。

对于标准的机器设备，应该对所提供的保修条款进行研究。因为工厂的可用性是很重要的，采购方应该为保证能正常工作的时间进行服务协议的谈判，例如，保证在 24h 之内进行修理或更换。如果这是不可行的，他们应该与供应商一起考虑应该准备什么备件。

由于烤炉是关键设备，并且需要改装，采购方应该确保供应商能提供正常的保修，并与对待标准产品一样保证服务支持。他们还应该考虑为争取延长这些设备的保修期限而谈判。

过程控制系统是一个全新开发的系统（计算机除外），应该非常认真地予以详细说明，特别是对可靠性、安全性和可维护性，具体如下文。规范和合同的关键点应该是：

1）明确与安全相关的重点失效影响。

2）明确运行失效影响。

3）安装后能正确工作的确认。

4）确保对硬件和软件的支持，包括所有认为必要的修理和纠正。

5）清晰、全面的文档（试验、操作和维护指南、程序列表、程序注释等）。

对于这项开发工作，采购方应该考虑在合同中引用相关的标准，如BS 5760。举例来说，FMECA 和 FTA 可能对该系统非常有用，还应该合理地控制软件开发工作并编制文档。供应商需要说明规范和合同中这些方面的内容将如何满足，以确保对所提要求的完全理解。可以聘用一位合适的咨询工程师来规范和管理这方面的工作。

安装合同也应该包括可靠性、安全性、可维护性和服务。

在交付使用期间，应该试验所有的工作模式。特别是应包括安全性，应尽可能地模拟所有和安全相关的重点失效模式。

采购方应该按照第16章给出的指导制订一个维护计划。也可为这项工作聘用一位咨询工程师。

最后，采购方应该为自己投保来应对风险。他们可以利用开发过程中的详细风险控制记录，与保险公司谈判有利的条款。

17.13　可靠性工作人员的选拔和培训

可靠性部门的工作人员应该熟悉产品（其设计、制造和试验），并熟悉可靠性工程方法。因此，在可靠性部门内部应该与其他工程部门有相同的资质和经验要求。其目的是要建立一个平衡的团队，即它的一部分人员是从产品工程部门抽调出来的，并给予必要的可靠性培训，而另一部分人员是可靠性工程和技术方面的专家，他们应该接受使他们熟悉产品的培训。为了职业发展，可靠性工程应该包括在普通的工程人员轮岗的范围内。通过拥有一个平衡的部门，并且其他部门的工程师具有可靠性工程经验，可靠性工作将是可信的，并且能发挥最大的作用。

可靠性工程师不必成为特定专业（如电子电路设计或冶金专业）的专家。而是应具备更为广泛的经验和足够的知识去理解各种专家的问题。可靠性工程师的任务不是解决设计或生产问题，而是帮助预防出现问题，并确定失效的原因。因此，他们必须是一个沟通者，能够胜任与团队中的技术专家一起工作，并能够展现出所应用的可靠性方法的价值和切实意义。产品的制造、使用和维护方面的经验和知识使可靠性工程师能够发挥有效和可信的作用。因此，在试验、产品支持和用户维护等方面有经验的工程师应被列入可靠性工程师职位的候选人名单。

由于可靠性工程和质量控制有许多共同点，质量控制工作的经验也是值得学习的，只要质量控制的经验比传统的试验和检验方法更深入，且不涉及设计或开发。对于可靠性机构内部在数据分析和统计工程方面提供支持的人来讲，专业培训比熟悉产品更重要。

显然，对可靠性工程人员要求的素质和可靠性部门的负责人同样重要。因为可靠性工程涉及与若干其他部门的联系，包括营销及财务等非技术部门，所以该职位不应该被认为是能力普通的工程师的职业的终结，而是未来的高层管理人员得以发展其全面才能并深入洞察全局业务的一个职位，而且发展下去终将在高层进一步加强可靠性意识。

统计方面的专业人员和最近出现的六西格玛黑带大师（17.17.2 节）可以对整体的可靠性工作做出非常显著的贡献。试验设计和数据分析需要这些技能，但并没有很多的工程人员接受了适当的培训或拥有这方面的经验。重要的是在技术工作中统计人员要了解统计数字所产生的"噪声"特性，如前面章节所述。他们应该被告知所要面对的一些问题的主要工程和科学原理，并且能将自己融入工程团队。他们也应该在培训工程人员理解和使用适当的统计方法时发挥重要作用。

选拔和培训可靠性工作人员是重要的，同时也有必要对工程团队中其他所有成员（设计、试验和生产人员等）进行培训和激励。由于产品失效几乎总是由人员缺乏知识、技能或努力造成的，因此必须对所有与产品有关的人员进行培训，从而使发生这种失效的可能性最小。例如，如果电子设备设计工程师了解电磁干扰会影响其系统，他们就不太可能提供不适当的保护，而试验工程师在理解了变异之后则会进行更多的探索性试验。因此，可靠性培训工作必须与整个团队相关联，而不仅仅是可靠性专家的事。

尽管质量和可靠性很重要，但是目前这方面的教育却十分缺乏。极少数工程院校提供这方面的学位课程，甚至质量和可靠性方法方面的课程也不足。因此，质量和可靠性的从业人员都是通过同事或者在职培训获得专业技能。

17.14　可靠性的组织

由于有很多不同的活动对产品的可靠性都起作用，因此难以绝对地说清保证有效的可靠性管理的最佳组织方式。可靠性受设计、开发、生产、质量控制、供应商和承包商的控制及维护等的影响。需要对这些活动进行协调，并且用于它们的资源必须与产品的需求相关联。产品的需求可以由市场评估、保修成本因素或用户决定。用户对可靠性工作的介入不尽相同。军事和其他公共机构经常详细地规定了要求进行的活动，并且要求得到设计数据、试验记录和其他信息，特别是当采购方为开发提供资金时。而另一个极端情况是，家用电器用户完全不直接参与开发和生产工作。不同的活动所具有的重要性或大或小，取决于产品是涉及创新或复杂设计，还是简单的和在相当程度上基于经验的。随着项目从开发、生产到使用等阶段的进展，可靠性工作的内容也在发生变化，项目初期主要由设计部门参与，但随后的重点将转移到生产、质量控制和维护等部门。然而，设计必须考虑到生产、试验和维护，所以制订规范的人员和设计人员都必须考虑这些后续工作。

由于为完成可靠性工作所需的知识、技能和技术在本质上与完成安全分析和维护性工作的相同，因此将这些职责综合在同一个部门或项目团队中是合理和有效的。

可靠性管理必须与其他项目管理职能结合起来，以确保可靠性工作获得与项目的所有其他要求和约束条件相应的关注和资源支持。

已经发展了两种主要形式的可靠性组织，下面对此进行描述。

17.14.1　基于质量保证的组织结构

基于质量保证（QA）的组织结构将可靠性的责任赋予了质量保证的管理部门，它在控制生产质量的同时也控制设计、维护等的"质量"。这种形式基于"质量是使产品满足需求的能力的所有特征的总和"的定义。它是欧洲国家正式的质量定义。因此，在欧洲经常是由质量保证部门或项目质量保证经理负责产品可靠性的所有方面。图 17-5 所示为一个典型的基于质量保证的可靠性组织示意图。可靠性工程组主要与各工程部门相联系，而质量控制主要关注生产。但是，可靠性工程和质量控制是紧密协调的，而且有共同的职能，如可共同使用包括开发、生产和使用过程的失效数据收集和分析系统。质量保证部门则提供从使用经验到未来设计和生产的反馈。这种组织形式被大多数商用和家用产品制造商采用。

17.14.2　基于工程的组织结构

在基于工程的组织结构中，可靠性是工程经理的责任。质量保证（或质量控制）经理只负责控制生产质量并直接向产品经理或生产经理报告工作。图 17-6所示为一个典型的基于工程的可靠性组织示意图。这种组织类型在美国较为普遍。

17.14.3　组织类型的对比

基于质量保证的可靠性组织更易于将设计、开发和生产工作结合起来。前面

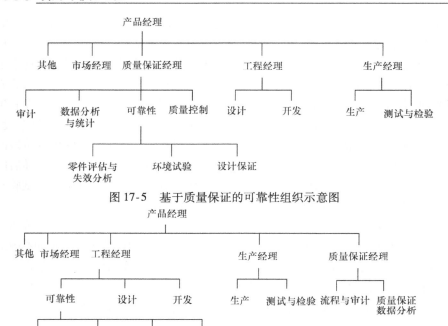

图 17-5 基于质量保证的可靠性组织示意图

图 17-6 基于工程的可靠性组织示意图

已经提到了他们可以共同使用失效数据系统。另外，用于设计试验和分析开发试验及生产失效数据的统计方法相同，许多试验设备和试验方法也是相同的。例如，在开发过程中，用于可靠性鉴定试验的环境试验设备可能与用于生产的可靠性验收试验和筛选的设备相同。因为无论是欧洲还是北美，各个行业都对可靠性保持关注，有质量保证经验或资质的工程人员经常熟悉可靠性工程方法。但是，当要求产品或系统的设计要有相当程度的创新时，基于工程的组织具有优势，因为更多的可靠性工作将需要集中在设计保证上，如应力分析、设计评审和开发试验。

在决定应该采取何种组织形式时要考虑的主要问题是，将在设计和开发过程中认为必要的可靠性的工作量分配到基于工程的组织中是否合理。事实上，相比可靠性工作的综合管理，采取何种组织形式并不是最重要的。从事可靠性活动的工程人员只要能与项目团队密切合作，并且像其他负责性能方面的工程人员一样向同一位管理者报告工作，则从属哪个部门就是次要的了。为了保证实现团队合作，可靠性工程人员应与设计和其他直接介入项目的人员协同工作。这些工程人员应该能得到部门的支持服务，数据分析和零件评估，但他们主要是对项目负责。

17.15 组织的可靠性能力和成熟度

评估一个组织把握设计、开发和制造过程的可靠性方面（即拥有所需的工具集、专业知识、资源和以可靠性为先的原则）的能力需要客观标准。然而，行业内并没有量化组织开发和制造可靠产品的能力的方法。这个问题是通过制定用于评估和量化组织可靠性能力的标准化衡量标准来处理的。组织可靠性流程的评估方法是可靠性能力和可靠性成熟度评估。有时，这些术语在组织及其可靠性流程方面可互换使用，但在评估方式方面存在一些细微差别。

17.15.1　可靠性能力

可靠性能力是对组织内部、有益于最终产品可靠性的实践，以及这些实践在满足客户可靠性要求方面的有效性的度量（Tiku 与 Pecht，2010）。为了制订行业认可的评估和量化可靠性能力的标准，IEEE 开发了标准 IEEE Std 1624。标准化和客观的测量标准定义了 8 个关键可靠性实践及它们的输入、活动和输出。

这些主要的实践是：
—— 可靠性需求与计划。
—— 培训与发展。
—— 可靠性分析。
—— 可靠性试验。
—— 供应链管理。
—— 失效数据跟踪与分析。
—— 验证与确认。
—— 可靠性改进。

对于这 8 个类别中的每一个，标准都定义了输入、所需活动和预期的输出。对每个可靠性实践，都参照要获得特定能力水平所需的一组指定活动进行单独的评估（1～5 级）。这 5 个级别代表组织可靠性能力的度量或尺度，并反映其实践的演化转变的阶段。

IEEE Std 1624 的 5 个可靠性能力水平可与 Silverman（2010）中讨论的 5 个可靠性成熟阶段相对应。这些级别是：①无确定性阶段；②觉醒阶段；③启迪阶段；④理智阶段；⑤确定性阶段。它们用文字描述了组织的可靠性成熟度。

尽管 IEEE Std 1624 是为电子行业开发的，但它可以用于公司的自我评估，也可以用于几乎任何行业的供应商/客户关系开发，无需调整或只需进行微小调整。

17.15.2　可靠性成熟度

2004 年，汽车工业行动小组（AIAG）发布了可靠性方法指南（AIAG，2004），其中包含了 45 个主要的可靠性工具，部分在本章介绍，其余部分在其他章节介绍。这项活动后来扩展到制订组织能力成熟度的概念。AIAG 工作组制作了一份可靠性成熟度评估（Reliability Maturity Assessment，RMA）手册，其中包含 9 种可靠性类别：

A 可靠性计划。

B 可靠性设计。

C 可靠性预测和建模。

D 机械零件和系统的可靠性。

E 统计概念。

F 失效汇报与分析。

G 分析可靠性数据。

H 可靠性试验。

I 制造中的可靠性。

尽管 RMA 中类别 B 被称为"可靠性设计",但它仅包含第 7 章讨论的可靠性工具的子集。上述 9 个类别中的每一个都包括"可靠性方法指南"中适用的可靠性工具集。对于该类别中的每个可靠性工具,RMA 建议了评分标准。

在评估各个分数之后,它们按类别组合,基于每个类别的最高可能分数得出百分比的评级。可以对每个类别的得分通过加权平均值组合来获得组织的总得分。分数高于 60% 被归类为 B 级,分数高于 80% 属于 A 级,分数低于 60% 被视为可靠性不足。

可靠性成熟度和能力评估从产品可靠性角度为评价组织的能力提供了工具。评估可以用于供应商选择,也可以用于自我评估或者乙方、第三方评估。这些工作还能帮助找出可靠性流程中的差距和弱点,在制订高效的产品和工艺改进计划中发挥重要的作用。

17.16 管理生产质量

生产部门应该对产品的生产质量负最终的责任。人们常说,产品的质量不是"检查"或"试验"出来的。质量保证部门负责的是评估生产质量,但不负责决定质量的生产过程。因此,质量保证与生产之间的关系就如同可靠性工程与设计和开发的关系。

在许多现代化生产中,检查和试验的操作过程已经与生产的实施过程集成在一起。例如,在操作人员控制数控机床的过程中,机器操作人员可以完成工件测量和机器校准。同时,检验和试验的成本可以被视为生产成本,当难以将这些功能分开时,或者在电子设备生产中测试方法可对生产成本产生很大影响时更是如此。由于这些原因,产生了将常规的检验和试验工作作为生产责任的趋势,而质量保证则提供支持性服务,如巡回检验、可能有的最终检验及培训、校准等。这样,确定检验、试验的策略方法和人员配备应该主要是生产方面的责任,此时质量保证起支持作用,提供建议并确保产品满足质量标准。

这种现代质量管理方法使质量保证部门比在旧体系下大大精简。在旧体系下,生产的每个阶段都要将生产出的产品送质量保证部门进行检验试验。这样也明显地降低了生产的总成本（生产成本加检验和试验成本）。追求质量的意识增强了，质量保证人员更容易做出积极的贡献，而不是主要起到监督的作用。质量小组运动也对这种趋势产生了很大的影响，质量小组以旧的方式难以有效地工作。

质量保证部门应该负责的是：

1）建立生产质量标准。

2）监测生产的质量工作成效和成本。

3）质量保证培训（统计过程控制、激励等）。

4）专业设施和服务。

5）质量审核和注册。

将逐一对这些内容进行讨论。

17.16.1　建立生产质量标准

质量经理必须确定应满足的生产质量标准（如公差、成品率等）。这些标准可能已经由用户确定，在国防装备制造及民用产品方面通常是这样。在这种情况下，质量经理就是在生产质量事务方面与用户联系质量标准应用在已完成的产品、生产工艺及采购的材料和零部件。因此，质量经理应确定或批准最终的检验和试验方法及标准，以确保一致性。他们还应该制订对供应商提供的零部件的质量等级、质量控制，以及对试验和测量设备的校准要求等细节。

17.16.2　监测生产的质量工作成效和成本

质量经理必须要保证达到了质量目标，或者已经采取了措施确保达到该目标。这包括前面介绍的质量成本目标。质量保证人员应该监督失效报告和最终一致性检验和试验等的运作情况。质量保证部门应该准备或批准质量工作成效和成本的报告，监督问题的解决过程并给以协助。第 11 章和第 15 章中所述的方法主要适合完成这种任务。

17.16.3　质量保证培训

质量经理负责所有的质量控制培训。对操作人员控制和质量小组的培训尤其重要，因为所有的生产人员必须理解和能应用基本的质量概念，如简单的统计过程控制和数据分析。

17.16.4　专业设施和服务

质量部门提供诸如校准服务和记录、供应商评价、零部件和原材料评估及缺陷数据收集与分析等方面的支持。

用于对零部件和原材料进行试验并使之获准投入使用的评估设备，也是用于失效调查分析的最好的设备，因为这样可以使昂贵的设备，如分光镜分析设备和扫描电子显微镜及相关的专业人员得到最佳利用。

以协同的方式推进质量与可靠性工程，可以最好地做到共同利用这些服务来支持开发、制造和售后服务。

17.16.5　质量审核

质量审核是对所有操作、过程和管理等可影响产品或服务质量的活动进行的独立的评估。其目的是保证工作流程是有效的，并已被理解和遵循。

与财务审计相同，质量审核也需要内部和外部审核。内部审核是一种持续的职能，由质量保证人员评审实施和控制情况，并就有关不符之处做出汇报。外部审核由第三方审核人员定期进行，一般是每年一次，以获得或者维持诸如 ISO 9000 等的质量标准的认证。

有效的质量审核应该包括对所有的设计、开发和生产、试验和检验工作及相关的流程和文件进行评审。一个重要的内容是确保人员知道和理解他们在质量体系中的作用，包括相关的工作流程和职责。

质量经理的审核责任包括所有内部审核，以确保公司能通过用户或第三方的审核，还包括对供应商的质量审核。做好接受外部审核的准备是一项非常重要的任务，需要做很多的工作。质量部门应该熟练地履行这一职责，并尽可能少地干扰正常的设计和生产工作。这就要求其对相关标准和方法及应用方式有着透彻的理解。为了保证有关人员在审核过程中能正确地做出应对，培训是一项重要的工作内容。

可靠性各方面的内容包括在质量审核中，因为它们有如此众多的共同之处，特别是在失效报告和纠正措施的方面。理想的情况下，内部审核应该由负责工作流程和相关任务的经理或代表他们的其他具备相关知识的人员来完成。审核的目的应该是改进流程，而不是仅仅确定一致性。

在众多 ISO 9000 质量审核方面的书籍中，推荐 Rothery（1996）和 Rabbitt 与 Bergh（1994）的著作。

17.17　质量管理方法

17.17.1　质量体系

如前所述，ISO 9000 能集中体现质量体系方法。质量体系方法依据的前提是，如果"体系"被描述并被遵循，那么输出物（产品、服务）将是高质量的。好的质量体系（有效的工作流程、培训等）是必要的，但只能为获得高质量和高可靠性提供一个基准。基于 ISO 9000 或其他类似标准的质量体系方法在大多数工程行业中得到最为广泛的应用。

17.17.2　"六西格玛"

"六西格玛"方法是由摩托罗拉公司在 1986 年提出的。六西格玛过程应该在 6σ 极限内运行，这意味着 99.99966% 的产品应该不出现失效（一百万个中有 3.4 个失效）。这又意味着每一个过程都服从正态分布。正如第 2 章中所解释的，实际并不总是这样。六西格玛过程采用统计学和其他方法来发现改进过程的机会。为此，专业人员要接受这种方法的培训，最高可以获得"黑带"和"黑带大师"资格证书。他们的任务是寻找机会并推动改进及培训六西格玛方法。这需要高层管理人员的参与和领导。六西格玛方法被认为为几家大公司节约了巨额成本，尽管这也是有争议的。

六西格玛方法，包括"精益"六西格玛和六西格玛设计（DFSS）被持续用于改进工程实践中，促进产品改进和节省成本。六西格玛方法有很多参考资料，包括书籍、期刊、各种网站、论坛、博客等。

17.17.3　质量小组

第 15 章介绍了以质量小组的方式改进生产质量。它是下面 17.17.5 节叙述的全面质量管理（TQM）方法中的一个固有部分。

17.17.4　质量奖

首次提出的国家质量奖是日本的 Deming 奖。它每年颁给达到显著的质量水平或者改进的个人、团体和公司。后来，按照这个想法在美国出现了以当时贸易部长命名的 Baldrige 奖。美国的公司将自己交给独立的评审员进行评估，以确定他们是否在各类公司中获得高分。获奖公司在其获奖的年度具有很高的知名度，而且其也可以通过努力给评委留下深刻印象而做出改进。

欧洲则采用了不同的方法：欧洲质量管理基金会（European Foundation of Quality Management，EFQM）已经制定了一个自我评估指南，公司能用其进行自我评估。EFQM 优秀奖颁给在各个方面表现出杰出成就的公司或者其他组织，而不仅是质量和可靠性方面。

17.17.5　全面质量管理

"全面质量管理"（Total Quality Management，TQM）或"全面质量控制"（Total Quality Control，TQC）这一术语经常用于描述一个体系，其中所有对产品质量有贡献的活动，而不只是生产质量控制，都由一位管理者进行评估和控制。在这种情况下，质量被定义为决定产品可接受性的各种特征的整体，这些特征包括外观、性能、可靠性、支持等。

在这个概念下，质量保证经理有很广泛的权力去制订和监督质量标准，广泛是指包括该组织内的所有职能。质量保证经理直接向行政主管报告工作。对于设计、试验和生产等的业务职能，仍然有必要保留其在质量和可靠性方面的责任。但质量保证经理要负责通过制订标准、培训和实施监督来保证整套方法是协调的。

TQM 方法对可靠性和质量非常有效，尤其是当发现质量低于需求但却没有找到原因，而应用此法进行纠正时。

能有效地胜任全面质量管理岗位的人并不容易找到。该任务需要非凡的说服能力和工作能力。质量经理和组织易于脱离公司的现实，而质量经理的权威性也可能受到各业务部门和项目经理的质疑。

解决这个问题的最直接的方法是行政主管推动 TQM 工作，确保获得所有部门的支持，并对结果进行监督。这种方法最显著的优点在于表明质量和可靠性是受到顶层关注的。通过行政主管的质量委员会，就可将设计可靠性和生产质量控制等职能与设计和生产整合起来，并与标准、培训等相协调。

只有行政主管能够确保将质量和可靠性职能与规范、设计、生产和售后支持产品的管理工作完全整合起来。设计和生产日益紧密结合及以技术为基础的产品在现代市场中的发展与竞争，都要求采用完全集成的方法。从近 30 年发展起来的许多现代高技术公司中可以看到这点，而较早的公司也认识到质量和可靠性是如此重要，以至于不能不受控制或留给底层管理。其成功主要归功于这个认知，也归功于大多数高层管理的支持和参与。

全面质量管理的管理原则和方法在 Bergman 与 Klefsjo（1994）和 O'Connor（2004）中进行了介绍。

17.18　选择方法：战略层面和战术层面

我们必须应用已知对产品可靠性有效的方法。我们还应该尽量避免采用有误导的或不利的方法。可以将管理方法视为战略性或战术性的。战略原则和方法为将来必须做的工作进行了组织安排。战术方法在必要时采用。

重要的战略原则和方法是：

—— 顶层管理责任，贯穿所有职能部门和产品阶段。

—— 有效的组织和人员安排。

—— 有效的方法、能力和工作流程。

—— 供应商选择和开发。

—— 培训，涵盖管理、技术、战术方法并与组织和工作流程相一致。

—— 研究。

重要的战术方法是：

—— 可靠性设计（DfR）（QFD、FMECA、应力、变异、及 CAE 工具的有效使用）（第 5 章、第 7 章～第 10 章）。

—— 试验，强调 HALT（第 12 章）和试验设计（第 11 章）。

—— FRACAS（第 12 章～第 16 章）。

—— 生产质量控制和改进（第 15 章）

—— 制订维护计划和方法（需要时）（第 16 章）

战略方法必须长期使用。典型的有效回报期是 1～5 年，并且效益会持续增长。但如果没有战略方法，战术方法的应用不会有效。因此，必须对战略方法有适当的管理，并防止因短期缩减成本而受到影响。

战术方法必须在产品设计、开发、生产和使用过程中持续地予以应用。

17.19 小结

自 20 世纪 80 年代以来，尽管工程产品和系统的复杂程度越来越高，但系统的可靠性仍在不断稳步提高。这是因为人们普遍认识到可靠性是竞争市场的关键因素，并且认识到实现高可靠性的成本可以通过降低故障成本和提高产品声誉充分补偿，即使在可靠性水平远远超过先前的成就时（如第 1 章所述）。各个工程领域的企业已经接受了挑战并应用了所描述的工具以提高其产品的可靠性。结果是我们都受益了。

在核能和航空旅行等由政府机构建立安全标准并进行监督的领域，公众的安全意识一直是提高质量和可靠性的有力推动力。最大限度地降低产品责任风险已成为设计和开发各种产品的重中之重。可靠性显然是安全的重要因素，因此本书描述的学科是安全保障过程的重要组成部分。

军用产品也在不断追求更高的可靠性，多种正式的设计可靠性改进方法首先是由美国军方采用的，因此美国军方的可靠性分析和方法标准被用于许多非军用产品中。虽然商用产品采用了军方开发的许多技术，但却出现了转向的趋势，军方采购现在采用商业型的方法和质保。

计算机辅助工程的巨大进步使设计人员能够创建和分析更好的设计，从而减少了错误，并使制造过程更容易、故障更少。可靠性的提高在很大程度上也是由于制造运营质量的提高。自动化及制造技术的其他进步，如更精密的加工、测量和测试的进步都起到了促进作用。

然而，在实际工程中，人的效能的改进可能贡献最大，因为德鲁克（Drucker，1955）、戴明（Deming，1987）和其他领导者所教授的原则得到了更广泛的应用。最终，高可靠性的驱动力只能来自管理层。德鲁克并不具体解决工程问题，但他的理念非常适合工程设计、开发、生产和支持。Clausing（1994）和 O'Connor（2004）介绍了"新管理"在工程中的应用。

大多数成功的企业和组织现在接受并应用这一理念，但有时会有一种趋势，即允许"科学"思想重新浮出水面，从而抑制了自由和主动性。此外，由于高可靠性的主要益处发生在产品生命周期的下游，因此有时可能会为了短期的节省而减少设计分析、测试和其他 DfR 方法上的工作。我们介绍的方法及它们在整个产品生命周期中的集成方式，代表了当今工程行业中最成功企业的最佳实践。

习　题

1. 什么是集成化的可靠性工作的主要要素？

2.（a）简要描述为了达到高的质量和可靠性而需要的主要成本项目，以及在开发、生产和使用中因为发生失效而产生的主要成本。

（b）解释并讨论戴明的全面质量和可靠性成本最小化的理念。

3.（a）在编制可靠性规范时，应考虑的重要方面有哪些？

（b）为下列产品写出可靠性规范概要：（ⅰ）家用电视机；（ⅱ）战斗机；（ⅲ）齿轮箱轴承。

4. 讨论在复杂系统的采购合同中如何考虑可靠性。

5. 项目可靠性计划中应该有哪些要点？它应参考哪些其他项目计划？

6. 什么是"全面质量管理"？该理念与国际质量体系标准（ISO 9000）的要求有何不同，它如何影响可靠性？

7. 你的公司要设计、开发和制造一种复杂的消费品，并且销往竞争激烈的市场。最近因为产品不可靠而声誉受损，公司已经失去了它的市场份额。

最近你正在开发一种新产品，计划约在 18 个月后进行批量生产。该产品包括几项新的技术特点，而且它的成败直接关系到公司未来的生存。它的设计方案已被"冻结"，但很少进行开发工作。

为确保恢复公司原有的高可靠性声誉，概述你将在开发和后续量产中采取的工作流程。

8. 回顾 17.15.2 节中 9 条可靠性成熟类别。你认为它们对你所在的公司的重要程度是否一样？你如何为这些类别分配重要程度？解释你的选择。

9. 你认为可靠性工程师的培训资料中应该包括什么？大学中可靠性工程方面的课程应该是什么样的？请加以说明。

参 考 文 献

Abbott, H. and Tyler, M. (1997) *Safer by Design: a Guide to the Management and Law of Designing for Product Safety*, Gower.

AIAG (2004) *Reliability Methods Guideline*. Developed by the Truck & Heavy Equipment Reliability Workgroup (THE-7). Available at http://www.aiag.org/staticcontent/committees/workgroup.cfm?workgroup=FTRM.

Barringer, P. (2011) *Reliability Standards*. Available at: http://www.barringer1.com/rs.htm.

Bergman, B. and Klefsjo, B. (1994) *Quality: from Customer Needs to Customer Satisfaction*, McGraw-Hill.

Breyfogle, F., Cupello, J. and Meadows, B. (2000) *Managing Six Sigma*, Wiley.

British Standard, BS 5760. *Reliability of Systems, Equipments and Components*. British Standards Institution, London.

Clausing, D. (1994) *Total Quality Development*, ASME Press.

Conti, T. (1993) *Building Total Quality*, Chapman and Hall.

Defence Standard 00–40: *The Management of Reliability and Maintainability*. HMSO UK.

Deming, W.E. (1987) *Out of the Crisis*, MIT Press.

Drucker, P. (1955) *The Practice of Management*, Heinemann.

Edosomwan, J. (1987) *Integrating Quality and Productivity Management*, Dekker.

GMW 3172 (2004) '*General Specification for Electrical/Electronic Component Analytical/Development/Validation (A/D/V) Procedures for Conformance to Vehicle Environmental, Reliability, and Performance Requirements*', General Motors Worldwide Engineering standard. Available at www.global.ihs.com (Accessed 20 March 2011).

Hoyle, D. (2009) *ISO 9000 Quality Systems Handbook* (6th edition). Elsevier.

Hutchins, D. (1990) *In Pursuit of Quality*, Pitman.

IEC61508, *Functional Safety of Electrical/Electronic/Programmable Electronic Safety-related Systems*. International Standards Organisation.

IEEE (2008) Std 1624 IEEE Standard for Organizational Reliability Capability.

ISO/IEC60300, *Dependability Management*. International Standards Organization, Geneva.

ISO/IEC61508, *Functional Safety of Electrical/Electronic/Programmable Electronic Safety-related Systems*. International Standards Organization, Geneva.

ISO9000 (2000) *Quality Systems*. International Standards Organization, Geneva.

Kleyner, A. and Sandborn, P. (2008) *Minimizing Life Cycle Cost by Managing Product Reliability via Validation Plan and Warranty Return Cost. International Journal of Production Economics (IJPE)*, **112**, 796–807.

O'Connor, P.D.T. (2004) *The New Management of Engineering*. Available at www.lulu.com.

Pyzdek, T. (2001) *The Six Sigma Handbook*, McGraw-Hill.

Rabbitt, J. and Bergh, P. (1994) *The ISO 9000 Book: A Global Competitor's Guide to Compliance and Certification*, Amacom.

Rothery, B. (1996) *Standards and Certification in Europe*, Gower.

Silverman, M. (2010) *How Reliable is Your Product? 50 Ways to Improve Product Reliability*, Super Star Press, Silicon Valley, California.

Thomas, B. (1995) *The Human Dimension of Quality*, McGraw-Hill.

Tiku, S., Azarian, M. and Pecht, M. (2007) *Using a Reliability Capability Maturity Model to Benchmark Electronics Companies*, International Journal of Quality & Reliability Management, **24**(5), 547–563.

Tiku, S. and Pecht, M. (2010) *Validation of Reliability Capability Evaluation Model Using a Quantitative Assessment Process*. International Journal of Quality & Reliability Management, **27**(8), 938–952.

US MIL-STD-785. *Reliability Programs for Systems and Equipment—Development and Production*. Available from the National Technical Information Service, Springfield, Virginia.

Warranty Week (2011) The Newsletter for Warranty Management Professionals (online). Available at: http://www.warrantyweek.com/.

附 录

附录1 标准累积正态分布函数

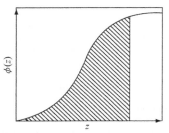

$$\Phi(z) = \frac{1}{(2\pi)^{1/2}} \int_{-\infty}^{z} \exp\left(\frac{-x^2}{2}\right) dx$$

$$\text{for } 0.00 \leqslant z \leqslant 4.00$$

$$1 - \Phi(z) = \Phi(-z)$$

z	0.00	0.01	0.02	0.03	0.04	0.05	0.06	0.07	0.08	0.09
0.0	0.5000	0.5040	0.5080	0.5120	0.5160	0.5199	0.5239	0.5279	0.5319	0.5359
0.1	0.5398	0.5438	0.5478	0.5517	0.5557	0.5596	0.5636	0.5675	0.5714	0.5753
0.2	0.5793	0.5832	0.5871	0.5910	0.5948	0.5987	0.6026	0.6064	0.6103	0.6141
0.3	0.6179	0.6217	0.6255	0.6293	0.6331	0.6368	0.6406	0.6443	0.6480	0.6517
0.4	0.6554	0.6591	0.6628	0.6664	0.6700	0.6736	0.6772	0.6808	0.6844	0.6879
0.5	0.6915	0.6985	0.6985	0.7019	0.7054	0.7088	0.7123	0.7157	0.7190	0.7224
0.6	0.7257	0.7291	0.7324	0.7357	0.7389	0.7422	0.7454	0.7486	0.7517	0.7549
0.7	0.7580	0.7611	0.7642	0.7673	0.7703	0.7734	0.7764	0.7794	0.7823	0.7852
0.8	0.7881	0.7910	0.7939	0.7967	0.7995	0.8023	0.8051	0.8078	0.8106	0.8133
0.9	0.8159	0.8186	0.8212	0.8238	0.8264	0.8289	0.8315	0.8340	0.8365	0.8389
1.0	0.8413	0.8438	0.8461	0.8485	0.8508	0.8531	0.8554	0.8577	0.8599	0.8621
1.1	0.8643	0.8665	0.8686	0.8708	0.8729	0.8749	0.8770	0.8790	0.8810	0.8830
1.2	0.8849	0.8869	0.8888	0.8907	0.8925	0.8944	0.8962	0.8980	0.8997	0.9015
1.3	0.9032	0.9049	0.9066	0.9082	0.9099	0.9115	0.9131	0.9147	0.9162	0.9177
1.4	0.9192	0.9207	0.9222	0.9236	0.9251	0.9265	0.9279	0.9292	0.9306	0.9319

（续）

z	0.00	0.01	0.02	0.03	0.04	0.05	0.06	0.07	0.08	0.09
1.5	0.9332	0.9345	0.9357	0.9370	0.9382	0.9394	0.9406	0.9418	0.9430	0.9440
1.6	0.9452	0.9463	0.9474	0.9485	0.9495	0.9505	0.9515	0.9525	0.9535	0.9545
1.7	0.9554	0.9564	0.9573	0.9582	0.9591	0.9599	0.9608	0.9616	0.9625	0.9633
1.8	0.9641	0.9649	0.9656	0.9664	0.9671	0.9678	0.9686	0.9693	0.9700	0.9706
1.9	0.9713	0.9719	0.9726	0.9732	0.9738	0.9744	0.9750	0.9756	0.9762	0.9767
2.0	0.9773	0.9778	0.9783	0.9788	0.9793	0.9798	0.9803	0.9808	0.9812	0.9817
2.1	0.9821	0.9826	0.9830	0.9834	0.9838	0.9842	0.9846	0.9850	0.9854	0.9857
2.2	0.9861	0.9865	0.9868	0.9871	0.9875	0.9878	0.9881	0.9884	0.9887	0.9890
2.3	0.9893	0.9896	0.9898	0.9^2010	0.9^2061	0.9^2035	0.9^2086	0.9^2111	0.9^2134	0.9^2158
2.4	0.9^2180	0.9^2202	0.9^2224	0.9^2245	0.9^2266	0.9^2286	0.9^2305	0.9^2324	0.9^2343	0.9^2361
2.5	0.9^2379	0.9^2396	0.9^2413	0.9^2430	0.9^2446	0.9^2461	0.9^2477	0.9^2492	0.9^2506	0.9^2520
2.6	0.9^2534	0.9^2547	0.9^2560	0.9^2573	0.9^2586	0.9^2598	0.9^2609	0.9^2621	0.9^2632	0.9^2643
2.7	0.9^2653	0.9^2664	0.9^2674	0.9^2683	0.9^2693	0.9^2702	0.9^2711	0.9^2720	0.9^2728	0.9^2737
2.8	0.9^2745	0.9^2752	0.9^2760	0.9^2767	0.9^2774	0.9^2781	0.9^2788	0.9^2795	0.9^2801	0.9^2807
2.9	0.9^2813	0.9^2819	0.9^2825	0.9^2831	0.9^2836	0.9^2841	0.9^2846	0.9^2851	0.9^2856	0.9^2861
3.0	0.9^2865	0.9^2869	0.9^2874	0.9^2878	0.9^2882	0.9^2886	0.9^2889	0.9^2893	0.9^2897	0.9^2900
3.1	0.9^3032	0.9^3065	0.9^3096	0.9^3126	0.9^3155	0.9^3184	0.9^3211	0.9^3238	0.9^3264	0.9^3289
3.2	0.9^3313	0.9^3336	0.9^3359	0.9^3381	0.9^3402	0.9^3423	0.9^3443	0.9^3462	0.9^3481	0.9^3499
3.3	0.9^3517	0.9^3534	0.9^3550	0.9^3566	0.9^3581	0.9^3596	0.9^3610	0.9^3624	0.9^3638	0.9^3651
3.4	0.9^3663	0.9^3675	0.9^3687	0.9^3698	0.9^3709	0.9^3720	0.9^3730	0.9^3740	0.9^3749	0.9^3759
3.5	0.9^3767	0.9^3776	0.9^3784	0.9^3792	0.9^3800	0.9^3807	0.9^3815	0.9^3822	0.9^3822	0.9^3835
3.6	0.9^3841	0.9^3847	0.9^3853	0.9^3858	0.9^3864	0.9^3869	0.9^3874	0.9^3879	0.9^3883	0.9^3888
3.7	0.9^3892	0.9^3896	0.9^4004	0.9^4043	0.9^4116	0.9^4116	0.9^4150	0.9^4184	0.9^4216	0.9^4257
3.8	0.9^4277	0.9^4305	0.9^4333	0.9^4359	0.9^4385	0.9^4409	0.9^4433	0.9^4456	0.9^4478	0.9^4499
3.9	0.9^4519	0.9^4539	0.9^4557	0.9^4575	0.9^4593	0.9^4609	0.9^4625	0.9^4641	0.9^4655	0.9^4670

附录2　$\chi^2(\alpha, \nu)$ 分布值

自由度	α（风险因子）$=1-$置信水平							
ν	0.995	0.990	0.975	0.95	0.90	0.80	0.70	0.60
1	0.0^4393	0.0^3157	0.03982	0.0^2393	0.0158	0.0642	0.148	0.275
2	0.0100	0.0201	0.0506	0.103	0.211	0.446	0.713	1.02
3	0.0717	0.115	0.216	0.352	0.584	1.00	1.42	1.87
4	0.207	0.297	0.484	0.711	1.06	1.65	2.19	2.75
5	0.412	0.554	0.831	1.15	1.61	2.34	3.00	3.66

（续）

自由度	α（风险因子）＝1－置信水平							
ν	0.995	0.990	0.975	0.95	0.90	0.80	0.70	0.60
6	0.676	0.872	1.24	1.64	2.20	3.07	3.83	4.57
7	0.989	1.24	1.69	2.17	2.83	3.82	4.67	5.49
8	1.34	1.65	2.18	2.73	3.49	4.59	5.53	6.42
9	1.73	2.09	2.70	3.33	4.17	5.38	6.39	7.36
10	2.16	2.56	3.25	3.94	4.87	6.18	7.27	8.30
11	2.60	3.05	3.82	4.57	5.58	6.99	8.15	9.24
12	3.07	3.57	4.40	5.23	6.30	7.81	9.03	10.2
13	3.57	4.11	5.01	5.89	7.04	8.63	9.93	11.1
14	4.07	4.66	5.63	6.57	7.79	9.47	10.8	12.1
15	4.60	5.23	6.26	7.26	8.55	10.3	11.7	13.0
16	5.14	5.81	6.91	7.96	9.31	11.2	12.6	14.0
17	5.70	6.41	7.56	8.67	10.1	12.0	13.5	14.9
18	6.26	7.01	8.23	9.39	10.9	12.9	14.4	15.9
19	6.84	7.63	8.91	10.1	11.7	13.7	15.4	16.9
20	7.43	8.26	9.59	10.9	12.4	14.6	16.3	17.8
21	8.03	8.90	10.3	11.6	13.2	15.4	17.2	18.8
22	8.64	9.54	11.0	12.3	14.0	16.3	18.1	19.7
23	9.26	10.2	11.7	13.1	14.8	17.2	19.0	20.7
24	9.89	10.9	12.4	13.8	15.7	18.1	19.9	21.7
25	10.5	11.5	13.1	14.6	16.5	18.9	20.9	22.6
26	11.2	12.2	13.8	15.4	17.3	19.8	21.8	23.6
27	11.8	12.9	14.6	16.2	18.1	20.7	22.7	24.5
28	12.5	13.6	15.3	16.9	18.9	21.6	23.6	25.5
29	13.1	14.3	16.0	17.7	19.8	22.5	24.6	26.5
30	13.8	15.0	16.8	18.5	20.6	23.4	25.5	27.4
35	17.2	18.5	20.6	22.5	24.8	27.8	30.2	32.3
40	20.7	22.2	24.4	26.5	29.1	32.3	34.9	37.1
45	24.3	25.9	28.4	30.6	33.4	36.9	39.6	42.0
50	28.0	29.7	32.4	34.8	37.7	41.4	44.3	46.9
75	47.2	49.5	52.9	56.1	59.8	64.5	68.1	71.3
100	67.3	70.1	74.2	77.9	82.4	87.9	92.1	95.8

自由度	α（风险因子）＝1－置信水平								
ν	0.50	0.40	0.30	0.20	0.10	0.05	0.025	0.010	0.005
1	0.455	0.708	1.07	1.64	2.71	3.84	5.02	6.63	7.88
2	1.39	1.83	2.41	3.22	4.61	5.99	7.38	9.21	10.6
3	2.37	2.95	3.67	4.64	6.25	7.81	9.35	11.3	12.8
4	3.36	4.04	4.88	5.99	7.78	9.49	11.1	13.3	14.9
5	4.35	5.13	6.06	7.29	9.24	11.1	12.8	15.1	16.7
6	5.35	6.21	7.23	8.56	10.6	12.6	14.4	16.8	18.5
7	6.35	7.28	8.38	9.80	12.0	14.1	16.0	18.5	20.3
8	7.34	8.35	9.52	11.0	13.4	15.5	17.5	20.1	22.0
9	8.34	9.41	10.7	12.2	14.7	16.9	19.0	21.7	23.6
10	9.34	10.5	11.8	13.4	16.0	18.3	20.5	23.2	25.2
11	10.3	11.5	12.9	14.6	17.3	19.7	21.9	24.7	26.8
12	11.3	12.6	14.0	15.8	18.5	21.0	23.3	26.2	28.3
13	12.3	13.6	15.1	17.0	19.8	22.4	24.7	27.7	29.8
14	13.3	14.7	16.2	18.2	21.1	23.7	26.1	29.1	31.3
15	14.3	15.7	17.3	19.3	22.3	25.0	27.5	30.6	32.8
16	15.3	16.8	18.4	20.5	23.5	26.3	28.8	32.0	34.3
17	16.3	17.8	19.5	21.6	24.8	27.6	30.2	33.4	35.7
18	17.3	18.9	20.6	22.8	26.0	28.9	31.5	34.8	37.2
19	18.3	19.9	21.7	23.9	27.2	30.1	32.9	36.2	38.6
20	19.3	21.0	22.8	25.0	28.4	31.4	34.2	37.6	40.0
21	20.3	22.0	23.9	26.2	29.6	32.7	35.5	38.9	41.4
22	21.3	23.0	24.9	27.3	30.8	33.9	36.8	40.3	42.8
23	22.3	24.1	26.0	28.4	32.0	35.2	38.1	41.6	44.2
24	23.3	25.1	27.1	29.6	33.2	36.4	39.4	43.0	45.6
25	24.3	26.1	28.2	30.7	34.4	37.7	40.6	44.3	46.9
26	25.3	27.2	29.2	31.8	35.6	38.9	41.9	45.6	48.3
27	26.3	28.2	30.3	32.9	36.7	40.1	43.2	47.0	49.6
28	27.3	29.2	31.4	34.0	37.9	41.3	44.5	48.3	51.0
29	28.3	30.3	32.5	35.1	39.1	42.6	45.7	49.6	52.3
30	29.3	31.3	33.5	36.3	40.3	43.8	47.0	50.9	53.7

（续）

自由度	α（风险因子）＝1－置信水平								
ν	0.50	0.40	0.30	0.20	0.10	0.05	0.025	0.010	0.005
35	34.3	36.5	38.9	41.8	46.1	49.8	53.2	57.3	60.3
40	39.3	41.6	44.2	47.3	51.8	55.8	59.3	63.7	66.8
45	44.3	46.8	49.5	52.7	57.5	61.7	65.4	70.0	73.2
50	49.3	51.9	54.7	58.2	63.2	67.5	71.4	76.2	79.5
75	74.3	77.5	80.9	85.1	91.1	96.2	100.8	106.4	110.3
100	99.3	102.9	106.9	111.7	118.5	124.3	129.6	135.6	140.2

附录3　柯尔莫哥洛夫－斯米尔诺夫表

样本 $F_n(x)$ 和总体 $F(x)$ 累积分布的最大绝对差值的临界值 $d_\alpha(n)$ [①]

试验次数 n	显著性水平 α			
	0.10	0.05	0.02	0.01
1	0.95000	0.97500	0.99000	0.99500
2	0.77639	0.84189	0.90000	0.92929
3	0.63604	0.70760	0.78456	0.82900
4	0.56522	0.62394	0.68887	0.73424
5	0.50945	0.56328	0.62718	0.66853
6	0.46799	0.51926	0.57741	0.61661
7	0.43607	0.48342	0.53844	0.57581
8	0.40962	0.45427	0.50654	0.54179
9	0.38746	0.43001	0.47960	0.51332
10	0.36866	0.40925	0.45662	0.48893
11	0.35242	0.39122	0.43670	0.46770
12	0.33815	0.37543	0.41918	0.44905
13	0.32549	0.36143	0.40362	0.43247
14	0.31417	0.34890	0.38970	0.41762
15	0.30397	0.33760	0.37713	0.40420
16	0.29472	0.32733	0.36571	0.39201
17	0.28627	0.31796	0.35528	0.38086
18	0.27851	0.30936	0.34569	0.37062
19	0.27136	0.30143	0.33685	0.36117
20	0.26473	0.29408	0.32866	0.35241

（续）

样本 $F_n(x)$ 和总体 $F(x)$ 累积分布的最大绝对差值的临界值 $d_\alpha(n)$[①]

试验次数 n	显著性水平 α			
	0.10	0.05	0.02	0.01
21	0.25858	0.28724	0.32104	0.34427
22	0.25283	0.28087	0.31394	0.33666
23	0.24746	0.27490	0.30728	0.32954
24	0.24242	0.26931	0.30104	0.32286
25	0.23768	0.26404	0.29516	0.31657
26	0.23320	0.25907	0.28962	0.31064
27	0.22898	0.25438	0.28438	0.30502
28	0.22497	0.24993	0.27942	0.29971
29	0.22117	0.24571	0.27471	0.29466
30	0.21756	0.24170	0.27023	0.28987
31	0.21412	0.23788	0.26596	0.28530
32	0.21085	0.23424	0.26189	0.28094
33	0.20771	0.23076	0.25801	0.27677
34	0.20472	0.22743	0.25429	0.27279
35	0.20185	0.22425	0.26073	0.26897
36	0.19910	0.22119	0.24732	0.26532
37	0.19646	0.21826	0.24404	0.26180
38	0.19392	0.21544	0.24089	0.25843
39	0.19148	0.21273	0.23786	0.25518
40[②]	0.18913	0.21012	0.23494	0.25205

[①] $d_\alpha(n)$ 的值，如使 $p(\max)|F_n(x)-F(x)|d_\alpha(n)=\alpha$。

[②] $N>40 \approx \dfrac{1.22}{N^{1/2}}$，$\dfrac{1.36}{N^{1/2}}$，$\dfrac{1.51}{N^{1/2}}$ 及 $\dfrac{1.63}{N^{1/2}}$ 四个显著性水平。

附录4　秩表（5%，95%）

5%序数

j/n	样本大小									
	1	2	3	4	5	6	7	8	9	10
1	5.000	2.532	1.695	1.274	1.021	0.851	0.730	0.639	0.568	0.512
2		22.361	13.535	9.761	7.644	6.285	5.337	4.639	4.102	3.677
3			36.840	24.860	18.925	15.316	12.876	11.111	9.775	8.726

（续）

5% 序数

	样本大小									
j/n	1	2	3	4	5	6	7	8	9	10
4				47.237	34.259	27.134	22.532	19.290	16.875	15.003
5					54.928	41.820	34.126	28.924	25.137	22.244
6						60.696	47.930	40.031	34.494	30.354
7							65.184	52.932	45.036	39.338
8								68.766	57.086	49.310
9									71.687	60.584
10										74.113

5% 序数

	样本大小									
j/n	11	12	13	14	15	16	17	18	19	20
1	0.465	0.426	0.394	0.366	0.341	0.320	0.301	0.285	0.270	0.256
2	3.332	3.046	2.805	2.600	2.423	2.268	2.132	2.011	1.903	1.806
3	7.882	7.187	6.605	6.110	5.685	5.315	4.990	4.702	4.446	4.217
4	13.507	12.285	11.267	10.405	9.666	9.025	8.464	7.969	7.529	7.135
5	19.958	18.102	16.566	15.272	14.166	13.211	12.377	11.643	10.991	10.408
6	27.125	24.530	22.395	20.607	19.086	17.777	16.636	15.634	14.747	13.955
7	34.981	31.524	28.705	26.358	24.373	22.669	21.191	19.895	18.750	17.731
8	43.563	39.086	35.480	32.503	29.999	27.860	26.011	24.396	22.972	21.707
9	52.991	47.267	42.738	39.041	35.956	33.337	31.083	29.120	27.395	25.865
10	63.564	56.189	50.535	45.999	42.256	39.101	36.401	34.060	32.009	30.195
11	76.160	66.132	58.990	53.434	48.925	45.165	41.970	39.215	36.811	34.693
12		77.908	68.366	61.461	56.022	51.560	47.808	44.595	41.806	39.358
13			79.418	70.327	63.656	58.343	53.945	50.217	47.003	44.197
14				80.736	72.060	65.617	60.436	56.112	52.420	49.218
15					81.896	73.604	67.381	62.332	58.088	54.442
16						82.925	74.988	68.974	64.057	59.897
17							83.843	76.234	70.420	65.634
18								84.668	77.363	71.738
19									85.413	78.389
20										86.089

5% 序数

	样本大小									
j/n	21	22	23	24	25	26	27	28	29	30
1	0.244	0.233	0.223	0.213	0.205	0.197	0.190	0.183	0.177	0.171
2	1.719	1.640	1.567	1.501	1.440	1.384	1.332	1.284	1.239	1.198
3	4.010	3.822	3.651	3.495	3.352	3.220	3.098	2.985	2.879	2.781

（续）

5% 序数

				样本大小					
j/n	21	22	23	24	25	26	27	28	29	30
4	6.781	6.460	6.167	5.901	5.656	5.431	5.223	5.031	4.852	4.685
5	9.884	9.411	8.981	8.588	8.229	7.899	7.594	7.311	7.049	6.806
6	13.245	12.603	12.021	11.491	11.006	10.560	10.148	9.768	9.415	9.087
7	16.818	15.994	15.248	14.569	13.947	13.377	12.852	12.367	11.917	11.499
8	20.575	19.556	18.634	17.796	17.030	16.328	15.682	15.085	14.532	14.018
9	24.499	23.272	22.164	21.157	20.238	19.396	18.622	17.908	17.246	16.633
10	28.580	27.131	25.824	24.639	23.559	22.570	21.662	20.824	20.050	19.331
11	32.811	31.126	29.609	28.236	26.985	25.842	24.793	23.827	22.934	22.106
12	37.190	35.254	33.515	31.942	30.513	29.508	28.012	26.911	25.894	24.953
13	41.720	39.516	37.539	35.756	34.139	32.664	31.314	30.072	28.927	27.867
14	46.406	43.913	41.684	39.678	37.862	36.209	34.697	33.309	32.030	30.846
15	51.261	48.454	45.954	43.711	41.684	39.842	38.161	36.620	35.200	33.889
16	56.302	53.151	50.356	47.858	45.607	43.566	41.707	40.004	38.439	36.995
17	61.559	58.020	54.902	52.127	49.636	47.384	45.336	43.464	41.746	40.163
18	67.079	63.091	59.610	56.531	53.779	51.300	49.052	47.002	45.123	43.394
19	72.945	68.409	64.507	61.086	58.048	55.323	52.861	50.621	48.573	46.691
20	79.327	74.053	69.636	65.819	62.459	59.465	56.770	54.327	52.099	50.056
21	86.705	80.188	75.075	70.773	67.039	63.740	60.790	58.127	55.706	53.493
22		87.269	80.980	76.020	71.828	68.176	64.936	62.033	59.403	57.007
23			87.788	81.711	76.896	72.810	69.237	66.060	63.200	60.605
24				88.265	82.388	77.711	73.726	70.231	67.113	64.299
25					88.707	83.017	78.470	74.583	71.168	68.103
26						89.117	83.603	79.179	75.386	72.038
27							89.498	84.149	79.844	76.140
28								89.853	84.661	80.467
29									90.185	85.140
30										90.497

5% 序数

				样本大小					
j/n	31	32	33	34	35	36	37	38	39	40
1	0.165	0.160	0.155	0.151	0.146	0.142	0.138	0.135	0.131	0.128
2	1.158	1.122	1.086	1.055	1.025	0.996	0.969	0.943	0.919	0.896
3	2.690	2.604	2.524	2.448	2.377	2.310	2.246	2.186	2.129	2.075
4	4.530	4.384	4.246	4.120	3.999	3.885	3.778	3.676	3.580	3.488

（续）

5%序数

				样本大小					
j/n	31	32	33	34	35	36	37	38	39	40
5	6.578	6.365	6.166	5.978	5.802	5.636	5.479	5.331	5.190	5.057
6	8.781	8.495	8.227	7.976	7.739	7.516	7.036	7.107	6.919	6.740
7	11.109	10.745	10.404	10.084	9.783	9.499	9.232	8.979	8.740	8.513
8	13.540	13.093	12.675	12.283	11.914	11.567	11.240	10.931	10.683	10.361
9	16.061	15.528	15.029	14.561	14.122	13.708	13.318	12.950	12.601	12.271
10	18.662	18.038	17.455	16.909	16.396	15.913	15.458	15.028	14.622	14.237
11	21.336	20.618	19.948	19.319	18.730	18.175	17.653	17.160	16.694	16.252
12	24.077	23.262	22.501	21.788	21.119	20.491	19.898	19.340	18.812	18.312
13	26.883	25.966	25.111	24.310	23.560	22.855	22.191	21.565	20.973	20.413
14	29.749	28.272	27.775	27.884	26.049	25.265	24.527	23.832	23.175	22.553
15	32.674	31.544	30.491	29.507	28.585	27.719	26.905	26.138	25.414	24.729
16	35.657	34.415	33.258	32.177	31.165	30.216	29.324	28.483	27.690	26.940
17	38.698	37.339	36.074	34.894	33.789	32.754	31.781	30.865	30.001	29.185
18	41.797	40.317	38.940	37.657	36.457	35.332	34.276	33.283	32.346	31.461
19	44.956	43.349	41.656	40.466	39.167	37.951	36.809	35.736	34.725	33.770
20	48.175	46.436	44.823	43.321	41.920	40.609	39.380	38.224	37.136	36.109
21	51.458	49.581	47.841	46.225	44.717	43.309	41.988	40.748	39.581	38.480
22	54.810	52.786	50.914	49.177	47.560	46.049	44.634	43.307	42.058	40.881
23	58.234	56.055	54.344	52.181	50.448	48.832	47.320	45.902	44.569	43.314
24	64.739	59.314	57.235	55.239	53.385	51.658	50.045	48.534	47.114	45.778
25	65.336	62.810	60.493	58.355	56.374	54.532	52.812	51.204	49.694	48.275
26	69.036	66.313	63.824	61.534	59.416	57.454	55.624	53.914	52.311	50.805
27	72.563	69.916	67.237	64.754	62.523	60.429	58.483	56.666	54.966	53.370
28	76.650	73.640	70.748	68.113	65.695	63.483	61.392	59.463	57.661	55.972
29	81.054	77.518	74.375	71.535	68.944	66.561	64.357	62.309	60.399	56.612
30	85.591	81.606	76.150	75.069	72.282	69.732	67.384	65.209	63.185	61.294
31	90.789	86.015	82.127	78.747	75.728	72.990	70.482	68.168	66.021	64.021
32		91.063	86.415	82.619	79.312	76.352	73.663	71.196	68.916	66.797
33			91.322	86.793	83.085	79.848	76.946	74.304	71.876	69.629
34				91.566	87.150	83.526	80.357	77.510	74.915	72.525
35					91.797	87.488	83.946	80.841	78.048	75.497
36						92.015	87.809	84.344	81.302	78.560
37							92.222	88.115	84.723	81.741
38								92.419	88.405	85.085
39									92.606	88.681
40										92.784

（续）

5%序数

	样本大小								
j/n	41	42	43	44	45	46	47	48	49	50
1	0.125	0.122	0.119	0.116	0.114	0.111	0.109	0.107	0.105	0.102
2	0.874	0.853	0.833	0.814	0.795	0.778	0.761	0.745	0.730	0.715
3	2.024	1.975	1.928	1.884	1.842	1.801	1.762	1.725	1.689	1.655
4	3.402	3.319	3.240	3.165	3.093	3.025	2.959	2.897	2.836	2.779
5	4.930	4.810	4.695	4.586	4.481	4.382	4.286	4.195	4.108	4.024
6	6.570	6.409	6.256	6.109	5.969	5.836	5.708	5.586	5.469	5.357
7	8.298	8.093	7.898	7.713	7.536	7.366	7.205	7.050	6.902	6.760
8	10.097	9.847	9.609	9.382	9.166	8.959	8.762	8.573	8.392	8.218
9	11.958	11.660	11.377	11.107	10.850	10.605	10.370	10.146	9.931	9.725
10	13.872	13.525	13.195	12.881	12.582	12.296	12.023	11.762	11.512	11.272
11	15.833	15.436	15.058	14.698	14.355	14.028	13.715	13.416	13.130	12.856
12	17.838	17.389	16.961	16.554	16.166	15.796	15.443	15.105	14.782	14.472
13	19.883	19.379	18.901	18.445	18.012	17.598	17.203	16.825	16.464	16.117
14	21.964	21.406	20.875	20.370	19.889	19.430	18.993	18.574	18.174	17.790
15	24.081	23.466	22.881	22.326	21.796	21.292	20.810	20.350	19.910	19.488
16	26.230	25.577	24.918	24.311	23.732	23.180	22.654	22.151	21.671	21.210
17	28.412	27.679	26.984	26.323	25.694	25.095	24.523	23.977	23.455	22.955
18	30.624	29.831	29.078	28.363	27.683	27.034	26.416	25.825	25.261	24.721
19	32.867	32.011	31.200	30.429	29.696	28.997	28.331	27.696	27.088	26.507
20	35.138	34.219	33.348	32.520	31.733	30.984	30.269	29.588	28.936	28.313
21	37.440	36.455	35.522	34.636	33.794	32.993	32.229	31.500	30.804	30.138
22	39.770	38.719	37.722	36.777	35.879	35.025	34.210	33.434	32.692	31.980
23	42.129	41.009	39.949	38.943	37.987	37.078	36.212	35.387	34.599	33.845
24	44.518	43.328	42.201	41.133	40.118	39.154	38.235	37.360	36.524	35.726
25	46.937	45.674	44.480	43.347	42.273	41.251	40.279	39.353	38.469	37.625
26	49.388	48.050	46.785	45.587	44.451	43.371	42.344	41.366	40.432	39.541
27	51.869	50.454	48.117	47.852	46.652	45.513	44.430	43.398	42.415	41.476
28	54.385	52.889	51.478	50.143	48.878	47.678	46.537	45.451	44.416	43.428
29	56.935	55.356	53.868	52.461	51.129	49.866	48.666	47.524	46.436	45.399
30	59.522	57.857	56.288	54.807	53.406	50.078	50.817	49.618	48.477	47.388
31	62.149	60.393	58.741	57.183	55.710	54.315	52.991	51.734	50.537	49.396
32	64.820	62.968	61.228	59.590	58.042	56.578	55.190	53.871	52.167	51.423
33	67.539	65.858	63.753	62.029	60.404	58.868	57.413	56.032	54.720	53.470
34	70.311	68.248	66.318	64.505	62.798	61.187	59.662	58.217	56.844	55.538

（续）

5% 序数

	样本大小								
j/n	41	42	43	44	45	46	47	48	49	50
35	73.146	70.963	68.927	67.020	65.227	63.537	61.940	60.427	58.991	57.627
36	76.053	73.738	71.587	65.578	67.694	65.921	64.247	62.664	61.164	59.738
37	79.049	76.584	74.306	72.185	70.203	68.341	66.587	64.931	63.362	61.874
38	82.160	79.517	77.093	74.849	72.759	70.805	68.963	67.228	65.589	64.034
39	85.429	82.561	79.964	77.580	75.370	73.309	71.378	69.561	67.846	66.222
40	88.945	85.759	82.944	80.392	78.046	75.870	73.838	71.932	70.136	68.440
41	92.954	89.196	86.073	83.310	80.802	78.494	76.350	74.347	72.465	70.691
42		93.116	89.437	86.374	83.661	81.196	78.924	76.812	74.836	72.978
43			93.270	89.666	86.662	83.998	81.573	79.337	77.256	75.306
44				93.418	89.887	86.939	84.321	81.936	79.734	77.683
45					93.560	90.098	87.204	84.631	82.285	80.117
46						93.695	90.300	87.459	84.929	82.621
47							93.825	90.494	87.703	85.216
48								93.950	90.681	87.939
49									94.069	90.860
50										94.184

95% 序数

	样本大小								
j/n	1	2	3	4	5	6	7	8	9	10
1	95.000	77.639	63.160	52.713	45.072	39.304	34.816	31.234	28.313	25.887
2		97.468	86.465	75.139	65.741	58.180	52.070	47.068	42.914	39.416
3			98.305	90.239	81.075	72.866	65.874	59.969	54.964	50.690
4				98.726	92.356	84.684	77.468	71.076	65.506	60.662
5					98.979	93.715	87.124	80.710	74.863	69.646
6						99.149	94.662	88.889	83.125	77.756
7							99.270	95.361	90.225	84.997
8								99.361	95.898	91.274
9									99.432	96.323
10										99.488

95% 序数

	样本大小								
j/n	11	12	13	14	15	16	17	18	19	20
1	23.840	22.092	20.582	19.264	18.104	17.075	16.157	15.332	14.587	13.911
2	36.436	33.868	31.634	29.673	27.940	26.396	25.012	23.766	22.637	21.611

（续）

95%序数

					样本大小					
j/n	11	12	13	14	15	16	17	18	19	20
3	47.009	43.811	41.010	38.539	36.344	34.383	32.619	31.026	29.580	28.262
4	56.437	52.733	49.465	46.566	43.978	41.657	39.564	37.668	35.943	34.366
5	65.019	60.914	57.262	54.000	51.075	48.440	46.055	43.888	41.912	40.103
6	72.875	68.476	64.520	60.928	57.744	54.835	52.192	49.783	47.580	45.558
7	80.042	75.470	71.295	67.497	64.043	60.899	58.029	55.404	52.997	50.782
8	86.492	81.898	77.604	73.641	70.001	66.663	63.599	60.784	58.194	55.803
9	92.118	87.715	83.434	79.393	75.627	72.140	68.917	65.940	63.188	60.641
10	96.668	92.813	88.733	84.728	80.913	77.331	73.989	70.880	67.991	65.307
11	99.535	96.954	93.395	89.595	85.834	82.223	78.809	75.604	72.605	69.805
12		99.573	97.195	93.890	90.334	86.789	83.364	80.105	77.028	74.135
13			99.606	97.400	94.315	90.975	87.623	84.366	81.250	78.293
14				99.634	97.577	94.685	91.535	88.357	85.253	82.269
15					99.659	97.732	95.010	92.030	89.009	86.045
16						99.680	97.868	95.297	92.471	89.592
17							99.699	97.989	95.553	92.865
18								99.715	98.097	95.783
19									99.730	98.193
20										99.744

95%序数

					样本大小					
j/n	21	22	23	24	25	26	27	28	29	30
1	13.295	12.731	12.212	11.735	11.293	10.883	10.502	10.147	9.814	9.503
2	20.673	19.812	19.020	18.289	17.612	16.983	16.397	15.851	15.339	14.860
3	27.055	25.947	24.925	23.980	23.104	22.289	21.530	20.821	20.156	19.533
4	32.921	31.591	30.364	29.227	28.172	27.190	26.274	25.417	24.614	23.860
5	38.441	36.909	35.193	34.181	32.961	31.824	30.763	29.769	28.837	27.962
6	43.698	41.980	40.390	38.914	37.541	36.260	35.062	33.940	32.887	31.897
7	48.739	46.849	45.097	43.469	41.952	40.535	39.210	37.967	36.800	35.701
8	53.954	51.546	49.643	47.873	46.221	44.677	43.230	41.873	40.597	39.395
9	58.280	56.087	54.046	52.142	50.364	48.700	47.139	45.673	44.294	42.993
10	62.810	60.484	58.315	56.289	54.393	52.616	50.948	49.379	47.901	46.507
11	67.189	64.746	62.461	60.321	58.316	56.434	54.664	52.998	51.427	49.944
12	71.420	68.874	66.485	64.244	62.138	60.158	58.293	56.536	54.877	53.309
13	75.501	72.869	70.391	68.058	65.861	63.791	61.839	59.996	58.254	56.605

（续）

95% 序数

					样本大小					
j/n	21	22	23	24	25	26	27	28	29	30
14	79.425	76.728	74.176	71.764	69.487	67.336	65.303	63.380	61.561	59.837
15	83.182	80.444	77.836	75.361	73.015	70.792	68.686	66.691	64.799	63.005
16	86.755	84.006	81.366	78.843	76.441	74.158	71.988	69.927	67.970	66.111
17	90.116	87.397	84.752	82.204	79.762	77.430	75.207	73.089	71.073	69.154
18	93.219	90.589	87.978	85.431	82.970	80.604	78.338	76.173	74.106	72.133
19	95.990	93.540	91.019	88.509	86.052	83.672	81.378	79.176	77.066	75.047
20	98.281	96.178	93.832	91.411	88.994	86.623	84.318	82.092	79.950	77.894
21	99.756	98.360	96.348	94.099	91.771	89.440	87.148	84.915	82.753	80.669
22		99.767	98.433	96.505	94.344	92.101	89.851	87.633	85.468	83.367
23			99.777	98.499	96.648	94.569	92.406	90.232	88.083	85.981
24				99.786	98.560	96.780	94.777	92.689	90.584	88.501
25					99.795	98.616	96.902	94.969	92.951	90.913
26						99.803	98.668	97.015	95.148	93.194
27							99.810	98.716	97.120	95.314
28								99.817	98.761	97.218
29									99.823	98.802
30										99.829

95% 序数

					样本大小					
j/n	31	32	33	34	35	36	37	38	39	40
1	9.211	8.937	8.678	8.434	8.203	7.985	7.778	7.581	7.394	7.216
2	14.409	13.985	13.585	13.207	12.850	12.512	12.191	11.885	11.595	11.319
3	18.946	18.394	17.873	17.381	16.915	16.474	16.054	15.656	15.277	14.915
4	23.150	22.482	21.850	21.253	20.688	20.152	19.643	19.159	18.698	18.259
5	27.137	26.360	25.625	24.931	24.272	23.648	23.054	22.490	21.952	21.440
6	30.964	30.084	29.252	28.465	27.718	27.010	26.337	25.696	25.085	24.503
7	34.665	33.687	32.763	31.887	31.056	30.268	29.518	28.804	28.124	27.475
8	38.261	37.190	36.176	35.216	34.305	33.439	32.616	31.832	31.084	30.371
9	41.766	40.606	39.507	38.466	37.477	36.537	35.643	34.791	33.979	33.203
10	45.190	43.945	42.765	41.645	40.582	39.571	38.608	37.691	36.815	35.979
11	48.542	47.214	45.956	44.761	43.626	42.546	41.517	40.537	39.601	38.706
12	51.825	50.419	49.086	47.819	46.615	45.468	44.376	43.334	42.339	41.388
13	55.044	53.564	52.159	50.823	49.552	48.341	47.187	46.086	45.034	44.028
14	58.203	56.651	55.177	53.775	52.440	51.168	49.955	48.796	47.689	46.630

（续）

95%序数

	样本大小									
j/n	31	32	33	34	35	36	37	38	39	40
15	61.302	59.683	58.144	56.678	55.282	53.951	52.680	51.466	50.305	49.195
16	64.343	62.661	61.060	59.534	58.080	56.691	55.366	54.098	52.886	51.725
17	67.326	65.585	63.926	62.343	60.833	59.391	58.012	56.693	55.431	54.222
18	70.251	68.456	66.742	65.106	63.543	62.049	60.620	59.252	57.942	56.686
19	73.117	71.272	69.509	67.823	66.210	64.668	63.190	61.776	60.419	59.119
20	75.922	74.034	72.225	70.493	68.835	67.246	65.723	64.264	62.864	61.520
21	78.664	76.738	74.889	73.116	71.415	69.784	68.219	66.717	65.275	63.891
22	81.338	79.382	77.499	75.689	73.951	72.280	70.676	69.135	67.654	66.230
23	83.939	81.961	80.052	78.212	76.440	74.735	73.094	71.517	69.999	68.539
24	86.460	84.472	82.545	80.680	78.881	77.145	75.473	73.862	72.310	70.815
25	88.891	86.907	84.971	83.091	81.270	79.509	77.809	76.168	74.586	73.060
26	91.219	89.255	87.325	85.439	83.604	81.825	80.101	78.435	76.825	75.270
27	93.422	91.505	89.596	87.717	85.878	84.087	82.347	80.660	79.027	77.447
28	95.470	93.635	91.772	89.916	88.086	86.292	84.542	82.840	81.188	79.587
29	97.310	95.615	93.834	92.024	90.217	88.433	86.682	84.972	83.606	81.688
30	98.841	97.396	95.752	94.021	92.261	90.501	88.760	87.050	85.378	83.746
31	99.835	98.878	97.476	95.880	94.198	92.483	90.768	89.069	87.399	85.763
32		99.840	98.912	97.552	96.001	94.364	92.694	91.021	89.362	87.729
33			99.845	98.945	97.623	96.114	94.521	92.893	91.260	89.639
34				99.849	98.975	97.690	96.222	94.669	93.081	91.487
35					99.854	99.004	97.754	96.324	94.810	93.260
36						99.858	99.031	97.814	96.420	94.943
37							99.861	99.057	97.871	96.511
38								99.865	99.081	97.925
39									99.869	99.104
40										99.872

95%序数

	样本大小									
j/n	41	42	43	44	45	46	47	48	49	50
1	7.046	6.884	6.730	6.582	6.440	6.305	6.175	6.050	5.931	5.816
2	11.055	10.804	10.563	10.334	10.113	9.902	9.700	9.506	9.319	9.140
3	14.571	14.241	13.927	13.626	13.338	13.061	12.796	12.541	12.297	12.061
4	17.840	17.439	17.056	16.690	16.339	16.002	15.679	15.369	15.071	14.784
5	20.951	20.483	20.036	19.308	19.198	18.804	18.427	18.064	17.715	17.379

（续）

95%序数

	样本大小									
j/n	41	42	43	44	45	46	47	48	49	50
6	23.947	23.416	22.907	22.420	21.954	21.506	21.076	20.663	20.266	19.883
7	26.854	26.262	25.694	25.151	24.630	24.130	23.650	23.188	22.744	22.317
8	29.689	29.037	28.413	27.814	27.241	26.691	26.162	25.623	25.164	24.694
9	32.461	31.752	31.073	30.422	29.797	29.198	28.622	28.068	27.535	27.022
10	35.180	34.415	33.682	32.980	32.306	31.659	31.037	30.439	29.864	29.309
11	37.851	37.032	36.247	35.495	34.773	34.079	33.413	32.772	32.154	31.560
12	40.478	39.607	38.772	37.971	37.202	36.463	35.753	35.069	34.411	33.778
13	43.065	42.143	41.259	40.410	39.596	38.813	38.060	37.336	36.698	35.933
14	45.615	44.644	43.712	42.817	41.958	41.132	40.338	39.573	38.836	38.126
15	48.131	47.110	46.132	45.193	44.290	43.422	42.587	41.783	41.008	40.262
16	50.612	49.546	48.522	47.539	46.594	45.665	44.810	43.968	43.156	42.373
17	53.062	51.950	50.883	49.857	48.871	47.922	47.009	46.129	45.280	44.462
18	55.482	54.326	53.215	52.148	51.122	50.134	49.183	48.266	47.382	46.530
19	57.871	56.672	55.520	54.413	53.348	52.322	51.334	50.382	49.463	48.577
20	60.230	58.991	57.799	56.653	55.549	54.487	53.463	52.476	51.523	50.604
21	62.560	61.281	60.051	58.867	57.727	56.629	55.570	54.549	53.563	52.612
22	64.861	63.545	62.273	61.057	59.882	58.749	57.556	56.602	55.584	54.801
23	67.133	65.781	64.478	63.223	62.013	60.846	59.721	58.634	57.585	56.572
24	69.376	67.989	66.652	65.363	64.121	62.922	61.765	60.647	59.568	58.524
25	71.588	70.169	68.800	67.480	66.205	64.975	63.787	62.640	61.531	60.459
26	73.769	72.320	70.922	69.571	68.267	67.007	65.790	64.613	63.476	62.375
27	75.919	74.443	73.016	71.637	70.304	69.016	67.771	66.566	65.401	64.274
28	78.035	76.534	75.082	73.677	72.317	71.002	69.730	68.500	67.308	66.155
29	80.117	78.594	77.119	75.689	74.306	72.966	71.668	70.412	69.196	68.017
30	82.162	80.621	79.125	77.674	76.268	74.905	73.584	72.304	71.064	69.862
31	84.166	82.611	81.099	79.630	78.203	76.819	75.477	74.175	72.912	71.687
32	86.128	84.564	83.039	81.554	80.111	78.708	77.346	76.023	74.739	73.493
33	88.042	86.475	84.942	83.446	81.988	80.569	79.190	77.848	76.545	75.279
34	89.903	88.340	86.805	85.302	83.834	82.402	81.007	79.650	78.329	77.045
35	91.702	90.153	88.623	87.119	85.645	84.204	82.797	81.426	80.090	78.790
36	93.430	91.907	90.391	88.892	87.418	85.972	84.557	83.175	81.826	80.511
37	95.070	93.591	92.102	90.618	89.150	87.704	86.285	84.895	83.536	82.210
38	96.598	95.190	93.744	92.287	90.834	89.395	87.977	86.584	85.218	83.882
39	97.976	96.681	95.305	93.891	92.464	91.041	89.630	88.238	86.870	85.528

（续）

95%序数

				样本大小					
j/n	41	42	43	44	45	46	47	48	49	50
40	99.126	98.025	96.760	95.414	94.030	92.633	91.238	89.854	88.488	87.144
41	99.875	99.147	98.071	96.835	95.518	94.164	92.795	91.427	90.069	88.728
42		99.878	99.167	98.116	96.907	95.618	94.291	92.950	91.608	90.275
43			99.881	99.186	98.158	96.975	95.714	94.414	93.098	91.781
44				99.883	99.205	98.199	97.041	95.805	94.531	93.240
45					99.886	99.222	98.238	97.103	95.892	94.643
46						99.889	99.239	98.275	97.163	95.976
47							99.891	99.255	98.311	97.221
48								99.893	99.270	98.345
49									99.895	99.285
50										99.897

附录5　失效报告、分析和纠正措施系统（FRACAS）分析

1. 失效列表：

失效报告号	系统	子系统	总成	零件

输出可按系统、子系统、总成、零件选择。也可按时间段和其他适合的特征如地点、更改状态选择。

2. 前 10~20 种失效模式的 Pareto 分析，可按上面的方式（见第 13 章）选择。见注①。

3. 系统、子系统、总成的 MTBF 值。显示出每一 MTBF 值的失效数。按上面叙述的方式选择。

4. 趋势分析，按上面叙述的方式选择。见第 13 章。

5. 概率/故障率图和分布参数的导出，按上面叙述的方式选择。见第 3 章。

注：

① Pareto 分析应是关键项目清单的依据（见 7.4.7 节）。关键项目的失效报告尤其应该详细描述，以有助于调查研究，并通过电话、传真或电子邮件等单独汇报。

② 在适当时，可以用日历时间代替运行时间。这样，趋势分析、概率图和 MTBF 就以日历时间为基准计算。如果运行时间与日历时间密切相关，而且运行

时间数据不易获得，如在设备没有运行时间指示装置时，这种做法是可以接受的。使用日历时间比较容易且花费很少，因为不需要获得每次失效时的运行时间和总的运行时间。只需要确定每个单元启动的时间和使用中的单元的总数。

③ 应当使 FRACAS 的使用简单并易于理解。

④ 输入数据应足够详细，以便对用户有意义。无论是人工填写还是由数据中心的人员填写的工作报告，如果对诸如失效原因等的数据使用代码表达，都可能导致歧义和误解。

⑤ 将数据直接输入计算机，而不是写在纸上，这样能极大地改善数据收集和分析的质量和速度。

失效汇报表							
报告编号							
系统	序列号		日期		时间		
位置/客户			运行时间		小时		分钟
试验/运行	勾选	1 2 3 4	时间表1	时间表2	时间表3	标定	未计划 其他
描述 （情形、特殊情况）							

结果/失效

维修

更换的零件					
零件 零件号 序列号 更改记录	1	2	3	4	5
开始时间		结束时间	工作时长	小时	分钟
工作完成人		检查			

分析
以往出现　　　　　　　　　发生规律或趋势　　　原因　　　　　　　说明
（报告编号）

建议整改措施

批准
试验
接受

批准　　　　　　日期

附录6　可靠性、可维护性（及安全性）计划示例

某"超级"系统可靠性、可维护性（及安全性）计划示例

第1部分　可靠性、可维护性（及安全性）计划概览

1.1　简介

1.2　可靠性、可用性、可维护性与安全性（RAMS）需求

1.3　RAMS 任务

第2部分　可靠性、可维护性工作任务

2.1　可靠性建模

2.2　可靠性预测和分配

2.3　失效模式、影响与危害性分析

2.4　故障树分析

2.5　可靠性试验

2.6　失效报告和 RAMS 监测

2.7　生产阶段的可靠性保证

2.8　可维护性分析和演示

2.9　运行中的 RAMS 监测

第3部分　安全工程任务

3.1　初步危害分析

3.2　系统和子系统故障分析

3.3　故障跟踪（故障日志）

第4部分　项目 RAMS 工程管理和报告

4.1　职责

4.2　RAMS 评审

附录

附录1　RAMS 工作计划

附录2　RAMS 交付成果

参考文献

第1部分　可靠性、可维护性（及安全性）计划概览

1.1　简介

该计划介绍了可靠性、可维护性（及安全性）（RAMS）工程任务的组织和职责，这些任务将整合到"超级"系统项目的设计、开发、生产和服务支持活

动中。它还介绍了将要进行的 RAMS 任务。

RAMS 要求构成系统整体性能要求的一部分，如参考文献 1 中所述。

RAMS 任务将按照参考文献 2 中的要求和指南进行管理和执行。

在设计和开发阶段，企业将确保其系统和设备供应商与分包商完全理解并遵守 RAMS 要求，以及为其指定的 RAMS 工程任务。

为了达到这些要求，设计、开发测试和生产理念将用于创建本质上具有鲁棒性、无故障的设计，包括所有生产工艺的设计，以及严格的生产质量保证和改进。产品和流程的无故障设计（Failure Free Design，FFD）的理念将通过采用集成、并行的设计开发方法和生产控制，确保所有应力、变异及其他潜在的或实际的故障原因得到识别和纠正。可靠性计划的主要目标是确保设计在整个系统生命周期内与制造过程及存储、维护和操作的环境条件下的固有可靠性。为此，所有设计分析和测试都将针对识别和消除故障原因。RAMS 计划在这方面的特点如下：

——将对可靠性进行如上所述的预测和测量，但与创建无固有故障设计这个主要目标相比，这些活动将被视为次要因素。

——环境条件、参数值和制造过程的变异带来的影响，将通过分析和使用统计设计的试验（包括田口方法）来评估，以确保所有的设计对系统生命周期内所有来源的变异都具有鲁棒性。

——高加速寿命测试（HALT）和高加速应力筛选（HASS）的方法将应用于开发和生产测试。这些测试的目的是通过施加高应力来促使失效发生，从而可以优化设计和工艺。

——可靠性测试计划将与整体开发测试流程完全整合。将采用常见的失效报告、分析和纠正措施系统（FRACAS）。将对所有故障进行全面调查并采取纠正措施以防止再次发生。测试程序将包括子系统级和系统级测试、评估变异的统计试验、环境测试、试运行及专门为促使可靠性增长而设计的试验。根据发现和纠正的问题来监控开发过程中的可靠性增长。所有测试和故障数据及整改措施信息都将进行汇报，并针对开发计划目标和使用中的要求评估已达到的和预期的可靠性。

——在开发计划结束时，企业将证明系统和子系统设计本身能够进行生产和测试，并且能够在使用寿命期间经受存储、操作和维护环境而不会出现故障。在开发测试期间发生的所有相关故障都将通过设计或工艺的更改得到纠正，并且已经证明纠正措施的有效性。

——所有分包商将被要求根据相同的理念和方法开展可靠性计划。他们的分析和试验结果将受到密切监测，以确保采用了相同的方法，并确保及时有效地实施设计改进和整改措施。选择分包商时，应注意他们在相关技术领域是否有卓越表现，以及他们是否有动力采用相同的 RAMS 理念。

1.2　可靠性、可用性、可维护性与安全性（RAMS）需求

项目中与使用寿命有关的 RAMS 需求：

—— 系统可靠性要求：每次不超过 N 个故障。

—— 系统可维护性要求：对于一定比例的故障，修复时间不超过一定时间（几分钟）。

—— （安全）

如果子系统或组件的设计和开发责任由企业转交给分包商，RAMS 工程师将根据相关的企业程序完整地给出该系统、子系统或设备的 RAMS 需求。

1.3　RAMS 任务

为了确保 RAMS 方面的需求得到实现和保障，应该全面开展可靠性、可维护性（及安全性）的工作。第 2 部分和第 3 部分详细介绍了将用于满足规范中的特定需求的任务。这些任务将在初始设计与运行的保修期之间的相关阶段进行。

将在设计和开发的相应阶段进行的 RAMS 任务有：

—— 质量功能展开（QFD），用于识别关键设计和工艺要求并确定其优先级。

—— 使用可靠性框图对系统和子系统进行可靠性建模。

—— 适当时，对子系统和组件的可靠性预测和分配。

—— 失效模式、影响与危害性分析（FMECA）和故障树分析（FTA）的故障分析。

—— 试验，重点是 HALT。

—— 失效报告、分析和纠正措施系统（FRACAS）。

—— 可维护性分析和演示。

—— 应用失效识别和失效分析技术进行系统安全分析。

—— RAMS 评审，其中将审核对 RAMS 任务的遵守情况。

—— 生产质量保证和改进方法。

上述任务的工作计划见附录 1，RAMS 交付成果清单见附录 2。

第 2 部分　可靠性、可维护性工作任务

2.1　可靠性建模

按照某资料中给出的准则制作可靠性框图（RBD），并应及时更新以反映设计的状态。RBD 边界应得到项目 RAMS 工程师的认可，并受其控制。

2.2　可靠性预测和分配

按照某资料中的准则，对设计的所有部分进行可靠性预测。应向客户说明这

些方法和信息的来源。

在项目启动时就可以开始可靠性预计的工作，而且随设计的变化而更新。应将预测结果用于识别高风险的零部件和子系统，并用于修订可靠性的分配。

2.3 失效模式、影响与危害性分析

按照某资料中给出的准则进行失效模式、影响与危害性分析，可使用 FME-CA 软件生成和记录分析。适用的计算机辅助设计（CAD）模型和数据都可以作为输入，并用以进行分析。

相关的设计、质量保证和安全性人员应负责对涉及预防性活动、补偿因素或对安全性影响的各分析结果做出正式的回应。

2.4 故障树分析

应针对在产品设计中已被识别出的与安全性相关的顶层事件进行故障树分析。为了保证故障树分析的进行，要明确和描述顶层事件。

可将 FTA 软件用于进行该分析并记录。

2.5 可靠性试验

如项目试验计划所述（见参考文献 3），将进行全面的试验工作。试验工作的主要特征是：

1）高加速寿命试验。

2）使用田口方法。

2.6 失效报告和 RAMS 监测

在项目的设计和开发阶段，企业应如企业质量手册中所规定的那样，运行失效报告、分析和纠正措施系统（FRACAS）。

在项目的设计和开发阶段，企业和承包商对在试验和试用中的硬件和软件发生的所有失效都应采取报告行动。对于在生产试验过程中发生的失效，应按照企业质量手册进行报告和处理。

可靠性和维修性的进展应该在整个开发试验期间进行监测。

2.7 生产阶段的可靠性保证

质量保证计划描述了在投产前和生产期间保证生产系统满足可靠性需求的方法。只要可行，都应将质量保证（AQ）活动与可靠性活动整合在一起。

保证可靠性的 QA 工作的特点是：

—— 利用失效模式、影响与危害性分析（FMECA）导出生产功能性试验和检验方法。生产的 FMECA 分析也要进行。

—— 将统计过程控制（SPC）用于变异可能影响产量和可靠性的所有制造过程。SPC 的限值应该尽可能基于所开发的硬件的分析和试验的结果，尤其是当使用了统计试验来优化产品和工艺设计时。

—— 针对生产的高加速应力筛选方法（HASS）将作为开发测试计划的一部

分。可将 HASS 用于系统和子系统层次的所有生产的硬件，并应对其进行调整，以为所关注的产品进行最佳的筛选。在生产期间应持续地监测和修改 HASS 的剖面和持续时间，以确保最具成本效益的方法。HASS 将确保所有生产硬件都具有功能并能够经受存储和使用环境。

—— 在任何测试或检查阶段发生的所有故障将受到调查，以防再次发生。失效报告、分析和纠正措施系统（FRACAS）的目标与 SPC 的监控相结合，将用于所有过程的持续改进。

—— 所有分包商都必须遵循持续改进的理念。他们的表现将受到密切监测，在必要时还要予以协助。

2.8　可维护性分析和演示

可维护性要在设计过程中进行分析，以确保满足需求，并在开发过程中进行衡量。使用以可靠性为中心的维护（RCM）方法将优化预防性维护工作。

2.9　运行中的 RAMS 监测

企业将为所有正在使用的系统持续使用 FRACAS，监测 RAMS 的成效，确保满足所有可靠性要求，并及时调查和纠正任何缺陷或故障。

第 3 部分　安全工程任务

3.1　初步危害分析

企业和供应商将根据企业 RAMS 手册和参考资料，对设计责任的所有领域进行初步危害分析（PHA）。

PHA 的输出将包括与该系统相关的被记录的危害。

3.2　系统和子系统故障分析

需要执行系统和子系统故障分析（SHA）来识别与系统和子系统设计相关的危险，这些危险可能尚未在 PHA 中识别，包括组件的故障模式、关键的人为错误输入和设备内部的接口导致的危险。适用的方法将是 HAZOPS、FMECA、FTA 和事件树分析（ETA）。它们将根据企业 RAMS 手册应用于所有设计责任领域。

SHA 的输出将详细说明系统和子系统的危害、严重程度和概率值，以及消除它们所需采取的行动的建议，或将风险控制在公认的尽可能低的水平（ALARP）。

3.3　故障跟踪（故障日志）

故障跟踪将用于可能产生灾难性（严重性等级 1）效应或危险（严重性等级 2）效应的所有条件，如参考文献中所定义。

将从识别点跟踪故障，直至消除故障或将相关风险降低到与用户协商认为可接受的水平。故障跟踪系统将在设计工作完成后及整个保修期内进行维护。

故障日志需要维护记录，其中至少包含：

—— 按性质、原因和影响描述每种危害。

—— 危害性评级。

—— 解决的行动的状态。

—— 从解决过程到风险接受点的可追溯性。

企业将确保妥善维护故障跟踪系统，并将记录提供给用户进行审核和评审。

第 4 部分　项目 RAMS 工程管理和报告

4.1　职责

为了有效管理 RAMS，将对 RAMS 计划中列出的所有任务使用正式的管理流程和分析技术，管理流程包含在相关的企业程序中。RAMS 计划的实施将由项目可靠性和安全工程师代表项目经理负责，供应商将被要求准备符合项目 RAMS 计划的子系统 RAMS 计划。

4.2　RAMS 评审

RAMS 评审是对企业承担的 RAMS 工程任务的正式审核，并按照 RAMS 工作计划中的详细说明实施。

RAMS 评审将根据企业的相关程序，在企业和供应商负责的所有设计领域进行。进行 RAMS 评审的责任分配给企业项目可靠性（和安全）工程师。

完成 RAMS 评审后，企业将提交《RAMS 进展报告》，以突出不合格或风险领域，并就 RAMS 要求的实现程度提出建议。

附　　录

附录 1　RAMS 工作计划。

附录 2　RAMS 交付成果。

参 考 文 献

1. "超级"系统规范。

2. （详细方法指导/说明：相关公司程序，标准等）。

3. "超级"系统试验计划。

附录 7　矩阵代数复习

二阶行列式

$$\begin{vmatrix} a_1 & b_1 \\ a_2 & b_2 \end{vmatrix}$$

的解为 $a_1b_2 - a_2b_1$。

三阶行列式

$$\begin{vmatrix} a_1 & b_1 & c_1 \\ a_2 & b_2 & c_2 \\ a_3 & b_3 & c_3 \end{vmatrix}$$

的解为

$$a_1\begin{vmatrix} b_2 & c_2 \\ b_3 & c_3 \end{vmatrix} - b_1\begin{vmatrix} a_2 & c_2 \\ a_3 & c_3 \end{vmatrix} + c_1\begin{vmatrix} a_2 & b_2 \\ a_3 & b_3 \end{vmatrix}$$

a_1，a_2，$\cdots$，c_2，c_3 称为行列式的元素。

和 a_1 对应的低阶行列式，即

$$\begin{vmatrix} b_2 & c_2 \\ b_3 & c_3 \end{vmatrix}$$

称为代数余子式，用 A_1 表示。类似地，

$$-\begin{vmatrix} a_2 & c_2 \\ a_3 & c_3 \end{vmatrix}$$

是 b_1 的代数余子式，用 B_1 表示。因此三阶行列式的解可以表示为

$$a_1A_1 + b_1B_1 + c_1C_1$$

对更高阶的行列式也是如此。

为了使代数余子式的符号正确，要看元素在行列式中的位置来决定正负号，具体如下：

$$\begin{vmatrix} + & - & + & - & \cdot & \cdot & \cdot \\ - & + & - & + & \cdot & \cdot & \cdot \\ + & - & + & - & \cdot & \cdot & \cdot \\ \cdot & \cdot & \cdot & \cdot & & & \\ \cdot & \cdot & \cdot & \cdot & & & \\ \cdot & \cdot & \cdot & \cdot & & & \end{vmatrix}$$

矩阵乘法：

$$\begin{vmatrix} a_1 & b_1 \\ a_2 & b_2 \end{vmatrix} \times \begin{vmatrix} A_1 & B_1 \\ A_2 & B_2 \end{vmatrix} = \begin{vmatrix} (a_1A_1 + b_1A_2) & (a_1B_1 + b_1B_2) \\ (a_2A_1 + b_2A_2) & (a_2B_1 + b_2B_2) \end{vmatrix}$$

![机械工业出版社 CHINA MACHINE PRESS | 汽车分社]

读 者 服 务

机械工业出版社立足工程科技主业，坚持传播工业技术、工匠技能和工业文化，是集专业出版、教育出版和大众出版于一体的大型综合性科技出版机构。旗下汽车分社面向汽车全产业链提供知识服务，出版服务覆盖包括工程技术人员、研究人员、管理人员等在内的汽车产业从业者，高等院校、职业院校汽车专业师生和广大汽车爱好者、消费者。

一、意见反馈

感谢您购买机械工业出版社出版的图书。我们一直致力于"以专业铸就品质，让阅读更有价值"，这离不开您的支持！如果您对本书有任何建议或宝贵意见，请您反馈给我。我社长期接收汽车技术、交通技术、汽车维修、汽车科普、汽车管理及汽车类、交通类教材方面的稿件，欢迎来电来函咨询。

咨询电话：010-88379353　　编辑信箱：cmpzhq@163.com

二、电子书

为满足读者电子阅读需求，我社已全面实现了出版图书的电子化，读者可以通过京东、当当等渠道购买机械工业出版社电子书。获取方式示例：打开京东 App—搜索"京东读书"—搜索"（书名）"。

三、关注我们

机械工业出版社汽车分社官方微信公众号——机工汽车，为您提供最新书讯，还可免费收看大咖直播课，参加有奖赠书活动，更有机会获得签名版图书、购书优惠券等专属福利。欢迎关注了解更多信息。

四、购书渠道

编辑微信

我社出版的图书在京东、当当、淘宝、天猫及全国各大新华书店均有销售。
团购热线：010-88379735
零售热线：010-68326294　88379203